D1735365

Reihe: Praxis der neurologisch-psychiatrisch-
psychologischen Begutachtung

Psychologische Begutachtung in der Berufsunfähigkeitsversicherung

Reihe: Praxis der neurologisch–psychiatrisch–
psychologischen Begutachtung

RALF DOHRENBUSCH
THOMAS MERTEN
MARIANNE KUTZNER

Psychologische Begutachtung in der Berufsunfähigkeits- versicherung

Bibliografische Information der Deutschen Bibliothek: Die Deutsche Bibliothek verzeichnet diese Publikation in der Deutschen Nationalbibliografie; detaillierte bibliografische Daten sind im Internet über ›http://dnb.ddb.de‹ abrufbar.

© 2014 Referenz Verlag Frankfurt – Verlag der IVM GmbH & Co. KG

Umschlag und Grafik: Marie Hübner-Wolff

Umschlagbild unter Verwendung des Bildes „Drei Zeichen auf Blau" von Max Ackermann
© VG Bild-Kunst, Bonn

Herstellung & Satz: buch4U Bernhard Heun

ISBN: 978-3-943441-14-7

Druck und Bindung: CPI – Clausen & Bosse, Leck
Printed in Germany

www.referenz-verlag.de

Inhaltsverzeichnis

1 Kontext der Begutachtung

2 Neuropsychologische Begutachtung

3 Psychologische Begutachtung

4 Leitlinien und Stellungnahmen

5 Handbuch Psychologische Begriffe

6 Handbuch Psychologische Tests

7 Anhang

„Erhöhung der Sicherheit durch Beschränkung der subjektiven Frei-
zügigkeit – das ist das Leitmotiv, unter dessen Klängen der Test die
Bühne der Diagnostik betritt." (Hörmann, 1964)

Der Einsatz psychologischer Tests für die Befunderhebung bei
der Begutachtung in der Leistungsregulierung der Berufsunfähigkeitsversicherung (im Folgenden BU-Versicherung) steht zur
Diskussion.

Gutachten sind ein unverzichtbarer Bestandteil des Schaden-
managements in der BU-Versicherung. Die BU-Tarife erfordern
für die Zahlung einer Leistung die Feststellung einer Krankheit
(oder Körperverletzung oder Kräfteverfall) und den Nachweis,
dass die gesundheitliche Störung die berufliche Tätigkeit des
Versicherten erheblich – in der Regel zu mindestens 50 % – ein-
schränkt. Zur Klärung dieses Sachverhalts kann ein Gutachter
beauftragt werden.

Eine besondere Herausforderung stellt die Begutachtung neu-
rologischer und psychischer Störungen dar, weil sie sich als innere
Vorgänge nicht leicht objektivieren lassen. Eine häufig gestellte
Frage angesichts des signifikanten Anstiegs dieser Leistungsfälle
lautet: Welchen Beitrag können psychologische Testverfahren zur
Sachverhaltsaufklärung in der BU-Leistungsregulierung leisten?

Der vorliegende Band informiert über das Konzept psychologischer Gutachten und psychodiagnostischer Verfahren, die neben
anderen Methoden geeignete Tests vorsehen, um kognitive, emotionale und motivationale Funktionen zu untersuchen. Das Buch
richtet sich an Schadenmanager in der BU-Leistungsregulierung,
an Versicherungsmediziner, an medizinische und psychologische
Gutachter und an alle an der Begutachtung und deren Qualitätssicherung Interessierte.

Der erste Teil stellt die psychologische Begutachtung in den
Kontext des BU-Schadenmanagements und der medizinischen
Begutachtung. Er enthält Empfehlungen für Auftraggeber und
Hinweise für die Bewertung von psychologischen Gutachten. Der
zweite und dritte Teil umfassen einen Beitrag aus neuropsycholo-
gischer Perspektive, der seinen Schwerpunkt auf die Begutachtung

neurologischer Erkrankungen legt und einen Beitrag aus Sicht der Klinischen Psychologie, der die Begutachtung psychischer Erkrankungen im Fokus hat.

Die Ausführungen zeigen in dieser Hinsicht sowie in den Beispielen und Fallkonstellationen Unterschiede. Bei den formellen Gutachtenaspekten, der Darstellung psychodiagnostischer Methodik und psychometrischer Tests gibt es ähnliche Aussagen und Überschneidungen. Wir stellen zwei professionelle und in sich geschlossene Konzepte psychologischer Begutachtung vor. Es gibt zurzeit keine einheitlichen Kriterien für die Begutachtung neurologischer und psychischer Erkrankungen, die für alle psychologischen Gutachter verbindlich sind. Die derzeitige Situation spiegelt sich in der Anlage dieser Publikation wider.

Die Orientierung an Leitlinien der Begutachtung wird gewünscht, um einen einheitlichen Standard herbeizuführen und eine Qualitätssicherung in der Begutachtung zu erreichen. Im vierten Teil geben wir Einblicke in unterschiedliche Arbeiten und Positionen mit Richtliniencharakter für die psychologische Begutachtung.

Das fünfte und das sechste Kapitel haben wir im Handbuch-Stil gestaltet. Sie haben die Funktion, die Buchteile mit den thematischen Schwerpunkten zu verbinden, indem sie zentrale Begriffe und Testverfahren aus allen Beiträgen aufnehmen, und dem Leser einen schnellen Zugriff auf eine kompakte Information über zahlreiche Aspekte der psychologischen Begutachtung anzubieten.

Das vorliegende Buch bietet fundierte Einblicke in die psychologische Begutachtung, dargestellt aus zwei psychologischen Perspektiven, ihrer Platzierung im medizinischen Gutachten und ihrer Verortung in der BU-Leistungsregulierung. Zwei alphabetisch geordnete Kapitel zum Nachschlagen von psychologischen Fachbegriffen und psychologischen Testverfahren eröffnen Möglichkeiten für eine gezielte Suche nach Informationen. Das Format in sich abgeschlossener Beiträge unterschiedlicher Schwerpunktsetzung mit intendierten thematischen Überschneidungen unterstützt mehrere Leseziele.

Wir hoffen, dass sich diese Ziele erfüllen und der Leser alle die Informationen gewinnt, die er von der Lektüre erwartet.

Besonderer Dank gilt Frau Anke Siebers, Gen Re Business School, für ihre engagierte und wertvolle Unterstützung bei der Redaktion des vorliegenden Buches.

Köln, im Februar 2014
Dr. Marianne Kutzner

Geleitwort

Die Beurteilung, ob eine versicherte Person aus einer Berufsunfähigkeitsversicherung Leistungen beanspruchen – oder weiter beanspruchen – kann, gehört zu den aufwändigsten und schwierigsten Aufgaben sowohl der Regulierungsprüfung durch einen Versicherer als auch der Urteilsfindung in der forensischen Praxis. Das liegt nicht nur und nicht in erster Linie daran, dass die rechtlichen, berufskundlichen und medizinischen Voraussetzungen eines Anspruchs in aller Regel untrennbar miteinander verwoben sind. Vielmehr tauchen in jüngerer Zeit – verbunden mit immer höheren Anforderungen der Rechtsprechung an Beweiserhebung und Argumentation – zunehmend Feststellungsprobleme auf. Das liegt daran, dass in immer größerem Umfang „seelische Leiden" einen Versicherungsfall begründen sollen. Glaubt man mehr oder auch einmal weniger wissenschaftlich fundierten Berichten, verbreiten sich psychische und neurologische Krankheiten nicht nur rasant, ihre Beschreibung und Benennung wird zudem bunter und zugleich dunkler: Depressionen verschiedenen Schweregrades stehen neben somatoformen Störungen unterschiedlicher funktioneller Auswirkungen, posttraumatische Belastungsstörungen bereichern ärztliche Diagnosen ebenso wie multiple chemische Sensibilitätsstörungen, und demenzielle Störungen scheinen sich exponentiell zu vermehren.

Versicherer, Anwaltschaft und Gerichte stehen dabei nicht nur vor der Frage, wie die weder bildgebend noch mit sonstigen apparativen Messverfahren gewissermaßen zu „sehenden" gesundheitlichen Befindlichkeiten – wie es das Gesetz und der Vertrag verlangt – von der versicherten Person mit Überzeugungskraft nachgewiesen werden können. Sie sehen sich zudem dem nicht minder unglücklichen Befund gegenüber, dass sich die nunmehr streitige – behauptete – Krankheit mit ihren funktionellen Folgen für eine bestimmte berufliche Tätigkeit über lange Zeiträume hinweg auf einem Weg entwickelt haben soll, den zahlreiche, häufig diagnostisch schwer miteinander kompatible und von Ärzten und anderen Heilkundigen verschiedenster Fachrichtungen ausgestellte Bescheinigungen säumen.

Die forensische Praxis – auf deren zu erwartendes Prozedere sich Versicherer natürlich einstellen sollen – bietet kaum Wegweiser. Zuweilen entsteht der Eindruck einer gewissen Hilflosigkeit. Gerichte stehen psychiatrischen Sachverständigen gegenüber, von denen die einen – bezogen auf ein und dieselbe Person und ein und denselben Zeitraum – eine schwere Depression mit einer vollständigen Berufsunfähigkeit bestätigen, die anderen eine diffuse Befindlichkeitsstörung ohne berufliche Auswirkung (BGH VersR 2008, 1676). Gerichte verlassen sich auf Sachverständige, die, weil es in der Psychiatrie keine verlässlichen Messmethoden gebe, ein die weitere berufliche Tätigkeit ausschließendes phobisches Syndrom diagnostizieren und sich zu dessen Begründung auf ihre langjährige Erfahrung und die Beobachtung der versicherten Person während der zeitlich eng begrenzten psychiatrischen Untersuchung berufen (OLG Bremen VersR 2010, 1481). Von einem Anspruchsteller vorgelegte Atteste sind regelmäßig nicht von analytischen sondern – sehr gut verständlich – therapeutischen Motiven getragen. Sie nehmen die Beschwerdenschilderung des Patienten auf, bezeichnen sie – unzutreffend – als Befund und leiten daraus eine Diagnose ab. Das kann (allerdings auch nicht zwangsläufig) eine konkrete Heilbehandlung rechtfertigen, nicht aber einen Anspruch auf Versicherungsleistungen.

Die durch solche Fahrten im Nebel drohenden Folgen sind schlimm, weil sie weder Versicherten noch Versicherern gerecht werden. Tatsächliche psychische und neurologische Krankheiten werden nicht korrekt entdeckt und damit – die Krankheitskostenversicherung im Übrigen bitter mit häufig sinnlosem Aufwand treffend – falsch behandelt, vermeintliche (und das sind nicht nur simulierte oder aggravierte) Leiden werden nicht erkannt. Versicherte geben auf der Grundlage unzulänglich recherchierter Ablehnungsentscheidungen von Versicherern auf oder begeben sich auf den langwierigen, mühseligen und oftmals die Leiden verstärkenden Weg eines Rechtsstreits. Versicherer werden mit den Unwägbarkeiten und Kosten eines Gutachterwettlaufs konfrontiert.

Nicht alle, aber eine beachtliche Zahl psychischer und neurologischer Beschwerden und ihre funktionellen Auswirkungen lassen sich indessen zunehmend verlässlicher prüfen. Die Rechtsprechung hat dort, wo Grundlage der Begutachtung die Darstellung der Beschwerden durch die versicherte Person ist, schon vereinzelt – natürlich je nach dem gegebenen Anlass (OLG Frankfurt

OLGR 2008, 761) – neuropsychologische Testungen als Teil einer lege artis vorgehenden forensischen Feststellung betrachtet (OLG Saarbrücken VersR 2011, 249). Sie begegnet mancherlei Vorbehalten: gegenüber der angeblich fehlenden Validität der Testverfahren, gegenüber den sich zuweilen für die juristische Profession nicht ohne Weiteres erschließenden Grundlagen, ihren Ansätzen und Verläufen, gegenüber den vermeintlichen Möglichkeiten der Manipulation durch die sich auf das „Examen" via Internet vorbereitenden Testpersonen.

Dem allem versucht das Handbuch „Psychologische Begutachtung" zu begegnen und gewissermaßen zur Aufklärung durch Ausgang aus der (nicht immer selbst verschuldeten) Unmündigkeit zu gelangen. Es stellt nicht nur – durch Marianne Kutzner – die psychologische Begutachtung in den rechtlichen Rahmen der Leistungsregulierung in der Berufsunfähigkeitsversicherung. Namhafte, durch zahlreiche Publikationen wissenschaftlich hervorragend ausgewiesene Experten der psychologischen und neuropsychologischen Diagnostik und der Beschwerdenvalidierung mit großer Gutachtererfahrung – Thomas Merten und Ralf Dohrenbusch – erläutern mit vielen anschaulichen Konkretisierungen den Stand der Wissenschaft, die Methoden und Möglichkeiten – aber auch die Gefahren von Fehlinterpretationen – der neuropsychologischen Prüfung. Andreas Stevens ordnet sie in den Zusammenhang psychiatrischer Exploration und Feststellung ein. Das ist nicht nur eine Anregung, sich – so frühzeitig wie möglich in der Regulierungsprüfung und, notfalls, der forensischen Praxis – die Frage zu stellen, ob die Inanspruchnahme solcher sachverständiger Erkenntnisse sinnvoll (oder gar notwendig) erscheint, es ist zugleich auch eine Anleitung, sie richtig einzusetzen: Denn nur wer die richtigen Fragen stellt, kann richtige Antworten erwarten. Dazu – zur Stellung der richtigen Fragen und zum richtigen Verständnis ihrer Beantwortung – tragen die umfangreichen „Nachschlagwerke" bei. Das eine erläutert die in der psychiatrisch-psychologischen Begutachtung verwendeten Begriffe, das andere führt in die kaum überschaubare Zahl von Testverfahren und die von ihnen lieferbaren Erkenntnisse ein.

Die Gesamtheit der mit dem Handbuch zur Verfügung gestellten Informationen ist damit ein Beitrag dazu, die Regulierung angezeigter Versicherungsfälle in der Berufsunfähigkeitsversicherung (im Übrigen aber nicht nur dort, vergleichbare Probleme tauchen in der Unfallversicherung, in der Krankheitskostenversicherung und auch in der Abwicklung von Personenschäden im Haftpflichtbereich auf) zu beschleunigen, in gewisser Weise zu versachlichen, solide Fundamente einzuziehen und auf diese Weise Versicherten früher fair und sachgemäß gerecht zu werden. Psychisch Kranke leiden zuweilen mehr unter dem Fehlen der Anerkennung ihrer Krankheit als unter der Krankheit selbst. Sie fühlen sich nicht ernst genommen, abwertend etikettiert und ausgegrenzt. Die Fortschritte der psychologischen Begutachtung können auch insoweit Änderungen zum allseitigen Nutzen bewirken.

Prof. Dr. Roland Rixecker
Präsident des Saarländischen Oberlandesgerichts

Herausgeber und Autoren

PD DR. PHIL. RALF DOHRENBUSCH

Dipl.-Psychologe mit Spezialisierung in Klinischer Psychologie,
Dr. phil., Habilitation, Psychologischer Schmerztherapeut (DGPSF),
Supervisor für Psychologische Schmerztherapie (DGPSF),
Approbation zum Psychologischen Psychotherapeuten,
Supervisor für Verhaltenstherapie.
Ralf Dohrenbusch ist Leiter der Psychotherapeutischen
Hochschulambulanz des Instituts für Psychologie
der Universität Bonn. Er arbeitet als psychologischer
Sachverständiger, vorwiegend auf zivil- und sozialrechtlichem
Gebiet. Er veröffentlichte zu Fragen der Schmerzmessung,
Psychodiagnostik, Begutachtung und Behandlungsmotivation.
Kontakt: r.dohrenbusch@uni-bonn.de

DR. PHIL. THOMAS MERTEN

Dipl.-Psychologe mit Spezialisierung Klinische Psychologie/
Psychodiagnostik, Dr. phil., postgradualer Abschluss als
Klinischer Neuropsychologe (GNP), Supervisor (GNP),
Approbation zum Psychologischen Psychotherapeuten,
Habilitation.
Thomas Merten arbeitet als Klinischer Neuropsychologe
und Klinischer Psychologe im Klinikum im Friedrichshain,
Berlin. Er besitzt umfangreiche Erfahrungen auf dem Gebiet
der Begutachtung, vorwiegend auf zivil-, verwaltungs- und
sozialrechtlichem Gebiet. Er ist Autor zahlreicher Publikationen
zur neuropsychologischen Begutachtung.
Kontakt: thomas.merten@vivantes.de

DR. PHIL. MARIANNE KUTZNER

Gründerin und Leiterin der Gen Re Business School, einer der
führenden Seminaranbieter auf dem Versicherungsmarkt.
Neben anderen Programmen initiierte die Gen Re Business
School eine postgraduierte Fortbildung für medizinische
Sachverständige, die seit zwölf Jahren regelmäßig in Kooperation
mit der Universität zu Köln und der Ärztekammer Nordrhein
durchgeführt wird. Kongresse, Seminare und Publikationen,
wie z.B. Forum Medizinische Begutachtung, Netletter
Medizinische Begutachtung und BUaktuell tragen zusätzlich zur
Qualitätssicherung in der Begutachtung bei.
Kontakt: marianne.kutzner@genre.com

PROF. DR. MED. ANDREAS STEVENS

Facharzt für Neurologie, Psychiatrie und Psychotherapie,
qualifiziert in Verkehrsmedizin und Suchtmedizin,
außerplanmäßiger Professor an der Medizinischen Fakultät der
Universität Tübingen.
Andreas Stevens leitet das Medizinische Begutachtungsinstitut
Tübingen. Er ist gefragter Gutachter an Zivil-, Straf- und
Sozialgerichten, für Träger der gesetzlichen und privaten
Unfallversicherung sowie für private Versicherungen und berät
mehrere Berufsgenossenschaften in medizinischen Fragen.
Als Autor und wissenschaftlicher Beirat ist er an zahlreichen
Fachzeitschriften beteiligt.
Kontakt: stevens@med-begutachtung.de

Abkürzungen

AACN	American Academy of Clinical Neuropsychology	BSG	Bundessozialgericht
		BSI	Brief Symptom Checklist
Abs.	Absatz	BSV	Bundesamt für Sozialversicherung
ADS	Allgemeine Depressionsskala	BU	Berufsunfähigkeit
AKGT	Amsterdamer Kurzzeitgedächtnistest	BVI	Berner-Verbitterungs-Inventar
APA	American Psychological Association	BVT	Beschwerdenvalidierungstest
AWMF	Arbeitsgemeinschaft der wissenschaftlichen medizinischen Fachgesellschaften	bzw.	beziehungsweise
		ca.	circa
		CERAD	Consortium to Establish a Registry for Alzheimer's Disease
BAR	Bundesarbeitsgemeinschaft für Rehabilitation	CT	Computertomographie
BASt	Bundesanstalt für Straßenwesen	C-Werte	Centile
BB-BUZ	Besondere Bedingungen der Berufsunfähigkeitszusatzversicherung	d. h.	das heißt
		DGN	Deutsche Gesellschaft für Neurolgie
BDI	Beck-Depressions-Inventar	DGNB	Deutsche Gesellschaft für Neurowissenschaftliche Begutachtung
BDI-II	Beck-Depressions-Inventar, überarbeitet	DGP/DGPs	Deutsche Gesellschaft für Psychologie
BDP	Berufsverband Deutscher Psychologinnen und Psychologen	DGPM	Deutsche Gesellschaft für Psychosomatische Medizin und Ärztliche Psychotherapie
BGB	Bürgerliches Gesetzbuch		
BGH	Bundesgerichtshof		
BPTK	Bundespsychotherapeutenkammer	DGPPR	Deutsche Gesellschaft für Klinische Psychotherapie und Rehabilitation
BRMS	Bech-Rafaelsen-Melancholie-Skala		

DGPSF	Deutsche Gesellschaft für psychologische Schmerztherapie und -forschung	f	folgende
		FDD-DSM-IV	Fragebogen zur Depressionsdiagnostik nach DSM-IV
DIMDI	Deutsches Institut für Medizinische Dokumentation und Information	FPI-R	Freiburger Persönlichkeitsinventar
DIN	Deutsches Institut für Normung	GCS	Glasgow Coma Scale
		GdB	Grad der Behinderung
DKPM	Deutsches Kollegium für Psychosomatische Medizin	ggf.	gegebenenfalls
		GNP	Gesellschaft für Neuropsychologie
DRV	Deutsche Rentenversicherung	GOÄ	Gebührenordnung für Ärzte
Ds-R-Skala	Dissimulation Skala Revised	GOP	Gebührenordnung für Psychologische Psychotherapeuten
Ds-Skala	Dissimulation Skala		
DSM-III	Diagnostic and Statistical Manual of Mental Disorders, veröffentlicht 1980	HADS-D	Hospital Anxiety and Depression Scale – Deutsche Version
DSM-IV	Diagnostic and Statistical Manual of Mental Disorders, veröffentlicht 1994	HAMD	Hamilton Depressionsskala
		HOPS	Hirnorganisches Psychosyndrom
DSM-5	Diagnostic and Statistical Manual of Mental Disorders, veröffentlicht 2013	H-Skalen	Skalen zur Erfassung von Hoffnungslosigkeit
		ICD-10	Internationale statistische Klassifikation der Krankheiten und verwandter Gesundheitsprobleme, Diagnosemanual
EDV	Elektronische Datenverarbeitung		
EMDR	Eye-Movement and Desensitization Reprocessing		
		ICF	International Classification of Functioning, Disability and Health
engl.	Englisch		
et al.	und andere		

ICIDH	International Classification of Impairment, Disability and Health	NAN	National Academy of Neuropsychology
i.d.R.	in der Regel	n.F.	neue Fassung
IES-R	Impact of Event Scale – Revised	NV-MSVT	Nonverbal Medical Symptom Validity Test
IQ	Intelligenzquotient	OLG	Oberlandesgericht
IRT	Item-Response-Testmodelle	O-S-Skalen	Offensichtlich-Subtil Skalen
IST	Intelligenz-Struktur-Test		
		PC	Personal Computer
		PD	Paranoid-Depressivitäts-Skala
JVEG	Justizvergütungs- und -entschädigungsgesetz	PhD	Doctor of Philosophy
		PR	Prozentrang
KFZ	Kraftfahrzeug	PSSI	Persönlichkeits-Stil- und-Störungs-Inventar
KG	Kammergericht		
KGT	Kölner Gedächtnistest	PsyD	Doctor of Psychology
KTT	Klassische Testtheorie	PT	Psychotherapeut
		PTB/PTBS	Posttraumatische Belastungsstörung
LSG	Landessozialgericht		
		PTSD	Post-traumatic stress disorder
MADRS	Montgomery Asberg Depression Scale		
MCS	Multiple chemische Sensitivität	s.	siehe
		S.	Seite
MdE	Minderung der Erwerbsfähigkeit	s.a.	siehe auch
MMPI	Minnesota Multiphasic Personality Inventory	SCL-90-R	Symptom-Checkliste bei psychischen Störungen
		SD	Standardabweichung
MMPI-2	Minnesota Multiphasic Personality Inventory, zweite Edition, veröffentlicht 1989	SFSS	Strukturierter Fragebogen Simulierter Symptome
		SGB	Sozialgesetzbuch
MSVT	Medical Symptom Validity Test	SGB X	Sozialgesetzbuch, 10. Buch
MWT	Mehrfachwahl-Wortschatz-Test	SHT	Schädel-Hirn-Trauma
		sog.	sogenannte

StPO	Strafprozessordnung	v. a.	vor allem
s. u.	siehe unten	VEI	Verhaltens- und Erleb-
SVT	Symptom Validity Test		nisinventar
SW	Standardwert	VersR	Versicherungsrecht
syn. f.	Synonym für		(Zeitschrift)
		vgl.	vergleiche
T-Wert	statistische Größe	vs.	versus (gegen)
TAP	Testbatterie zur Auf-	VS	Visual Spatial Perfor-
	merksamkeitsprüfung		mance
TOMM	Test of Memory Malin-		
	gering	WHO	Weltgesundheitsorga-
TÜV	Technischer Überwa-		nisation (World Health
	chungsverein		Organization)
		WIE	Wechsler-Intelligenztest
u. a.	unter anderem/und		für Erwachsene
	andere	WMT	Wiener Matrizen-Test
u. Ä.	und Ähnliches	WST	Wortschatztest
u. U.	unter Umständen		
USA	United States of	z. B.	zum Beispiel
	America	ZPO	Zivilprozessordnung
usw.	und so weiter	Z-Wert	statistische Größe

Teil 1:

Kontext der Begutachtung

Psychologische Begutachtung
in der BU-Leistungsregulierung

MARIANNE KUTZNER

1 Einsatz von Gutachten

1.1 Bedarf an Gutachten

Bei schwierigen medizinischen Sachverhalten kann der Leistungsregulierer in der Berufsunfähigkeitsversicherung (im Folgenden
auch BU-Versicherung) ein Gutachten einholen. Es geht bei der
Beauftragung von Gutachtern um die verlässliche Befunderhebung
nicht hinreichend medizinisch abgeklärter Krankheiten und um die
Frage, ob der Beschwerdenvortrag des Antragstellers mit Befunden
belegt werden kann. Nach der Feststellung einer Erkrankung wird
die Auswirkung der gesundheitlichen Einschränkungen auf die
Fortführung der beruflichen Tätigkeit geprüft und der Grad der
daraus resultierenden Berufsunfähigkeit festgelegt. Die meisten
BU-Tarife sehen vor, dass ab einer zu 50 % bestehenden Berufsunfähigkeit der Antrag auf Berufsunfähigkeitsrente anerkannt und
die vertraglich vereinbarte Zahlung einer Rente geleistet wird.

Hausärztliche Bescheinigungen und Atteste von den behandelnden Fachärzten sind in der Regel für die BU-Leistungsregulierung ungeeignet. Bei der Antragstellung vorgelegte Atteste oder
Untersuchungsberichte können lückenhaft oder unzureichend
sein. Bei komplexen gesundheitlichen Störungen wird der BU-
Leistungsregulierer häufig eine Fremdbegutachtung einholen, die
die Angaben des Versicherten aus neutraler, nichttherapeutischer
Sicht untersucht.

In diesen Fällen unterstützen Gutachten idealerweise das BU-Schadenmanagement. Ihre Ergebnisse nehmen Einfluss auf die Entscheidung über die anspruchsgerechte Anerkennung der Leistung. Die Auftraggeber erwarten aus guten Gründen eine sorgfältige Bearbeitung des Gutachtens unter Berücksichtigung der geltenden BU-Bedingungen und ein für die Leistungsentscheidung verwertbares Ergebnis. Sie selbst stehen in der Pflicht, dem Gutachter alle notwendigen Informationen zum Fall, einschließlich einer ausführlichen Beschreibung der beruflichen Tätigkeit des Versicherten zu vermitteln und gezielte Begutachtungsfragen zu stellen, deren Beantwortung für den Gutachter verbindlich ist.

BU-Leistungsregulierer und Gutachter sind nicht immer mit ihrer Zusammenarbeit zufrieden. Es kommt vor, dass der Leistungsregulierer das Gutachten nicht nachvollziehen kann, und es kommt vor, dass dem Gutachter die besonderen rechtlichen Bestimmungen der Berufsunfähigkeitsversicherung nicht geläufig sind. Ist das der Fall, kann das Gutachten keine umfassende Entscheidungsgrundlage liefern.

Sachgerechte Gutachten können dagegen zum Rechtsfrieden beitragen. Berechtigte Ansprüche werden anerkannt. Wenn dem Versicherten aus gesicherten Gründen die Leistung verweigert werden muss, kann er durch ein nachvollziehbares Gutachten überzeugt werden. Das mag nicht in jedem Fall gelingen und im Streitfall kann es von Vorteil sein, ein gerichtsfestes Gutachten in das Verfahren einzubringen.

1.2   Begutachtung psychischer Funktionsstörungen

Handelt es sich bei den vom Antragsteller angezeigten gesundheitlichen Störungen um die Beeinträchtigung kognitiver, emotionaler oder motivationaler Funktionen, sind die Anforderungen an die Begutachtung besonders hoch. Diese Funktionen sind als innere Vorgänge dem gutachtlichen Zugriff und der Befunderhebung nicht unmittelbar zugänglich. Störungen der kognitiven Leistungsfähigkeit können in den Bereichen Aufmerksamkeit und Konzentration, Lernen und Gedächtnis, Sprache und Sprechen und bei der visuellen und visuell-räumlichen Wahrnehmung vorliegen.

Ursachen dafür können neurologische, psychiatrische Erkrankungen, psychische Störungen, Schmerzstörungen u. a. sein (Merten, Dohrenbusch in diesem Band). Neurologische Erkrankungen des Gehirns wie z. B. Schlaganfälle, entzündliche Gehirnerkrankungen oder Unfallfolgen von Schädel-Hirn-Traumen können kognitive Leistungseinbußen bedingen. Sie können ebenso bei psychischen Störungen vorliegen, wie z. B. bei der Depression oder der posttraumatischen Belastungsstörung.

In der Regel denkt der Leistungsregulierer in der BU-Versicherung zuerst an einen Gutachter aus dem nervenärztlichen Bereich, also an einen Neurologen und Psychiater. Eine entsprechende Befunderhebung kann den Nachweis für eine Erkrankung und eine Erklärung für die vorgetragenen kognitiven Leistungseinbußen erbringen. Zur Beurteilung des Ausmaßes der Einschränkung kognitiver, emotionaler und motivationaler Funktionen ist ein psychologisches Gutachten oft unverzichtbar. Psychologische Gutachten werden einbezogen, weil sie auf der Grundlage psychologischer Testverfahren weitere Erkenntnisse z. B. über das kognitive Leistungsvermögen in das Gutachtenverfahren einbringen, für die der Nervenarzt über keine Messmethoden verfügt (Widder & Gaidzik, 2011). In der Regel werden psychologische Zusatzgutachten vom medizinischen Gutachter vorgeschlagen und im günstigen Fall in einem engen fachlichen Austausch beauftragt und besprochen.

In vielen Fällen sind z. B. kognitive Störungen Folgen von organischen oder psychiatrischen Krankheiten. Ihre Leistungseinschränkungen und die Einschränkung der beruflichen Tätigkeit können in der Zusammenarbeit von medizinischen und psychologischen Gutachtern festgestellt und Aussagen über die Auswirkungen auf die berufliche Tätigkeit getroffen werden.

1.3 Begutachtung von Befindlichkeitsstörungen

Unspezifische Beschwerden, wie Müdigkeit und Erschöpfbarkeit, können Folgen organischer und psychischer Krankheiten, z. B. Multiple Sklerose oder Depression, sein. In anders gelagerten Fällen werden die gleichen Beschwerdenkomplexe häufig als Befindlichkeitsstörungen erlebt, die laut Vortrag des Versicherten eine

Fortführung der beruflichen Tätigkeit ausschließen. Das sieht die Rechtsprechung zur BU-Leistungsregulierung anders.

Beschwerdenkomplexe wie z. B. Schlaf- und Konzentrationsstörungen, Nervosität und unspezifische Angstzustände können – so ein OLG-Urteil – den Antragsteller mehr oder weniger oder auch gar nicht in der Berufsausübung belasten (OLG Saarbrücken, 08.03.2006, VersR 2007, 96). Das Gericht erklärt an anderer Stelle, dass der Versicherte in Einzelfällen darlegen muss, aus welchen Gründen er seine gesundheitlichen Beeinträchtigungen „nicht in den Griff bekommen" konnte. Nur dann kann geprüft werden, ob eine krankheitswertige Störung vorliegt, die ihn außerstande setzt, seine Berufstätigkeit fortzuführen (OLG Saarbrücken, 02.11.2006, VersR 2007, 974). Die Rechtsprechung sieht es in diesen Fällen als nicht zulässig an, den Sachverständigen zu beauftragen „auszuforschen", ob es für die nicht näher konkretisierten gesundheitlichen Belastungen oder Stimmungsschwankungen versicherungsvertraglich relevante Gründe für eine Berufsunfähigkeit gibt (OLG Saarbrücken, 08.03.2006, VersR 2007, 96). Diese klare gerichtliche Stellungnahme gibt Orientierung für den Umgang mit Befindlichkeitsstörungen in der BU-Leistungsregulierung.

Die Feststellung und Einordnung von Befindlichkeitsstörungen stellt nach wie vor eine Herausforderung in der Begutachtungssituation dar. Sie müssen als Befindlichkeitsstörungen erkannt und begründet werden, möglicherweise zugrunde liegende organische Erkrankungen sollten ausgeschlossen sein. Wenn Beschwerden als „reine Befindlichkeitsstörungen" festgestellt werden, haben sie keinen Krankheitswert. Das sieht auch die OLG-Rechtsprechung so, indem sie ausführt, dass unter Krankheit im Sinne der BU-Bedingungen nicht jede Befindlichkeitsschwankung, Motivationsstörung oder depressive Verstimmung zu verstehen ist, die ein Versicherter selbst und ohne medizinische Hilfe beherrschen kann und die aus psychiatrischer Sicht nicht einmal das Gewicht einer leichten psychischen „Krankheit" hat (OLG Saarbrücken, 08.01.2003, VersR 2004, 54).

Diese Beschwerdenkomplexe sind als inneres Erleben des Probanden schwerlich auf die Befundebene zu bringen und werden potenziell als aggravations- und simulationsnah gesehen. Das Bundessozialgericht führt dazu aus, dass aufgrund der Simulationsnähe neurotischer Störungen und der Schwierigkeiten, solche Störungen von Simulation und Aggravation klar unterschieden nachzuweisen, eine eindeutig abgegrenzte Beweisantwort vornehmlich von den ärztlichen Sachverständigen zu verlangen und bei der Beweiswürdigung ein strenger Maßstab anzulegen ist (BSG, Urteil vom 07.04.1964, 4 RJ 283/60).

Die psychologische Diagnostik wird in solchen Fällen eingesetzt, um die kognitive Leistungsfähigkeit zu prüfen und unter Einsatz von Beschwerdenvalidierungstests Aggravations- und Simulationstendenzen festzustellen (Merten, Dohrenbusch in diesem Band).

1.4 Anstieg der Fälle mit psychischen Beschwerden

Die psychologische Begutachtung trat in den letzten Jahren mit dem Anstieg an psychischen Störungen bei den Versicherten in das Blickfeld der BU-Leistungsregulierung. Die Zahl der Leistungsanträge, in denen die Berufsunfähigkeit mit psychischen Störungen begründet wird, steigt kontinuierlich an. Die Versicherer verzeichnen insgesamt einen signifikanten Anstieg. Anträge mit psychischen Störungen stehen in der Schadenstatistik der privaten Versicherungen an zweiter Stelle nach den Erkrankungen des Haltungs- und Bewegungsapparats (Rückenbeschwerden) (www.nuernberger.de, www.swisslife.de, www.lvm.de).

Viele psychische Störungen gelten als schwer objektivierbar, weil sie als nicht handgreiflich fassbar, nicht bildlich darstellbar und nicht messbar gelten. Der Beschwerdenvortrag darf die Befunderhebung nicht ersetzen. Deshalb wurde die Anwendung psychologischer Messmethoden bei geistigen Leistungseinschränkungen und die Möglichkeiten der Beschwerdenvalidierung durch Testverfahren, aufgrund derer eine Aussage über Aggravation und Simulation getroffen werden kann, in der BU-Leistungsregulierung interessiert aufgenommen und verfolgt.

2 Erhebung von Befunden

2.1 Beschwerdenvortrag

Ein vieldiskutiertes Urteil des Bundesgerichtshofs aus dem Jahr 1999 führt aus, dass der ärztliche Nachweis nicht in den Befunden der Apparatemedizin oder der sonstigen Zusatzdiagnostik bestehen muss. Der ärztliche Nachweis der Erkrankung – auf psychiatrischem Fachgebiet – kann dadurch geführt werden, dass ein Arzt seine Diagnose auf die Beschwerdenschilderung des Probanden stützt (BGH, 14.04.1999, VersR 1999, 838). Das Urteil wurde von der Leserschaft weitgehend so ausgelegt, dass eine objektive Befunderhebung bei psychiatrischen Erkrankungen und psychischen Störungen gemäß höchstrichterlicher Rechtsprechung nicht erfolgen muss.

Wolfgang Römer, Richter am Bundesgerichtshof a.D., stellte in einem gemeinsam mit Klaus Foerster und Andreas Stevens, beide Nervenärzte, verfassten Artikel klar, dass es nach Auffassung des Bundesgerichtshofs nicht ausreichend sein kann, den Anspruch auf eine Berufsunfähigkeitsrente allein auf die Beschwerdenschilderung des Antragstellers hin zu gewähren. Jurist und Mediziner stimmen darin überein, dass die Beschwerdenschilderung des Probanden nicht genügt, um eine Krankheit festzustellen, insbesondere dann nicht, wenn es um Zahlungsansprüche geht. Eine Diagnose kann „auch" oder „unter anderem", aber nicht ausschließlich auf den Beschwerdenvorgang gestützt werden. Feststellung der Krankheit kommt ohne objektive Befunde nicht aus, maßgeblich ist das objektive Leistungsbild (Römer, Foerster & Stevens, 2005). Das sieht auch das Bundessozialgericht so, indem es ausführt, dass selbstverständlich die Eigenangaben des Probanden nicht überbewertet und zum alleinigen Kriterium der Beurteilung gemacht werden dürfen (BSG, Beschluss vom 09.04.2003, B 5 RJ 80/02 B).

Gemäß den BU-Bedingungen muss die Krankheit ärztlich nachgewiesen sein. Der Nachweis wird über eine objektive Befunderhebung geführt. Bei Diagnosestellung kann unter anderem der Beschwerdenvortrag mit einbezogen werden.

2.2 Anforderungen an die Befunderhebung

Der Sachverständige darf sich nicht darauf beschränken, Schilderungen des Probanden für glaubhaft zu halten. Der Beschwerdenvortrag gibt das subjektive Erleben wieder. Gutachten, in denen der Beschwerdenvortrag und die gesicherten Befunde nicht in Einklang stehen, sind keine Seltenheit. Gesundheitliche Beeinträchtigungen der Leistungsfähigkeit sollten objektiv festgestellt werden. Diese Anforderungen werden zurzeit nicht von allen Gutachten erfüllt.

Die Diagnose sollte sich bei einem psychischen Leiden nicht auf Kurzgutachten ohne wesentliche Substanz stützen. Gerade hier, so das Kammergericht Berlin, ist eine eingehende Auseinandersetzung mit den einzelnen Äußerungsformen des Leidens erforderlich für eine Diagnosestellung (KG, 11.06.2002, VersR 2003, 718).

Der Anstieg an Leistungsanträgen mit psychischem Störungsbild führt zu erhöhten Anforderungen an die Begutachtung und ruft die Forderung nach einem Standard für eine stringente Befunderhebung hervor. Die Befunderhebung soll breiter aufgestellt werden und mehrere methodische Zugänge nutzen, um verlässlich verwertbare Ergebnisse zu erhalten. Das psychologische Gutachten unter Anwendung von psychodiagnostischen Verfahren bietet sich als gutachtliche Erkenntnisquelle bei komplexen und schwer objektivierbaren Fällen an.

Letztlich wichtig für die BU-Leistungsregulierung ist nicht die Menge der in Gutachten eingesetzten Verfahren, sondern die professionelle Auswahl und Anwendung der angesichts einer spezifischen Fallkonstellation zielführenden Methoden. Die Erhebung von quantitativ beeindruckenden Befunden, die zum Gutachtenergebnis nichts oder wenig beitragen, wird allein aus Kostengründen nicht toleriert werden können.

2.3 Plausibilitätskriterien

Nach welchen Kriterien kann der BU-Leistungsregulierer seine Überzeugung vom Vorliegen einer Erkrankung mit Auswirkungen auf die berufliche Tätigkeit ausrichten?

Da die psychiatrischen Diagnosen in der Regel den Ausschluss einer zugrundeliegenden organischen Störung oder den Ausschluss der Verursachung durch psychotrope Substanzen oder Medikamente erfordern, nehmen ärztliche Gutachter – auch im psychiatrischen Bereich – eine körperliche und eine neurologische Untersuchung vor (Stevens, Fabra & Merten, 2009; Stevens, 2009). Der BU-Leistungsregulierer kann auf die Befunde der körperlichen und neurologischen Untersuchung schauen.

Die Verhaltensbeobachtung des Probanden beginnt beim Eintritt in den Begutachtungsraum und endet bei seiner Verabschiedung. Die Dokumentation über angemessenes, auffälliges oder widersprüchliches Verhalten gibt dem Leistungsregulierer weitere Anhaltspunkte.

Der Gutachter führt eine Exploration oder ein Interview mit dem Versicherten durch. In diesem Rahmen informiert sich der Gutachter über die Situation des Probanden und greift seine Beschwerden auf. Eine bloße Wiedergabe von Beschwerden als Interviewergebnis ist nicht zureichend. Es wird erwartet, dass der Gutachter als Ergebnis des Interviews Befunde benennt, die er z. B. im Abgleich mit diagnostischen Kriterien von Krankheiten gewonnen hat. Können keine pathologischen Befunde erhoben werden, liegt es im Interesse des Auftraggebers, dafür eine begründete Dokumentation im Gutachten zu finden.

Sachverständige haben Kriterien entwickelt, mit denen eine Konsistenz- und Plausibilitätsprüfung der während des Gutachtentermins erhobenen Daten vorgenommen werden kann (Widder, 2003; Venzlaff & Foerster, 2009; Hausotter, 2009):

- Diskrepanz zwischen subjektiver Beschwerdenschilderung und körperlicher Beeinträchtigung in der Untersuchungssituation
- Geringer erkennbarer Leidensdruck trotz intensiv geschilderter Beschwerden
- Vage, wechselhafte und unpräzise Schilderung der Beschwerden und des Krankheitsverlaufs
- Diskrepanzen zwischen eigenen Angaben und fremdanamnestischen Informationen
- Angabe dauernder Beschwerden, die sich zu keiner Tageszeit bessern und die durch nichts zu mildern sind

- Diskrepanz zwischen geschilderten Beeinträchtigungen und Aktivitäten des täglichen Lebens
- Fehlen ausreichender Therapiemaßnahmen trotz ausgeprägt beschriebener Beschwerden
- Fehlen eigener Strategien und Maßnahmen zur Schmerzbewältigung
- Fehlende sachliche Diskussion möglicher Verweisungsberufe
- Rückzug von unangenehmen Tätigkeiten, wie z. B. Beruf und Haushalt, jedoch nicht von angenehmen Dingen des Lebens, wie z. B. Hobbies, Vereine, Haustiere, Urlaubsreisen
- Trotz Rückzug von aktiven Tätigkeiten Beibehalten von Führungs- und Kontrollfunktionen, wie z. B. Überwachung der Hausarbeit von Angehörigen, Steuerung des Einkaufsverhaltens von Angehörigen
- Erkennbarer Einsatz der geklagten Schmerzen für die Durchsetzung eigener Wünsche und Vorstellungen

Solche Kriterien werden von richterlicher Seite aufgegriffen und zur Anwendung und Orientierung empfohlen (Rixecker, 2006). Sie können dem BU-Leistungsregulierer als Leitfaden bei der Durchsicht und Prüfung des Gutachtens dienen.

Die Bezeichnungen „Plausibilitätskriterien" oder „Überzeugungskriterien" sind der Bezeichnung „Glaubenskriterien", die zuweilen auch verwandt wird, für die Begutachtung in der BU-Leistungsregulierung vorzuziehen. In der Begutachtung für die BU-Leistungsregulierung sollten Ergebnisse – auch im psychischen Bereich – nicht „geglaubt werden müssen", sondern als Tatsachenfeststellungen Grundlage für die Leistung oder Verweigerung von Zahlungen sein. Die BU-Leistungsregulierung kann in allen gutachtlichen Bereichen eine Befunderhebung einfordern (Stevens, Fabra & Merten, 2009). Dagegen spricht nicht, dass Inhalt und Form von Gutachten heute heterogen gestaltet sein können und deshalb an deren Qualitätssicherung kontinuierlich weitergearbeitet werden muss.

3 Psychologische Gutachten

3.1 Zusammenarbeit von Medizinern und Psychologen

Macht der Gutachtenfall eine weitere Befunderhebung im Bereich der psychischen Funktionsstörungen erforderlich, kann der medizinische Gutachter mit einem psychologischen Gutachter zusammenarbeiten, der spezifische Untersuchungen vornimmt. In der Regel werden in diesen Fällen auch von einem Gericht ergänzend zu den psychiatrischen Stellungnahmen testpsychologische Untersuchungen erwartet (Rixecker, 2006).

Die Zusammenarbeit von Medizinern und Psychologen bei gemeinsamen Gutachten ist für die Qualität des Gesamtergebnisses bedeutend. Die Ergebnisse einer Begutachtung durch Mediziner und Psychologen profitieren von einem kontinuierlichen Austausch, bei dem sich notwendige Abstimmungen und Ablaufroutinen eingespielt haben und die Information über die jeweiligen Untersuchungsergebnisse im Mittelpunkt steht. Es gibt Teams von Medizinern und Psychologen, die das Modell der Zusammenarbeit professionell entwickelt haben.

Medizinische Gutachter nehmen insgesamt gesehen die Leistung von Psychologen unterschiedlich in Anspruch. Einige arbeiten nicht mit psychologischen Gutachtern zusammen, andere beauftragen regelmäßig psychologische Gutachter. Manche medizinische Gutachter setzen selbst psychodiagnostische Methoden im Rahmen ihrer Begutachtungstätigkeit ein.

Psychodiagnostische Methoden, einschließlich standardisierter Befunderhebung, Fremd- und Selbstbeurteilungsskalen, Testverfahren und neuropsychologischer Diagnostik, sind Bestandteile von Weiterbildungsordnungen zum Facharzt für Nervenheilkunde, zum Facharzt für Psychiatrie sowie zum Facharzt für Psychotherapie (z.B. Weiterbildungsordnung der Ärztekammer Westfalen-Lippe).

Fachärzte der Nervenheilkunde (Neurologie und Psychiatrie), Psychiatrie und Psychotherapie sind berechtigt, bei der Testzentrale Göttingen, Hogrefe Verlag, psychometrische Tests zu beziehen.

Formale Voraussetzungen versetzen den medizinischen Gutachter nicht in die Lage, diese Methoden sachgerecht anzuwenden.

Die angeleitete Anwendung der psychodiagnostischen Methoden innerhalb der Facharztausbildung, die Qualifizierung in einer späteren Fortbildung und Erfahrungen mit dem Einsatz der Methoden innerhalb der Begutachtung erscheinen zwingend notwendig.

3.2 Haupt- und Zusatzgutachten

Die Begriffe Haupt- und Zusatzgutachten sind in der BU-Leistungsregulierung geläufig. Sie spielen in allen Bereichen der Begutachtung eine Rolle. Arbeiten medizinische und psychologische Gutachter zusammen, fertigen Mediziner in der Mehrzahl der Fälle das Hauptgutachten an und Psychologen das Zusatzgutachten.

Der psychologische Gutachter wird in einigen Fällen direkt vom BU-Leistungsregulierer beauftragt. Das kann geschehen, wenn der medizinische Gutachter seinen Beitrag zur Klärung des Falls beigesteuert hat und es um die Beurteilung der unterschiedlichen kognitiven und motivationalen Funktionseinschränkungen geht. Gelegentlich wird der als Hauptgutachter bestellte Psychologe ein medizinisches Zusatzgutachten vorschlagen, wenn er im Kontext seiner Begutachtung Bedarf an einer ärztlichen Untersuchung und Stellungnahme hinsichtlich des Krankheitsbildes sieht.

3.3 Gutachtenauftrag

Der Gutachter sollte den rechtlichen BU-Bedingungsrahmen gut kennen: Die Definition der Berufsunfähigkeit liegt jedem Verfahren der Leistungsregulierung zugrunde. Sie ist in § 2 der Bedingungswerke der Lebensversicherungen festgelegt und enthält bei abweichenden Formulierungen im Kern die folgende Aussage: Eine Leistung kann gemäß § 2 Abs. 1 der Bedingungen zur Berufsunfähigkeitsversicherung beanspruchen, wer infolge Krankheit, Körperverletzung oder Kräfteverfall, die ärztlich nachzuweisen sind, zu mindestens 50 % im Vergleich mit einem körperlich und geistig Gesunden mit vergleichbaren Fähigkeiten und Kenntnissen außerstande ist, seinen Beruf auszuüben. Dieser Zustand muss mindestens sechs Monate andauern.

Über den Nachweis einer Erkrankung hinaus geht es um die Frage, wie sich die gesundheitlichen Beeinträchtigungen auf die Berufsausübung auswirken. Dazu sind Einzelheiten der beruflichen Tätigkeit und das berufliche Anforderungsprofil zu erheben.

Die Versicherungsbedingungen müssen dem Gutachter zur Kenntnis gebracht werden, da sie von Versicherung zu Versicherung unterschiedlich sind. Die Verwertbarkeit eines Gutachtens für den Auftraggeber hängt wesentlich davon ab, dass er die Begrifflichkeit unterschiedlicher Rechtsgebiete nicht vermischt bzw. falsch verwendet. Die Begriffe der privaten Berufsunfähigkeitsversicherung unterscheiden sich von denen anderer Leistungsträger, z. B. den Sozialversicherungen.

Der Versicherer versorgt den Gutachter idealerweise mit allen notwendigen Unterlagen zum Leistungsfall. Er macht ihn mit dem Begriff der BU vertraut, und klärt ihn über das dem Vertrag zugrunde liegende Bedingungswerk auf. Er teilt ihm mit, was über die Diagnosestellung hinaus von ihm erwartet wird. Selbst eine gesicherte Diagnose bedeutet nicht die Beeinträchtigung des Leistungsvermögens im Beruf. Deshalb legt ihm der Leistungsregulierer den außermedizinischen Sachverhalt in Form von Tätigkeits- und Arbeitsplatzbeschreibungen sowie von Fähigkeitsprofilen der Berufsausübung vor, soweit sie ihm zur Verfügung stehen. Der Leistungsregulierer stellt aufgrund seiner genauen Kenntnis des Leistungsfalls im Gutachtenauftrag präzise Fragen, anhand deren Beantwortung er den BU-Grad bestimmen und den Antrag auf Berufsunfähigkeitsrente entscheiden kann.

Der Gutachtenauftrag des Versicherers geht an den Hauptgutachter, der im Bedarfsfall einen Zusatzgutachter vorschlägt und auswählt. Dazu holt er vorab die Zustimmung des Versicherers ein. Der Hauptgutachter informiert den Zusatzgutachter über den Status der Befunderhebung und gibt seinerseits die Befunderhebung in Auftrag. Der Hauptgutachter trägt die Verantwortung dafür, dass der Auftrag insgesamt erfüllt wird. Der Leistungsregulierer legt den Fall vertrauensvoll in seine Hände. Er nimmt in der Regel keinen Einfluss auf die Zusammenarbeit zwischen Haupt- und Zusatzgutachter.

3.4 Psychodiagnostische Methoden

Vom psychologischen Gutachten wird Aufklärung über leistungseinschränkende kognitive oder motivationale Funktionsstörungen erwartet. Die gutachtliche Aussage allein, dass der Versicherte an Konzentrationsstörungen oder Gedächtnisausfällen leide, genügt nicht. Der Nachweis dafür ist zu erbringen. In der BU-Leistungsregulierung sind die leistungseinschränkenden Folgen neurologischer oder psychischer Störungen von großer Relevanz für die Entscheidung über den Leistungsantrag, da sie je nach Ausprägung die Fortführung jeder beruflichen Tätigkeit verhindern können.

Welche psychischen Funktionsbereiche vom psychologischen Gutachter untersucht werden, hängt von der Art der Fragestellung und der Art der Beeinträchtigung ab. Für die Testung und Untersuchung der unterschiedlichen Funktionsbereiche steht dem psychologischen Gutachter eine Vielzahl von Testverfahren zur Verfügung. Die inhaltliche Auswahl der Testverfahren, ihre Kombination, ihre Abfolge und ihre Auswertung liegen beim psychologischen Gutachter (Merten, Dohrenbusch, in diesem Band).

Der Einsatz psychometrischer Tests gehört in professionelle Hände. Die Durchführung psychometrischer Tests erfordert eine hohe Qualifikation, Hilfskräfte können und sollen sie nicht durchführen. Darauf kann der BU-Leistungsregulierer den Hauptgutachter bei der Bewilligung des Zusatzgutachtens hinweisen.

In der psychologischen Forschung werden Test- und Untersuchungsmethoden intakter und gestörter Funktionen entwickelt. Der Einsatz dieser psychometrischen Verfahren soll zu Erkenntnissen über psychische Funktionen führen und ist der zentrale Teil psychologischer Befunderhebung. Die psychologische Befunderhebung kann den Einsatz weiterer Methoden und Verfahren umfassen. Psychologische Gutachter weisen darauf hin, dass sich ihre Arbeit nicht in der Testdiagnostik erschöpft.

Neben den psychometrischen Tests verwendet der psychologische Gutachter unterschiedliche Fragebögen, z.B. Persönlichkeitsfragebögen. Der Leistungsregulierer sollte wissen, dass alle Formen der Befragung und Selbstbeschreibung des Versicherten keine objektiven Befunde liefern und auch nicht als solche vom

Gutachter ausgewiesen werden dürfen. Sie dienen dem Gutachter innerhalb des Verfahrens für verschiedene andere Zwecke, abhängig von seinem Untersuchungsplan. Die psychologische Untersuchung kann Interviewteile und die Verhaltensbeobachtung des Probanden enthalten. Wenn neuropsychologische Verfahren auch primär auf die Erfassung kognitiver Funktionen abzielen, lassen sie zusätzlich Schlussfolgerungen über die Belastbarkeit der Probanden zu, denn psychologische Untersuchungen dauern einige Stunden. Zwischen den Testergebnissen und zwischen den übrigen erhobenen Daten und Befunden werden Konsistenz- und Plausibilitätsprüfungen vorgenommen.

Ergebnisse psychometrischer Tests sind hinsichtlich der Befundqualität nicht mit Laborergebnissen oder Röntgenbildern gleichzusetzen, da sie von der Kooperation der Probanden abhängig sind. Die Grenzen psychodiagnostischer Verfahren liegen in der Kooperations- oder Motivationsabhängigkeit. Diese Erkenntnis führte in der BU-Leistungsregulierung zunächst dazu, die Beauftragung von psychologischen Gutachtern zu überdenken, vor allem unter Kostengesichtspunkten.

In der BU-Leistungsregulierung geht es um die Beanspruchung einer Rentenzahlung, die gewährt wird, wenn sich die kognitiven oder emotionalen Funktionsstörungen deutlich einschränkend auf die Berufsausübung auswirken. Die Motivation des Versicherten, bei der Bearbeitung der unterschiedlichen Testverfahren nach allen Kräften mitzumachen, kann von daher gemindert sein. Schlechte Testleistungen gelten als Befund für kognitive Funktionsstörungen nur dann, wenn der Proband Anstrengungsbereitschaft gezeigt hat. Die Anstrengungsbereitschaft kann innerhalb der psychologischen Untersuchung auf unterschiedlichen Wegen überprüft werden und die Objektivität der Ergebnisse stützen. Der Einsatz von Tests zur Beschwerdenvalidierung nimmt für diese Zwecke eine besondere Stellung ein.

3.5 Beschwerdenvalidierung

Bei allen Konsistenz- und Plausibilitätsüberlegungen im Rahmen von Gutachten geht es um die Prüfung der Validität, also der Gültigkeit der Erhebungen: z. B. Stimmen die Messergebnisse überein? Widersprechen sich die Aussagen des Probanden und die Fragebogenergebnisse? Aus diesem Datenabgleich können sich Hinweise auf bewusst unrichtig gegebene Aussagen und bewusst gesteuertes unteroptimales Leistungsverhalten in der Untersuchungssituation ergeben. Weitere Hinweise können sich aus den für die Funktionsbeurteilung eingesetzten psychometrischen Testverfahren ergeben, die konzeptionell Validitätsparameter enthalten.

Die zuverlässigste Methode zur Validierung psychologischer Befunde sind gesonderte Tests zur Beschwerdenvalidierung, die das Testverhalten des Probanden, insbesondere seine Anstrengungsbereitschaft untersuchen.

In Nordamerika wird die Untersuchung der Anstrengungsbereitschaft von den Gutachtenauftraggebern als Bestandteil neuropsychologischer Diagnostik gefordert. Testverfahren zur Beschwerdenvalidierung können in den USA als durchgesetzt angesehen werden (Merten & Dettenborn, 2009). Das ist in Europa und Deutschland nicht der Fall. Informationen über diese Untersuchungsmöglichkeit werden inzwischen in zahlreichen Veröffentlichungen und Vorträgen weitergegeben. Seit 2009 gibt es einen alle zwei Jahre stattfindenden internationalen Kongress zur Beschwerdenvalidierung, der von Deutschland aus organisiert wird. Auf dieser Veranstaltung tauschen sich psychologische und medizinische Gutachter aus.

In Gutachtenaufträgen wird der Einsatz von Beschwerdenvalidierungstests manchmal gezielt angefordert. In den Gutachten für die BU-Leistungsregulierung werden sie gelegentlich eingesetzt. Das Potenzial der Testverfahren überzeugt die meisten Auftraggeber. An eine flächendeckende standardmäßige Durchführung von Beschwerdenvalidierungstests ist zurzeit nicht zu denken. Der zusätzliche Kostenfaktor für psychologische Gutachten spielt eine Rolle bei der Auftragsvergabe. Hinzu kommt, dass noch nicht hinreichend psychologische Gutachter mit der Methode vertraut sind bzw. sie noch nicht standardmäßig einsetzen.

4 Anforderungen an das Gutachtenergebnis

4.1 Simulation und Aggravation

Objektive und damit für die BU-Leistungsregulierung entscheidungsrelevante Gutachtenergebnisse sind nicht gegeben bei Simulation und Aggravation. Aussagen über Simulation oder Aggravation müssen von daher Bestandteil des Gutachtens sein, wenn sie im Verlauf der Untersuchung festgestellt werden. Das psychologische Gutachten, insbesondere die Methoden zur Beschwerdenvalidierung können zur Aufklärung und zum Nachweis von Simulation und Aggravation beitragen.

Simulation ist die bewusste und absichtliche Vortäuschung von Beschwerden oder Störungen, um eine private BU-Rente zu erlangen. Aggravation ist die bewusste Übertreibung oder Ausweitung von Beschwerden. Vorhandene Symptome werden verstärkt. Darunter fallen nicht die Verdeutlichungstendenzen, die von manchen Gutachtern als zur Untersuchungssituation dazugehörig betrachtet werden, weil der Proband dazu tendiert, überzeugen zu wollen.

Die Gerichte sehen bei einem gutachtlichen Nachweis von Aggravation keine Möglichkeit, die Krankheit zu bestimmen. In einem Urteil des Landessozialgerichts konnte das Ausmaß der beeinträchtigenden Beschwerden aufgrund einer somatoformen Schmerzstörung nicht mit der erforderlichen Sicherheit spezifiziert werden. Der gerichtliche Sachverständige hatte ein tendenziöses Verhalten nachgewiesen, das er als Aggravation in erheblichem Ausmaß und zum Teil auch als Simulation angab. Das Ausmaß des Krankheitsbildes war durch das Gericht vor dem Hintergrund des Verhaltens mit bis an die Grenze zur Simulation reichenden Übertreibungen nicht näher spezifizierbar. Es blieb offen, in welchem Ausmaß eine Beeinträchtigung vorlag, und deshalb war die Klage abzuweisen (LSG Baden-Württemberg, L 6 R 3419/07, 19.06.2008).

Auch unter Berücksichtigung der psychischen Erkrankung des Antragstellers sah das Gericht keine mindestens 50-prozentige Berufsunfähigkeit gegeben. Die vom Sachverständigen festgestellten Aggravationstendenzen hinderten das Gericht daran, eine sichere

Überzeugung von einem bestimmten tatsächlich vorliegenden Grad der Berufsunfähigkeit zu gewinnen. Der Anteil der Aggravation konnte vom Sachverständigen nicht genau bestimmt werden, so dass selbst bei voller Berücksichtigung der depressiven Tendenzen eine Überzeugungsbildung zugunsten des Antragstellers ausgeschlossen wurde (OLG Frankfurt, 17.06.2005, ZfS 2006, 524).

4.2 Zusammenführung der Ergebnisse

Die Zusammenführung der Ergebnisse aller gutachtlichen Untersuchungen erfolgt durch den Hauptgutachter. Der Hauptgutachter hat die Aufgabe, nach der psychologischen Befunderhebung alle Daten und Informationen zu sichten und miteinander abzugleichen, indem er eine abschließende Konsistenz- und Plausibilitätsprüfung vornimmt. Die Ergebnisse dieser Überlegungen müssen im Gutachten dokumentiert und nachvollziehbar dargelegt werden. Auf dieser Grundlage sind die Auftragsfragen zu beantworten.

4.3 Festlegung des BU-Grades

Der Gutachter spielt eine wichtige Rolle bei der Beurteilung des BU-Grades. Von der Qualität seines Ergebnisses hängt in schwierigen Fällen die Entscheidung über den Fall ab. Die Nachvollziehbarkeit in der schriftlichen Darstellung erleichtert den am Verfahren beteiligten Parteien bis hin zum Gericht diese Aufgabe.

Entgegen der Praxis einiger Gutachter ist die Festlegung des BU-Grades keine gutachtliche Pflicht, sondern die Aufgabe des BU-Leistungsregulierers. Er führt die unterschiedlichen Teile zusammen und bezieht Tatbestände, die außerhalb des medizinischen Gutachtens liegen, mit in seine Entscheidung ein. Die Festlegung des BU-Grades ist eine juristische Entscheidung, weil sie auf Grundlage der einschlägigen Versicherungsbedingungen getroffen wird.

Falls die Frage nach der Höhe des BU-Grades ausdrücklich im Gutachtenauftrag steht, muss der Gutachter sie nicht beantworten. Für den BU-Leistungsregulierer ist es manchmal hilfreich, die

Einschätzung des Gutachters zum BU-Grad zu wissen. Der Gutachter kann in diesen Fällen die Frage mit folgender Umschreibung beantworten: „Die Befunde rechtfertigen keinen/einen BU-Grad von xy". Diese Formulierung hat Empfehlungs- und keinen Feststellungscharakter.

5 Auswahl des Gutachters

5.1 Fachliche Zuständigkeiten

Die Bearbeitung von BU-Fällen erfordert neben vielen anderen Qualifikationen gute medizinische Kenntnisse des BU-Leistungsregulierers. Diese eignet er sich im Unternehmen, in Schulungen und durch die fortlaufende Bearbeitung von Fällen an. Als medizinischer Laie bewältigt er eine anspruchsvolle und verantwortungsvolle Aufgabe. Dazu gehört die Auswahl des geeigneten Gutachters. Sowohl das medizinische als auch das psychologische Fach hat Teilbereiche entwickelt. Vertreter unterschiedlicher Bereiche bieten sich für die Erstellung von Gutachten an (vgl. Abbildungen 1 und 2):

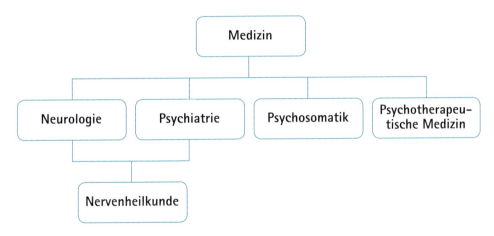

Abbildung 1: Teilbereiche der Medizin

Neurologie
Neurologie bezeichnet ein Fachgebiet der Medizin, das sich mit der Erforschung, Erkennung und Behandlung von organisch begründbaren Erkrankungen des zentralen, peripheren und vegetativen Nervensystems befasst.

Psychiatrie

Psychiatrie ist eine Teildisziplin der Medizin, die sich mit der Prävention, Diagnostik und Therapie seelischer Störungen (Psychosen, Neurosen u. a. seelischen Krankheiten) beschäftigt.

Nervenheilkunde

Der Nervenarzt ist Neurologe und Psychiater. Die Nervenheilkunde umfasst die organisch fassbaren Erkrankungen des zentralen und peripheren Nervensystems sowie die nicht organisch fassbaren, sondern überwiegend seelisch begründeten Störungen der Gesundheit.

Psychosomatik

Psychosomatik ist die Wissenschaft von der Wechselwirkung von Körper und Seele. Sie befasst sich mit den seelischen (psychischen) Einflüssen auf körperliche (somatische) Vorgänge, deren Diagnostik, Entstehung und Behandlung.

Psychotherapeutische Medizin

Die Psychotherapeutische Medizin umfasst die Erkennung, die Psychotherapie, die Prävention und Rehabilitation von Krankheiten und Leidenszuständen, an deren Verursachung psychosoziale Faktoren, deren subjektive Verarbeitung und/oder körperlich-seelische Wechselwirkungen maßgeblich beteiligt sind.

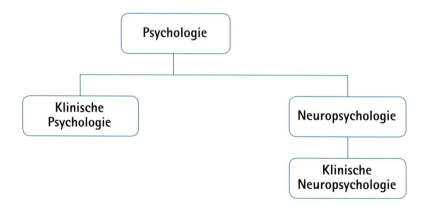

Abbildung 2: Teilbereiche der Psychologie

Psychologie

Psychologie ist eine eigenständige, von der Medizin unabhängige, empirische Wissenschaft. Sie beschreibt und erklärt das Erleben und Verhalten des Menschen, seine Entwicklung im Laufe des Lebens und alle dafür maßgeblichen inneren und äußeren Ursachen und Bedingungen.

Klinische Psychologie

Klinische Psychologie ist diejenige Teildisziplin der Psychologie, die sich mit psychischen Störungen und den psychischen Aspekten somatischer Störungen/Krankheiten befasst.

Neuropsychologie

Neuropsychologie ist eine wissenschaftliche Disziplin, die sich mit den zentralnervösen Grundlagen des menschlichen Verhaltens und Empfindens beschäftigt.

Klinische Neuropsychologie

Klinische Neuropsychologie ist der Anwendungsbereich der Neuropsychologie, in dem die in der Forschung gewonnenen Erkenntnisse und entwickelten Verfahren auf die Diagnose und Therapie von Patienten mit Störungen/Krankheiten des Gehirns angewendet werden.

Psychotherapie

Psychotherapie steht als Oberbegriff für alle Formen psychologischer Verfahren, die ohne Einsatz medikamentöser Mittel auf die Behandlung psychischer und psychosomatischer Krankheiten, Leidenszustände oder Verhaltensstörungen abzielen. Psychotherapie wird heute in Deutschland gleichrangig sowohl von Medizinern (Ärztliche Psychotherapeuten) als auch Psychologen (Psychologische Psychotherapeuten) ausgeübt.

5.2 Psychologische Gutachter

Psychologische Gutachter, die psychodiagnostische Methoden einschließlich psychometrischer Tests anwenden, sind in der Regel

Klinische Psychologen oder Klinische Neuropsychologen. Klinischer Neuropsychologe wird man durch eine berufsbegleitende Weiterbildung. Der Neuropsychologe untersucht und behandelt

- die Beeinträchtigung kognitiver Funktionen wie Orientierung, Wahrnehmung, Aufmerksamkeit, Lernen, Gedächtnis, sprachliche Kommunikationsfähigkeit, Rechenfähigkeit, Planen, problemlösendes Denken und Intelligenz;
- die Veränderungen des Erlebens, wie z.B. depressive Stimmung, verminderter Antrieb, erhöhte Reizbarkeit;
- die Veränderungen des Verhaltens, wie Distanzlosigkeit, Enthemmung oder sozialer Rückzug;
- emotionale Symptome, wie bedrückte Stimmung, Angst, Trauer, Wut (Wilhelm & Roschmann, 2007).

Mit diesem Leistungsrepertoire unterstützt der psychologische Gutachter sowohl Neurologen als auch Psychiater und bringt die Voraussetzungen dafür mit, sowohl bei neurologischen als auch bei psychischen Störungen psychodiagnostische Methoden anzuwenden.

Psychologen können Weiterbildungskurse zu den Grundlagen der Begutachtung besuchen (www.koenigundmueller.de). Die Bundespsychotherapeutenkammer hat eine curriculare Fortbildung „Rechtliche Grundlagen der Sachverständigentätigkeit" für Psychologen entwickelt, die den Landespsychotherapeutenkammern zur Übernahme empfohlen wird (www.opk-info.de). Bei Nachweis von eigener Gutachtentätigkeit kann auf Antrag die Eintragung in die jeweilige Landes-Sachverständigenliste erfolgen, die beispielsweise den Gerichten zur Verfügung gestellt werden kann. Die Fortbildung hat einen Schwerpunkt bei familien-, verwaltungs- und strafrechtlichen Inhalten.

In Bayern gibt es den „öffentlich bestellten und vereidigten psychologischen Sachverständigen". Fachliche Voraussetzungen sind erheblich über dem Durchschnitt liegende Fachkenntnisse, praktische Erfahrungen und die Fähigkeit, sowohl Gutachten zu erstellen als auch Leistungen zu erbringen, wie Beratungen, Überwachungen, Prüfungen, Erteilung von Bescheinigungen oder schiedsgutachtliche und schiedsrichterliche Tätigkeiten (Satzung

IHK für München und Oberbayern, www.muenchen.ihk.de). Gäbe es diese Sachverständigen bundesweit, könnte man daran die Gutachterauswahl orientieren. Es wäre darüber hinaus eine Möglichkeit, zur Qualitätssicherung psychologischer Gutachten beizutragen, denn in diesen Verfahren wird die Qualifikation formell überprüft.

Bei der Beauftragung in der BU-Leistungsregulierung kommt der persönlichen Kenntnis der individuellen Qualifikation eines psychologischen Gutachters eine große Bedeutung zu. Vor allem die Kenntnisse der psychodiagnostischen Methoden und die Erfahrungen als Gutachter in BU-Leistungsfällen, die er sich im Rahmen einer mehrjährigen gutachtlichen Tätigkeit erworben hat, sind bei der Auswahl zu berücksichtigen.

Für die Auswahl des Gutachters durch den BU-Leistungsregulierer oder den Hauptgutachter gibt es darüber hinaus wenig Anhaltspunkte. Besonders wichtig ist, dass der behandelnde Psychotherapeut grundsätzlich nicht beauftragt werden sollte. Der Rollenkonflikt zwischen Therapeut und neutralem Gutachter ist in einer Person schwer zu vereinbaren.

Psychologen und Neuropsychologen sind verpflichtet, gegenüber Gerichten Gutachten zu erstellen, wenn § 407 ZPO so ausgelegt wird, dass eine Person zur Ausübung einer Wissenschaft öffentlich bestellt oder ermächtigt ist oder wenn eine Person eine Wissenschaft öffentlich ausübt, deren Kenntnisse eine Voraussetzung für die Begutachtung darstellt. Psychologen können sich begründet, z.B. mit dem Hinweis auf eine nicht fristgerechte Erstellung des Gutachtens, dieser Verpflichtung entziehen (Wilhelm & Roschmann, 2007).

6 Status quo psychologischer Begutachtung

Die Anforderungen an die Begutachtung psychischer Störungen sind gestiegen. Ihr Anteil innerhalb der BU-Leistungsanträge ist deutlich größer geworden. Die Rechtsprechung erwartet hinsichtlich der Befunderhebung Objektivität und Klarheit von den Sachverständigen und aussagekräftige Angaben zu Aggravation und Simulation. Diesen Ansprüchen folgt die BU-Leistungsregulierung.

Angesichts dieser Entwicklung sind die psychodiagnostischen Methoden und die psychologische Begutachtung mehr und mehr ins Blickfeld gerückt. Die BU-Leistungsregulierer haben sich auf Kongressen und in speziellen Fortbildungen über psychometrische Verfahren informiert und ihren Einsatz erwogen. In den letzten Jahren sind zunehmend psychologische Gutachten für das BU-Schadenmanagement beauftragt worden.

Parallel dazu haben sich die psychometrischen Verfahren und die Bandbreite ihres Einsatzes – auch mit der Etablierung der Neuropsychologie – weiterentwickelt. Die Anwendung der Beschwerdenvalidierungstests ist hinzugekommen. Insgesamt lässt sich für die psychologische Begutachtung in der BU-Leistungsregulierung weiteres Entwicklungspotenzial absehen.

Die Kosten-Nutzen-Relation wird bei jedem Leistungsfall erneut abzuwägen sein: Es fallen zwei gutachtliche Bewertungen an, die honoriert werden müssen, und damit erhöhen sich die Gutachtenkosten insgesamt. BU-Leistungsregulierer, die aufgrund eines psychologischen Gutachtens einen schwierigen Fall entscheiden konnten, sind von dem psychodiagnostischen Potenzial überzeugt und werden in der Zukunft von dieser Möglichkeit Gebrauch machen.

Ziel jeder Begutachtung ist Objektivierung und Wahrheitsfindung. Sie beginnt bei der Zusammenstellung der entscheidungsrelevanten Informationen und Unterlagen durch den BU-Leistungsregulierer, z.B. von dem, was ihm über die gesundheitliche Störung und die berufliche Tätigkeit des Versicherten zur Kenntnis gebracht wird. Auf dieser Grundlage beauftragt er einen medizinischen Gutachter. Schwierigkeiten bei der Objektivierbarkeit psychischer Befunde ändern grundsätzlich nichts an den Anforderungen, die an ihren gutachtlichen Nachweis gestellt werden. Gesundheitsstörungen und Funktionsstörungen müssen als objektive Befunde ausgewiesen werden. Der medizinische Gutachter steht in der Pflicht, eine Konsistenz- und Plausibilitätsprüfung vorzunehmen. Für Befunde, die er selbst nicht erheben kann, erwägt er die Zusammenarbeit mit einem psychologischen Gutachter, der psychodiagnostische Methoden einschließlich psychometrischer Tests einsetzt.

Die sachgerechte Klärung, ob eine Krankheit vorliegt, ist die Voraussetzung, um die Kernfrage der BU-Leistungsregulierung zu beantworten: Inwieweit wirken sich die tatsächlich festgestellten gesundheitlichen Einschränkungen auf die berufliche Tätigkeit des Versicherten aus. An der Beantwortung dieser zuweilen komplexen Frage sind – wie aufgezeigt – Experten aus verschiedenen Fachgebieten beteiligt.

„Wahrheitsfindung ist eine Art Mannschaftsspiel. Wenn jeder der an ihr Beteiligten für sich spielt, ist es nicht zu gewinnen. Aber gerade, wenn unterschiedliche Talente zusammenwirken müssen, ist ihre Verständigung untereinander, das Wissen um die Bedürfnisse des einen und die Fähigkeiten des anderen entscheidend. Dieses Wissen muss gerade dort, wo Spieler verschiedene Sprachen sprechen, durch Übersetzung vermittelt werden" (Rixecker, 2006). Dazu soll dieser Band einen Beitrag leisten.

Zusammenwirken von ärztlichem und psychologischem Gutachter

ANDREAS STEVENS

1 Indikationen

Das Hauptgutachten zur Prüfung der medizinischen Voraussetzungen geltend gemachter Berufsunfähigkeit muss bei einem Arzt in Auftrag gegeben werden. Dies ergibt sich aus der Erfordernis, eine Krankheit, einen Kräfteverfall oder eine Körperverletzung ärztlich nachzuweisen.

Berufsunfähigkeitsversicherung (§ 2 Abs. 1 der BB-BUZ)

„Vollständige Berufsunfähigkeit liegt dann vor, wenn der Versicherte infolge Krankheit, Körperverletzung oder Kräfteverfalls, die ärztlich nachzuweisen sind, voraussichtlich dauernd außerstande ist, seinen Beruf oder eine andere Tätigkeit auszuüben, die aufgrund seiner Ausbildung und Erfahrung ausgeübt werden kann und seiner bisherigen Lebensstellung entspricht."

Die Feststellung, ob bedingungsgemäße Berufsunfähigkeit besteht (oder nicht, oder ob weitere Untersuchungen erforderlich sind), obliegt dem Auftraggeber.

Auch die geforderte Äußerung zur Prognose erfordert eine medizinisch begründete ärztliche Einschätzung. Die Prognose erfolgt auf der Grundlage des medizinischen Wissens über den Verlauf der Erkrankung bzw. der Gesundheitsschäden. Bei der Beurteilung des Einzelfalls wird geprüft, welche der wissenschaftlich beschriebenen Prognosefaktoren bei dem Probanden vorliegen und was sich daraus für den weiteren Verlauf ergibt.

1.1 Aufgabe des ärztlichen Hauptgutachtens

Die Aufgaben des ärztlichen Hauptgutachters lassen sich zusammenfassen in:

- Diagnosestellung (Krankheit, Körperverletzung, Kräfteverfall). Hervorzuheben ist, dass Diagnosen durch Befundtatsachen gesichert und unter Bezugnahme auf diagnostische Standards (im Bereich der Psychiatrie DSM-IV TR, DSM-5, in anderen Fächern ICD-10) konkret begründet werden müssen (Becker, 2008; Stevens, Fabra & Merten, 2009).
- Äußerung zur Prognose: Ebenfalls mit Begründung
- Äußerung zu Funktionsbeeinträchtigungen: Diese sind gesichert, also durch Befundtatsachen, nachzuweisen.

Die Benennung einer Diagnose ist wichtig, damit eine nachvollziehbare Klassifikation der Störung in allgemein anerkannter Terminologie vorliegt. Dies erlaubt, die Therapiemöglichkeiten und die Prognose ausgehend von einer definierten Störung zu überprüfen. Aus einer Diagnose folgt allerdings noch keine Beeinträchtigung des Leistungsvermögens.

1.2 Gründe für ein psychologisches Zusatzgutachten

Bei Krankheiten, die das Gehirn betreffen, wie Hirntraumata, Hirngefäßerkrankungen, Hirnentzündungen, Hirnstoffwechselstörungen, Epilepsien, muss das kognitive Leistungsvermögen durch ein psychologisches Zusatzgutachten beurteilt werden, auch dann, wenn keine kognitiven Beeinträchtigungen geltend gemacht werden. In engen Grenzen kann dies durch ärztliche Befunderhebung geschehen, nämlich wenn sehr schwere Beeinträchtigungen vorliegen, die eine psychologische Untersuchung nicht sinnvoll erscheinen lassen. In allen anderen Fällen ist ein psychologisches Zusatzgutachten zum Nachweis berufsrelevanter kognitiver Beeinträchtigungen unumgänglich.

Ebenso muss ein psychologisches Gutachten eingeholt werden, wenn kognitive Beeinträchtigungen geltend gemacht werden, eine

Hirnerkrankung aber noch nicht gesichert ist. Diese Notwendigkeit ergibt sich daraus, dass die Korrelation zwischen bildgebend oder z. B. elektroenzephalographisch fassbaren Hirnveränderungen und kognitiven Beeinträchtigungen lose ist, so dass einerseits morphologisch gesicherte Hirngewebsveränderungen ohne wesentliche kognitive Störungen und andererseits kognitive Störungen ohne (sogleich) erkennbare Veränderung der Hirnmorphologie auftreten können. Dem Nachweis kognitiver Beeinträchtigungen muss weitere Diagnostik folgen.

Bei geltend gemachten psychischen Störungen ist ein psychologisches Zusatzgutachten grundsätzlich erforderlich, denn der Nachweis einer psychischen Störung erlaubt keinen Rückschluss auf das Leistungsvermögen. Darauf weist das Vorwort des DSM-IV TR (APA, 2000) ausdrücklich hin (S. XXIII) und die nämliche Passage findet sich in der aktuellen, im Mai 2013 in Englisch erschienenen Version, dem DSM-5 (APA, 2013): „Eine klinische Diagnose ist nicht hinreichend, um im forensischen Sinn das Vorhandensein einer psychischen Störung, einer Fähigkeitsstörung, psychischen Krankheit oder einer psychischen Behinderung zu belegen. Dies liegt daran, dass Beeinträchtigungen, Fähigkeiten und Behinderungen innerhalb der diagnostischen Kategorie stark variieren …, so dass die Zuweisung einer Diagnose nicht auf ein bestimmtes Ausmaß von Einschränkung oder Behinderung schließen lässt" (Übersetzung durch den Verfasser).

DSM-5 (APA, 2013)

„The clinical diagnosis of a mental disorder is not sufficient to establish the existence for legal purposes of a mental disorder, mental disability, mental disease or mental defect … It is precisely because impairments, abilities, and disabilities vary widely within each diagnostic category that assignment of a … diagnosis does not imply a specific level of impairment or disability."

Dies betrifft keineswegs nur die psychischen Störungen: beispielsweise erweckt die Diagnose „Multiple Sklerose" häufig die Erwartung erheblicher Bewegungsstörungen, Sehstörungen, Inkontinenz und kognitiver Beeinträchtigungen. Dies ist aber in vielen Fällen falsch, denn die Diagnose ist mitunter ein Zufallsergebnis radiologischer oder elektrophysiologischer Untersuchungen – ohne klinisch fassbare Funktionsstörung. Bandscheibenvorfälle können klinisch völlig „stumm" sein oder auch zu Rückenmarksschäden mit Querschnittssymptomatik führen. Ähnlich ist z.B. das Stereotyp, Patienten mit depressiven Störungen seien kognitiv „natürlich" beeinträchtigt, nach empirischen Befunden nicht belegt (Rohling et al., 2002; Green, 2009; Hill et al., 2008; McClintock et al., 2010). Patienten mit Depression klagen zwar im Rahmen ihrer negativen Kognitionen unter anderem über kognitiven Abbau, ohne dass dergleichen jedoch tatsächlich nachweisbar ist. (Eine depressive Störung kann zwar in Kombination mit kognitivem Abbau auftreten, allerdings handelt es sich dann um eine Komorbidität). Ähnlich sind bei Patienten mit somatoformen Störungen Klagen über kognitive Beeinträchtigungen häufig, wurden allerdings bei Patienten mit hinreichender Testkooperation nicht gefunden (Boone & Lu, 1999; Boone, 2009). Die Korrelation der Selbsteinschätzung kognitiver Defizite mit testpsychologischen Befunden ist recht gering (Roberg et al., 2012). Der Nachweis von Funktionsminderungen erfolgt in der Medizin durch Messung von Kraftgraden, durch Koordinationsproben, Überprüfung von Bewegungsumfängen oder Wahrnehmungstests (Hören, Sehen usw.), bei psychischen Störungen durch die testpsychologische Befunderhebung.

2 Beauftragung

Die Beauftragung des psychologischen Gutachters muss mit dem Auftraggeber abgestimmt werden, wenn nicht bereits eine Genehmigung vorliegt. Der psychologische Gutachter muss eingehende Kenntnisse und praktische Erfahrungen der psychologischen Testdiagnostik aufweisen. Er muss das Gutachten fristgerecht erstellen können. Ferner muss das Gutachten den formalen Anforderungen entsprechen (s. u.).

Der Hauptgutachter soll die Fragestellung für den psychologischen Gutachter präzise formulieren. Bzgl. seiner Qualifikation muss der Zusatzgutachter Diplompsychologe oder Master der Psychologie sein und am besten über die Zusatzqualifikation Klinischer Neuropsychologe (GNP) verfügen. Wie der ärztliche Gutachter darf der psychologische Zusatzgutachter nicht früherer oder aktueller Behandler des Antragstellers sein. Es ist ansonsten einerseits Befangenheit anzunehmen (Becker, 2008), zum anderen sind die beiden Rollen „Behandler" und „Gutachter" nicht miteinander zu vereinbaren.

Im Auftrag soll der außermedizinische Sachverhalt klar vorgegeben werden, so soll weder der ärztliche noch der psychologische Gutachter ermitteln, wie sich die Tätigkeit des Untersuchten konkret gestaltet hat. Auch soll bedacht werden, welche Aussagen den Gutachtern zu den Fähigkeiten des Untersuchten, bestimmte berufsrelevante Teiltätigkeiten zu erfüllen, abverlangt werden können und welche nicht. So ist es wenig sinnvoll, den Gutachter zu fragen, ob der Untersuchte noch anwaltliche Schriftsätze über 20 Seiten abfassen kann, ob er über zwei Stunden Auto fahren oder bei Temperaturen unter 0 Grad mehr als vier Stunden arbeiten kann. Dazu kann sich der Gutachter nicht aufgrund eigener Tatsachenfeststellung äußern. Er kann aber Fragen beantworten, ob das schlussfolgernde Denken, das Problemlösen, die Merkfähigkeit etc. beeinträchtigt sind, oder körperliche Beeinträchtigungen vorliegen. Der Abgleich mit dem berufsspezifischen Anforderungsprofil obliegt dem Auftraggeber bzw. dessen arbeitsmedizinischem Berater.

3 Form und Inhalt des psychologischen Gutachtens

3.1 Standards – Leitlinien

Als Standards können die Leitlinie „Neuropsychologische Begutachtung" (Neumann-Zielke et al., 2009), das Positionspapier der NAN (Bush et al., 2005) und die Leitlinie der AACN (American Academy of Clinical Neuropsychology, 2007) gelten. Wie oben erwähnt, ist häufig die Fahreignung unter Bezugnahme auf die Leitlinien des gemeinsamen Beirats für Verkehrsmedizin (BAST, 2009) zu beurteilen. Selbstredend muss bei solchen Fragen (z.B. BU eines Pharmareferenten) der Gutachter verkehrsmedizinisch qualifiziert sein und über die erforderliche apparative Ausstattung verfügen.

Die Auswahl der Testverfahren soll unter Beachtung von (u.a.) Gütekriterien, Probandenmerkmalen (Sprache, Bildungsniveau usw.) sowie dem Vorhandensein verlässlicher Normen getroffen werden. Fragebögen zu Beschwerden und Persönlichkeitsstilen sind zur Ergänzung und möglicherweise zum Verständnis bestimmter Verhaltensweisen und der Beschwerdendarstellung angebracht, aber nicht obligatorischer Bestandteil einer auf die Einschätzung des Leistungsbildes abzielenden Untersuchung.

Es ist unklug, schon im Auftrag die Testverfahren konkret zu benennen, da dies dem Coaching Vorschub leistet. Dies betrifft naturgemäß in besonderer Weise die Beschwerdenvalidierungstests. Der Blick ins Internet zeigt die Fülle von Anbietern, die Vorbereitung auf psychiatrische und psychologische Begutachtungen anbieten einschließlich Training in „Tests mit Fangfragen".

3.2 Beschwerdenvalidierung

Ein gewichtiger Grund für ein psychologisches Zusatzgutachten liegt darin, dass die diagnostischen Kriterien teilweise Befunde, teilweise Beschwerden benennen, also muss bei der Diagnose psychischer Störungen neben der Befunderhebung häufig auch die Beschwerdenschilderung berücksichtigt werden. Bei Begutachtungen ist allerdings damit zu rechnen, dass ein beträchtlicher Anteil von Antragstellern nicht-authentische Beschwerden vorträgt oder sein Leistungsvermögen verzerrt darstellt. Aktuelle Untersuchungen berichten Raten negativer Antwortverzerrungen bei Begutachteten im Bereich von 45–82%, eine Übersicht über die Prävalenz findet sich bei Aronoff et al. (2007). Stevens et al. (2008) fanden bei 45% einer 233 Personen umfassenden Deutschen Gutachtenstichprobe negative Antwortverzerrung, ähnlich Göbber et al. (2012), die in einer 595 Personen umfassenden Rehabilitandenstichprobe erhebliche negative Antwortverzerrungen in 33–50% der Fälle bemerkten. Merten et al. (2009) fanden in einer Begutachtungsstichprobe mit geltend gemachter posttraumatischer Belastungsstörung (PTBS) negative Antwortverzerrungen in 70% der Fälle. Chafetz et al. (2007, 2008) stellten bei 82% U.S.-amerikanischer Antragsteller negative Antwortverzerrungen fest. Die bloße Möglichkeit einer Entschädigung korreliert nach zahlreichen Studien und Metaanalysen robust (Cohen's r 0,5 bis 0,8) mit der Häufigkeit und dem Ausmaß negativer Antwortverzerrungen (Review: Bianchini et al., 2006; Flaro et al., 2007). Unerfahrene Untersucher neigen dazu, den Beschwerdenvortrag unhinterfragt als Tatsachenbericht in die Diagnosestellung einfließen zu lassen. Für eine umfassende Darstellung sei auf das Buch „Diagnostik der Beschwerdenvalidität" (Merten & Dettenborn, 2009) sowie auf die folgenden Kapitel dieses Buches verwiesen.

Eine wesentliche Leistung des psychologischen Gutachtens ist also die Beschwerdenvalidierung. Hinsichtlich der Beschwerdenvalidierung bestehen gerade in Deutschland noch erhebliche Missverständnisse und Vorbehalte. Im Grunde ist die Aufgabe jeder Begutachtung die Validierung der vom Antragsteller geltend gemachten Gegebenheiten, seien dies Beschwerden oder Fähigkeiten. Ist der behauptete Sachverhalt bereits bewiesen, oder schon durch Augenschein zu überprüfen (z.B. bei einer Amputation, Verlust eines Auges etc.), so bedarf es keines Gutachtens. Der Gutachter soll aber bei schwierigeren Fragen durch seine besonderen Methoden nachweisen, ob die Behauptungen des Untersuchten zutreffen oder nicht. Er leistet dies durch ärztliche Beschwerdenvalidierung, indem er Untersuchungsverfahren einsetzt, die besonders geeignet sind (hohe Sensitivität), die Richtigkeit der Behauptung zu beweisen und ebenso Verfahren, die besonders geeignet sind, sie zu widerlegen (hohe Spezifität). Gute Verfahren kombinieren hohe Sensitivität und Spezifität.

Keinesfalls genügt der spontane Eindruck des Gutachters, etwa dass er aufgrund seiner Erfahrung den Behauptungen des Probanden Glauben schenke. Die Fähigkeit auch erfahrener Untersucher ohne ärztliche oder psychologische Beschwerdenvalidierung, nicht-authentische Beschwerden von authentischen zu unterscheiden, liegt im Bereich der Ratewahrscheinlichkeit (Review: Rosen & Philips, 2004). Auch die Schauspielerstudien in Deutschland lieferten ernüchternde Ergebnisse, indem die Gutachter den völlig gesunden Testpersonen gravierende psychische Störungen und sogar Berufsunfähigkeit attestierten (Dickmann & Broocks; 2007, Schneider & Becker, 2011).

Im Bereich psychischer und kognitiver Funktionsstörungen sind die ärztlichen Methoden allerdings begrenzt. In Deutschland wird, in offensichtlicher Verkennung der Aufgabe der Begutachtung, ernsthaft diskutiert, ob solche Validierung durch einen Arzt überhaupt ethisch vertretbar ist, oder dieser nicht vielmehr grundsätzlich die Interessen des Patienten (!) vertreten muss. Dabei wird regelmäßig verkannt, dass der Untersuchte eben kein Patient ist und die Aufgabe des Gutachters eben nicht die Heilung.

Ferner sind typische Formen nicht authentischen Verhaltens und vorgetäuschter Störungen ebensowenig Inhalt des Studiums wie der Facharztausbildung, wie die Methoden, mit denen Täuschungen erkannt werden können. Weder bei den Behandlern noch bei den Gutachtern erfolgt eine Qualitätskontrolle oder eine systematische Rückmeldung seitens der Auftraggeber, wie häufig Fehler der 1. Art (Diagnose/Funktionsstörung zu Unrecht angenommen) oder 2. Art (zu Unrecht verworfen) vorkommen. Somit ist auch kaum ein Lernen aus Fehlern möglich.

Unabdingbar sind also bei der ärztlichen wie der psychologischen Untersuchung Verfahren zur Überprüfung der Kooperation und der Authentizität der Beschwerden (Beschwerdenvalidierungstests, BVT). Der Einsatz mehrerer Verfahren wird empfohlen, da negative Antwortverzerrungen mittels verschiedener Strategien erfolgen können, und daher die Chance, mangelnde Kooperation oder Beschwerdenübertreibung zu entdecken, durch den Einsatz verschiedener Verfahren beträchtlich steigt.

Für den ärztlichen Gutachter ist wichtig, zu wissen, dass es einerseits BVTs gibt, die die Validität der in kognitiven Testverfahren gezeigten Leistungen schätzen und andererseits solche, die die Validität der behaupteten Beschwerden prüfen. Diese beiden Ansätze können naturgemäß zu divergierenden Ergebnissen führen, denn es ist häufig so, dass kognitive Leistungen verzerrt werden, ohne dass unplausible Beschwerden geäußert werden, und ebenso, dass die Beschwerdenschilderung massiv auffällig ist, ohne dass Leistungsverzerrungen oder überhaupt kognitive Beeinträchtigungen gezeigt werden. Auch kann das bei der ärztlichen Untersuchung gezeigte Verhalten völlig kooperativ und authentisch sein, in der psychologischen Untersuchung dann aber massive Verzerrungen auftreten – es ist sehr selten, dass in allen Bereichen Antwortverzerrungen bestehen.

Der Gutachter muss aber angeben, ob Leistungsbild und Beschwerdenschilderung für valide erachtet werden können. Ein nicht valider Befund ist schlicht wertlos; dies ist so, als würde mit einem Messinstrument gearbeitet, von dem nicht bekannt ist, was es misst. Wie in jedem diagnostischen Prozess steigt die Sicherheit der Angabe, wenn mehrere Verfahren eingesetzt und deren Ergebnisse durch statistische Verfahren miteinander kombiniert werden. Je mehr Verfahren eingesetzt werden, desto größer ist natürlich die Wahrscheinlichkeit, in einem dieser Verfahren aufzufallen. Da aber die a-posteriori Wahrscheinlichkeit nicht auf dem Einzelergebnis beruht, sorgt die Kombination mehrerer Verfahren für eine wesentliche Reduktion der falsch positiven (wie auch der falsch negativen) Fälle!

Lautet das Ergebnis der Beschwerdenvalidierung, dass das gezeigte Leistungsvermögen mit z.B. 40%iger Wahrscheinlichkeit nicht valide ist, so kann eine gezeigte Leistungsminderung nicht mit hinreichender Wahrscheinlichkeit als real angenommen werden. Im Grunde ist durch ein solches Ergebnis das Beweismittel „Sachverständigengutachten" vertan. Das Ergebnis bedeutet aber nicht, dass der Untersuchte gesund ist, denn negative Antwortverzerrungen und Krankheit können nebeneinander existieren. Zusammenfassend sagen die BVTs nur etwas darüber aus, wie wahrscheinlich Beschwerden und gezeigtes Leistungsbild der Realität entsprechen.

Beschwerdenvalidierungstests sind weder konstruiert noch geeignet, Diagnosen zu stellen, noch sie zu widerlegen. Sie leisten nur eines, nämlich die Beschwerdenvalidierung und dies zuverlässig.

Viele Gutachter schrecken aber davor zurück, negative Antwortverzerrungen und damit nicht valide Befunde als solche zu deklarieren, sondern beschönigen und beschwichtigen mit Argumenten wie, es handele sich um einen „Hilferuf". Die Diskussion, ob nur „harmlose" Beschwerdenverdeutlichung, Desinteresse an der Begutachtung, kulturbezogen heftige Übertreibung, Aggravation oder Simulation (bewusste Irreführung) vorliegt, ist überflüssig, denn der Gutachter kann und muss dies nicht differenzieren. Relevant ist nur, mit welcher Sicherheit Beschwerden und Leistung als valide (die Wahrscheinlichkeit für eine Vortäuschung ist $< 5\%$) angenommen werden können. Sind sie nicht hinreichend valide, so kann der Nachweis einer Leistungsminderung/Funktionsstörung nicht erbracht werden.

Überlegungen, warum keine hinreichende Validität gegeben ist, ob versehentlich oder vorsätzlich, führen nicht weiter, sie eröffnen insbesondere keinen Weg, dennoch zu einer validen Aussage über das Leistungsvermögen zu gelangen. Derartige Überlegungen sind, von wenigen Ausnahmen abgesehen, rein spekulativ, denn die Motivation eines Menschen, sich in einer bestimmten Art und Weise zu verhalten, ist empirisch nicht erfassbar, sondern kann bestenfalls in Analogie aus dem Kontext geschlossen werden (Boone et al., 2002; Carone et al., 2010). So können folgende Ursachen in Betracht gezogen werden: bloße Unlust sich „für den Gutachter" oder „für die Versicherung" anzustrengen (mangelnde Anstrengungsbereitschaft); fehlende Einsicht in Sinn und Zweck der Begutachtung; Täuschungsabsichten, um etwas Bestimmtes zu erreichen, sei dies Geld, Verschonung von Arbeit oder Erreichen ärztlicher Zuwendung; Fehlattribution von Beschwerden (als Unfallfolge erhalten vorbestehende Krankheiten Geldwert); Kränkungserleben, Wunsch nach Wiedergutmachung; irrige Vorstellungen über das Grundprinzip der Versicherungen („habe zwanzig Jahre einbezahlt, jetzt will ich mal eine Auszahlung"); Ratschläge/Vorbilder durch Dritte einschließlich anwaltlicher Empfehlungen; Begehren eines dritten, über den Probanden Vorteile zu erlangen (malingering by proxy).

3.3   Weitere Hinweise

Psychologische Gutachten, die ausschließlich Selbstbeschreibungs-inventare einsetzen, sind für die Beurteilung der Berufsfähigkeit wertlos – es kommt auf nachgewiesene Funktionsbeeinträchtigungen an, und diese ergeben sich niemals aus Beschwerdenlisten. Die Beschwerden korrelieren zu gering mit dem Leistungsvermögen, als dass von Beschwerden auf Funktionsstörungen geschlossen werden könnte.

Die Testverfahren müssen konkret benannt und die Ergebnisse in Rohwerten und Prozenträngen (bzw. T-Werten) mitgeteilt werden. Nur so sind Vergleiche und Plausibilitätsprüfungen möglich. Eine bedeutsame Ausnahme bilden die Beschwerdenvalidierungstests. Diese können dem Auftraggeber bzw. dem Gericht unter bestimmten Vorbehalten benannt werden, sollten allerdings keinesfalls namentlich oder gar unter Erklärung ihres Funktionsprinzips im Zusatzgutachten aufgeführt werden. Der Grund liegt darin, dass Informationen über solche Testverfahren sehr rasch öffentliches Interesse hervorrufen und zu einschlägigen Instruktionen von Antragstellern durch Rentenberater, Websites von Interessenverbänden oder Anwälten führen – dann können diese Testverfahren ihre Aufgabe nicht mehr erfüllen, ihre Integrität ist verletzt.

Eine tabellarische Zusammenstellung der Ergebnisse ist nützlich, um einen Überblick über die dargebotenen Leistungen zu erhalten. In dem Gutachten soll eine Verhaltensbeschreibung mitgeteilt werden. Das Gutachten soll eine abschließende Diskussion der Befunde enthalten, mit Stellungnahme zur Plausibilität. Der psychologische Gutachter nimmt weder zur Diagnose Stellung, noch zur Berufsfähigkeit oder Prognose – dies ist ausschließlich Angelegenheit des Hauptgutachters (es sei denn, der psychologische Gutachter ist Hauptgutachter).

4   Einarbeitung in das Hauptgutachten

Da das psychologische Gutachten dem Auftraggeber ebenfalls vorliegt, sind umfassende Zitate daraus überflüssig. Der Hauptgutachter sollte eine Zusammenfassung der im Rahmen der Begutachtung erhobenen krankhaften Befunde geben und jeweils diskutieren, wie sich diese auf das Leistungsvermögen unter Berücksichtigung der konkreten Berufstätigkeit auswirken. In diesem Zusammenhang sind auch die psychologischen Befunde zu würdigen. Wenn sich Hinweise für negative Antwortverzerrungen ergeben, taugen die Ergebnisse der psychologischen Untersuchung nicht zu einer Einschätzung des Leistungsvermögens, da sie das Leistungsvermögen eben nicht darstellen. Damit ist nicht der Nachweis erbracht, dass der Antragsteller über normale kognitive Fähigkeiten verfügt bzw. gesund ist. Berufsunfähigkeit wegen kognitiver Störungen kann jedoch nicht attestiert werden, da der Antragsteller eine entsprechende Befunderhebung durch unzureichende Mitarbeit vereitelte.

Empfehlungen für Auftraggeber
und Hinweise für die Bewertung
von psychologischen Gutachten

THOMAS MERTEN
RALF DOHRENBUSCH

a) In Begutachtungsfällen, in denen Störungen der geistigen Leistungsfähigkeit aufzuklären sind, kann eine psychologische
Begutachtung erforderlich sein. Psychologische Gutachten zur
Funktions- und Leistungsfähigkeit sind dadurch gekennzeichnet, dass neben Exploration und Verhaltensbeobachtung auch
standardisierte und normierte psychologische Messverfahren
sowie Funktions- und Leistungstests zum Einsatz kommen.
Durch diese Verfahren können bestehende Leistungsdefizite,
aber auch psychopathologische Besonderheiten und deren
Auswirkungen auf das Funktions- und Leistungsniveau der
Betroffenen mit größerer Sicherheit und Zuverlässigkeit erfasst werden.

b) Eine neuropsychologische Untersuchung ist die Methode der
Wahl zur Beurteilung von kognitiven Störungen bei vorhandenen neurologischen Schäden, und zwar in besonderer
Weise dann, wenn die kognitiven Störungen nicht klinisch
offenkundig vorliegen. Eine psychologische Untersuchung im
weiteren Sinne ist die Methode der Wahl, wenn es um die
testgestützte Abklärung der Schwere psychischer und psychosomatischer Störungen und Beeinträchtigungen sowie um
die gesonderte Analyse krankheitsbedingter Funktions- und
Leistungsbeeinträchtigungen geht. Der kompetente Hauptgutachter, insbesondere ein neurologischer oder psychiatrischer
Gutachter, wird in der Lage sein, die genaue Indikation für
eine (neuro-)psychologische Zusatzbegutachtung zu stellen
und diese mit dem Auftraggeber zu besprechen.

c) In Fällen, in denen aufgrund der Anknüpfungstatsachen ein medizinischer Gutachter keinen weiteren Beitrag zur Sachaufklärung leisten kann und sich die Fragestellung auf die Beurteilung der kognitiven, emotionalen und Verhaltensprobleme bezieht, die aus einer psychischen Störung oder einer Hirnerkrankung oder -verletzung resultieren, kann der BU-Leistungsregulierer in Betracht ziehen, ein (neuro-)psychologisches Gutachten direkt in Auftrag zu geben. Der kompetente psychologische Gutachter wird dann im Zweifelsfall erkennen, ob ein medizinisches Gutachten unverzichtbar ist, und dies mit dem Auftraggeber besprechen.

d) Eine optimale Zusammenarbeit zwischen Haupt- und Zusatzgutachter ist Grundvoraussetzung dafür, dass gutachtliche Fragestellungen zu Art, Ausmaß, und Konsequenzen von Störungen kognitiver Funktionen, in bestimmten Rechtsgebieten auch zur Kausalität solcher Störungen, fachgerecht beantwortet werden können.

e) Psychologische Testergebnisse hängen hochgradig von der Kooperativität des Untersuchten ab. Der psychologische Gutachter sollte moderne Verfahren zur Diagnostik der Anstrengungsbereitschaft beherrschen und diese in der Untersuchung einsetzen. Ansonsten müssen psychologische Gutachten heute als unvollständig und in ihrer Aussagefähigkeit anfechtbar angesehen werden. Durch geeignete Fragestellungen kann der Auftraggeber darauf Einfluss nehmen, dass der Einsatz solcher modernen Methoden tatsächlich erfolgt und der Gutachter nicht nur nach Gefühl die Kooperativität des Probanden beurteilt. Viele Auftraggeber in Deutschland fragen bereits heute explizit nach Methoden, die auf eine qualifizierte Untersuchung negativer Antwortverzerrungen zielen. Im Zweifelsfall kann vorab mit einem Gutachter geklärt werden, ob er für den Einsatz von Methoden der Beschwerdenvalidierung hinreichend qualifiziert ist.

f) Die adäquate Qualifikation für eine neuropsychologische Begutachtung wird in der Regel der postgraduale Abschluss als Klinischer Neuropsychologe (GNP) sein. Ein solcher Qualifikationsnachweis kann als eine notwendige, aber noch keine hinreichende Bedingung dafür angesehen werden, dass

Minimalanforderungen an die Qualität eines Gutachtens erfüllt werden. Auftraggeber sollten bereits bei Auftragserteilung darauf hinarbeiten, dass der Gutachter diese Minimalvoraussetzungen erfüllt. Die Mindestqualifikation für eine psychologische Begutachtung im weiteren Sinne (Beurteilung der Schwere der psychischen Erkrankung und ihrer Auswirkungen auf die berufliche Funktions- und Leistungsfähigkeit) stellt in der Regel die mehrjährige Tätigkeit in einer primär gutachterlich oder rehabilitationsmedizinisch ausgerichteten Praxiseinrichtung dar.

Für die Bewertung eines neuropsychologischen Gutachtens durch Auftraggeber können folgende Anhaltspunkte herangezogen werden:

a) Wurde zur Untersuchung ein qualifizierter Neuropsychologe herangezogen? Der Nachweis erfolgt, heute in Deutschland allgemein akzeptiert, in der Regel mit der Zertifizierung als Klinischer Neuropsychologe (GNP).

b) Erfolgte eine selbstständige Sichtung und Bewertung der Vorbefunde durch den Gutachter? (Die Darstellung der Vorbefunde kann bei enger Zusammenarbeit mit einem neurologischen oder nervenärztlichen Hauptgutachter u.U. verkürzt erfolgen, um unnötige Doppelungen und damit auch Kosten zu vermeiden.)

c) Wurde eine neuropsychologisch ausgerichtete Anamnese erhoben? Wurde eine spezifische Beschwerdenschilderung, ausgerichtet auf neuropsychologisch relevante Beschwerdenbereiche, dargestellt?

d) Erfolgte eine angemessen breite Untersuchung der für die Fragestellung relevanten neuropsychologischen Funktionen? Beschränkt sich u.U. die Befunderhebung auf eine Kurzuntersuchung? Wurden nur Siebtests (etwa Demenztestverfahren) eingesetzt, die für die Fragestellung nicht angemessen sind? Erfolgte lediglich eine nichtneuropsychologisch orientierte Testuntersuchung, obwohl eine neuropsychologische Untersuchung indiziert war?

e) Wurde zusätzlich zur Testuntersuchung eine ausführliche Verhaltensbeobachtung beschrieben und auf der Grundlage der Befunderhebung durch den Psychologen ein eigenständiger psychischer Befund erstellt? Erfolgte die Darstellung dieser Befundtatsachen in Abgrenzung von der Darstellung der Anamnese und der Beschwerdenschilderung und nicht vermengt mit Wertungen, Deutungen und Interpretationen?

f) Wurden die eingesetzten Tests und die herangezogenen Normen benannt (nach Möglichkeit mit exakter Literaturangabe, um die Nachvollziehbarkeit zu gewährleisten)?

g) Wurden die Testergebnisse und die zugehörigen Normwerte mitgeteilt (u. U. in einem separaten Anhang, der als „zur Aushändigung an qualifizierte Neuropsychologen" gekennzeichnet ist)?

h) Wurden fundierte, nachvollziehbare Hypothesen über die prämorbiden kognitiven Leistungsvoraussetzungen des Versicherten abgeleitet?

i) Erfolgte eine kritische, nachvollziehbare Beurteilung der verschiedenen Informationen, die dem Gutachter zur Verfügung standen (Vorbefunde, Beschwerdenschilderung, beobachtbares Verhalten, Testergebnisse, Fachwissen über typische Symptomkonstellationen, Verlauf von Hirnerkrankungen oder -verletzungen)?

j) Wurde eine Konsistenz- oder Plausibilitätsprüfung explizit vorgenommen und dargestellt?

k) Wurden Verfahren (und welche?) zur Diagnostik der Beschwerdenvalidität eingesetzt (z. B. Beschwerdenvalidierungstests, eingebettete Parameter)? Wenn nein, warum nicht?

l) Wurde eine nachvollziehbare Beurteilung des Schweregrades der kognitiven Störungen vorgenommen?

m) Erfolgte eine Beantwortung der gutachtlichen Fragestellungen, die sich aus den dargestellten Befunden und ihrer Bewertung schlüssig ergibt?

Für die Bewertung eines psychologischen Gutachtens im weiteren Sinne zur Beurteilung der Krankheitsschwere und der Auswirkungen psychischer Erkrankungen auf die berufliche Funktions- und Leistungsfähigkeit gelten folgende Anhaltspunkte:

a) Verfügt der Gutachter über eine mehrjährige praktische Erfahrung in einer primär gutachterlich oder rehabilitationsmedizinisch ausgerichteten Praxiseinrichtung?

b) Wurde die Krankheitsanamnese vollständig erhoben oder konnte der Gutachter auf eine bereits vorliegende vollständige Krankheitsanamnese zurückgreifen? Eine alleinige psychologische Testung ohne Kenntnis der Krankheitsanamnese und der störungsbezogenen Hintergrundbedingungen erhöht das Risiko fehlerhafter Testwertinterpretationen.

c) Wurden Art und Schwere psychischer oder psychosomatischer Erkrankungen unter Verwendung unterschiedlicher methodischer Zugänge (Exploration, Verhaltensbeobachtung, Fremdbericht, Fragebogen, Funktions- und Leistungstest) beschrieben und zu einem psychischen Befund zusammengefasst? Ein eigener psychischer/psychopathologischer Befund ist in der Regel erforderlich, wenn der Gutachter nicht nur das Ausmaß psychischer Funktionsminderungen, sondern krankheitsbedingter Funktionsminderungen beurteilen soll.

d) Wurden Krankheitsverarbeitungsprozesse multimethodal beschrieben und nach mutmaßlich bewusstseinsnah-willentlichen bzw. potentiell änderbaren Anteilen einerseits und bewusstseinsfern-unwillentlichen, nur eingeschränkt änderbaren Anteilen andererseits, differenziert bewertet?

e) Wurden Art und Schwere der beruflichen Funktions- und Leistungsbeeinträchtigungen unter Verwendung unterschiedlicher methodischer Zugänge (Exploration, Verhaltensbeobachtung, Fremdbericht, Fragebogen, Funktions- und Leistungstest) beschrieben? Wurden Funktions- und Leistungsbeeinträchtigungen nach mutmaßlich bewusstseinsnah-willentlichen bzw. änderbaren Anteilen einerseits und bewusstseinsfern-unwillentlichen, nur eingeschränkt änderbaren Anteilen andererseits, differenziert bewertet?

f) Wurden die Testergebnisse, die eingesetzten Tests und die herangezogenen Normen benannt?

g) Erfolgte eine kritische, nachvollziehbare Integration der verschiedenen Informationen, die dem Gutachter zur Verfügung standen (Vorbefunde, Beschwerdenschilderung, beobachtbares Verhalten, Testergebnisse, Fachwissen über typische Symptomkonstellationen)?

h) Wurden bei Verwendung von explorations- und fragebogenbasierten Untersuchungsmethoden Konsistenz- oder Plausibilitätsprüfungen und eine Kontrolle von Antworttendenzen vorgenommen? Wurden bei Verwendung von Funktions- und Leistungstests neben Konsistenz- oder Plausibilitätsprüfungen auch geeignete Beschwerdenvalidierungstests durchgeführt?

i) Wurde eine nachvollziehbare Beurteilung des Schweregrades der berufsbezogenen Funktions- bzw. Leistungsbeeinträchtigungen vorgenommen?

j) Erfolgte eine Beantwortung der gutachtlichen Fragestellungen, die sich aus den dargestellten Befunden und ihrer Bewertung schlüssig ergibt?

Teil 2:

Neuropsychologische Begutachtung

THOMAS MERTEN

1 Neuropsychologie und neuropsychologische Diagnostik

1.1 Begriffsbestimmungen

In den 1990er-Jahren, dem Jahrzehnt des Gehirns, erfuhren weltweit die Neurowissenschaften und mit ihnen die Klinische Neuropsychologie einen ungeheuren Aufschwung, der auch der Weiterentwicklung von Methoden zur klinischen und gutachterlichen Beurteilung von kognitiven Störungen förderlich war. Wenn wir unter Psychologie die Wissenschaft vom psychischen (seelischen) Leben verstehen, dann bezieht sich Neuropsychologie auf die wissenschaftliche Untersuchung der Beziehungen zwischen dem Gehirn und dem psychischen (seelischen) Leben. Insofern untersucht also die Klinische Neuropsychologie psychische Funktionen bei oder nach erlittenen oder vermuteten krankhaften Veränderungen des Gehirns.

> **Definitionen (Gesellschaft für Neuropsychologie, www.gnp.de)**
>
> „Neuropsychologie ist eine Arbeitsrichtung der Psychologie, welche sich als interdisziplinäre Wissenschaft versteht. Sie beschäftigt sich mit den Zusammenhängen zwischen den biologischen Funktionen des Gehirns und dem Verhalten und Erleben, z. B. in den Bereichen Denken, Sprache, Wahrnehmung, Lernen, Gedächtnis, Aufmerksamkeit, Geschicklichkeit oder auch Ängstlichkeit, Aggressivität und Sozialverhalten.
>
> Die Klinische Neuropsychologie beschäftigt sich mit Änderungen im Verhalten und Erleben des Patienten infolge von hirnorganischen Veränderungen. Derartige Veränderungen

können im Zusammenhang mit Schlaganfällen, Unfallverletzungen, Hirntumoren, entzündlichen Prozessen und degenerativen Erkrankungen auftreten. Auch biochemisch definierte Veränderungen, z. B. von Neurotransmittern, sind in ihren Auswirkungen auf Verhalten und Erleben ein Arbeitsgebiet des Neuropsychologen.

In der neuropsychologischen Diagnostik wird mittels theoretisch fundierter Verfahren Art und Ausmaß hirnschädigungsbedingter Funktionsstörungen beschrieben und deren Verlauf psychometrisch dokumentiert. Da je nach Lokalisation, Größe und Ätiologie der Hirnschädigung sehr unterschiedliche Störungsmuster im kognitiven, emotionalen und sozialen Bereich resultieren, verlangt die Beschreibung und Einschätzung dieser Defizite fundierte allgemein- und neuropsychologische Kenntnisse."

Unter dem modernen Begriff der „kognitiven Funktionen" wird heute alles das zusammengefasst, was man auch „geistige Leistungen" nennen kann, also ein gewichtiger Teil dessen, was menschliche Informationsaufnahme und -verarbeitung ausmacht. Kognitive Funktionen umfassen Lernen und Gedächtnis, Erkennen, Denken, Urteilsvermögen, Abstraktions- und Entscheidungsfähigkeit, Sprache, visuell-räumliche Leistungen, Vorstellungsvermögen, Aufmerksamkeit und Konzentration, Wahrnehmungsorganisation sowie Handlungsplanung und -ausführung. In Tabelle 1 sind einige wichtige neuropsychologische Funktionsbereiche aufgeführt. Hinter jedem einzelnen dieser Begriffe verbergen sich vielfältige Einzelfunktionen, die in ihrem Zusammenspiel erst die Komplexität menschlichen Handelns und Erlebens ermöglichen.

Tabelle 1: Neuropsychologisch bedeutsame Funktionsbereiche und Leistungen (Auswahl)	
Aufmerksamkeit	Aufmerksamkeitsaktivierung Daueraufmerksamkeit Selektive Aufmerksamkeit Wechsel des Aufmerksamkeitsfokus Geteilte Aufmerksamkeit Räumliche Aufmerksamkeitsausrichtung
Lernen und Gedächtnis	Unmittelbares Behalten (Kurzzeitgedächtnis) Episodisches Gedächtnis Semantisches Gedächtnis Gedächtnis für Fertigkeiten Prospektives Gedächtnis Konditionieren

Tabelle 1: Neuropsychologisch bedeutsame Funktionsbereiche und Leistungen (Auswahl)	
Sprache und Sprechen	Kommunikationsfähigkeit Spontane Sprachproduktion Artikulation und Prosodie Sprachverständnis Benennen/Wortfindung Nachsprechen Schriftsprache
Exekutive Funktionen	Problemlösefähigkeit Begriffsbildung Umstellfähigkeit Abstraktionsfähigkeit Handlungsplanung und -koordination Handlungsinitiierung und -hemmung
Visuelle und visuell-räumliche Wahrnehmung	Elementare visuelle Funktionen (z. B. Sehschärfe, Konvergenz, Kontrastwahrnehmung, Farbsehen, Bewegungswahrnehmung) Gesichtsfeld Blickfeld, visuelle Exploration Visuomotorische Koordination Visuelles Erkennen Orientierung im Raum (Navigation)

1.2 Neuropsychologische Störungen

Fehlfunktionen oder Störungen in jedem einzelnen der in Tabelle 1 genannten Bereiche können zu erheblichen Beeinträchtigungen der Alltags- und Berufskompetenz führen. In Abhängigkeit von der Schwere der Beeinträchtigungen kann eine Berufs- oder Erwerbsunfähigkeit resultieren.

Für Aufmerksamkeits- und Gedächtnisstörungen ist auch für den Fachlaien leicht erkennbar, dass sie – je nach Schweregrad – in annähernd jeder Berufstätigkeit zu einer Funktionsminderung führen können, während die tatsächlichen beruflichen Einschränkungen, die aus anderen Störungen oder aus spezifischen Störungsprofilen resultieren, vom individuellen beruflichen Anforderungsprofil abhängen. So ist es beispielsweise möglich, dass leichtergradige Störungen der Raumverarbeitung für eine Reihe von Tätigkeiten ohne schwerwiegende Auswirkungen sind, während bei Tätigkeiten wie Technischer Zeichner, Konstrukteur oder Radiologe, vermutlich aber auch Maurer bereits eine Berufsunfähigkeit resultieren könnte. Zur Illustration ist in Abbildung 1 dargestellt, wie sich schwerere Raumverarbeitungsstörungen niederschlagen können.

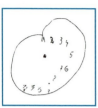 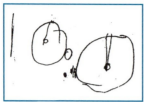 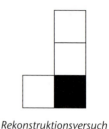

Vorlage   *Rekonstruktionsversuch*

Abbildung 1:
Ein Patient mit einer Raumverarbeitungsstörung. 60-jähriger Maurer nach Hirnblutung (intrazerebrale Blutung links temporo-parietal). Die Bilder zeigen die freie Zeichnung einer Uhr und eines Fahrrads sowie die versuchte Rekonstruktion einer Vorlage aus vier Würfeln.

In ähnlicher Weise hängt der Grad, in dem Störungen der Sprache und des Sprechens (Aphasie, Dysarthrophonie), des Lesens (Alexie, Dyslexie), Schreibens (Agraphie, Dysgraphie) oder Rechnens (Akalkulie, Dyskalkulie) eine Berufsausübung beeinträchtigen, offenkundig vom individuellen Tätigkeitsprofil ab. Schwerste neuropsychologische Störungen (wie eine globale Sprachstörung oder eine halbseitige zerebrale Erblindung) sind allerdings in der Regel mit jeder Art der Berufsausübung ebenso unvereinbar, wie sie häufig die Möglichkeiten zur Teilhabe in anderen Lebensbereichen erheblich einschränken.

Zur Veranschaulichung, wie sich eine Aphasie (Sprachstörung) bemerkbar macht, soll hier auszugsweise das tonbandprotokollierte Gespräch mit einem 33-jährigen Patienten mit Universitätsabschluss wiedergegeben werden, der auf einer Baustelle verletzt wurde. Aus zehn Metern Höhe stürzte eine Bohle nieder und traf ihn am Kopf, so dass er ein schweres Schädel-Hirn-Trauma erlitt. Dabei trat verletzungsbedingt auch ein Schlaganfall in der linken Hirnhälfte auf. Während der ersten Wochen auf einer Intensivstation war der Patient kaum zu einer sinnvollen sprachlichen Kommunikation in der Lage. Das aufgezeichnete Gespräch fand zwei Monate nach dem Unfall statt, kurz vor der Verlegung in eine Rehabilitationsklinik. Ein Jahr nach dem Unfall war übrigens in diesem Falle die Aphasie für Laien kaum noch zu erkennen.

Beispiel: Aphasie

„Mir ist etwas auf den Kopf gefallen. – In sehr großen Haus, ja. Ist mir wo was raufgefallen.

– Auf die Baustelle, genau. – Auf den Kopf. Ich hab's aber nicht mehr genau mehr erzählen können, was mir alles passiert ist. Ich wusste nur, dass ich nachher nicht, mindestens vier Tage nicht richtig mehr erleben … gelegen haben konnte. Sehr lange, mindestens vier Tage. Musst ich zum Arzt was erzählen über … über alles miteinander, was … Ich wurde dann wieder lebendig geworden. – Ich, ich glaub', dass es sehr schlimm mit mir gewesen ist, was mit mir passiert ist, ja. – Ich kann mich nicht mehr genau an den Tag erinnern, ich wusste nur, dass da … erst nachdem ich wieder gestorben bin, äh … geleben bin. Mir was wieder erklären könnte, dass mit mir wieder was passiert ist.

Ich mache mir natürlich Sorgen wegen mit mir, sehr große … schli … schlimme Sorgen wegen mir, was mit mir da wirklich ganz Schlimmes über mich passiert ist, ne? – … ob ich das wieder kann und … äh, wie schnell ich wieder was kann, wie ich wieder nach Hause komm, wie ich … äh … selber Kathrin mir erzählen kann."

Neuropsychologische Symptome können prinzipiell von allen Arten von Fehlbildungen, Erkrankungen, Funktionsstörungen und Verletzungen des Gehirns verursacht sein, die zu vorübergehenden oder dauerhaften, zu reversiblen oder unumkehrbaren Beeinträchtigungen führen können. Einige der wichtigsten Ursachen (Ätiologien) sind in Tabelle 2 zusammengefasst.

Allgemein lässt sich für die Begutachtung einerseits sagen, dass es keine direkte Korrespondenz zwischen einer Erkrankung und den daraus resultierenden neuropsychologischen Störungen

Tabelle 2: Erkrankungen und Verletzungen, die zu Funktionsstörungen des Gehirns (kognitive Störungen, neuropsychologische Symptome) führen können
Schädel-Hirn-Verletzungen
Schlaganfälle
Entzündliche Erkrankungen des Gehirns und seiner Häute
Fehlbildungen des Gehirns (Entwicklungsstörungen)
Neubildungen (Neoplasmen, Tumoren), paraneoplastische Erkrankungen
Degenerative Erkrankungen (Demenzen, Morbus Parkinson)
Toxisch bedingte Erkrankungen (insbesondere Alkoholfolgeerkrankungen)
Metabolische Erkrankungen, Erkrankungen anderer Organsysteme (Herz, Lunge, Leber, Niere …) mit Auswirkungen auf das Gehirn

gibt. So kann ein und dasselbe Störungsprofil (z. B. leichte Sprachstörungen, sprachbezogene Lern- und Gedächtnisstörungen,
Aufmerksamkeitsdefizite, milde Störungen in der Handlungsausführung) Folge eines Schlaganfalls, einer unfallbedingten
Hirnprellung, eines Hirnabszesses oder eines Hirntumors sein.
Andererseits gibt es aber so etwas wie typische Störungsprofile
und Verläufe (die zum Beispiel bei einer Alzheimerschen Erkrankung gänzlich anders als bei einer größeren verletzungsbedingten
Blutung im rechten Scheitellappen des Gehirns aussehen).

1.3 Kognitive Störungen bei weiteren Krankheiten

Das Auftreten bzw. die Schilderung kognitiver Störungen ist
nicht nur nach Schädel-Hirn-Traumen sowie neurologischen Erkrankungen des Gehirns zu erwarten, sondern bei einer Anzahl
weiterer Krankheiten, Störungen und Bedingungen, von denen die
wichtigsten in Tabelle 3 aufgeführt sind.
Neben solchen Beschwerden wie Schlafstörungen, Schwindel,
Tinnitus oder Sensibilitätsstörungen schildern Betroffene häufig
auch Erschöpfung, Konzentrations- und Gedächtnisstörungen
(Tabelle 4).
   Die Schwierigkeit und gutachtliche Herausforderung bei der
Beurteilung derartiger Beschwerdenkomplexe liegt darin, dass sie
nicht nur bekannte Folgen tatsächlicher organischer und psychischer Krankheiten darstellen (wie zum Beispiel im Rahmen der
sogenannten Fatigue bei Multipler Sklerose oder kognitiver Störungen bei Schizophrenie), sondern ebenso häufig bei Befindlich-
keits- und Verhaltensstörungen erlebt werden, die konzeptionell
nicht als Krankheiten gefasst werden können. Zudem ist eine Reihe
dieser Beschwerden nicht oder nur schwer zu objektivieren, wenn
sie ausdrücklich inneres Erleben beschreiben, das dem Beobachter
nicht unmittelbar zugänglich ist. Infolgedessen sind derartige
Beschwerdenkomplexe auch als potenziell simulationsnah zu betrachten.

Tabelle 3:
Kognitive Störungen können bei einer Vielzahl weiterer Erkrankungen, Störungen und Bedingungen gutachtlich relevant sein
Psychiatrische Erkrankungen (insbesondere Psychosen)
Persönlichkeitsstörungen
Psychische Störungen (Depressionen, Angst, somatoforme Störungen, Zwangsstörungen)
Psychische Störungen nach einschneidenden Lebensereignissen (Anpassungsstörungen, Posttraumatische Belastungsstörung)
Schmerzen und Schmerzstörungen
Distorsionen der Halswirbelsäule (sog. Schleudertrauma)
Lösungsmittelexposition
Stromunfälle
(Anscheinend) neue Krankheiten
Fibromyalgie
Chronisches Erschöpfungssyndrom (Chronique Fatigue)
Multiple chemische Sensitivität (MCS)
Sick Building Syndrome (gebäudebezogene Erkrankungen)
Golfkriegssyndrom
Elektrosmog

Tabelle 4:	
Häufig geschilderte unspezifische kognitive oder damit assoziierte Beschwerden	
Konzentrationsstörungen	Kopfschmerzen bei oder nach Belastung
Verstärkte Geräuschempfindlichkeit	Müdigkeit
Reizbarkeit	Sehstörungen bei oder nach Belastung
Gedächtnisstörungen	Augenbrennen bei oder nach Belastung
Erschöpfbarkeit	Generelle Belastbarkeitsminderung
Abgeschlagenheit	Irritierbarkeit

1.4 Messung psychischer Leistungen

Neuropsychologische Diagnostik hat eine für die jeweilige Fragestellung ausreichend differenzierte Erfassung von neuropsychologischen Symptomen und kognitiven Störungen, aber auch von kognitiven Fähigkeiten und Ressourcen zum Ziel. Eine wichtige Besonderheit psychologischer Diagnostik, etwa in Abgrenzung zum psychischen Querschnittsbefund, besteht darin, dass sie psychische Leistungen messbar, quantifizierbar macht. Dies erfolgt durch spezielle Testverfahren, auf die weiter unten gesondert eingegangen wird.

Ziel der neuropsychologischen Diagnostik ist es im Regelfall nicht, Aussagen über die Intelligenz eines Probanden zu machen, sondern spezifische Funktionsstörungen und Funktionsressourcen zu identifizieren. Intelligenz ist definiert als „die zusammengesetzte oder globale Fähigkeit des Individuums, zweckvoll zu handeln, vernünftig zu denken und sich mit seiner Umgebung wirkungsvoll auseinanderzusetzen" (Wechsler, 1956). Insofern vereint das Konstrukt der Intelligenz selbstverständlich Einzelfähigkeiten oder Elemente in sich, wie etwa Sprache, Aufmerksamkeit oder Gedächtnis. Für viele neuropsychologische Fragestellungen macht es somit keinen Sinn, diese als Konstrukt zusammengefasste Fähigkeit Intelligenz zu erfassen. Eine neuere Erörterung dieses schwierigen konzeptionellen Problems findet sich bei Dennis et al. (2009). Es ist erst die Erfassung von kognitiven Einzelfunktionen, die in ihrer Spezifik Rückschlüsse auf die Prognose, auf eventuell sinnvolle Rehabilitationsmaßnahmen, aber auch auf resultierende Einschränkungen von Alltags-, sozial- oder berufsbezogenen Funktionen gestattet.

Neuropsychologische Diagnostik kann nur dann in einem gutachtlichen Kontext sinnvoll sein, wenn sie ökologisch valide ist, das heißt, wenn die Störungen, die sich in der Untersuchungssituation zeigen, in einer guten Korrespondenz zu Funktionseinschränkungen in der realen Welt außerhalb der Untersuchung, im realen Lebens- und/oder Arbeitsvollzug stehen.

Neuropsychologische Diagnostik beschränkt sich nicht auf Testung, auch wenn diese einen sehr wichtigen Platz im Instrumentarium des Neuropsychologen einnimmt. Testergebnisse sind nur im Kontext zahlreicher weiterer Informationen und profunder klinischer Kenntnisse des Gutachters sinnvoll zu interpretieren.

Die Qualifikation zum adäquaten Testeinsatz in der Begutachtung wird sehr häufig unterschätzt oder gar banalisiert. Die

---

Diagnostik vs. Testung

Immer wieder kommt es zu Verwechslungen der Begriffe Diagnostik und Testung. Bei einer reinen Testuntersuchung, einer Testung oder psychometrischen Untersuchung werden psychologische Tests eingesetzt, ausgewertet und die Ergebnisse interpretiert, häufig ohne Kenntnis und damit losgelöst vom Kontext anderer wichtiger Information. Der Interpretierbarkeit solcher Informationen sind damit enge Grenzen gesetzt, wenn spekulative Schlüsse vermieden werden sollen.

Der Begriff der Diagnostik, in diesem Falle der neuropsychologischen Diagnostik, geht erheblich darüber hinaus, denn er umfasst eine Erhebung und Berücksichtigung aller relevanten Informationen, die zur Beantwortung einer neuropsychologisch sinnvollen Fragestellung für notwendig erachtet werden. Die Anwendung von Tests und Fragebögen ist gewöhnlich Bestandteil einer neuropsychologischen Diagnostik, diagnostische Fragestellungen sind jedoch in bestimmten Kontexten auch ohne Testeinsatz zu beantworten.

Zur Vermeidung von Missverständnissen oder gar Komplikationen ist unbedingt zu empfehlen, die Begriffe der Testung oder psychometrischen Untersuchung zu vermeiden, falls sie nicht ausdrücklich gemeint sind. Im Regelfall ist im gutachtlichen Kontext das gemeint, was als neuropsychologische Diagnostik oder neuropsychologische Begutachtung bezeichnet wird.

---

angemessene Durchführung und Auswertung von Tests ist keine Hilfsarbeit und kann in aller Regel nicht durch eine Sprechstundenhilfe geleistet werden. Niemand käme auf die Idee, eine neurologische oder orthopädische Untersuchung in die Hand des Klinikwachschutzes zu geben. Um die fachlichen Qualifikationsanforderungen zu unterstreichen, soll auf die Regelungen in den USA verwiesen werden, wo in der Regel zur selbstständigen Durchführung und Interpretation von Tests eine abgeschlossene Promotion (PhD oder PsyD) erforderlich ist, wohingegen Psychologen unterhalb dieses Qualifikationsniveaus als Psychometriker nur Zuarbeiten, wie etwa die reine Testdurchführung, leisten dürfen. Tatsächlich ist die Gefahr eines fehlerhaften Testeinsatzes und Testmissbrauchs sehr ernst zu nehmen. Seriöse Testverlage verlangen aus diesem Grund bereits für den Erwerb von Testverfahren den Nachweis einer adäquaten Qualifikation, die in Deutschland die eines Diplom-Psychologen oder eines Masterabschlusses im Fach Psychologie sein sollte. Ein Bachelor-Abschluss ist als unzureichend zu beurteilen.

2 Neuropsychologische Tests

Bedeutung neuropsychologischer Tests

Den Tests kommt, wie ausgeführt, innerhalb der neuropsychologischen Diagnostik eine besondere Bedeutung zu, da sie eine Quantifizierung und Vergleichbarkeit von kognitiven Leistungen oder Leistungsstörungen gestatten. Mit Hilfe psychologischer Tests ist es möglich, psychische Leistungen wie Aufmerksamkeit, Gedächtnis, visuelle Objekterkennung oder vorausschauendes, planvolles Denken messbar zu machen. Testaufgaben können als eine Provokanz aufgefasst werden, mit der ein bestimmtes Verhalten erzeugt wird. Dadurch wird dieses Verhalten einer gezielten Untersuchung zugänglich, und zwar besser, als dies etwa durch eine unsystematische Beobachtung oder durch eine bloße Schilderung von Verhalten durch den Betreffenden oder durch Bezugspersonen möglich wäre.

Dies soll anhand eines fiktiven Testbeispiels illustriert werden. Zielmerkmal soll die Beherrschung der englischen Sprache sein. Dieses Merkmal könnte durch verschiedene Erfassungsmethoden beurteilt werden, z.B.:

- Die Befragung der Person selbst (Wie gut sprechen Sie Englisch?)
- Die Befragung von anderen Personen (Wie gut spricht Ihre Kollegin Englisch?)
- Die Vorlage früherer Zeugnisse (Schulnoten im Fach Englisch; Abschluss von Englischkursen)
- Biographische Angaben (insbesondere Auslandserfahrung) und Produkte früherer Arbeit (z.B. auf Englisch verfasste Artikel)
- Reale Sprachprobe (Gespräch in der Fremdsprache selbst; Anfertigung einer Übersetzung; Aufsetzen eines englischsprachigen Briefes) – deutlich besser für die Beurteilung

Es könnte aber auch ein standardisierter Test vorgelegt werden, der unabhängig vom Beurteiler allen zu beurteilenden Personen in exakt der gleichen Weise vorgelegt werden kann, der standardisiert auswertbar und interpretierbar ist und damit die Ergebnisse direkt vergleichbar macht. Dieser Test könnte beispielsweise das Format eines Mehrfachwahltests aufweisen, wie im folgenden Auszug dargestellt.

Fiktiver englischer Sprachtest
Fünf ausgewählte von insgesamt 35 Aufgaben:

Wählen Sie unter den jeweils vier angebotenen Möglichkeiten das Wort aus, das korrekt die Lücke füllt. Wenn Sie nicht sicher sind, dürfen Sie auch raten.

1. A book ... not a luxury.
    are   will   its   is
4. My father could not remember where he had ... his friends.
    meet   meets   met   meeting
10. He could not decide, but in the end he had to make ... his mind.
    out   up   for   down
18. They tried hard, but they did not manage to make ends ...
    meet   soft   real   break
35. They pulled out all ... to start this huge campaign.
    houses   stops   trees   birds

Auswertung:
Jede richtige Antwort erhält einen Punkt. Die Punkte werden zusammengezählt. Je höher der erreichte Punktwert ist, desto besser ist die gemessene Fähigkeit (Beherrschung der englischen Sprache).

Erst mit dem Test wird die Qualität des Messens psychischer Eigenschaften (hier: Fremdsprachenbeherrschung) erreicht. Neben der realen Sprachprobe ist unter den aufgeführten Methoden der Test vermutlich am besten geeignet, den Grad der tatsächlichen Sprachbeherrschung zu bestimmen. Die Sprachprobe setzt allerdings voraus, dass der Untersucher selbst die Sprache sehr gut beherrscht, seine Urteilsfähigkeit gut ausgebildet ist und ein konstanter Maßstab bei allen Probanden angelegt wird. Solche Voraussetzungen (die einer realen Arbeitsprobe entsprechen) sind häufig nicht gegeben. Aus wissenschaftlicher Sicht weist unter den aufgeführten Erfassungsmethoden der Test vermutlich die besten Gütekriterien insgesamt auf.

Das obige Test-Beispiel verdeutlicht gleichzeitig eine Reihe von Merkmalen, die für viele Tests typisch sind, wie etwa:

- Der Test besteht aus Einzelaufgaben (sogenannte Items).
- Jedes einzelne Item ist so formuliert, dass es die gleiche Eigenschaft messen soll (d.h. der Test ist homogen).
- Die Items sind nach steigender Schwierigkeit angeordnet, so dass sehr einfache Aufgaben am Testanfang, sehr schwierige am Testende stehen.
- Für jede Einzelaufgabe wird ein Punkt vergeben; die Einzelpunkte werden zu einem Gesamtwert (Rohwert) zusammengezählt.
- Dieser Rohwert stellt ein Maß für die Zieleigenschaft (im Beispiel: Grad der englischen Sprachbeherrschung) dar. Je höher der Rohwert, desto besser ist die Zieleigenschaft bei der jeweiligen Person ausgeprägt.
- Damit werden hohe Testwerte zum Indikator für eine starke Merkmalsausprägung (gute Sprachbeherrschung), während niedrige Testwerte eine geringe Merkmalsausprägung anzeigen (schlechte Sprachbeherrschung).
- Tests können auf unterschiedliche Erfassungsmethoden zurückgreifen. So wäre es denkbar, statt einer Mehrfachwahlaufgabe auch die Antworten durch die Probanden einfügen zu lassen, ohne irgendwelche Vorgaben zu machen.
- In einer Mehrfachwahlaufgabe können Probanden durch Raten ihr Ergebnis verbessern, wenn sie die Antwort nicht wissen oder sich nicht wirklich sicher sind. Wenn dies in der Auswertung nicht durch geeignete Korrekturen berücksichtigt wird, erzielen Probanden, die Wissenslücken durch Raten auszufüllen versuchen, bessere Ergebnisse als Personen, die keine Antwort abgeben.

Die Vorteile des Tests gegenüber anderen diagnostischen Methoden sind:

a) Tests ermöglichen eine Quantifizierung (Messung) von psychischen Leistungen.

b) Sie sind in Durchführung, Auswertung und Interpretation standardisiert.

c) Tests sind (weitgehend) vom Untersucher unabhängig, d.h. verschiedene Untersucher sollten am gleichen Probanden den gleichen Messwert erhalten.

d) Sie sind wiederholbar. Dadurch sind Testergebnisse, die zu verschiedenen Zeiten am gleichen Probanden gewonnen wurden, vergleichbar.

e) Sie gestatten auch eine Vergleichbarkeit mit anderen Mitgliedern einer bestimmten Gruppe (z.B. Altersgruppe, Patienten einer bestimmten Diagnose). Zu diesem Zwecke stehen Normen zur Verfügung.

f) Testergebnisse sind gut und ökonomisch kommunizierbar.

Hörmann (1964) fasste das Wesen psychologischer Tests in folgende Worte: „Erhöhung der Sicherheit durch Beschränkung der subjektiven Freizügigkeit – das ist das Leitmotiv, unter dessen Klängen der Test die Bühne der Diagnostik betritt."

2.2 Verfahrensvielfalt und Untersuchungsumfang

Mehr als 100 Jahre Testpsychologie haben eine große Vielfalt an Verfahren hervorgebracht, ein Prozess, der sich überdies in einer ständigen Entwicklung befindet. Aus diesem Grund ist es weder möglich, hier einen vollständigen Überblick über vorhandene Verfahren zu geben, noch lassen sich verbindliche Richtlinien zur Verfahrensauswahl innerhalb einer neuropsychologischen Begutachtung formulieren. Bei der speziellen Verfahrensauswahl spielt auch die Fragestellung des Einzelfalls eine Rolle. So ist es beispielsweise nicht sinnvoll, einen speziellen Aphasietest durchzuführen, wenn es weder aus der Vorgeschichte (Aktenlage) noch aus der Beschwerdenschilderung und dem klinischen Interview Hinweise auf das Vorliegen aphasischer Symptome gibt. Auch die individuellen Erfahrungen eines Untersuchers mit bestimmten Verfahren bestimmen den Auswahlprozess in nicht unerheblichem

Maße. Zudem können Tests oder ihre Normen veralten, Testrevisionen können sie wieder aktualisieren. All dies sind Faktoren, die die Vorgabe fester Verfahrenslisten sehr umstritten machen. Ganz feste, unflexibel eingesetzte Testbatterien (im Englischen wird dieses Vorgehen als fixed battery approach bezeichnet) vereinigen die Vorteile einer standardisierten Untersuchung in sich, weisen aber den Nachteil auf, unter Umständen genau jene Symptombereiche auszusparen, die für den gerade untersuchten Probanden von besonderer Relevanz sind. Soweit aus den Diskussionen in internationalen Foren erkennbar ist, setzt heute wohl die Mehrheit der Neuropsychologen eine feste Kernbatterie ein, die sich für eine Vielzahl von Fragestellungen und Untersuchungskontexte bewährt hat, und ergänzt diese Batterie durch weitere Verfahren, die fragestellungs- und kontextspezifisch ausgewählt werden.

In Tabelle 5 sind einige der gebräuchlichen Verfahren zusammengestellt, die im deutschen Sprachraum Anwendung finden. Ein Überblick über die Vielfalt der hier angewandten Verfahren lässt sich auch aus dem Handbuch neuropsychologischer Tests (Schellig, Drechsler, Heinemann & Sturm, 2009, in Druck) entnehmen. Für die englischsprachige und internationale Neuropsychologie gelten drei große Testhandbücher mit unterschiedlichem Schwerpunkt als wichtige Nachschlagewerke. Das sind:

a) Lezak, Howieson & Loring (2004) – Grundwerk der neuropsychologischen Diagnostik in vierter Auflage, das einen großen Einfluss auf die Entwicklung des Fachs genommen hat. Hier findet sich neben umfangreichen einführenden Kapiteln zu den Grundfragen neuropsychologischer Diagnostik ein breitestmöglich angelegter Überblick über Tests und Methoden zur Beurteilung von Hirnschadensfolgen.

b) Strauss, Sherman & Spreen (2006) – In dritter Auflage erschienenes Kompendium neuropsychologischer Tests, das in vertiefender Weise für eine Auswahl der am weitesten verbreiteten neuropsychologischen Tests detailliertere Informationen zur Anwendung, Normierung und Interpretation liefert.

c) Mitrushina, Boone, Razani & D'Elia (2005) – In zweiter Auflage vorgelegtes Normenhandbuch, das sich spezifisch der wichtigen Frage der Normierung widmet und sich dabei auf eine engere Testauswahl beschränkt.

Tabelle 5: Neuropsychologisch wichtige Funktionsbereiche und Auswahl an zugehörigen Tests	
Die Zuordnung zu den einzelnen Leistungsbereichen ist häufig nicht in einem strikten Sinn zu treffen, da bei der Ausführung vieler Tests verschiedene Funktionsbereiche ineinandergreifen. Ergänzend sind einige Bereiche für die standardisierte Beschwerdenschilderung angegeben.	
Aufmerksamkeit	Testbatterie zur Aufmerksamkeitsprüfung (TAP) Untertest Alertness Untertest Geteilte Aufmerksamkeit Untertest Go/No-go Aufmerksamkeitstests des Wiener Testsystems Trail Making Test Test d2 – Aufmerksamkeits-Belastungs-Test
Kurzzeitgedächtnis/Arbeits-gedächtnis	Untertest Arbeitsgedächtnis der TAP Zahlen-Nachsprechen Blockspanne nach Corsi
Gedächtnis	Verbaler Lern- und Gedächtnistest (Auditiv-Verbaler Lerntest) Rey-Osterrieth Complex Figure Test and Recognition Trial Wechsler Gedächtnistest – Revidierte Fassung Visueller und Verbaler Merkfähigkeitstest Berliner Amnesietest California Verbal Learning Test Semantisches Altgedächtnisinventar
Visuelle/Visuell-räumliche Leistungen	Perimetrische Untersuchung Untertest Gesichtsfeld der TAP Mosaik-Test des WIE Computergestützte Testbatterie VS Testbatterie für Visuelle Objekt-und Raumwahrnehmung Hooper Visual Organization Test Linienhalbierungsaufgaben Bells Test
Exekutive Funktionen	Wisconsin Card Sorting Test Turm von Hanoi Turm von London Standardisierte Link'sche Probe Behavioural Assessment of the Dysexecutive Syndrome Planungstests und -aufgaben HAMASCH 5 Punkt Test Regensburger Wortflüssigkeitstest – Buchstabenflüssigkeit

Tabelle 5: Neuropsychologisch wichtige Funktionsbereiche und Auswahl an zugehörigen Tests	
Sprache	Aachener Aphasie Test Token Test Boston Naming Test Wortschatztest Peabody Picture Vocabulary Test
Intelligenz	Wechsler-Intelligenztest für Erwachsene (WIE) Leistungs-Prüf-System Intelligenz-Struktur-Test
Selbstbeschreibungsbereich	Fragebogen
Persönlichkeit	Freiburger Persönlichkeitsinventar (FPI-R) Minnesota Multiphasic Personality Inventory (MMPI-2) Persönlichkeits-Stil-und Störungs-Inventar (PSSI) Verhaltens- und Erlebensinventar (VEI)
Beschwerden	Symptom-Checkliste (SCL-90-R)
Depression	Beck Depressionsinventar (BDI-II)
Beschwerden einer PTBS	Impact of Event Scale – Revised (IES-R)

Neuropsychologische Tests weisen hinsichtlich ihrer Konstruktion, ihrer Gütekriterien und der Brauchbarkeit vorhandener Normen große Unterschiede auf, die durch den Laien kaum zu überblicken und im Einzelfall zu beurteilen sind.

Ob eine Untersuchung Mindestanforderungen erfüllt, die sie zu einer neuropsychologischen Untersuchung qualifizieren, lässt sich nicht anhand einer Checkliste von Testverfahren bestimmen. Ausschlaggebend sind vielmehr die Anwendung eines neuropsychologischen Grundansatzes, der auf dem Verhältnis zwischen Gehirn und Verhalten beruht, und eine entsprechende neuropsychologische Qualifizierung des Untersuchers. Eine kurze Testuntersuchung, die beispielsweise aus den drei Verfahren Test d2, Benton-Test und Mehrfachwahl-Wortschatztest besteht, wird mit sehr hoher Wahrscheinlichkeit keine qualifizierte neuropsychologische Untersuchung darstellen können. Dennoch ist es möglich, dass jedes einzelne der drei Verfahren oder auch alle drei gemeinsam Bestandteil einer qualifizierten neuropsychologischen Untersuchung sind.

Bei neuropsychologischen Begutachtungen sind häufig 20 oder mehr Einzeltests einzusetzen, um ein adäquates Abbild von Funktionseinschränkungen und Leistungsressourcen des Probanden zu erhalten. Damit liefert der Untersuchungsumfang selbst bereits einen Hinweis darauf, ob eine qualifizierte Untersuchung stattfand. So ist etwa eine einstündige Testdurchführung im Regelfall lediglich als orientierende Untersuchung zu werten und kann nur bei sehr speziellen Fragestellungen eine ausreichende Grundlage für ein neuropsychologisches Gutachten darstellen. Im Zweifelsfall muss empfohlen werden, einen qualifizierten Neuropsychologen zur Bewertung eines vorgelegten Gutachtens und zur Beratung heranzuziehen, so wie dies im Rahmen medizinischer Gutachten regelhaft geschieht.

2.3   Gütekriterien von Tests

Tests sind standardisierte Untersuchungsinstrumente, die meist auf der Grundlage einer Testtheorie konstruiert wurden. Unter Testtheorie versteht man dabei ein umfangreiches Regelwerk für die Entwicklung und Güteabschätzung von Testverfahren, dessen Kenntnis letztlich auch Voraussetzung für einen qualifizierten Testeinsatz ist. Aus diesem Grund wird eine Testvorgabe durch unzureichend qualifizierte Personen, sofern sie nicht unter enger Anleitung und Supervision erfolgt, immer wieder zu Recht problematisiert.

Die drei wichtigsten Gütekriterien werden Objektivität, Reliabilität und Validität genannt und sollen, da sie in der Testdiagnostik eine herausragende Rolle spielen, hier kurz eingeführt werden.

Objektivität

Unter Objektivität oder Konkordanz eines Verfahrens wird das Ausmaß verstanden, in dem ein Verfahren von der Person des Untersuchers unabhängig ist. Die Objektivität sollte sich auf die

Durchführung, die Auswertung und die Interpretation des Tests erstrecken.

Reliabilität

Unter dem Begriff der Reliabilität oder Zuverlässigkeit eines Verfahrens wird seine Messgenauigkeit verstanden. Ein Test ist dann reliabel, wenn er das, was er misst, genau misst. Zur Bestimmung der Reliabilität liegen verschiedene Methoden vor. So kann ein Test deshalb als reliabel beurteilt werden, weil die Testwerte bei Wiederholungsmessungen in hohem Maße mit denen, die zu einem ersten Messzeitpunkt erhalten wurden, übereinstimmen. Eine andere Methode zur Bestimmung der Reliabilität besteht darin, dass ein zweiter Test nach möglichst gleichen Regeln konstruiert wird. Die Testwerte, die bei Personen mit den beiden „Paralleltests" erhalten werden, sollten möglichst in hohem Grad übereinstimmen.

Validität

Die Validität oder Gültigkeit ist das wichtigste der Gütekriterien für einen Test. Ein Test ist dann valide, wenn er tatsächlich das misst, was er zu messen vorgibt. Dies ist bezüglich psychischer Eigenschaften keine triviale Fragestellung. So kann ein Verfahren sehr genau und zuverlässig etwas messen (also hoch reliabel sein), aber nicht das, was es zu messen meint.

Gütekriterien sind mittels eines mathematischen und methodischen Repertoires abschätzbar und können in Zahlen ausgedrückt werden, so dass Tests untereinander bezüglich ihrer Qualität vergleichbar sind. Es ist kein Geheimnis, dass einige in der Praxis eingesetzte Verfahren die Gütekriterien in nicht ausreichendem Maße erfüllen oder nicht ausreichend hinsichtlich ihrer Güte untersucht wurden. Ob und wieweit dies der Fall ist, erfordert zur kompetenten Beurteilung in der Regel gute Kenntnisse in Statistik und Testtheorie.

Unter den verschiedenen Aspekten der Validität sticht für gutachtliche Fragestellungen in der Berufsunfähigkeitsversicherung (BU) die ökologische Validität hervor. Sie betrifft die Frage, inwieweit aufgrund der Testergebnisse Aussagen über das Verhalten in der natürlichen Umgebung der Probanden getroffen werden können. Dies stellt insofern ein Kernproblem dar, weil Menschen sich in ihrem Alltag kaum mit künstlich konstruierten Testaufgaben unter eingeschränkten, kontrollierten Bedingungen auseinandersetzen müssen. Der Einwand einer mangelnden ökologischen Validität von Testuntersuchungen wird nicht nur gelegentlich durch andere Gutachter oder Auftraggeber vorgebracht, sondern ist häufiger von Probanden selbst zu hören: „Eine solche Aufgabe konnte ich noch nie erfüllen; aber das sagt ja überhaupt nichts über mein tatsächliches Leben aus."

Zur Frage der ökologischen Validität psychologischer Verfahren gerade im gutachtlichen Kontext ist ein großer Nachholbedarf zu erkennen. Hier bedarf es einer sorgfältigen Aufarbeitung der international verfügbaren Literaturbefunde, ihrer kritischen Würdigung und der Prüfung, inwieweit sie auf spezifische Untersuchungskontexte, wie dies für die BU der Fall ist, anwendbar sind.

2.4 Normwerte und Prozentränge

Ein wesentliches Merkmal vieler Tests ist ihre Normierung. Sie ermöglicht den Vergleich individueller Testwerte mit den Ergebnissen, die bei einer oder mehreren Stichproben erhalten wurden. Damit werden eine Einordnung der Leistung des Untersuchten und Rückschlüsse auf seine Funktionseinschränkungen und Leistungsressourcen ermöglicht. Ohne ein Grundverständnis des Wesens von Normen können psychometrische Ergebnisse nicht angemessen bewertet werden.

Wenn eine Vergleichsgruppe (Normierungsgruppe) zur Erhebung von Normen untersucht wird, so ist sie möglichst gut zu beschreiben, damit der Vergleichsmaßstab, der für die individuellen Testwerte benutzt wird, bekannt ist. In vielen Kontexten ist eine bevölkerungsrepräsentative Stichprobe ideal, doch sind solche Erhebungen äußerst aufwändig. Zur Beschreibung der erhaltenen

Testwerte in einer Normierungsgruppe werden zunächst der Mittelwert (das arithmetische Mittel) und die Standardabweichung (ein statistisches Maß für die Streuung der Testwerte um den Mittelwert) herangezogen.

Viele Merkmale folgen mehr oder weniger akkurat einer bestimmten Verteilungsform: an den extremen Ausprägungsgraden befinden sich sehr wenige Merkmalsträger, während sich um den Mittelwert herum die meisten Merkmalsträger gruppieren. Die typisch erhaltene Kurve wird wegen ihrer Form Glockenkurve genannt (Abbildung 2). Menschliche Merkmale wie Körpergröße oder

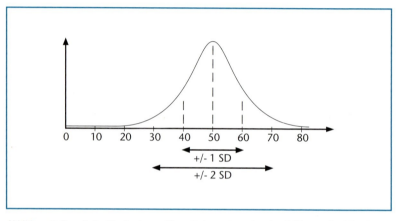

Abbildung 2: Gauss'sche Glockenkurve, hier mit den entsprechenden T-Werten. Der Mittelwert beträgt für die T-Skala 50, die Standardabweichung (SD) 10. Zwischen den T-Werten 40 und 60 befinden sich 68 % aller Personen der Normierungsstichprobe.

Intelligenz folgen annähernd dieser Verteilungsform. Je weiter wir uns beispielsweise von der durchschnittlichen Körpergröße aller männlichen Personen Deutschlands oder der durchschnittlichen Intelligenz aller 20-jährigen Deutschen entfernen, desto weniger Personen werden wir antreffen. Dies gilt in beide Richtungen, also etwa für extrem große und kleine Menschen gleichermaßen.

Zur Kennzeichnung der relativen Position eines Merkmalsträgers hinsichtlich dieser Verteilung werden standardisierte Normwerte benutzt, die auf dieser Verteilungsform beruhen. Es ist historischen Gründen geschuldet, dass dabei auf verschiedene Normskalen zurückgegriffen wird, was für Auftraggeber und Gutachter anderer Fachdisziplinen häufig verwirrend ist. Einige der gebräuchlichsten Skalen sind in Tabelle 6 zusammengestellt.

	Tabelle 6: In der Testpsychologie häufig verwendete Normskalen	
Skalenbezeichnung	Mittelwert	Standardabweichung
z-Werte	0	1
Intelligenzquotient (IQ)	100	15
T-Werte	50	10
Centile (C-Werte)	5	2
Stanine	5	1,96

Anschaulicher und unabhängig von dem Ausmaß, inwieweit eine solche Normalverteilung tatsächlich beobachtet werden kann, ist die Verwendung sogenannter Prozentränge. Ein Prozentrang gibt die relative Position eines Individuums an, die dieses bezüglich des Merkmals im Vergleich zu einer Bezugsgruppe einnimmt. Das folgende Beispiel soll dies erläutern.

Beispiel: Prozentrang

Ein Proband erhält in einem Intelligenztest den Rohwert 56. Dieser Rohwert trägt für sich genommen keine weitere Aussage als: 56 Aufgaben wurden gelöst. Dieser Wert kann aber anhand einer (vorgegebenen) Normentabelle in den Intelligenzquotienten (IQ) 85 umgewandelt werden. Der geschätzte IQ des Probanden beträgt demnach 85. Erst damit gewinnt der Testwert eine Aussage über die Fähigkeiten des Probanden in Bezug auf eine Vergleichsgruppe.

Da die Intelligenz in der Bevölkerung normalverteilt ist (d.h. der in Abbildung 2 dargestellten Verteilung folgt, mit einem Mittelwert von 100 und einer Standardabweichung von 15), lässt sich dieser IQ von 85 direkt in einen Prozentrang umwandeln. Der Prozentrang für einen IQ von 85 beträgt 16.

Die Interpretation des Prozentrangs lautet: 16 % der Bevölkerung erreichen einen IQ von 85 oder kleiner. Oder anders ausgedrückt: 84 % der Bevölkerung (100 − 16) würden im Test einen besseren Wert als den Rohwert 56 (und damit einen IQ von 85) erhalten.

In Tabelle 7 ist zu sehen, dass der 16. Prozentrang auch die untere Grenze des Normbereichs (Durchschnittsbereichs) darstellt. Dies ergibt sich auch daraus, dass ein IQ von 85 genau eine Standardabweichung unter dem Mittelwert liegt (100 − 15 = 85). Der Normbereich ist als der Bereich definiert, der eine Standardabweichung um den Mittelwert herum liegt.

Die Angabe von Prozenträngen ermöglicht also eine gute Vorstellung der relativen Position der Testleistung des Probanden in Bezug auf die Normierungsgruppe. Dies kann anhand der Tabelle 7 noch

Tabelle 7:
Übersicht über T-Wert-Bereiche, die korrespondierenden Prozentränge und die im Gutachten verwendeten Bezeichnungen für Leistungen in den jeweiligen Bereichen. Die Begriffe Durchschnitts- und Normbereich werden synonym behandelt.

T-Wert	Prozentränge	Anteil der Referenzpopulation	Bezeichnung
20 – 29	0,1 – 2,2	2,10 %	Weit unterdurchschnittlich
30 – 39	2,3 – 15,8	13,60 %	Unterdurchschnittlich
40 – 44	15,9 – 27,4	11,50 %	Unterer Durchschnittsbereich
40 – 60	15,9 – 84,1	68,30 %	Durchschnittlich
56 – 60	72,6 – 84,1	11,50 %	Oberer Durchschnittsbereich
61 – 70	84,2 – 97,7	13,60 %	Überdurchschnittlich
71 – 80	97,8 – 99,9	2,10 %	Weit überdurchschnittlich

einmal nachvollzogen werden. Die Testleistungen aller Probanden, die einen Prozentrang unterhalb 16 erhalten (genauer: 15,8655), werden bereits als mindestens unterdurchschnittlich eingestuft.

Für die auf einer Normalverteilung beruhenden Skalen, die IQ-Skala eingeschlossen, ist die Zuordnung zwischen Skalenwerten und Prozenträngen fest definiert (vgl. Tabelle 7, in der Prozentränge den entsprechenden T-Wert-Bereichen zugeordnet wurden). Aufgrund der verschiedenartigen verwendeten Normen wäre es für ein Verständnis des Gutachtens leichter, einheitlich auf nur einen Normierungsmaßstab zurückzugreifen. Wegen ihrer Unabhängigkeit von der Normalverteilung, also der Anwendbarkeit auf alle Arten von Datenverteilungen, wären vermutlich die Prozentränge am ehesten dazu geeignet. Sie bieten außerdem den Vorteil der besten Anschaulichkeit, sofern verstanden wird, was mit einem Prozentrang gemeint ist (Anteil der Referenzstichprobe, die den entsprechenden Testwert des konkreten Probanden oder einen niedrigeren erzielten).

2.5 Interpretation von Testergebnissen

Das Ergebnis eines psychologischen Tests wird in einem Zahlenwert (oder einer Reihe von Einzelwerten) zusammengefasst. In einem ersten Interpretationsschritt erfolgt die Umwandlung dieses Rohwerts in einen Normwert, der die individuelle Testleistung in einen Bezug zu einer Vergleichsgruppe setzt. Wenn, wie dies aus statistischer Sicht in der Regel geschieht, als Durchschnitts- oder Normbereich der Bereich definiert wird, der um maximal eine Standardabweichung vom Mittelwert abweicht, so lassen sich sprachliche Bezeichnungen für einzelne Bereiche festlegen. Ein Vorschlag für die Vereinheitlichung solcher sprachlichen Marker ist in Tabelle 7 dargestellt.

Danach würde ein Testwert im mittleren Bereich als durchschnittlich gekennzeichnet. Da der Durchschnittsbereich selbst sehr breit definiert ist (ca. 68 % der Population), ist eine Unterteilung in unteren, mittleren und oberen Normbereich häufig angemessen oder es werden Beschreibungen wie „an der unteren Grenze des Normbereichs" verwendet. Wie ein konkreter Testwert über diese rein statistisch begründete Beschreibung weitergehend inhaltlich interpretiert wird, kann von einer Reihe von Faktoren abhängen, die außerhalb des Tests selbst liegen. Dies soll anhand eines Beispiels veranschaulicht werden.

Nehmen wir an, ein Versicherter erreicht in einem Intelligenztest ein Ergebnis, das als Intelligenzquotient in Höhe von 80 ausgedrückt wird. Dies entspricht einem Prozentrang von 9, das heißt 9 % aller Personen des entsprechenden Lebensalters erreichen einen Wert, der kleiner oder gleich einem IQ von 80 ist. Nach Tabelle 7 würde dieser Wert als unterdurchschnittlich beschrieben werden, das heißt die Intelligenztestleistung des Untersuchten liegt unterhalb des Durchschnittsbereichs seiner Altersgruppe. Was bedeutet dies jedoch inhaltlich, wie wird dieser Wert interpretiert? Die Antwort auf diese Frage liegt nicht im Zahlenwert (IQ = 80) selbst, sondern lässt sich nur in der Gesamtschau aller verfügbaren Informationen über den Untersuchten finden. Einige der Interpretationsmöglichkeiten eines gemessenen IQ-Werts von 80 wären:

a) Der Testwert entspricht dem tatsächlichen Intelligenzniveau des Untersuchten, im Sinne eines überdauernden Merkmals seiner Person, das Aufschluss über seine Problemlösefähigkeit und seine Anpassungsfähigkeit an Umweltbedingungen liefert. Diese Fähigkeiten sind knapp unterdurchschnittlich ausgebildet. Gewisse Lernschwierigkeiten sind bei durchschnittlichen altersgemäßen Anforderungen zu erwarten, doch sollte ein Hauptschulabschluss erreichbar sein.

b) Der gleiche Testwert könnte von einem erfolgreichen Hochschulabsolventen erreicht werden, der sich nach erlittener Schädel-Hirn-Verletzung auf dem Wege der Besserung befindet. Bei einer Testung während des Rehabilitationsprozesses wurde der Messwert von 80 erhalten. Der gemessene IQ reflektiert in diesem Falle nicht die Intelligenz im Sinne eines überdauernden Persönlichkeitsmerkmals, sondern gibt Auskunft über spezifische Funktionsdefizite, die sich auch auf die Lösung von Testaufgaben niederschlagen.

c) Die kognitive Leistungsfähigkeit eines Mathematikprofessors, der an einer Alzheimer-Demenz erkrankt ist, wird im Prozess des schleichenden Abbaus noch relativ früh im Erkrankungsprozess einen Punkt erreichen, an dem sie einem IQ von 80 entspräche. Die Messung reflektiert also in gewisser Weise den gerade erreichten Stand des fortschreitenden kognitiven Leistungsabbaus dieser Person im Krankheitsprozess.

d) Der gleiche Testwert kann von jemandem erreicht werden, dessen wahre Intelligenz viel höher ist, der aber in der Untersuchung nicht ausreichend mitarbeitet, sei es weil er kognitive Einschränkungen vortäuscht, sei es, weil er ohne weitergehendes Motiv einfach keine Lust hat, sich in der Untersuchung anzustrengen.

Mit diesen verschiedenen Interpretationsmöglichkeiten ein und desselben Ergebnisses sollte deutlich werden, dass ein Testergebnis außerhalb des Kontextes einer vollständigen Untersuchung in einem nicht kalkulierbaren Maß wertgemindert oder sogar wertlos ist. Dies wird beim Testeinsatz und bei der Ergebniswertung häufig übersehen. Nur in der Zusammenschau aller anderen verfügbaren Informationen und im Ergebnis eines häufig komplexen Urteilsprozesses erschließt sich die Bedeutung eines Testwertes oder eines Testprofils. Wenn Testergebnisse, isoliert aus dem Kontext einer vollständigen Untersuchung, weitergegeben und durch andere Personen interpretiert werden, die nicht über profunde Kenntnisse der Testdiagnostik verfügen, sind gravierende Fehlbeurteilungen vorprogrammiert.

Wie es sehr treffend Vanderploeg (1994) ausdrückte, können mit Tests keine Fragen beantwortet werden. Neuropsychologische Diagnostik erfordert, wie jede andere klinische Diagnostik, ein Mindestmaß an klinischer Erfahrung und ist keineswegs auf die richtige Vorgabe und Auswertung von Testinstrumenten beschränkt. Dennoch stellt der Test ein sehr wichtiges Instrument innerhalb der neuropsychologischen Diagnostik dar, das dieser einen potenziell objektiveren Charakter verleiht und die Ergebnisse quantifizierbar, untersucherunabhängig, replizierbar, vergleichbar und kommunizierbar macht. Es ist vor allem dem vorhandenen methodischen Repertoire zu verdanken, dass eine qualifizierte neuropsychologische Diagnostik als Methode der Wahl zur Beurteilung kognitiver Störungen bei vielen klinischen und gutachtlichen Fragestellungen angesehen werden kann.

Testuntersuchungen sind Methoden, die in besonderer Weise von der Kooperativität des Untersuchten abhängen, wie weiter unten noch näher aufgezeigt wird. Der Test ist nur ein Werkzeug im Gesamtrepertoire des Neuropsychologen. Eine sachgerechte Beurteilung des Einzelfalls beruht immer auf einer Berücksichtigung aller verfügbaren Informationsquellen, darunter die Ergebnisse in Leistungstests.

Die Abhängigkeit von der Kooperativität des Untersuchten und andere Beschränkungen für die Gültigkeit von Testergebnissen sind durch den Untersucher verantwortungsvoll zu beachten. Losgelöst vom Kontext einer umfassenden neuropsychologischen Untersuchung und ohne Berücksichtigung der Qualifikation des Untersuchers ist ein Testergebnis in einem unkalkulierbaren Ausmaß wertgemindert, unter Umständen praktisch wertlos.

3 Testbeispiele

Im Folgenden sollen Testbeispiele geliefert werden, um zu veranschaulichen, wie verschiedene Tests konstruiert sein können. Die hier verwendeten Aufgabenbeispiele sind durchgehend fiktiv, da die realen Testaufgaben als besonders schutzwürdig zu betrachten sind.

3.1 Wortschatztests

Weit verbreitet in der neuropsychologischen Begutachtung ist der Einsatz von Wortschatztests (spot the word), die auf einer Wiedererkennung von real existierenden Wörtern beruhen. Damit wird eine grobe Schätzung der sprachlichen Intelligenz ermöglicht. Der Vorteil dieser Tests ist ihre rasche und unkomplizierte Durchführbarkeit und die einfache Auswertung.

Beispiel: Wortschatztest

Unter den vier Wörtern einer Zeile gibt es jeweils nur eines, das wirklich existiert. Die anderen drei Wörter sind Fantasiewörter. Finden Sie das Wort heraus, das es wirklich gibt, und unterstreichen Sie es.

Hilfe – Halge – Hasto – Binte
Unhut – Insaat – Umwut – Anmut
Anthate – Intrige – Algrade – Illister
Hermes – Waltus – Finkis – Tantas
...
Lexem – Naxum – Mixan – Roxal
Raskahn – Bumboot – Abkanu – Schiffran
Ankon – Perun – Retin – Senon

Die Ergebnisse in solchen Tests, wie dem Mehrfachwahl-Wortschatz-Test (MWT-A und MWT-B) und dem deutlich besser konstruierten Wortschatztest (WST) werden häufig dazu herangezogen, die sogenannte prämorbide Intelligenz abzuschätzen. Damit ist das allgemeine Niveau der kognitiven Fähigkeiten vor dem Beginn einer Erkrankung oder vor einem Unfallereignis gemeint. Diese Beurteilung erfolgt häufig unkritisch und in unangemessener Weise. Tatsächlich hängt die Leistung in einem solchen Wortschatztest nicht nur von dem vor der Erkrankung oder Verunfallung erworbenen Wissen ab, sondern auch Erkrankungs- und Unfallfolgen können die Testleistung beeinflussen. Dies ist gut für demenzielle Erkrankungen, für Patienten mit Aphasie und Patienten mit halbseitigen Aufmerksamkeitsstörungen nachweisbar.

3.2 Tests zur Erfassung des verbalen Gedächtnisses

Gedächtnis ist ein sehr komplexes, in sich selbst vielfach strukturiertes psychologisches Konstrukt. Entsprechend ist auch die Diagnostik von Gedächtnisfunktionen komplex und keineswegs durch einen Test zu leisten. Übliche Tests für die Erfassung des verbalen (sprachbezogenen) Gedächtnisses sind Wortlernlisten.

Beispiel: Verbaler Gedächtnistest – Wortlernliste

Aufgabe: Ich lese Ihnen viermal nacheinander eine Liste von unzusammenhängenden Wörtern vor. Sie hören bitte genau zu und wiederholen mir nach jedem Vorlesen diejenigen Wörter, die Sie behalten haben. Los geht es!

„Regen, Sahne, Wohnung, Rose, Teppich, Fußball, Tochter, Antenne, Vogel, Mantel."

Die Anzahl der durch den Probanden in jedem Durchgang reproduzierten Wörter ist bereits ein Maß für die Behaltensleistung. Die Summe über alle Durchgänge hinweg ist testtheoretisch in der Regel ein viel besseres (höher reliables, valideres) Gedächtnismaß. Häufig schließen sich nach einer Phase der Ablenkung noch weitere Aufgaben an, die prüfen, inwieweit die gelernte Wortliste tatsächlich über eine gewisse Zeit hinweg behalten wurde.

Es gibt zahlreiche Varianten solcher Wortlisten-Lerntests, die jeweils Vor- und Nachteile aufweisen, was in diesem Rahmen jedoch nicht vertieft werden soll.

Eine andere, verbreitete Art von verbalen Gedächtnistests besteht darin, dass eine kurze, in sich zusammenhängende Geschichte vorgelesen wird und der Proband anschließend möglichst viele Elemente wiedererzählen soll. Ein entsprechender Test in den Wechsler-Gedächtnisskalen heißt „Logisches Gedächtnis".

Beispiel: Verbaler Gedächtnistest – Geschichte

„Gertrud Müller, die Frau eines armen Holzfällers, wurde am Nachmittag des 5. Januar von der Polizei festgenommen, nachdem sie in einem Bäckerladen ein Brot stehlen wollte. Bei der Vernehmung gab sie an, dass sie ihre zwölf Kinder nicht mehr satt bekomme. Aus Mitleid ließen die Polizeibeamten die Frau nicht nur frei, sondern übernahmen auch die Patenschaft über die Familie. Aus Dank für die nun regelmäßig eintreffenden kleinen Zuwendungen brachte Herr Müller am Ende des Jahres eine prächtige Weihnachtstanne auf das Polizeirevier."

Wie diese fiktive Geschichte, so sind auch tatsächlich im Routinegebrauch befindliche, verbreitete Testaufgaben nicht immer sehr zeitgemäß. Nicht nur Testnormen, sondern auch Testaufgaben selbst können Alterungsprozessen unterliegen.

3.3 Intelligenztests

Intelligenztestaufgaben liegen nach rund 100 Jahren Geschichte des Intelligenztests und psychologischer Intelligenzforschung reichlich vor. Typische Aufgaben, die die Fähigkeit zu logisch-abstraktem Denken oder zur Bildung von Analogien messen, können in unterschiedlichen Formen auftreten. Aber auch Wissensaufgaben sind Bestandteil vieler Intelligenztests. Einige fiktive Beispiele sind im Folgenden angeführt.

Wie alle Tests, können auch Intelligenztests Fehler aufweisen, die von ihren Autoren nicht bemerkt wurden. So lassen sich für die beiden letzten Aufgaben, für die Reihe der Städte und die Reihe der Komponisten, jeweils verschiedene Lösungen finden.

Beispiel: Intelligenztestaufgaben

1. Setzen Sie die Reihen fort:

   1 3 5 7 9 11 13 __

   1 4 3 6 5 8 7 __

   2 4 8 6 3 5 10 8 __

2. Das erste Wort steht zum zweiten in der gleichen Beziehung wie das dritte zum vierten. Ergänzen Sie das vierte Wort.

   arm : reich = klein : _____

   Zitrone : sauer = Pfeffer : _____

   Rübe : Zucker = Kautschuk : _____

3. Welches eine Wort passt nicht in die Reihe?

   Hund   Katze   Rind   Zebra   Schwein   Pferd

   Berlin   Barcelona   Bern   Ankara   Peking   Ottawa

   Mozart   Beethoven   Haydn   Britten   Gershwin   Paganini

---

3.4   Beschwerden- und Persönlichkeitsfragebögen

Fragebögen, die ebenfalls häufig unter dem Begriff des Tests behandelt werden (und dies zu Recht dann, wenn sie nach einer Testtheorie konstruiert wurden), ermöglichen eine standardisierte und systematische Informationserhebung, die von der Person des Anwenders unabhängig sein sollte. Der Untersucher muss dennoch für den Einsatz solcher Instrumente qualifiziert sein, d.h. ihre Güteeigenschaften und die Grenzen ihrer Aussagefähigkeit gut kennen. Fragebogendaten, deren Ergebnisse häufig zu Einzelskalen zusammengefasst werden, basieren auf Selbstauskünften der Probanden. Viele dieser Fragebögen sind einfach zu verfälschen, und zwar sowohl im Sinne einer Dissimulation oder Symptomverleugnung als auch in Richtung einer Beschwerdenausweitung und -übertreibung. Bei fehlender Resistenz gegenüber Verfälschung stellen sie also keineswegs eine Objektivierung von Beschwerden oder Persönlichkeitseigenschaften dar, auch wenn dies immer wieder in Gutachten und Befunden so ausgewiesen ist. Sie können aber dem Gutachter durchaus nützliche, flankierende Informationen liefern. Letztlich stellt auch eine mittels Fragebogenmethodik erkannte Beschwerdenausweitung oder -verleugnung diagnostisch wertvolle Information dar.

Einige Fragebögen enthalten Kontrollskalen, die speziell für die Erkennung von Antwortverzerrungen (z.B. Simulation oder Dissimulation) entwickelt wurden. Kontrollskalen fehlen jedoch häufig in reinen Beschwerdenerfassungsbögen und klinischen Skalen. Wenn die Validität der Beschwerdenschilderung nicht speziell geprüft wird, sind der Interpretierbarkeit solcher Angaben deutliche Grenzen gesetzt. Beispielhaft sind Fragebögen, die auch häufig in BU-Gutachten zum Einsatz gelangen, in Tabelle 5 aufgeführt (siehe Seite 91).

4 Begutachtung neuropsychologischer Störungen

4.1 Indikation und konkrete Fragestellungen

Allgemein formuliert lässt sich sagen, dass eine neuropsychologische Untersuchung oder Begutachtung immer dann angezeigt sein kann, wenn kognitive Beschwerden in einem rechtlich bedeutsamen Kontext durch den Betroffenen selbst vorgetragen werden oder wenn in einem solchen Kontext kognitive Störungen oder neuropsychologische Symptome anderen Personen offenkundig werden, selbst wenn der Betroffene selbst keine solchen Beschwerden geltend gemacht hat.

Um das Spektrum der konkreten Fragestellungen aus der BU zu umreißen, die der Autor in den vergangenen Jahren bearbeitete, seien einige Beispiele aufgeführt:

- Ein 58-jähriger Besitzer eines Handwerksbetriebs kehrt nach Erkrankung (Herzstillstand mit Reanimation) nicht mehr in seinen Betrieb zurück, macht schwere kognitive Leistungsstörungen geltend, stellt einen Antrag auf BU-Leistungen und veräußert den Betrieb.
- Ein 35-jähriger Autohändler kehrt nach einer Kopfoperation zunächst an den Arbeitsplatz zurück, fühlt sich aber überfordert, so dass er nach seinen Angaben nur noch vormittags in der Firma arbeitet. Entsprechend der Empfehlung seiner Neuropsychologin, so berichtet er, wolle er sich ein paar Jahre ausruhen, um dann wieder voll in den Beruf einsteigen zu können. Er stellt Antrag auf Leistungen seiner BU.
- Eine 27-jährige Erzieherin fühlt sich am Arbeitsplatz überfordert, nachdem ein Konflikt mit der Leiterin der Kindertagesstätte ausbricht. Sie lässt sich wegen fortgesetzter Schmerzen monatelang krankschreiben und erhält die Diagnose einer Fibromyalgie. In ihrem BU-Leistungsantrag macht sie schwere Konzentrations- und Gedächtnisstörungen geltend. Gleichzeitig absolviert sie eine Umschulung in einen neuen, für sie äußerst attraktiven Beruf. Die Finanzierung hatte sie sich im Zusammenhang mit ihrer Erkrankung beim Amt für Arbeit erkämpft.

Wallesch (2000) führte zur Indikation für ein neuropsychologisches Gutachten aus, es sei im Regelfall nicht zur Feststellung einer Aphasie (Störungen der zentralen Sprachverarbeitung), Apraxie (Störungen der Handlungsausführung), Agnosie (Störungen des bedeutungsmäßigen Erkennens), eines Neglect (halbseitige Störungen der räumlichen Aufmerksamkeit) oder einer Demenz notwendig. Auch bei frontal-exekutiven oder emotional-affektiven Störungen, die bereits auf der Verhaltensebene deutlich werden, sollte ein qualifizierter nervenärztlicher Gutachter zu einer adäquaten Beurteilung in der Lage sein. Grundsätzlich sinnvoll ist ein neuropsychologisches Gutachten jedoch bei den folgenden Störungen:

- Aufmerksamkeitsstörungen (auch bei Verdacht)
- Gedächtnisstörungen (auch bei Verdacht)
- Räumlich-konstruktive Störungen (auch bei Verdacht)
- Verdacht auf Neglectsymptomatik
- Verdacht auf Störungen exekutiver Funktionen

Bezüglich der Stellung des neuropsychologischen Gutachtens in einem spezifischen gutachtlichen Kontext soll insbesondere auf die Leitlinie „Begutachtung nach gedecktem Schädel-Hirn-Trauma" (Wallesch et al., 2005) verwiesen werden.

Die Gesellschaft für Neuropsychologie (GNP) hat 2001 und 2005 ein Merkblatt zur Bedeutung und Relevanz neuropsychologischer Gutachten für Versicherungen, Behörden und Gerichte herausgegeben (www.gnp.de). Vor wenigen Jahren wurde erstmals eine Leitlinie für die neuropsychologische Begutachtung veröffentlicht, die durch die Gesellschaft für Neuropsychologie herausgegeben wurde (Neumann-Zielke et al., 2009).

4.2   Qualifikationsvoraussetzungen des Gutachters

Die Gesellschaft für Neuropsychologie, die fachlich und berufspolitisch die Mehrzahl der in Deutschland tätigen Klinischen Neuropsychologen vertritt, hat eine postgraduale Weiterbildung mit Zertifizierung als Klinischer Neuropsychologe (GNP) konzipiert,

die heute weithin anerkannt ist und als formaler Qualifikationsnachweis für Klinische Neuropsychologen gilt. Ähnliche postgraduale Weiterbildungen werden in Österreich und der Schweiz
angeboten.

Die Weiterbildungsinhalte der GNP umfassen neben einer
dreijährigen klinischen vollzeitigen Berufstätigkeit die Vermittlung spezifischer neuropsychologischer Inhalte im Umfang von
400 Stunden sowie 100 Stunden Supervision. Die theoretischen
Inhalte bilden ein großes Spektrum ab. Dieses reicht von der
Kenntnis institutioneller und rechtlicher Rahmenbedingungen der
Berufsausübung über die vertiefte Vermittlung der biologischen
Grundlagen von Hirnfunktionen, funktioneller Neuroanatomie
und Hirnplastizität bis hin zu den Untersuchungsverfahren, mit
deren Hilfe die einzelnen Leistungsbereiche erfasst werden.

Seit einigen Jahren können approbierte Psychotherapeuten einen Weiterbildungsnachweis in Klinischer Psychologie erwerben,
der von den Landespsychotherapeutenkammern vergeben wird.
Die Voraussetzungen, die in den entsprechenden Weiterbildungsordnungen vorgegeben werden, lehnen sich eng am Curriculum
der GNP an, so dass diese Abschlüsse als äquivalent anerkannt
werden können.

Auftraggebern neuropsychologischer BU-Gutachten ist zu
empfehlen, die Zertifizierung als Klinischer Neuropsychologe oder
Äquivalentes als Minimalqualifikation zu fordern und dies bereits
im Gutachtenauftrag verbindlich so festzulegen. Ebenso wie es
bei einem medizinischen Gutachten selbstverständlich ist, dass
der beauftragte Gutachter mindestens einen Facharztabschluss in
der von ihm vertretenen Disziplin hat, ist auch ein Abschluss als
Diplom-Psychologe definitiv keine ausreichende Qualifikation, um
als neuropsychologischer Gutachter tätig zu werden. Neuropsychologen, die sich in der postgradualen Fort- oder Weiterbildung
zum Klinischen Neuropsychologen befinden, sollten engmaschig
durch einen zertifizierten Neuropsychologen supervidiert werden,
um als Gutachter tätig sein zu können.

Listen zertifizierter Neuropsychologen können für eine
bestimmte geographische Region von der Geschäftsstelle der
Gesellschaft für Neuropsychologie angefordert werden. Diese Zer-
tifiziertenlisten sind bislang nicht im Internet zugänglich, wo sich

lediglich Behandlerlisten befinden, die aber nicht auf zertifizierte Neuropsychologen beschränkt sind.

Achtung: Die Fortbildung zum Neuropsychologen stellt keine spezielle, vertiefte, curriculäre Qualifikation zum Gutachter dar! Eine solche wurde für Neuropsychologen bislang in Deutschland nicht konzipiert. In diesem Sinne stellt die Zertifizierung eine notwendige, aber nicht hinreichende Voraussetzung für die Qualifikation als neuropsychologischer Gutachter dar.

4.3 Interessen- und Rollenkonflikte

Die Rolle eines sachverständigen Gutachters ist im Regelfall bei ein und derselben Person nicht mit der eines Therapeuten vereinbar, weil eine grundsätzlich unterschiedliche Beziehung zum Patienten die beiden Tätigkeitsfelder bestimmt.

Auftraggeber sollten ihrerseits Sorge tragen, Gutachten nach Möglichkeit nicht bei Behandlern in Auftrag zu geben. Wo dies im Ausnahmefall nach sorgfältiger Abwägung dennoch geschieht, muss der Rollenkonflikt auch durch den Gutachter ausdrücklich dargelegt und beachtet werden. Für den Gutachter stellt die Begutachtung eigener Patienten eine besondere Herausforderung dar, die nicht immer zu meistern ist. Professionelle Gutachter lehnen deshalb die Begutachtung eigener Patienten generell ab. Dies bezieht sich sowohl auf frühere als auch auf laufende Behandlungsverhältnisse. Im Regelfall ist auch die Anfrage, frühere Gutachtenprobanden zu behandeln, abschlägig zu beantworten. Auf keinen Fall sollte ein Behandlungsangebot im Rahmen einer Begutachtung vorgetragen werden, wie dies leider gelegentlich immer noch geschieht.

In der Musterberufsordnung für Psychologische Psychotherapeuten und Kinder- und Jugendlichenpsychotherapeuten ist zu diesem Problemkreis festgelegt:

- § 17 (3) PT (Psychotherapeuten) haben vor Übernahme eines Gutachtenauftrags ihre gutachterliche Rolle zu verdeutlichen und von einer psychotherapeutischen Behandlungstätigkeit klar abzugrenzen.

- § 17 (4) Ein Auftrag zur Begutachtung eigener Patienten im Rahmen eines Gerichtsverfahrens ist in der Regel abzulehnen. Eine Stellungnahme ist dann möglich, wenn der Patient auf die Risiken einer möglichen Aussage des Psychotherapeuten in geeigneter Weise hingewiesen wurde.

Die Risiken einer Rollenkonfundierung sind natürlich für außergerichtliche Begutachtungen in gleichem Maße vorhanden. Obwohl dieser potenzielle Rollenkonflikt inzwischen häufig beschrieben und vor ihm gewarnt wurde, werden immer noch unkritisch Gutachtenaufträge von Auftraggebern an Behandler erteilt und solche Aufträge von Therapeuten entgegengenommen und bearbeitet. Dies geschieht nicht selten sogar ohne erkennbare Reflexion der daraus potenziell erwachsenden Probleme und ohne ausdrückliche Aufklärung der (ehemaligen) Patienten darüber, welche Art von Problemen und Schädigungen aus einer solchen Interessenkonfusion erwachsen können.

Derartig ungünstige Konstellationen dürften keine Rarität darstellen, wenn eine sorgfältige und strikte Trennung unterschiedlicher Berufsrollen nicht vorgenommen wird. Klinisch und rehabilitativ tätigen Medizinern und Psychologen ist die Rolle des Gutachters als Sachverständiger und unparteiischer Vermittler zwischen unterschiedlichen Interessen häufig in ihren Konsequenzen nicht ausreichend vertraut. Sie meinen, auch als Gutachter stets die besten Interessen ihrer Patienten vertreten zu müssen. Die Rolle des Gutachters als Berater des Auftraggebers für eine Sachentscheidung impliziert aber zwangsläufig, dass seine Beurteilung nicht immer die besten Interessen der begutachteten Person repräsentiert.

Dass es so häufig zu Missverständnissen im Rollenverständnis als Gutachter kommt, liegt sicherlich primär darin begründet, dass das Gebiet der Begutachtung bislang kaum ausreichend in die Aus-, Fort- und Weiterbildung von Medizinern und Psychologen integriert ist und damit nicht einmal die ethischen Implikationen und Herausforderungen, denen sich ein Gutachter stellen muss, als allgemein bekannt vorauszusetzen sind.

4.4 Gutachtenauftrag an den Neuropsychologen

Üblicherweise wird bei zu bejahender Indikation (siehe Abschnitt 4.1) ein neurologischer, psychiatrischer oder nervenärztlicher Gutachter, gelegentlich auch ein Mediziner einer anderen Fachdisziplin, die Notwendigkeit eines neuropsychologischen Gutachtens erkennen und dem Auftraggeber eine Zusatzbegutachtung vorschlagen. Für diesen Fall wird der medizinische Hauptgutachter die Fragestellungen des Auftraggebers unter Einbeziehung der Ergebnisse der neuropsychologischen Untersuchung umfassend beantworten. Dazu wird er dem neuropsychologischen Gutachter spezifische Teilfragen stellen.

Außerhalb dieses traditionellen Modells einer Zusatzbegutachtung werden Neuropsychologen in einem zunehmenden Ausmaß direkt von Gerichten, Behörden, privaten und Sozialversicherungsträgern direkt beauftragt (vgl. dazu auch Fischer et al., 1995). Dies erscheint dann indiziert, wenn die Fragestellung direkt und unmittelbar die Auswirkungen von Gehirnverletzungen oder -erkrankungen auf das Verhalten betrifft und gleichzeitig die ausschließlich medizinischen Fragestellungen bereits als beantwortet gelten können, d. h. von einer zusätzlichen medizinischen Begutachtung keine weitere Klärung zu erwarten ist. In diesem Sinne hat etwa die Rechtspraxis in den USA den Klinischen Neuropsychologen als den Experten für das Verhältnis zwischen Gehirn und Verhalten akzeptiert. Auftraggeber sollten möglichst darauf achten, dass

a) das Gutachten exakt als neuropsychologisches ausgewiesen ist (da es sonst unvermeidlich zu Rücksprachen und eventueller Korrektur kommen muss),
b) keine Fragestellungen formuliert werden, deren Beantwortung nur durch einen medizinischen Gutachter zu leisten ist.

Der Neuropsychologe wird in Fällen, in denen ersichtlich ist, dass eine medizinische Begutachtung (insbesondere eine neurologische oder psychiatrische) für eine angemessene Sachaufklärung unvermeidlich ist, den Auftraggeber vorab darüber informieren und gegebenenfalls eine Zusatzbegutachtung vorschlagen. Wie sich eine optimale Lösung einer komplexen gutachtlichen Fragestellung in der Realität finden lässt, hängt letzten Endes von der Qualität der Zusammenarbeit und der Güte der Kommunikation zwischen Medizinern und Neuropsychologen ab.

4.5   Informierte Einwilligung

Es gibt gegenwärtig in Deutschland keinen Konsens darüber, ob und inwieweit eine ausdrückliche und schriftliche informierte Einwilligung (informed consent) zur Begutachtung vorliegen sollte. Im Regelfall wird das Einverständnis des Versicherten mit der Untersuchung und der Weitergabe der Ergebnisse an den Versicherer als gegeben unterstellt, wenn der zu Begutachtende zur Untersuchung erscheint.

Nach Auffassung des Autors kann eine schriftliche Fixierung der Rahmenbedingungen für eine Begutachtung jedoch die Rechtssicherheit für alle beteiligten Seiten nur erhöhen und damit eine Reihe möglicher, aber unnötiger Probleme im Nachgang von vornherein ausschließen. In ihrer aktuellen Fassung enthält die informierte Einwilligung, die den Versicherten vor der Untersuchung zugesandt wird, die folgenden Punkte:

a) Kontext der Begutachtung (Auftraggeber) und Inhalt neuropsychologischer Untersuchungen: Erfassung von Veränderungen des Verhaltens oder Störungen der geistigen Leistungen, wie Gedächtnis, Konzentration oder Sprache, als Folge einer Erkrankung oder Verletzung des Gehirns

b) Information über die Bedeutung der Kooperativität in der Untersuchung und darüber, dass bei eingeschränkter Mitwirkung die Fragestellungen unter Umständen nicht beantwortbar sein werden

c) Schweigepflichtsentbindung gegenüber dem Auftraggeber und gegenüber anderen in diese Begutachtung einbezogenen Gutachtern

d) Unparteilichkeit des Gutachters

e) Urheberrecht des Gutachters; Eigentumsrecht des Auftraggebers am Gutachten: Notwendigkeit einer Zustimmung des

Auftraggebers, des Gutachters und des Versicherten, falls das Gutachten in anderen Kontexten verwandt werden soll

f) Keine Ton- oder Bildaufzeichnungen während der Begutachtung, sofern nicht ausdrücklich anders vereinbart

g) Elektronische Speicherung der Daten und Möglichkeit späterer anonymisierter Auswertung für statistische oder wissenschaftliche Zwecke

Das Formblatt sollte auch Raum für Änderungen oder Ergänzungen bieten, die mitunter notwendig sind und deren schriftliche Fixierung wiederum Rechtssicherheit schafft und späteren Auseinandersetzungen darüber, was tatsächlich vereinbart wurde, die Grundlage entzieht. Die informierte Einwilligung sollte durch beide Seiten unterzeichnet werden. Dem Versicherten ist selbstverständlich eine Ausfertigung zu überlassen.

Beispiel: Informierte Einwilligung

Eine 40-jährige Versicherungskauffrau, die zweieinhalb Jahre zuvor einen Schlaganfall erlitten hatte, nach erfolgreicher Rehabilitation aber weiterhin in Teilzeit tätig war, stellte einen Antrag auf Leistungen ihrer Berufsunfähigkeitsversicherung. Bereits bei der telefonischen Terminvereinbarung zur Begutachtung bemerkte sie: „Wenn ich mich während dieser Untersuchung tatsächlich sehr anstrengen muss, kann es sein, dass ich nachher, wenn ich erschöpft bin, in ein Auto laufe. Das ist mir schon einmal passiert. Ich kann für nichts garantieren." Sie erschien zur Begutachtung, wiederholte bei der Besprechung der Rahmenbedingungen jedoch die Ankündigung einer erhöhten Unfallgefährdung noch einmal so unmissverständlich, dass nach einer individuellen Problemlösung gesucht werden musste. Zuvor wurde das Problem, das für den Begutachtungsprozess von erheblicher Bedeutung erschien, zur beidseitigen Rechtssicherheit exakt im Formular protokolliert.

Diese Fallvignette ist in weiteren Details im Abschnitt 8.1 weiter ausgeführt.

4.6 Untersuchungsumfang und Kosten

Aufgrund der im ersten Abschnitt dargestellten Komplexität kognitiver Funktionen sind qualifizierte neuropsychologische Untersuchungen zeitaufwändig und nehmen in aller Regel mehrere Stunden reiner Untersuchungszeit in Anspruch, in Deutschland nicht selten im Umfang von vier bis sechs Stunden. In Abhängigkeit von den Besonderheiten des Einzelfalls, der Komplexität oder Widersprüchlichkeit der Anknüpfungstatsachen und der Komplexität der zu beantwortenden Fragestellungen kommen mehrere Stunden Vorbereitung, Auswertung und Gutachtenanfertigung hinzu. Die resultierenden Gutachten umfassen häufig 20 bis 30 Seiten.

Die Abrechnung erfolgt, sofern nicht anders vereinbart, in der Regel nach der geltenden Gebührenordnung für Psychologische Psychotherapeuten (GOP) oder der Gebührenordnung für Ärzte (GOÄ), wobei die einzelnen diagnostischen Leistungen (insbesondere Anamneseerhebung sowie der Einsatz von Tests und Fragebögen) sowie der Stundenaufwand für die Gutachtenvorbereitung und -anfertigung (gegenwärtig 67,03 Euro pro Stunde) in Ansatz gebracht werden.

4.7 Integration und Bewertung von Informationen

Ein qualifiziertes neuropsychologisches Gutachten stellt ein eigenständiges Dokument dar, das alle zur Beantwortung der Fragestellungen verfügbaren Informationen integriert und bewertet, darunter auch die Ergebnisse einer ausführlichen Verhaltensbeobachtung und einer der Fragestellung angemessenen breiten Testuntersuchung. Um ein qualifiziertes neuropsychologisches Gutachten zu erstellen, ist eine eigenständige Sichtung und Bewertung der Vorbefunde (Aktenlage) ebenso notwendig wie eine durch den Neuropsychologen zu erhebende Anamnese und Beschwerdenschilderung. Dies ist deshalb notwendig, da sich die neuropsychologisch relevante Information häufig im Detail von der aus medizinischer Sicht für bedeutsam erachteten unterscheidet. Die Beschwerdenschilderung und die eigene Befunderhebung (darunter die Testbefunde) werden mit einem komplexen und spezifischen Expertenwissen über Ursache, Symptomatologie, Verlauf und Prognose von Erkrankungen und Verletzungen des Gehirns abgeglichen. Um einem häufigen generellen Vorbehalt zur Qualität psychologischer und neuropsychologischer Gutachten zu begegnen, ist festzustellen, dass ein Gutachten natürlich nicht besser ausfallen kann, als es das Expertenwissen des jeweiligen Gutachters gestattet. Doch dies gilt natürlich in gleicher Weise für medizinische Gutachten. Für den neuropsychologischen Gutachter sind Kenntnisse in der korrekten Auswahl, Anwendung, Auswertung und Interpretation von neuropsychologischen Tests zwar eine notwendige, aber bei weitem keine hinreichende Qualifikationsvoraussetzung. Profundes Wissen über statistische Urteilsprozesse, über Neurologie, Psychopathologie, funktionelle Neuroanatomie und nicht zuletzt gutachtliche und rechtliche Rahmenbedingungen ist unabdingbar. So lässt sich feststellen, dass vermutlich die größte Herausforderung für eine qualifizierte Gutachtertätigkeit der Umfang des notwendigen Wissens darstellt, über das der Klinische Neuropsychologe verfügen muss.

5 Aufbau eines Gutachtens

Der Grundaufbau eines neuropsychologischen Gutachtens unterscheidet sich nicht von dem eines medizinischen und soll separat die folgenden Unterpunkte umfassen:

a) Einleitende Bemerkungen (Auftraggeber, Fragestellung, Informationsbasis etc.)

b) Darstellung der Aktenlage, der Anknüpfungstatsachen, gegebenenfalls bereits mit kenntlich gemachter Kommentierung

c) Durch den Probanden gelieferte Anamnese und Beschwerdenschilderung

d) Ableitung begründeter Annahmen über das prämorbide Leistungsniveau des Probanden (siehe unten)

e) Eigene Untersuchungsbefunde, einschließlich Verhaltensbeobachtungen und psychischem Querschnittsbefund

f) Zusammenfassende Diskussion und Bewertung aller verfügbaren Informationen; Beantwortung der Fragestellungen im Einzelnen

g) Abschließende Bemerkungen (Urheberrecht, Einsicht bzw. Aushändigung von Kopien, Verwendung des Gutachtens in anderen Kontexten, Schweigepflicht etc.)

Von besonderer Bedeutung ist eine – in der tatsächlichen Gutachtenpraxis nicht immer ausreichend eingehaltene – sorgfältige Trennung in der Darstellung von Aktenlage (Darstellung von Anknüpfungstatsachen), Beschwerdenschilderung des Versicherten und eigener Befunderhebung durch den Untersucher. Wertungen und Interpretationen sind ebenfalls sorgsam von den Befunden abzugrenzen. Der Auftraggeber soll stets mühelos erkennen können, auf welche Informationsbasis (Gelesenes, Gehörtes, Selbstbefundenes, Geschlussfolgertes) sich die jeweilige Darstellung bezieht.

Diese eigentlich triviale Forderung ist notwendig, da sich in einer Reihe medizinischer und psychologischer Gutachten Information aus verschiedenen Quellen zum Teil unentwirrbar miteinander vermengt findet und sich damit gelegentlich einer

Nachvollziehbarkeit durch den Auftraggeber bzw. der unabhängigen Bewertung durch einen späteren anderen Gutachter entzieht.

5.1 Beurteilung der prämorbiden kognitiven Leistungsvoraussetzungen

Psychologische Tests liefern in den meisten Fällen eine normative Einordnung der Ergebnisse, d.h. die Testleistungen werden mit Bezug auf das Leistungsspektrum der Gesamtpopulation bewertet. Damit ergibt sich eine Beurteilung von Leistungen von weit unterdurchschnittlich, unterer Normbereich, mittlerer Normbereich, oberer Normbereich usw.

Zur Einschätzung, ob kognitive Funktionen verletzungs- oder krankheitsbedingt eingeschränkt sind, muss ein Bezug auf das Niveau der kognitiven Leistungen vor der Erkrankung oder Verletzung vorgenommen werden; es muss also, wie Hartje (1997) dies ausdrückte, eine „Einschätzung des individuellen Bezugspunktes der Unversehrtheit" erfolgen. Die Frage also, ob spezielle kognitive Funktionen oder die kognitive Leistungsfähigkeit insgesamt hirnschadensbedingt eingeschränkt sind, lässt sich nur dann beantworten, wenn sinnvolle Hypothesen über das frühere Leistungsniveau abgeleitet werden können.

Eine solche Einschätzung ist für alle Rechtsbereiche von Bedeutung, die Beurteilung der Berufsfähigkeit eingeschlossen. Wenn eine Beurteilung über das Vorhandensein und Ausmaß kognitiver Störungen nur sinnvoll über das mutmaßliche prämorbide Niveau der kognitiven Leistungen erfolgen kann, so sind folgerichtig Aussagen über mögliche Auswirkungen kognitiver Funktionsstörungen auf die berufliche Leistungsfähigkeit auch nur unter Berücksichtigung von Veränderungen, die infolge einer Gehirnerkrankung oder Gehirnverletzung eingetreten sind, abzuleiten. Nehmen wir den Fall eines Mitarbeiters in einem Call-Center, für den ein prämorbides Leistungsniveau im unteren Normbereich ermittelt wurde und für den vorbestehend eine Lese-Rechtschreibschwäche bekannt war. Wenn nun die neuropsychologische Diagnostik nach einer Meningitis (Hirnhautentzündung) Leistungen etwa in diesem Bereich, gleichzeitig aber

Schwierigkeiten beim Lesen und Schreiben ermittelt, die mit der bekannten Lese-Rechtschreibschwäche vereinbar sind, so gibt es keine Veranlassung, allein auf der Basis dieses Befundes eine gegenüber dem Stand vor der Erkrankung eingeschränkte berufliche Leistungsfähigkeit anzunehmen. Damit wird deutlich, dass eine Beurteilung der prämorbiden Leistungsvoraussetzungen auch für die finale Begutachtung von Bedeutung ist.

Beispiel: Prämorbides kognitives Leistungsniveau

Ein erfolgreicher Mathematikprofessor und ein gleichaltriger ungelernter Hofarbeiter, der Lernschwierigkeiten als Kind angibt und mit einiger Mühe und Wiederholung einer Klasse einen Hauptschulabschluss erreichte, erleiden ein Schädel-Hirn-Trauma und werden nach abgeschlossener Rehabilitation zur Begutachtung vorgestellt. Beide erreichen in der psychodiagnostischen Untersuchung einen gleichen Fähigkeitswert in einem fiktiven Instrument, das die globale kognitive Leistungsfähigkeit zu messen in der Lage wäre. Dieser Wert liege bei einem Prozentrang der Altersgruppe von 17,5 (das entspräche einem IQ von 86, knapp über der unteren Grenze des Normbereichs).

Aufgrund der Entwicklungs-, schulischen, beruflichen und sozialen Anamnese des Arbeiters hätten wir möglicherweise sogar einen etwas niedrigeren prämorbiden Wert als IQ 86 akzeptiert, keinesfalls aber würde der jetzt gemessene Wert eine Grundlage für die gesicherte Annahme von hirnschadensbedingten kognitiven Einschränkungen sein. Der Mathematikprofessor jedoch liegt mit seinem IQ-Äquivalent von 86 – statistisch betrachtet vollkommen gerechtfertigt – ebenfalls im Normbereich, der vereinbarungsgemäß den Bereich einer Standardabweichung um den Mittelwert herum ausmacht, also von IQ 85 bis 115 reicht. Dass dieses nach Schädel-Hirn-Trauma wiedererreichte Fähigkeitsniveau des Professors seiner Berufs- und Alltagsfähigkeit hochgradige Einschränkungen auferlegt und er beruflichen und sozialen Verpflichtungen nicht mehr angemessen nachkommen kann, bleibt bei der normativen Einordnung des Leistungsniveaus völlig unberücksichtigt. Dennoch ist offenkundig, dass die psychometrischen Ergebnisse beider Personen sehr verschieden zu bewerten sind.

Wie bereits weiter oben ausgeführt, wird zur Bestimmung des prämorbiden kognitiven Leistungsniveaus häufig auf ein einfach erhobenes Maß des Wortschatzes zurückgegriffen (insbesondere den sehr verbreiteten Mehrfachwahl-Wortschatz-Test). Die mit dieser Methode wie auch mit einem Vergleich eines verbalen Kurztests mit einem logisch abstrakten Problemlöse-Kurztest erreichten Kennwerte liefern für den Individualfall keine ausreichend zuverlässigen Schätzungen.

Damit muss empfohlen werden, dass eine Beurteilung der prämorbiden Leistungsfähigkeit andere Informationsquellen einschließt, insbesondere Schul- und Ausbildungszeugnisse. Aber auch die Ergebnisse früherer Untersuchungen, falls solche statt-fanden, können aufschlussreich sein.

5.2 Darstellung von Tests und Testergebnissen

Damit das Gutachten ausreichend nachvollziehbar bleibt, wird für neuropsychologische Testverfahren bislang empfohlen, dass alle eingesetzten Testverfahren benannt und kurz beschrieben werden, etwa in der Weise, wie es im Folgenden an einem fiktiven Testbei-spiel wiedergegeben ist.

Test: Kölner Gedächtnistest (KGT)

Beschreibung: Der KGT ist ein sprachbasierter Lerntest, bei dem eine Wortliste A (30 Wörter) durch den Untersucher vorgelesen wird. Anschließend werden zehn Rechenaufgaben vorge-geben, die zu lösen sind. Dann werden insgesamt 60 Wörter vorgelesen. Für jedes Wort soll der Proband entscheiden (ja/nein), ob es zur ursprünglichen Lernliste gehört.

Ergebnis: Frau X erreichte in diesem Test ein weit unterdurchschnittliches Ergebnis.

5.3 Mitteilung von Roh- und Normwerten im Gutachten

Zur Gewährleistung der Nachvollziehbarkeit des Gutachtens wird in Deutschland im Allgemeinen auch empfohlen, dass zu den ein-zelnen Testverfahren die exakten Rohwerte sowie die zugehörigen Normwerte mitgeteilt werden. Dies ist jedoch ein sehr kontrovers diskutiertes Thema, da neuropsychologische Daten als sehr sen-sible und schutzwürdige persönliche Information anzusehen sind. Von Fachvertretern und -verbänden wird immer wieder vor einem potenziellen Missbrauch der Daten gewarnt, der dann eintreten kann, wenn fachfremde, in Testdiagnostik unzureichend qualifi-zierte Personen Zugang zu diesen Daten erhalten.

Es ist aber auch zu erwägen, den begutachteten Personen selbst keinen Zugang zu Detailinformationen der Testdurchführung und zu ihren Testergebnissen zu gewähren, jedenfalls nicht in einer Weise, die künftige Testdurchführungen in erheblicher Weise beeinflussen würde. Testmaterialien selbst, die die Arbeitsgrundlage von Neuropsychologen darstellen, müssen als schutzwürdige Information gelten, und es ist eine ethische Verpflichtung für Psychologen, den Testschutz zu gewährleisten. Eine solche Verpflichtung ist in zahlreichen Berufsordnungen enthalten, so etwa in der Berufsordnung der American Psychological Association (APA). Diese Problematik wird auch immer wieder diskutiert, wenn etwa originale Testmaterialien im Internet, z. B. in Wikipedia, veröffentlicht werden.

Dies ist der Hintergrund, vor dem auf einem früheren Seminar für BU-Leistungsregulierer von Teilnehmern vorgeschlagen wurde, dem Gutachten selbst einen Anhang beizufügen, der nicht zur Aushändigung an den Versicherten freigegeben würde, der aber die für eine Nachvollziehbarkeit des Gutachtens notwendigen Informationen, einschließlich der Testrohwerte, enthält.

5.4   Beantwortung der Fragestellungen

Schließlich erfolgt die Integration aller verfügbaren Informationen, die in die Beantwortung der Fragestellungen einmündet. Dies ist bekanntermaßen ein komplexer Urteilsprozess, der schwer zu formalisieren und zu standardisieren ist. So fehlen etwa für das Gebiet der geistigen Leistungen klare, gut handhabbare und allgemein akzeptierte Anhaltspunkte dazu, was leichte, mittelschwere oder schwere kognitive Störungen ausmacht, und eine direkte Übersetzung von Testergebnissen in gutachtliche Beurteilungen ist kaum möglich. Nicht immer sind die in Gutachten gezogenen Schlüsse für den Auftraggeber und für andere Gutachter aus der Befundlage ausreichend nachvollziehbar.

Die beste dem Autor bekannte Annäherung, wie eine Schweregradbeurteilung kognitiver Störungen mit Bezug auf den allgemeinen Arbeitsmarkt erfolgen kann, stammt von Wurzer (1992) und wurde in Hinsicht auf Folgen von Schädel-Hirn-Verletzungen erarbeitet. Die von ihm vorgeschlagenen Empfehlungen zur MdE-Einschätzung sind jedoch auf das Gebiet der BU-Versicherung nicht direkt übertragbar, da hier die Beurteilung auf die konkrete bzw. zuletzt ausgeübte Tätigkeit des Versicherten bezogen werden muss. Es müssen also die Auswirkungen der Störung auf die individuelle berufliche Tätigkeit untersucht werden. Eine abstrakte Einteilung in leicht, mittel und schwer ist, für sich genommen, nur wenig hilfreich für die Bewertung der Berufsfähigkeit.

Versuche, direkt aus Testergebnissen eine Schweregradbeurteilung für Funktionsstörungen herzuleiten, sind auf gutachtlichem Gebiet lediglich für zentrale Sprachstörungen vorgeschlagen worden, wo ein T-Wert im Token Test direkt in eine Schweregradbeurteilung der Aphasien übersetzt wird (Wallesch & Görtler, 2007).

Der von Wurzer (1992) in Österreich unternommene Versuch, mit Bezug auf die Funktionsfähigkeit auf dem allgemeinen Arbeitsmarkt verschiedene Schweregradstufen psychoorganischer Störungen zu definieren, beruhte zwar auf einem heute weitgehend als veraltet anzusehenden eindimensionalen Hirnschadenskonzept (das sogenannte organische Psychosyndrom), dennoch verdient dieser Klassifikationsversuch hier eine kurze Vorstellung. Wurzer unterscheidet:

- Sehr geringes organisches Psychosyndrom (nur geringfügige Beeinträchtigungen auf dem allgemeinen Arbeitsmarkt, besonders in Ermüdungsphasen; von den meisten Betroffenen gut kompensierbar)
- Geringgradiges organisches Psychosyndrom (im Allgemeinen zwar geringgradige Beeinträchtigungen, in speziellen Tätigkeitsanforderungen jedoch maßgebliche Behinderung, die nicht mehr voll kompensierbar ist)
- Mäßiggradiges organisches Psychosyndrom (maßgebliche Behinderung ohne Möglichkeiten zur vollen Kompensation, so dass u.U. frühere Tätigkeiten nicht mehr oder nicht mehr vollschichtig ausgeführt werden können)
- Mittelgradiges organisches Psychosyndrom (meist keine berufliche Wiedereingliederung mehr möglich, nur in bestimmten Fällen eingeschränkte Berufsausübung möglich)
- Höhergradiges organisches Psychosyndrom (immer Erwerbsunfähigkeit, lediglich fallweise Beschäftigung stundenweise in leichter Tätigkeit möglich)
- Höchstgradiges organisches Psychosyndrom (vollkommene Erwerbsunfähigkeit, selbstständige Versorgungsfähigkeit nicht gegeben).

Dieser Einteilungsversuch, der weiter als die üblichen gutachtlichen Schweregradbeurteilungen geht, verdient hier Erwähnung, auch wenn für den Bereich der BU-Versicherung grundsätzlich andere Bewertungsmaßstäbe als die des allgemeinen Arbeitsmarktes angelegt werden.

Für seine Beurteilung muss der Neuropsychologe von der zur Verfügung stehenden Informationsbasis und unter besonderer Würdigung der eigenen Befundlage Schlussfolgerungen ableiten, die, auf der Grundlage des aktuellen Wissens, zur Formulierung eines positiven und negativen Leistungsbildes des Versicherten führen. Gerade für Bereiche, für die keine allgemeingültigen, allgemein akzeptierten Richtlinien für die Beurteilung vorhanden sind, sind die Schlussfolgerungen des Gutachters gut begründet und nachvollziehbar darzulegen.

6 Kooperativität in der Begutachtung

6.1 Paradoxie der neuropsychologischen Begutachtung

Psychologische Testergebnisse stellen keineswegs automatisch eine „Objektivierung" von Leistungsbeschwerden dar, auch wenn dies immer wieder in Befunden und Gutachten so suggeriert wird. Psychologische Tests sind vielmehr in besonderer Weise von der Kooperativität des Probanden abhängig. Ohne eine angemessene Kooperativität sind Testergebnisse in einem nicht zu kalkulierenden Maße verzerrt und können nicht mehr als Messwerte für psychische Eigenschaften oder Leistungen interpretiert werden.

Man stelle sich vor, ein Versicherter mache im Rahmen einer Begutachtung eine Gedächtnis- und Konzentrationsstörung geltend. Nun werden ihm Testaufgaben vorgelegt, die diese Beschwerden „objektivieren" sollen, das heißt anhand der Testergebnisse soll entschieden werden, ob die geschilderten Defizite tatsächlich vorhanden sind oder nicht. Dies weiß der Proband.

Die einer neuropsychologischen Begutachtung innewohnende Paradoxie liegt darin, dass auf der einen Seite geltend gemachte kognitive Störungen nachgewiesen werden sollen, der Untersuchte auf der anderen Seite aber seine volle Leistungsanstrengung im Test entfalten soll, denn andernfalls kann mit Hilfe von Tests keine Schätzung seiner tatsächlichen Fähigkeiten erfolgen.

Die Situation selbst enthält also einen Entscheidungsmoment für den Probanden – für oder gegen eine volle Kooperativität. Er muss ja nur in einem Konzentrationstest langsamer arbeiten, als er eigentlich könnte, und gezielt Fehler einstreuen, er braucht nur in einem Gedächtnistest nicht zu offenbaren, wie viel er tatsächlich von den Lerninhalten, die er sich einprägen sollte, behalten hat. Der Untersucher, dem die innerpsychischen Vorgänge des Probanden nicht direkt zugänglich sind, verfügt in diesem Falle über keine Möglichkeiten zu erkennen, wie gut die Leistung bei voller Leistungsanstrengung tatsächlich sein könnte.

Aus diesem Grund ist eine fachkundige Überprüfung der Leistungsmotivation von herausragender Bedeutung für die Beurteilung, ob in der Untersuchung präsentierte Einschränkungen authentisch sind oder nicht. Ohne eine adäquate, auf hohem Standard und mittels geeigneter Methoden erfolgte Beurteilung der Leistungsbereitschaft und Kooperativität sind Ergebnisse einer neuropsychologischen Untersuchung insbesondere im Gutachtenkontext kaum sinnvoll interpretierbar.

Anders ausgedrückt: Die in einer neuropsychologischen Begutachtung erhaltenen Testleistungen sind nur dann hinreichend als Nachweis für Funktionsstörungen heranzuziehen, wenn mit modernen Methoden als ausreichend gesichert gelten kann, dass diese Leistungseinschränkungen nicht Folge mangelnder Anstrengungsbereitschaft auf Seiten des Begutachteten sind.

6.2 Negative Antwortverzerrungen – Definition und Formen

Probanden, die sich in einer neuropsychologischen Begutachtung nicht entsprechend ihrer tatsächlichen Leistungsvoraussetzungen verhalten und in Tests schlechter abschneiden, als sie eigentlich könnten, verwirklichen suboptimales Leistungsverhalten. Eine Reihe von Ursachen kommt dafür in Frage. Einige sind in Tabelle 8 aufgeführt. Ein direkter Rückschluss von Unkooperativität auf eine Simulation ist nicht statthaft, aber Simulation ist eine der möglichen Ursachen, die bei eingeschränkter Kooperativität zu diskutieren sind.

Allgemein gesprochen und über das Gebiet der Neuropsychologie hinausreichend, kann ein solches Verhalten auch als „negative Antwortverzerrungen" charakterisiert werden. Nach einer Definition von Bush et al. (2006) bezeichnet dieser Begriff (im Englischen: negative response bias) das Bemühen auf Seiten eines Probanden, den Untersucher durch ungenaue oder unvollständige Antworten oder durch eine unzureichende Leistungsanstrengung zu täuschen. Diese Definition schließt zwar einen Aspekt zielgerichteten Verhaltens („Bemühen") ein, doch muss dieser nicht zwingend enthalten sein, wenn wir mögliche Formen solcher Verzerrungen in Tabelle 8 betrachten.

Tabelle 8: Mögliche Gründe für suboptimales Leistungsverhalten	
Simulation	Die absichtliche, reflektierte Vortäuschung von Störungen zum Zwecke einer Zielerreichung
Aggravation	Beschwerdenausweitung oder -übertreibung: Tatsächlich vorhandene, oft nicht schwerwiegende Symptome werden zur Zielerreichung verstärkt.
Somatoforme Störungen/Dissoziative Störungen	Als psychische Störung definierte Befindlichkeits- und Verhaltensstörungen, die sich im Gewand körperlicher Symptome bzw. Krankheiten präsentieren
Artifizielle Störung/Selbstmanipulierte Störung	Als psychische Störung definierte zielgerichtete Vortäuschung von Symptomen oder Krankheiten mit einem Krankheitsgewinn, der primär in der Krankenrolle selbst und entsprechender Behandlung liegt
Psychiatrische Erkrankungen, in deren Rahmen Motivationsprozesse selbst beeinträchtigt sind, bzw. andere psychopathologische Phänomene, die mit der Kooperativität interferieren	Zum Beispiel im Rahmen einer schizophrenen Erkrankung bei Beeinträchtigung der Willensbildung oder Aufrechterhaltung einer Handlungsmotivation
Persönlichkeitsstörungen	Zum Beispiel Nonkonformismus im Rahmen einer antisozialen Persönlichkeitsstörung
Situationsbedingte Faktoren	Zum Beispiel durch Verhalten des Gutachers ausgelöste Unkooperativität

Negative Antwortverzerrungen weisen potenziell zwei Aspekte auf, die sehr fein zu unterscheiden sind und die gesondert oder in Kombination auftreten können. Das sind:

a) Unzutreffende Beschwerdenschilderungen
b) Fälschliche Symptompräsentation (einschließlich Erzeugung schlechter Testergebnisse, wenn die Leistungsvoraussetzungen die Erreichung besserer gestattet hätten)

Im ersten Falle schildert der Proband Beschwerden, er behauptet Symptome, die nicht vorhanden sind, er weitet die Beschwerdenschilderung auf nicht-betroffene Bereiche unzulässig aus. Im zweiten Fall erzeugt er ein Verhalten, das fälschlicherweise vom Untersucher für das Symptom einer Krankheit oder Störung gehalten werden kann. Hierzu gehört beispielsweise, wenn ein Proband in der Gangprobe humpelt, obwohl er fließend gehen könnte, wenn er bei der Prüfung der Beweglichkeit der Halswirbelsäule gegenhält, obwohl er lockerlassen könnte, wenn er in einem sprachlichen Lern- und Gedächtnistest im freien Abruf weniger Wörter nennt, als er tatsächlich in Erinnerung hat.

Im Gegensatz zu negativen gibt es auch positive Antwortverzerrungen, die allerdings in einem gutachtlichen Kontext der BU selten sind, doch nicht ausgeschlossen. Hier präsentiert sich ein Proband besser, als er eigentlich ist, er schildert weniger Beschwerden, als er wirklich hat, er verharmlost und bagatellisiert. In der neuropsychologischen Untersuchung sind positive Antwortverzerrungen bezogen auf kognitive Störungen im Regelfall unkompliziert zu erkennen, da es schwierig für einen Probanden ist, Aufgaben zu lösen, die fortgesetzt seine Fähigkeiten übersteigen. Häufiger sind solche positiven Verzerrungen in der Beschwerdenschilderung anzutreffen, etwa in Form einer Verleugnung, Bagatellisierung oder Rationalisierung tatsächlich vorhandener Symptome oder Störungen.

6.3   Auftretenshäufigkeit

Schätzungen zur Auftretenshäufigkeit negativer Antwortverzerrungen waren vor einiger Zeit noch rar und insbesondere außerhalb Nordamerikas sehr schwer zu erhalten. Mit der Entwicklung moderner Methoden der Beschwerdenvalidierung hat sich diese Lage jedoch grundlegend geändert, und zunehmend sind auch aus anderen Teilen der Welt auf empirischer Datenerhebung begründete Schätzungen zu erhalten.

Die häufig wiederholte Meinung, das Auftreten von Simulation sei sehr selten, während viel häufiger „nur" aggraviert würde, ist kaum zu belegen, da in vielen Fällen kaum oder gar nicht zu bestimmen ist, ob und in welchem Ausmaß bei vorgetäuschten Symptomen und Störungen ein authentischer Kern vorhanden ist oder nicht. Aus diesem Grunde werden Simulation und Aggravation auch häufig in einem Zusammenhang behandelt, und tatsächlich schließt der englischsprachige Ausdruck „Malingering" beide Formen negativer Antwortverzerrungen ein. Wird nichtauthentisches, negativ verzerrtes Verhalten durch einen Gutachter im deutschen Sprachraum geradezu als Aggravation diskutiert, ohne die Möglichkeit einer freien Erfindung zu betrachten – und zu widerlegen, so erfolgt letzten Endes eine Bagatellisierung des Täuschungsverhaltens, denn es wird ja damit unterstellt, dass reale, authentische, nicht-vorgetäuschte Störungen oder Symptome vorhanden sind, die lediglich ausgeweitet oder übertrieben würden.

Die umfassendsten Schätzungen zur Auftretenshäufigkeit von Simulation und Aggravation im neuropsychologischen Kontext stammen aus einer Erhebung von Mittenberg et al. (2002), die auf mehr als 33.000 Einzelfällen beruht. Die erhaltenen Schätzungen sind in Tabelle 9 wiedergegeben, aufgegliedert zum einen nach dem Untersuchungshintergrund, zum anderen nach geltend gemachten Diagnosen. Dabei beachte man vor allem die Diskrepanz zwischen der hohen Wahrscheinlichkeit negativer Antwortverzerrungen bei leichten Schädel-Hirn-Traumen (ohne Substanzschädigung des Gehirns, darunter sind zweifellos auch grundsätzlich fragliche Fälle eingeschlossen) und dem vergleichsweise geringen Auftreten dagegen bei mittelschweren und schweren Traumen (für die in der Regel eine Hirnsubstanzschädigung jenseits vernünftigen Zweifels nachweisbar ist).

Tabelle 9:
Schätzungen für die Auftretenshäufigkeit negativer Antwortverzerrungen

Insbesondere Simulation und Aggravation, die von Mittenberg et al. (2002) erhoben wurden, geordnet nach verschiedenen Untersuchungskontexten und geltend gemachten Diagnosen

Vorstellungsgrund	Geschätzte Auftretenshäufigkeit
Zivilrechtliche Entschädigungsverfahren	30,4%
Invalidität oder Arbeitsunfall/Berufskrankheit	32,7%
Strafrechtliche Begutachtung	22,8%
Psychiatrische oder sonstige medizinische Vorstellung	8,1%

Tabelle 9: Schätzungen für die Auftretenshäufigkeit negativer Antwortverzerrungen	
Diagnosegruppe	Geschätzte Auftretenshäufigkeit
Leichte Schädel-Hirn-Traumen	41,2%
Fibromyalgie/Chronische Erschöpfung	38,6%
Schmerz/Somatoforme Störungen	33,5%
Neurotoxische Störungen	29,5%
Stromunfälle	25,6%
Depressive Störungen	16,1%
Anfallsleiden	9,4%
Mittelschwere und schwere Schädel-Hirn-Traumen	8,8%

Seit Veröffentlichung dieser Zahlen wurden zahlreiche Untersuchungen publiziert, die in verschiedenen Ländern, auch in Europa, Zahlen in vergleichbarer Größenordnung gefunden haben. Auch für Deutschland wurden inzwischen erste Schätzungen vorgelegt, die das Auftreten von negativen Antwortverzerrungen bei Gutachtenprobanden betreffen. Diese widerlegen die oft unkritisch auch von Experten geäußerte Meinung, unter mitteleuropäischen, sozialstaatlichen Bedingungen träten solche Verzerrungen nur selten auf, sie seien vielmehr als ein nordamerikanisches Phänomen zu betrachten.

Bush et al. (2006) kamen in einem offiziellen Positionspapier der National Academy of Neuropsychology (NAN) zu der Einschätzung: „Beschwerdenaggravation und -vortäuschung erfolgen bei einer qualifizierten Minderheit von neuropsychologisch untersuchten Personen, wobei in Begutachtungszusammenhängen eine größere Prävalenz gegeben ist."

Deutsche Schätzungen wurden erstmals von Merten, Friedel und Stevens (2006) anhand einer aus Tübingen stammenden Stichprobe veröffentlicht. In einer weitergehenden, neueren Analyse fanden Stevens, Friedel, Mehren und Merten (2008), dass 44,6% einer Stichprobe von 233 Probanden, die nervenärztlich und psychologisch begutachtet wurden, Hinweise auf negative Antwortverzerrungen zeigten, das heißt, dass nahezu jede zweite begutachtete Person in der Untersuchung nicht ausreichend kooperativ war. Angesichts solcher Zahlen ist es nicht zu rechtfertigen, im gutachtlichen Kontext die Anstrengungsbereitschaft in psychologischen Testuntersuchungen und die Aufrichtigkeit der gelieferten Beschwerdenschilderungen stillschweigend vorauszusetzen, wie dies immer noch bei einer großen Anzahl von Gutachtern der Fall ist.

7 Diagnostik der Beschwerdenvalidität

7.1 Konsistenz- und Plausibilitätsprüfung

Die Überprüfung der Plausibilität von Symptompräsentation und Beschwerdenvortrag erfolgt traditionell über eine Konsistenzprüfung. Ebenso wie Inkonsistenzen oder Widersprüche oder ein fehlender logischer Zusammenhalt der Einzelinformationen gegen die Authentizität der geschilderten oder demonstrierten Beschwerden sprechen, können Konsistenzen als Indizien für die Authentizität der gemachten Angaben oder beobachtbaren Symptome gelten. Die korrekte Identifizierung von Konsistenzen und Inkonsistenzen ist nur durch eine hohe fachliche Qualifikation des Gutachters gewährleistet, oder wie Cripe (2002) schrieb: „Die größte Absicherung dagegen, durch eine Kopie getäuscht zu werden, kann dadurch erreicht werden, dass der Gutachter möglichst gut mit den Störungsbildern vertraut ist, die er diagnostiziert" (Übersetzung des Verfassers).

Die Art und Weise, wie die Einzelinformationen in ihrem logischen Zusammenhalt oder in ihrer Widersprüchlichkeit im Gutachten dargestellt werden, bestimmt wesentlich mit, ob die Wertung des Gutachters durch den Auftraggeber nachvollzogen werden kann oder nicht. Die Konsistenzprüfung kann sich auf Informationen aus folgenden Quellen stützen:

- Aktenlage, bekannte Anknüpfungstatsachen; Informationen zum Erstschadensbild, frühere Untersuchungsergebnisse, Rehabilitationsberichte
- Zusätzlich herangezogene Dokumente (z.B. Schul- und Ausbildungszeugnisse)
- Beschwerdenschilderung, geltend gemachte Störungen und Beeinträchtigungen
- Verhaltensbeobachtung, selbst erhobener psychischer Querschnittsbefund
- Ergebnisse eigener Untersuchungen, insbesondere Ergebnisse neuropsychologischer Testverfahren

- Angaben durch andere Personen, z.B. fremdanamnestische Angaben begleitender Angehöriger (sofern diese zur Begutachtung herangezogen werden dürfen)
- Störungs- oder krankheitsspezifisches Wissen, allgemein anerkannte Tatsachen zur typischen Symptomkonstellation und zum typischen Verlauf von Erkrankungen

Inkonsistenzen können sowohl innerhalb einzelner Bereiche wie auch zwischen den verschiedenen Informationsquellen auftreten und für die Bewertung von Wichtigkeit sein.

7.2 Beschwerdenvalidierungstests

Seit Ende der 1980er-Jahre kam es zur Entwicklung spezieller Verfahren, die eine mathematisch begründete Beurteilung von Manipulationstendenzen bei der Testdurchführung gestatten. Mit solchen als Beschwerdenvalidierungstests – BVT – bezeichneten Verfahren (engl.: symptom validity tests – SVT, deshalb immer noch im Deutschen nicht ganz korrekt auch Symptomvalidierungstests genannt) ist unter bestimmten Bedingungen eine Simulation sogar beweisbar. Entsprechend haben diese Verfahren auch Eingang in Kriterien für die Diagnose simulierter kognitiver Störungen (Slick, Sherman & Iverson, 1999) gefunden.

Aus Gründen des Testschutzes können diese Verfahren hier nicht in ihren Einzelheiten dargestellt werden. Zu betonen ist, dass Beschwerdenvalidierungstests die Gruppen von Verfahren zur Diagnostik negativer Antwortverzerrungen darstellen, die am besten entwickelt und wissenschaftlich untersucht sind. Nach zunehmendem Konsens im nordamerikanischen Raum und den 2005 veröffentlichten Empfehlungen der National Academy of Neuropsychology (Bush et al., 2005) sind neuropsychologische Begutachtungen, in deren Rahmen keine adäquate Diagnostik der Beschwerdenvalidität vorgenommen wurde, als unvollständig anzusehen. Mehr noch, Neuropsychologen, die moderne Methoden zur Überprüfung der Beschwerdenvalidität nicht einsetzen, sollten dies begründen können.

7.3 Eingebettete Validitätsindikatoren

Zusätzlich zu den speziellen Beschwerdenvalidierungstests können auch aus den ohnehin eingesetzten neuropsychologischen Testverfahren Hinweise auf negative Antwortverzerrungen gezogen werden. Es gibt eine Reihe spezieller Parameter und Formeln, die dazu vorgeschlagen wurden. In Deutschland werden diese Methoden bislang kaum eingesetzt. Häufig wurden sie auch nicht adäquat untersucht. Generell scheint nach unseren eigenen Forschungsergebnissen wie auch praktischen Erfahrungen zu gelten, dass diese eingebetteten Validitätsparameter bislang nicht die Güte der Beschwerdenvalidierungstests erreichen und diese deshalb auch nicht ersetzen sollten, wohl aber ergänzend wertvolle Hinweise auf die Authentizität oder Nicht-Authentizität von Testprofilen liefern können.

7.4 Fragebogenmethodik

Die Entwicklung von Fragebogenmethoden zur Diagnostik der Beschwerdenvalidität ist in Deutschland sehr vernachlässigt worden, so dass für den deutschen Sprachraum gegenwärtig kaum adäquate Methoden zur Verfügung stehen. Ein verbreiteter englischsprachiger Fragebogen zur Feststellung von Tendenzen zur Bekräftigung unwahrscheinlicher, bizarrer psychischer Beschwerden wurde von Cima et al. (2003) ins Deutsche übersetzt. Die in Persönlichkeitsfragebögen enthaltenen Offenheitsskalen liefern Hinweise auf eine Verleugnung oder Bagatellisierung von Beschwerden und Problemen, nicht jedoch auf eine Übertreibung oder Simulation. Eine Reihe im englischen Sprachraum entwickelter und überprüfter simulationssensibler Skalen solcher Persönlichkeitsinventare wie dem MMPI-2 hat bislang im deutschen Sprachraum keine angemessene Beachtung gefunden, was sich in Zukunft sicherlich ändern wird, so dass auch diese Kontrollmöglichkeiten zur Beurteilung von Antworttendenzen ausgeschöpft werden können.

7.5 Gutachterqualifikation und Diagnostik der Beschwerdenvalidität

In den letzten Jahren ist eine zunehmende Tendenz zu bemerken, dass Auftraggeber in Deutschland explizit vom Gutachter eine angemessene Diagnostik der Beschwerdenvalidität erwarten und dies im Gutachtenauftrag entsprechend formulieren. Dieser Trend betrifft, soweit erkennbar, sowohl gesetzliche Unfallversicherer und private Versicherungsgesellschaften als auch, nunmehr beginnend, Gerichte. Um dies zu veranschaulichen, sei ein entsprechender Auszug aus einem Gutachtenauftrag im Rahmen einer BU-Versicherung, die der Autor im Jahre 2008 erhielt, wiedergegeben.

Überprüfung negativer Antwortverzerrungen in der Beschwerdenschilderung

„Gibt es Beobachtungen, die für eine Beschwerdenverdeutlichungstendenz sprechen? Bitte überprüfen Sie die Glaubhaftigkeit und Plausibilität des Beschwerdenvortrags (z. B. durch Skalen zur Erfassung negativer Antwortverzerrungen wie z. B. MMPI-2, SFSS)!"

Überprüfung negativer Antwortverzerrungen in der Testdiagnostik

„Liegen bei der versicherten Person Beeinträchtigungen kognitiver Funktionen vor? ... Überprüfen Sie bitte, ob dies auf der Befundebene bestätigt werden kann. ... Beachten Sie, dass das Vorliegen negativer Antwortverzerrungen durch geeignete Verfahren ausgeschlossen sein muss. Als solche Verfahren gelten derzeit: AKGT, WMT, MSVT, NV-MSVT, TOMM, Coin-in-the-Hand Test."

Ein neuropsychologischer Gutachter sollte mit den neueren Entwicklungen auf dem Gebiet der Diagnostik der Beschwerdenvalidität vertraut sein und sowohl über ein ausreichendes Methodenrepertoire als auch über praktische Erfahrungen im Einsatz dieser Methoden verfügen. Angesichts der Auftretenshäufigkeit negativer Antwortverzerrungen kann auf diese Forderung im Kontext gutachtlicher Fragestellungen kaum mehr verzichtet werden. Bereits in einer Veröffentlichung aus dem Jahr 1995 hatte Faust Auftraggebern von Gutachten empfohlen, einen potenziellen Gutachter vor Erteilung eines Auftrags zu befragen, ob und inwieweit er über spezielles Fachwissen auf dem Gebiet der Diagnostik negativer Antwortverzerrungen verfügt. Natürlich ist von einem Gutachter, der nicht mit den speziellen Methoden wie den Beschwerdenvalidierungstests vertraut ist und überdies der Überzeugung ist, dass er als Gutachter bevorzugt die Interessen des Probanden zu vertreten habe, nicht zu erwarten, dass er eine Simulation oder Aggravation von Beschwerden erkennt und adäquat im Gutachten darstellt.

Eine Grundlegung zum Einsatz von Methoden zur Diagnostik der Beschwerdenvalidität ist im bereits erwähnten Positionspapier der National Academy of Neuropsychology (NAN) zu finden (Bush et al., 2005, 2006), eine weitergehende Erörterung zu wichtigen ethischen Aspekten, die sich dem Gutachter beim Einsatz von Beschwerdenvalidierungstests stellen, hat Bush (2007) vorgelegt.

Ethische Aspekte beim Einsatz von Beschwerdenvalidierungstests (Bush et al., 2006)

„Neuropsychologische Diagnostik ist mit speziellen Fragestellungen biomedizinischer und psychologischer Ethik verknüpft. Die Beschäftigung mit ethischen Fragen erfolgt verstärkt in relativ neuen und sich rasch entwickelnden Praxisbereichen, wie dies für die Diagnostik der Beschwerdenvalidität der Fall ist. ... Neuropsychologen ist zu empfehlen, die ethischen Implikationen der Diagnostik der Beschwerdenvalidität, aber auch ihrer Nicht-Anwendung, gewissenhaft zu beachten. In den meisten Kontexten sind neuropsychologische Untersuchungen, die keine objektive Diagnostik der Beschwerdenvalidität mit empirisch entwickelten Verfahren und/oder Indikatoren einschließen, nicht vereinbar mit den ethischen Standards der Berufsausübung. ... Wir befinden uns in einer Zeit spannender Fortschritte für die Neuropsychologie und für die Empfänger neuropsychologischer Dienstleistungen; die Beachtung der beruflichen Ethik wird dazu beitragen, dass der erreichbare Nutzen dieser Entwicklungen auch gesichert wird."

7.6 Differenzialdiagnostische Betrachtungen

Bei einer Simulation handelt es sich nicht um eine Krankheit oder um eine psychische Störung, sondern um ein Verhalten, das gut oder schlecht, angepasst oder fehlangepasst sein kann und unter Umständen sogar moralisch hoch bewertetes Verhalten kennzeichnet. Der Begriff wird dann benutzt, wenn absichtlich, zielgerichtet, „bewusst" Beschwerden vorgetäuscht oder Symptome erzeugt werden. Die Motivation muss außerhalb von Krankheit, Kranksein oder Krankenbehandlung liegen. Man spricht hier von einem sekundären Krankheitsgewinn. In Frage kommen Motive wie Rentenzahlung, Schmerzensgeld, Arbeitsbefreiung, Befreiung vom Wehrdienst, Haftverschonung, aber auch Zugang zu Medikamenten oder Drogen.

Demgegenüber spricht man von einem primären Krankheitsgewinn, wenn ein Gewinn direkt und unmittelbar aus der Kranken- oder Patientenrolle erwächst. Dies betrifft Aspekte der Behandlung und Fürsorge, Krankenhausaufenthalte oder Operationen. Liegt negativen Antwortverzerrungen oder der gezielten Erzeugung von Symptomen ein primärer Krankheitsgewinn zugrunde, wird von einer artifiziellen oder selbstmanipulierten Störung gesprochen. Nach Definition ist der betroffenen Person zwar die Nicht-Authentizität ihrer Symptome und Beschwerden bewusst, nicht jedoch die Motivation ihres Handelns (der Krankheitsgewinn), das häufig in hohem Maße selbstschädigend ist.

Für somatoforme und dissoziative Störungen, die in gleicher Weise nicht-authentisch wie simulierte und artifizielle Störungen sind, ist postuliert, dass weder die fälschliche Beschwerdenschilderung und/oder Symptomerzeugung noch die zugrunde liegende Motivation bewusst seien.

Damit ist der Kliniker ebenso wie der Gutachter gezwungen, ein Urteil über zwei Dimensionen zu treffen, die innerpsychische Prozesse betreffen (Tabelle 10) und die ihm nicht direkt zugänglich sind, sondern allenfalls erschlossen werden können, mit größerer

Tabelle 10:

Die Unterscheidung zwischen drei wichtigen Kategorien nicht-organisch bedingter Beschwerden beruht ausschließlich auf einer Beurteilung von innerpsychischen Prozessen des Antragstellers, die dem Beobachter (Gutachter) nicht direkt zugänglich sind, sondern allenfalls erschlossen werden können – mit größerer oder geringerer Unsicherheit in der Beurteilung.

Diagnostische Kategorie	Beschwerdenschilderung oder Symptomerzeugung	Zugrunde liegende Motivation
Simulation/Aggravation	Absichtlich, vorsätzlich („bewusst")	Reflektiert („bewusst")
Artifizielle Störung (Selbstmanipulierte Störung)	Absichtlich, vorsätzlich („bewusst")	Unreflektiert („unbewusst")
Somatoforme Störungen/Konversionsstörungen/Dissoziative Störungen (Hysterie)	Unbeabsichtigt, nicht gesteuert („unbewusst")	Unreflektiert („unbewusst")

oder geringerer Treffsicherheit eines solchen Schlusses. In vielen Fällen werden solche Beurteilungen nicht sicher vorzunehmen sein.

Zwar können die Motivation und der Grad der Reflexion mitunter aus der Gesamtkonstellation, aus einer differenzierten Aktensichtung und einer vertiefenden Exploration erschlossen werden, andererseits muss aber auch eingeräumt werden, dass diesbezüglich jeder Gutachter nicht nur eigenen Urteilsfehlern unterliegen kann, sondern auch durch eine gut ausgestaltete Darstellung täuschbar ist. Nur die Anerkennung der eigenen Täuschbarkeit kann den Gutachter davor bewahren, sich selbst und anderen eine Urteilssicherheit dort vorzuspiegeln, wo tatsächlich eine solche nicht gegeben ist. In einer Begutachtungssituation ist es häufig kaum möglich, eine differenzierte Analyse der Motivationslage des Probanden vorzunehmen. Damit ist eine exakte diagnostische Einordnung in vielen Fällen nicht zu leisten. Dies sollte im Gutachten offengelegt werden.

7.7 Empfehlungen zur Erkennung negativer Antwortverzerrungen

Für die Untersuchung negativer Antwortverzerrungen kann in Anlehnung an Faust (1995) empfohlen werden:

a) Rein subjektive Überzeugungen sollten die Entscheidungsfindung nicht leiten. Intuition ist bei Beurteilungen über negative Antwortverzerrungen kein guter Meister. Menschen überschätzen im Allgemeinen ihre Fähigkeit zum Erkennen aufrichtiger und unaufrichtiger Kommunikation, und Fachexperten sind davon keineswegs ausgeschlossen.

b) Im gutachtlichen Kontext sollte immer berücksichtigt werden, ob und in welchem Ausmaß ein Begutachteter ein Motiv zur nicht-authentischen Symptomdarstellung oder übertriebenen Beschwerdeschilderung hat. Eine solche Diskussion drückt weder ein von vornherein vorhandenes Misstrauen noch eine Parteilichkeit des Gutachters aus, sondern ist durch die hohe Auftretenshäufigkeit (Prävalenz) von negativen Antwortverzerrungen und symptomverstärkenden Darstellungsformen bei zivil- und strafrechtlichen Fragestellungen diktiert. Im Gegenteil muss argumentiert werden, dass das stillschweigende Voraussetzen einer hohen Anstrengungsbereitschaft und aufrichtigen Beschwerdenschilderung weder sachlich gerechtfertigt ist noch zu einer unparteilichen Sachaufklärung beiträgt.

c) Insbesondere bei schwer oder bislang gar nicht zu objektivierenden Beschwerdenbildern sollten nicht allein Exploration und Untersuchungsbefund zur Entscheidungsfindung herangezogen werden, sondern die Möglichkeit negativer Antwortverzerrungen sorgfältig untersucht werden. Dies ist in besonderer Weise dann der Fall, wenn eine Diagnosestellung weitgehend auf den Angaben des Probanden zu seinen Beschwerden und den daraus resultierenden Funktionseinschränkungen beruht.

d) Die verfügbaren Informationen aus anderen Quellen (insbesondere Vorbefunde und Vorgutachten, Schul-, Ausbildungs- und Arbeitszeugnisse, fremdanamnestische Angaben) sollten so weit wie möglich ausgeschöpft werden. Spezifische, wissenschaftlich überprüfte Instrumente zur Überprüfung von Verzerrungstendenzen, insbesondere Beschwerdenvalidierungstests, sollten weitestmöglich in die Befunderhebung einbezogen werden.

8 Fallvignetten aus der Berufsunfähigkeitsversicherung

8.1 Offene Verweigerung der Kooperativität

Eine 40-jährige Versicherungskauffrau hatte gut dokumentiert und ohne vernünftigen Zweifel einen Schlaganfall erlitten, nach welchem sie jedoch so erfolgreich rehabilitiert wurde, dass sie wie zuvor einer Teilzeittätigkeit nachgehen konnte. Im Zusammenhang mit verschlechterten Arbeitsbedingungen und insbesondere unsystematisch anfallender Mehrarbeit, die immer wieder zu Überstunden führte, fühlte sie sich jedoch schließlich überfordert und stellte einen Antrag auf BU-Leistungen (siehe auch Abschnitt 4.5).

Nachdem sie vor dem Untersuchungstermin die informierte Einwilligung gelesen hatte, teilte sie telefonisch mit, sich keinesfalls einer mehrstündigen anstrengenden Untersuchung unterziehen zu können, da sie nach einer solchen Mühe leicht Opfer eines Verkehrsunfalls werden könnte. Sie sei bereits einmal zuvor angefahren worden, als sie sich erschöpft als Fußgängerin auf der Straße bewegte. Sie könne also für nichts garantieren.

Alle angebotenen Lösungsversuche wurden ignoriert. Sie erschien zum Termin und sprach die Unfallwarnung erneut unmissverständlich aus. Die Versicherte ließ sich jedoch unproblematisch auf eine Exploration und eine Kurzuntersuchung ein, während der mit Hilfe von Beschwerdenvalidierungstests klar herausgestellt werden konnte, dass sie bereits in dieser kurzen Untersuchung weder eine angemessene Anstrengungsbereitschaft entfaltete noch in ihrer Beschwerdenschilderung glaubhaft war. Außerdem bestätigte sie ausdrücklich, dass sie eine 50-prozentige Teilzeittätigkeit sehr wohl ausführen konnte, nur die ständig anfallende Mehrarbeit nicht bewältigte.

Damit konnte zwar ein für eine Leistungsbeurteilung ausreichender neuropsychologischer Befund nicht erhoben werden, doch es war belegbar: Hätte eine vollständige Untersuchung stattgefunden, wären die Ergebnisse ungültig gewesen. Dennoch war in diesem Falle die Fragestellung beantwortbar. Eine mehr als 50-prozentige Berufsunfähigkeit konnte durch den Gutachter nicht empfohlen werden. Die durch die Versicherung daraufhin ausgesprochene Ablehnung von Leistungen wurde rechtskräftig.

8.2 Augenscheinliche Kooperativität bei tatsächlich vorliegenden negativen Antwortverzerrungen

Bei einer 48-jährigen Anwältin, die in einer eigenen Kanzlei arbeitete, waren ein Jahr zuvor leichte neurologische Symptome (insbesondere Sensibilitätsstörungen) aufgetreten, die als erster Schub einer wahrscheinlichen Multiplen Sklerose gewertet wurden. Sie schilderte nach Abklingen der Beschwerden eine verbliebene erhöhte Erschöpfbarkeit und Müdigkeit, eine Symptomatik also, die von der Multiplen Sklerose als sogenannte Fatigue bekannt ist. Sie stellte einen Antrag auf Leistungen ihrer BU und gab in der Untersuchung an, ihre Kanzleitätigkeit auf drei bis vier Stunden täglich herunterfahren zu wollen, einen Arbeitsumfang, den sie ohne Überforderung bewältigen würde.

In der ausführlichen neuropsychologischen Untersuchung zeigte sie sehr schwere kognitive Leistungsausfälle, die, wenn authentisch, einem demenziellen Syndrom entsprechen würden. Eine ebenfalls demonstrierte hochgradige Verlangsamung selbst in einfachsten Reaktionszeitaufgaben würde sie ohne vernünftigen Zweifel sofort als fahruntauglich qualifizieren. Wäre dieses Leistungsprofil authentisch, könnte sie weder gegenwärtig noch in Zukunft anwaltlich tätig sein, auch nicht in reduziertem Umfang.

Mehrere durchgeführte Beschwerdenvalidierungstests und in Standardverfahren eingebaute Validitätsindikatoren ließen jedoch erhebliche Zweifel an der Authentizität der Testergebnisse aufkommen. In der Gesamtschau aller verfügbaren Informationen musste eingeschätzt werden, dass die Probandin in der Untersuchung mit hoher Beurteilungssicherheit suboptimales Leistungsverhalten zeigte und es damit nicht möglich war, ein gültiges positives und negatives Leistungsbild zu erhalten. Wegen der negativen Antwortverzerrungen war schließlich auch der Beschwerdenschilderung der Probandin gutachtlich nicht zu folgen.

8.3 Uneingeschränkte Kooperativität bei authentischen schweren kognitiven Störungen

Ein 55-jähriger Arzt, der Antrag auf Leistungen seiner BU-Versicherung gestellt hatte, erschien mit der zuvor gestellten Diagnose einer Pick-Demenz (eine Form der degenerativen Demenz mit sich entwickelnden schweren Verhaltensproblemen) und gleichzeitig geäußerten Zweifeln an der Authentizität des Krankheitsbildes zur Begutachtung. In der Exploration fielen sehr rasch schwere Störungen der zentralen Sprachrepräsentation auf, insbesondere große Schwierigkeiten, die richtigen Begriffe zu verwenden, und zwar selbst bezogen auf sehr einfache Sachverhalte. So war er auch kaum in der Lage, einfache Gegenstände wie einen Bleistift oder einen Sessel zu benennen. Eine zusammenhängende, für den Hörer nachvollziehbare Schilderung von Sachverhalten war kaum noch zu erhalten.

Dies soll anhand eines videodokumentierten Gesprächsausschnitts illustriert werden, in dem der Versicherte seine übliche Tätigkeit beschreibt. Er versucht zunächst, die von ihm veranlassten Laboruntersuchungen zu beschreiben.

Beispiel: Degenerative Demenz

„Und was untersucht man da beim Blut?"
„Nimmt man ein bisschen Blut ab und dann ... labormäßig untersucht."
„Ja, und dann?"
„Was?"
„Was macht denn das Labor?"
„Was?"
„Was macht denn das Labor – was untersucht es?"
„Da wird aufgeschrieben ... das, das und das."
„Aber was wird da konkret ..."
„Normalerweise ... also das ... normalerweise, ... das ... äh ... ja, ob er infektiös ist oder nicht."
„Aber das schreiben Sie ja nicht ans Labor; Sie schreiben ja nicht ans Labor: Ist der Patient infektiös, sondern ..."
„Nee, nein, ich darf nicht schreiben, der hat das und das, mittlerweile, sondern: Ich habe, ich habe Bedenken oder keine Bedenken."
„Würden Sie sich die Tätigkeit denn momentan zutrauen?"
„Hä? Wieder? Ich müsst jetzt noch einen Kurs machen, also ich geh jetzt ..."
„Wenn Ihr Hausarzt jetzt sagen würde ..."
„Wir haben also, sind sonst ja regelmäßig, äh, äh, drei ... ne ..., drei-, drei- oder viermal im Jahr im Klinikum ..."

> „Da sind immer Weiterbildungskurse oder Fortbildungskurse."
>
> „Einfach nur Treffen. Einfach nur … Erzählt uns irgendeiner von irgendwelchen Sachen oder so was."
>
> „Wenn Ihr Hausarzt jetzt sagen würde, ab morgen gehen Sie wieder arbeiten, was würden Sie da machen?"
>
> „Hä? Na, da müsste ich noch mal einen Kurs noch mal machen."
>
> „Haben Sie viel vergessen?"
>
> „Hä, na ja so manche Sachen doch, irgendwie. Ach ja, das musst du so und so machen. Hat sich was geändert oder so. Nicht? Früher bin ich also auch einmal im Jahr nach Westdeutschland gefahren, da war immer so … wie so ne Art … statt Urlaub immer dorthin gefahren."
>
> „Statt Urlaub?"
>
> „Statt Urlaub …"
>
> „Wo sind Sie denn da hingefahren."
>
> „Ach … wo war denn das?"
>
> „War das immer an der gleichen Stelle?"
>
> „Ja."
>
> „In welcher Gegend, in welchem…"
>
> „Tsch. Das war … in Westdeutschland."
>
> „Aber Westdeutschland ist ja groß."
>
> „… Ach so, da bin ich ja … Ach so …"
>
> „Irgendwas im Süden."
>
> „Waren Sie schon mal in München?"
>
> „Ja, ach schon … vor 'zig Jahren"
>
> „Wo liegt denn München?"
>
> „München … München …"
>
> „Wo liegt denn das?"
>
> „München, ach, das ist in Westdeutschland, aber, in der Mitte … nicht so …"
>
> „In der Mitte Deutschlands?"
>
> „Gleiche Höhe so ungefähr wie Berlin?"
>
> „In welcher Himmelsrichtung?"
>
> „Müsste ich nachgucken noch mal."
>
> „Müssten Sie noch auf die Karte gucken."
>
> „Ich kenne bloß Heinersdorf, ich kenne die ganzen Ostdinger."

In der Gesamtsichtung aller verfügbaren Information ergab sich das Bild einer semantischen Demenz, einer noch nicht ausreichend bekannten Form der fortschreitenden degenerativen Demenzen. Rückblickend konnte gut rekonstruiert werden, dass der Versicherte mit hoher Wahrscheinlichkeit schon mindestens Monate vor der Krankschreibung nicht mehr in der Lage gewesen sein konnte, seine beruflichen Aufgaben angemessen zu erfüllen. Dass dies tatsächlich so war, konnte ebenfalls anhand der Aktenlage belegt werden. Zum Begutachtungszeitpunkt, ca. ein Jahr nach Beginn der Krankschreibung, war nicht nur die Ausführung jeglicher ärztlicher Tätigkeit undenkbar, sondern auch die Alltags- und sozialen Kompetenzen waren in hohem Maße herabgesetzt. Durch den neuropsychologischen und den nervenärztlichen Gutachter wurde übereinstimmend und ohne vernünftigen Zweifel die Anerkennung einer vollständigen Berufsunfähigkeit empfohlen.

Eine ausführliche Fallbeschreibung findet der interessierte Leser bei Henry, Merten und Wallasch (2008).

Teil 3:

Psychologische Begutachtung

RALF DOHRENBUSCH

1 Methodik psychologischer Begutachtung

1.1 Wachsende Bedeutung psychologischer Begutachtung

Die Bedeutung psychologischer Begutachtung hat in den letzten Jahrzehnten dadurch zugenommen, dass psychische und psychosomatische Erkrankungen, aber auch nicht krankheitswertige psychosoziale Probleme wie „Burn-out" oder „Mobbing" immer häufiger als Gründe für Berufs- oder Erwerbsunfähigkeit angeführt werden. Wachsender Begutachtungsbedarf besteht für psychische Erkrankungen bzw. Krankheitsfolgen sowohl im Rahmen der gesetzlichen Rentenversicherung als auch für die private Berufsunfähigkeitsversicherung. Diese Entwicklung wurde dadurch begünstigt, dass sich in den letzten Jahrzehnten nicht nur die Häufigkeiten psychischer Erkrankungen verändert haben, sondern auch die Art ihrer Erfassung, die Sensibilität für ihre Bedeutung sowie die sozialen und administrativen Bedingungen, unter denen sie auftreten und diagnostiziert werden. Psychische Störungen werden von Betroffenen immer häufiger als Erklärung für nachlassende oder unzureichende Funktions- und Leistungsfähigkeit angeführt, entsprechend hat auch ihre Bedeutung für die Bewertung einer möglichen Berufsunfähigkeit zugenommen.

Mit dem wachsenden Stellenwert psychischer Erkrankungen in der Berufs- und Arbeitswelt sind zugleich auch die Anforderungen an eine wissenschaftlich begründete psychologische Diagnostik krankheitsbedingter Funktions- und Leistungsminderung gestiegen. Dies gilt sowohl bezogen auf die Diagnose psychischer Störungen oder Krankheiten als auch auf die Analyse einer krankheitsbedingt geminderten Funktions- und Leistungsfähigkeit. Aktuelle Leitlinien zur Begutachtung psychischer Störungen/ Erkrankungen (Schneider et al., 2012) heben stärker als frühere Leitlinien eine Ausrichtung des Begutachtungsprozesses an psychologischen Prinzipien und Methoden hervor. Die Ausrichtung der Begutachtung vorwiegend oder auch ausschließlich an psychiatrischen Methoden diagnostischer Urteilsbildung – etwa in Form eines systematischen Hineindenkens und Hineinfühlens in das Erleben und Verhalten des zu Begutachtenden – erweist sich aus psychologischer Sicht als unzureichend. Nach psychologischem Verständnis darf die Begutachtung krankheitsbedingt geminderter beruflicher Leistungsfähigkeit nicht einseitig klinisch bzw. psychopathologisch ausgerichtet sein. Zu fordern ist insbesondere bei psychischen Störungen ein gutachterliches Vorgehen, das sich an gängigen Prinzipien der psychologischen Diagnostik orientiert und das der Analyse von Funktions- und Leistungsmerkmalen mindestens ebensoviel Aufmerksamkeit widmet wie der Beschreibung und Identifikation von Krankheiten oder leistungsbeeinträchtigenden psychischen Störungen.

Bevor die thematischen Schwerpunkte psychologischer BU-Begutachtung näher beschrieben werden, sei zunächst eine Einführung in das methodische Denken und die Praxis psychologischer Diagnostik und Begutachtung vorangestellt. Dazu werden allgemeine Prinzipien psychologischer Diagnostik und Begutachtung in den für die BU-Begutachtung relevanten Ausschnitten skizziert.

1.2 Ausrichtung an einer Testtheorie und an testtheoretischen Gütekriterien

Aus psychologischer Sicht erfordert die Beurteilung psychischer und sozialer Phänomene und Funktionen die Ausrichtung an wissenschaftlich gestützten psychologischen Mess- und Testtheorien. Diese Ausrichtung ist erforderlich, weil psychische Ereignisse (z. B.

eine Beobachtung oder eine Aussage) als von zugrunde liegenden psychischen Eigenschaften, aber auch von Zufällen, Fehlern, Antwortmotiven und Kontextbedingungen mitbestimmt angesehen werden müssen. Psychologische Mess- und Testmethoden versuchen daher, verzerrende und verfälschende Einflüsse und Fehler bei der Messung psychischer Eigenschaften auszuschließen oder zumindest in ihrer Wirkung zu begrenzen. Es gilt der Grundsatz, dass zufriedenstellende Aussagen über psychische Phänomene/ Beobachtungen nur dann getroffen werden können, wenn sie entweder auf einer Vielzahl aufeinander bezogener Beobachtungen basieren oder wenn durch sorgfältige vorausgehende Analysen an hinreichend großen Stichproben die Aussagekraft einer einzelnen Beobachtung als ausreichend gesichert gelten kann (Fisseni, 2004; Kubinger, 2009).

Eine wichtige theoretische Grundlage für die Interpretation von Testwerten, die sich auf mehrere Beobachtungen stützen, liefert die klassische Testtheorie. Auf sie stützt sich die Entwicklung der meisten psychologischen Testverfahren. Die klassische Testtheorie geht davon aus, dass eine einzelne Beobachtung oder eine einzelne Aussage einer Person über das Vorhandensein oder die Ausprägung eines bestimmten Merkmals oder einer psychischen Eigenschaft (z.B. Müdigkeit, Schmerz, Ausdauer, Aggressivität) sowohl von der tatsächlichen bzw. wahren Ausprägung dieses Merkmals als auch von Zufällen und Fehlern bestimmt ist. Wenn etwa ein Gutachter einen Probanden danach fragt, wie oft er in der letzten Woche in gedrückter, depressiver Stimmung war, und dieser zur Antwort gibt „ziemlich oft", dann können die folgenden Bedingungen diese Angabe beeinflussen:

- Die tatsächliche Häufigkeit depressiver Stimmungslage in der letzten Woche
- Die Art und Weise, wie der Befragte die Bezeichnung „ziemlich oft" verwendet
- Die Qualität der Erinnerung des Befragten an seine Stimmung in der letzten Woche
- Die Fähigkeit des Befragten, gedrückte Stimmung von normaler Stimmung zu unterscheiden
- Die Stimmung des Probanden zum Zeitpunkt der Befragung

- Die Motivation des Befragten, dem Untersucher seine schlechte Stimmung zu demonstrieren

Vermutlich bildet die Angabe des Probanden „ziemlich oft" nur zum Teil die tatsächliche Häufigkeit seiner depressiven Stimmung in der letzten Woche ab. Um Zufälle oder Kontexteinflüsse, die die Einschätzung psychischer Eigenschaften beeinflussen (bzw. verfälschen) können, zu begrenzen, sieht die klassische Testtheorie grundsätzlich eine wiederholte Messung des gleichen Merkmals vor. Entsprechend werden in einem psychologischen Fragebogen, der auf der Grundlage der klassischen Testtheorie konstruiert wurde, immer mehrere Fragen zum gleichen Sachverhalt gestellt. Auf diese Weise kann durch Testverfahren, die über eine ausreichende Testgüte verfügen, mit einer bestimmten Wahrscheinlichkeit geschätzt werden, wie ausgeprägt ein psychisches Merkmal oder eine bestimmte psychische Funktion bei einer Person tatsächlich sind. Hinreichend zuverlässige Aussagen über die Ausprägung eines bestimmten Merkmals bei einer Person sind demnach immer nur auf der Grundlage einer Verteilung mehrerer Aussagen möglich. Es handelt sich dabei immer um statistische Aussagen, die mit einer bestimmten Wahrscheinlichkeit gültig sind (häufig wird eine Irrtumswahrscheinlichkeit von 5% angenommen).

Um die Wahrscheinlichkeit für die Gültigkeit bestimmter Ergebnisse oder Aussagen abzusichern, wurden verschiedene Testgütekriterien formuliert, an denen sich Psychologen in ihrer diagnostischen und gutachterlichen Tätigkeit orientieren. Drei zentrale Testgütemerkmale gelten im gutachterlichen Kontext als besonders wichtig: Reliabilität, Validität und Normierung.

Reliabilität

Das Testgütemerkmal Reliabilität bezeichnet die Zuverlässigkeit oder auch Genauigkeit, mit der ein Test das misst, was er messen soll. Reliabel ist ein Test dann, wenn in der Testentwicklung nachgewiesen wurde, dass alle Items einer Skala (z.B. verschiedene Fragen zu einem Merkmal) tatsächlich dasselbe Merkmal messen und wenn festgestellt wurde, dass man bei einer wiederholten

Messung auch tatsächlich wieder zum selben Ergebnis kommt. Das Risiko von Fehlereinflüssen bei der Messung wird durch Messwiederholungen auf eine kalkulierbare Wahrscheinlichkeit begrenzt.

Validität

Validität (Gültigkeit) bezeichnet das Ausmaß, in dem ein Test oder Fragebogen das misst, was er messen soll (unter der Voraussetzung, dass er hinreichend genau misst). Bei manchen Testverfahren scheint es offensichtlich zu sein, was der Test misst, etwa wenn die Items (im Fragebogen die einzelnen Fragen, in Leistungstests die Aufgaben) genau das abbilden oder beschreiben, was gemessen werden soll. Dies ist zum Beispiel der Fall, wenn ein Depressionsfragebogen ausschließlich nach der Ausprägung von Symptomen fragt, die laut ICD-10 eine Depression kennzeichnen. Die Interpretierbarkeit bzw. inhaltliche Gültigkeit des Fragebogenwertes kann durch den Nachweis noch weiter gesteigert werden, dass das Messergebnis dieses Fragebogens mit dem Messergebnis eines anderen Fragebogens zum gleichen Merkmal übereinstimmt. Im beschriebenen Fall wäre die Validität des Fragebogens z.B. dann gesichert, wenn nachgewiesen wäre, dass der Testwert des Depressionsfragebogens mit zwei anderen Depressionsfragebögen hoch korreliert, die bereits als „valide" gelten. In diesem Fall spricht man von „Konstruktvalidität".

Trotz der empirisch belegten Validität eines Testverfahrens kann aus dem Antwortmuster eines Probanden nicht automatisch auf die tatsächliche Ausprägung des Merkmals (hier: der Depressivität) geschlossen werden. Genauer: Aus der Validität eines Testverfahrens kann nicht direkt auf die Validität des daraus abgeleiteten individuellen Testergebnisses geschlossen werden. Es besteht z.B. in Begutachtungssituationen die Möglichkeit, dass der Proband seine Angaben auch so formuliert, wie es aus seiner Sicht nützlich und zielführend ist. Versucht der Versicherte beispielsweise, in der Untersuchung einen besonders depressiven Eindruck zu machen, dann stimmt er seine Angaben unzutreffend auf diesen Eindruck ab. So mag er zwar einen Testwert erzielen, der normalerweise von tatsächlich Depressiven erreicht wird, allerdings zeigt der Testwert in diesem Fall keine „wirkliche" Depression an, sondern lediglich das Bemühen des Probanden, als depressiv gelten zu wollen. Dies ist ein Problem der Gültigkeit individueller Testwerte, das jeder psychologische (und psychiatrische) Gutachter berücksichtigen muss.

Normierung

Das Gütekriterium der (interindividuellen) Normierung erlaubt es, individuelle Messwerte ins Verhältnis zu den Werten anderer Personen zu setzen. Ein Mess- oder Testverfahren wird normiert, indem es einer größeren Gruppe von Personen zur Bearbeitung vorgelegt wird. Auf der Grundlage der so gewonnenen Verteilung von Antworten oder Antwortmustern kann z.B. bestimmt werden, wie viele Personen der Vergleichsgruppe einen höheren oder einen niedrigeren Wert im Vergleich zu dem von der Testperson erzielten Wert haben. Es existieren verschiedene Normskalen (z.B. Prozentränge, Standardwerte, T-Werte, IQ-Werte), die letztlich alle dem selben Zweck dienen, nämlich beurteilen zu können, wo der Untersuchte in Bezug auf das zu bewertende Merkmal (z.B. Ängstlichkeit, Konzentrationsleistung) gemessen an der für ihn relevanten Vergleichsgruppe steht. Welche Vergleichsgruppe im Einzelfall relevant ist, erschließt sich erst aus dem Untersuchungszusammenhang. Im Ergebnis kann es aber einen bedeutsamen Unterschied machen, ob ein Verfahren an Kranken oder Gesunden, an jüngeren oder älteren Personen oder an Probanden innerhalb oder außerhalb einer Begutachtungssituation normiert wurde.

Eine weitere Norm ist die ipsative Norm. Sie bezeichnet den (intraindividuellen) Vergleich einer Person mit sich selbst, etwa wenn das aktuelle Leistungsniveau mit dem objektiven früheren Leistungsniveau verglichen werden soll. Wenn beispielsweise ein Versicherter geltend macht, vor Eintritt der gesundheitlichen Beschwerden (z.B. Depressionen) habe er seine geistige anspruchsvolle berufliche Tätigkeit problemlos bewältigen können, seit dem Auftreten der Beschwerden sei er aber „zu nichts mehr in der Lage", dann ist die aktuelle Einschätzung der eigenen Arbeitsunfähigkeit das Ergebnis des eigenen subjektiven Vergleichs mit dem früheren

Zustand. Natürlich kann der Betroffene die Differenz zwischen dem früheren und heutigen Zustand als erheblich empfinden, es kann aber auch der Fall eintreten, dass er dennoch Leistungen erzielt, die auf eine noch ausreichende Leistungsfähigkeit in seiner zuletzt ausgeübten beruflichen Tätigkeit schließen lassen. Eine subjektive Vergleichsnorm stünde in diesem Fall einer stichprobenbasierten Vergleichsnorm entgegen. Die Differenz könnte darauf zurückzuführen sein, dass der Versicherte in seiner Selbsteinschätzung von einem prämorbid überdurchschnittlichen Leistungsniveau ausgegangen war, das er nun krankheitsbedingt nicht mehr aufrechterhalten kann, während die Stichprobennorm von einem „normalen" Leistungsniveau ausging. Ipsative Normen werden allerdings nur bei wenigen standardisierten Messmethoden verwendet.

Auf der Grundlage bestehender Normierungen werden in der Praxis meist Einteilungen in eine durchschnittliche, über- bzw. unterdurchschnittliche oder weit über- bzw. weit unterdurchschnittliche Ausprägung vorgenommen. Erzielt ein Proband z.B. einen durchschnittlichen Wert in einem Test, dann besagt das, dass er in der Gruppe von ca. 67% der Normierungsstichprobe mit mittlerer Merkmalsausprägung liegt. Feinere Abstufungen werden benötigt, wenn zum Beispiel die Ergebnisse zweier Messverfahren direkt miteinander verglichen werden sollen. Wenn beispielsweise ein Proband in einem Fragebogen für ein bestimmtes Merkmal (z.B. emotionale Labilität) einen überdurchschnittlichen Normwert von $T = 68$ (bei T-Werten liegen die Durchschnittswerte zwischen 40 und 60) und in einem anderen Fragebogen, der dasselbe Merkmal (emotionale Labilität) auf etwas andere Weise misst, einen durchschnittlichen T-Wert von 56 aufweist, dann kann statistisch geprüft werden, ob diese Wertedifferenz eher auf Zufallsschwankungen oder auf einen tatsächlichen Unterschied in den Angaben des Befragten zurückgeht. Solche Vergleiche sind möglich mit Hilfe zusätzlich an der Reliabilität und Validität normierter (τ-normierter) Kennwerte. Ein Interview ohne geprüfte Messeigenschaften kann solche Merkmalsdifferenzen hingegen nicht hinreichend zuverlässig erfassen.

1.3 Bedeutung der Testgütekriterien für die Begutachtung

Testgütekriterien bezeichnen Qualitätsmerkmale psychologischer Testverfahren, sie betreffen aber auch den Umgang mit Testverfahren in der diagnostischen und gutachterlichen Praxis. Wie Tabelle 1 zeigt, orientieren sich psychologische Gutachter nicht nur an Reliabilität, Validität und Normierung. Die gutachterliche Beurteilung psychischer Eigenschaften und Fähigkeiten muss sich auch davon leiten lassen,

- dass andere Untersucher oder Gutachter zu möglichst übereinstimmenden Ergebnissen kommen sollten (Kriterium der Objektivität),
- dass die zu messenden Merkmale oder Eigenschaften nach ihrer jeweiligen Ausprägung beschreibbar sein sollten (Skalierbarkeit),
- dass der Einsatz von Testverfahren und Erhebungen der Person (Fairness) und den Erkenntnisbedingungen (Zumutbarkeit) angemessen sind und
- dass Kosten (Aufwand) und Nutzen der eingesetzten Verfahren in einem angemessenen und für die Beantwortung der Fragestellungen sinnvollen Verhältnis zueinander stehen (Ökonomie, Nützlichkeit; vgl. Kubinger, 2009).

Die Umsetzung der Testgütemerkmale hat Auswirkungen auf das gutachterliche Vorgehen, die Planung und Durchführung der psychologischen Untersuchung, die Auswahl der Messverfahren und die Auswertung und Interpretation der Ergebnisse. Letztlich ist auch die Beantwortung der gutachterlichen Fragestellungen davon beeinflusst, in welchem Umfang sich der Sachverständige bei der Erhebung, Auswertung und Interpretation von Informationen über psychische Eigenschaften oder psychosoziale Funktionen an Testgütemerkmalen orientiert.

Welche Testgütemerkmale im Rahmen einer gutachterlichen Untersuchung im Vordergrund stehen und welche eher vernachlässigt werden, darüber entscheidet der Gutachter aufgrund der gegebenen Fragestellungen, der Merkmale der Testperson, der Methodenauswahl und der Rahmenbedingungen der Untersuchung.

Tabelle 1: Übersicht über Testgütekriterien und deren Bedeutung für die Begutachtung		
Testgütekriterium	**Beschreibung**	**Erkenntnis-/Interpretationsvorteil eines Verfahrens mit hoher Ausprägung dieses Gütekriteriums**
Objektivität	Unabhängigkeit der Untersuchungsergebnisse vom Untersucher: Verrechnungssicherheit, Interpretationseindeutigkeit	Ein anderer Gutachter käme wahrscheinlich zum selben Ergebnis, er würde die Beobachtungen in gleicher Weise auswerten und würde das Ergebnis ähnlich interpretieren. Das Untersuchungsgeschick des Gutachters war wahrscheinlich nicht ausschlaggebend für das Ergebnis.
Reliabilität	Grad der Zuverlässigkeit und Genauigkeit, mit der ein Test ein Merkmal misst, gleichgültig, ob er dieses Merkmal auch zu messen beansprucht	Der Proband antwortet auf Fragen zum gleichen Inhalt/Konstrukt wahrscheinlich einheitlich. Der Proband antwortet auf gegensätzlich gepolte Fragen zum gleichen Inhalt/Konstrukt wahrscheinlich gegensätzlich. Aussagen über Persönlichkeitsmerkmale, Einstellungen, Konflikte oder Verhaltensstile sind wahrscheinlich zeitüberdauernd/stabil.
Validität	Ausmaß, in dem der Test die Eigenschaft misst, die er zu messen vorgibt Varianten: Inhaltliche Gültigkeit – wenn der Test selbst das optimale Kriterium des interessierenden Merkmals darstellt (z. B. Arbeitsprobe); Konstruktvalidität, Kriteriumsvalidität, Vorhersagevalidität	Der Proband spricht wahrscheinlich tatsächlich von der Eigenschaft oder der Funktion, von der er zu sprechen scheint. Der Proband käme in einem anderen Test, der ähnliche Merkmale misst, zu ähnlichen Ergebnissen. Aufgrund der Testwerte können zukünftige psychische Zustände mit einer bestimmten Wahrscheinlichkeit vorhergesagt werden.
Normierung	Ausmaß, in dem der Test die Relativierung des individuellen Testergebnisses an gültigen, definierten und repräsentativen Normstichproben leistet	Das Antwortmuster kann im Verhältnis zum Antwortmuster von Gesunden oder anderen Kranken bestimmt werden. Das Leistungsmuster kann im Verhältnis zum Leistungsmuster der typischen Geschlechts- und Altersgruppe bestimmt werden.
Skalierung	Ausmaß, in dem die resultierenden Testwerte die empirischen Verhaltensrelationen adäquat abbilden	Die Ergebnisse zur Ausprägung eines Merkmals oder einer Funktion (z. B. Arbeitsfähigkeit) können ins Verhältnis gesetzt werden zur realen Ausprägung des gemessenen Merkmals. Ein höherer Testwert zeigt tatsächlich auch eine höhere Ausprägung des gemessenen Merkmals an (z. B. unabhängig von der Stichprobe, an der gemessen wurde).

Tabelle 1:
Übersicht über Testgütekriterien und deren Bedeutung für die Begutachtung

Testgütekriterium	Beschreibung	Erkenntnis-/Interpretationsvorteil eines Verfahrens mit hoher Ausprägung dieses Gütekriteriums
Ökonomie	Zeitlicher, personeller, apparativer und finanzieller Aufwand, der zur Durchführung des Tests erforderlich ist	Der Test beansprucht, gemessen am Informationsgewinn, wenig Ressourcen (Zeit, Geld).
Nützlichkeit	Liegt vor, wenn für das gemessene Merkmal praktische Relevanz besteht und die auf seiner Grundlage getroffenen Entscheidungen mehr Nutzen als Schaden erwarten lassen	Der Test liefert Informationen etwa zur Gültigkeit oder Glaubhaftigkeit von Aussagen, die auf anderer Grundlage nicht gewonnen werden können. Die durch den Test gewonnenen Erkenntnisvorteile werden nicht durch zusätzliche messreaktive Einflüsse geschmälert.
Zumutbarkeit	Grad, in dem die Testperson absolut und relativ zum Nutzen in zeitlicher, psychischer und körperlicher Hinsicht geschont wird	Der Test ist so kurz wie möglich und so lang wie nötig, um den Erkenntnisgewinn zufallskritisch zu sichern. Der Test belastet die Testperson nicht stärker, als dies zur Beantwortung der gutachterlichen Fragestellungen zwingend erforderlich ist.
Fairness	Ausmaß, in dem der Test eine systematische Diskriminierung bestimmter Personengruppen ausschließt (z.B. ethnisch, sozio-kulturell, geschlechtsspezifisch)	Die gemessenen Leistungen oder Testergebnisse sind wahrscheinlich nicht auf den soziokulturellen Hintergrund, das Alter, Geschlecht oder andere modulierende soziodemographische Einflüsse zurückzuführen.

Allgemeine Regeln dazu, wie die verschiedenen Testgütekriterien und Anwendungsregeln aufeinander zu beziehen sind, existieren nicht. Im Einzelfall kann es daher auch sein, dass der Sachverständige Zugeständnisse bei den sogenannten Hauptkriterien (Reliabilität, Objektivität, Validität) zugunsten von Nebengütekriterien (z.B. Nützlichkeit, Zumutbarkeit) macht.

1.4 Risiken fehlerhafter Anwendung normierter Testverfahren

Die Anwendung standardisierter und normierter psychologischer Mess- und Testverfahren birgt verschiedene Risiken. Diese können streng genommen nur durch eine ausreichende psychodiagnostische Kompetenz der Testanwender/Gutachter begrenzt bzw. kontrolliert werden. Auf einige Probleme und Risiken bei der Anwendung standardisierter und normierter psychologischer Mess- und Testverfahren sei an dieser Stelle hingewiesen.

Überbewertung psychologischer Testverfahren

Ein standardisierter und normierter Fragebogen oder ein normierter psychologischer Leistungstest „objektiviert" keinen subjektiven Eindruck und auch keinen Befund, der auf andere Weise (z. B. mittels Befragung und Beobachtung des Versicherten) gewonnen wurde. Ein Testergebnis zu psychopathologischen Auffälligkeiten (z. B. zur Ausprägung von Ängsten, Zwängen oder somatoformen Störungen) ist nicht prinzipiell richtiger oder gültiger als der Eindruck, den ein Untersucher im Gespräch mit einem Probanden gewonnen hat. Es ist daher ein diagnostischer Fehler, weitreichende komplexe gutachterliche Bewertungsentscheidungen auf einen einzelnen Test zu stützen. Es ist ebenso problematisch, Ergebnisse standardisierter und normierter Testverfahren grundsätzlich stärker zu gewichten als die Ergebnisse anderer Datenquellen (z. B. der Exploration). Testverfahren stellen jeweils eigene psychodiagnostische Zugänge dar, sie steuern Informationen über psychische Sachverhalte bei, die auf andere Weise in dieser Form nicht gewonnen werden können. Sie haben aber ihre Bedeutung in aller Regel nur im Zusammenspiel mit anderen diagnostischen Methoden.

Unzureichende Berücksichtigung von Fehlerquellen bei der Testbearbeitung

Normierte Fragebögen und neuropsychologische Funktions- und Leistungstests ermöglichen eine standardisierte Erfassung psychischer Merkmale oder Funktionen. Trotz der Vereinheitlichung der Messung durch diese Verfahren gilt es aber immer noch, Einflüsse zu berücksichtigen, die ein individuelles Mess- oder Testergebnis verzerren oder verfälschen können. Der Gutachter muss beachten, dass ein einzelnes Messergebnis immer auch durch äußere und innere Rahmenbedingungen des Testens wie zum Beispiel die Tageszeit, die Auskunftsbereitschaft oder die Stimmung des Probanden, durch die Besonderheiten des Messverfahrens selbst, durch Erinnerungen an frühere ähnliche Messungen, durch Zufälle oder durch Test- und Leistungsmotive bestimmt sein kann. Wenn diese verschiedenen Einflüsse bei der Testwertinterpretation vernachlässigt werden, kann dies zu unzutreffenden Schlussfolgerungen über die Ausprägung des gemessenen Merkmals führen. Testwertinterpretationen sollten daher von den Personen vorgenommen werden, die den Test auch selbst durchgeführt haben oder die zumindest über entsprechende kontextbezogene Informationen verfügen.

Fehlerhafter Umgang mit Normen

Ein normierter Testwert in einem Fragebogen oder Leistungstest beschreibt die relative Position des Untersuchten im Verhältnis zu einer jeweils gewählten Vergleichsgruppe. Welches aber ist die richtige Vergleichsgruppe? Manche Gutachter bewerten die Verwendung psychologischer Tests und Fragebögen in der Begutachtung deshalb als problematisch, weil die Testverfahren nicht an Personen in Begutachtungssituationen normiert wurden. Insofern sei die Normierungsstichprobe nicht geeignet für die Probanden, über die eine Aussage gemacht werden solle. Dieser Einwand verkennt, dass Schlussfolgerungen nicht in Bezug auf die Gruppe anderer Versicherter in Begutachtungssituationen zu ziehen sind, sondern in Bezug auf die Gruppe der „normalen" Berufstätigen. Ob sich ein Proband unter Begutachtungsbedingungen z. B. depressiver oder ängstlicher zeigt als ein anderer Proband unter Begutachtungsbedingungen, interessiert für die gutachterliche Bewertung des Merkmals nicht. Entscheidend ist zumindest in der BU-Begutachtung, ob der Proband depressiver oder psychosomatisch beeinträchtigter ist als Personen, die die zu bewertende berufliche Tätigkeit normalerweise bewältigen. Die Gruppe der gesunden altersentsprechenden „Normalpersonen", an der die meisten psychologischen Mess- und Testverfahren entwickelt wurden, ist vor diesem Hintergrund durchaus zur Normierung geeignet

(Dohrenbusch, Nilges & Traue, 2008). Allerdings setzt die Anwendung normierter Mess- und Testverfahren in der Begutachtung immer voraus, dass zuvor die Gültigkeit (Validität) der Angaben am Einzelfall geprüft wurde (Merten, Stevens & Blaskewitz, 2009).

1.5 Zur Bedeutung des Interviews in der psychologischen Begutachtung

Das Interview bzw. die Exploration ist notwendiger und nützlicher Bestandteil jeder Begutachtung. Die Vorteile gegenüber anderen psychodiagnostischen Methoden liegen darin, dass Detailinformationen eng abgestimmt auf die Erkenntnisinteressen des Gutachters erhoben werden können. Grundsätzlich werden freie, teilstandardisierte und standardisierte (strukturierte) Interviews unterschieden. Dabei lassen freie Interviews größere Spielräume für die Art der Dialoggestaltung bzw. des explorativen Vorgehens, für die Auswahl und die Reihenfolge der erfragten Inhalte und meist auch für die Interpretation der gewonnenen Information. Zu den verschiedenen Varianten von Interviews in Begutachtungssituationen existiert eine umfangreiche Literatur (z.B. Fisseni, 2004; Westhoff & Kluck, 2008; Dohrenbusch, 2012). Die Inhalte des gutachtlichen Interviews orientieren sich an den Leitlinien zur Begutachtung (Schneider et al., 2012). Entsprechend werden auch in der psychologischen BU-Begutachtung Informationen zu den folgenden Themenbereichen explorativ erhoben:

- Art, Ausprägung und Genese der leistungsbeeinträchtigenden gesundheitlichen Störungen und Erkrankungen
- Biographische Angaben zu familiären Hintergrundbedingungen, zur körperlichen, psychischen und sozialen Entwicklung des Versicherten, zur schulischen und beruflichen Entwicklung, zu früheren und aktuellen sozialen Beziehungen, zu Persönlichkeitseigenschaften und zu entwicklungsfördernden und belastenden/hemmenden äußeren und inneren Bedingungen
- Qualität, Intensität und Erfolg von Krankheitsbewältigung und Behandlung/Therapie
- Aktivitäten und Leistungen im Beruf und im Alltag

Auf diese Weise wird sichergestellt, dass der Versicherte alle Themenbereiche, die für die Beantwortung der gutachterlichen Fragestellungen relevant sind, aus eigener Sicht, in eigener Gewichtung und in eigener Sprache darstellen kann.

Eine Schwäche insbesondere freier Interviews besteht darin, dass die Gültigkeit der darin gemachten Angaben nicht mit Sicherheit bestimmt werden kann. Insofern wird die exponierte Bedeutung, die dem Interview in der Begutachtung psychisch Erkrankter häufig zugeschrieben wird, von psychologischen Gutachtern teilweise kritisch gesehen. Zu viele Zufallseinflüsse und Bedeutungsverschiebungen durch die wechselseitige Bedingtheit von Fragen und Antworten machen das freie Interview aus psychologischer Sicht zu einem wenig objektiven Geschehen. Ob Fragen einfühlsam (empathisch), sachlich-neutral oder mit provokativem Unterton gestellt werden, ob Aussagen kommentiert werden, mit welcher Haltung der Neutralität oder Bewertung, der Wertschätzung oder auch der kritischen Zurückweisung Informationen erhoben werden, wie und in welcher Reihenfolge Antwortalternativen vorgegeben oder auch vorenthalten werden usw. – all dies kann sich auf das Ergebnis der Befragung und damit letztlich auch auf die Gesamtbewertung der beruflichen Leistungsfähigkeit durch den Gutachter auswirken. In der Sprache der Testtheorie leidet im (freien) Interview vor allem die Durchführungs-, Auswertungs- und Interpretationsobjektivität. Damit erhöht sich das Risiko einer fehlerhaften Überinterpretation von Beobachtungen, d.h. Aussagen oder Beobachtungen werden aufgrund ihrer unmittelbaren Evidenz für wahr gehalten, obwohl sie (so) nicht zutreffen.

In psychologischen Gutachten zur beruflichen Leistungsfähigkeit stellt sich das Interview daher nur als eine von mehreren Datenquellen dar. Auf die folgenden Risiken einer einseitig interviewbasierten Informationsgewinnung ist in diesem Zusammenhang hinzuweisen:

- Freie Interviews erfordern vom Gutachter nur bedingt zu leistende Fähigkeiten, den kontinuierlichen Strom aus verbalen, paraverbalen und nonverbalen Botschaften und Signalen so zu verarbeiten, dass daraus auf die Gültigkeit der vom Befragten angegebenen Sachverhalte geschlossen werden kann.

Sprachliche und nichtsprachliche Informationen müssen im Dialog fortlaufend neu gewichtet und interpretiert werden, mögliche Widersprüche müssen erkannt und im Interviewverlauf berücksichtigt werden. Die komplexe Ausgangssituation der Begutachtung birgt das Risiko, die Informationsverarbeitungsfähigkeiten des Gutachters zu überfordern.

- Die Reliabilität von Aussagen wird im freien Interview meist nicht systematisch geprüft und kann insofern auch nicht – wie in psychologischen Fragebögen oder Testverfahren – als gegeben vorausgesetzt werden. Einzelne Aussagen oder Reaktionen werden hier mit höherer Wahrscheinlichkeit auch ohne Messwiederholung und nähere Prüfung als gültig angesehen. Das Risiko einer Überinterpretation von Einzelaussagen oder einzelnen Verhaltensweisen ist erhöht.

- Es ist wahrscheinlich, dass sich verschiedene Gutachter in ihrem Untersuchungsstil voneinander unterscheiden und sich dieser Stil auf das Untersuchungsergebnis auswirkt. Mit Blick auf psychodiagnostische Literatur (Fisseni, 2004) sind Unterschiede zu erwarten in Bezug auf normative Einstellungen und Bewertungen der Sachverständigen (z. B. generell strenge vs. milde Gutachter), in Bezug auf unterschiedliche Explorationsstile und in Bezug auf das gutachterliche Wissen.

- In ein Interview fließen bewusstseinsnahe und bewusstseinsferne Anteile von Seiten des Gutachters und des Probanden mit ein. Diese unterschiedlichen Anteile können aber vom Sachverständigen nicht sicher aufgrund des Antwortverhaltens oder begleitender Beobachtungen unterschieden werden. Gutachter können z. B. in aller Regel aufgrund des in einer Exploration gezeigten Verhaltens nicht mit ausreichender Sicherheit entscheiden, ob und in welchem Ausmaß z. B. Beschwerden übertrieben oder vorgetäuscht wurden. Zugleich ist die Differenzierung von Aggravations- bzw. Dissimulationstendenzen und authentischem Antwortverhalten für einen Gutachter wesentlich, weil nur intentional unverzerrte Angaben über reale psychische Störungen und Störungsfolgen einen Leistungsfall (Versicherungsleistungen) begründen können.

- Schließlich bleibt es im freien Interview offen, wie repräsentativ die Angaben und das Untersuchungsverhalten in der

Begutachtung für das Alltagsverhalten des Probanden sind und wie zuverlässig von den im Interview gemachten Angaben auf die Funktionsfähigkeit im Alltag oder die Arbeitsfähigkeit geschlossen werden kann. Die Interviewsituation mag einigermaßen Aufschluss geben über das Gesprächsverhalten des Probanden. Offen bleibt aber der Vorhersagewert des Antwortinhaltes in der Untersuchungssituation in Bezug auf relevante Merkmale der Berufsfähigkeit wie z. B. konzentrative Belastbarkeit, Ausdauer, Strukturierungsfähigkeit oder Flexibilität.

Risiken des Interviews liegen demnach in der fraglichen Zuverlässigkeit der gewonnenen Informationen, der Abhängigkeit der Ergebnisse vom Interviewer und der Überschätzung von Einzelaussagen. Zugleich verleitet die einseitige Ausrichtung an interviewbasierter Information dazu, die konkrete Überprüfung angegebener Funktionsbeeinträchtigungen nicht weiter test- und leistungsdiagnostisch zu überprüfen. Die alleinige Ausrichtung der BU-Begutachtung an interviewbasierter Informationsgewinnung erscheint aus psychologischer Sicht unzureichend.

1.6 Konsequenzen für die Methodik psychologischer BU-Begutachtung: Methodenvielfalt

Kennzeichnend für psychologische Begutachtung ist das Bemühen, die Beurteilung psychischer Eigenschaften und Funktionen auf eine breite methodische Grundlage zu stellen. Dies gilt auch für die Begutachtung der beruflichen Leistungsfähigkeit, auch sie sollte stets auf der Basis mehrerer, sich gegenseitig ergänzender und kontrollierender methodischer Zugänge erfolgen. Selbstberichte der Probanden gelten als stör- und fehleranfällig und werden daher ohne Kombination mit anderen psychologischen Mess- oder Testverfahren als nicht ausreichend für die gutachterliche Urteilsbildung angesehen.

Psychologische Sachverständige, die zu Fragen der Berufsunfähigkeit Stellung nehmen sollen und hierzu spezielle Kompetenzen erworben haben, können auf das in Tabelle 2 aufgeführte

Methodenrepertoire zurückgreifen. Dargestellt sind in der linken Spalte die Bezeichnungen der Methodengruppen und in der rechten Spalte Hinweise, welche Fragen mit Hilfe der genannten Methoden beantwortet werden können und welchen Erkenntnisvorteil sie mitbringen.

Tabelle 2: BU-relevante psychodiagnostische Verfahrensgruppen	
Methodengruppe	Fragestellungen/Erkenntnisgewinn durch die Methoden (Beispiele)
Freie Verhaltensbeobachtung	Wie verhält sich der Versicherte vor, während und nach der Untersuchung? Wie verhält er sich in der Exploration? Wie reagiert er auf Fragen und wechselnde Situationen in Form von Bewegungen, Sprache, Mimik, Gestik, sonstigem Ausdrucksverhalten?
Verhaltensbeobachtung unter Standardbedingungen/Testverhalten	Wie verhält sich der Versicherte unter kontrollierten und standardisierten Testbedingungen, bei Funktions- und Leistungstests, beim Ausfüllen von Fragebögen? Wie sind dabei das Instruktionsverständnis, die Anpassungsfähigkeit, die Anstrengungsbereitschaft, die Durchhaltefähigkeit, die Flexibilität, die Arbeitsgeschwindigkeit, die Sorgfalt, das Pausenbedürfnis?
Interview/Exploration	Wie stellt der Versicherte seine Situation, seine beruflichen Anforderungen, Symptome, Beschwerden, Bewältigungsverhalten, Krankheitsverlauf, Ressourcen, Therapie und beruflichen Beeinträchtigungen dar?
Persönlichkeitsfragebögen	Wie ausgeprägt sind bestimmte stabile Merkmale der Persönlichkeit (z. B. Einstellungen, Persönlichkeitseigenschaften, Denk- oder Verhaltensgewohnheiten, Beziehungsmuster), die gehäuft mit psychischen Problemen oder deren Bewältigung einhergehen – gemessen an geeigneten Vergleichsgruppen?
Klinische Fragebögen	Wie stark ausgeprägt sind die psychischen, körperlichen und sozialen Beschwerden oder Störungen, über die der Versicherte klagt – gemessen an geeigneten Vergleichsgruppen?
Fragebögen zu Arbeits- und Leistungsfunktionen	Welchen besonderen Belastungen ist der Versicherte am Arbeitsplatz ausgesetzt und wie reagiert er darauf? Wo liegen berufsbezogen seine Leistungspotenziale und seine Leistungsgrenzen?
Antworttendenzskalen/ Validierungsindizes	Neigt der Versicherte in seiner Selbstbeschreibung zu formalen oder inhaltlichen Antworttendenzen, z. B. inkonsistentem Antworten, Ja- oder Neinsagetendenz, Tendenz zur Mitte (Unbestimmtheit), Aggravation, Simulation oder Dissimulation psychischer Symptome, zu unwahrscheinlichen klinischen Antwortmustern, sozial erwünschten Antworten?

Tabelle 2: BU-relevante psychodiagnostische Verfahrensgruppen	
Methodengruppe	**Fragestellungen/Erkenntnisgewinn durch die Methoden (Beispiele)**
Beschwerdenvalidierungstests	Weicht der Proband in Funktions- und Leistungstests überzufällig von Ratewahrscheinlichkeiten ab? Verstößt das Antwort- oder Reaktionsmuster gegen kognitive oder psychophysikalische Gesetzmäßigkeiten? Ist das Antwort- und Reaktionsverhalten so inkonsistent, dass Zweifel an der Gültigkeit bestehen? Liegt das Leistungsniveau leicht kognitiv beeinträchtigter Probanden unter dem schwer kognitiv beeinträchtigter Patienten?
Fremdberichte/Fremdbeobachtung	Wie verhält sich der Versicherte unter anderen situativen Bedingungen bzw. gegenüber anderen Menschen, insbesondere außerhalb der Begutachtungssituation (z. B. zu Hause gegenüber Angehörigen, am Arbeitsplatz, im therapeutischen Kontext)? Was sagt er an anderer Stelle gegenüber Ärzten, Therapeuten, Familienangehörigen über seine Beschwerden sowie Funktions- und Leistungsbeeinträchtigungen?
Konzentrationstests	Ist der Versicherte zu Aufmerksamkeitsleistungen in der Lage, die für die Bewältigung der beruflichen Anforderungen notwendig sind? Entsprechen die Ergebnisse des Versicherten in Tests zur Aufmerksamkeitsintensität, zur geteilten Aufmerksamkeit, zur räumlichen Aufmerksamkeit, zur selektiven Aufmerksamkeit u. a. den Leistungen altersgleicher Normalpersonen? Wie sind Verarbeitungsgeschwindigkeit und Sorgfalt bei konzentrativen Anforderungen, wie sie für die Arbeitswelt des Versicherten typisch sind?
Gedächtnistests	Ist der Versicherte darin eingeschränkt, neue Informationen aufzunehmen, zu verarbeiten, im Gedächtnis zu speichern oder aus dem Gedächtnis wieder abzurufen? Ist die Fähigkeit eingeschränkt, früher Gelerntes wieder abzurufen? Sind die Leistungen des Kurzzeit- und Arbeitsgedächtnisses, des expliziten Langzeitgedächtnisses, des prospektiven Gedächtnisses, des Altgedächtnisses, des impliziten Gedächtnisses oder des episodischen Gedächtnisses normentsprechend?
Tests zu exekutiven Funktionen	Ist der Versicherte in der Lage, sein Verhalten unter Berücksichtigung der Umweltanforderungen zu planen, zu steuern, Entscheidungen zu treffen, zielgerichtete Handlungen durchzuführen, diese zu bewerten und gegebenenfalls neue Verhaltensweisen anzupassen? Dazu sind Instrumente erforderlich, die basale und komplexe kognitive Regulationen und Fähigkeiten erfassen, wie z. B. Arbeitsgedächtnis, schlussfolgerndes und kreatives Denken, Kategorisierungsfähigkeiten, kognitives Schätzen, Wortflüssigkeit bis hin zu komplexen Assessmentverfahren.
Intelligenztests	Reicht das allgemeine oder auf intellektuelle Teilfunktionen bezogene geistige Leistungsniveau zur Bewältigung der beruflichen Anforderungen aus?

Tabelle 2: BU-relevante psychodiagnostische Verfahrensgruppen	
Methodengruppe	Fragestellungen/Erkenntnisgewinn durch die Methoden (Beispiele)
Sprachtests	Bestehen Beeinträchtigungen im Sprachverständnis, in der Lesefähigkeit, in Bezug auf orthographische Fähigkeiten, in der sprachlichen Ausdrucksfähigkeit? Ist die Sprachproduktion, Wortflüssigkeit, Sprechfähigkeit durch neurologische Schäden beeinträchtigt? In welchem Umfang?
Klinische (neuropsychologische) Funktionstests	Bestehen kognitive oder emotionale Beeinträchtigungen, die auf neurologische Schäden oder Funktionsstörungen zurückzuführen sind? Beispiel: Nimmt der Versicherte eine Hälfte oder Teile seines Körpers oder seiner Umgebung nicht oder nur unzureichend wahr (Neglect)? Bestehen umschriebene Beeinträchtigungen der Rechenfähigkeit? Ist die räumliche Orientierung beeinträchtigt?
Standardisierte Arbeitsproben	Inwiefern ist der Versicherte in der Lage bzw. darin eingeschränkt, technische und handwerkliche Tätigkeiten/büro- und kaufmännische Tätigkeiten in einem zeitlichen Umfang von mindestens sechs Stunden täglich durchzuführen? Wie ändert sich die für die Arbeitsumwelt des Versicherten typische geistige/konzentrative/emotionale/körperliche Belastbarkeit im Tagesverlauf?
Wahrnehmungsexperimente/ Psychophysikalische Tests	Ist die Körperwahrnehmung dauerhaft oder belastungsabhängig beeinträchtigt? Sind Aussagen über die eigene Schmerzempfindlichkeit einigermaßen zuverlässig (reliabel) und gültig (valide)? Bestehen Beeinträchtigungen in der visuellen Wahrnehmung (z. B. Farbwahrnehmung)?
Physiologische Funktionsmessungen	Inwiefern verändert sich die psychophysiologische Belastbarkeit des Probanden im Verlauf einer Untersuchung bzw. einer simulierten Arbeitsprobe? Welche Hinweise auf ein generell erhöhtes oder ein belastungsabhängiges psychophysiologisches Stresserleben gibt es?

Insbesondere die standardisierten Methoden (Fragebögen und Leistungstests) mit einer festgelegten Abfolge von Fragen, Aufgaben oder Beobachtungen wurden nach psychodiagnostischen Prinzipien konstruiert. Diese Prinzipien liefern eine allgemeine Orientierungshilfe für die Beurteilung psychischer Phänomene. Will man den Vorteil und Nutzen der genannten Methoden für die Erfassung psychischer Merkmale, psychischer und körperlicher Symptome, aber auch psychosozialer und leistungsbezogener Funktionen abschätzen, dann setzt dies zumindest ein Grundverständnis der zugrunde liegenden psychodiagnostischen Konstruktions- und Anwendungsprinzipien voraus.

2 Psychologische Begutachtung psychischer Störungen

Die psychologische Begutachtung psychischer Störungen bzw. psychosozialer Störungsfolgen/Krankheitsfolgen folgt vom Grundsatz her den Leitlinien für die Begutachtung psychischer und psychosomatischer Erkrankungen, wie sie derzeit in Schneider et al. (2012) formuliert und kommentiert sind. Besonderheiten psychologischer Begutachtung liegen weniger in der Begrenzung auf bestimmte gutachtliche Fragestellungen oder Inhalte, sondern in der Art und Weise, in der mess- und testtheoretisch begründete psychodiagnostische Prinzipien angewendet und verschiedene Mess- und Testmethoden in den gutachterlichen Bewertungsprozess integriert werden. Die thematischen Schwerpunkte psychologischer Begutachtung einer krankheitsbedingt geminderten beruflichen Leistungsfähigkeit sind durch die folgenden Themen bestimmt:

- Nachweis einer Erkrankung, einer krankheitswertigen psychischen Störung oder eines Kräfteverfalls, die als mögliche Ursachen für eine krankheitsbedingte Leistungsminderung in Frage kommen
- Beurteilung bisheriger Krankheitsverarbeitung und Behandlung
- Beurteilung des allgemeinen und berufsbezogenen Aktivitätsniveaus (Funktions- und Leistungsfähigkeit)
- Beurteilung der Validität von Ergebnissen zu gesundheitlichen Beschwerden und gesundheitsbedingten Beeinträchtigungen
- Abgleich der gesicherten Befunde zu gesundheitsbedingter Leistungsminderung mit dem beruflichen Anforderungsprofil

2.1 Nachweis einer körperlichen oder psychischen Erkrankung

Geht es um die psychologische Beurteilung von Auswirkungen körperlicher Erkrankungen auf die berufliche Leistungsfähigkeit, dann muss der Nachweis der körperlichen Erkrankung im

Vorfeld durch eine medizinische Untersuchung erbracht worden sein. Die Diagnose einer psychischen Störung kann hingegen vom psychologischen Sachverständigen selbst gestellt werden. Derzeit orientiert sich die Diagnosevergabe an den Kriterien der Internationalen Klassifikation der Krankheiten und verwandter Gesundheitsprobleme (ICD-10; Psychische Störungen: Kapitel V(F)). In der BU-Begutachtung muss der Sachverständige belegen, ob und inwiefern eine Krankheit, ein Kräfteverfall oder eine Körperverletzung vorliegen. Dies geschieht – rechtlich gesehen – entweder durch vorgegebene Anknüpfungstatsachen oder durch eigene Befundtatsachen, d.h. durch Feststellungen, die der Sachverständige selbst durch eigene Untersuchungen trifft. Dabei sind psychische Erkrankungen entscheidend dadurch gekennzeichnet, dass die betroffene Person an psychischen oder sozialen Symptomen leidet, die über eine zeitliche Mindestdauer hinweg auftreten und die sich der willentlichen Kontrolle und Steuerung durch den Betroffenen weitgehend oder vollständig entziehen. Geht man vom BU-Kriterium der Krankheit aus, dann ist mit der Diagnosestellung eine erste Voraussetzung für den Leistungsfall erfüllt.

Die Diagnose ist aber lediglich eine notwendige und keine hinreichende Bedingung für die Zubilligung einer Versicherungsleistung. Sie setzt eine Kette weiterer Beurteilungen in Gang, deren Ziel es ist, die Auswirkungen der psychischen Störung auf die berufliche Leistungsfähigkeit qualitativ und quantitativ möglichst zuverlässig einzuschätzen. Zu den Auswirkungen einer psychischen Erkrankung auf die berufliche Funktions- und Leistungsfähigkeit kann eine Diagnose allenfalls orientierende Hinweise liefern.

Bei körperlichen Erkrankungen oder Verletzungen (z.B. Asthma, rheumatoide Arthritis, Verlust eines Armes) ist der Schluss von einer Diagnose auf berufliche Leistungsbeeinträchtigungen häufig evidenter. Beispielsweise führen ein durch Arthrose dauerhaft schmerzhaft geschädigtes Knie oder die Amputation eines Armes in der Regel zu eindeutigen Auswirkungen auf die Funktions- und Leistungsfähigkeit. Das arthrotisch geschädigte Knie erschwert dauerhaft Tätigkeiten, die mit besonderen Belastungen des Knies verbunden sind. Der fehlende Arm macht bestimmte körperliche oder handwerkliche Tätigkeiten, die beide Hände erfordern, unmöglich. Diese Auswirkungen sind dauerhaft, weil die körperliche Ursache bestehen bleibt und die Auswirkungen direkt mit dieser verknüpft sind. Dennoch gilt auch in diesen Fällen, dass aus der Erkrankung selbst nicht unmittelbar auf die beruflichen Krankheitsfolgen geschlossen werden kann.

Bei psychischen Störungen können aus der Diagnose meist nur sehr eingeschränkt Schlussfolgerungen zur dauerhaft zu erwartenden Beeinträchtigung des beruflichen Leistungsniveaus abgeleitet werden. Die ICD-Diagnose besagt lediglich, dass ein Merkmalskomplex vorliegt, der als krankheitswertig und somit behandlungsbedürftig anzusehen ist. Behandlungsbedarf ist aber für die BU-Beurteilung irrelevant. Die Diagnose macht sich vor allem fest am Erscheinungsbild (Phänotyp), also daran, wie sich der Betroffene aufgrund unkontrollierbarer Störungen oder Symptome in einer (meist längeren Zeitperiode) erlebt, gefühlt oder verhalten hat. Beispiel: Eine Angststörung kann durch unkontrollierbare körperliche Erregungszustände, extreme Gefühle der Angst oder Bedrohung sowie durch ein bestimmtes Vermeidungsverhalten bestimmt sein. Sind die Symptome in ihrer Kombination durch Aussagen des Betroffenen belegt, kann ggf. eine Angststörung diagnostiziert werden. Aufgrund der Ausrichtung am Erscheinungsbild (Phänotyp) kann es dennoch zu diagnostischen Unsicherheiten kommen. Zum Beispiel können die gedanklichen (kognitiven), emotionalen (gefühlsmäßigen), körperlichen (physiologischen) und verhaltensbezogenen (beobachtbaren) Funktionen nacheinander oder gleichzeitig gestört sein, sie können sich gegenseitig beeinflussen oder scheinbar unabhängig voneinander auftreten. Auch müssen nicht in jedem Fall die gleichen Funktionen in gleicher Ausprägung und gleicher Wechselwirkung am Störungsbild beteiligt sein. Der Verlauf kann ebenso wie die Auswirkungen der verschiedenen Funktionsstörungen auf die (berufliche) Leistungsfähigkeit variieren.

Genau genommen kann aufgrund der Diagnose einer psychischen Erkrankung weder deren Ursache noch deren zukünftiger Krankheitsverlauf zuverlässig und mit uneingeschränkter Sicherheit bestimmt werden. Die Diagnose erlaubt auch keine eindeutige und zuverlässige Einschätzung der Auswirkungen der Erkrankung auf das Funktions- und Leistungsniveau. Insgesamt ist daher die

Diagnose allein für die gutachterliche Bewertung psychischer Krankheitsfolgen wenig aussagekräftig. Umso wichtiger ist eine sorgfältige gesonderte Analyse der konkreten arbeitsplatzbezogenen krankheitsbedingten Funktions- und Leistungsbeeinträchtigungen.

2.2 Klinische Diagnostik: Psychologische Beurteilung psychischer Störungen und ihrer Verarbeitung

Es existiert eine Vielzahl psychologischer Mess- und Testverfahren, die ergänzende Informationen zur Art und insbesondere zum Schweregrad psychischer Störungen liefern. Mit ihrer Hilfe können Teilaspekte ausgewählter psychischer Störungen differenziert und mit Bezug auf bestehende Normstichproben beschrieben werden. Für häufige Störungsbilder oder zentrale Funktionen (z.B. Intelligenz) gibt es auch eine ganze Batterie von Tests oder Fragebögen, wie Tabelle 3 dies an einer Auswahl von Fragebögen zur Beurteilung depressiver Zustände veranschaulicht. Diese exemplarische Zusammenstellung zeigt, dass es selbst für gut bekannte psychologische Konstrukte (wie Depressivität) ganz unterschiedliche methodologische Zugänge geben kann, die natürlich in der Anwendung auch zu unterschiedlichen Ergebnissen führen können. Will man mehr über die Art oder Intensität einer psychischen Störung herausfinden, dann ist es normalerweise sinnvoll, sich dieser unterschiedlichen Zugänge zu bedienen und die verschiedenen Ergebnisse in ein möglichst konsistentes Bild zu integrieren.

Zur klinischen Diagnostik gehört in der Regel auch, dass psychische Störungen auf verschiedenen Verhaltensebenen beschrieben werden – z.B. Auffälligkeiten auf der kognitiven (gedanklichen), der emotionalen, der körperlichen und der sichtbaren (verhaltensbezogenen) Ebene. Auf diese Weise kann jedes Störungsbild in seinen Auswirkungen auf das Erleben und Verhalten einer Person näher bestimmt werden. Klinische Fragebogenverfahren können sich ebenfalls dazu eignen, solche differenzierten Beschreibungen zu leisten. Sie können ebenso dazu beitragen, die Zugehörigkeit eines Versicherten zu einer diagnostischen Untergruppe festzu-

Tabelle 3: Auswahl gängiger Fragebögen zu depressiven Symptomen	
Kürzel	**Bezeichnung**
BSI	Brief Symptom Checklist
ADS	Allgemeine Depressionsskala
FDD-DSM-IV	Fragebogen zur Depressionsdiagnostik nach DSM-IV
BRMS	Bech-Rafaelsen-Melancholie-Skala
BDI	Beck-Depressions-Inventar
BVI	Berner-Verbitterungs-Inventar
H-Skalen	Skalen zur Erfassung von Hoffnungslosigkeit
HADS-D	Hospital Anxiety and Depression Scale – Deutsche Version
HAMD	Hamilton Depressionsskala
MADRS	Montgomery Asberg Depression Scale
PD	Paranoid-Depressivitäts-Skala
SCL-90-R	Symptom-Checkliste

stellen (z. B. Gehört der Versicherte mit seinen Zwangsproblemen eher zur Gruppe von Personen mit Waschzwängen oder zur Gruppe von Personen mit Kontrollzwängen?). Mit Hilfe einer test- oder fragebogenbasierten dimensionalen klinischen Diagnostik (im Gegensatz zur klassifikatorischen Diagnostik nach ICD-10) kann der Schweregrad einer psychischen Störung in der Regel zuverlässiger beurteilt werden, als dies ohne standardisierte Diagnostik möglich ist.

Die psychologische Diagnostik der Krankheitsverarbeitung und bisheriger Behandlungsmaßnahmen kann wichtige Beiträge zum Verständnis des bisherigen Störungsverlaufs und eines daraus abzuleitenden Änderungspotentials liefern. Daraus können gegebenenfalls prognostische Bewertungen des weiteren Krankheitsverlaufs und zukünftiger Krankheitsfolgen abgeleitet werden. Psychologische Bewältigungsdiagnostik kann auf ein umfangreiches Repertoire an standardisierten und normierten Fragebögen zur Stress- und Beschwerdenverarbeitung und zum Umgang mit Therapie- und Behandlungsangeboten zurückgreifen. Diese Verfahren erfassen z. B., ob die Betroffenen bisher eher aktiv oder passiv mit Belastungen oder gesundheitlichen Anforderungen umgegangen sind, ob sie eher zu Bagatellisierungen und Verharmlosungen oder eher zu Überreaktionen und Übertreibungen von Problemen neigen oder ob sie eher wirksam oder eher unwirksam auf gesundheitliche Beschwerden oder belastende Bedingungen reagiert haben. Fragebögen zur Krankheits- oder Belastungsverarbeitung liefern auch Hinweise darauf, ob und in welchem Ausmaß die bisherige Krankheitsverarbeitung eher durch bewusste und willentlich gesteuerte Prozesse bestimmt war oder ob überwiegend unwillkürliche, der willentlichen Steuerung entzogene Einflüsse den bisherigen Verarbeitungs- und Behandlungsprozess geprägt haben.

Insgesamt dürfte die dimensionale Analyse von klinischen Beeinträchtigungen und die Beurteilung des Schweregrades psychischer Störungen sowie eine differenzierte Beschreibung krankheitsbezogener Bewältigungs- und Anpassungsprozesse zu den Schwerpunkten einer (klinisch-)psychologischen Gutachtertätigkeit gehören.

3 Psychologische Funktions- und Leistungsbeurteilung

Die Messung und Beurteilung normaler körperlicher, psychischer und sozialer Funktionen stellt historisch gesehen die Grundlage der „Psychologie" als Wissenschaft dar. So wie in der Medizin Krankheiten zentrale Ausgangs- und Zielpunkte diagnostischer und therapeutischer Bemühungen sind, so orientiert sich die Psychologie traditionell an der Beschreibung, Erklärung und Vorhersage körperlicher, psychischer und sozialer Funktionen. Diese Ausrichtung kommt in der BU-Begutachtung insbesondere bei der Beurteilung berufsbezogener Funktions- und Leistungsmerkmale zum Tragen. Diese Funktionen werden in den aktuellen Leitlinien zur Begutachtung psychischer Erkrankungen unter dem Begriff „Aktivitäten" zusammengefasst.

3.1 „Aktivitäten" in der BU-Begutachtung

Als „Aktivität" wird nach der Internationalen Klassifikation der Funktionsfähigkeit, Behinderung und Gesundheit (ICF; WHO, 2005) die Durchführung einer Aufgabe oder Handlung bezeichnet. Um eine Handlung ausführen zu können, muss die ausführende Person die „Fähigkeit" dazu haben. Aktivitäten und Fähigkeiten werden daher in der aktuellen Nomenklatur häufig gleichgesetzt. Einer Handlung/Aktivität immanent ist auch eine bestimmte „Funktion" (Wirkung), wenn nämlich die Handlung dazu beiträgt, dass ein (Ausgangs-)Zustand in einen anderen Zustand überführt wird. In diesem Zusammenhang ist auch der Begriff der „Leistung" von Bedeutung. Leistung ist nach ICF definiert als das, was ein Mensch in seiner gegenwärtigen Umwelt tut. In der Psychologie sind die Begriffe „Funktion", „Fähigkeit" und „Leistung" gängig, allerdings wird hier insbesondere unter Leistung nicht allgemein das verstanden, was ein Mensch in seiner Umwelt macht. Leistungsverhalten gilt in der Psychologie als ein Verhalten, das durch Zielorientierung und willentliche Anstrengungsbereitschaft gekennzeichnet ist. An anderer Stelle ist „Arbeit" als „Leistung in der Zeit" definiert. Leistung wird hier verstanden als eine Energie, die aufgewendet werden muss, um einen gewünschten Zustand herzustellen (Thomae, 1968, zit. n. Fisseni, 2004). Insofern ist der in der Psychologie übliche Leistungsbegriff näher als der ICF-Leistungsbegriff an dem Wortverständnis, wie es für die BU-Begutachtung relevant ist.

Ziel psychologischer Aktivitätsdiagnostik in der BU-Begutachtung ist es, zu prüfen, ob und inwiefern die Voraussetzungen (Fähigkeiten) für das Erbringen berufsbezogener Leistungen erfüllt sind. Mittels verschiedener aufeinander abgestimmter psychologischer Messmethoden soll ermittelt werden, wie wahrscheinlich ein Versicherter in der Lage ist, bestimmte arbeitsbezogene Handlungen oder Verhaltensweisen zu bewältigen. Dabei wird in der Psychologie allgemein zwischen kognitiven (geistigen), emotional-motivationalen, körperlichen und sozialen Funktionsbeeinträchtigungen unterschieden.

Kognitive Funktionen betreffen die geistigen Fähigkeiten einer Person, d. h. Merkmale wie Aufmerksamkeit und Bewusstsein, die Wahrnehmung und Bewertung äußerer Reize und innerer (körperlicher) Empfindungen, das Lernen neuer Informationen und die Fähigkeit, neue Informationen kurzfristig und langfristig im Gedächtnis zu behalten. Aber auch die Fähigkeit, früher Gelerntes wieder abzurufen, sowie logisches und kreatives Denken, das Sprachvermögen, Problemlösefähigkeiten usw. werden zu den kognitiven Funktionen gezählt. Kognitive Funktionsbeeinträchtigungen liegen zum Beispiel dann vor, wenn eine Person sich nicht mehr für längere Zeit konzentrieren kann oder sich gezwungen sieht, Tätigkeiten nicht gleichzeitig, sondern langsam nacheinander auszuführen, wenn sie in der Bewältigung oder Lösung von Problemen oder geistigen Anforderungen eingeschränkt ist oder wenn die Planungsfähigkeit, die mentale Ausdauer oder die geistige Aufnahmefähigkeit beeinträchtigt sind.

Emotionale Funktionen betreffen Gefühle, Stimmungen und emotionale Zustände wie Unruhe, Angst, Gelassenheit oder Freude. Emotionale Aktivitätsbeeinträchtigungen liegen zum Beispiel vor, wenn eine Person aufgrund von Angst und innerer Unruhe nicht mehr in der Lage ist, an Besprechungen teilzunehmen oder sich anderen Menschen zuzuwenden, oder aus Angst vor Kritik oder übertriebenem Perfektionismus außerstande ist, Arbeitsergebnisse abzuliefern.

Motivationale Funktionen betreffen den inneren Antrieb, persönliche Interessen, Anstrengungsbereitschaft, Durchhaltefähigkeit, die Fähigkeit, sich selbst positive Anreize zu setzen und Ziele planmäßig zu verfolgen usw. Motivationale Funktionen können zum Beispiel beeinträchtigt sein, wenn eine Person aufgrund von Depressionen außerstande ist, morgens rechtzeitig aufzustehen, bestimmte Arbeiten auszuführen, sich auf wechselnde Tätigkeiten oder Anforderungen umzustellen, bei längeren Tätigkeiten durchzuhalten, oder sie sich aufgrund von Antriebsminderung nicht überwinden kann, eine bestimmte Tätigkeit längere Zeit auszuführen.

Körperliche Funktionen beinhalten die Funktionen körperlicher Organsysteme, aber auch körperliche Leistungsfunktionen. Körperliche Organfunktionen betreffen verschiedene Systeme, wie z. B. das Herz-Kreislauf-System, Atmungssystem, Nervensystem, Bewegungssystem oder Verdauungssystem. Die meisten psychischen Störungen gehen auch mit Störungen auf dieser körperlichen Funktionsebene einher (z. B. Ängste mit Herzrasen, Zittern, Schwitzen usw.). Körperliche Leistungsfunktionen betreffen z. B. Aspekte der motorischen Geschicklichkeit, der Bewegungsfähigkeit und Beweglichkeit, der körperlichen Kraft und Ausdauer – jeweils bezogen auf bestimmte Leistungsanforderungen.

Soziale Funktionen schließlich beziehen sich auf Wirkungen und Wechselwirkungen bestimmter Verhaltensweisen in sozialen Systemen. Soziale Funktionen werden meist bestimmt, indem die Vor- und Nachteile bestimmter Verhaltensweisen für andere Personen herausgestellt werden. Bei der Analyse sozialer Funktionen gilt es u. a. zu prüfen, inwiefern ein bestimmtes Krankheitsverhalten durch die Reaktionen anderer Personen verstärkt, aufrechterhalten oder erschwert („bestraft") wird.

3.2 Psychodiagnostik von Aktivitätsstörungen und Bewertung von Partizipation

Aktivitäten und Aktivitätsstörungen bilden nach den derzeitigen Leitlinien zur Begutachtung psychischer und psychosomatischer Erkrankungen gewissermaßen eine Zwischenstufe zwischen den psychischen Funktionsstörungen und den spezifischen Beeinträchtigungen im Beruf oder am Arbeitsplatz. Funktions- und Leistungsbeeinträchtigungen (Aktivitätsstörungen) liegen dann vor, wenn der Versicherte seinen aktuellen beruflichen Anforderungen oder den für die Berufsausübung typischen Anforderungen krankheitsbedingt nicht mehr vollständig entsprechen kann. Die Psychodiagnostik von Aktivitätsstörungen und die Bewertung von Partizipation ist darauf abzustimmen, ob der Versicherte noch in ausreichendem Maße über die Fähigkeiten verfügt, seine Leistung unter den gegebenen Arbeitsbedingungen zu erfüllen. Im Fall der BU-Begutachtung ergibt sich daraus das folgende Vorgehen:

- In der Regel wird das berufliche Leistungs- bzw. Anforderungsprofil vom Versicherer bzw. Auftraggeber vorgegeben. Die darin enthaltenen Tätigkeitsbeschreibungen sagen aber nur bedingt etwas darüber aus, welche Fähigkeiten und Eigenschaften der Versicherte aufweisen muss, um die geforderten Funktionen tatsächlich ausüben zu können. Beispielsweise erfordert das Autofahren intakte Wahrnehmungsfunktionen (Hören und Sehen), gute Konzentrations- und Aufmerksamkeitsfähigkeit, ein schnelles Reaktionsvermögen, geringe Ablenkbarkeit durch Störreize (z.B. Schmerzreize), ein intaktes Kurzzeitgedächtnis, räumliche Orientierung sowie ausreichende körperliche Beweglichkeit. Hingegen erfordert die Durchführung von Verkaufsgesprächen vor allem Sprachkompetenz, ein gutes Gedächtnis, geistige Flexibilität und Umstellungsfähigkeit sowie gegebenenfalls Frustrationstoleranz. Im Ergebnis muss der Sachverständige sich selbst ein zutreffendes Bild davon machen, welche Leistungen und Funktionen für die Bewältigung der beruflichen Tätigkeiten relevant sind (z.B. Planungsaktivitäten, Verwaltungstätigkeiten, Kontrollaktivitäten, Lehrtätigkeit usw.).
- Abgestimmt auf das tätigkeitsbezogene Anforderungsprofil muss der Gutachter festlegen, welche psychologischen Konstrukte (Eigenschaften, Fähigkeiten) zur Beschreibung und Vorhersage der vorgegebenen beruflichen Tätigkeiten am besten geeignet sind. In den aktuellen Leitlinien zur Begutachtung psychischer und psychosomatischer Erkrankungen

(Schneider et al., 2012) wird vorgeschlagen, routinemäßig und unabhängig vom individuellen Anforderungsprofil einen festgelegten Satz von Aktivitäten/Fähigkeiten zu prüfen (körperliche Aktivität, Anpassung an Regeln, Strukturierung von Aufgaben, Flexibilität, Anwendung fachlicher Kompetenz, Entscheidungs- und Urteilsfähigkeit usw.). Diese Regelung erhöht zwar den Aufwand, trägt aber zur Vereinheitlichung des gutachterlichen Vorgehens bei.

- Zur Erfassung der ausgewählten berufsbezogenen Fähigkeiten und Aktivitäten wählt der psychologische Gutachter dann aus den in Tabelle 2 genannten Methodengruppen und unter Berücksichtigung der in Tabelle 1 genannten Gütekriterien geeignete psychologische Mess- oder Testmethoden aus. Die Auswahl wird in der Regel dadurch bestimmt, dass diejenigen Fähigkeiten, die für die Beurteilung der beruflichen Leistungsfähigkeit besonders aussagekräftig sind, durch mehrere aufeinander abgestimmte Erhebungsmethoden erfasst werden. Etwa können zentrale kognitive Fähigkeiten, wie z.B. die Konzentrationsfähigkeit, durch die Methoden Konzentrationstest, Exploration zur Konzentrationsfähigkeit, Fremdberichte zur Konzentrationsfähigkeit, freie Verhaltensbeobachtung und Verhaltensbeobachtung unter Leistungsbedingungen erhoben und mehr oder weniger direkt aufeinander bezogen werden. Leistungsfunktionen sollten nach psychologischem Verständnis immer auch über Leistungstests geprüft werden, allein die Beschreibung einer eingeschränkten Leistungsfähigkeit auf der Grundlage eines klinischen Störungsbildes reicht hier nicht aus. Die Auswahl der zu erhebenden Eigenschaften und Fähigkeiten richtet sich in der Praxis sowohl nach den konkreten Leistungsanforderungen als auch danach, ob dem Sachverständigen für diese Merkmale geeignete psychologische Mess- oder Testmethoden zur Verfügung stehen.

- Die Interpretation der mess- und testpsychologischen Ergebnisse erfolgt nach Möglichkeit unter Berücksichtigung aller in der Untersuchung angefallenen Informationen. Die Ergebnisse der verschiedenen Erhebungsmethoden werden so aufeinander bezogen, dass die Aussagen über die zu bewertenden Fähigkeiten oder Eigenschaften weitgehend gegen Messfehler, Zufälle oder willentliche Verzerrungen abgesichert sind. Zeigt eine Testperson in Bezug auf gemessene Eigenschaften oder Fähigkeiten ein inkonsistentes Muster, dann sinkt die Wahrscheinlichkeit, dass es sich um eine stabile Eigenschaft mit Vorhersagewert für späteres Verhalten handelt. In der BU-Begutachtung gilt, dass die Ergebnisse der Validierungsdiagnostik (siehe Abschnitt 4) in die Bewertung der erfassten Eigenschaften oder Fähigkeiten einbezogen werden müssen. Unter Berücksichtigung von Ergebnissen der Validierungsdiagnostik kann die Ausprägung der gemessenen Aktivitäten und Fähigkeiten beurteilt werden. Angaben zur Normierung und zur Reliabilität und Validität der verwendeten Testverfahren können dazu beitragen, Aussagen über die zukünftig zu erwartende Funktions- und Leistungsfähigkeit einzugrenzen.

- Der Sachverständige prüft in einem weiteren Schritt, inwiefern die aufgezeigten Aktivitäts-, Funktions- und Leistungsdefizite auf die festgestellten gesundheitlichen Störungen oder Erkrankungen zurückzuführen sind oder ob sie mit ihnen in einen nachvollziehbaren Zusammenhang gebracht werden können. Insofern setzt psychologische Begutachtung der beruflichen Leistungsfähigkeit immer auch psychopathologisches Wissen und klinisch-psychologische Bewertungskompetenz voraus. Eine Minderung etwa der kurzfristigen Aufnahme- und Lernfähigkeit kann z.B. auch altersbedingt eintreten und muss nicht zwingend durch eine krankheitswertige Störung oder organische Erkrankung erklärt werden. In der Regel sollten Leistungsminderungen aufgrund psychischer Störungen oder psychosomatischer Erkrankungen nur dann angenommen werden, wenn zwischen der klinischen Symptomatik (bzw. den Klassifikationskriterien nach ICD-10) und den aus der Symptomatik abzuleitenden Funktions- und Leistungsminderungen ein unmittelbarer oder über andere bekannte Einflüsse vermittelter Zusammenhang wissenschaftlich plausibel ist.
- Entscheidend ist schließlich, inwiefern es aufgrund von Aktivitätsbeeinträchtigungen in Verbindung mit den speziellen Anforderungen zu konkreten Funktions- und Leistungsbeeinträchtigungen am Arbeitsplatz gekommen ist. Dazu müssen die Ergebnisse zu Aktivitäten und Aktivitätsbeeinträchtigungen

auf die konkrete Arbeitsplatzsituation übertragen werden. Der Verweis auf das Krankheitsbild und die Symptome reicht an dieser Stelle nicht aus. Im Sinne eines positiven Leistungsbildes muss geprüft werden, wie gut der Versicherte spezifische Leistungsanforderungen am Arbeitsplatz trotz bestehender gesundheitlicher Beeinträchtigungen noch bewältigen kann. Ein Hilfsmittel zur Beurteilung kann im Rahmen einer psychologischen Begutachtung darin bestehen, die Untersuchung selbst im Sinne einer Arbeitsprobe für den Versicherten zu gestalten.

3.3 Die psychologische Untersuchung als simulierte Arbeitsprobe

Die psychologische Beurteilung der beruflichen Leistungsfähigkeit kann dadurch verbessert werden, dass Veränderungen des Untersuchungsverhaltens im gesamten Untersuchungsverlauf geprüft und Leistungstestergebnisse jeweils in Beziehung zu situativen Be- und Entlastungsbedingungen gesetzt werden. Dabei ist die Aussagekraft des Untersuchungsverhaltens umso größer, je mehr Ähnlichkeiten die Untersuchungssituation zur Arbeitsplatzsituation und zu den Arbeitsplatzanforderungen des Versicherten aufweist.

Beispielsweise erfordert eine psychologische Untersuchung unabhängig von der speziellen Auswahl von Mess- und Testverfahren dauerhafte Konzentration auf bestimmte vorgegebene Themen, Sachverhalte und Fragen. Der Versicherte muss eine Vielzahl von Entscheidungen bei der Bearbeitung von Fragebögen oder in psychologischen Funktions- und Leistungstests treffen, er muss sich mit wechselnden Leistungsanforderungen mit und ohne Zeitbegrenzung auseinandersetzen und sich dabei Zeiten und Kräfte einteilen. Diese Funktionen sind vor allem bei beruflichen Tätigkeiten mit besonderen Anforderungen an die Konzentrations-, Gedächtnis-, Denk-, Planungs-, Strukturierungs- und Problemlösefähigkeit gefragt. Ebenso kann die Untersuchung selbst Hinweise auf die Ausdauer und Durchhaltefähigkeit des Versicherten liefern. Im Einzelnen kann eine psychologische Untersuchung weitgehend unabhängig von der Auswahl der Verfahren Erkenntnisse zu folgenden Fähigkeiten bereitstellen:

- Fähigkeit, sich verbal und nonverbal auszudrücken, zu lesen und orthographisch richtig zu schreiben (Kommunikations- und Sprachfähigkeit)
- Fähigkeit, mit EDV bzw. PC umzugehen (Anpassung an PC-Arbeitsbedingungen)
- Fähigkeit, einfache und komplexe Anforderungen oder Instruktionen zu verstehen (Instruktionsverständnis)
- Fähigkeit, die innerhalb bestimmter Testverfahren vorgegebenen Probleme zu lösen, z.B. zum logischen Denken, zur Begründung von Handlungen, zur Bewältigung sozialer Probleme (Problemlösefähigkeit und Denkvermögen)
- Fähigkeit, sich auf bestimmte Tätigkeiten zu konzentrieren, ohne sich ablenken zu lassen oder Fehler zu machen (Konzentrationsfähigkeit)
- Fähigkeit, neue Informationen aufzunehmen, zu behalten und wieder abzurufen sowie ältere und bereits gespeicherte Informationen abzurufen (Gedächtnisfähigkeit)
- Fähigkeit, auf wechselnde geistige oder soziale Anforderungen im Untersuchungsverlauf angemessen zu reagieren und sich psychischen Belastungen anzupassen (Flexibilität, Anpassungsfähigkeit)
- Fähigkeit, im Tagesverlauf konzentrativ dauerhaft leistungsfähig zu bleiben und trotz vorhandener Beschwerden oder Beeinträchtigungen einfache oder geistig anspruchsvolle Tätigkeiten zu bewältigen (Ausdauer, Durchhaltefähigkeit)
- Fähigkeit, sich den Arbeitstag einzuteilen, körperliche und mentale Bedürfnisse auf Belastungen abzustimmen, Pausenbedarf zu erkennen und Pausen im Sinne der Erhaltung der Leistungsfähigkeit sinnvoll zu gestalten
- Fähigkeit, sich unter überwiegend sitzenden oder wechselweise sitzenden und stehenden Arbeitsbedingungen zu bewegen oder geforderte Körperhaltungen einzunehmen (Psychomotorik, Bewegungsabläufe)

Für den psychologischen BU-Gutachter ist es daher sinnvoll, die gesamte Untersuchungsabfolge so zu konzipieren, dass aus den im Untersuchungsverlauf erhobenen Informationen und dem gezeigten Untersuchungs- und Arbeitsverhalten möglichst weitreichende Erkenntnisse zur Funktionsfähigkeit und zum Leistungsverhalten am Arbeitsplatz gewonnen werden können.

Konzipiert der Gutachter die Untersuchung als „Arbeitsprobe" für die zuletzt ausgeübte berufliche Tätigkeit, dann können Be- und Entlastungen kontrolliert verstärkt und reduziert werden. Belastungsqualität und Belastungsintensität lassen sich idealerweise durch die Auswahl und die Abfolge der Untersuchungsverfahren im Untersuchungsverlauf kontrolliert variieren.

Körperliche Belastungen können zum Beispiel durch längere Gehstrecken, Treppensteigen, durch das Demonstrieren ärztlich verordneter krankengymnastischer Übungen an Trainingsgeräten oder auch ohne zusätzliche Hilfsmittel induziert werden. Bei manchen Versicherten, wie z. B. Personen mit chronischen Rückenschmerzen, kann bereits dauerhaftes Sitzen eine besondere körperliche Belastung sein. Hingegen kann körperliche Entlastung durch gezielte körperliche Entlastungsbewegungen oder Pausen mit körperlicher Haltungsänderung erzeugt werden.

Geistige Anforderungen ergeben sich meist schon automatisch aus der aktiven Mitarbeit des Versicherten. Die Bearbeitung von Fragebögen ohne Zeitlimit stellt eine Form leichter geistiger (konzentrativer) Belastung dar. Fragebögen, die eine längere Bearbeitungszeit (über 30 – 45 Minuten) erfordern, simulieren eine leichte bis mittlere konzentrative Dauerbelastung. Leistungstests mit Zeitbegrenzung, insbesondere solche zur Überprüfung der Konzentrations- oder Gedächtnisfähigkeit, aber auch Intelligenz- und Simulationstests können mittlere bis hohe konzentrative Belastungen hervorrufen.

Eine psychische Belastung ist mit Testverfahren oder anderen Erhebungsmethoden verbunden, die entweder vom Probanden nicht unmittelbar in ihrer Funktion durchschaut werden oder die das Entlastungsbedürfnis des Probanden kritisch hinterfragen. Entsprechend werden z. B. Beschwerdenlisten oder Schmerzfragebögen von den meisten Probanden als wenig belastend oder auch als entlastend empfunden, weil sie dem Bedürfnis des Versicherten entgegenkommen, seine Beschwerden darzustellen. Demgegenüber führen Verfahren, die die Eigenverantwortung des Probanden für seine Beschwerden und die Wiederherstellung seiner Leistungsfähigkeit ansprechen, oft zu erhöhter psychischer Anspannung.

Durch die Inszenierung einer Belastungssituation, die sich an den Arbeitsbedingungen des Versicherten orientiert und in der die Leistungsfähigkeit des Probanden nicht nur erfragt, sondern unter wechselnden Bedingungen kontrolliert, geprüft und validiert wird, sind weitergehende und zumeist gut begründete Aussagen zur beruflichen Leistungsfähigkeit des Versicherten möglich. Der besondere Vorteil des Vorgehens liegt in der Übereinstimmung dessen, was geprüft bzw. getestet wird, mit dem, was letztlich im beruflichen Alltag auch tatsächlich gefordert ist. Wegen seiner Anschaulichkeit besitzt dieses gutachterliche Vorgehen für Entscheidungsträger (z. B. Richter) eine recht hohe Plausibilität und Beweiskraft (Dohrenbusch, 2007).

Andererseits ist dieses gutachterliche Vorgehen vor allem in der Planung recht aufwändig. Daher werden in der Praxis psychologischer Begutachtung oft nur einige Teilbereiche ausgewählt, um die Belastbarkeit und Leistungsfähigkeit unter realen Arbeitsbedingungen besser abschätzen zu können. Es spricht aber bereits für die Qualität des Gutachtens, wenn folgende Punkte berücksichtigt werden:

- Der Sachverständige zeigt Parallelen auf zwischen dem beruflichen und dem durch die Untersuchung gegebenen Anforderungsprofil.
- Leistungs- und Beschwerdenverhalten werden im zeitlichen Untersuchungsverlauf detailliert beschrieben.
- Leistungs- und Beschwerdenverhalten werden zu Belastungs- und Entlastungsbedingungen in Beziehung gesetzt und liefern so ein Bild, von welchen Einflüssen die Leistungsfähigkeit am Arbeitsplatz wahrscheinlich abhängt.

Insgesamt kann die Gestaltung der psychologischen Untersuchung im Sinne einer Arbeitsprobe für die berufliche Tätigkeit als Indiz für die Qualität der Untersuchung gelten. Die systematisch aufeinander abgestimmte Abfolge von Explorationen, Beobachtungen,

Fragebögen, Funktions- und Leistungstests, physiologischen Messungen, sonstigen Veränderungsmessungen und Pausen, die sich an den arbeitsplatzbezogenen Anforderungen des Versicherten orientiert, kann wichtige Informationen über die individuelle Leistungsfähigkeit im Tagesverlauf liefern (z. B. bezogen auf Konzentration, Gedächtnis, Durchhaltefähigkeit, Flexibilität, Kreativität, Entscheidungsfähigkeit, Planungs- und Denkfähigkeit usw.). Die Auswahl der Testbedingungen und deren Reihenfolge sollte den beruflichen Leistungsanforderungen möglichst ähnlich sein, um so zuverlässige Aussagen über die Belastbarkeit des Probanden am Arbeitsplatz treffen zu können.

Bei der Durchführung hat der Sachverständige darauf zu achten, dass der Versicherte mit allen Abläufen in der Untersuchung einverstanden ist, dass nichts gegen seinen Willen läuft, er sich nicht gezwungen fühlt und durch die Untersuchung selbst keine psychischen Störungen ausgelöst oder wesentlich verstärkt werden. Der Versicherte darf nicht zu Leistungen gedrängt werden, die sein übliches, alltägliches Leistungsniveau wesentlich überschreiten. Um das Risiko von Überlastungsreaktionen zu begrenzen, sollten sich Be- und Entlastungsphasen (körperlich, geistig, psychisch) im Untersuchungsverlauf abwechseln.

4 Validierungsdiagnostik

Besondere Bedeutung kommt bei der Durchführung von Funktions- und Leistungstests, aber auch bei der Beantwortung von Fragebögen, der Test- und Antwortmotivation der Testperson zu. Bekanntlich unterliegen fast alle Testverfahren und Fragebögen dem Risiko willentlicher Verfälschbarkeit. Besonders groß ist dieses Risiko in der BU-Begutachtung bei Verfahren, deren Zielrichtung für den Versicherten leicht durchschaubar ist. Dies ist bei Symptom- und Beschwerdenlisten, bei klinischen Fragebögen sowie bei neuropsychologischen Leistungstests der Fall. Bei diesen Verfahren macht es einen Unterschied, ob Versicherte durch ihr Test- und Antwortverhalten ihre vorhandene Leistungsfähigkeit demonstrieren wollen oder ob sie eher am Nachweis der Schwere ihrer Symptome und ihrer fehlenden Leistungsfähigkeit interessiert sind.

Psychologische Sachverständige gehen daher ohne vorherige Prüfung der Gültigkeit der Messergebnisse nicht davon aus, dass die gemessenen psychischen Merkmale oder Funktionen per se gültig (valide) sind. Die Gültigkeit der individuellen Mess- und Testergebnisse muss vielmehr gesondert geprüft und in die Ergebnisbewertung einbezogen werden (siehe Abschnitt 3.2). Diese Prüfung kann auf unterschiedliche Weise erfolgen.

4.1 Übereinstimmung von Messergebnissen

Ein Validierungsprinzip besteht in der Konsistenzprüfung. Konsistent sind Angaben oder Messergebnisse dann, wenn sie erwartungsgemäß übereinstimmen bzw. die daraus abgeleiteten Bewertungen inhaltlich/logisch miteinander vereinbar sind. Einander widersprechende Aussagen, Angaben oder Testergebnisse wie zum Beispiel ein überdurchschnittlicher Depressionswert in einem Fragebogen und ein unterdurchschnittlicher Wert in einem sehr ähnlichen anderen Fragebogen sind in ihrer tatsächlichen Bedeutung letztlich fraglich. Gegebenenfalls lassen sich Widersprüche auflösen, wenn man die unterschiedlichen Voraussetzungen prüft, unter denen sie aufgetreten sind.

Zur Prüfung von Konsistenzen oder Plausibilitäten bieten psychologische Testverfahren und Fragebögen geeignete Voraussetzungen, weil sie sicherstellen, was sie messen und vor allem wie genau sie messen. Aufgrund der Testgüteeigenschaften können Abweichungen und Widersprüche relativ zuverlässig gegen Zufälle oder Fehler abgesichert werden. Wenn zwei verschiedene Tests, z. B. zur logischen Denkfähigkeit, bei einer Person zum gleichen Zeitpunkt deutlich voneinander abweichende Ergebnisse anzeigen, dann bleibt die Ausprägung des Merkmals letztlich unbestimmt. Im Falle der Denkfähigkeit könnte dann zwar nicht ausgeschlossen werden, dass der Versicherte in seinem Denken beeinträchtigt ist, der Sachverständige könnte aber aus den widersprüchlichen Ergebnissen letztlich nur schlussfolgern, dass das genaue Ausmaß der Beeinträchtigungen nicht klar bestimmt werden kann. Unter bestimmten Testvoraussetzungen kann der Schluss lauten, dass die Beeinträchtigungen „mit überwiegender Wahrscheinlichkeit nicht so sind, wie der Proband dies gezeigt hat".

Um Schlussfolgerungen zur Gültigkeit von Mess- und Testergebnissen abzusichern, sollten Konsistenzprüfungen in der Begutachtung nicht nur zwischen verschiedenen Test- oder Messverfahren, sondern auch zwischen verschiedenen Datenebenen und Datenquellen erfolgen. Insbesondere sollte die Übereinstimmung zwischen den folgenden Beobachtungen oder Ergebnissen geprüft werden:

- Im Interview frei berichtete vs. in standardisierten Fragebögen gemachte Angaben zu Beschwerden, Funktions- und Leistungsbeeinträchtigungen
- Im Interview oder in Fragebögen berichtete Merkmale vs. die mit diesen Merkmalen einhergehenden sichtbaren Verhaltensweisen (z. B. geklagte Schmerzen und das selbst oder von anderen Beteiligten beobachtete Schmerzverhalten)
- Spontan oder auf Nachfrage berichtete Funktions- oder Leistungsbeeinträchtigungen vs. in körperlichen Funktions- und Leistungstests gemessene Funktions- oder Leistungsbeeinträchtigungen
- Abgleich von selbst erhobenen Ergebnissen (Verhaltensbeobachtung, Exploration, Fragebogen, Testdiagnostik) mit möglichst

zeitnah an anderer Stelle oder unter anderen Bedingungen erhobenen Ergebnissen oder Beobachtungen. Hierzu können in der BU-Begutachtung meist Aktenbefunde hinzugezogen werden.

Solche Vergleiche zwischen verschiedenen Methodengruppen können ergänzt werden um Vergleiche innerhalb bestimmter Methodengruppen, wie beispielsweise die Abweichungen im beobachtbaren Klageverhalten in Abhängigkeit davon, welcher Untersucher gerade anwesend ist. Abweichungen in Fragebogenwerten können abhängig sein davon, wie und mit welchen Fragen die psychischen Merkmale (z.B. Persönlichkeitseigenschaften, Einstellungen, Beschwerden), Fähigkeiten oder Aktivitäten erfasst werden. Abweichende Schilderungen des Beschwerdenbildes oder seiner Auswirkungen in unterschiedlichen Phasen der Untersuchung (am Anfang oder am Ende) können ebenfalls Hinweise auf die fragliche Gültigkeit der Aussagen sein.

4.2 Kontrollskalen

Einen weiteren Zugang zur Validierung der Angaben leisten Kontrollskalen. Insbesondere umfangreichere Persönlichkeitsfragebögen enthalten Kontrollskalen zur Erfassung verzerrender oder verfälschender Antworttendenzen. Soll beispielsweise geprüft werden, ob ein Proband auf alle möglichen Fragen zu Beschwerden, zu seinen Einstellungen, seinen Fertigkeiten oder Persönlichkeitsmerkmalen generell bevorzugt „ja" antwortet (er also einfach immer zustimmt, unabhängig davon, was gefragt wurde), dann lässt sich diese Tendenz nur prüfen, indem man viele Merkmale mit jeweils gegensätzlich formulierten Aussagen zur Beurteilung vorgibt (z.B. „Meine Stimmung ist oft gedrückt.", „Meine Stimmung ist fast immer gut."). Das Ausmaß, in dem der Proband auf eine bestimmte Mindestanzahl ausbalancierter gegensätzlich gepolter Items mit „ja" antwortet, ist dann ein Maß für die Zustimmungstendenz.

Entsprechend wird mit anderen Antworttendenzen wie der Neinsage-Tendenz (Leugnungstendenz), der Tendenz zu vagem, unbestimmtem Antworten oder der Tendenz zu Extremwerten verfahren.

Neben diesen „formalen" Antworttendenzen können mit Fragebögen auch inhaltliche Antworttendenzen erfasst werden, wie z. B. die Tendenz, sich moralisch einwandfrei darzustellen (Tendenz zu sozialer Erwünschtheit), die Tendenz, Antworten und Verhalten auf den Befrager und eine gezielte Eindrucksbildung abzustimmen (Impression-Management-Tendenzen), oder die Tendenz, sich als psychisch unbelastet darzustellen (psychische Dissimulation). Wenn Probanden in solchen Kontrollskalen auffällig hohe oder niedrige Werte erzielen, dann kann dies die inhaltliche Gültigkeit der Aussagen oder Fragebogenergebnisse erheblich einschränken.

Für die Auswahl der Kennwerte zur Kontrolle von Antworttendenzen gibt es derzeit keine Standardempfehlungen. Die Auswahl bemisst sich zuerst an der Genauigkeit, mit der die Kontrollskala ein ungültiges Antwortmuster richtig vorhersagt, sie kann sich aber auch am Störungsbild, an der Relevanz der zu messenden Merkmale für die Beurteilung der beruflichen Leistungsfähigkeit und an der Verfügbarkeit einzelner Kontrollmethoden festmachen.

4.3 Beschwerdenvalidierungstests

Es existiert eine Gruppe von testpsychologischen Verfahren, die darauf ausgerichtet sind, willentliche Einflüsse auf Leistungstestverhalten zu erfassen. Diese Testverfahren sind dem Anschein nach zur Leistungserfassung konzipiert, ihr eigentlicher Zweck ist aber die Erfassung der Testmotivation. Die Unterscheidung zwischen der Erfassung von Leistungsfähigkeit und der Messung von Leistungsmotivation/Testmotivation wird u. a. dadurch angestrebt, dass sehr einfache Aufgaben zur Bearbeitung vorgegeben werden und das Reaktionsmuster mit zufälligen Reaktionsmustern oder mit den Reaktionsmustern objektiv schwer Erkrankter verglichen wird. Abweichungen von den erwarteten Reaktionsmustern werden dann als Hinweise auf willentliche Verzerrungen oder auf Verfälschungsmotive interpretiert. Ausführliche Informationen zu Methoden und Praktiken psychologischer Validierungsdiagnostik, insbesondere zur Diagnostik der Beschwerdenvalidität, liefert eine Monographie von Merten & Dettenborn (2009).

5 Gliederung psychologischer Gutachten: Formale und inhaltliche Aspekte

Psychologische Gutachten entsprechen in ihrer Struktur weitgehend der medizinischer Gutachten. Formal können folgende Teile unterschieden werden:

- Einleitung
- Aktenauszüge
- Untersuchungsbericht
- Beantwortung der Fragestellungen/Stellungnahme und
- Anhang

Einleitung, Aktenauszüge und Anhang stimmen in der Regel weitgehend mit den entsprechenden Teilen medizinischer Gutachten überein. Der Untersuchungsbericht und die Stellungnahme können aber abweichen und werden daher etwas genauer beschrieben.

Die Darstellung der Ergebnisse im Untersuchungsbericht kann entweder nach Methoden oder nach Inhalten geordnet werden. Eine Ordnung nach Methoden kann sinnvoll sein, wenn es sich lediglich um eine psychologische Zusatzbegutachtung zu eng umschriebenen und an bestimmte Mess- oder Testmethoden gebundene Begutachtungsleistungen handelt. Eine Ordnung nach Inhalten ist dann angezeigt, wenn der psychologische Gutachter zu den zentralen Fragen der BU-Begutachtung Stellung nehmen soll und sich dazu an den Leitlinien zur Begutachtung psychischer Erkrankungen orientiert.

5.1 Untersuchungsbericht – Ergebnisdarstellung nach Methoden

Eine Gliederung und Darstellung der Ergebnisse nach Methoden kann z. B. der folgenden Form entsprechen.

Ergebnisse der Verhaltensbeobachtung

Hier werden u. a. Beobachtungen aufgeführt, die psychopathologisch bedeutsam sind und in der psychiatrischen Begutachtung dem psychischen Befund zugeordnet werden (z. B. Beobachtung zu Störungen des Bewusstseins, der Orientierung, der Wahrnehmung, des Denkens, der Konzentration, des Gedächtnisses, zu Ich-Störungen, Sprache und Sprechverhalten, Störungen des Affekts und des Antriebs, Störungen der Motorik, des Sozialverhaltens usw.). Ergänzend sollten hier Beobachtungen zur Fähigkeits- und Leistungsbeurteilung genannt werden, insbesondere solche zum Arbeitsverhalten bei der Durchführung psychologischer Leistungstests und bei der Fragebogenbearbeitung, aber auch zum Verhalten in der Exploration und zum Pausenverhalten. Dazu zählen Beschreibungen z. B. der Auffassungsgabe, des Instruktionsverständnisses, der Testmotivation und der Kooperationsbereitschaft, der Sorgfalt und der Geschwindigkeit bei der Testbearbeitung usw. Ebenso sollten Beobachtungen zum Beschwerdenverhalten hier aufgeführt werden (z. B. Häufigkeit, Intensität und Situationsabhängigkeit des Klagens, Schonverhaltens, Weinens usw.), das Hinweise auf die Schwere des Gesundheitsproblems sowie auf die Gültigkeit von Klagen liefern kann.

Ergebnisse der Exploration

Bei Fragen zur beruflichen Leistungsfähigkeit sollte dieser Teil folgende Informationen enthalten:

- Angaben zu Arbeitsplatzbedingungen und Arbeitsplatzanforderungen: Wann, unter welchen Umständen, wie oft und wie lange müssen welche Leistungen erbracht werden?
- Angaben zur bisherigen Entwicklung und zum Erscheinungsbild der psychischen Erkrankung: Seit wann besteht die Erkrankung, unter welchen Umständen ist sie aufgetreten, wie und unter welchen Bedingungen ist sie so verlaufen, wie gut ist sie behandelbar, welche bewussten/willentlichen und welche unbewussten/unwillentlichen Anteile haben den Verlauf

beeinflusst? Welche Symptome und Beschwerden bestimmen heute das Krankheitsbild?

- Angaben zur krankheitsbedingt geminderten Funktions- und Leistungsfähigkeit: Welche psychischen, körperlichen, sozialen, berufs- und leistungsbezogenen Funktionen sind in welchem Umfang beeinträchtigt? Inwiefern sind diese Beeinträchtigungen auf die diagnostizierten psychischen oder psychosomatischen Erkrankungen zurückzuführen?

Ergebnisse standardisierter Fragebögen

Vor der Angabe der Ergebnisse sollten die verwendeten Fragebögen und ihr Nutzen kurz beschrieben werden. Dies kann z. B. die folgende Form haben:

Beispiel: Angabe von Fragebogenergebnissen

Die Schmerzempfindungsskala (Geissner, 1996) misst die dominierende Schmerzqualität. Unterschieden werden die affektive und die sensorische Schmerzqualität. Eine auffällig erhöhte affektive Schmerzqualität geht gehäuft mit einer depressiven Verarbeitung der Schmerzsymptomatik einher. Auffällig erhöhte Ausprägungen der sensorischen Schmerzqualität können Hinweise auf Verdeutlichungstendenzen sein, wenn die angegebene Schmerzqualität untypisch für das Krankheitsbild ist.

Die Symptom-Checkliste SCL-90-R (Franke, 2002) misst die subjektiv empfundene Beeinträchtigung durch körperliche und psychische Symptome einer Person innerhalb der letzten Woche. Dem Probanden werden 90 Fragen mit mehrstufigen Antwortvorgaben vorgelegt, die zu insgesamt neun Skalen und drei Gesamtkennwerten zusammengefasst werden. Es liegen geschlechtsspezifische Normen für Erwachsene und Studenten vor.

Fragebogenergebnisse werden in der Regel als Normwerte angegeben. Meist werden überdurchschnittliche oder unterdurchschnittliche Werte als Hinweise auf individuelle Auffälligkeiten interpretiert. Es ist üblich, Fragebögen zu Persönlichkeitsmerkmalen, zu Art und Ausmaß der beklagten psychischen Störungen und zu Art und Umfang der krankheitsbedingten Funktions- und Leistungsbeeinträchtigungen zu verwenden. Welche besondere Bedeutung eine Merkmalsausprägung für die Bewertung des Krankheitsbildes oder seiner Auswirkungen hat, darüber entscheidet der Sachverständige.

Ergebnisse psychologischer Funktions- oder Leistungstestverfahren

Die Testverfahren müssen ebenso wie die verwendeten Fragebögen im Gutachten konkret benannt werden. Die Ergebnisse sollten in Rohwerten und in Standardwerten (z.B. Z-Werte oder T-Werte) mitgeteilt werden. Auch hier gilt, dass der Ergebnisdarstellung jeweils eine kurze Darstellung des Tests vorausgehen sollte, so dass sich der Auftraggeber zumindest ein grobes Bild von der geprüften Leistung und der Aussagekraft des Verfahrens machen kann.

Beispiel: Angabe von Testergebnissen

Die CERAD-Testbatterie (Morris et al., 1989) enthält eine Reihe von Tests zur Feststellung von Beeinträchtigungen kognitiver, insbesondere mnestischer Basisfunktionen (Arbeitsgedächtnis, Aufmerksamkeitsspanne, unmittelbare und verzögerte Reproduktion von gelerntem verbalen Material, Lernfähigkeit, Diskriminationsfähigkeit sowie semantische Gedächtnisleistungen und Langzeitgedächtnis), die insbesondere bei demenziellen Erkrankungen auftreten. Das Verfahren eignet sich u.a. zur Unterscheidung von depressiven, leicht und mittelschwer dementen Probanden.

Das Druckschmerzprofil (Dohrenbusch, 2007) dient zur Überprüfung der Qualität und Gültigkeit der Schmerzsymptomatik. Es beinhaltet die wiederholte Erfassung der Druckschmerzempfindlichkeit an 16 Messpunkten über den Körper verteilt mit Hilfe eines Druckmessgerätes. Darüber hinaus werden die spontanen (klinischen) Schmerzen wiederholt mit Hilfe von Körperbildvorlagen erhoben. Geprüft werden die Zuverlässigkeit, Genauigkeit und Gültigkeit von Schmerzangaben sowie die Abhängigkeit der Schmerzangaben von Umgebungseinflüssen.

Ergebnisse der Kennwerte zu Antworttendenzen oder der Verfahren zur Beschwerdenvalidierung

Es ist sinnvoll, die Ergebnisse zur Validierung von Beschwerden und sonstigem Antwort- und Testverhalten in einem Abschnitt zusammenzufassen und insgesamt zu würdigen. Mindestens drei unterschiedliche Zugänge der Beschwerdenvalidierung sollten nach Möglichkeit einbezogen und getrennt dargestellt werden:

- Konsistenz- und Plausibilitätsprüfungen sowohl innerhalb verschiedener Methodengruppen (z.B. Vergleich verschiedener Fragebogenergebnisse) als auch zwischen verschiedenen

Methodengruppen (z.B. Aussagen von Angehörigen = Fremd-berichte vs. Aussagen des Versicherten = Selbstberichte); zum Beispiel können verschiedene Fragebogenergebnisse zueinander in Beziehung gesetzt und so „validiert" werden.

- Kontrollskalen zu formalen und inhaltlichen Antworttendenzen
- Neuropsychologische Beschwerdenvalidierung auf der Grundlage kalkulierter Reaktionswahrscheinlichkeiten für ausgewählte psychische Funktionen (z.B. Aufmerksamkeit, Gedächtnis)

Der Gutachter kann nach Sichtung aller Ergebnisse zur Beschwerdenvalidierung zu dem Ergebnis kommen, dass die Vielzahl der gefundenen Auffälligkeiten in den verwendeten Validierungstests und Plausibilitätschecks eine inhaltliche Interpretation und Bewertung der geklagten Beschwerden und Beeinträchtigungen nicht zulässt.

5.2 Untersuchungsbericht – Ergebnisdarstellung nach Inhalten

Eine nach Inhalten geordnete Ergebnisdarstellung kann sich an den aktuellen Leitlinien zur Begutachtung (Schneider et al., 2012) orientieren. Durch die Leitlinienorientierung ist eine Ordnung der Untersuchungsergebnisse nach inhaltlichen Vorgaben in der Regel übersichtlicher und für Auftraggeber besser nachvollziehbar. Zu unterscheiden sind Ergebnisse zu psychischen Funktionen und Funktionsstörungen (psychischen Störungen), zur Krankheitsverarbeitung und Therapie, zu Aktivitäten und Fähigkeiten und zur Gültigkeit (Validität) der Beobachtungen und Testergebnisse. Die Teile der Begutachtungsleitlinien „Partizipation" und „Prognose" sehen vor allem die Interpretation der Testergebnisse vor, eine gesonderte Ergebnisdarstellung zu diesen Punkten ist für sie nicht angezeigt.

Ergebnisse zu psychischen Funktionen und Funktionsstörungen

Dieser Teil stellt die Ergebnisse zu klinischen Merkmalen der Testperson zusammen wie z. B. zu Somatisierung, körperlichen Störungen, Emotionalität (Angst, Zwang), Störungen des Affekts, der Motorik, kognitiven Beeinträchtigungen, psychotischen Symptomen, Verhaltensauffälligkeiten und Verhaltensstörungen.

Beispiel

Affektive und emotionale Störungen: Im Vordergrund der Klagen standen (Zukunfts-)Ängste, das Erleben eines ständigen äußeren Druckes und erhöhter Anspannung. Die Fragebögen gaben Hinweise auf eine leicht bis gelegentlich mittelgradig ausgeprägte depressive Symptomatik (gemessen an den emotional-affektiven Symptomen, der Antriebsminderung und Überforderungsgefühlen). Für die moderate Ausprägung der depressiven Symptome sprechen u. a. die schwache Ausprägung typischer depressiver Kognitionen, das belastungsreaktive Auftreten der Symptomatik (...) und die fehlende Suizidalität (Exploration, Fragebogen). Die angegebenen Ängste betrafen vorwiegend soziale Situationen (Unsicherheit, mangelndes Selbstvertrauen) und die Zukunft, keine testpsychologischen Auffälligkeiten zeigten sich in Bezug auf phobische Ängste, Panikstörung, auch keine generalisierte Angststörung, keine hypochondrischen oder körperbezogenen Ängste, eher überwogen allgemeine Versagens- oder Überforderungsängste und Nervosität (Fragebogen, Selbstbericht, Fremdbericht). (...)

Sucht und Verhaltensstörungen: Wesentliche Probleme durch die Einnahme psychotroper Substanzen wurden nicht angegeben, angesichts des hohen Nikotinkonsums während der Untersuchung ist aber anzunehmen, dass Rauchen und damit der Konsum psychotroper Substanzen ein Teil der Emotions- oder Erlebnisverarbeitung ist (Fragebogen, Verhaltensbeobachtung).

Somatisierung: Wesentliche Beeinträchtigungen durch körperliche Beschwerden oder Schmerzen zeichneten sich nicht ab (Fragebogen, Exploration, Verhaltensbeobachtung, Fremdbericht).

Psychose: Psychosenahe Symptome wurden in standardisierter Befragung teilweise in erhöhter Ausprägung genannt, dabei ist zu berücksichtigen, dass die Kontrollskalen keinerlei Hinweise auf eine verstärkte Neigung zur Angabe ungewöhnlicher oder bizarrer Symptome oder Erfahrungen lieferten. Die erhöhten Werte der Schizophrenie-Komponentenskalen (Fragebogen) sprechen dafür, dass das Selbsterleben des Versicherten sowohl emotional als auch kognitiv beeinträchtigt ist, besonders auffällig waren der inadäquate Affekt, der Ich-Mangel im Denken und der Ich-Mangel im Wollen (Subskalen Fragebogen). Diese Kennwerte sind allerdings häufig bei Probanden in Begutachtung erhöht und sprechen nicht unmittelbar für psychosenahes Erleben. Sie sind nicht als Hinweise auf eine psychotische Störung zu werten, wohl aber als Hinweis auf das Erleben psychischer Zustände, die mit Entfremdungsgefühlen oder Dissoziationen einhergehen. (...)

Insgesamt überwogen unspezifische, überwiegend belastungsreaktive psychosoziale Allgemeinbeschwerden, die weder der Gruppe der Angststörungen noch der Gruppe der affektiven Störungen eindeutig zuzuordnen waren. Sie lassen sich am ehesten im Sinne einer Anpassungsstörung interpretieren, weil sich Ängste und affektive Beeinträchtigungen offenbar re-

---

aktiv auf zunehmend belastend und überfordernd erlebte berufliche, wahrscheinlich auch familiäre Bedingungen entwickelt haben.

Ergebnisse zur Krankheitsverarbeitung

Die aktuellen Leitlinien zur Begutachtung psychischer Erkrankungen sehen ein breites Spektrum an Eigenschaften und Merkmalen zur Beschreibung der Krankheits- und Beschwerdenverarbeitung vor, die nicht alle vertieft psychodiagnostisch erfasst werden können. Auf den Einzelfall abgestimmte Akzentuierungen in der Diagnostik und Bewertung des Bewältigungs- und Therapieverhaltens sind daher möglich und auch sinnvoll. Die vom Gutachter ausgewählten Merkmale der Krankheitsverarbeitung und des Therapieverhaltens sollen anschaulich machen, wie sich die Beschwerden von ihrem Beginn bis zum Untersuchungszeitpunkt entwickelt haben und inwiefern der Verlauf auch durch bewusstseinsnahes, der willentlichen Kontrolle unterlegenes Verhalten zustande gekommen ist. Gängige Kennwerte betreffen das emotionale und körperliche Anspannungsniveau, den Leidensdruck, Art, Umfang und Erfolg von Bewältigungsverhalten, Krankheitsüberzeugungen sowie Therapiemotivation und Therapieerfolg. Kombiniert werden in der Regel Informationen aus Exploration, Vor- bzw. Fremdberichten (z. B. Klinik-Entlassungsberichte), Fragebogen und Verhaltensbeobachtung.

Beispiel

Emotionskontrolle: Erhöhte Werte in Bezug auf Probleme bei der Emotionskontrolle (Fragebogen) in Verbindung mit Angaben in der Exploration (auch im Gutachten vom ...) zeigten, dass es Herrn X schwer fällt, innere Spannungen, Ängste und Erschöpfungsgefühle adäquat und nach außen sozial verträglich zu bewältigen.

Selbstwertgefühl/Introversion: Persönlichkeitspsychologisch dominierten Beeinträchtigungen durch überangepasstes, teilweise selbstunsicheres Verhalten und ein geringes Selbstwertgefühl (Fragebogen). Diese Selbstbeschreibung passte zwar nicht ganz zum vordergründig sicheren und souveränen Auftreten des Versicherten in der Untersuchungssituation (Verhaltensbeobachtung), dennoch können die konsistent angegebenen ängstlich-vermeidenden und selbstunsicheren Anteile der Persönlichkeit als glaubhaft gelten.

Internalisierende Konflikt- und Störungsverarbeitung: Die Neigung zu Selbstunsicherheit und Vermeidungsverhalten (Fragebogen A und B) wirkt sich offenbar auch auf den Umgang mit Konflikten und mit psychischen Störungen und Beeinträchtigungen aus. Depressive Symptome werden durch das fortgesetzte Grübeln und Nachdenken über die erlebten Beeinträchtigungen eher verstärkt. Gegensteuernde Maßnahmen (Ablenkung, Konfrontation mit belastenden oder Angst auslösenden Situationen) praktiziert der Versicherte nur in geringem Umfang (Fragebogen C). Die erhöhte Neigung, negative Emotionen (Unruhe, Anspannung, Ungeduld) durch die Einnahme zustandsbeeinflussender Substanzen (Nikotinkonsum) zu bewältigen, ist Teil einer Bewältigungsstrategie, die weniger die Lösung von Problemen als vielmehr die Anpassung der eigenen körperlichen oder emotionalen Reaktionen an die wahrgenommenen Anforderungen zum Ziel hat. Dass die bevorzugten internalisierenden Konflikt- und Angstbewältigungsstrategien nicht ausreichen, um der inneren Anspannung und Angst wirksam zu begegnen, zeigt die erhöhte Bereitschaft zu aggressiven Verhaltensweisen oder gereizten Reaktionen (Fragebogen, Exploration des Versicherten und der Ehefrau).

Therapieverhalten: Das bisherige Therapieverhalten erscheint wenig motiviert (Fragebogen, Exploration, Entlassungsbericht Klinik), der Versicherte äußerte Vorbehalte gegenüber pharmakologischer und psychotherapeutischer Behandlung, die Wahrscheinlichkeit einer Erfolg versprechenden Behandlung erscheint derzeit angesichts der vorhandenen bewusstseinsnahen negativen Einstellungen gering.

Leistungsmotivation: Die erhöhte Reizbarkeit, aber auch ein Verhalten im Sinne von Typ-A (Fragebogen) sprechen für eine hohe Leistungs- und Durchhaltemotivation, ausgeprägten Wetteifer und eine verstärkte Neigung zu wettbewerbsorientiertem Verhalten. Der Leistungsanspruch des Versicherten erscheint relativ hoch, die Beharrlichkeit und Durchhaltefähigkeit (Fragebogen) waren aber auffällig gering, sodass die gesteckten Ziele nicht oder nur teilweise erreicht werden.

Ergebnisse zu Aktivitäten und Fähigkeiten

Dieser Teil enthält Ergebnisse zu allen untersuchten Fähigkeiten der Testperson, von denen aus auf die Ausprägung von Aktivitäten im Alltag geschlossen werden kann, insbesondere aber zu solchen, die für die Beurteilung der beruflichen Leistungsfähigkeit entscheidend sind. Meist ist es sinnvoll, nicht nur Angaben zu Beeinträchtigungen der Funktions- und Leistungsfähigkeit herauszustellen, sondern auch die Ergebnisse zu unauffälligen, normentsprechenden (oder auch unerwartet guten) Leistungen oder Eigenschaften. Unauffällige (durchschnittliche) Kennwerte können als Hinweise auf bestehende Ressourcen gewertet werden.

Es gelten die oben gemachten Hinweise. Die Ergebnisdarstellung sollte eine kurze Darstellung der verwendeten Kontrollskalen und Beschwerdenvalidierungstests enthalten. Ebenso sollte dargestellt werden, welcher Gültigkeitsbereich den jeweiligen Kennwerten zugeschrieben werden kann, ob sich z. B. der Wert

Beispiel

Aufmerksamkeit: Der Versicherte war in der Lage, mehrere Fragebögen mit insgesamt über 700 Fragen in relativ kurzer Zeit zügig zu beantworten. Dies spricht für eine weitgehend unbeeinträchtigte Daueraufmerksamkeit bei einfachen bis mäßig komplexen Anforderungen. Dabei konnte Herr X den thematischen Bezug wahren und logisch konsistent antworten, er zeigte hier - anders als in den psychologischen Leistungstests - keinerlei Verlangsamungen und auch keine Probleme mit der Informationsaufnahme wie in den Gedächtnistests. In den Aufmerksamkeitstests waren die Sorgfaltsleistungen durchgängig besser als die Geschwindigkeitsleistungen. Insofern konnte die in Leistungstests gezeigte mentale Verlangsamung durch erhöhte Sorgfalt kompensiert werden.

Lernfähigkeit: Es bestanden punktuell Beeinträchtigungen in Bezug auf die Aufnahme und Konsolidierung neu gelernter Informationen. Die Mehrzahl der Ergebnisse (Leistungstest, Beschwerdenvalidierungstest, Verhaltensbeobachtung) spricht dafür, dass die Lernfähigkeitsdefizite nicht auf ein Testmotivationsdefizit zurückzuführen waren, sondern Ausdruck einer derzeit mangelnden Fähigkeit sind, neue Informationen aufzunehmen und zu speichern.

Leistungsfähigkeit: Die allgemeine intellektuelle Leistungsfähigkeit, sofern sie für die Ausübung der beruflichen Teiltätigkeiten erforderlich ist (insbesondere Bearbeitung von Rechnungen, Kostenvoranschlägen, Buchhaltung und Kalkulation), erscheint ausreichend und nicht wesentlich beeinträchtigt (Leistungstests, Verhaltensbeobachtung). Die geschätzte Intelligenz entsprach dem Durchschnitt der Bevölkerung (Leistungstest), die Ergebnisse zum logischen Denkvermögen waren unauffällig.

Exekutive Funktionen: Es gab keine Hinweise, dass exekutive Funktionen (prospektives Denken, Planungs- und Umstellungsfähigkeit) wesentlich beeinträchtigt sind. Dafür sprechen das beobachtete Verhalten in der Exploration und die Ergebnisse zur Wortflüssigkeit bzw. Assoziationsgeschwindigkeit im Leistungstest (...), die normentsprechend und unauffällig ausfielen.

Auf Grundlage dieser Ergebnisse sind die Fähigkeiten „Anpassung an Regeln und Routinen" sowie „Strukturierung von Aufgaben" nur dann beeinträchtigt, wenn sie die Aufnahme neuer Informationen in kurzer Zeit erfordern. Außerhalb lernintensiver Bedingungen ist der Versicherte angesichts seiner allgemeinen intellektuellen Leistungsfähigkeit uneingeschränkt in der Lage, sich an situative Bedingungen anzupassen und intellektuell durchschnittlich fordernde Probleme, wie dies für seine berufliche Tätigkeit erforderlich ist, zu bewältigen. (...) Aufgrund der Beeinträchtigungen der Aufnahme- und Lernfähigkeit sind Umstellungsfähigkeit und Entscheidungsfähigkeit eingeschränkt, insbesondere wenn der Versicherte in Abhängigkeit von neu zu verarbeitenden komplexen Informationen schnell handlungssicher reagieren muss.

einer Antworttendenzkontrollskala in einem Fragebogen nur auf die Gültigkeit des Antwortmusters in diesem Fragebogen bezieht oder ob auch eine Gültigkeit für das Antwortverhalten in anderen Fragebögen oder in der Exploration angenommen werden kann. Letzteres ist wahrscheinlich, wenn verschiedene Kennwerte zur gleichen Antworttendenz (z. B. Neigung zur Angabe ungewöhnlicher und bizarrer Symptome oder Eigenschaften) zu übereinstimmenden Ergebnissen kommen.

Beispiel

Die Beurteilung von Antworttendenzen basiert auf insgesamt zwölf Kontrollskalen des MMPI-2, die sowohl formale Antworttendenzen (Zustimmungstendenz, Ablehnungstendenz, Antwortinkonsistenz) als auch inhaltliche Antworttendenzen (wie nachfolgend beschrieben) erfassen. Die testpsychologisch gesicherten Antworttendenzen betreffen eine auffällig geringe Neigung zu positiv verzerrter Selbstbeschreibung, die im Testhandbuch als „möglicher Hinweis auf Simulation" gewertet wird. Die Neigung, über persönliche Dinge Auskunft zu geben, war unauffällig. Die Neigung, verschiedene ungewöhnliche oder seltene Beschwerden anzugeben, einer der häufigsten Indikatoren für negative Antwortverzerrungen, war unauffällig. Allerdings war Herr X ohnehin nicht daran interessiert, den Eindruck schwerer psychischer Gestörtheit zu hinterlassen, vielmehr ging es ihm um den Nachweis funktions- und leistungsbeeinträchtigender psychischer Allgemeinsymptome. Insofern ist die Frage nachrangig, ob er versucht hat, schwere Psychopathologie vorzutäuschen oder übertrieben darzustellen, wichtiger ist die Frage, ob er versucht hat, funktionsbeeinträchtigende Allgemeinbeschwerden (z. B. emotionale Labilität, Erschöpfung) verzerrt darzustellen. Hier zeigten sich tatsächlich Auffälligkeiten (Ds-Skala, Ds-R-Skala, O-S-Skalen), die in der Summe dafür sprechen, dass der Versicherte sich in seinen Angaben wahrscheinlich eher an stereotypen Annahmen über die angegebenen Krankheitsbilder und Beeinträchtigungen als an tatsächlichen Krankheitserfahrungen orientierte. Die Hinweise waren konsistent und begründen moderate Zweifel an der Erlebnisnähe der Angaben zu emotionaler Labilität und psychischer Erschöpfung. (...) In der Summe belegen die Validierungskennwerte eine ausreichende Offenheit in der Befragung, eine überwiegend situationsangemessene Bereitschaft, über Beschwerden und Beeinträchtigungen zu berichten, jedoch eine erhöhte Neigung zu stereotypen, nicht durchgängig erfahrungsbasierten Angaben. (...) Vom Gesamteindruck her (Verhaltensbeobachtung, MMPI-2-Kontrollskalen, weitere Kontrollskala, Beschwerdenvalidierungstest, Vorgutachten) sprechen die Ergebnisse dafür, dass die Ausrichtung der Beschwerdendarstellungen an (stereotypen) Laienvorstellungen nicht willentlich-intentional verzerrt erfolgt ist.

5.3   Stellungnahme und Beantwortung der Fragestellungen

Auch bei eng umschriebenen Fragestellungen setzt die abschließende Beurteilung der Leistungsfähigkeit und die Beantwortung der gutachterlichen Fragestellungen in der Regel eine umfassende Sichtung aller gewonnenen Ergebnisse voraus. Selbst die Beurteilung spezifischer Funktionsmerkmale der beruflichen Leistungsfähigkeit sollte nicht nur aus einzelnen Testergebnissen abgeleitet werden. Vielmehr erfordert die Stellungnahme eine Einbeziehung unterschiedlicher Datenquellen und Verfahrensgruppen und deren Integration in ein abschließendes Urteil.

Wir haben an anderer Stelle (Dohrenbusch & Schneider, 2012; Schneider & Dohrenbusch, 2012) weitergehende Ausführungen zu Fragen der Zusammenfassung und Integration von Untersuchungsergebnissen und zur gutachterlichen Urteilsbildung in der Begutachtung der beruflichen Leistungsfähigkeit gemacht. Die dortigen Ausführungen und Kommentare lassen sich auch auf die psychologische Begutachtung einer durch psychische Krankheitsfolgen bedingten Berufsunfähigkeit anwenden. Die folgenden Aspekte sind in diesem Zusammenhang von Bedeutung:

- Psychische Eigenschaften (z.B. Persönlichkeitseigenschaften, Verhaltensstile, Bewältigungsstile, Attributionen/Zuschreibungen psychischer Störungen) sollten prozesshaft beschrieben und auch entsprechend prozessbezogen analysiert werden. Psychische Eigenschaften, insbesondere psychische Störungen, sind nicht als statische, unveränderbare Größen aufzufassen, sondern als Zustandsbilder, die sich aus bestimmten körperlichen, psychischen und sozialen (biopsychosozialen) Bedingungen heraus entwickeln, für eine bestimmte Zeit in einer näher zu beschreibenden Qualität und Quantität das Erscheinungsbild bestimmen, sich dann aber vom Grundsatz her vielfach auch wieder zurückbilden können. Der prozessorientierte Blick auf psychische Störungen und insbesondere auf Krankheitsfolgen bedeutet, dass in die Beurteilung von aktuellen Persönlichkeitseigenschaften, aber auch von aktuellen Krankheitszuständen, die sich als Ergebnis eines länger andauernden Krankheitsprozesses darstellen, biographische Erfahrungen und frühere Ereignisse in ihren jeweiligen zeitlichen Wirkungen einzubeziehen sind.
- Wenn die Auswirkung psychischer oder psychosomatischer Erkrankungen auf die Berufsfähigkeit zu beurteilen ist, dann sollten Merkmale der Störung (also Art, Umfang, Häufigkeit, Dauer, Erscheinungsbild usw. der Symptome) und Merkmale der Störungs- bzw. Krankheitsverarbeitung (Wahrnehmung der Beschwerden, Bewältigungsaktivitäten, Behandlungsmotivation, Angemessenheit der Behandlung) konzeptionell voneinander getrennt werden. Störungsmerkmale im engeren Sinne unterliegen nicht der willentlichen Kontrolle und Steuerungsfähigkeit, Krankheitsverarbeitungsprozesse unterliegen hingegen sehr wohl der willentlichen Steuerungsfähigkeit.

Der Gutachter sollte versuchen, diese Unterscheidung sowohl durch die Art und Weise der Informationserhebung als auch durch die jeweils unterschiedliche Berücksichtigung und Gewichtung krankheits- bzw. störungsbezogener und bewältigungsbezogener Prozesse deutlich zu machen.

- In gleicher Weise sollte der Gutachter, auch wenn er nur als Zusatzgutachter Beiträge zu bestimmten Teilaspekten der Begutachtung leistet (z. B. Informationen zur Schwere der psychischen Störung oder zum Stellenwert von Persönlichkeitseigenschaften), eine Grenze ziehen zwischen Merkmalen des Störungsbildes und Merkmalen der Störungs- bzw. Krankheitsfolgen. Die Auswirkungen einer psychischen Erkrankung oder eines Kräfteverfalls, die beide einen Leistungsfall begründen können, sind nicht gleichzusetzen mit den Merkmalen (Symptomen) der jeweiligen Störung. Dies gilt auch für prognostische Erwägungen: Aus der Prognose einer bestimmten psychischen Störung kann nicht direkt auf die Prognose der daraus abzuleitenden Störungsfolgen geschlossen werden. Zum Beispiel kann eine psychische Störung bestehen bleiben, zugleich können sich aber durch ein verändertes Bewältigungsverhalten oder durch veränderte soziale oder berufsbezogene Kontextbedingungen ihre Auswirkungen auf die berufliche Leistungsfähigkeit des Betroffenen verändern.

- Die Beurteilung psychischer und psychosomatischer Störungen und Erkrankungen und Krankheitsfolgen setzt voraus, dass die Angaben und Verhaltensweisen des Versicherten durch ein aufeinander abgestimmtes System aus psychodiagnostischen Verfahren zuvor auf ihre Gültigkeit (Validität) überprüft wurden. Ein psychologischer Gutachter, der zentrale Fragen der beruflichen Leistungsfähigkeit zu bewerten hat, sollte immer Maßnahmen zur Symptom- und Beschwerdenvalidierung und Maßnahmen zur Validierung des Funktions- und Leistungsniveaus miteinander kombinieren. Für psychologische Zusatzgutachter, die nur mit der Untersuchung bestimmter Teilaspekte beauftragt werden, gilt das Validierungserfordernis entsprechend für den Teilbereich. Zeigen sich konsistent und über verschiedene Validierungskennwerte hinweg Hinweise auf eine fragliche Gültigkeit der gemachten Angaben zu

Beschwerden oder Beeinträchtigungen, dann steigt damit die Wahrscheinlichkeit, dass der Versicherte die Voraussetzungen für den Leistungsfall (z. B. Rente) nicht erfüllt. In diesen Fällen kann auf Grundlage der derzeit vorhandenen Validierungsverfahren meist nicht mit der nötigen Sicherheit gesagt werden, wie bewusstseinsnah und vorsätzlich-willentlich ein bestimmtes Testverhalten verzerrt wurde. Eine solche Differenzierung (z. B. Handelt es sich um „Aggravation" oder „Simulation"?) ist aber in der Regel auch nicht nötig, solange aus Sicht des Gutachters eindeutig ist, dass die Ergebnisse keine überzeugende Aussage zur Art, Intensität und Qualität von Beschwerden oder Beeinträchtigungen zulassen. Hier gilt rechtlich im Ergebnis die Beweislast, dass der Versicherte und nicht der Versicherer den Nachweis seiner krankheitsbedingten Beeinträchtigungen erbringen muss (bzw. ihre Qualität und Quantität plausibel machen muss).

Das folgende Beispiel veranschaulicht einige Schwierigkeiten, Ergebnisse zur Validität der individuellen Mess- und Testwerte in eine abschließende gutachterliche Bewertung zu integrieren. Aus deutlichen Hinweisen auf eine eingeschränkte Gültigkeit von Angaben oder Leistungstestergebnissen muss z. B. nicht zwingend geschlossen werden, dass sämtliche gewonnenen Informationen wertlos sind. Das gezeigte Testverhalten kann in diesem Fall immer noch Anhaltspunkte für die Mindestbelastbarkeit des Versicherten liefern und zur Entscheidungsfindung beitragen.

Beispiel zur Einbeziehung von Validierungsinformation in die Beurteilung der beruflichen Leistungsfähigkeit

(...) In der Art und Weise, wie sich der Versicherte in der Untersuchung präsentierte, ist er scheinbar zu keiner beruflichen Leistung in der Lage. Über weite Strecken wirkte Herr Y während der Untersuchung in seiner konzentrativen Belastbarkeit massiv eingeschränkt, selbst auf leichte Anforderungen reagierte er sehr schnell überfordert, dabei wirkte er emotional labil, erschöpft und ständig um Selbstkontrolle ringend. Auch im direkten Kontakt zeigte er sich so eingeschränkt, dass eine berufliche Tätigkeit in jeder denkbaren Form unzumutbar erschien. Die Ergebnisse lassen aber den Schluss zu, dass die Beschwerdedarstellung von (bewusstseinsnahen) motivationalen Einflüssen mitbestimmt war (vgl. Ergebnisse der Beschwerdenvalidierungstests, Kontrollskalen, Verhaltensbeobachtung sowie Angaben aus früheren Gutachten). Geht man davon aus, dass diese motivationalen Einflüsse nicht Teil einer krankheitswertigen affektiven Störung sind, dann spiegeln die erzielten Testergebnisse nicht die reale Leistungsfähigkeit des Versicherten wider. Ebenso spiegeln die Selbstberichte zu Beschwerden und Beeinträchtigungen in diesem Fall kein authentisches und realistisches Bild vom krankheitsbezogenen Erleben und Verhalten des Versicherten.

Sieht man die Untersuchung als Arbeitsprobe für leichte Tätigkeiten und wählt man als Vergleichsgröße die obere Grenze des in der Untersuchung über mehrere Stunden gezeigten Leistungsverhaltens, dann können einfache Aufgaben, die keine besonderen emotionalen oder motivationalen Anforderungen enthalten, vom Versicherten übernommen werden. Auch war das in der Untersuchung gezeigte Durchhaltevermögen nicht so stark eingeschränkt, wie dies vom Versicherten angekündigt und auch im weiteren Verlauf betont worden war. Geht man von der Gültigkeit und Repräsentativität des gezeigten Leistungsverhaltens in der Untersuchung aus, dann kann der Versicherte komplexere oder verantwortungsvolle (technische und administrative) Tätigkeiten wahrscheinlich nicht mehr durchführen.

Wird ein psychologischer Sachverständiger als Hauptgutachter beauftragt, dann besteht der letzte Schritt wie in medizinischen Gutachten in der Abstimmung der klinischen und leistungsbezogenen Selbst- und Fremdbefunde auf das berufliche Anforderungsprofil. Orientierende Hinweise hierzu kann die im Leitfaden zur Begutachtung psychischer Erkrankungen gegebene Gegenüberstellung von berufsbezogen geforderten und tatsächlich vorhandenen Fähigkeiten und Aktivitäten geben (Schneider, Dohrenbusch, Freyberger et al., 2012). Es ist aber ebenso möglich, dass sich der psychologische Sachverständige an dem individuellen, vom Versicherer vorgegebenen beruflichen Anforderungsprofil des Versicherten orientiert. In diesem Fall sollte der Gutachter angeben, welche zu beurteilende Leistungsfunktion in welcher Qualität und Quantität gesundheitsbedingt beeinträchtigt ist. In den Abgleich von Anforderungs- und Fähigkeitsprofil fließen in der Regel auch prognostische Erwägungen mit ein. Prognostische Bewertungen von dauerhaft zu erwartenden Störungs- oder Krankheitsfolgen erfordern von Psychologen wie von Medizinern gleichermaßen eine Gesamtschau der Vorbefunde und der selbst erhobenen Untersuchungsergebnisse. Außerdem stützt sich die Einschätzung auf klinisches Wissen insbesondere über Krankheitsverläufe, Wissen über die Wirksamkeit und Angemessenheit von Bewältigungs- und Therapieprozessen sowie eine ausreichende Kenntnis und Einbeziehung der kontextuellen Bedingungen, unter denen der Versicherte lebt und arbeitet.

6 Beauftragung psychologischer Sachverständiger

Bislang werden psychologische Gutachter nur vereinzelt mit der Begutachtung einer krankheitsbedingt geminderten beruflichen Leistungsfähigkeit beauftragt. Häufiger ist die Beauftragung als Zusatzgutachter für bestimmte Leistungsparameter. Gründe dafür liegen in der traditionellen Ausrichtung der Auftraggeber und der medizinischen Gutachter an klinischen (krankheitsbezogenen) Merkmalen und der Vernachlässigung einer gesonderten Funktions- und Leistungsdiagnostik und psychodiagnostischer Prinzipien. Mediziner galten aufgrund ihrer klinischen Ausrichtung als die zur BU-Begutachtung am besten qualifizierte Expertengruppe. In den letzten Jahren beginnt sich dieses Bild zu verändern, und Auftraggeber sehen heute klarer die Erfordernisse einer gesonderten psychologischen Funktions- und Leistungsdiagnostik und die Einbeziehung testpsychologischer Prinzipien (inklusive Beschwerdenvalidierung) in die Begutachtung der beruflichen Leistungsfähigkeit.

6.1 Qualifikationsvoraussetzungen für psychologische Gutachter

Grundsätzlich setzt die Beurteilung einer krankheitsbedingt geminderten Berufsfähigkeit von Personen mit psychischen oder psychosomatischen Erkrankungen ausreichende Kenntnisse in psychologischen Mess- und Testmethoden voraus.

Diplom-Psychologen erfüllen durch die Lehrinhalte in den Fächern Methodenlehre, Statistik und Psychodiagnostik die notwendigen, meist aber noch nicht hinreichenden Voraussetzungen für die gutachterliche Leistungsbegutachtung. Durch die Umstellung der universitären Ausbildung von Psychologen auf Bachelor- und Master-Studiengänge hat sich die Situation verändert. Der neue Master-Abschluss in Psychologie entspricht formal etwa dem Diplomabschluss, für Master-Absolventen kann aber nicht wie für Diplom-Psychologen ein gleicher Standard an psychodiagnostischer und klinischer Expertise angenommen werden.

Die für die BU-Begutachtung vermutlich am besten qualifizierten psychologischen Sachverständigen sind Klinische Neuropsychologen. Sie sind in der Regel mit psychologischen Funktions- und Leistungstests und der Problematik von Beschwerdenvalidierung gut vertraut. Die Gesellschaft für Neuropsychologie (GNP) zertifiziert Klinische Neuropsychologen, wenn diese für mindestens drei Jahre in einer klinischen Einrichtung vollzeitig tätig sind und berufsbegleitend eine theoretische Fortbildung im Umfang von 400 Stunden sowie Supervision im Umfang von 100 Stunden absolviert haben.

Eine weitere Zusatzqualifikation ist die Weiterbildung zum Fachpsychologen in Rechtspsychologie. Fachpsychologen in Rechtspsychologie sind spezialisiert auf psychologische Tätigkeiten in verschiedenen Rechtsbereichen, darunter auch im Zivil- und Sozialrecht. Sie haben nach ihrem Psychologiestudium eine Weiterbildung von über 400 Stunden absolviert und eigene Gutachten erstellt. Allerdings liegt der Schwerpunkt der Weiterbildung bislang auf strafrechtlichen Themen, sozial- und zivilrechtliche Fragen (z. B. Berufsfähigkeit) werden nur randständig behandelt. Fachpsychologen in Rechtspsychologie sind geschult in psychologischer Begutachtung, sie kennen Kriterien der Aussagefähigkeit und der Glaubhaftigkeitsprüfung, sie sind aber weniger als Neuropsychologen vertraut mit testdiagnostischen Methoden zur Funktions- und Leistungsmessung und Verfahren der Beschwerdenvalidierung.

Ein für die BU-Begutachtung nur bedingt geeignetes Qualifikationsmerkmal ist die Approbation zum Psychologischen Psychotherapeuten (Zulassung zur Heilkunde in einem anerkannten Therapieverfahren). Die psychotherapeutische Ausbildung nach dem Studium qualifiziert Psychologen dazu, psychotherapeutisch tätig zu sein. Psychologische Psychotherapeuten sind berechtigt, Diagnosen für psychische Erkrankungen zu stellen und psychotherapeutische Behandlungen durchzuführen. Sie erstellen regelmäßig Gutachten zum Behandlungsbedarf und zur Prognose des Krankheitsverlaufs psychisch Kranker. Ihre Eignung als Gutachter kann aber dadurch eingeschränkt sein, dass sie es als Psychotherapeuten gewohnt sind, Beurteilungen eher aus Sicht und im Sinne der Betroffenen/Patienten vorzunehmen, und ihnen die neutrale

Rolle des Gutachters weniger vertraut ist. Mittlerweile bieten allerdings einzelne Psychotherapeutenkammern Fortbildungsseminare zu Fragen der Begutachtung an, um vorhandene Kompetenzlücken zu schließen.

In Bezug auf eine flächendeckende Versorgung mit psychologischen Gutachtern stellen approbierte Psychologische Psychotherapeuten dennoch die mit Abstand größte Gruppe dar. Demgegenüber ist die Anzahl zertifizierter neuropsychologischer und rechtspsychologischer Gutachter vergleichsweise gering. Daher ist es sinnvoll, neben den formalen fachlichen Qualifikationen die konkreten beruflichen Erfahrungen des Sachverständigen zu berücksichtigen.

Eine besondere Eignung psychologischer Sachverständiger für die BU-Begutachtung kann unter folgenden Bedingungen angenommen werden:

- *Mehrjährige Tätigkeit als psychologischer Sachverständiger*: Hauptberuflich gutachterlich tätige Psychologen sind meist umfassend mit den Besonderheiten der Begutachtungssituation vertraut und verfügen über ein größeres Arsenal an Testverfahren, das auf unterschiedliche Fragestellungen abgestimmt werden kann. Eine regelmäßige gutachterliche Tätigkeit, insbesondere wenn sie mit der Anwendung psychologischer Funktions- oder Leistungstests verbunden ist, dürfte zu den sichersten Qualifikationsmerkmalen für psychologische BU-Gutachter zählen.
- *Mehrjährige Tätigkeit in einer medizinischen oder psychologischen Einrichtung mit gutachterlichem Schwerpunkt:* Hierzu gehören z.B. Einrichtungen zur Leistungs-, Fähigkeits- oder Begabungsdiagnostik, aber auch zur Beurteilung spezifischer Leistungsbeeinträchtigungen, wie etwa die psychologische Begutachtungsstelle beim TÜV.
- *Tätigkeit in der Personalauswahl bzw. in Einrichtungen zur Personaleignungsbeurteilung*: Die dort tätigen Psychologen verfügen meist über psychologische Mess- und Testmethoden, die Entscheidungen zur beruflichen Eignung oder zur Beurteilung der Leistungsfähigkeit unter beruflichen Anforderungsprofilen begründen können. Schwächer sind die Kompetenzen

hier erfahrungsgemäß in der Beurteilung von Krankheitsverläufen, im Umgang mit Methoden der klinischen Diagnostik und in der Erfassung und Beurteilung der Auswirkungen gesundheitlicher Störungen.

• *Psychologische und psychodiagnostische Tätigkeiten in medizinischer Rehabilitation*: Über spezielle Sachkenntnisse zur kognitiven Funktions- und Leistungsdiagnostik verfügen meist Psychologen in neurologischen Rehabilitationskliniken. Andere Schwerpunktkliniken führen zu anderen diagnostischen Spezialisierungen. Psychologen aus psychosomatischen oder verhaltensmedizinischen Fachkliniken sowie Rehabilitationskliniken besitzen oft besondere Kenntnisse für die Beurteilung von Personen mit körperlichen Beschwerden und psychosomatischen Erkrankungen. Psychologen aus Schmerzkliniken sowie Rehabilitationskliniken mit orthopädischer oder rheumatologischer Ausrichtung sind eher auf die Beurteilung chronischer Schmerzsyndrome spezialisiert.

6.2 Auswahl psychologischer Sachverständiger

Die folgenden Hinweise können die Auswahl des Gutachters erleichtern.

Orientierende Bedeutung gutachterlicher Zusatzqualifikationen

Formale Qualifikationskriterien (wie z.B. der Titel des Klinischen Neuropsychologen GNP) haben orientierende Bedeutung. Ein fehlender zusätzlicher Qualifikationsnachweis oder Titel schließt die Eignung eines Psychologen für gutachterliche Leistungen nicht grundsätzlich aus. Auch Psychologen mit Diplom- oder Masterabschluss können für gutachterliche Tätigkeiten in Frage kommen, wenn sie über spezielle berufliche Erfahrungen verfügen.

Gutachterliche Erfahrungen stärker gewichten

Es ist empfehlenswert, Test-, Untersuchungs- oder Begutachtungserfahrungen des Gutachters stärker zu gewichten als dessen Erfahrungen als Berater oder Psychotherapeut. Psychologische Sachverständige, die in ihrer täglichen Praxis regelmäßig mit Testungen (psychologischen Funktions- und Leistungsprüfungen) betraut sind, verfügen in der Regel über bessere Voraussetzungen zur Durchführung einer BU-Begutachtung als überwiegend (psycho-)therapeutisch tätige Psychologen. Meist sind Sachverständige aus diagnostisch orientierten Arbeitsbereichen besser in der Lage, sich vor Rollenkonflikten zu schützen und in der Begutachtung die erforderliche neutrale/unparteiische Haltung einzuhalten.

Unabhängigkeit, Qualifikation und Motivation des Gutachters sicherstellen

Nicht selten wird die Beteiligung eines psychologischen Zusatzgutachters dem ärztlichen Hauptgutachter überlassen. Problematisch können dabei erfahrungsgemäß Konstellationen sein, bei denen der Hauptgutachter dienstrechtlich unterstellte Psychologen zu Zusatzbegutachtungen anweist, der Mitarbeiter/die Mitarbeiterin aber weder die Motivation noch die fachlichen Voraussetzungen dazu mitbringt. In solchen Konstellationen kann das Risiko ansteigen, dass der Zusatzgutachter zwar die gewünschten Tests auftragsgemäß durchführt, dabei aber das eigentliche Charakteristikum psychologischer Begutachtung, eine differenzierte Analyse und Bewertung der Ergebnisse unter Berücksichtigung motivationaler Einflüsse und allgemeiner psychodiagnostischer Prinzipien, jedoch unterbleibt. Solche Gutachten tragen mitunter wenig zur Sachaufklärung bei.

Ausschluss von Interessenkonflikten

Auftraggeber sollten Gutachten zur beruflichen Leistungsfähigkeit grundsätzlich nicht bei Psychologen in Auftrag geben, die den

Versicherten selbst psychotherapeutisch behandeln. Diese Forderung gilt im Prinzip auch für medizinische Behandler, und zwar umso mehr, je stärker gutachterliche Handlungsempfehlungen mit eigenen (finanziellen) Interessen verknüpft sein könnten. Auftraggeber müssen berücksichtigen, dass ein Behandler, der seinen Patienten gegen dessen Interessen für arbeitsfähig erklärt, den Verlust dieses Patienten riskiert. Für einen Psychotherapeuten, der mit dem Versicherten therapeutisch arbeitet, kann eine unparteiische, nüchterne Beurteilung des Funktions- und Leistungsniveaus mit Auswirkungen auf die Einkommenssituation des Versicherten zu erheblichen Beeinträchtigungen in der therapeutischen Beziehung, gegebenenfalls auch zum Abbruch der Therapie führen. Auftraggeber sollten daher auch die insbesondere in Kliniken gebräuchliche Praxis gerade von Chefärzten ausschließen, psychologische Zusatzbegutachtungen von denjenigen Klinikpsychologen durchführen zu lassen, die den Probanden therapeutisch betreuen.

Wenn dennoch Gutachten von Personen erstellt werden, die den Probanden therapeutisch behandeln, dann sollte im Gutachten ausdrücklich vermerkt sein, dass durch die Behandlung ein Rollenkonflikt besteht. Bereits die Tatsache, dass der Gutachter Mitarbeiter der Institution ist, die den Probanden behandelt, sollte im Gutachten benannt sein.

6.3 Gutachtliche Fragestellungen an psychologische Gutachter

Psychologische Sachverständige sind von ihrer Ausbildung her qualifiziert, Bewertungen der Berufs- und Arbeitsfähigkeit und der Auswirkungen psychischer Störungen auf die Berufs- und Arbeitsfähigkeit vorzunehmen. Die folgenden Fragestellungen können von fachlich kompetenten psychologischen Sachverständigen beantwortet werden:

- Welche psychische Krankheit (Störung) liegt vor? Die Diagnostik psychischer Störungen ist Teil der Ausbildung Klinischer Psychologen. Die Diagnose einer psychischen Erkrankung setzt aber immer eine medizinische Diagnostik bzw. medizinische Erkenntnisse über die Verursachung bzw. Erklärbarkeit der psychischen Symptome voraus.

- Wie stark ausgeprägt sind die psychischen Störungen/Erkrankungen? Zur ergänzenden Beurteilung des Schweregrades eignen sich normierte klinische Fragebögen und Testverfahren, die einen Vergleich mit anderen Patienten und Gesunden sowie Konsistenz- bzw. Glaubhaftigkeitsprüfungen ermöglichen.

- Inwiefern liegt ein Kräfteverfall vor? Von einem Kräfteverfall kann gesprochen werden, wenn ein Versicherter die Kriterien für eine psychische Störung nicht erfüllt, aber geltend macht, dass aufgrund gesundheitlicher Beschwerden erhebliche berufliche Leistungsbeeinträchtigungen bestehen. Ein Kräfteverfall kann bei psychischen Funktionen dann vorliegen, wenn individuelle Funktions- und Leistungsmerkmale (z.B. Konzentrationsprobleme ohne weitere diagnostische Zuordnung) im Vergleich zu den Funktions- und Leistungswerten altersgleicher Kontrollpersonen erheblich gemindert sind. Erkenntnisse dazu, ob die in einem Test gezeigten Leistungen oder auch die Klagen über bestimmte körperliche oder psychische Symptome altersentsprechend sind, können durch standardisierte und insbesondere altersnormierte Messungen oder Testungen gesichert werden.

- Welche Formen der Krankheitsverarbeitung und der Behandlung wurden bisher in welchem Umfang praktiziert? Wie ist deren Angemessenheit und Wirksamkeit zu beurteilen? Bei Fragen zu Krankheitsverarbeitung und der Umsetzung therapeutischer (insbesondere psychotherapeutischer und rehabilitativer) Maßnahmen stellt sich regelmäßig die Frage, inwiefern diese durch krankhafte bzw. krankheitswertige oder durch nicht krankhafte/krankheitswertige, der willentlichen Steuerung und Kontrolle unterlegene Einflüsse bestimmt waren. Dieser Aspekt besitzt für die Bewertung des aktuellen Gesundheitsstatus wie auch für die Prognose des zukünftigen Störungsverlaufs eine hohe Relevanz. Die Explorations- und Erhebungsschwerpunkte psychologischer Gutachter sind im Idealfall darauf ausgerichtet, zwischen bewusstseinsnahen (willentlichen) und bewusstseinsfernen (unwillentlichen) Anteilen am Krankheitsgeschehen zu differenzieren.

- In welchem Umfang kann der Versicherte berufliche Tätigkeiten mit besonderen Anforderungen an die kognitive (geistige) Leistungsfähigkeit bewältigen? Im Einzelnen: Entsprechen die Konzentrationsfähigkeit, die Merkfähigkeit und das Gedächtnis, das sprachliche und das räumliche Denken, die Intelligenz, das kreative (divergente) Denken sowie die sprachlichen Fähigkeiten (Sprachverständnis, kommunikative Fähigkeiten) der Altersnorm und lassen sich daraus Schlussfolgerungen zur beruflichen Belastbarkeit bzw. Einsatzfähigkeit ableiten?

- In welchem Umfang kann der Versicherte berufliche Tätigkeiten mit besonderen Anforderungen an soziale Fähigkeiten bewältigen? Zum Beispiel: Ist er in der Lage bzw. darin eingeschränkt, soziale Kontakte herzustellen und aufrechtzuerhalten, Gespräche (z. B. Verkaufs-, Verhandlungs-, Kunden- oder Fachgespräche) zu führen, Vorträge zu halten/zu lehren, Konfliktgespräche zu führen? Ist er beeinträchtigt in der sozialen Durchsetzungsfähigkeit? Ist er beeinträchtigt, sich an soziale Situationen und soziale Regeln anzupassen? Ist er gruppenfähig?

- In welchem Ausmaß kann der Versicherte berufliche Tätigkeiten bewältigen, die mit besonderen psychischen Belastungen einhergehen? Welche Form von Stress toleriert er trotz bestehender psychischer Komplikationen, wie bewältigt er besondere Stressbelastungen wie Zeitdruck, persönliche oder sachliche Kritik, Zurückweisung/Ablehnung durch andere, Misserfolg? Um dies beurteilen zu können, existieren eine Reihe spezifischer Fragebögen, die das explorativ gewonnene Bild ergänzen und zur Absicherung der Angaben beitragen können.

- In welchem Ausmaß sind Tätigkeiten mit besonderer Verantwortung eingeschränkt? Gemeint sind Tätigkeiten, die besondere Sorgfalt bzw. Endkontrolle erfordern oder Projekt- bzw. Personalverantwortung beinhalten. Ebenso kann es sich um Tätigkeiten handeln, die die Fähigkeit zum komplexen oder kreativen Denken erfordern, weiterhin Problemlösefähigkeiten, Umstellungsfähigkeit und Flexibilität. Bei Personalverantwortung betrifft dies auch soziale Fähigkeiten (Durchsetzungsfähigkeit, soziale Kompetenz) und Führungskompetenzen.

- Wie wirken sich psychische/psychosomatische Störungen/ Erkrankungen auf spezifische berufliche Leistungsfunktionen aus? Hier geht es um die Analyse spezifischer, d.h. für die konkrete berufliche Tätigkeit relevante Funktionen, die erst durch die Kombination verschiedener geistiger, emotionaler, körperlicher und sozialer Teilfunktionen bestimmt werden können.

- Sind die geklagten psychischen Beschwerden, Funktionsstörungen oder Leistungsbeeinträchtigungen glaubhaft (bzw. gültig/valide)? Die Absicherung von Mess- und Testergebnissen sollte implizit in jeder Beschwerden- und Funktionsbeurteilung enthalten sein. Wenn die Frage zur Gültigkeit bzw. Glaubhaftigkeit der Beschwerden oder Beeinträchtigungen aufgrund vorbestehender Zweifel an der Gültigkeit dennoch ausdrücklich gestellt wird, dann ist der testpsychologische Untersuchungsaufwand in der Regel größer.

- War die bisherige Behandlung der psychischen Erkrankung angemessen und welche Veränderungen sind bei weiterer psychotherapeutischer Behandlung noch zu erwarten? Insbesondere approbierte psychologische Sachverständige sind qualifiziert, Art, Qualität, Wirksamkeit und Angemessenheit bisheriger Behandlungen bei leistungsmindernder psychischer Erkrankung zu beurteilen. Ebenso können sie Vorschläge für zukünftige Behandlungen machen und den noch zu erwartenden Therapieerfolg prognostisch abschätzen.

- Wie ist die weitere Prognose der psychischen Erkrankung? Klinisch erfahrene psychologische Sachverständige sind aufgrund ihres Wissens zur Verursachung und Entwicklung psychischer Erkrankungen in der Lage, den weiteren Störungsverlauf unter Berücksichtigung bisherigen Bewältigungsverhaltens und bisheriger Therapiewirkungen zu beurteilen. Psychologische Messverfahren können dazu ergänzende Informationen liefern.

Die vorliegende Auswahl kann um Fragen zur speziellen arbeitsplatzbezogenen Leistungsfähigkeit erweitert werden.

6.4 Zusammenarbeit medizinischer und psychologischer Gutachter

Psychiatrische vs. psychologische Begutachtung

Psychologische Begutachtungen können sowohl als eigenständige Gutachten als auch als Zusatzgutachten zu umschriebenen Fragestellungen vergeben werden. Der Schwerpunkt psychiatrischer Begutachtung liegt auf der diagnostischen Absicherung des Krankheitsbildes, der Beschreibung des bisherigen Krankheitsverlaufs und der bisherigen Lebensgeschichte sowie möglicher Krankheitsursachen. Psychiatrische Zugänge sind – in Abgrenzung zu psychologischen – meist stärker darauf ausgerichtet, aus der individuellen Lebens- und Krankheitsgeschichte Hinweise auf die Schwere, die Dauerhaftigkeit der Erkrankung und damit auch auf die damit assoziierten Funktions- und Leistungsbeeinträchtigungen zu gewinnen. Demgegenüber liegen die Schwerpunkte psychologischer BU-Begutachtung in der Überprüfung allgemeiner und berufsbezogener Funktions- und Leistungsfähigkeit und in der Absicherung von Testergebnissen gegen Fehler, Zufälle oder Verfälschungen. Psychologen verwenden meist mehr Aufwand darauf, Funktionen und Funktionsbeeinträchtigungen mit Hilfe verschiedener Methoden zu erfassen und durch den Vergleich der Mess- und Testmethoden die Ergebnisse abzusichern. Zwischen den Berufsgruppen liegen demnach keine prinzipiellen, wohl aber Gewichtungsunterschiede, die das gutachterliche Vorgehen und Entscheidungsprozesse betreffen können.

Um Einschränkungen der Berufsfähigkeit fachlich angemessen beurteilen zu können, sind in aller Regel beide Anteile gefordert: die Analyse der Erkrankung und ihrer Entstehung ebenso wie die zuverlässige Beurteilung des beruflichen Funktions- und Leistungsniveaus und krankheitsbedingter Leistungsbeeinträchtigungen. Psychologische Testergebnisse zum Funktions- und Leistungsniveau können aber nur dann sinnvoll interpretiert werden, wenn der Sachverständige Art und Ausmaß der potentiell leistungsmindernden zugrunde liegenden Erkrankung kennt. Jeder psychologische Sachverständige muss sich daher auch selbst ein

Bild davon machen, welche Erkrankung vorliegt und unter welchen inneren und äußeren Bedingungen ein Testergebnis erzielt wurde.

Eine gelungene Zusammenarbeit zwischen medizinischen und psychologischen Gutachtern sieht vor diesem Hintergrund so aus, dass sich beide gegenseitig über ihre Untersuchungsergebnisse informieren. So sollte der psychologische Gutachter vom kooperierenden ärztlichen Gutachter Informationen über die Ergebnisse der medizinischen Untersuchung erhalten. Ebenso sollte der Psychologe die Einschätzung des Arztes zur bisherigen medizinischen Behandlung sowie dessen Einschätzung zur Krankheitsprognose kennen, bevor er selbst Aussagen zu krankheitsbedingten Beeinträchtigungen oder zur Prognose der beruflichen Leistungsfähigkeit formuliert. Umgekehrt sollte der ärztliche Gutachter sich nicht verleiten lassen, von psychologischen Sachverständigen erhobene Test- oder Fragebogenergebnisse frei und ohne näheren Bezug zu den Kontextbedingungen der Erhebung oder ohne Berücksichtigung von Ergebnissen zu negativen Antworttendenzen oder zur Beschwerdenvalidierung zu interpretieren. Entsprechend sollte der Psychologe seine Untersuchungsergebnisse im psychologischen (Zusatz-)Gutachten so präsentieren, dass der ärztliche Gutachter diese angemessen in seine Urteilsbildung einbeziehen kann.

Der kollegiale Austausch ist deshalb wertvoll, weil alle Beschreibungs- und Bewertungsprozesse perspektivische Verkürzungen enthalten. Umso mehr sollten die klinische und die funktionsbezogene Betrachtung des Begutachteten so gut wie möglich von allen Beteiligten abgesichert werden. Körperliche, psychische oder soziale (berufsbezogene) Funktions- und Leistungsminderungen können in der Regel nicht direkt aus psychischen Störungen abgeleitet werden, weil die Zusammenhänge zwischen psychischen Störungen und damit in Verbindung gebrachten Funktionsstörungen meist komplex sind und je nach Interpretationsansatz auch ganz unterschiedlich ausfallen können. Zum Beispiel kann es einen Unterschied machen, ob die in einem Konzentrationstest gemessene mentale Verlangsamung im Rahmen einer Zwangsstörung, einer chronischen Erschöpfung oder einer psychopharmakologischen Behandlung aufgetreten ist. Eine gültige Interpretation der Ergebnisse setzt die Kenntnis der Hintergrundbedingungen voraus, sie setzt insbesondere für die psychologische Begutachtung voraus, dass der begutachtende Psychologe bestehende psychische oder körperliche Schäden und Behandlungen kennt und er dieses Wissen in die Bewertung der Mess- und Testergebnisse mit einbeziehen kann.

Psychodiagnostische Interpretationshilfen als psychologische Zusatzleistung

In der Begutachtungspraxis finden sich sowohl Beispiele für eine Über- als auch für eine Unterschätzung der Aussagekraft psychologischer Mess- und Testverfahren. Hier kann im Bedarfsfall der psychologische Sachverständige dem medizinischen Hauptgutachter – im Gutachten direkt oder im Zweifelsfall auf spätere Nachfrage – zusätzliche Interpretationshilfen liefern. Solche Hilfen können u. a. folgende Punkte betreffen:

- *Aussagekraft und Generalisierbarkeit einzelner Testwerte:* Der psychologische Sachverständige kann ergänzende Angaben zum Gültigkeitsbereich testbasierter Aussagen machen. Zum Beispiel kann ein fünfminütiger Kurztest (Screening-Test) zur Intelligenzdiagnostik nicht als Äquivalent zu einem differenzierten Intelligenztest angesehen werden. Eine Testwertinterpretation setzt bei Intelligenzscreenings immer die Kenntnis des zugrunde liegenden Intelligenzmodells voraus, und die Verallgemeinerung eines Kurztests auf andere Leistungsmerkmale ist nur unter bestimmten Bedingungen möglich.
- *Überprüfung der Gültigkeit/Glaubhaftigkeit individueller Mess- und Testwerte:* Psychologische Sachverständige sollten deutlich machen, welche Maßnahmen zur Absicherung der individuellen Messergebnisse erforderlich sind und welche Auswirkungen die Ergebnisse zur (Beschwerden-)Validierung auf die inhaltliche Interpretation der Messergebnisse haben. Die angemessene Interpretation von Informationen aus testgestützter Beschwerdenvalidierung setzt gute psychodiagnostische Kompetenzen sowie ausreichende klinische und gutachterliche Erfahrung voraus, die von psychologischen Laien kaum zu leisten ist.

- *Informationen zu den Eigenschaften bestimmter psychologischer Testeigenschaften:* Der Informationswert eines Testergebnisses hängt von seinen Testeigenschaften (u. a. Gütekriterien) ab. Je höher z. B. die Messgenauigkeit eines psychologischen Testverfahrens, umso zuverlässiger kann die Ausprägung des Merkmals am einzelnen Probanden bestimmt werden und umso eher eignet sich ein solches Verfahren z. B. zur Erfassung von Veränderungen psychischer Eigenschaften. Angaben zur Validität enthalten Informationen über die mögliche Testwertinterpretation. Zum Beispiel ist ein Test, der kurze und intensive Aufmerksamkeitsleistungen prüft, zur Beurteilung von Daueraufmerksamkeit, wie sie z. B. Fluglotsen aufweisen müssen, wenig geeignet. Will der ärztliche Hauptgutachter psychologische Testinformationen in seine Bewertung einbeziehen, dann muss er beurteilen können, wie repräsentativ das Testergebnis für die zu beurteilende Leistung ist. Auch Normierungseigenschaften können wesentliche Auswirkungen auf die Testwertinterpretation haben. So hat streng genommen ein normierter Testwert nur Gültigkeit für diejenige Personengruppe, an der das Verfahren normiert wurde. Verallgemeinernde Folgerungen etwa auf andere Alters-, Patienten- oder Bildungsgruppen sind – wenn überhaupt – nur mit Einschränkungen möglich. Diese sollte der ärztliche Gutachter kennen, sofern er die Ergebnisse in seine Bewertungen mit einbezieht.

Insgesamt dürfte die Qualität der Begutachtung umso besser ausfallen, je enger ärztliche und psychologische Gutachter kooperieren und ihre teilweise unterschiedlichen Bewertungsmaßstäbe miteinander abgleichen. Je stärker sich die Bewertung der Berufs(un)fähigkeit auf die Ergebnisse psychologischer Funktions- und Leistungsmessung gründet, umso mehr muss sichergestellt werden, dass die Mess- und Testergebnisse richtig interpretiert werden. In der Summe spricht dieses Fazit aus Sicht des Verfassers gegen die verbreitete Praxis, psychologische Testergebnisse als isolierte „psychologische Zusatzbegutachtung" vorzunehmen und die Ergebnisse (die letztlich meist keine wirklichen „Befunde" sind, sondern Ergebniszusammenfassungen) dem ärztlichen Hauptgutachter zur eigenen Verwendung und Bewertung zu überlassen.

7 Gutachtenbewertung

Wie sind psychologische Gutachten aus Sicht der Auftraggeber zu bewerten, welche Erkenntnisvorteile, aber auch welche Risiken sind mit psychologischer Begutachtung verbunden? Im Folgenden werden sowohl Risiken, die die Verwertbarkeit eines Gutachtens einschränken können, als auch Anhaltspunkte für die Qualität psychologischer Gutachten genannt. Beide Seiten können dazu beitragen, den Wert der Gutachten als Entscheidungshilfe realistisch zu bewerten.

7.1 Fehlerrisiken in psychologischen Gutachten

Die Erstellung psychologischer Gutachten setzt langjährige Berufserfahrung und eine hohe Fachkompetenz des Sachverständigen voraus. Trotzdem sind psychologische Sachverständige nicht gegen das Risiko von Fehlinterpretationen und fehlerhaften Schlussfolgerungen gefeit. Auf einige in der Praxis wiederholt beobachtete Fehler sei an dieser Stelle hingewiesen:

- *Die Auswahl der verwendeten Mess- oder Testverfahren ist nicht überzeugend auf das berufliche Anforderungsprofil abgestimmt:* Mitunter verwenden psychologische Sachverständige einen psychologischen Test deshalb, weil er gut bekannt bzw. weit verbreitet ist oder weil der Gutachter Routine im Umgang mit dem Verfahren hat. Dies kann zu unpassender Datenerhebung führen, da nicht die persönliche Erfahrung, sondern die Passung von Fragestellung und Testverfahren entscheidend ist. Generell sollte sich die Eignung des Verfahrens für das Gutachten aus den Bezeichnungen der gemessenen Konstrukte (z.B. der Aktivitäten) ergeben. Diese Eignung sollte auch für den Auftraggeber erkennbar sein.
- *Die Fachsprache im Gutachten ist zu voraussetzungsreich und überfordert den Auftraggeber:* Viele Gutachter denken in psychologischen Begriffen bzw. Konstrukten oder „Operationali-

sierungen" und begründen ihr gutachterliches Handeln aus einer bestimmten theoretischen Perspektive, die nur Fachleuten geläufig ist. Im ungünstigsten Fall versteht der Auftraggeber weder die Motivation des Gutachters für die Auswahl seiner Untersuchungsmethoden noch die Gewichtung der gewonnenen Informationen. Wenn es nicht gelingt, fachgebundene Begriffe und Konzepte wieder in eine allgemein verständliche Sprache zu übersetzen, dann schränkt dies den Wert des Gutachtens zweifellos ein.

- *Fragebogenwerte oder Leistungstestergebnisse werden als objektive Testverfahren fälschlich überinterpretiert*: Testergebnisse liefern insbesondere dann keine „objektiven Erkenntnisse", wenn der Proband die Messintention des Tests durchschauen kann. Psychologische Mess- und Testverfahren sichern Ergebnisse lediglich gegen Kontexteinflüsse der Messung und gegen Zufälle ab, sie sollten aber nicht als objektive Ergebnisse fehlinterpretiert werden, die anderen Informationsquellen prinzipiell überlegen sind.

- *Es fehlt eine ausdrückliche Überprüfung der Gültigkeit bzw. Validität von Mess- oder Testergebnissen:* Ein Gutachten zur beruflichen Leistungsfähigkeit, das auf explizite Validierungsprozeduren für Antwortmuster oder Leistungsresultate verzichtet, muss als unvollständig gelten. Ebenfalls fehlerhaft ist es, wenn offensichtliche Belege für verzerrte oder willentlich verfälschte Angaben oder Testergebnisse nicht in die abschließende Beurteilung der Berufsfähigkeit mit einfließen.

- *Bewusstseinsnahe (willentliche) und bewusstseinsferne (unwillentliche, krankhafte) Anteile am bisherigen Krankheitsverlauf oder an der bisherigen Krankheitsverarbeitung werden nicht ausreichend deutlich unterschieden:* Eine angemessene Einschätzung des Krankheitsverlaufs setzt voraus, dass bewusstseinsnahe willentliche Einflüsse mitberücksichtigt werden. Nicht selten wird aber von Hinweisen auf einen bisher ungünstigen Krankheitsverlauf auf eine ungünstige Prognose geschlossen, ohne dabei zwischen unbewussten/krankhaften und bewussten/willentlichen Einflüssen zu unterscheiden. Ohne diese Unterscheidung ist aber z.B. eine Prognose bezüglich der Erkrankung oder der zu erwartenden Berufsfähigkeit häufig nicht möglich. Insbesondere durch die mangelnde Unterscheidung bewusstseinsnaher und bewusstseinsferner (krankhafter/krankheitswertiger) Einflüsse kann es in der Stellungnahme zu logischen Fehlschlüssen kommen.

- *Schlussfolgerungen werden nicht überzeugend mit Blick auf vorliegende Untersuchungsergebnisse begründet:* Manchmal bleibt der Bezug zwischen Untersuchungsergebnissen und Schlussfolgerungen vage und für Auftraggeber wie auch Versicherte nur bedingt nachvollziehbar. Dabei bestimmt die Transparenz der gutachterlichen Entscheidungsfindung wesentlich den Wert und auch die Akzeptanz eines Gutachtens. Als Mangel ist es zu werten, wenn der Sachverständige seine Schlussfolgerungen nicht mit Belegen aus den vorliegenden Mess- und Testergebnissen begründen kann.

7.2 Qualität psychologischer Gutachten

Die folgenden Anhaltspunkte liefern Hinweise zur Beurteilung der Qualität psychologischer BU-Gutachten:

a) Das Gutachten sollte formal gegliedert sein in:

- Einleitende Informationen zu Auftraggeber, Fragestellung, Informationsbasis
- Darstellung der Aktenlage
- Darstellung der eigenen Untersuchung
- Stellungnahme/Beantwortung der Fragestellungen
- Anhang

b) Die für die Beantwortung der Fragestellungen relevanten Vorbefunde/Vorberichte zu diagnostischen und therapeutischen Erkenntnissen sowie zu Funktions- und Leistungsbeeinträchtigungen sollten übersichtlich zusammengestellt und erkennbar in der gutachterlichen Stellungnahme berücksichtigt sein.

c)   Im Allgemeinen sollten mindestens sechs diagnostische Quellen zur Informationsgewinnung verwendet werden:

- Fremdberichte (Vorberichte, Entlassungsberichte, Befragung anderer usw.)
- Exploration/Interview
- Verhaltensbeobachtung
- Normierte/standardisierte Fragebögen
- Psychologische Funktions- oder Leistungstests
- Validierungsinstrumente (Kontrolle von Antworttendenzen, Beschwerdenvalidierungstests)

Die Auswahl und Gewichtung dieser diagnostischen Zugänge hängt von den Fragestellungen ab. Generell kann aber die Vielfalt der psychodiagnostischen Zugänge als ein Indikator für die Qualität der Begutachtung gelten.

d)   Die Auswahl der psychologischen Messverfahren (Fragebögen, Tests) sollte für Entscheidungsträger nachvollziehbar auf die Fragestellungen bzw. auf die zu beurteilenden beruflichen Tätigkeiten abgestimmt sein. Beispiel: Ein Proband, der am Arbeitsplatz dauerhaft einfache Kontrolltätigkeiten durchführen soll, sollte einen Test zur Daueraufmerksamkeit (Vigilanz) durchführen (und nicht z.B. zum logischen Denkvermögen).

e)   Die Untersuchungssituation sollte selbst weitgehend im Sinne einer Arbeitsprobe für die zu bewertende berufliche Tätigkeit gestaltet sein, so dass die Möglichkeit gegeben ist, vom Untersuchungsverhalten und von testpsychologischen Untersuchungsergebnissen auf Einschränkungen am Arbeitsplatz zu schließen.

f)   Die Ergebnisdarstellung sollte sich aus Gründen der Ökonomie auf die für die Beantwortung der gutachterlichen Fragestellungen relevanten Aspekte beschränken. Manche psychologischen Mess- und Testverfahren liefern zusätzliche Informationen, die für die Beantwortung der Fragestellungen irrelevant sind. Diese Angaben müssen nicht im Ergebnisteil erscheinen, es sei denn, sie leisten einen indirekten Beitrag zur Beschreibung der gesundheitlichen oder leistungsbezogenen Situation des Versicherten (z.B. kann eine Vielzahl durchschnittlicher Merkmalsausprägungen in einem Persönlichkeitsfragebogen ein Beleg für die psychische „Normalität" der Testperson sein, die in der BU-Begutachtung letztlich als leistungsbegünstigende „Ressource" interpretierbar ist). Die Ergebnisse standardisierter Fragebögen und psychologischer Funktions- und Leistungstests sollten als Normwerte (z.B. als Standardwerte, Stanine-Werte, T-Werte, Prozentränge) mit jeweiliger Kennzeichnung der Vergleichsgruppe angegeben werden.

g) Konsistenz und Gültigkeit (Validität) der Angaben und Untersuchungsergebnisse sollten explizit geprüft worden sein. Das bedeutet im Einzelnen:

- Vor der inhaltlichen Interpretation von Fragebogenergebnissen und Explorationsinhalten sollten allgemeine Antworttendenzen mit Hilfe gesonderter Antwortttendenzkontrollskalen kontrolliert werden.
- In Kombination mit neuropsychologischen Tests (Tests zur Wahrnehmung, zur Aufmerksamkeit und Konzentration, zum Denken, zum Gedächtnis, zur Sprachfähigkeit oder zu anderen geistigen Funktionen) sollten Beschwerdevalidierungstests zur Kontrolle von verfälschenden Einflüssen durchgeführt werden.
- Die Ergebnisse der mit unterschiedlichen Messmethoden bzw. unterschiedlichen psychodiagnostischen Zugängen erfassten Merkmale sollten miteinander verglichen und auf Konsistenz geprüft werden. Beispiel: Ein Proband sollte in zwei verschiedenen Fragebögen, die nachweislich dasselbe Merkmal (z.B. Depressivität) messen, auch zu übereinstimmenden Ergebnissen gelangen. Die Ergebnisse der Konsistenz- und Gültigkeitsprüfungen sollten explizit im Gutachten benannt werden.

h) In der Stellungnahme sollten die Antworten auf die gutachterlichen Fragestellungen sorgfältig mit Blick auf die Untersuchungsergebnisse und Validierungsprüfungen begründet werden. Eine Antwort ohne Begründung spricht im Allgemeinen gegen die Qualität des Gutachtens. Zugleich sollten die

Grenzen der Aussagekraft der verwendeten Verfahren für die zu beantwortenden Fragestellungen skizziert werden.

i) Die Ergebnisse der Konsistenz- und Validierungsprüfungen sollten erkennbar in die Bewertung des Gesundheitszustandes und in die abschließende Beantwortung der gutachterlichen Fragestellungen mit einfließen. Bei erheblichen Zweifeln an der Gültigkeit der Klagen über psychische Symptome oder gesundheitliche Funktions- und Leistungsbeeinträchtigungen konnte in der Regel der Nachweis nicht erbracht werden, dass die Beschwerden und Beeinträchtigungen tatsächlich in der angegebenen Qualität oder Intensität ausgeprägt sind. Willentlich verzerrte Ergebnisse können nicht zur Einschätzung des Leistungsvermögens beitragen, da sie das Leistungsvermögen nicht darstellen. Ein erheblicher Zweifel an der Gültigkeit der Klagen sollte jedoch nie mit lediglich einem Untersuchungsergebnis, sondern nach Möglichkeit mit mehreren Hinweisen auf fraglich gültige Ergebnisse begründet werden.

j) Die Beurteilung des aktuellen gesundheitlichen Zustandes und aktueller Funktions- und Leistungsbeeinträchtigungen sollte vor dem Hintergrund der bisherigen Persönlichkeitsentwicklung und unter Berücksichtigung des bisherigen Krankheitsverlaufs erfolgen. In die Status-quo-Beurteilung sollten auch prognostische Überlegungen mit einfließen (Wie wahrscheinlich ist es, dass die gesundheitlichen Beeinträchtigungen reversibel/veränderbar sind?).

k) Krankhafte oder krankheitswertige unkontrollierbare Symptome oder Beschwerden sollten in Beziehung gesetzt werden zu bewussten und willentlichen Kompensations- und Bewältigungsversuchen. Ein Krankheitsverlauf, der wesentlich von bewussten Handlungsentscheidungen geprägt ist (z.B. der bewussten Entscheidung, spürbare Erleichterungen am Arbeitsplatz anstreben zu wollen), ist anders zu bewerten als ein Krankheitsverlauf, der fast ausschließlich von unwillkürlichen, unkontrollierbaren psychischen Einflüssen bestimmt ist.

Teil 4:

Leitlinien und Stellungnahmen

Bedeutung psychologischer Begutachtung in der aktuellen S2k-Leitlinie zur Begutachtung psychischer und psychosomatischer Erkrankungen (AWMF – Registernummer 051/029)

RALF DOHRENBUSCH

Im Jahr 2012 wurde von der Arbeitsgemeinschaft der wissenschaftlichen medizinischen Fachgesellschaften (AWMF) unter Federführung der Deutschen Gesellschaft für Psychosomatische Medizin und Ärztliche Psychotherapie (DGPM), des Deutschen Kollegiums für Psychosomatische Medizin (DKPM) und unter Beteiligung der Deutschen Gesellschaft für Klinische Psychotherapie und Psychosomatische Rehabilitation (DGPPR) sowie der Deutschen Gesellschaft für Neurowissenschaftliche Begutachtung (DGNB) eine Leitlinie zur Begutachtung psychischer und psychosomatischer Erkrankungen herausgegeben. Diese Leitlinie wurde u.a. zu dem Zweck entwickelt, das gutachterliche Vorgehen bei der Beurteilung der Auswirkungen psychischer und psychosomatischer Erkrankungen auf die berufliche Leistungsfähigkeit zu vereinheitlichen. Zusätzlich zur Leitlinie wurde ein Leitfaden erstellt, der helfen soll, die aus der Leitlinie erwachsenden theoretischen und prozeduralen Anforderungen an Gutachter übersichtlicher und handhabbarer zu machen (Schneider, Dohrenbusch, Freyberger et al., 2012).

Der folgende Beitrag geht der Frage nach, in welcher Form und in welchem Umfang die neue Leitlinie psychologisches und psychodiagnostisches Theorie- und Handlungswissen vorsieht und psychologische Fachkompetenzen vom Sachverständigen erfordert. Insbesondere der Teil I der Leitlinie enthält direkte und indirekte Hinweise auf die Einbeziehung psychologischer Konzepte und Methoden, die über Empfehlungen früherer Begutachtungsleitlinien hinausgehen.

Grundsätzlich ist psychodiagnostische und psychologische Begutachtungskompetenz dann gefordert, wenn nicht krankhafte oder krankheitswertige Prozesse zu beurteilen sind, sondern normale körperliche, psychische und soziale Prozesse oder Eigenschaften, die im Zusammenhang mit dem Erscheinungsbild oder dem Verlauf einer Erkrankung oder ihren Auswirkungen auf die berufliche Leistungsfähigkeit bedeutsam sein können. Wann immer bewusstseinsnahes, gesteuertes, vernünftiges, kontrolliertes, willentliches, absichtlich-intentionales, vorsatzgesteuertes Verhalten zu beschreiben und in seiner Wirkung zu bewerten ist, eignen sich psychologische Beschreibungs- und Erklärungskonzepte. Zugleich sind psychologische Konzepte und Methoden dann indiziert, wenn sich diagnostische Probleme der Erfassung, der Messung, der Prüfung psychosozialer Funktionen oder psychischer Eigenschaften stellen und die psychometrische Qualität der Messungen durch Methoden mit ausreichender Testgüte abzusichern ist.

Da die neue Leitlinie dezidierte Hinweise und Vorgaben zur Beschreibung normaler, nichtpathologischer Prozesse enthält und auch psychodiagnostische und psychometrische Probleme stärker als frühere Leitlinien berücksichtigt, sieht sie damit insgesamt eine größere Gewichtung psychologischer Konzepte, Modelle und Methoden vor. Die folgenden Punkte machen diese veränderte Gewichtung deutlich:

1) Psychologen als Adressaten der Leitlinie
2) Angaben zur Bedeutung testpsychologischer Methoden und psychodiagnostischer Methodenvielfalt
3) Ausrichtung der Funktionseinschätzung an allgemeinen (nicht primär krankhaften) psychischen Funktionen und Funktionsbeeinträchtigungen
4) Berücksichtigung von Krankheitsverarbeitungsprozessen nicht nur in Bezug auf gestörte oder krankhafte, sondern auch in Bezug auf normale psychosoziale Funktionen
5) Exponierte Gewichtung ungestörter Aktivitäts- und Leistungsmerkmale, gemessen an der größeren Auswahl relevanter Beschreibungsdimensionen zum allgemeinen und berufsbezogenen Aktivitäts- und Leistungsniveau, der Unterscheidung von (beruflicher) Leistung und Leistungsfähigkeit und der

Gegenüberstellung von Aktivitäts- bzw. Leistungsdefiziten und Aktivitäts- bzw. Leistungsressourcen

6) Forderung nach quantifizierender Einschätzung von Funktionen, Einschränkungen, Aktivitäten und Fähigkeiten

7) Verstärkte Gewichtung von Fragen der Beschwerdenvalidität, der Analyse und Bewertung willentlicher Verzerrungen und motivationaler Einflüsse durch geeignete psychologische Verfahren

8) Empfehlungen zur Integration psychologischer Mess- und Testergebnisse in die gutachterliche Urteilsbildung und Gesamtbewertung

9) Einbezug normaler (nicht gestörter bzw. nicht krankhafter) psychischer Merkmale und Funktionen in die Prognose der beruflichen Leistungsfähigkeit

Im Folgenden werden die Punkte näher ausgeführt und mit Auszügen aus der Leitlinie belegt.

zu 1) Psychologen als Adressaten der Leitlinie

Auch wenn psychologische Fachgesellschaften nicht an der Autorisierung der medizinischen AWMF-Leitlinie beteiligt waren, so werden psychologische Gutachter doch als Adressaten der Leitlinie benannt. Diese Einbeziehung ist naheliegend aufgrund der Vielzahl psychologischer Konzepte, welche die Leitlinie enthält, und aufgrund der Tatsache, dass psychologische Fachgesellschaften bisher keine eigene Leitlinie zur Begutachtung psychischer Störungen vorgelegt haben.

> „Die Leitlinie soll ärztlichen (Fachärzte für Psychosomatische Medizin und Psychotherapie, Psychiatrie und Psychotherapie etc.) und psychologischen Gutachtern eine inhaltliche und methodische Grundlage zur Begutachtung der beruflichen Leistungsfähigkeit/Erwerbsfähigkeit bei Individuen mit psychischen und psychosomatischen Krankheiten in unterschiedlichen (Rechts-)Kontexten geben." (Leitlinie, S. 5)

zu 2) Zur Bedeutung testpsychologischer Untersuchungen

Die Leitlinie nimmt explizit zur Bedeutung testpsychologischer Untersuchungen bei der klinischen, psychologischen und leistungsbezogenen Diagnostik Stellung. Sie stellt dabei die positiven Erkenntnismöglichkeiten testpsychologischer Methoden aufgrund von Testgütemerkmalen heraus.

> „Grundsätzlich stellt die testpsychologische Diagnostik einen wichtigen methodischen Zugang bei der Begutachtung dar, da multimethodale und -modale diagnostische Zugänge, die neben der Fremdbeurteilung (durch den Gutachter) auch die Selbstbeschreibung des zu Begutachtenden umfassen, besser geeignet sind, die komplexen Begutachtungsaufgaben angemessen zu bearbeiten. Psychologische Tests zeichnen sich in der Regel durch ihre Objektivität (das Ausmaß, in dem eine psychologische Messung bei dem gleichen Probanden unter den gleichen Ausgangsbedingungen bei unterschiedlichen Diagnostikern zu dem gleichen Ergebnis kommt), ihre Reliabilität (die Messgenauigkeit) sowie ihre Validität (misst der Test auch die Merkmale, die er zu messen beansprucht?) aus." (Leitlinie, S. 12)
>
> „(...) plädieren wir für den reflektierten Einsatz von geeigneten Testverfahren. Sie sind grundsätzlich geeignet, uns eine breitere Datenbasis in Ergänzung zur klinischen Untersuchung zur Verfügung zu stellen und können der Systematisierung und Differenzierung von Befunden dienen." (Leitlinie, S. 13)

Testpsychologische Methoden sollen demnach ihren Stellenwert in der Begutachtung psychischer Störungen und psychosozialer Krankheitsfolgen als zusätzliche psychodiagnostische Methoden innerhalb des bestehenden Spektrums unterschiedlicher Untersuchungsmethoden haben.

> „Grundsätzlich gilt für die Operationalisierung (Beurteilung) einzelner Funktionsbereiche, dass die Ergebnisse aller zur Verfügung stehenden objektiven (z. B. Exploration, Verhaltensbeobachtung, Fragebogen, Leistungstest, Akte) und subjektiven Informationen (z. B. Befragung des zu Begutachtenden [...]) heranzuziehen sind." (Leitlinie, S. 21)

Die Leitlinie weist aber auch auf Probleme hin, die aus einem unsachgemäßen Umgang mit psychologischen Verfahren resultieren können. Diese Leitlinienpassage weist vor allem auf zwei Probleme im Umgang mit psychologischen Testverfahren hin: das Problem der Kosten-Nutzen-Relation und das der Verfälschbarkeit von Tests. Die Kosten-Nutzen-Relation betrifft vor allem ein ökonomisches

Problem, das der Rechtfertigung des mit der Testung verbundenen zeitlichen, apparativen und finanziellen Aufwandes.

Aus psychologischer Sicht sind beide Einschränkungen zu kommentieren: Zunächst durch den Hinweis, dass sich Kosten-Nutzen-Erwägungen wesentlich an den Kosten für Entscheidungen (und Fehlentscheidungen) festmachen müssen. Hier ist der zeitliche und finanzielle Aufwand für die Testdurchführung im Umfang von maximal mehreren Stunden ins Verhältnis zu setzen zu den Kosten für eine u. U. langjährige Berufsunfähigkeit oder für gegebenenfalls ungerechtfertigt vorenthaltene Leistungen. Angesichts der erheblichen Langzeitfolgen (Kosten) möglicher Fehlentscheidungen relativiert sich der Einwand, der Einsatz von Testverfahren könnte aufgrund ungünstiger Kosten-Nutzen-Relationen in Frage gestellt werden.

> „Ein wichtiges Indikationskriterium für den Einsatz von psychologischen Tests bei der Begutachtung ist die Kosten-Nutzen-Relation. Rechtfertigt der Nutzen, den ein Testergebnis für die gutachterliche Entscheidung liefert, den mit der Testung verbundenen Aufwand (Zeit und Kosten, Zumutbarkeit für den Probanden)? Der Nutzen von Testergebnissen kann – ebenso wie der Nutzen explorativ erhobener Angaben – eingeschränkt sein durch systematische Verfälschungstendenzen auf Seiten des zu Begutachtenden. Wenn die Transparenz der Testaufgaben hoch und die inhaltliche Zielrichtung der Items für den Probanden erkennbar ist, dann eröffnen Symptomskalen, Persönlichkeitsfragebögen, Fragebögen zur Messung der Krankheitsverarbeitung oder Psychotherapiemotivation sowie Schmerzdokumentationen dem zu Begutachtenden relativ leicht die Möglichkeit, den Test intentional verzerrt zu bearbeiten. So wird er sich z. B. bei Vorliegen einer Aggravationstendenz auf einer Symptomskala hoch belastet darstellen oder bei Tests, die die kognitive Leistungsfähigkeit messen, seine Leistungsfähigkeit schwächer darstellen, als diese ist." (Leitlinie, S. 12 f)

In Bezug auf die willentliche Verfälschbarkeit psychologischer Testverfahren ist darauf hinzuweisen, dass eine Informationsgewinnung über Exploration oder klinischen Eindruck ebenso anfällig sein kann für willentliche Verfälschungen oder negative Verzerrungen wie standardisierte Testverfahren. Es macht wenig Unterschied, ob Beschwerden oder Funktionsbeeinträchtigungen exploriert oder unter kontrollierten Standardbedingungen schriftlich erfragt werden, denn auch in der Exploration kann der Befragte z. B. die Intention von Fragen zu Symptomen oder Beschwerdebild durchschauen und sein Antwortverhalten darauf abstimmen. Anders als der explorierende Gutachter, der nur versuchen kann, durch Rückfragen oder Beobachtungen die Gültigkeit der Aussagen zu kontrollieren, bieten standardisierte Messverfahren die Möglichkeit, Antworttendenzen auf der Grundlage kalkulierter Wahrscheinlichkeiten kontrolliert und systematisch zu erfassen. Sowohl intuitive als auch kontrolliert-wahrscheinlichkeitsbasierte Formen der Erfassung negativer Verzerrungen können Hinweise auf die Gültigkeit von Aussagen oder Verhaltensweisen liefern. Methodisch sauberer (und objektiver im Sinne der Unabhängigkeit vom Beurteiler) ist aber in der Regel das kontrollierte testpsychologische Vorgehen. Aus psychologischer Sicht besteht wenig Anlass, das Problem intentional verzerrter Angaben oder Verhaltensweisen in der Begutachtung speziell an denjenigen Methoden festzumachen, die Kontrollmöglichkeiten zur Aufdeckung willentlicher Verzerrungen vorsehen.

Auf einen möglichen erweiterten Nutzen psychologischer Testverfahren für die Begutachtung weist die Leitlinie ebenfalls hin. Testverfahren liefern nicht nur normierte Mess- und Testergebnisse für bestimmte psychische Eigenschaften oder Fähigkeiten, sie können auch verwendet werden, um Untersuchungsbedingungen zu schaffen, die Ähnlichkeiten zu Arbeitsbedingungen aufweisen. Mit Hilfe von Mess- und Testverfahren können Untersuchungs- und Anforderungsbedingungen simuliert werden, die gewissermaßen beiläufig Informationen zu wichtigen Merkmalen beruflicher Leistungsfähigkeit liefern, wie z.B. zur kognitiven Belastbarkeit, zur Auffassungsfähigkeit, zur Arbeitsgeschwindigkeit, zum körperlichen Verhalten unter Be- und Entlastungsbedingungen, zur selbstbestimmten Zeiteinteilung, zum Umgang mit unterschiedlichen Arbeitsmaterialien, zu Ausdauer, Durchhaltefähigkeit, Frustrationstoleranz usw. Dieses Potenzial entfällt bei einer Begutachtung, die sich auf relativ kurze und möglichst entlastende Untersuchungsbedingungen (z.B. tiefenpsychologisch orientierte Anamnese, Exploration) beschränkt.

„Gleichzeitig kann die Testung als ,Belastungserprobung' für den zu Begutachtenden dienen, in der sich insbesondere auch motivationale Variablen – z.B. auch eine Aggravationstendenz – ausdrücken können. Das Testverhalten, monoforme und extreme oder inkonsistente Testergebnisse (...) können (...) Hinweise auf ,sozial erwünschtes' oder tendenziöses Antwortverhalten geben." (Leitlinie, S. 13)

Insgesamt lässt die Leitlinie offen, unter welchen Umständen und in welchem Umfang standardisierte psychologische Testdiagnostik in die Begutachtung einbezogen werden sollte. Entsprechende einheitliche Standardvorgaben wären auch nicht sinnvoll. Wenn jeder Gutachter das gleiche Instrumentarium hätte, dann würde das Risiko steigen, dass dieses in kurzer Zeit öffentlich bekannt wäre. Damit würden zumindest Teile der Untersuchung für gutachterliche Zwecke unbrauchbar. Dennoch sollte sich der Leitlinie zufolge jeder Gutachter ein individuelles Instrumentarium (Basisinventar) zusammenstellen, das relevante Zusatzinformationen zu den Hauptkategorien des Begutachtungsleitfadens (Funktionen und Funktionsstörungen, Krankheitsverarbeitung, Leistungsfähigkeit) liefert.

> „Von speziellem Interesse ist die Frage, welche psychologischen Fragebogenverfahren regelhaft oder ergänzend, soweit indiziert, dem Gutachten zugrunde gelegt werden müssen. Hier plädieren wir dafür, dass regelhaft ein Basisinventar verwendet werden sollte, mit dem die Aspekte der psychischen bzw. psychosomatischen Symptomatik, der Persönlichkeitsentwicklung und der Krankheitsverarbeitung bzw. Veränderungsmotivation untersucht werden können. Der Einsatz spezieller Testinstrumente sollte dann im Einzelfall entlang der konkreten Problemstellung vorgenommen werden." (Leitlinie, S. 13)

zu 3) Nicht pathologische psychische Funktionen und Funktionseinschränkungen als Ausgangspunkte

Die Leitlinie nennt als Ausgangspunkte der Funktionsbewertung nicht klassische psychiatrische Erkrankungen, Störungen oder Syndrome, sondern allgemeine psychische Funktionen und Funktionseinschränkungen. Hier zeigt sich eine weniger an Krankheiten oder krankheitswertigen Störungen als an normalen (ungestörten) körperlichen, psychischen und sozialen Funktionen ausgerichtete Vorgehensweise. Zwar können der Leitlinie zufolge Funktionsstörungen in Zusammenhang gebracht werden mit Erkrankungen oder Störungen, dieser enge und direkte Bezug zu Erkrankungen wird aber für die gutachtliche Bewertung von Funktionsstörungen – abgesehen von psychotischen Störungen, für die eine eigene Beurteilungskategorie vorgesehen ist – nicht als erforderlich angesehen. Für die BU-Versicherung ist dies relevant, weil hier auch ein

Kräfteverfall ohne direkten Bezug zu einer definierten psychischen Störung oder Erkrankung einen Leistungsfall begründen kann. Durch die Entscheidung, normale Funktionen und Funktionseinschränkungen zum Ausgangspunkt gutachterlicher Bewertungen zu machen, gewinnen psychologische Beschreibungsansätze ohne pathologischen Bezug generell an Bedeutung.

> „Die Beschreibung der psychischen Funktionen bzw. deren Beeinträchtigungen sind nicht im Sinne der klassischen Psychopathologie aufzufassen. Jedoch lassen sich oftmals aus charakteristischen Störungen der psychischen und psychosomatischen Funktionen psychopathologische Symptome und klinische Syndrome ableiten. Im Rahmen der Begutachtung ist für jeden zu Begutachtenden eine Beurteilung der hier beschriebenen unterschiedlichen psychischen und psychosomatischen Funktionen und Funktionsstörungen vorzunehmen."
> (Leitlinie, S. 20)

zu 4) Berücksichtigung willentlich determinierter Krankheitsverarbeitungsprozesse

Die Leitlinie enthält eine Reihe von Hinweisen und Empfehlungen, wie Krankheitsverarbeitungsprozesse, die nicht Teil der Erkrankung oder Störung sind, sondern als bewusste, gesteuerte und willentliche Reaktion auf die Erkrankung zu interpretieren sind, zwischen Funktionsbeeinträchtigungen und Aktivitäten (Leistung und Leistungsfähigkeit) vermitteln. Die exponierte Bedeutung von Krankheitsbewältigungsprozessen wertet psychologische Konzepte auf, die sich auf allgemeinpsychologische, motivationale und handlungstheoretische Merkmale wie Kausal- und Kontrollattributionen (Zuschreibungen), Leistungsmotive, Ressourcen im Sinne intakter Persönlichkeits- oder Fähigkeitsbereiche oder auf Komponenten der Handlungsregulation beziehen. Nahezu alle Komponenten der „Krankheitsbewältigung" lassen sich im Sinne psychologischer Konstrukte oder psychologischer Modelle deuten.

Dass Krankheiten und unmittelbar krankheitsbezogenes Verhalten nur einen Teil dessen ausmachen, was im gutachterlichen Kontext unter „Krankheitsbewältigung" verstanden wird, wird daran deutlich, dass hier berufsbezogene Aspekte sowie individuelle Leistungsmotive und Leistungsbedingungen ohne Krankheitsbezug aufgeführt werden. Zu erfassen sind der Leitlinie zufolge nicht nur die „objektiven" äußeren und sichtbaren Bedingungen des individuellen Anpassungs- und Verarbeitungsprozesses, sondern auch, wie sich der allgemeine biopsychosoziale Anpassungsprozess aus Sicht des oder der Betroffenen darstellt.

> „Die Beeinträchtigungen auf der psychischen und psychosomatischen Ebene sind weiter durch die Krankheitsverarbeitung beeinflusst, die insbesondere Aspekte des Leidensdruckes, des Krankheitskonzeptes, der Veränderungsmotivation und der Veränderungsressourcen umfasst. Die Beurteilung der psychischen und psychosomatischen Funktionen ist nicht unabhängig von den Prozessen der Krankheitsverarbeitung zu sehen, die funktional oder dysfunktional die psychischen und psychosomatischen Einschränkungen und Ressourcen beeinflussen können." (Leitlinie, S. 7)
>
> „Das Krankheitsverständnis des zu Begutachtenden muss im Gespräch exploriert werden. Gezielt zu erfragen sind die Vorstellungen des zu Begutachtenden über Auslösung, Entstehung und Entwicklung seiner Beschwerden sowie der Bezug zu den beruflichen Anforderungen. Von besonderer Bedeutung ist, inwieweit der zu Begutachtende psychosoziale Hintergrund- und Rahmenbedingungen als relevant für seine aktuellen Probleme ansieht." (Leitlinie, S. 33)

Krankheitsbewältigung wird in der Leitlinie nach den Kriterien Leidensdruck, Krankheitskonzept, Leistungskonzept, (leistungsbezogene) Ressourcen, Leistungsmotivation, Veränderungsmotivation (bezogen auf Beschwerden) und Veränderungsressourcen beurteilt. Die Konstrukte und Konzepte sind vorwiegend aus der allgemeinen Psychologie, der Motivationsforschung, der Sozialpsychologie und der klinischen Psychologie bekannt: das Krankheitskonzept als attributionstheoretischer Ansatz, der über die Zuschreibung von Krankheitsursachen und über subjektive Behandlungs- und Kontrollmöglichkeiten informiert; Leistungs- und Veränderungsmotivation sind zentrale Begriffe aus der Motivationstheorie, die an Konzepte psychologischer Handlungstheorien angelehnt sind.

> „Das Krankheitsverständnis (Krankheitskonzept) des zu Begutachtenden muss im Gespräch exploriert werden. Gezielt zu erfragen sind die Vorstellungen des zu Begutachtenden über Auslösung, Entstehung und Entwicklung seiner Beschwerden sowie der Bezug zu den beruflichen Anforderungen. Von besonderer Bedeutung ist, inwieweit der zu Begutachtende psychosoziale Hintergrund- und Rahmenbedingungen als relevant für seine aktuellen Probleme ansieht." (Leitlinie, S. 33)

„Das subjektive Leistungskonzept bezeichnet (...) das Konzept des zu Begutachtenden über seine eigene Leistungsfähigkeit bezogen auf das Hier und Jetzt. Dieses umfasst sowohl Aspekte der psychischen Belastbarkeit (emotional, kognitiv), verhaltensbezogene bzw. interaktionelle Leistungsaspekte, als auch die körperliche Leistungsfähigkeit. Zur Erfassung des Leistungskonzeptes werden sowohl die leistungsbezogenen Ressourcen (Leistungsreserve), als auch die Beeinträchtigungen der Leistungsfähigkeit auf der motivationalen Ebene exploriert. Die leistungsbezogenen Ressourcen umfassen das Erreichen beruflicher Ziele, das Erleben und Umsetzen eigener Ressourcen, die Bereitschaft zur beruflichen Veränderung als auch das Erleben kollegialer Unterstützung." (Leitlinie, S. 33)

Ressourcen werden hier u. a. als nichtpathologische, psychosoziale Bedingungen des willentlich kontrollierten Bewältigungsverhaltens interpretiert. Gemeint sind z. B. persönliche Eigenschaften, soziale Bedingungen oder funktionierende psychosoziale Lebensbereiche, die intakt sind und insofern vom Betroffenen genutzt werden können, um Belastungen oder Störungen besser zu bewältigen. Sie finden sich auch als Komponenten innerhalb psychologischer Selbstregulationsmodelle.

„Für die Prognose der Erkrankung sowie möglicher Veränderungsprozesse sind unterschiedliche individuelle und soziale Ressourcen von Bedeutung. Ressourcen sind bestimmt durch protektive körperliche und/oder psychosoziale Personenmerkmale sowie soziale Bedingungen, die eine Kompensation der dysfunktionalen Bewältigungsmuster und unzureichender Behandlungserfolge ermöglichen. Als allgemeine Ressourcen gelten alle Angaben über individuelle Fähig- und Fertigkeiten und individuelle Stärken, die geeignet sind, bestehende Funktionsminderungen zu kompensieren. Diese umfassen z. B. körperliche Fähigkeiten, kognitive, emotionale und verhaltensbezogene Faktoren sowie interaktionelle und kommunikative Kompetenzen. Die Ressourcendefinition hat hier ihren Fokus auf die leistungsbezogenen Ressourcen. Unabhängig davon sind im Gesamtkontext der Begutachtung allgemeine Ressourcen in Form allgemeiner Fähig- und Fertigkeiten einer Person (schützende und fördernde Kompetenzen) zu berücksichtigen (...)." (Leitlinie, S. 34)

„Zu erfassen sind im Gesamtkontext der Begutachtung allgemeine Ressourcen in Form allgemeiner Fähig- und Fertigkeiten einer Person (schützende und fördernde Kompetenzen) ebenso wie leistungs- und berufsbezogene Ressourcen. Hierzu gehören:

a) Erreichen beruflicher Ziele
b) Erleben eigener Ressourcen
c) Umsetzen eigener Ressourcen
d) Bereitschaft zur Veränderung
e) Erleben kollegialer Unterstützung
f) Arbeitsplatzbezogene Ressourcen

Ressourcen stellen eine potenzielle Leistungsreserve dar, die nach Training und Therapie erreichbar ist." (Leitlinie, S. 34)

Das Konzept der Leistungsmotivation entstammt der Motivationspsychologie und findet sich in der Leitlinie im Zusammenhang mit
der Motivation zur Erbringung von Arbeitsleistungen.

> „Im Rahmen der Begutachtung ist die Ausprägung der Leistungsmotivation zu erfassen, die
> sich in dem Vermögen oder Unvermögen bzw. dem Willen oder Unwillen des zu Begutach-
> tenden ausdrückt, sich in die Arbeitswelt zu reintegrieren, Misserfolge zu tolerieren sowie ei-
> ner Aufgabe soviel Wert beizumessen, dass sie mit hinreichender Ausdauer (Beständigkeit)
> bis zum erfolgreichen Abschluss bearbeitet werden kann. Die Leistungsmotivation ist bezüg-
> lich ihres Ausmaßes (niedrig vs. hoch) und ihrer Beständigkeit zu beurteilen." (Leitlinie, S. 36)
>
> „Vielfach wird die Leistungsfähigkeit eines zu Begutachtenden durch seine Leistungsmo-
> tivation beeinflusst werden. Dabei spielt die eigene Einschätzung des Leistungsvermögens
> oder das Konzept darüber eine wichtige Rolle. Allgemein umfasst die Leistungsmotivation
> die Tendenz oder das Bedürfnis einer Person ,etwas zu leisten', nach Erfolg zu streben und
> die eigenen Leistungen zu bewerten. Die Leistungsbereitschaft oder der Leistungswille einer
> Person wird dabei von unterschiedlichen Faktoren beeinflusst, u.a. von der Erfolgs- oder
> Misserfolgswahrscheinlichkeit oder auch dem Anreiz für ein Leistungsverhalten. Hier wird
> das Ausmaß an Leistungsmotivation erfasst, das sich in dem Vermögen oder Unvermögen
> bzw. dem Willen oder Unwillen des zu Begutachtenden ausdrückt, sich in die Arbeitswelt zu
> reintegrieren, Misserfolge tolerieren zu können sowie einer Aufgabe soviel Wert beizumes-
> sen, dass sie mit hinreichender Ausdauer (Beständigkeit) bis zum erfolgreichen Abschluss
> bearbeitet werden kann. Die Leistungsmotivation kann bezüglich ihres Ausmaßes (niedrig vs.
> hoch) und ihrer Beständigkeit beurteilt werden." (Leitlinie, S. 35)

Das Konzept der Veränderungsmotivation ist ebenso wie das
Konzept der Leistungsmotivation der Motivationspsychologie zuzuordnen. Es ist in der Leitlinie mehrfach vertreten: zum einen im
Zusammenhang mit der Motivation zur Veränderung/Behandlung
der gesundheitlichen Beschwerden, zum anderen im Zusammenhang mit der Motivation zur Erhaltung oder Wiederherstellung der
beruflichen Leistungsfähigkeit.

> „Einzuschätzen ist, inwieweit der zu Begutachtende den Wunsch nach Veränderung seiner
> Beschwerden oder Probleme hat. Veränderungsmotivation (...) erfasst, inwieweit der zu Be-
> gutachtende eine Veränderungsbereitschaft signalisiert. Sieht der zu Begutachtende für sei-
> ne Situation einen Handlungsbedarf und wenn ja, in welcher Form soll die Veränderung
> stattfinden (Art der Behandlung). Es werden innere und äußere Veränderungshemmnisse un-
> terschieden. (...)
>
> Hierbei ist zwischen Eigen- und Fremdmotivation beim Betroffenen zu unterscheiden. In
> diesem Zusammenhang ist die gewünschte Art der Behandlung zu explorieren (körperliche,
> psychotherapeutische Behandlung oder Unterstützung im sozialen Bereich). Die Verände-
> rungsmotivation weist häufig (...) eine Beziehung zum Ausmaß an Behandlungsmotivation
> und -bereitschaft auf..." (Leitlinie, S. 38)

In Bezug auf Veränderungsressourcen werden persönliche Ressourcen und psychosoziale Unterstützung unterschieden. Im Sinne von ICF handelt es sich dabei um Kontextbedingungen, unter denen Aktivitäten wirksam werden. Alle zentralen Begriffe finden sich in gängigen psychologischen Modellen und Konzepten der Motivationspsychologie und der Selbst- und Handlungsregulation.

> „Erfasst werden soll, in welchem Ausmaß der zu Begutachtende über gesundheits- als auch leistungsförderliche Fähigkeiten und Verhaltensweisen (Veränderungsressourcen) verfügt. Hierzu zählen persönliche Ressourcen ebenso wie die psychosoziale Unterstützung." (Leitlinie, S. 39)
>
> „Persönliche Ressourcen bezeichnen das Ausmaß, (in dem) der zu Begutachtende über gesundheits- als auch leistungsförderliche Fähigkeiten und Verhaltensweisen verfügt. Eine Person mit hohen persönlichen Ressourcen kann sich aktiv mit ihrer Krankheit und auch ihrer eigenen Leistungsfähigkeit kritisch auseinander setzen und ihren vorhandenen Lebensstil beibehalten oder diesen sogar gesundheitsförderlicher bzw. leistungsförderlicher gestalten. Das Konzept der psychosozialen Unterstützung (…) betrifft hier allgemein die Möglichkeit des zu Begutachtenden, aus dem sozialen Netz in unterschiedlichster Weise (z. B. emotional, instrumentell) Unterstützung und Hilfe zu erhalten. Die Bereiche psychosozialer Unterstützung beziehen sich dabei auf die familiäre, partnerschaftliche und sonstige soziale Unterstützung im privaten und gesellschaftlichen Bereich (…)." (Leitlinie, S. 39)

Insgesamt stellt sich die Leitlinienkomponente „Krankheitsverarbeitung" als eine Zusammenstellung primär psychologischer Konstrukte und Konzepte dar, die geeignet sind, Erkenntnisse über gestörte (der willentlichen Steuerung und Kontrolle entzogene), vor allem aber über nicht gestörte, normale Prozesse und Verhaltensweisen in ein einheitliches Bewertungssystem zu integrieren. Krankhafte bzw. psychopathologische Aspekte sind in diesem Zusammenhang von nachgeordneter Bedeutung.

zu 5) Erfassung von Aktivitäts- und Leistungsmerkmalen

Die Leitlinie hebt die gesonderte Erfassung und Bewertung umschriebener Aktivitäts- und Leistungsmerkmale hervor. Auch diese Aktivitätsparameter beziehen sich nicht primär auf Merkmale von Erkrankungen oder krankheitswertigen Störungen, sondern auf Aspekte des normalen Funktions- und Leistungsniveaus der Versicherten. Zur Vereinfachung wurde eine Ausrichtung an

Mini-ICF-P (Linden, Baron & Muschalla, 2009) vorgenommen, deren Bedeutung jedoch für die Beurteilung der Berufsunfähigkeit nachrangig sein kann, sofern sich diese am individuellen beruflichen Anforderungsprofil orientiert. Die Ausrichtung an ICF führte zu einer Festlegung psychologischer Beschreibungsdimensionen, von der im Einzelfall einer BU-Beurteilung aber abgewichen werden kann. Sämtliche in der Leitlinie genannten Dimensionen sind als psychologische Konstrukte aus der allgemeinen und differentiellen Psychologie, der Sozialpsychologie und der angewandten Psychologie bekannt.

> „Zentral für die Beurteilung der Leistungsfähigkeit sind die Aktivitäten und Fähigkeiten, die ein Individuum noch umsetzt oder prinzipiell noch umsetzen könnte. Die Bewertung der Aktivitäten und Fähigkeiten orientiert sich an der Beurteilung dessen, was Personen in ihrer tatsächlichen Umwelt tun. Um eine möglichst umfassende Bewertung relevanter Aktivitäten und Fähigkeiten eines Individuums zu gewährleisten, sollten prinzipiell alle berufsrelevanten Aktivitäten und Funktionen als Bezugsrahmen herangezogen werden. Bei der Beschreibung und der Bewertung der Aktivitäten/Fähigkeiten nehmen wir einen engen Bezug auf die Kategorien für Aktivitäten und Fähigkeiten des Mini-ICF-APP (Linden et al., 2009). Diese beschreiben Funktions- und Fähigkeitsbereiche, die für die allgemeine und insbesondere berufliche Leistungsfähigkeit von Bedeutung sind." (Leitlinie, S. 8)
>
> „Im Rahmen der Begutachtung wird die Aktivität auf Basis der vorangegangenen Evaluation der psychischen und psychosomatischen Funktionen (Teil B), der Krankheitsverarbeitung (Teil C) und der vorhandenen körperlichen Einschränkungen beurteilt. (...) Beurteilt werden zwölf Bereiche:
>
> a) Körperliche Aktivität
> b) Anpassung an Regeln und Routinen
> c) Strukturierung von Aufgaben
> d) Flexibilität und Umstellungsfähigkeit
> e) Anwendung fachlicher Kompetenzen
> f) Entscheidungs- und Urteilsfähigkeit
> g) Durchhaltefähigkeit
> h) Selbstbehauptungs- und Durchsetzungsfähigkeit
> i) Interaktions- und Kommunikationsfähigkeit
> j) Gruppenfähigkeit
> k) Selbstversorgung
> l) Mobilität/Wegefähigkeit" (Leitlinie, S. 42)

Wie die ICF-Funktionsbereiche unter Zuhilfenahme psychologischer Mess- und Testverfahren und unter Berücksichtigung mess- und testpsychologischer Prinzipien näher beschrieben und bewertet werden können, dazu enthält die Monographie von Schneider et al. (2012) ausführliche Hinweise.

zu 6) Forderung nach quantitativen Bewertungen von Funktionen, Funktionseinschränkungen und Aktivitäten

Die Leitlinie enthält in Form des Leitfadens Forderungen nach einer quantitativen Einschätzung von Funktionen, Aktivitäten sowie Funktions- und Aktivitätseinschränkungen.

> „Folgende Beurteilungsmöglichkeiten der psychischen und psychosomatischen Funktionen und Funktionseinschränkungen stehen im Ratingbogen zur Verfügung:
>
> *Keine Beeinträchtigung:* Nur sehr vereinzelt oder gar nicht auftretende Beschwerden, kein Leidensdruck oder Beeinträchtigungserleben, Aktivität und Partizipation sind durch dieses Merkmal nicht eingeschränkt.
>
> *Leichtgradige Beeinträchtigung:* Geringes Ausmaß an Intensität, Häufigkeit und Anzahl der Beschwerden, Leidensdruck und Beeinträchtigungserleben leicht ausgeprägt, geringer Einfluss auf Aktivität und Partizipation.
>
> *Mittelgradige Beeinträchtigung:* Mäßiges Ausmaß an Intensität, Häufigkeit und Anzahl der Beschwerden, Leidensdruck und Beeinträchtigungserleben mäßig ausgeprägt, relevanter Einfluss auf Aktivität und Partizipation.
>
> *Schwergradige Beeinträchtigung:* Hohes Ausmaß an Intensität, Häufigkeit und Anzahl der Beschwerden, Leidensdruck und Beeinträchtigungserleben schwer ausgeprägt, starker Einfluss auf Aktivität und Partizipation.
>
> *Vollständige Beeinträchtigung:* Extremes Ausmaß an Intensität, Häufigkeit und Anzahl der Beschwerden, Leidensdruck und Beeinträchtigungserleben sehr schwer ausgeprägt, massiver Einfluss auf Aktivität und Partizipation bzw. Unfähigkeit zu Aktivität und Partizipation.
>
> Im Anhang finden sich Tabellen mit den Beeinträchtigungsgraden und entsprechenden Ausprägungen der Beurteilungskriterien sowie mit konkreten Ankerbeispielen." (Leitlinie, S. 23)

Solche quantitativen Bewertungen setzen streng genommen die Annahme psychologischer Konstrukte voraus, die psychische Eigenschaften oder Funktionen eher dimensional als kategorial beschreiben und von fließenden Übergängen, z.B. zwischen Funktionsfähigkeit und Funktionsstörung, ausgehen. Quantitative Einschätzungen lassen sich in diesen Fällen in der Regel leichter über normierte Mess- und Testverfahren vornehmen. Zwar sieht die Leitlinie vor, das Problem quantitativer Bewertungen von Funktionen, Funktionseinschränkungen und Aktivitäten über eine detaillierte Beschreibung der Messdimensionen und mit Hinweis auf Ankerbeispiele zu lösen – zufriedenstellende quantitative Bewertungen von Funktionen und Einschränkungen erfordern aber meist die Hilfe hinreichend reliabler und valider Verfahren.

zu 7) Beschwerdenvalidität

Die Leitlinie berücksichtigt, dass eine Begutachtungssituation Bedingungen schafft, in der die Beschreibung oder Darstellung von Beschwerden und Beeinträchtigungen bewusst und willentlich verzerrt sein kann. Entsprechend gehört es zu den Aufgaben jedes Gutachters, diese Einflüsse auch zu berücksichtigen und zumindest eine Erfassung auf der Grundlage geeigneter Konzepte und Methoden anzustreben. Die diagnostische Differenzierung von bewussten und unbewussten Prozessen und die wissenschaftliche Analyse willentlich bzw. intentional verzerrter Angaben und Leistungen ist traditionell ein Schwerpunkt psychologischer Diagnostik. Testmethoden zur Überprüfung und Bewertung der Anstrengungsbereitschaft in einer Testsituation wurden insbesondere von Neuropsychologen entwickelt. In der Leitlinie werden Fragen der Beschwerdenvalidierung unter der Bezeichnung „Erfassung tendenziöser Haltungen" behandelt.

> „Etwaige tendenziöse Haltungen oder Verfälschungstendenzen sind bei der Beschreibung der unterschiedlichen Merkmale des Leitfadens angemessen zu berücksichtigen. Dazu eignen sich je nach zu bewertendem Funktionsbereich unterschiedliche Formen der Beschwerdenvalidierung (d. h. der Überprüfung mutmaßlich bewusstseinsnah verzerrter oder verfälschender Beschwerdendarstellung). Grundsätzlich sollte die Validierung der beklagten Beschwerden und ihrer Auswirkungen auf eine möglichst breite methodologische Grundlage gestellt werden, die inter- und intraindividuelle Vergleiche ermöglicht. Folgende Methoden können zur Validierung von Angaben über Symptome, Funktionseinschränkungen, Krankheitsverlaufsmerkmale und Behandlungswirkungen sowie zum Konsistenzabgleich geeignet sein: Exploration/Interview, Verhaltensbeobachtung, standardisierte/normierte Fragebögen, Fragebogenkontrollskalen oder Fragebögen zu Antworttendenzen, körperliche Funktions- und Leistungstests, psychologische Funktions- und Leistungstests, Symptomvalidierungstests, Labortests/Kontrolle des Serumspiegels." (Leitlinie, S. 10)
>
> Ergänzend dazu: „Entsprechend sollte sich die Beurteilung von Aggravation/Simulation und Dissimulation nicht nur auf den klinischen Eindruck stützen, sondern auf mehrere Informationsquellen und Erhebungsmethoden. Sinnvoll ist die Einbeziehung von klinischer Untersuchung, Fremdbericht, Exploration, standardisierten und normierten Fragebögen, psychologischen Funktions- und Leistungstests, Beschwerdenvalidierungstests bzw. Antwortkontrollskalen sowie Verhaltensbeobachtung unter Explorations- und Leistungstestbedingungen." (Leitlinie, S. 54)

Zur Veranschaulichung des Vorgehens bei der Validierung individueller Untersuchungsbefunde werden drei Methodengruppen herausgestellt, die für die Beurteilung psychischer Eigenschaften und Fähigkeiten genutzt werden können.

„Im Bereich der test- und aussagepsychologischen Methoden können drei Zugänge, welche zur Differenzierung unwillkürlicher und willkürlicher Verzerrungen im Antwort- und Reaktionsverhalten dienen, unterschieden werden. Als erstes sind (…) Beschwerdenvalidierungstests (zu nennen), die (…) für die Beurteilung motivationaler Einflüsse und die Glaubhaftmachung bestimmter Testergebnisse wichtige Zusatzinformationen liefern (können). (…) Auffällige Testwerte in Beschwerdenvalidierungstests sind als Hinweise auf bewusstseinsnah verzerrende oder verfälschende Tendenzen im mentalen Leistungsverhalten zu bewerten, sie allein begründen aber keine generalisierende Aussage über die Aggravation oder Simulation von psychischen Beschwerden oder beschwerdebedingten Beeinträchtigungen."

„Als zweites ist die Anwendung von psychologischen Fragebögen zu nennen (…). Psychologische Fragebögen sollten nur gezielt eingesetzt und sorgsam interpretiert werden, um fehlerhafte Schlussfolgerungen aufgrund ihrer Nutzung zu vermeiden."

„Als letztes ist die Aussagepsychologie zu nennen. Das Ziel hierbei ist, aus den Aussagen des Probanden unmittelbare Erkenntnisse zu deren Gültigkeit zu erlangen. Steller und Köhnken (1989) haben als Indikatoren für fragliche glaubhafte Darstellungen die logische Inkonsistenz der Angaben, eine sprunghafte Darstellung und einen mangelnden quantitativen Detailreichtum genannt. Die Verwertbarkeit dieser Kriterien für die sozial- und zivilrechtliche Begutachtung psychischer und psychosomatischer Störungen ist jedoch nur bedingt gegeben (…)." (Leitlinie, S. 56)

Die ebenfalls in der Leitlinie enthaltene Empfehlung, standardisierte und normierte Fragebögen in der Begutachtung aufgrund ihrer Durchsichtigkeit und leichten Verfälschbarkeit nur sparsam und sehr sorgfältig zu nutzen, wird durch spätere Hinweise auf die Möglichkeit von Konsistenzabgleichen und die Verwertbarkeit von Antworttendenz-Kontrollskalen wieder relativiert. Die Leitlinie konstatiert, dass standardisierte und normierte Fragebögen geeignet sein können, um intraindividuelle Vergleiche für psychische Eigenschaften oder Fähigkeiten vorzunehmen. Ebenso wird betont, dass psychologische Kontrollskalen zur Erfassung von Antworttendenzen und negativen Verzerrungen wichtige Hinweise zur Validität und Verwertbarkeit der gewonnenen Informationen liefern können.

Erläuternde und vertiefende Hinweise zum psychodiagnostischen Vorgehen bei negativ verzerrten Beschwerden oder dissimulierter Leistungsfähigkeit finden sich in den Beiträgen und Kommentaren zur Leitlinie (Merten & Dohrenbusch, 2012).

> „Ein Teil dieser Fehler- und Interpretationsrisiken kann durch psychologische Messverfahren begrenzt werden. Die zuverlässige Absicherung inkonsistenter Angaben gegen Zufalls- und Kontexteinflüsse ist meist mit Hilfe normierter Fragebögen möglich, die über gute Testgüteeigenschaften (...) verfügen. Verschiedene Fragebögen (z. B. zu Symptomen, Bewältigungsverhalten, Persönlichkeitsmerkmalen), die dasselbe Merkmal messen, sollten bei gültiger Interpretation auch zu übereinstimmenden Ergebnissen führen. (...) Darüber hinaus existieren Fragebögen zur Aufdeckung formaler und inhaltlicher Antworttendenzen (...). Auffällig erhöhte Werte in Bezug auf formale oder inhaltliche Antworttendenzen können in Verbindung mit anderen dazu konsistenten Testergebnissen oder Beobachtungen zu der Schlussfolgerung führen, dass die Angaben des Probanden nicht inhaltlich interpretiert werden dürfen. Im Einzelfall kann dies bedeuten, dass der Proband den geforderten Nachweis seiner gesundheitlichen Beeinträchtigung nicht mit der geforderten Sicherheit erbringen konnte." (Leitline, S. 58)

zu 8) Integration unterschiedlicher Datenebenen

In Bezug auf die Integration der unterschiedlichen Datenebenen weist die Leitlinie darauf hin, dass integrierende Bewertungen nach Möglichkeit anhand von Ergebnissen und Befunden vorgenommen werden sollten, deren Qualität testpsychologischen bzw. psychometrischen Gütekriterien genügen.

> „Die (...) unterschiedlichen methodischen Zugangsweisen müssen in die Gesamtbewertung integriert werden. Dazu (muss) für jede diagnostische Merkmalsebene geprüft werden, ob die Befunde und Aussagen reliabel und valide erhoben worden sind." (Leitlinie, S. 13)

Es ist nahe liegend, dass diese Forderung am leichtesten dadurch erfüllt werden kann, dass der Gutachter auf reliable und valide Verfahren zurückgreift und individuelle Validitätsprüfungen (Beschwerdenvalidierung) vornimmt. Dennoch sollten psychologische Testverfahren in der Begutachtung nicht generell als vorrangig oder als anderen Erhebungsmethoden überlegen angesehen werden. Eher stehen sie in ihrer relativen Bedeutung hinter dem „ausführlichen Befund" zurück, der aus verschiedenen Datenebenen und Datenquellen gebildet wird.

> „Die Ergebnisse der Erhebung (zu psychischen und psychosomatischen Funktionen) können und sollten in einzelnen Fällen durch psychologische Testverfahren ergänzt werden. Der ausführliche Befund der psychischen und psychosomatischen Funktionen und Funktionsstörungen behält aber regelhaft den Vorrang." (Leitlinie, S. 21)

Auch eine generell breit und umfassend angelegte testdiagnostische Erhebung wird nicht empfohlen. Als sinnvoll erachtet wird vielmehr ein auf die spezielle Fragestellung ausgerichteter Einsatz von Tests und die Integration von Testergebnissen in andere Untersuchungsbefunde.

> „Die Indikation zum Einsatz von Testverfahren, welche nach der klinischen Untersuchung erfolgt, sollte gezielt nach spezifischen Fragestellungen erfolgen und unter Berücksichtigung der vorangegangenen psychiatrischen und psychosomatischen Untersuchung ausgewertet werden." (Leitlinie, S. 21)

zu 9) Einbezug bewusstseinsnaher und willentlicher Prozesse in prognostische Bewertungen

Prognostische Bewertungen sollten nicht nur mit Bezug auf Krankheitsmerkmale im engeren Sinne (also als Krankheitsprognosen) erfolgen, sondern unter Berücksichtigung einer Vielzahl auch (allgemein-)psychologischer, psychopathologischer und kontextueller Variablen. Durch diese Empfehlung werden psychologische und kontextbezogene, also nicht primär (psycho-)pathologische Variablen, aufgewertet.

Insbesondere motivationale Faktoren, also bewusstseinsnahe und gesteuerte (Krankheitsbewältigungs-)Prozesse, die durch psychologische Modelle und Methoden beschreibbar sind, sind in die Prognose des weiteren Krankheitsverlaufs einzubeziehen. Psychologische Modelle der Stress- und Krankheitsbewältigung, der Reintegration in Arbeits- und Leistungsprozesse, der Vorhersage von Krankheits- und Gesundheitsverhalten, aber auch wissenschaftliche Erkenntnisse zur Abschätzung psychotherapeutischer und insbesondere rehabilitativer Behandlungswirkungen können dazu beitragen, die Prognose einer langfristig zu erwartenden Berufs(un)fähigkeit abzusichern.

„Bei der Prognose der Leistungsfähigkeit im Rahmen der Berufsunfähigkeitsversicherung (BUZ) müssen die Merkmale der unterschiedlichen Beurteilungsebenen nicht nur ‚Hier und Jetzt' (Querschnitt) untersucht werden, sondern auch in ihrem Verlauf (Längsschnitt) antizipatorisch eingeschätzt werden, um Aussagen über die zukünftige Entwicklung und Beeinflussbarkeit durch therapeutische und/oder rehabilitative Interventionen treffen zu können. Bei der Prognose muss das Ausmaß an Chronifizierung bzw. chronfizierungsbegünstigender Faktoren berücksichtigt werden. Faktoren, die eine fortschreitende Chronifizierung begünstigen, sind beispielsweise die Dauer der Arbeitsunfähigkeitszeiten, schon lange bestehende Arbeitslosigkeit oder auch fehlende Arbeitsplätze. (...) Hier werden acht Kriterien aufgeführt:

a) Verlauf der Erkrankung (Schweregrad, Dauer, Chronifizierung)
b) Krankheitsverarbeitung und Veränderungsmotivation (Abschnitt C)
c) Bisherige Therapien und Rehabilitationsmaßnahmen und ihr Effekt (Abschnitt A)
d) Arbeitsunfähigkeitszeiten
e) Rentenantragstellung
f) Sozialer Hintergrund (z. B. Familie, Bildung, Beruf, Verfügbarkeit eines Arbeitsplatzes)
g) Verfügbarkeit von personalen und umweltbezogenen Ressourcen (Abschnitt 2.3.4)
h) Soziale Unterstützung" (Leitlinie, S. 64)

Fazit

Die aktuelle S2k-Leitlinie zur Begutachtung psychischer und psychosomatischer Erkrankungen enthält vielfältige Hinweise darauf, dass psychologische Konzepte und evaluierte psychologische Mess- und Testverfahren in die gutachtliche Bewertung von Personen mit psychischen Erkrankungen oder krankheitswertigen Leistungsbeeinträchtigungen einbezogen werden sollten. Die Leitlinie wertet – verglichen mit früheren Empfehlungen – die Bedeutung bewusster, kontrollierter, ungestörter und willentlich gesteuerter Denk- und Handlungsprozesse gegenüber krankhaften, unwillkürlichen Prozessen für die Beurteilung einer krankheitsbedingt geminderten beruflichen Leistungsfähigkeit deutlich auf. Sie wird damit dem Umstand gerecht, dass psychosoziale Krankheitsfolgen nicht ausschließlich aus psychopathologischer Perspektive zu betrachten sind. Die Ausrichtung der Bewertung auch an bewussten Bewältigungsprozessen, an gestörten und intakten Funktionen, an Ressourcen und alltäglichen Rahmenbedingungen, an allgemeinen Persönlichkeitseigenschaften und an alltagsbezogenen Aktivitäten und Fähigkeiten verschiebt den Fokus der Begutachtung auf psychologische Konzepte und psychologische Messmethoden, die zur Beschreibung und Erklärung normaler biopsychosozialer Funktionen und Funktionsstörungen entwickelt wurden. In der Konsequenz legt die Leitlinie eine stärkere Einbeziehung psychologischer Fachkompetenz in die Begutachtung der beruflichen Leistungsfähigkeit nahe.

Leitlinie
„Neuropsychologische
Begutachtung"

Herausgeber: Gesellschaft für Neuropsychologie (GNP)[1]

Autoren: Neumann-Zielke[1], L., Riepe[2], J., Roschmann[3], R.,
               Schötzau-Fürwentsches[4], P. & Wilhelm[5], H.

Institutionen:

[1]) SHG-Kliniken Sonnenberg – Akutneurologie & Neurologische
Frührehabilitation, Sonnenbergstraße 10, 66119 Saarbrücken

[2]) Fachklinik Ichenhausen, Abteilung Psychologie/ Neuropsychologie, Krumbacher Straße 45, 89335 Ichenhausen

[3]) Klinikum Ingolstadt, Abteilung Psychologie, Krumenauerstraße
25, 85049 Ingolstadt

[4]) Rheinische Kliniken Köln-Mehrheim, Ambulanz, Wilhelm-
Griesinger-Straße 23, 51109 Köln

[5]) Neurologische Universitätsklinik, Duisburg-Essen, Hufeland-
straße 55, 45122 Essen

---

1   Die „Leitlinie Neuropsychologische Begutachtung" befindet sich zurzeit in
    Überarbeitung. Nach Veröffentlichung haben Sie die Möglichkeit, die neue
    Version auf der Homepage des Referenz-Verlages einzusehen.

Zusammenfassung

Die Begutachtung der Auswirkungen von Hirnschädigungen auf die Teilhabe (ICF-WHO) wird als eine häufig nur interdisziplinär zu lösende Aufgabe verstanden. Auf die dabei an einen neuropsychologischen Gutachter zu stellenden Qualifikationsanforderungen und den Prozess der Begutachtung wird ausführlich eingegangen. Der neuropsychologische Gutachter ist im Kontakt mit dem Auftraggeber und den ärztlichen Gutachtern selbst verantwortlich für die Formulierung einer angemessenen neuropsychologischen Fragestellung. Eine zentrale Bedeutung für diese Fragestellung und die Interpretation der erhobenen Befunde kommt den spezifischen rechtlichen Rahmenbedingungen des Auftraggebers zu. Eine Checkliste zur Beurteilung neuropsychologischer Gutachten rundet den Beitrag ab.

Abstract

The assessment of the effects of brain damage on participation according to the WHO International Classification of Functioning, Disability and Health is an interdisciplinary task. The necessary qualifications of the neuropsychological expert and the process of independent neuropsychological assessment are described in detail. The forensic neuropsychological expert is in contact with the retaining party and the independent medical experts involved. However, he or she is responsible for an adequate formulation of the neuropsychologically relevant questions. The specific legal conditions are of central importance for the neuropsychological questions addressed and for the interpretation of the neuropsychological data. A checklist to review neuropsychological expert opinions is included.

Schlüsselwörter

Leitlinie, Neuropsychologische Gutachten, Neuropsychologische Diagnostik, ICF

Keywords

guideline, forensic neuropsychological assessment, neuropsychological assessment, ICF

Version	1.0
Leitlinienstufe	2 (abgeschlossene formale Konsensusfindung)
Stand	26.01.2009
Gültigkeit	ab Veröffentlichung in der Zeitschrift für Neuropsychologie 1/2009
Revision	bis Dezember 2012

Urheberschaft

Die Gesellschaft für Neuropsychologie (GNP) berief die Mitglieder des GNP-Arbeitskreises Gutachten zur Kommission mit dem Auftrag der Erstellung einer Leitlinie „Neuropsychologische Begutachtung". Nach der Vorlage einer Ausarbeitung und den Revisionen über ein mehrstufiges Konsensusverfahren verabschiedete der GNP-Vorstand die vorliegende Fassung.

Danksagung

Das Autorenteam des GNP-Arbeitskreises Gutachten dankt den interessierten Lesern des internen Internetforums der Gesellschaft für Neuropsychologie (forum@gnp.de) für ihre Teilnahme an der 2. Stufe des Konsensusverfahrens. Besondere Erwähnung sollen die ausführlichen und konstruktiven Rückmeldungen folgender Kollegen finden: Dr. F. Dick, Prof. W. Hartje, W. Kringler, Dr. H. Lohmann, Dr. T. Merten, Dr. H. Niemann und Prof. C.W. Wallesch.

1 Zielsetzung der Leitlinie

Die Leitlinie „Neuropsychologische Begutachtung" richtet sich an folgende Zielgruppen:

a) Neuropsychologische Sachverständige
b) Auftraggeber neuropsychologischer Gutachten
c) Ärzte, die neuropsychologische Zusatzgutachten veranlassen
d) Juristen, Sachbearbeiter
e) Betroffene, Interessierte, Verbände

Die Leitlinie legt Standards für die Erstellung neuropsychologischer Gutachten fest. Darüber hinaus vermittelt sie Informationen über die Zielsetzungen und die Aussagefähigkeit neuropsychologischer Gutachten und spezifiziert die Qualitätskriterien dafür.

2 Stellenwert neuropsychologischer Gutachten

Auftraggeber neuropsychologischer Gutachten erwarten, dass der Neuropsychologe die gegebene Fragestellung dem rechtlichen Bezugssystem entsprechend und mit adäquater wissenschaftlicher Methodik beantwortet. Das Gutachten soll den Auftraggeber in die Lage versetzen, sachgerechte Entscheidungen zu fällen.

Wann ist ein neuropsychologisches Gutachten indiziert?

Eine neuropsychologische Begutachtung ist immer dann erforderlich, wenn auf Grund einer Erkrankung oder Verletzung des Gehirns neuropsychologische Funktionsstörungen zu erwarten sind. Neuropsychologische Störungen, das heißt Störungen der kognitiven und/oder emotionalen Funktionen, sind häufige Folgen von traumatischen Hirnverletzungen, Minderdurchblutungen oder Einblutungen sowie toxisch-degenerativen, metabolischen, neoplastischen und entzündlichen Erkrankungen des Gehirns. Neuropsychologische Störungen führen in der Regel zu Beeinträchtigungen der Funktionsfähigkeit, Aktivität und Teilhabe, wie sie in der Internationalen Klassifikation der Funktionsfähigkeit, Behinderung und Gesundheit (ICF) [1] beschrieben werden.

Welche Fragestellung beantwortet ein neuropsychologisches Gutachten?

Dementsprechend beantworten neuropsychologische Gutachten Fragen nach dem Ausmaß von Hirnfunktionsstörungen in Folge von Erkrankungen oder Verletzungen des Gehirns. Sie geben Auskunft über die Auswirkungen der Störungen auf die berufliche und allgemeine Lebensführung sowie die Aktivität und die Teilhabe in verschiedenen Lebensbereichen. Außerdem können sie zu therapeutischen beziehungsweise rehabilitativen Möglichkeiten und Fragen bezüglich der Wiedereingliederung und Prognose Stellung nehmen.

Die klinische Neuropsychologie verfügt über wissenschaftlich anerkannte Verfahren, die eine differenzierte und realistische Einschätzung der Schädigungsfolgen erlauben. Der Gutachter sollte sich bei der Planung und Durchführung der Untersuchung sowie in den abschließenden Aussagen des Gutachtens an den Grundsätzen eines bio-psycho-sozialen Verständnisses der funktionalen Gesundheit im Sinne der ICF (Ressourcen- und Defizitorientierung) orientieren. Die Anlehnung an die ICF ist bis dato nur soweit möglich, wie es die Fragestellungen, gesetzlichen Vorschriften und vertraglichen Vereinbarungen des Auftraggebers zulassen.

Das neuropsychologische Gutachten im Rahmen der Gesamtbegutachtung

Bei der Beantwortung der Fragestellung sind Überschneidungen zu Nachbardisziplinen zu beachten. Neurologische und neurochirurgische Gutachter stellen mit Hilfe neurologischer Untersuchungsverfahren, bildgebender Verfahren und weiterer apparativer Zusatzuntersuchungen den Umfang und das Ausmaß pathologischer Strukturveränderungen des ZNS und deren somatische Folgen fest. Strukturelle Veränderungen und neurologische Diagnosen können zwar auf Einschränkungen der Teilhabe hinweisen, sie stellen jedoch keine Beschreibung der möglichen Defizite in der beruflichen bzw. allgemeinen Lebensführung und Teilhabe des Probanden dar. Um diese und mögliche weiter verfügbare Ressourcen zu erfassen, ist also zunächst eine dem Einzelfall angemessene Diagnostik neuropsychologischer Funktionen erforderlich [2]. In einem weiteren Schritt lassen sich daraus die Auswirkungen auf die Teilhabe ableiten. Dabei ist zu beachten, dass neuropsychologische Funktionsstörungen auch ohne nachweisbare morphologische Veränderungen möglich sind.

Psychiatrische Gutachter klassifizieren auf der Basis der Exploration, der erhobenen Anamnese, weiterer Verlaufsangaben und apparativer Zusatzuntersuchungen vorhandene psychische Symptome, um zu einer Diagnose der psychischen Krankheit zu gelangen. Die kognitiven und emotionalen Auswirkungen zerebraler Funktionsstörungen sind damit jedoch noch nicht psychometrisch objektiviert. Ohne eine psychometrische Objektivierung des kognitiven Funktionsniveaus und eine auf statistische Normen bezogene Einordnung emotionaler Funktionen können weder der neurologische beziehungsweise neurochirurgische, noch der psychiatrische Gutachter allein eine angemessene Antwort auf die Frage nach den Auswirkungen von Störungen oder Schädigungen des Gehirns auf

- höhere kognitive Funktionen
- das emotionale Erleben und
- das Verhalten
- die daraus resultierenden Veränderungen in der gesamten Lebensführung und
- damit die Teilhabe am gesellschaftlichen und beruflichen Leben geben.

Die von den Nachbardisziplinen beschriebenen Schädigungen und Beeinträchtigungen des Gehirns und deren Diagnosen greift der neuropsychologische Gutachter auf, um die Funktionseinschränkungen hinsichtlich ihres Ausmaßes mit Hilfe psychometrischer Verfahren zu quantifizieren. Um konkrete Aussagen über die individuell realisierbaren Aktivitäten und Leistungen zur Teilhabe zu erstellen, beachtet der neuropsychologische Gutachter grundsätzlich einen ganzheitlichen Ansatz, auch im Sinne der ICF. Dieses Vorgehen geht über das Erkennen eines krankhaften oder behindernden Zustandes hinaus. Auch die wechselseitigen Beziehungen zwischen den Gesundheitsproblemen einer Person und ihren Kontextfaktoren, also der gesamte Lebenshintergrund, sind zu berücksichtigen.

Die kognitiven und emotionalen Funktionen einer Person werden in Relation zu Leistungen unterschiedlicher relevanter Bezugsgruppen gesetzt. Damit kann die Frage beantwortet werden, in wie weit die Person all das tun kann, was von einem Menschen ohne Gesundheitsprobleme erwartet wird. Wissenschaftlich fundierte Theorien der Psychologie zur Funktionsweise kognitiver Leistungen und des emotionalen Erlebens erlauben darüber hinaus, die objektivierten Einschränkungen hinsichtlich ihrer Auswirkungen auf die Teilhabe zu bewerten.

Diese normative und theoretische Einordnung neuropsychologischer Funktionsstörungen erfolgt in Bezug auf den individuellen Lebenshintergrund der zu begutachtenden Person. Je nach Auftraggeber, vertraglichen Vereinbarungen und gesetzlichen Vorschriften hat der Gutachter nicht nur die beruflichen Rahmenbedingungen zu berücksichtigen, sondern muss darüber hinaus die Vorerkrankungn, die individuelle Lebensführung eines Menschen und die umfassenden psychosozialen Gegebenheiten, die nicht Teil des Gesundheitsproblems sind, wie Alter, Geschlecht, Bewältigungsstil, Persönlichkeit, Bildung, Familiensituation und sonstige Ressourcen, in die gutachterliche Beurteilung einbeziehen.

3 Auftraggeber

Aufträge neuropsychologischer Gutachten entstammen vorwiegend unterschiedlichen Rechtsbereichen der sozialen Sicherungssysteme der Bundesrepublik Deutschland. Dazu zählen u.a. private und gesetzliche Versicherungen, die Versorgung nach dem Schwerbehindertengesetz, das soziale Entschädigungsrecht und das Beamtenversorgungsgesetz. Außerdem werden neuropsychologische Gutachten auch bei Fragen nach der Verhandlungsfähigkeit im Strafprozess, bei Fragen nach der Geschäftsfähigkeit und Testierfähigkeit sowie bei Fragen der Fahrtauglichkeit von Gerichten, Staatsanwaltschaften oder Behörden in Auftrag gegeben.

Der Weg der Auftragsvergabe verläuft häufig über einen neurologischen oder neurochirurgischen Gutachter. Dieser stellt bei der Bearbeitung seines Gutachtens die Erfordernis eines neuropsychologischen Gutachtens fest und veranlasst bei dem Auftraggeber eine zusätzliche neuropsychologische Begutachtung. Häufig schlägt er schon einen geeigneten Neuropsychologen als Sachverständigen vor. Der neuropsychologische Gutachter hat darauf zu achten, dass er namentlich, schriftlich vom Auftraggeber als Sachverständiger benannt und mit der Erstellung des Gutachtens beauftragt ist. Ausnahmen hiervon sind nur dann möglich, wenn der Auftrag an den neurologischen, arbeitsmedizinischen oder neurochirurgischen Gutachter ausdrücklich die Genehmigung enthält, ohne Rücksprache mit dem Auftraggeber (z.B. private Unfallversicherung) weitere erforderliche Gutachten einholen zu können. Auch in diesem Falle ist der Auftraggeber darüber zu informieren, dass ein neuropsychologisches Gutachten auf Veranlassung des entsprechenden Sachverständigen (z.B. neurologischer Gutachter) erstellt wird.

Ein in letzter Zeit häufig gewählter Vergabeweg neuropsychologischer Gutachten erfolgt direkt vom Auftraggeber an den neuropsychologischen Sachverständigen. Dabei können neurologische und neuropsychologische Gutachter zeitgleich vom Auftraggeber beauftragt werden. Es kommt jedoch auch vor, dass nur neuropsychologische Gutachten in Auftrag gegeben werden. Dann hat der neuropsychologische Sachverständige vorab zu prüfen, ob die in den Akten vorhandene medizinische Diagnostik für seine Bearbeitung ausreicht oder ob zusätzlich ein neurologisches Gutachten ebenfalls erforderlich ist.

Grundsätzlich sollte für jedes erforderliche Fachgebiet ein eigenes Gutachten erstellt werden. Jeder Gutachter ist gehalten, die Einschätzung einer vorliegenden Schädigung und deren Auswirkungen auf seinem Fachgebiet entsprechend der gesetzlichen Voraussetzungen, z. B. MdE, GdB, Invalidität etc., vorzunehmen. Ein vom Auftraggeber benannter berichterstattender Gutachter fasst in seinem „Hauptgutachten" alle Gutachten zusammen und kommt unter Würdigung der zusätzlichen Fachgutachten zu einer Einschätzung der Gesamtschädigung. Dabei setzt sich die Einschätzung des Gesamtschadens nicht als Addition aus den Einschätzungen der Einzelgutachten zusammen. Bei der gesetzlichen Unfallversicherung ist z. B. häufig ein Unfallchirurg, der auch als Durchgangsarzt tätig ist, der berichterstattende Gutachter. Alle weiteren von ihm veranlassten Fachgutachten sind zusätzliche Gutachten, die gleichrangig zu werten sind.

Die Fragen, die mit Hilfe eines neuropsychologischen Gutachtens beantwortet werden sollen, beziehen sich auf das Vorhandensein und das Ausmaß von kognitiven Leistungsstörungen und auf Veränderungen des emotionalen Erlebens nach einer Erkrankung oder einer Verletzung des Gehirns. Darüber hinaus wird häufig eine Einschätzung der Prognose und der Rehabilitationsmöglichkeiten angefordert. Je nach Auftraggeber sind die Fragen in Bezug auf alle Lebensbereiche des Probanden (z.B. Schwerbehindertengesetz) oder im Bezug auf seine berufliche Tätigkeit (z.B. private Berufsunfähigkeitsversicherung) oder im Bezug auf spezielle Situationen, etwa im Strafprozess, zu beantworten. Der Gutachter muss die gesetzlichen Rahmenbedingungen, die der vom Auftraggeber formulierten spezifischen Fragestellung zugrunde liegen, kennen und bei der Erstellung seines Gutachtens beachten.

Die gesetzlichen Rahmenbedingungen sind in Tabelle 1 dargestellt. Die in der Tabelle aufgeführten Abkürzungen finden sich in der nachfolgenden Übersicht erklärt.

Abkürzungen in Tabelle 1:

AUB	Allgemeine Unfallversicherungsbedingungen
BASt	Bundesanstalt für Straßenwesen
BBG	Bundesbeamtengesetz
BeamtVG	Beamtenversorgungsgesetz
BG	Berufsgenossenschaft
BGB	Bürgerliches Gesetzbuch
BSeuchG	Bundesseuchengesetz
BU	Berufsunfähigkeit
BVG	Bundesversorgungsgesetz
EU	Erwerbsunfähigkeit
FeV	Fahrerlaubnisverordnung
FeVÄndV	Verordnung zur Änderung der Fahrerlaubnis-Verordnung
GdB	Grad der Behinderung
HHG	Häftlingshilfegesetz
MdE	Minderung der Erwerbsfähigkeit
OEG	Opferentschädigungsgesetz
SchwbG	Schwerbehindertengesetz
SG	Soldatengesetz
SGB	Sozialgesetzbuch
StGB	Strafgesetzbuch
StPO	Strafprozessordnung
StVG	Straßenverkehrsgesetz
VVG	Gesetz über den Versicherungsvertrag
ZDG	Zivildienstgesetz
ZPO	Zivilprozessordnung

In aller Regel werden Gutachten in freier Form erstattet. Sie basieren auf den vom Auftraggeber zur Verfügung gestellten Akten, einer Exploration, einer Anamnese und gegebenenfalls Fremdanamnese sowie auf einer umfangreichen neuropsychologischen Funktionsdiagnostik und der Beschreibung von sozialmedizinischen Auswirkungen bestehender Funktionsdefizite auf das berufliche und private Leben. Ein neuropsychologisches Gutachten sollte ein freies, gegebenenfalls wissenschaftlich begründetes Gutachten sein, weil die Darstellung komplexer neuropsychologischer

Tabelle 1 : Auftraggeber und ihre Fragestellungen (aus: Neumann-Zielke, Roschmann & Wilhelm [3])

Auftraggeber	Fragestellung		Bezugssystem	Rechtsgrundlage	Rechtsweg
Gesetzliche Sozialversicherungen					
Unfall (z.B. BG)	**MdE:** Was ist in Folge der Berufskrankheit/des Berufsunfalls an erwerbsbezogener Leistungsfähigkeit verloren gegangen	kausal	Erwerbsfähigkeit auf dem allgemeinen Arbeitsmarkt zum Zeitpunkt des Schadeneintritts unter Berücksichtigung bis dahin gezeigter individueller beruflicher Fähigkeiten.	SGB VII	Sozialgericht
Rente (Deutsche Rentenversicherung)	Für Personen, die vor dem 01.01.1961 geboren sind: **BU:** Kann die Person ihren Beruf weniger als 6 Stunden täglich ausüben?	final	erlernter Beruf	SGB VI	Sozialgericht
	EU: Ist die Erwerbsfähigkeit unter-halbschichtig (unter 4 Stunden), unter-vollschichtig (8 Stunden) gegeben?	final	zeitlicher Umfang der Einschränkung der Erwerbsfähigkeit auf dem allgemeinen Arbeitsmarkt		
	Für Personen, die ab dem 01.01.1961 geboren sind: **Volle Erwerbsminderung:** Ist eine Erwerbsfähigkeit von weniger als 3 Stunden gegeben? **Teilweise Erwerbsminderung:** Ist eine Erwerbsfähigkeit von weniger als 6 Stunden gegeben?	final	individuelles positives und negatives Leistungsspektrum hinsichtlich des zeitlichen Umfangs für eine Erwerbsfähigkeit unabhängig vom Beruf		
Private Versicherung					
Unfall	**Invaliditätsgrad nach AUB 88 oder 99:** Was ist in Folge des Unfalls an (körperlicher und) geistiger Leistungsfähigkeit verlorengegangen?	kausal	„normale (körperliche und) geistige Leistungsfähigkeit" von Personen gleichen Alters und Geschlechts	Versicherungsvertrag	Zivilgericht
Haftpflicht	Wie wirkt sich die Schädigung auf die berufliche und private Lebensführung aus?	kausal	individuelle Lebensführung vor dem schädigenden Ereignis	BGB VVG	Zivilgericht
Berufsunfähigkeit	**BU:** Was kann die Person noch leisten? Welche Fähigkeiten zur Berufsausübung gingen verloren?	final	der zuletzt ausgeübte Beruf oder eine vergleichbare Tätigkeit	Versicherungsvertrag	Zivilgericht

Versicherungen

Tabelle 1 : Auftraggeber und ihre Fragestellungen (aus: Neumann–Zielke, Roschmann & Wilhelm [3])

	Auftraggeber	Fragestellung		Bezugssystem	Rechtsgrundlage	Rechtsweg
Versorgung	Allgemeinversorgung	**GdB:** Welche Auswirkungen hat eine Behinderung auf alle Lebensbereiche?	final	Abweichung von der Norm gleichen Alters und Geschlechts	SchwbG	Sozialgericht
	Sonderversorgungen	**MdE** (jedoch nicht zu verwechseln mit der MdE der gesetzlichen Unfallversicherung): abhängig von der Art der Versorgungsansprüche	final/kausal	individueller Zustand vor der Schädigung in allen Lebensbereichen	GeamtVG HHG, SG, ZDG etc.	z. B. Verwaltungsgericht
	Beamtenrechtliche Unfallfürsorge	Was ist an Leistungsfähigkeit verloren gegangen?	kausal	individueller Zustand vor der Schädigung	BeamtVG	Verwaltungsgericht
	Beamtenrechtliche Dienstunfähigkeit	Ist die Erfüllung der Dienstpflicht durch Gebrechen oder Krankheit untragbar beeinträchtigt?	final	individuelle Dienstpflicht	BBG	Verwaltungsgericht
Behörden & Gerichte	Geschäfts-, Testierfähigkeit, Betreuung	Ist die Einsichtsfähigkeit oder die freie Willensbestimmung eingeschränkt oder aufgehoben?	final	nicht-krankhaft gestörte Einsichts- und Willensfähigkeit	BGB	Vormundschaftsgericht
	Schuldfähigkeit, Verhandlungsfähigkeit	Ist die Einsichtsfähigkeit oder die freie Willensbestimmung eingeschränkt oder aufgehoben?	final	nicht-krankhaft gestörte Einsichts- und Willensfähigkeit	StPO, ZPO	Straf- und Zivilgerichte
	Fahrtauglichkeit	Ist die Person geeignet zum Führen eines Kraftfahrzeugs?	final	Begutachtungsleitlinien [4], Erlasse einzelner Bundesländer (vgl. [5])	StVG, FeV FeVÄndV	Verwaltungsgericht

Sachverhalte in einem Formulargutachten nicht möglich ist. Sollte ein neuropsychologisches Formulargutachten in Auftrag gegeben werden, ist dem neuropsychologischen Gutachter zu empfehlen, den Auftrag für ein freies neuropsychologisches Gutachten vom Auftraggeber anzufordern.

Finale und kausale Gutachten

In Abhängigkeit vom gesetzlichen Bezugsrahmen des Auftraggebers lassen sich finale von kausalen Gutachten unterscheiden.

Bei finalen Gutachten ist festzustellen, ob neuropsychologische Funktionsstörungen vorliegen und welche Auswirkungen diese auf die berufliche und soziale Lebenssituation haben. Die Ursache der zugrunde liegenden Gesundheitsstörung ist für die Beurteilung bedeutungslos. Finale Begutachtungen sind bei Fragen nach der Geschäftsfähigkeit, der Schuldfähigkeit, der Verhandlungsfähigkeit und der Eignung zum Führen eines Kraftfahrzeuges zu erstellen. Finale Gutachten werden auch von der gesetzlichen Rentenversicherung, den Krankenversicherungen, den Pflegeversicherungen und bei Begutachtungen nach dem Beamtenrecht und Schwerbehindertengesetz angefordert.

Bei einer kausalen Begutachtung ist auch zu beurteilen, auf welche Ursachen eine Gesundheitsstörung bzw. im Falle einer neuropsychologischen Begutachtung eine Funktionsstörung zurückzuführen ist. Die Frage nach der Ursache einer Funktionsstörung wird z. B. relevant, wenn ein Gutachten für eine gesetzliche oder private Unfallversicherung oder für eine Haftpflichtversicherung zu erstellen ist.

Bei kausalen Begutachtungen sind unterschiedliche juristische Theorien zu beachten. Unterschieden werden die Relevanz-, die Adäquanz- und die Äquivalenztheorie. Die Relevanztheorie wird auch die Theorie der wesentlichen Bedingung genannt. Wenn eine Erkrankung oder ein Unfall wesentlich geeignet war, eine vorliegende Funktionsstörung hervorzurufen, ist nach dieser Theorie diese Erkrankung oder dieser Unfall als einzige Ursache für die Funktionsstörung anzusehen. Andere Einflussgrößen, die bei der Entstehung der vorliegenden Störungen von geringerer Bedeutung sind, werden nicht in die Bewertung der Schadensfolgen einbezogen. Diese unerheblichen Ursachen (z.B. Vorerkrankungen, "Unfall als Regressionsangebot") müssen benannt werden. So weit leistbar, bedarf es einer wissenschaftlichen Begründung, warum diese als nicht-wesentlich für das beschriebene Störungsbild bewertet werden (vgl. [6]). Die Relevanztheorie, in der es keine Aufteilung von Kausalitäten gibt, gilt im Sozialrecht.

Im Gegensatz dazu wird bei der im Zivilrecht geltenden Adäquanztheorie jedes Ereignis als adäquat kausal angesehen, das geeignet ist, eine Schadensfolge hervorzurufen. Bei der gutachterlichen Beurteilung hat deshalb eine Gewichtung der einzelnen gesundheitsschädigenden Faktoren zu erfolgen. Die Adäquanztheorie findet bei der privaten Unfallversicherung und der Haftpflichtversicherung Anwendung. Die Versicherungen werden nur den Anteil der Gesundheitsstörung entschädigen, der auf die Ursache, die Gegenstand der Versicherung ist (z.B. Unfall), zurückgeführt werden kann. Der Anteil der Gesundheitsstörung, der auf den Einfluss anderer Ursachen zurückzuführen ist (z.B. Krankheit), wird dagegen nicht entschädigt.

Nach der Äquivalenztheorie, die im Strafrecht zur Anwendung kommt, ist eine Handlung dann Ursache einer Straftat, wenn ohne diese Handlung im vorliegenden Ausmaß und zum gegebenen Zeitpunkt es nicht zu diesem konkreten Erfolg (der Straftat) gekommen wäre. Die Äquivalenztheorie, die der neuropsychologischen Begutachtung selten zu Grunde liegt, entspricht dem naturwissenschaftlichen Kausalitätsverständnis.

4 Anforderungen an einen neuropsychologischen Gutachter

Qualifikation des Gutachters

Es werden sowohl Anforderungen an das neuropsychologische Fachwissen als auch Kenntnisse zu den rechtlichen Rahmenbedingungen der Sachverständigentätigkeit gefordert.

Neuropsychologisches Fachwissen
Für die sachgerechte Erstellung eines neuropsychologischen Gutachtens sind eingehende Kenntnisse und Erfahrungen in der klinischen Neuropsychologie erforderlich. Daher sollte der neuropsychologische Gutachter das Diplom in Psychologie bzw. in Zukunft einen vergleichbaren Master-Abschluss haben und als Klinischer Neuropsychologe GNP anerkannt sein. Das Zertifikat Klinischer Neuropsychologe GNP wird von der Gemeinsamen Kommission Klinische Neuropsychologie (GKKN)[2] mitgetragen. Damit wird neben einer Hochschulausbildung in Psychologie, die zu wissenschaftlichem Denken und Arbeiten ausbildet, auch eine mehrjährige berufsbegleitende curriculare Qualifikation mit entsprechender Berufserfahrung in der Auswahl, Anwendung, Auswertung und Interpretation neuropsychologischer Methoden sichergestellt. Die Bundespsychotherapeutenkammer (BPTK) griff dieses Curriculum auf und formulierte entsprechende Anforderungen in der Musterweiterbildungsordnung [7], welche mittlerweile von den meisten Länder-Psychotherapeutenkammern umgesetzt werden.

Zu Ausbildungszwecken kann unter Supervision eines Klinischen Neuropsychologen GNP auch ein entsprechend qualifizierter Weiterbildungskandidat in die Erstellung von Gutachten einbezogen werden. Der zuständige Supervisor dokumentiert mit seiner Unterschrift, dass er auf Grund eigener Urteilsbildung mit dem Inhalt des Gutachtens übereinstimmt und dafür verantwortlich

---

2   Die GKKN wird gebildet von der Deutschen Gesellschaft für Neurologie (DGN), dem Berufsverband Deutscher Psychologinnen und Psychologen (BDP), der Deutschen Gesellschaft für Psychologie (DGfPs) und der Gesellschaft für Neuropsychologie (GNP).

zeichnet. Für langjährig tätige Neuropsychologen mit Approbation als Psychologischer Psychotherapeut und fachbezogener Lehrerfahrung bietet der Fachverband die Möglichkeit einer Anerkennung als „Supervisor GNP".

An den neuropsychologischen Gutachter werden folgende Anforderungen gestellt: Er muss neuropsychologische Befunde sachgerecht erheben und diese unter Berücksichtigung der sonstigen ihm zugänglich gemachten Informationen auf der Basis neuropsychologisch-wissenschaftlicher Erkenntnis und entsprechend spezifischen Erfahrungswissens bewerten können. Die Aufgabe des Gutachters besteht in der Feststellung quantitativer und qualitativer Beeinträchtigungen neuropsychologischer Funktionen. Je nach Fragestellung des Auftragsgebers sind sozialrechtliche Bewertungen vorzunehmen und zusätzlich auch die psychosozialen Folgen für die Teilhabe einzuschätzen sowie Aussagen zur Prognose und zu Interventionsmöglichkeiten zu treffen.

Wissen zu den rechtlichen Rahmenbedingungen der Sachverständigentätigkeit
Mit seiner Fachkunde berät der Gutachter den Auftraggeber (z.B. private Versicherungsgesellschaft, Gericht, Sozialversicherungsträger oder Verwaltungsbehörde), der seinerseits mit Hilfe dieser Informationen eine Entscheidung, z.B. über einen Sozialleistungsanspruch oder die Finanzierung weiterer Behandlungsschritte, zu fällen hat. Hierzu muss der Gutachter auch die in den verschiedenen Versicherungs- und Rechtsbereichen geltenden unterschiedlichen Maßstäbe kennen. Der Gutachter muss auch die mit dem allgemeinen Sprachgebrauch nicht immer übereinstimmenden Definitionen juristischer Termini kennen. Dies gilt z.B. für Begriffe wie Berufs-, Erwerbs-, Arbeitsunfähigkeit etc.

Um die Verwertbarkeit des Gutachtens sicher zu stellen, sollte sich der Gutachter bei Unklarheiten direkt an den Auftraggeber wenden. Damit lassen sich unnötige Missverständnisse zwischen Sachbearbeitern der Versicherungen bzw. der Sozialversicherungsträger und Juristen auf der einen und Neuropsychologen auf der anderen Seite vermeiden.

Unparteilichkeit und Unabhängigkeit

Der neuropsychologische Gutachter ist weder Interessenvertreter des Auftraggebers noch des Probanden. Er ist immer zu einer neutralen und unparteiischen Aufklärung der Sachverhalte verpflichtet (Sachaufklärung) und trägt so dazu bei, Entscheidungen anderer vorzubereiten. Unabhängigkeit ist z. B. nicht mehr gegeben, wenn der Gutachter mit dem zu Begutachtenden verwandt, verschwägert, befreundet ist oder ein näherer Bekanntschaftsgrad besteht beziehungsweise in der Vergangenheit bestand. Bei Gerichtsgutachten sollte im Zweifelsfall der Sachverständige derartige Umstände dem Gericht gegenüber offenbaren und dessen Entscheidung über eine Entbindung von der Beauftragung abwarten.

Bedeutung der vom Auftraggeber gestellten Fragen

Der Gutachter hat nur die gestellten Fragen zu beantworten. Er muss daher schon bei Annahme des Gutachtens prüfen, ob die Fragen verständlich, vollständig, eindeutig und der Sache angemessen sind und er für die Beantwortung der Fragen kompetent ist. Im Zweifelsfall ist dem Auftraggeber eine Präzisierung oder Ergänzung der Fragestellung vorzuschlagen. Änderungen, Ergänzungen oder Kürzungen der Fragestellungen sollten generell und insbesondere bei Gerichtsgutachten nur nach Absprache mit dem Auftraggeber erfolgen. Fallen Teile der Fragen in ein anderes Fachgebiet, so ist beim Auftraggeber die Erlaubnis für die Beauftragung eines Zusatzgutachtens einzuholen. Sollte der Auftrag nicht in den Kompetenzbereich des Neuropsychologen fallen, gilt es, dies dem Auftraggeber mitzuteilen und den Gutachtenauftrag zurückzugeben.

Schweigepflicht und Datenschutz

In der Regel ist für die Weitergabe von Befunden an Dritte die schriftliche Einwilligung als „Entbindung von der Schweigepflicht" erforderlich. Für das gerichtliche Gutachten ist die Entbindung von der Schweigepflicht durch die Wahrnehmung des Untersuchungstermins durch den Probanden schon gegeben. Für alle anderen Gutachten sollte immer eine schriftliche Schweigepflichtsentbindung vorliegen. Nimmt der Proband ausdrücklich Informationen von der Weitergabe aus, darf der Gutachter diese auch nicht in seinem Gutachten verwenden. Sind diese Erkenntnisse jedoch für die Beantwortung der Fragestellung notwendig, so muss der Gutachter den Auftrag mit Verweis auf die Schweigepflicht gegebenenfalls zurückgeben. Plant der Gutachter, Untersuchungsbefunde oder Angaben des Probanden einzubeziehen, die außerhalb des Begutachtungsprozesses erhoben wurden, muss der zu Begutachtende dem ausdrücklich zustimmen. Der Gutachter sollte dem Auftraggeber nur Informationen mitteilen, die zur Beantwortung der Fragestellung relevant sind.

Eigenverantwortlichkeit

Der Gutachter hat das Gutachten grundsätzlich selbst zu erstellen und zu verantworten. Dies schließt die Beteiligung von Hilfskräften in Vorbereitung und Abfassung des Gutachtens, z.B. unter Ausbildungsaspekten, nicht aus (vgl. § 407a Abs. 2 ZPO). Handelt es sich nicht um Hilfsdienste von untergeordneter Bedeutung (standardisierte Testauswertung, Schreibarbeiten etc.), sind der Name des Mitarbeiters und der Umfang seiner Tätigkeit anzugeben.

Bei gerichtlichen Verfahren wird der Gutachter durch den Beweisbeschluss persönlich, d.h. namentlich, als Sachverständiger bestellt und zur Übernahme des Gutachtens verpflichtet (§§ 407 Abs. 1, 411 Abs. 3 ZPO, 75 Abs. 1 StPO). Diesen Auftrag darf der bestellte Sachverständige nicht auf eine andere Person übertragen. Außerhalb gerichtlicher Gutachten besteht grundsätzlich keine Übernahmepflicht, sofern die Gutachtertätigkeit keine dienst- beziehungsweise arbeitsvertraglich geschuldete Leistung des Gutachters darstellt. Macht der bestellte Gutachter glaubhaft, dass die gestellten Fragen außerhalb seines persönlichen Kompetenzbereiches liegen, wird das Gericht ihn von dem Auftrag entbinden. Ist der Gutachter aufgrund von Zeitmangel oder Arbeitsüberlastung nicht in der Lage, das Gutachten in angemessener Zeit zu erstatten, so kann das Gericht den Auftrag zurückziehen.

Haftung des Gutachters

Eine Schadensersatzpflicht des Gutachters kann sich aus zwei Gründen ergeben: Haftung wegen Verletzung einer Vertragspflicht und wegen Haftung aus Delikt oder unerlaubter Handlung (§§ 823 ff. BGB). Zivilrechtliche Haftungsansprüche des Auftraggebers oder des Probanden an den Gutachter setzen eine schuldhaft, d. h. vorsätzlich oder fahrlässig (§ 276 BGB), herbeigeführte objektive Pflichtverletzung des Gutachters und einen dadurch verursachten Schaden voraus. Die Beweislast liegt grundsätzlich beim Anspruchsteller. Der Haftungsumfang erstreckt sich auf materielle und bei Gesundheitsschäden auch immaterielle Schadensfolgen. Die Verjährungsfrist beträgt für beide Haftungsgrundlagen nach Kenntnisnahme des Sachverhaltes 3 Jahre zum Jahresende (näheres siehe §§ 195, 199 BGB n. F.).

Für den gerichtlich bestellten Sachverständigen besteht eine spezielle gesetzliche Haftungsgrundlage (§ 839a BGB). Danach hat er für (Vermögens-) Schäden einzustehen, die einem Verfahrensbeteiligten durch ein vorsätzlich oder grob fahrlässig erstelltes unrichtiges Gutachten als Grundlage einer gerichtlichen Entscheidung entstanden sind. Die strafrechtliche Verantwortlichkeit eines Gutachters kann sich nur aus gravierenden Gründen ergeben: vorsätzliche Falschaussage (§ 153 StGB), vorsätzlicher Meineid oder fahrlässiger Falscheid (§§ 154 und 163 StGB), vorsätzliche Verletzung der Schweigepflicht (§ 203 StGB), vorsätzliche/fahrlässige Körperverletzung (§§ 223 ff. und 229 StGB), vorsätzliche Freiheitsberaubung (§ 239 StGB), vorsätzlicher Betrug (§ 263 StGB), vorsätzliche Untreue (§ 266 StGB), vorsätzliche Bestechlichkeit im geschäftlichen Verkehr (§ 299 StGB) und Vorteilsannahme/ Bestechlichkeit (§§ 331 und 332 StGB). Verstöße führen zu strafrechtlichen Ermittlungsverfahren und gegebenenfalls zu einer Verurteilung zu Geld- und/oder Freiheitsstrafen.

Termingerechte Erstellung

Für jedes Gutachten ist eine adäquate Bearbeitungszeit zu beachten. Eine zu lange Frist zwischen Untersuchung des Probanden und

Abfassung des Gutachtens kann zur Anfechtung des Gutachtens führen, z. B. wegen möglicher zwischenzeitlicher Veränderung des Gesundheitszustandes. Das Gericht setzt eine Frist. Wird diese Frist nicht eingehalten, kann das Gericht eine Nachfrist setzen. Wird diese wiederum nicht eingehalten, so kann vom Gericht ein Bußgeld verhängt werden.

5 Prozess der neuropsychologischen Begutachtung

Der Prozess der neuropsychologischen Begutachtung beginnt mit der Prüfung der Fragestellung und der Übernahme des Gutachtenauftrags und endet mit der adäquaten Liquidation. Im Folgenden werden die einzelnen Stufen des Begutachtungsprozesses im Überblick dargestellt. Ausführlichere aktuelle Darstellungen der Methodik der neuropsychologischen Begutachtung finden sich bei Hartje [8], Wilhelm & Roschmann [9], Neumann-Zielke, Roschmann & Wilhelm [3].

Prüfung der Fragestellung und Übernahme des Gutachtenauftrags

Der neuropsychologische Gutachter hat zunächst zu klären, ob er die Fragestellung mit neuropsychologischen Methoden beantworten kann. Auch die Rahmenbedingungen des Gutachtenauftrags sind zu überprüfen und bei Bedarf mit dem Auftraggeber zu spezifizieren. Wichtige Aspekte der Rahmenbedingungen sind:

- namentliche Benennung des neuropsychologischen Gutachters
- Vorliegen ausreichender Akteninformationen
- Kostenübernahmeerklärung des Auftraggebers und Festlegen der Honorarregelung
- zeitlicher Rahmen für die Gutachtenerstattung.

Eine sorgfältige Prüfung der Fragestellung und der Rahmenbedingungen für die Gutachtenerstellung vor Übernahme des Gutachtenauftrags trägt entscheidend zur Vermeidung von Missverständnissen und Problemen bei und stellt die Grundlage für eine hohe Qualität des Gutachtens und die Zufriedenheit des Auftraggebers dar. Der angefragte neuropsychologische Gutachter sollte den Gutachtenauftrag möglichst umgehend ohne zeitliche Verzögerung prüfen.

Aktenstudium und Planung der Untersuchung

Das Studium der vorliegenden Akten, insbesondere der relevanten medizinischen, psychologischen und weiteren Informationen, ist ein erster wichtiger Schritt der inhaltlichen Bearbeitung des Gutachtenauftrags. Die Akteninhalte, vor allem die Angaben zur medizinischen Diagnose und zum Behandlungsverlauf sowie zu neuropsychologischen Voruntersuchungen und Vorbefunden, sind die Grundlage für das Erstellen vorläufiger Hypothesen und eine vorläufige Auswahl neuropsychologischer Untersuchungsverfahren. Bei der Planung der Untersuchung sollte auf einen zeitlich effektiven Untersuchungsablauf und eine gute Abstimmung mit anderen Untersuchungen geachtet und eine Überforderung des Probanden vermieden werden.

Einbestellung des Probanden

Der Proband wird, in der Regel mindestens 14 Tage vorher, schriftlich zu dem Untersuchungstermin eingeladen. Er sollte hierbei aufgefordert werden, von ihm benötigte Seh- und Hörhilfen und die derzeit eingenommenen Medikamente mitzubringen. Je nach Bedarf sollte auch eine nahe stehende Person für die Erhebung fremdanamnestischer Daten eingeladen werden und bei Fremdsprachigkeit ein Dolmetscher. Die Auswahl eines Dolmetschers ist mit dem Auftraggeber abzusprechen.

Durchführung der Untersuchung

In der Interaktion mit dem Probanden ist es für den Gutachter wichtig, dem zu Begutachtenden mit einem freundlichen Verhalten zu begegnen, um eine positive Arbeitsatmosphäre zu schaffen. Dem Gutachter sollte bewusst sein, dass es zu erheblichen Verfälschungstendenzen z.B. im Sinne von Aggravation auf Seiten des Probanden führen kann, wenn dieser das Verhalten des Gutachters als unfreundlich oder ablehnend wahrnimmt. Zu Beginn der Exploration sollte eine Erläuterung des Gutachtenauftrags durch den

Gutachter erfolgen. Der Proband ist insbesondere darauf hinzuweisen, dass im Rahmen der Begutachtung keine Schweigepflicht
des Psychologen gegenüber dem Auftraggeber besteht. Weiterhin
sollte der Proband angehalten werden, sein optimales Leistungsverhalten zu zeigen.

Bei der Durchführung der Untersuchung werden verschiedene
Informationsquellen herangezogen:

- Exploration des Probanden und Erhebung der Anamnese
- Verhaltensbeobachtung durch den Untersucher
- spezifische neuropsychologische Testverfahren und
- Fremdanamnese durch Befragung einer dem Probanden nahe
  stehenden Person, falls dies für eine adäquate Beantwortung
  der Fragestellung notwendig erscheint.

Im Grundsatz sind die Informationen aus den verschiedenen Quellen gleich bedeutsam und gleichrangig. Die Verlässlichkeit der einzelnen Informationen und ihre Bedeutung für die Beantwortung
der Fragestellung sind im Einzelfall zu bewerten.

Bei der Auswahl neuropsychologischer Testverfahren sind die
für die Fragestellung wichtigen neuropsychologischen Funktionen
mit den jeweils spezifischen Teilfunktionen zu berücksichtigen:

- Wahrnehmung (z.B. Gesichtsfeld, Neglect, mentale Rotation)
- Aufmerksamkeit (z.B. selektive, geteilte Aufmerksamkeit)
- Lernen und Gedächtnis (z.B. verbale Lernfähigkeit, verzöger-
  ter Abruf)
- Exekutivfunktionen (z.B. Planungsfähigkeit, Ideenprodukti-
  on)
- Intelligenz (z.B. abstrakt-logisches Denken)
- Sprache und Sprechen (z.B. Sprachverständnis, Stimme)
- emotionales Erleben und Verhalten (z.B. Angst, Aggression)
- Persönlichkeit (z.B. Flexibilität, Offenheit)
- psychische Reaktionen auf das verursachende Ereignis (z.B.
  posttraumatische Belastungsstörung).

Für die Auswahl von Testverfahren zu den verschiedenen neuropsychologischen Funktionen wird auf die entsprechende Fachliteratur

verwiesen. Eine ausführlichere Darstellung dazu an dieser Stelle würde den Rahmen einer Leitlinie sprengen. Welche neuropsychologischen Funktionsbereiche und Teilfunktionen im Rahmen der spezifischen Begutachtung untersucht werden, ist von der Art der Fragestellung (z.B. Untersuchung des emotionalen Erlebens und Verhaltens nur dann, wenn es für die Fragestellung relevant ist) und dem jeweiligen Beeinträchtigungsmuster (z.B. Untersuchung von visuellen Wahrnehmungsfunktionen nur bei Hinweisen auf eine Beeinträchtigung in diesem Bereich) abhängig.

Die im Einzelfall zu treffende Auswahl neuropsychologischer Testverfahren in den jeweiligen Funktionsbereichen liegt im Ermessen des neuropsychologischen Gutachters. Auflistungen von Testverfahren in den einzelnen Funktionsbereichen finden sich in Fachbüchern zur neuropsychologischen Begutachtung wie z.B. Hartje [8] und Wilhelm & Roschmann [9] und in Materialien von GNP Arbeitskreisen (z.B. 10, 11). Einen Spezialfall stellt die Begutachtung der Fahreignung dar. In den meisten Bundesländern ist per Erlass durch die zuständige Aufsichtbehörde geregelt, welche psychodiagnostischen Verfahren anerkannt werden. Eine Übersicht findet sich bei Schubert et al. [5].

Allgemeine Kriterien für die Auswahl neuropsychologischer Testverfahren sind:

- Beachtung von Gütekriterien der Tests (z.B. Reliabilität, Validität)
- Berücksichtigung der jeweiligen Probandenmerkmale (z.B. Alter, Geschlecht, Bildungsniveau, sprachlicher und kultureller Hintergrund) insbesondere in Hinblick auf die Verfügbarkeit von Normen
- Vermeidung von Decken- und Bodeneffekten
- Berücksichtigung von Vorerfahrungen des Probanden mit spezifischen Testverfahren
- Berücksichtigung der bei dem Probanden vorliegenden Beeinträchtigungen und Behinderungen (z.B. verminderte Seh- und Hörfähigkeit, Sprachstörungen, Paresen) hinsichtlich Testdurchführung und -interpretation
- Vermeidung von unnötig belastenden und überfordernden Verfahren

- Vermeidung von Verfahren und Normierungen, die nicht publiziert und damit auch für den Fachmann (z. B. über Testzentrale) nicht zugänglich sind.

Wenn der Verdacht auf ein suboptimales Leistungsverhalten besteht, sollte dies anhand nachvollziehbarer Kriterien konkretisiert werden. Zur Untermauerung besteht hier auch die Möglichkeit, sogenannte Beschwerdenvalidierungstests einzusetzen, die zwar kompliziert erscheinen, aber auch von kognitiv stark beeinträchtigten Personen relativ gut zu lösen sind. Zur Diagnostik bei Simulationsverdacht wird auf Merten [12], Blaskewitz & Merten [13] und Boone [14] verwiesen.

Falls sich aus der Exploration Hinweise auf das Vorliegen einer unfallbedingten posttraumatischen Belastungsstörung ergeben, sollte eine hierauf bezogene spezifische Diagnostik nach Kriterien des ICD-10 [15] oder DSM-IV-TR [16] oder mit Hilfe spezieller Fragebogenverfahren durchgeführt werden.

Abfassen des schriftlichen Gutachtens

Bei der Formulierung des schriftlichen Gutachtens sind folgende allgemeine Gesichtspunkte zu beachten:

- klare und für den Auftraggeber (z. B. Gericht, Versicherung) verständliche Sprache
- konkrete und anschauliche Schilderungen und auch für den psychologischen Laien nachvollziehbare Schlussfolgerungen
- präzise Angaben zu Testdurchführung und -interpretation, so dass diese auch für einen sachkundigen Leser (z. B. Zweitgutachter) überprüfbar und replizierbar sind
- Aufführung aller Informationsquellen mit exakter Quellenangabe
- genaue Angaben zu den verwendeten Tests (insbesondere Testversion und Vorgabebedingung, Testergebnisse als standardisierte Werte, z. B. PR oder SW, exakte Benennung der verwendeten Normen)

- Trennung zwischen Untersuchungsbefunden und deren Beurteilung
- gut gegliederte und übersichtliche Darstellung des Textes.

Ein neuropsychologisches Gutachten hat in der Regel folgenden **Aufbau:**

- Gutachtenkopf (insbesondere mit Institution und Namen des Gutachters, Ort und Datum, Adresse und Aktenzeichen des Auftraggebers, Name und Adresse des Probanden)
- Einleitung (Angaben zum Auftraggeber und zur Art des Gutachtens)
- Fragestellung (genaue Wiedergabe der Fragen des Auftraggebers)
- verwendete Informationsquellen (insbesondere Angaben zur neuropsychologischen Untersuchung und zu den verwendeten Untersuchungsmethoden)
- Aktenlage (Beschränkung auf Informationen, die für das neuropsychologische Gutachten relevant sind)
- Untersuchungsbefunde (Darstellung der Befunde aus Exploration und Anamnese, Verhaltensbeobachtung und den einzelnen neuropsychologischen Testverfahren; Trennung zwischen Rohwerten, Normwerten und deskriptiven Zusammenfassungen)
- Diskussion der Befunde und Beurteilung. Wichtige Aspekte sind: kurze Wiedergabe der Vorgeschichte und der Fragestellung, Zusammenfassung relevanter Ergebnisse aus Exploration, Anamnese und Verhaltensbeobachtung, Schätzung des prämorbiden Funktionsniveaus des Probanden, zusammenfassende Darstellung der Testbefunde und Beschreibung der neuropsychologischen Defizite als Abweichung von der Norm und ggf. Abweichungen vom geschätzten prämorbiden Funktionsniveau, Berücksichtigung möglicher Einflussfaktoren wie z.B. Medikation, Bezugnahme zur medizinischen Diagnose, Bezugnahme zur Art und Lokalisation der zerebralen Schädigung (ätiologische Zusammenhänge), gegebenenfalls Bezugnahme auf neuropsychologische Vorbefunde und Vorgutachten, Beurteilung des kausalen Zusammenhangs,

zusammenfassende Beurteilung der neuropsychologischen Funktionsbereiche im Sinne eines positiven oder negativen Leistungsbildes und Bewertung der Bedeutung der festgestellten Beeinträchtigungen für die Aktivitäten und die Partizipation des Probanden gemäß ICF

- Gegebenenfalls kritische Diskussion der Vorgutachten
- Beantwortung der Fragestellung (Beantwortung der einzelnen Fragestellungen des neuropsychologischen Gutachtens, Schätzung der relevanten rechtlichen Bezugsgrößen wie MdE, GdB etc. auf dem neuropsychologischen Fachgebiet). Der Gutachter sollte sich hierbei nach der Abwägung des Für und Wider in der Diskussion auf ein eindeutiges Ergebnis festlegen.
- Unterschrift des neuropsychologischen Gutachters

Der Umfang der Datenerhebung und die Art der schriftlichen Darstellung sind abhängig von der spezifischen Fragestellung des Auftraggebers. Wird zum Beispiel nur nach Abweichungen der Leistungen von den Werten der Normpopulation gefragt, ist die Herausarbeitung und Darstellung des prämorbiden Funktionsniveaus des Probanden für die Urteilsbildung nicht von Bedeutung. Hinweise für die Einschätzung der rechtlichen Bezugsgrößen nach Hirnschädigungen finden sich zu einzelnen Auftraggebern in sogenannten „Anhaltspunkten" [z.B. 17] und in vergleichenden Bewertungstabellen, wie z.B. von Rauschelbach, Jochheim & Widder [18] und Mehrhoff, Meindl & Muhr [19]. Die Schätzung der rechtlichen Bezugsgrößen liegt im Ermessen des Gutachters, sollte sich aber auf die Anhaltspunkte und Bewertungstabellen beziehen und im Einzelfall gut begründbar sein. Da zwischen der Ebene der neuropsychologischen Funktionsdefizite und den rechtlichen Bezugsgrößen eine große inhaltliche Diskrepanz besteht, kommt dem Erfahrungswissen des neuropsychologischen Gutachters eine besondere Bedeutung zu.

6 Liquidation

Die Regeln der Honorierung richten sich nach den einzelnen Auftraggebern. Für gerichtliche Gutachten gilt z.B. das Justiz-vergütungs- und -entschädigungsgesetz (JVEG). Eine genaue Darstellung zum Stand der Liquidation neuropsychologischer Gutachten mit Beispielen von Honorarrechnungen geben z.B. Neumann-Zielke et al. [20].

7 Interdisziplinarität

Auftraggeber eines Gutachtens wollen mittels einer Begutachtung in die Lage versetzt werden, eine Entscheidung nach gesetzlichen und gegebenenfalls vertraglichen Voraussetzungen über die Gewährung von Entschädigungen, Renten oder Pensionen treffen zu können. Steht eine solche Entscheidung in Folge einer Erkrankung oder Verletzung des Gehirns an, sind für den Auftraggeber nicht nur Fragen nach der medizinischen Diagnose wichtig, in aller Regel sind Fragen nach den Folgen der Erkrankung im Hinblick auf Beruf und allgemeine Lebensführung ebenso bedeutsam. Die dadurch bedingte hohe Komplexität der Fragestellung macht per se die Aussagen auf mehreren wissenschaftlichen Teildisziplinen erforderlich.

Welche wissenschaftlichen Teildisziplinen zu einer Aussage gefragt werden, entscheidet letztendlich der Auftraggeber. Es sollte jedoch der Grundsatz eingehalten werden, dass für jede erforderliche Teildisziplin auch ein ausgewiesener Sachverständiger gefragt wird. Dieser sollte sich auf Aussagen, die sein Sachgebiet umfassen, beschränken. Teildisziplinen, die nach Erkrankungen und Verletzungen des Gehirns im Gutachtenprozess gefragt sind, sind neben der Neurologie, der Neurochirurgie, der Psychiatrie und der Neuropsychologie oftmals die Arbeitsmedizin und die Unfallchirurgie. Die Aussagen von Vertretern der Teildisziplinen müssen sich auf das gleiche ursächliche Ereignis und die damit verbundenen Diagnosen beziehen. Nur so kann der alle Befunde zusammenfassende berichterstattende Gutachter zu einer umfassenden Beurteilung kommen.

Für den neuropsychologischen Gutachter bedeutet dies, dass er seine Aussagen über Funktionseinbußen in Bezug zu den medizinischen Diagnosen setzen muss. Der Neuropsychologe hat die Aussagen, die über seine Teildisziplin hinausgehen, z.B. die Feststellung der Lokalisationen krankhafter Prozesse, anderen Disziplinen, z.B. dem Neurologen, zu überlassen. Umgekehrt sind von den anderen Disziplinen die mittels neuropsychologischer Methoden fundierten Aussagen des Neuropsychologen zu akzeptieren. Die Zusammenarbeit der verschiedenen wissenschaftlichen

Teildisziplinen und die gegenseitige Akzeptanz sind gerade im Prozess der Begutachtung einer Person nach einer Erkrankung oder Verletzung des Gehirns eine unabdingbare Voraussetzung für die sachgerechte und damit gerechte Beurteilung.

8 Checkliste zur Beurteilung neuropsychologischer Gutachten

Vor der Annahme des Gutachtenauftrags

- Auftraggeber wünscht neuropsychologisches Gutachten
- Fragestellung ausreichend spezifiziert und beantwortbar
- Schnittstellen zu Nachbardisziplinen geklärt
- Der Gutachter selbst ist geeignet:
  - Qualifikation und Kompetenz ist gewährleistet
  - Unparteilichkeit und Unabhängigkeit ist gegeben
  - Eigenverantwortlichkeit kann sichergestellt werden
  - Aspekte potenzieller Haftungsansprüche wurden bedacht
- Liquidationsbedingungen geklärt

Vorbereitung der Begutachtung

- Aktenauszug: Sichtung relevanter Vorbefunde
- Planung des Untersuchungszeitpunktes unter der Berücksichtigung der Fristen des Auftraggebers
- schriftliche Einladung des Probanden
- Hypothesenbildung zur Zusammenstellung notwendiger Untersuchungsverfahren
- vorläufige Planung der Untersuchung

Untersuchung und Auswertung (je nach Fragestellung und Rahmenbedingungen)

- fachgerechte Durchführung wissenschaftlich anerkannter neuropsychologischer Untersuchungsverfahren einschließlich nachvollziehbarer Dokumentation
  - (Fremd-) Anamnese
  - Exploration, Verhaltensbeobachtung
  - Untersuchungen zu den relevanten psychischen Teilfunktionen
  - Ausschluss oder Kontrolle von Testwiederholungseffekten

- adäquate Interaktion mit dem Probanden
- Auswertung mit normativer Einordnung der Rohwertergeb-
  nisse
  - Alters- und Geschlechtsnormen
  - Normen spezifischer Berufs- oder Bildungsgruppen
- Anpassung der geplanten Untersuchung an die sich während
  der Befunderhebung evtl. ändernden Hypothesen oder die
  Überprüfung eines aufkommenden Aggravations- wie auch
  Simulationsverdachts

Interpretation (je nach Fragestellung und Rahmenbedingungen)

- Erörterung von Vorbefunden und Vorgutachten
- Diskussion und Beurteilung der Befunde auf dem Hintergrund
  eines ganzheitlichen Verständnisses psychischer Funktionen:
  - Bildung und Beruf
  - Besondere Kompetenzen und Ressourcen aus Hobby und
    Freizeit
  - Soziales Umfeld
- Einschätzung des Schädigungsgrades und dessen Auswirkun-
  gen aus neuropsychologischer Sicht
- Beantwortung der Fragen des Auftraggebers unter Würdigung
  der unterschiedlichen Theorien, die mit finalen und kausalen
  (Relevanz-, Adäquanz- und Äquivalenztheorie) Begutachtun-
  gen verbunden sind

Abfassung des schriftlichen Gutachtens

- Anforderungen zu Schweigepflicht und Datenschutz beachtet
- für einen neuropsychologischen Laien verständlicher Sprach-
  stil
- klar gegliederter Aufbau, der eine formale und inhaltliche
  Vollständigkeit darstellt (Briefkopf, Aktenzeichen etc.)
- Beschreibung der eingesetzten Untersuchungsverfahren, so
  dass die Testdurchführung und -interpretation überprüfbar
  und replizierbar ist

- Trennung zwischen Untersuchungsbefunden und deren Beurteilung
- gegebenenfalls kritische Diskussion der Vorbefunde
- konkrete und anschauliche Schilderungen mit nachvollziehbaren Schlussfolgerungen
- wissenschaftlich übliche Angaben genutzter Quellen

Literatur

1   *Deutsches Institut für Medizinische Dokumentation und Information (DIMDI).* Internationale Klassifikation der Funktionsfähigkeit, Behinderung und Gesundheit (ICF). Genf: WHO, 2005; URL: http://www.dimdi.de/dynamic/de/klassi/downloadcenter/icf/endfassung/icf_endfassung-2005-10-01.pdf

2   *Bundesarbeitsgemeinschaft für Rehabilitation (BAR).* Gemeinsame Empfehlung nach § 13 Abs. 1 i.V.m. § 12 Abs. 1 Nr. 4 SGB IX für die Durchführung von Begutachtungen möglichst nach einheitlichen Grundsätzen (Gemeinsame Empfehlung „Begutachtung") vom 22. März 2004. Frankfurt: Eigendruck, 2004; URL: http://www.bar-frankfurt.de

3   *Neumann-Zielke, L, Roschmann, R & Wilhelm, H.* Neuropsychologische Begutachtung. In: W Sturm, M Herrmann & TF Münte (Hrsg., 2. Aufl). Lehrbuch der Klinischen Neuropsychologie - Grundlagen, Methoden, Diagnostik, Therapie (S. 299-309). Heidelberg: Spektrum Akademischer Verlag, 2009

4   *Bundesanstalt für Straßenwesen (BASt).* Begutachtungs-Leitlinien zur Kraftfahrereignung. Bremerhaven: Wirtschaftsverlag NW, 2000

5   *Schubert, W, Schneider, W, Eisenmenger, W & Stephan, E.* Begutachtungs-Leitlinien zur Kraftfahrereignung, Kommentar. Bonn: Kirschbaum Verlag, überarb. u. erw. 2. Aufl., 2005

6   *Bundessozialgericht.* Urteil zur Gewährung einer Verletztenrente auf Grund eines Arbeitsunfalles (B 2 U 26/04 R). 09.05.2006; URL: http://juris.bundessozialgericht.de/cgi-bin/rechtsprechung/document.py?Gericht=bsg&Art=en&sid=e73f75c7237ed78f091c0d69137abfdf&nr=9675&pos=0&anz=1

7   *Bundespsychotherapeutenkammer (BPTK).* Muster-Weiterbildungsordnung für Psychologische Psychotherapeutinnen und Psychotherapeuten und Kinder- und Jugendlichenpsychotherapeutinnen und Kinder- und Jugendlichenpsychotherapeuten. 2006. URL: http://www2.bptk.de/uploads/musterweiterbildungsordnung_verabschiedet_am_13_05_2006.pdf

8   *Hartje, W.* Neuropsychologische Begutachtung. Fortschritte der Neuropsychologie. Bd. 3. Göttingen: Hogrefe, 2004

9   *Wilhelm, H & Roschmann, R.* Neuropsychologische Gutachten. Stuttgart: Kohlhammer, 2007

10 *GNP-Arbeitskreis Aufmerksamkeit und Gedächtnis.* Aufmerksamkeitstests, funktionelle Bereiche und testbehindernde Faktoren. 2002a; URL: http://www.gnp.de/arbeitskreise/akag

11 *GNP-Arbeitskreis Aufmerksamkeit und Gedächtnis.* Standardisierte und experimentelle Verfahren zur Erfassung von Lern- und Gedächtnisstörungen. 2002b; URL: http://www.gnp.de/arbeitskreise/akag

12 *Merten, T.* Fragen der neuropsychologischen Diagnostik bei Simulationsverdacht. Fortschritte Neurologie & Psychiatrie, 2002; 70: 126-138.

13 *Blaskewitz, N & Merten, T.* Diagnostik der Beschwerdenvalidität – Diagnostik bei Simulationsverdacht: ein Update 2002 bis 2005. Fortschritte Neurologie & Psychiatrie, 2007; 75: 140-154.

14 *Boone, KB.* Assessment of Feigned Cognitive Impairment. New York: Guilford Press, 2007

15 *Dilling, H, Mombour, W & Schmidt, M.* Internationale Klassifikation psychischer Störungen. ICD-10 V (F). Klinisch-diagnostische Leitlinien. Bern: Huber, durchges. u. erg. 5. Aufl., 2004

16 *Saß, H, Wittchen, HU, Zaudig, M & Houben, I.* Diagnostisches und Statistisches Manual Psychischer Störungen (DSM-IV-TR). Textrevision. Göttigen: Hogrefe-Verlag, 2003

17 *Bundesministerium für Arbeit und Soziales.* Anhaltspunkte für die ärztliche Gutachtertätigkeit im sozialen Entschädigungsrecht und nach dem Schwerbehindertenrecht. Kevelaer: Bercker, 2008; URL: http://www.bmas.de/coremedia/generator/10588/anhaltspunkte__fuer__die__aerztliche__gutachtertaetigkeit.html

18 *Rauschelbach, HH, Jochheim, KA & Widder, B.* Das neurologische Gutachten. Stuttgart: Thieme, neubearb. u. erw. 4. Aufl., 2000

19 *Mehrhoff, F, Meindl, R Chr & Muhr, G.* Unfallbegutachtung. Berlin: De Gruyter, 11., überarb. u. erg. Aufl., 2005

20 *Neumann-Zielke, L, Riepe, J, Roschmann, R, Schötzau-Fürwentsches, P & Wilhelm, H.* Aktueller Stand der Liquidation neuropsychologischer Gutachten. Zeitschrift für Neuropsychologie; 2005; 16: 2, 89-104.

Positionspapier
„Diagnostik der
Beschwerdenvalidität:
Praktische Gesichtspunkte und
medizinische Erfordernisse"

National Academy of Neuropsychology (USA), Policy and Planning Committee[1]

*Shane S. Bush, Ronald M. Ruff, Alexander I. Tröster,
Jeffrey T. Barth, Sandra P. Koffler, Neil H. Pliskin,
Cecil R. Reynolds & Cheryl H. Silver*

Autorisierte deutsche Übersetzung:
Thomas Merten & Nina Blaskewitz[2]

Zusammenfassung

Eine Aggravation oder Vortäuschung von Beschwerden tritt bei einer qualifizierten Minderheit von neuropsychologisch Untersuchten auf, mit einer höheren Prävalenz im Kontext von Begut-

---

1   Die Quelle des Originaltextes lautet: S.S. Bush, R.M. Ruff, A.I. Tröster, J.T. Barth, S.P. Koffler, N.H. Pliskin, C.R. Reynolds & C.H. Silver (2005). Symptom validity assessment: Practice issues and medical necessity. NAN Policy & Planning Committee. Archives of Clinical Neuropsychology, 20, 419-426. © National Academy of Neuropsychology, 2005. Wiederabdruck der autorisierten deutschen Übersetzung, die erstveröffentlicht wurde in: Neurologie & Rehabilitation (2006), 12, 69-74. Wiederabdruck mit freundlicher Genehmigung des Board of Directors der National Academy of Neuropsychology und des Hippocampus Verlags.

2   Abdruck der deutschen Fassung mit freundlicher Genehmigung der Zeitschrift PRAXIS DER RECHTSPSYCHOLOGIE

achtungen. Eine angemessene Diagnostik der Validität gemachter Angaben ist unabdingbar, um eine möglichst hohe Sicherheit zu erreichen, sowohl was die Ergebnisse von neurokognitiven und Persönlichkeitstests als auch die Diagnosen und die aus den Ergebnissen abgeleiteten Empfehlungen betrifft. Die Diagnostik der Beschwerdenvalidität kann spezifische Tests, Indizes und Beobachtungen umfassen. Wie die Beschwerdenvalidität diagnostisch erfasst wird, kann kontextabhängig verschieden ausfallen, dabei muss jedoch stets eine gründliche Analyse kultureller Faktoren erfolgen. Die Diagnostik der Beschwerdenvalidität als Bestandteil einer medizinisch erforderlichen Untersuchung kann aus medizinischer Sicht notwendig sein. Wenn der Neuropsychologe es für die Diagnostik der Beschwerdenvalidität als notwendig erachtet, ist auch die Verwendung spezifischer Beschwerdenvalidierungstests medizinisch erforderlich.

Abstract

Symptom validity assessment: Practice issues and medical necessity. NAN Policy & Planning Committee.

Symptom exaggeration or fabrication occurs in a sizable minority of neuropsychological examinees, with greater prevalence in forensic contexts. Adequate assessment of response validity is essential in order to maximize confidence in the results of neurocognitive and personality measures and in the diagnoses and recommendations that are based on the results. Symptom validity assessment may include specific tests, indices, and observations. The manner in which symptom validity is assessed may vary depending on context but must include a thorough examination of cultural factors. Assessment of response validity, as a component of a medically necessary evaluation, is medically necessary. When determined by the neuropsychologist to be necessary for the assessment of response validity, administration of specific symptom validity tests are also medically necessary.

Klinische Neuropsychologen stehen in der Verantwortung, Aussagen über die Validität der Informationen und der Testdaten zu treffen, die in neuropsychologischen Untersuchungen gewonnen werden. Wie derartige Aussagen formuliert werden, kann sehr unterschiedlich ausfallen, je nachdem, in welchem Kontext eine Untersuchung durchgeführt wurde. Die Zahl an Veröffentlichungen zur Diagnostik der Beschwerdenvalidität ist in den letzten Jahren erheblich angewachsen. Dabei ist offenbar die Entwicklung von Maßen, Indizes und anderen Strategien zur Beurteilung der Beschwerdenvalidität schneller vorangekommen als die Entwicklung professioneller Leitlinien, die deren Rolle im diagnostischen Urteilsprozess klären. Der vorliegende Artikel verfolgt folgende Zielsetzung: Erstens soll der gegenwärtige Stand der neuropsychologischen Diagnostik der Beschwerdenvalidität kurz zusammengefasst werden. Zweitens werden Empfehlungen zur adäquaten Diagnostik der Beschwerdenvalidität formuliert. Drittens schließlich sollen Kenntnisse sowohl über den wesentlichen Charakter der Diagnostik der Beschwerdenvalidität als auch über die medizinische Erfordernis der Beschwerdenvalidierungstestung bei einer Reihe von diagnostischen Fragestellungen an Personen vermittelt werden, die sich für neuropsychologische Methoden und Prozeduren interessieren.

1 Definitionen

Bei der Interpretation von Informationen und Testdaten aus einer neuropsychologischen Untersuchung ist primär zu bestimmen, ob die Informationen und die Daten gültige Indikatoren für das Verhalten und die zerebrale Integrität eines Patienten sind. Genauer gesagt geht es darum, ob die untersuchte Person eine vollständige und genaue Schilderung der Beschwerden und der Anamnese geliefert hat und ob sie während der Tests in angemessener Weise leistungsmotiviert gewesen ist. Valide Informationen und Daten werden in der Regel ohne Umschweife berichtet. Zur Beschreibung ungültiger Informationen und Testdaten sind dagegen in der neuropsychologischen Literatur verschiedenste Begriffe verwendet worden. Einige dieser Begriffe setzen den Akzent auf die durch den Untersuchten selbst gemachten Angaben oder die Verhaltensbeobachtung, während andere auf potenzielle Ursachen fokussieren, die einer ungültigen Leistung zugrunde liegen. Die unten aufgelisteten Begriffe wurden dazu herangezogen, Maße und Prozeduren zu beschreiben, die zur Beurteilung der Validität der Antworten einer untersuchten Person benutzt werden. Wenn auch in einzelnen Veröffentlichungen die Begriffsbestimmungen unterschiedlich ausfallen können, werden im vorliegenden Artikel die folgenden Definitionen benutzt:

- Beschwerdenvalidität (symptom validity) – die Genauigkeit oder Glaubwürdigkeit der im Verhalten der untersuchten Person gezeigten Symptome, der selbstberichteten Beschwerden (einschließlich deren Ursache und Verlauf) oder der Leistung in neuropsychologischen Verfahren.
- Antwortverzerrung (response bias) – das Bemühen, den Untersucher durch ungenaue oder unvollständige Antworten bzw. unzureichende Anstrengungsbereitschaft zu täuschen.
- Anstrengungsbereitschaft oder Leistungsmotivation (effort) – die Bereitschaft, Leistungen zu zeigen, die dem Fähigkeitsniveau der Person entsprechen. Wenngleich Diskussionen über die Diagnostik der Leistungsmotivation (effort testing) dies häufig nicht im Detail ausführen, bezieht sich dieser Begriff

auf die Anstrengungsbereitschaft des Untersuchten, gut ab-
zuschneiden; einen Leistungsmotivationstest bestehen heißt
also, in diesem Test gute Leistungen zu zeigen.

- Simulation (malingering) – die zielgerichtete Präsentation
  vorgetäuschter oder übertriebener Beschwerden, die durch
  externe Anreize motiviert ist. Obwohl Beschwerdenvalidierungstests üblicherweise Simulationstests genannt werden, ist
  die Simulation nur eine der möglichen Ursachen für ungültige
  Testleistungen.

- Dissimulation (dissimulation) – die absichtliche Verzerrung
  oder falsche Darstellung von Beschwerden. Dies kann durch
  Übertreibung oder Untertreibung real vorhandener Beschwerden geschehen mit dem Ziel, anders zu erscheinen, als man
  wirklich ist.

Die Begriffe *Diagnostik* und *Testung* sind zur Beschreibung des
diagnostischen Urteilsprozesses herangezogen worden. Im Rahmen dieses Artikels bezieht sich *Diagnostik* auf alle Methoden und
Prozeduren, die ein Kliniker zur Bestimmung der Beschwerdenvalidität heranzieht, während Testung lediglich auf einen psychometrischen Ansatz zur Beurteilung der Beschwerdenvalidität
bezogen ist (Matarazzo, 1990). Für die Zwecke dieses Artikels
sollen die beiden Begriffe *Diagnostik der Beschwerdenvalidität* und
Beschwerdenvalidierungstests/-testung (BSV) verwendet werden.

2 Ziel der Diagnostik der Beschwerdenvalidität

Eine Vielzahl von Faktoren kann die Validität der Informationen und Testdaten beeinträchtigen, die im Laufe einer neuropsychologischen Untersuchung gewonnen werden. Beispiele dafür sind die Aussicht auf einen persönlichen Vorteil (Simulation), eine artifizielle Störung, Widerstand gegen die Untersuchung oder die Anwesenheit klinischer Faktoren, die eine erfolgreiche Mitarbeit in einer neuropsychologischen Untersuchung behindern können. Um mit größtmöglicher Sicherheit in der Lage zu sein, die Ergebnisse von Verfahren, die kognitive Leistungen und/oder Persönlichkeitseigenschaften oder die Stimmung erfassen, korrekt zu interpretieren, muss gewährleistet sein, dass die untersuchte Person in den Aufgaben mit angemessener Leistungsanstrengung gearbeitet und gestellte Fragen aufrichtig beantwortet hat. Diagnostik der Beschwerdenvalidität ist der Prozess, der die Beantwortung der Frage, ob dies der Fall ist, gestattet.

Neben der Ausweitung oder Vortäuschung von Beschwerden gibt es Situationen, in denen eine untersuchte Person absichtlich Beschwerden bagatellisiert oder verleugnet (Cima et al., 2003). Während das Vorhandensein neuropsychologischer Defizite für manche Personen zu einem persönlichen Vorteil führen kann, kann ihr Vorliegen für andere Personen Konsequenzen haben, deren Vermeidung sie anstreben. So wird beispielsweise eine neuropsychologische Untersuchung, die auf eine Beurteilung der Entscheidungsfähigkeit abzielt, unmittelbar die unabhängige Lebensführung einer Person beeinflussen. Zur Vermeidung eines Verlusts an Selbstbestimmung kann es vorkommen, dass Patienten ein inadäquat positives Bild von sich liefern. Auch dies stellt eine Form von mangelnder Beschwerdenvalidität dar. Obwohl hier weniger die Testleistungen betroffen sind, kann eine ungültige Beschwerdenschilderung das Ergebnis der Untersuchung beeinflussen und muss deshalb diagnostisch erfasst werden.

Zusammengefasst ist die Diagnostik der Beschwerdenvalidität ein unabdingbarer Bestandteil einer neuropsychologischen Untersuchung. Der Kliniker sollte eine eingehende Begründung dafür liefern können, wenn er sich entschließt, keine Diagnostik der

Beschwerdenvalidität als Bestandteil einer neuropsychologischen Untersuchung vorzunehmen.

3 Methoden der Diagnostik der Beschwerdenvalidität

Wie die Beschwerdenvalidität diagnostisch erfasst wird, kann in Abhängigkeit vom Kontext verschieden ausfallen. Die Diagnostik der Beschwerdenvalidität kann spezifische Tests, Indizes und Beobachtungen beinhalten, muss aber nicht immer Tests einschließen, die zur Beurteilung der Beschwerdenvalidität entwickelt wurden. Im Folgenden sind übliche Methoden zur Diagnostik der Beschwerdenvalidität aufgeführt (Larrabee, 2003; Reynolds, 1998; Slick, Sherman & Iverson, 1999; Sweet, 1999).

3.1 Konsistenz

Die Konsistenz der Informationen, die aus Exploration, Beobachtungen und/oder Testergebnissen gewonnen wurden, kann zur Bestimmung der Beschwerdenvalidität beitragen. Die folgenden Inkonsistenzen können eine Verzerrung oder Vortäuschung von Beschwerden signalisieren:

a) eigenanamnestische Angaben, die mit der dokumentierten Anamnese inkonsistent sind
b) selbstgeschilderte Beschwerden, die mit bekannten Mustern zerebraler Funktionen inkonsistent sind
c) selbstgeschilderte Beschwerden, die mit Verhaltensbeobachtungen inkonsistent sind
d) selbstgeschilderte Beschwerden, die mit Informationen aus zuverlässigen anderen Quellen (fremdanamnestischen Daten) inkonsistent sind
e) im Widerspruch zu dem in psychometrischen Tests gezeigten Leistungsniveau stehende selbstberichtete Beschwerden oder deren Fehlen

3.2 Leistungen in neurokognitiven Tests

a) Mit einer Simulation zu vereinbarende Werte in empirisch ermittelten Indizes, die aus den Leistungen in Fähigkeitstests berechnet werden
b) Leistungsmuster in Fähigkeitstests, die auf ein ungültiges Antwortverhalten hinweisen
c) Inkonsistenzen zwischen Testergebnissen und den bekannten Mustern zerebraler Funktionen
d) Inkonsistenzen zwischen Testergebnissen und beobachtetem Verhalten
e) Inkonsistenzen zwischen Testergebnissen und zuverlässigen fremdanamnestischen Angaben
f) Inkonsistenzen zwischen Testergebnissen und dokumentierter Hintergrundinformation

3.3 Antworten in Selbstbeurteilungsverfahren

Klare Hinweise auf übertriebene oder erfundene Probleme können sich aus den ursprünglichen und den in neuerer Zeit entwickelten Validitätsskalen von Selbstbeurteilungsverfahren wie dem MMPI-2 ergeben.

3.4 Beschwerdenvalidierungstests

Eine Leistung unterhalb festgelegter Trennwerte in einem oder mehreren gut validierten Tests, die zur Messung von Aggravation und Vortäuschung kognitiver Störungen entwickelt wurden, legt eine unzureichende Leistungsanstrengung nahe.

3.5 Zwangswahlverfahren

Wenn in einem oder mehreren Zwangswahlverfahren für das Gebiet kognitiver Funktionen Leistungen erreicht werden, die statistisch signifikant unterhalb des Zufallsniveaus liegen, zeigt dies ein verzerrtes Antwortverhalten an.

Es ist deutlich geworden, dass Neuropsychologen Zugriff auf eine Reihe von Methoden und Prozeduren haben, um die Validität der Antworten und Leistungen einer untersuchten Person zu bestimmen. Nicht möglich ist vorab eine Bestimmung, welche spezifischen Methoden oder Prozeduren in einem speziellen Fall ungültige Angaben oder Leistungen widerspiegeln werden. Auf der Grundlage der individuellen Umstände der jeweiligen Untersuchung, einschließlich der Veranlassung für die Untersuchung sowie spezifischer Merkmale der Situation und der untersuchten Person, bestimmt der Kliniker die Art und Weise, wie eine Beurteilung der Validität der Angaben vorgenommen wird.

Ungültiges Antwort- oder Leistungsverhalten stellt kein dichotomes Phänomen dar. Untersuchte Personen können ihre Leistungen auf einem Kontinuum von uneingeschränkter Anstrengungsbereitschaft und Aufrichtigkeit bis zu deren vollständigem Fehlen variieren. In ähnlicher Weise können Anstrengungsbereitschaft und Aufrichtigkeit innerhalb einer Untersuchung zwischen verschiedenen Zeitpunkten variieren. Untersuchte Personen können versuchen, den Diagnostiker bezüglich kognitiver und/oder emotionaler Beschwerden zu täuschen. Bei sehr erfahrenen Probanden ist gewöhnlich eine Herangehensweise erforderlich, die auf multiple Methoden zu multiplen Messzeitpunkten zurückgreift, um zu einem hinreichenden Verständnis zu gelangen, was die Validität der individuellen Beschwerden und Leistungen betrifft. Die Verwendung mehrerer BVT liefert im Allgemeinen nicht-redundante Informationen zur Glaubwürdigkeit des Untersuchten (Nelson, Boone, Dueck, Wagener, Lu & Grills, 2003). Zur Erreichung einer höchstmöglichen Genauigkeit bei der Bestimmung der Validität des Antwortverhaltens sind Kenntnisse über die Klassifikationsgüte der benutzten BVT von außerordentlicher Wichtigkeit (Bianchini, Mathias & Greve, 2001; Hom & Denney, 2002).

4   Untersuchungskontexte

4.1   Begutachtung

Das Potenzial für die Vortäuschung oder Aggravation von Beschwerden ist bei Begutachtungsfragestellungen höher als in vielen klinischen Kontexten (Larrabee, 2003; Mittenberg, Patton, Canyock & Condit, 2002). Da von einer erhöhten Motivation zur Täuschung des Untersuchers auszugehen ist, stehen Neuropsychologen in der Verantwortung, eine besonders umfangreiche Diagnostik der Beschwerdenvalidität vorzunehmen. Wenngleich es Einzelfälle geben mag, in denen der Einsatz spezifischer Beschwerdenvalidierungstests in einem Gutachtenkontext nicht angezeigt ist, bedürfte es einer Begründung, wenn nicht wenigstens ein Beschwerdenvalidierungstest verwendet und/oder Tests mit integrierten Beschwerdenvalidierungsindikatoren benutzt werden. Entsprechend stellte Iverson (2003) im Kontext der Gutachtenpraxis fest: *„Any neuropsychological evaluation that does not include careful consideration of the patient's motivation to give their best effort should be considered incomplete"* (S. 138).[3]

4.2   Klinische Fragestellungen

Das Wesen der klinischen Anwendungspraxis unterscheidet sich erheblich zwischen einzelnen Konstellationen und kann innerhalb gleicher Konstellationen zwischen verschiedenen Personen variieren. Obwohl für gewöhnlich in klinischen Kontexten die Motivation zur Täuschung des Untersuchers geringer als in Begutachtungssituationen ist, ist doch die Möglichkeit ungültigen Leistungsverhaltens infolge einer zielgerichteten oder nicht beabsichtigten Aggravation oder Vortäuschung auch hier gegeben. In bestimmten klinischen Kontexten, die zum *Zeitpunkt der Untersuchung* noch

---

[3]   Eine jede neuropsychologische Diagnostik, die keine sorgfältige Erörterung der Leistungsmotivation eines Patienten beinhaltet, muss als unvollständig angesehen werden.

keine vorhersehbare gutachterliche Relevanz haben mögen (etwa wenn zur Rehabilitationsplanung das Ausmaß der Behinderung bestimmt wird), kann das Potenzial für Verzerrungstendenzen in Richtung Simulation dem nahe kommen, das im Begutachtungskontext auftritt. Selbst untersuchte Personen mit einer gut dokumentierten Hirnverletzung können größere neuropsychologische Beeinträchtigungen präsentieren, als sie tatsächlich infolge der Verletzung erlitten.

Obwohl die Verwendung von BVT in klinischen Kontexten vielleicht nicht immer indiziert ist (Meyers & Volbrecht, 2003), wie dies zum Beispiel bei einer Reihe von Patienten der Fall ist, die rund um die Uhr betreut werden müssen, ist der Einschluss solcher Instrumente in die neuropsychologische Untersuchung im Allgemeinen bei Entscheidungen zur Validität von Patientenleistungen hilfreich. Neuropsychologen, die im klinischen Bereich arbeiten, müssen die Beschwerdenvalidität in einer Weise beurteilen, die unter den gegebenen Umständen und unter Beachtung der spezifischen Einzelheiten der jeweiligen Untersuchung angemessen ist.

5 Beschwerdenvalidierungstestung: Vorgehensweisen und Interpretation

Wenngleich es die Mannigfaltigkeit der neuropsychologischen Anwendungspraxis verbietet, sich allgemeingültigen Richtlinien zur Auswahl, Anwendung und Interpretation von BVT unterzuordnen, können doch allgemeine Empfehlungen formuliert werden, die sich auf die übliche Anwendungspraxis von Neuropsychologen mit Sachkenntnis auf diesem Gebiet stützen (z. B. Iverson, 2003; Slick, Tan, Strauss & Hultsch, 2004).

5.1 Prozeduren

a) Halten Sie Schritt mit den Trends in der Literatur zur Diagnostik der Beschwerdenvalidität.

b) Gehen Sie die Diagnostik der Beschwerdenvalidität eigeninitiativ an.

c) Treffen Sie eine Aussage dazu, ob kognitive, psychiatrische und/oder Verhaltenssymptome bagatellisiert werden.

d) Nutzen Sie einen *multimethodalen Ansatz*. Dabei ist zwischen einem *multimethodalen Ansatz* und einem *Ansatz, der multiple Tests verwendet*, zu unterscheiden. Während der Einsatz multipler Tests in manchen Fällen zu einer ansteigenden Validität der klinischen Entscheidungen beitragen kann, in anderen Fällen aber nicht, trägt die Verwendung multipler Methoden, die über eine Testdiagnostik hinausgehen, höchstwahrscheinlich zu einer erhöhten Validität bei.

e) Informieren Sie die zu untersuchende Person zu Beginn und, falls notwendig, auch während der Untersuchung darüber, dass Anstrengungsbereitschaft und Aufrichtigkeit notwendig sind. (Der Untersucher kann dabei dem Probanden mitteilen, dass diese Faktoren ebenfalls direkt erfasst werden.)

f) Setzen Sie unter Berücksichtigung der untersuchten Person und der spezifischen Situation die BVT mit den geeignetsten psychometrischen Eigenschaften ein.

g) Verteilen Sie BVT oder Verfahren mit integrierten Beschwerdenvalidierungsindikatoren über die Untersuchung, wobei wenigstens ein BVT relativ früh im Untersuchungsverlauf eingesetzt werden sollte.

h) Berichten Sie die Ergebnisse der Diagnostik der Beschwerden-validität.

5. Interpretation

a) Solchen Daten, die von BVT stammen, sollte grundsätzlich gegenüber subjektiven Indikatoren für eine suboptimale Leistungsanstrengung ein substanziell größeres Gewicht gegeben werden. Subjektive Indikatoren wie etwa Äußerungen der untersuchten Person oder Beobachtungen des Untersuchers sollte wegen mangelnden wissenschaftlichen Nachweises ihrer Validität ein geringeres Gewicht zukommen.

b) Ein ungültiges Abschneiden in einem Persönlichkeitsfragebogen lässt nicht vorab den Schluss zu, dass die neuropsychologischen Testergebnisse ebenfalls unzuverlässig sind, und umgekehrt.

c) Der Untersucher muss die Charakteristika der Leistung in BVT und andere Untersuchungsbefunde berücksichtigen, wenn er von den Ergebnissen der BVT auf andere Testergebnisse verallgemeinert.

d) Das Vorliegen klarer Belege für ungültige Leistungen in BVT oder anderen Beschwerdenvalidierungsindikatoren lässt Zweifel an der Validität aller neuropsychologischen Testergebnisse aufkommen. Wenn ungültige Leistungen in Verfahren oder Indizes zur Beschwerdevalidität vorliegen, ist ausdrücklich zu begründen, falls dennoch eine Interpretation anderer Testleistungen als valide erfolgt.

e) Wenn ein Nachweis ungültiger Leistungen erfolgte, können die Werte in den kognitiven Fähigkeitstests insofern interpretiert werden, als sie die unterste Grenze des Leistungsniveaus der untersuchten Person darstellen.

f) Es ist möglich, dass eine Leistung in einem einzelnen BVT, die knapp unterhalb des Trennwerts (cut-off) liegt, für die Interpretation eines verzerrten Antwortverhaltens nicht ausreicht; andere Belege, die aus zusätzlichen Indikatoren stammen und in die gleiche Richtung deuten, können dafür erforderlich sein.

g) Wenn eine Untersuchung wegen unzureichender Anstrengungsbereitschaft oder ungültigen Antwortverhaltens unterbrochen wurde und später fortgesetzt wird, so bleibt das Vertrauen eingeschränkt, das in die Validität der Ergebnisse gesetzt werden kann.

h) Eine adäquate Sprache, die Wahrscheinlichkeitsaussagen macht, gestützt auf Inhalt und Umfang konvergenter Beweislinien, sollte gebraucht werden, wenn Erklärungen für Beschwerdenübertreibung oder -vortäuschung angeboten werden (siehe z. B. Slick et al., 1999). Eine vage oder irreführende Begriffsbenutzung zur Beschreibung ungültiger Leistungen sollte vermieden werden (Iverson, 2003).

6 Kulturelle Faktoren

Wie bei jeder neuropsychologischen Diagnostik oder bei der Interpretation spezieller neuropsychologischer Tests sollte der kulturelle Hintergrund der untersuchten Person einer Einschätzung unterzogen werden. So können beispielsweise kulturelle Faktoren entweder zu einer Beschwerdenaggravation oder zu einer Beschwerdenverleugnung führen, ohne dass es eine irgend geartete bewusste oder unbewusste Motivation zu einem „Betrug" gibt. In ähnlicher Weise bedeutet allein die Tatsache, dass ein BVT an der kulturellen Mehrheit validiert worden ist, nicht auch, dass er genauso valide bei Angehörigen einer kulturellen Minderheit ist. Deshalb müssen Neuropsychologen, die mit kulturell verschiedenartigen Bevölkerungsgruppen arbeiten, sicherstellen, dass ihre Diagnostik der Validität von Antwortverhalten eine gründliche Beurteilung des kulturellen Hintergrunds der untersuchten Personen beinhaltet. Der Einsatz von BVT bei kulturell verschiedenartigen Bevölkerungsgruppen, für die keine Validierungsdaten vorliegen, muss sorgfältig erwogen werden; wo dies geschieht, sollten Anwender die Entscheidung dazu begründen können.

7 Medizinische Erfordernis

Neuropsychologische Untersuchungen, die durch Ärzte oder Angehörige anderer medizinischer Berufe in Auftrag gegeben werden, sind medizinisch erforderlich, um bei der untersuchten Person die Beziehung zwischen Gehirn und Verhalten besser zu verstehen, und erfolgen häufig mit dem Ziel, die Diagnosestellung und/oder die Behandlung zu unterstützen. In Fortsetzung dieser Argumentation ergibt sich, dass die Methoden, die eine medizinisch erforderliche neuropsychologische Untersuchung ausmachen, medizinisch notwendig sind. Die Diagnostik der Beschwerdenvalidität als Komponente einer medizinisch erforderlichen Untersuchung ist medizinisch notwendig. Wenn durch den Neuropsychologen der Einsatz von spezifischen Beschwerdenvalidierungstests zur Diagnostik der Beschwerdenvalidität für erforderlich erachtet wird, sind auch diese medizinisch notwendig.

8 Schlussfolgerungen und Diskussion

Beschwerdenaggravation und -vortäuschung erfolgen bei einer qualifizierten Minderheit von neuropsychologisch untersuchten Personen, wobei in Begutachtungszusammenhängen eine größere Prävalenz gegeben ist. Eine adäquate Diagnostik der Beschwerdenvalidität ist ausgesprochen wichtig, um eine höchstmögliche Sicherheit bezüglich der Ergebnisse von Fähigkeitstests wie auch der Diagnosen und Empfehlungen, die sich aus den Ergebnissen ergeben, zu erreichen. Eine solche Diagnostik schließt eine gründliche Untersuchung kultureller Faktoren ein. Methoden zur Diagnostik der Beschwerdenvalidität sollten nicht im Widerspruch zu den diagnostischen Richtlinien stehen, wie sie durch die American Psychological Association aufgestellt wurden (z. B. American Educational Research Association, American Psychological Association, & National Council on Measurement in Education, 1999; American Psychological Association, 1991, 2002).

Der Neuropsychologe behält die Verantwortung für die durchgeführten Verfahren und sollte diagnostische Empfehlungen von Seiten des Überweisers und/oder des Kostenträgers akzeptieren, ausdehnen oder zurückweisen, je nachdem, ob und inwieweit derartige Empfehlungen für die jeweilige Untersuchung angemessen sind. Der Neuropsychologe kann ethisch dazu verpflichtet sein, im Befundbericht jegliche Auflagen, die von dritter Seite bezüglich der Untersuchung gemacht wurden, zu dokumentieren.

Wenn die Aussicht auf einen sekundären Krankheitsgewinn die Motivation für Beschwerdenaggravation oder -vortäuschung erhöht und/oder wenn Neuropsychologen eine mangelnde Anstrengungsbereitschaft oder ungenau bzw. unvollständig gelieferte Angaben vermuten, dann können und müssen sie Tests und andere Verfahren zur Beschwerdenvalidierung einsetzen, die sie bei der Entscheidung unterstützen, ob die erhaltenen Informationen und Daten valide sind. Die Entscheidung darüber, wie die Validität der Informationen und Daten aus einer neuropsychologischen Untersuchung beurteilt werden kann, liegt beim Diagnostiker, wie dies auch für alle anderen untersuchten Funktionsbereiche der Fall ist.

Literatur

American Educational Research Association, American Psychological Association, & National Council on Measurement in Education (1999). *Standards for educational and psychological testing.* Washington, DC: American Educational Research Association.

American Psychological Association (1991). *Guidelines for providers of services to ethnic, linguistic, and culturally diverse populations.* Washington, DC: Author

American Psychological Association (2002). Ethical principles of psychologists and code of conduct. *American Psychologist*, 57, 1060-1073.

Bianchini, K.J., Mathias, C.W. & Greve, K.W. (2001). Symptom validity testing: A critical review. *The Clinical Neuropsychologist*, 15, 19-45.

Cima, M., Merckelbach, H., Hollnack, S., Butt, C., Kremer, K., Schellbach-Matties, R. & Muris, P. (2003). The other side of malingering: supernormality. *The Clinical Neuropsychologist*, 17, 235-243.

Iverson, G.L. (2003). *Detecting malingering in civil forensic evaluations.* In A.M. Horton, L.C. Hartlage (Eds.), *Handbook of forensic neuropsychology* (137-177). New York: Springer.

Hom, J. & Denney, R. (Eds.) (2002). *Detection of response bias in forensic neuropsychology.* Binghamptom, NY: The Harworth Medical Press.

Larrabee, G.J. (2003). Detection of malingering using atypical performance patterns on standard neuropsychological tests. *The Clinical Neuropsychologist*, 17, 410-425.

Matarazzo, J.D. (1990). Psychological assessment versus psychological testing: Validation from Binet to the school, clinic, and courtroom. *American Psychologist*, 45, 999-1017.

Meyers, J.E. & Volbrecht, M.E. (2003). A validation of multiple malingering detection methods in a large clinical sample. *Archives of Clinical Neuropsychology*, 18, 261-276.

Mittenberg, W., Patton, C., Canyock, E.M. & Condit, D.C. (2002). Base rates of malingering and symptom exaggeration. *Journal of Clinical and Experimental Neuropsychology*, 24, 1094-1102.

Nelson, N.W., Boone, K., Dueck, A., Wagener, L., Lu, P. & Grills, C. (2003). Relationships between eight measures of suspect effort. *The Clinical Neuropsychologist*, 17, 263-272.

Reynolds, C.R. (Ed.) (1998). *Detection of malingering during head injury litigation*. New York: Plenum Press.

Slick, D.J., Sherman E.M. & Iverson, G.L. (1999). Diagnostic criteria for malingered neurocognitive dysfunction: proposed standards for clinical practice and research. *The Clinical Neuropsychologist*, 13, 545-561.

Slick, D.J., Tan, J.E., Strauss, E. & Hultsch, D.F. (2004). Detecting malingering: A survey of experts' practices. *Archives of Clinical Neuropsychology*, 19, 465-473.

Sweet, J.J. (1999). Malingering: Differential diagnosis. In J.J. Sweet (Ed.), *Forensic neuropsychology: Fundamentals and practice* (255-285). Lisse, NL: Swets & Zeitlinger.

Anschrift der Verfasser:
Shane S. Bush, Ph.D., ABPP, ABPN
290 Hawkins Avenue Lake Ronkonkoma NY 11779, USA
Telefon: 001 - 631-334-7884
E-Mail: neuropsych@shanebush.com

Teil 5:

Handbuch
Psychologische Begriffe

RALF DOHRENBUSCH
THOMAS MERTEN

Abwehr

Im psychoanalytischen bzw. tiefenpsychologischen Kontext Sammelbezeichnung für unbewusste Prozesse mit der Ausrichtung, Wahrnehmungen oder Erfahrungen vom Bewusstsein fernzuhalten oder zurückzuweisen (➡ Abwehrmechanismus). Im Zusammenhang mit der Bearbeitung psychologischer Testverfahren Bezeichnung für eine reduzierte Bereitschaft von Testpersonen, sich auf einen ➡ Test einzulassen oder authentische Angaben über sich zu machen.

Abwehrmechanismus

Begriff der Psychoanalyse bzw. Tiefenpsychologie. Als A.n werden unterschiedliche Arten von Verhaltensweisen bezeichnet, die den Menschen vor Ängsten oder seelischen Konflikten schützen sollen. Ziel ist es, in Konflikt stehende psychische Tendenzen (Triebe, Wünsche, Motive, Werte) mental so zu bewältigen oder zu kompensieren, dass die resultierende seelische Verfassung konfliktfrei ist. Psychoanalytische Konzeptionen gehen davon aus, dass die ➡ Motivation für die Abwehr negativer oder Angst auslösender Impulse unbewusst ist.

Affektive Störungen

Psychische Störungen der Stimmungslage in Richtung einer gehobenen (manischen) oder gedrückten (depressiven) Stimmung und/oder des Antriebs. Stimmungswechsel werden bei a.nS. in der Regel von einem Wechsel des Aktivitätsniveaus begleitet. Die meisten a.nS. tendieren zu wiederholtem Auftreten. Nach ➠ ICD-10 können folgende Störungen unterschieden werden: manische Episode, bipolare affektive Störung, depressive Episode, rezidivierende depressive Störung, anhaltende affektive Störung.

Aggravation

Bewusste Übertreibung oder Ausweitung von Klagen über gesundheitliche Beschwerden oder Beeinträchtigungen. Im Gegensatz zur ➠ Simulation wird hier angenommen, dass ein tatsächlicher, authentischer Kern an Beschwerden vorhanden ist, der aber willentlich übertrieben wird, und zwar entweder in seiner Schwere (Verschlimmerung) oder durch Ausweitung auf andere Beschwerdenbereiche. Die Abgrenzung zur Simulation, bei der ein authentischer Kern an Beschwerden fehlt, ist häufig deswegen schwierig, weil Vorhandensein und Ausmaß tatsächlicher Symptome bei Unkooperativität nicht zuverlässig beurteilt werden können. Daher werden Simulation und A. häufig in einem Zuge genannt. Ebenso schwierig ist die Abgrenzung der A. zu minder schweren Verdeutlichungstendenzen, d.h. einer nur leichten Überhöhung von Beschwerden oder Beeinträchtigungen aus dem Bedürfnis heraus, den Untersucher von der Schwere der Beschwerden zu überzeugen. Bislang existiert eine Definition, aber keine verbindliche Operationalierung von A.

Agoraphobie

Gruppe ➠ phobischer Störungen, die durch die Angst bestimmt sind, das eigene Haus zu verlassen, Geschäfte zu betreten, sich in eine Menschenmenge oder auf öffentliche Plätze zu begeben oder in öffentlichen Verkehrsmitteln zu reisen. Aufgrund des Vermeidungsverhaltens im Alltag kann diese psychische Störung erheblich funktionsbeeinträchtigend sein.

Agraphie

Schreibstörung. Unter A. versteht man die Unfähigkeit, Wörter und Texte zu schreiben, obwohl die dafür notwendige Handmotorik sowie ausreichende Intelligenz vorhanden sind. A.n sind in der Regel eine Folge von Hirnschädigungen und treten oft gemeinsam mit einer Aphasie auf. Im strikten Sinne bedeutet A. eine komplette Schreibunfähigkeit. Eine teilweise Störung kann auch als Dysgraphie bezeichnet werden.

Akalkulie

Rechenstörung. A. bezeichnet die Störung des Umgangs mit Zahlen und eine Störung der Rechenfähigkeit. Unterschieden wird zwischen einer primären und einer sekundären Form. Primäre A. kann durch eine Schädigung der sprachdominanten Großhirnrinde verursacht werden, sekundäre A. entsteht durch Beeinträchtigung der Konzentration, Merkfähigkeit oder Sprachfähigkeit. Eine teilweise Störung des Rechnens wird auch als Dyskalkulie bezeichnet.

Aktivität

Eine A. ist nach dem bio-psycho-sozialen Modell der ➠ ICF ganz allgemein die Durchführung einer Aufgabe oder Tätigkeit durch eine Person. Auf der personalen Ebene sind A.en daran gebunden, dass die aktive Person die Fähigkeit besitzt, die A. auszuüben. Als Fähigkeiten schaffen A.en die Voraussetzungen dafür, dass eine Person unter bestimmten ➠ Kontextbedingungen am sozialen und gesellschaftlichen Leben partizipiert.

Aktivitätsstörung

Art und Qualität von Aktivitäten können durch ➠ Funktionsstörungen gemindert sein. Das Ausmaß einer A. bemisst sich daran, wie sehr eine Person daran gehindert ist, eine bestimmte Aufgabe (oder Gruppen von Aufgaben) ohne Hilfe zu bewältigen oder eine Handlung auszuüben. Zum Beispiel kann eine Person aufgrund gestörter Konzentrations- und

Gedächtnisfunktionen (psychischer Störungen) darin eingeschränkt sein, sich an Regeln oder Abläufe im Alltag anzupassen.

Akute Belastungsreaktion

Nach ➟ ICD-10 eine vorübergehende ➟ psychische Störung von beträchtlichem Schweregrad, die sich bei einem psychisch nicht manifest gestörten Menschen als Reaktion auf eine außergewöhnliche körperliche oder seelische Belastung entwickelt und meist innerhalb von Stunden oder Tagen abklingt. Im Allgemeinsprachgebrauch wird auch der Begriff „Schock" genutzt.

Alexie

Lesestörung, die häufig im Zusammenhang mit einer Hirnschädigung auftritt. Im Rahmen einer Aphasie zeigen sich häufig auch Beeinträchtigungen des Lesens. Im strikten Sinne bedeutet A. eine komplette Unfähigkeit zum Lesen. Eine teilweise Störung kann auch als Dyslexie bezeichnet werden.

Alltagsfunktionen

Bezeichnung für die Fähigkeit eines Menschen, seinen Alltag, sein häusliches Leben und seine Selbstversorgung zu regeln. A. haben für die Bewertung des Behinderungsgrades oder der Minderung der Erwerbsfähigkeit im Sozialrecht Bedeutung. Für die Beurteilung der Berufsunfähigkeit sind sie nachgeordnet, aber nicht irrelevant, insofern die berufliche Tätigkeit einen Teil des Alltags ausmacht.

Altgedächtnis

Gedächtnis für vor längerer Zeit gespeicherte Inhalte, wie etwa Jugenderlebnisse, die oft lebenslang lebhaft erinnert werden. Nach Tulving (1972) kann das A. in ein episodisches und ein semantisches ➟ Gedächtnis unterteilt werden. Während sich das episodische Gedächtnis auf ein einzelnes Geschehen und konkrete Erlebnisse oder Situationen bezieht, wird mit dem Begriff des semantischen Gedächtnisses allgemeines Wissen bezeichnet, das nicht an spezielle Lernerfahrungen gekoppelt ist.

Amnesie

Erinnerungsverlust. Bezeichnung für verschiedenartige kurzfristige oder länger anhaltende komplexe, umfassende Gedächtnisstörungen. In einer ersten Näherung können organisch bedingte A.n (durch eine Gehirnerkrankung, Gehirnverletzung und vorübergehende organisch bedingte Hirnfunktionsstörung verursacht) von psychogenen A.n unterschieden werden (s. a. ➠ anterograde A., ➠ retrograde A.)

Anamnese

Als A. wird die Erfassung der Entwicklung einer Krankheit mit genauem Verlauf der einzelnen Beschwerden beschrieben – entweder als Eigenanamnese (Befragung des zu Begutachtenden) oder als Fremdanamnese (ergänzende Angaben durch Angehörige oder weitere Drittpersonen). Eine ausführliche und differenzierte A. ist eine der wichtigsten Säulen eines Gutachtens. Hierbei ist es nicht nur wichtig, Symptome, Daten und Beschwerden zusammenzutragen, sondern es sollte versucht werden, den entsprechenden Bezug zur Lebensgeschichte und zur aktuellen psychosozialen Situation herzustellen.

Anforderungen

A. liegen vor, wenn situative Ausgangsbedingungen mit einem spezifischen Reaktions- oder Handlungsbedarf auf individuelle Verhaltensmerkmale treffen, die zur Durchführung einer darauf abgestimmten Handlung oder zur Bewältigung der Aufgabe geeignet sind. A. beziehen sich in der Regel auf einen bestimmten Verhaltensbereich. A. sind Ausgangpunkte für ➠ Leistung. In der ➠ ICF werden A. den ➠ Kontextbedingungen zugeordnet.

Anforderungsprofil

Gesamtheit der qualitativen und quantitativen Merkmale, die zur Ausübung einer definierten beruflichen Tätigkeit erforderlich sind. Das A.
umfasst die körperlichen und psychischen ➟ Anforderungen und berücksichtigt gegebenenfalls die Eingebundenheit in die Arbeitsorganisation
(DRV-Glossar, 2009). Die Beurteilung der beruflichen Leistungsfähigkeit
erfordert nach den aktuellen Begutachtungsleitlinien eine Abstimmung
des Anforderungsprofils auf ein ICF-orientiertes Profil von Aktivitäten
und Fähigkeiten. Das konkrete berufsbezogene A. ist in der Regel vom
Auftraggeber zu erheben und dem Gutachter vorzugeben.

Angst

Kultur übergreifend nachgewiesene primäre Emotion mit umfassender
Furcht und Besorgnis, unangenehmes Gefühl, das von vermehrter physiologischer Erregung und körperlichen Symptomen begleitet wird. Traditionell wird unterschieden zwischen realistischer A. (Realangst), die sich
als spontane Reaktion auf eine konkrete, für den Betroffenen erkennbare
Bedrohung einstellt, und krankhafter / neurotischer A., die als in ihrer
Qualität und Intensität übersteigert und situationsunangemessen bewertet
wird. Auf der physiologischen Ebene ist A. meist mit einem Anstieg an
körperlicher Aktivierung und muskulärer Anspannung verbunden, auf
der kognitiven Ebene mit dem Erleben und der Verarbeitung von Bedrohung, auf der Verhaltensebene mit der Ambivalenz zwischen Vermeidung
und Konfrontation mit A. auslösenden Bedingungen.

Angststörung

Bezeichnung für eine Gruppe psychischer Störungen, bei denen Angst-
symptome und damit eine Verselbstständigung dysfunktionaler, irrealer
oder übertriebener Ängste im Vordergrund stehen, die mit erheblichem
Leiden oder mit Funktionsbeeinträchtigungen einher gehen können.
Nach ➟ DSM-IV und ➟ ICD-10 werden folgende A.en unterschieden:
spezifische ➟ Phobie, soziale Phobie, ➟ Agoraphobie, ➟ Panikstörung,

➠ generalisierte Angststörung, ➠ Zwangsstörung, ➠ posttraumatische Belastungsstörung.

Anknüpfungstatsache

Der Gutachter muss klarstellen, von welchem gesicherten Sachverhalt er ausgeht, indem er die ihm vom Gericht vorgelegten Tatsachen (A.n) anführt.

Anosodiaphorie

Fehlende oder eingeschränkte emotionale Ansprechbarkeit auf eigene Krankheitssymptome oder dadurch bedingte Einschränkungen.

Anosognosie

Eingeschränkte oder erloschene Fähigkeit zur bewussten Beachtung und Reflexion eigener (körperlicher) Symptome. So können selbst drastische und erheblich behindernde Symptome wie etwa eine halbseitige Lähmung oder eine halbseitige Erblindung durch den Patienten nicht wahrgenommen werden. A. ist eine nicht seltene Hirnschadensfolge und setzt häufig den Rehabilitationsmöglichkeiten Grenzen. Zunehmend wird auch die mangelnde Fähigkeit von psychotischen Patienten, die eigene psychische Störung als solche wahrzunehmen und zu reflektieren, als A. bezeichnet.

Anpassungsfähigkeit

Fähigkeit einer Person, auf körperliche, geistige, psychische oder soziale Anforderungen angemessen (adäquat) zu reagieren und bei besonderen Belastungen gesundheitlichen Schaden abzuwenden. Ausgangspunkt für A. (Adaptation) können konkrete Situationen (auch die Begutachtungssituation), aber auch länger andauernde Bedingungen (z. B. chronische Krankheit) sein. A. weist begriffliche Überschneidungen auf zur ICF-Aktivitätsdimension „Flexibilität und Umstellungsfähigkeit".

Anpassungsstörung

Nach ⇒ ICD-10 Zustände von subjektivem Leiden und emotionaler (meist ängstlicher oder depressiver) Beeinträchtigung, die soziale Funktionen und Leistungen behindern und während des Anpassungsprozesses nach einer entscheidenden Lebensveränderung, nach einem belastenden Lebensereignis oder bei Vorhandensein oder der drohenden Möglichkeit von schwerer körperlicher Krankheit auftreten. Die Bedrohung kann die Unversehrtheit des sozialen Netzes, das weitere soziale Umfeld oder auch soziale Werte betroffen haben. Die individuelle ⇒ Vulnerabilität spielt bei A.en eine größere Rolle als bei anderen belastungsreaktiven Krankheitsbildern.

Anterograde Amnesie

Vorwärts gerichteter Erinnerungsverlust, gerechnet ab einem Unfall- oder Schädigungsereignis. Nach dem Ereignis Geschehenes wird nicht oder nicht ausreichend im Gedächtnis gespeichert. Die Dauer einer a.nA. ist einer von mehreren Indikatoren für die Schwere eines Schädel-Hirn-Traumas.

Antriebsstörung

Antrieb ist die vom Willen weitgehend unabhängig wirkende belebende Kraft, welche die Bewegung aller seelischen Funktionen hinsichtlich Tempo, Intensität und Ausdauer bewirkt. Ein ausreichender Antrieb ist Voraussetzung dafür, dass der zu Begutachtende überhaupt zur Erfüllung gezielter Aufgaben in der Lage ist. Eine A. kann sich in zu geringem Antrieb (z.B. bei einer Depression) oder einem Übermaß an Antrieb (z.B. einem manischen Zustand) zeigen. Das Aktivitätsniveau und die Psychomotorik sind erkennbarer Ausdruck des Antriebs und der A.

Antwortmotivation

Bezeichnung für die intentionale Richtung eines Antwortverhaltens in einer Befragung. Das Antwortverhalten einer Person kann darauf ausgerichtet sein, zutreffende und authentische Angaben zu machen, es kann aber auch durch willentliche Einflüsse verzerrt sein und zu unzutreffenden Angaben führen. Wenn bei motivational verzerrten Angaben die Antwortmotive vom Untersucher nicht als solche erkannt oder in ihrer diagnostischen Bedeutung unzutreffend eingeschätzt werden, kann dies zu ungültigen Einschätzungen psychischer Eigenschaften oder Funktionen führen. Antwortmotive können mit Hilfe von Kontrollskalen erfasst werden. Das Risiko für motivational verzerrte Angaben ist bei Erhebungsmethoden erhöht, deren Zielrichtung für den Befragten leicht durchschaubar ist.

Antwortmuster

Bezeichnung für die Profilgestalt mehrerer Einzelmerkmale in (mehrdimensionalen) Fragebögen oder Leistungstests. In der psychologischen ⮕ Testtheorie setzt die inhaltliche Interpretation von A.n voraus, dass die Einzelmerkmale, aus denen die Muster gebildet werden als hinreichend gesichert gelten. In der ⮕ klassischen Testtheorie geschieht dies dadurch, dass Einzelmerkmale (⮕ Testwerte) durch die Summierung mehrerer Einzelbeobachtungen gebildet werden. In der sogenannten ⮕ probabilistischen Testtheorie wird aufgrund statistischer Vorinformationen angenommen, dass die Profilgestalt von Einzelbeobachtungen oder Einzelaussagen bereits aussagekräftig sein kann. Im Zusammenhang mit der Validierung individueller Aussagen wird der Begriff A. auch als Bezeichnung für typische Verteilungen von Test- und Kontrollskalenwerten verwendet, die sich einer bestimmten Antworttendenz zuordnen lassen.

Antworttendenzskalen

Skala zur Erfassung bewusstseinsferner oder bewusstseinsnaher ⮕ Antwortverzerrungen, um die motivationalen Bedingungen des Antwortverhaltens zu kontrollieren. Meist sind A. als ⮕ Validitätsindikatoren in multidimensionale ➭ Fragebögen integriert, es gibt aber auch Fragebögen, die ausschließlich ➭ Antwortverzerrungen / Antworttendenzen erfassen.

Antwortverzerrungen / Antworttendenzen

Von A. wird gesprochen, wenn Testwerte oder Aussagen ein zugrunde-liegendes (Test-)Merkmal aufgrund von Störeinflüssen nicht zutreffend beschreiben. Ergebnisverzerrungen können sowohl aufgrund unwillkür-licher, unbewusster Einflüsse (z.B. Stimmung, Müdigkeit, Lärm in der Untersuchung), als auch aufgrund bewusster, intentionaler Einflüsse (z.B. eines bestimmten Ergebnisinteresses) zustande kommen. Im engeren Sinne liegen A. vor, wenn der Proband versucht, den Untersucher durch ungenaue oder unvollständige Antworten oder durch unzureichende Leistungsan-strengung zu täuschen (nach Bush et al., 2006). In Selbstberichtsverfahren (Fragebogen) ist die Unterscheidung formaler (z.B. Ja-Sage-Tendenz) und inhaltlicher A. (z.B. Ausrichtung an stereotypen Annahmen oder an nicht erfahrungsbasierten Aussagen über psychische Störungen) üblich. Inner-halb der Gruppe inhaltlicher A. wird zwischen positiven und negativen A. unterschieden. Positive A. bezeichnen A. im Sinne eines mutmaßlich erwünschten Verhaltens, d.h. der Proband präsentiert sich als besser bzw. gesünder, als er eigentlich ist und schildert weniger Beschwerden, als er hat oder er verharmlost und bagatellisiert sie (➭ Dissimulation). Negative A. sind gekennzeichnet durch übertriebene Beschwerdenschilderungen und fälschliche Symptompräsentation einschließlich der Erzeugung schlechter Testergebnisse, wenn die Leistungsvoraussetzungen die Erreichung bes-serer gestattet hätten. Osborne und Blanchard (2011) unterscheiden vier Gruppen von A.: Simulation und Dissimulation, soziale Erwünschtheit, Antwortstile im Sinne vordefinierter Gruppen und zufälliges Antworten. Nach Mittenberg et al. (2002) wird die Auftretenshäufigkeit negativer A. in zivilrechtlichen Entschädigungsverfahren und bei der Einschätzung von Arbeitsunfällen und Berufskrankheit auf über 30% geschätzt.

Aphasie

Zentrale Sprachstörung. Aphasien sind durch ein Spektrum an Beeinträch-tigungen höherer Sprachfunktionen gekennzeichnet, d.h. die zentrale

Repräsentation von Sprache ist gestört, die bei den meisten Rechtshändern überwiegend in der linken Hemisphäre lokalisiert ist. A.n sind nicht durch Lähmungen oder eine eingeschränkte Koordination der Sprechmotorik verursacht. A.n zeigen sich stets in der Schriftsprache ebenso wie in der gesprochenen Sprache. Wie bei vielen anderen neuropsychologischen Störungen reicht das Schweregradspektrum von schwersten Ausfällen (praktisch kompletter Verlust des Sprachverständnisses und komplett oder fast komplett fehlende Sprachproduktion) bis zu dezenten Ausfällen, die nur unter bestimmten Bedingungen zutage treten.

Approbation (Psychologischer Psychotherapeut)

Zulassung zur Heilkunde für Ärzte und Psychologen. Approbierte psychologische Psychotherapeuten sind berechtigt, Diagnosen für psychische Erkrankungen zu stellen und psychotherapeutische Behandlungen im Rahmen der allgemeinen Krankenversorgung durchzuführen. Sie erstellen Gutachten zum Behandlungsbedarf und zur Prognose des Krankheitsverlaufs psychisch Kranker.

Arbeit

Der Begriff der A. wird – im Gegensatz zur Begutachtung im Sozialrecht – in der privaten Berufsunfähigkeitsversicherung nicht näher spezifiziert. Entscheidend ist für die Begutachtung der Berufsunfähigkeit die konkrete berufliche Tätigkeit bzw. das berufliche Tätigkeitsprofil des Versicherten. Die im Sozialrecht übliche Unterscheidung in leichte, mittelschwere und schwere Arbeit, die sich auf den allgemeinen Arbeitsmarkt bezieht, findet in der privaten BU-Versicherung keine Anwendung.

Arbeitsbelastung

Bezeichnung für die Gesamtheit der erfassbaren Einflüsse im Arbeitssystem, die in Form der Arbeitsplatzanforderungen und des Arbeitsumfeldes auf den Menschen einwirken.

Arbeitskreis neuropsychologische Begutachtung

Zusammenschluss von Neuropsychologen unter dem Dach der Gesellschaft für Neuropsychologie (GNP), die interessiert sind an fachlichen Themen zu Fragen der (neuro-)psychologischen Begutachtung und hierzu den wissenschaftlichen Austausch pflegen (www.gnp.de).

Arbeitsplatzbedingungen

Gesamtheit der hemmenden und fördernden Kontextbedingungen am Arbeitsplatz. Zu unterscheiden sind physikalische Umgebungsbedingungen (z.B. ergonomische Bedingungen, Ausstattung des Arbeitsplatzes, Licht, Temperatur, Lärm, Hilfsmittel, Erreichbarkeit) und soziale Bedingungen (z.B. soziale Stellung, soziale Funktion, soziale Unterstützung). Arbeitsanforderungen sind Teil der A. und lassen sich trennen in körperliche, mentale, psychische (emotional-motivationale) und soziale Anforderungen.

Arbeitsprobe (standardisiert / simuliert)

Bearbeitung einer oder meherer Aufgaben aus dem beruflichen oder leistungsbezogenen Alltag in einer simulierten Situation. In der Begutachtung kann durch gezielten Einsatz von Mess- und Testverfahren und durch die Abstimmung der ergonomischen und sozialen Untersuchungsbedingungen auf die Arbeitsplatzsituation des Versicherten versucht werden, ein Anforderungsprofil zu schaffen, das den beruflichen oder leistungsbezogenen Anforderungen des Probanden im Alltag oder am Arbeitsplatz annähernd entspricht. Dadurch können ggf. Veränderungen des Untersuchungs- und Leistungsverhaltens im Belastungsverlauf deutlicher werden, die ➠ ökologische Validität verbessert sich. Die Aussagekraft von Ergebnissen einer A. ist umso höher, je mehr Ähnlichkeiten die A. zur realen Arbeitsplatzsituation des Versicherten aufweist (bezogen auf mentale, soziale und körperliche Anforderungen im Tagesverlauf, Pausenverhalten, ergonomische Bedingungen usw.).

Arbeits- und Organisationspsychologie

Teildisziplin der akademischen Psychologie, bei der die Beschreibung und Erklärung arbeitsbezogenen Erlebens und Verhaltens von Personen in Organisationen und angewendungsbezogen die Optimierung arbeitsbezogener Abläufe im Fokus steht. A.u.O. umfasst Arbeitspsychologie, die zum einen Aspekte der Anpassung der Arbeit an den Menschen behandelt, also Arbeitsanalysen, Fragen der Arbeitsmotivation, Handlungssteuerung und Arbeitszufriedenheit, Möglichkeiten der Arbeitsgestaltung sowie Fragen der Reduktion von Belastung. Zum anderen umfasst A.u.O. Fragen der Anpassung des Menschen an die Arbeit wie z. B. Qualifizierungsprozesse, betriebliche Sozialisation sowie eignungsdiagnostische Aspekte. Die Arbeitspsychologie berührt bei der Analyse von Mensch-Maschine-Systemen Fragen der Ingenieurwissenschaften, bei Fragen zum Umgang mit Belastungen ergeben sich Überschneidungen zur klinischen und biologischen Psychologie. Die Organisationspsychologie betrifft vor allem Fragen der Anpassung des Einzelnen an andere Personen (Arbeitskollegen, Vorgesetzte) und die Analyse der sozialen Interaktion innerhalb von Organisationen.

Arbeitsunfähigkeit

Nach den sozialrechtlichen Regelungen liegt A. vor, wenn der Versicherte aufgrund von Krankheit seine zuletzt vor der A. ausgeübte Tätigkeit nicht mehr oder nur unter der Gefahr der Verschlimmerung der Erkrankung ausführen kann. Die Beurteilung der A. erfordert eine Befragung des Versicherten durch den Arzt zur aktuell durchgeführten Tätigkeit und zu den damit verbundenen Anforderungen und Belastungen. Psychologen bzw. Psychologische Psychotherapeuten sind nicht berechtigt, A. (aufgrund psychischer Erkrankung) zu attestieren.

Artifizielle Störung

Selbstmanipulierte ➡ psychische Störung oder körperliche Erkrankung. Wie bei einer ➡ Simulation erfolgt die vorgetäuschte Beschwerdenschilderung oder Symptompräsentation bewusst und manipulativ. Es wird angenommen, dass die betroffene Person sich der tieferen Motivation nicht bewusst ist, warum sie die Beschwerden äußert oder sich eine Krankheit oder Schädigung selbst zufügt. Die (unbewusste) Motivation liegt wahrscheinlich in der Einnahme einer Patientenrolle, im Kranksein, darin, sich medizinischer Beachtung und Behandlung unterziehen zu können. Personen mit einer a.nS. können Symptome auch selbst erzeugen, was auch zu bleibenden selbst gesetzten Schäden führen kann. Die Manipulationen nehmen gelegentlich bizarre Formen an (z.B. Fieber durch Eigeninjektion von Urin oder Schmutz). Eine Unterform der a.nS. ist das Münchhausen-Syndrom. Wenn die manipulierende und die manipulierte Person nicht identisch sind, wird von Stellvertreter-A.rS. (engl. factitious disorder by proxy) gesprochen. Die Manipulation kann beispielsweise bei einem Schutzbefohlenen, einem Kind oder auch einem Tier erfolgen, die dann zur medizinischen Behandlung vorgestellt werden.

Ätiologie

Die Medizin versteht unter Ä. (griech. „Ursache" und „Vernunft, Lehre") die Lehre von den Krankheitsursachen, die alle Faktoren, die zur Entstehung von Krankheiten führen, mit einbezieht. Bei psychischen Störungen spricht man angesichts vielfältiger Ursachen meist von Differentialätiologie. Damit ist eine Systematisierung ursächlicher Bedingungen und Einflüsse nach prädisponierenden, auslösenden und aufrecht erhaltenden Faktoren gemeint.

Attribution

Individuelle Zuschreibung von Ursache und Wirkung von Handlungen und Vorgängen einschließlich der daraus resultierenden Konsequenzen für das Erleben und Verhalten von Menschen. A.en sind Ausdruck der Neigung von Personen, die eigene Umwelt erklären und kontrollieren zu wollen. In der Begutachtung psychischer Störungen und Erkrankungen können Angaben über individuelle Attributionsprozesse Informationen liefern über Art, Qualität und Effektivität der ➡ Krankheitsverarbeitung. Allgemein werden internale und externale sowie stabile und variable (situationsbezogene) Attributionsmuster unterschieden. Krankheitsbezogen ist die Unterscheidung von Kausalattributionen (= Annahmen zu Ursachen einer Krankheit) und Kontrollattributionen (= Annahmen dazu, wie die Krankheit beeinflusst oder behandelt werden kann) üblich.

Aufklärungspflicht/Informationspflicht (des Gutachters)

Pflicht eines Gutachters, den Probanden über Art und Notwendigkeiten der Untersuchung so zu informieren, dass sich dieser ein zutreffendes Bild von den Abläufen und Erfordernissen der Untersuchung machen kann. Insbesondere muss er sicher stellen, dass der Versicherte die zu bearbeitenden Mess- und Testverfahren richtig versteht und er sich über seine eigenen Entscheidungs- und Handlungsmöglichkeiten im Klaren ist. Es ist angezeigt, Probanden allgemein darüber zu informieren, dass in der Untersuchung auch Informationen über motivationale Bedingungen des oder der Versicherten (zur Bereitschaft zu authentischem Antworten und zur Anstrengungsbereitschaft) erhoben werden. Die A. des Gutachters endet aber dort, wo Informationen die Aussagekraft der Ergebnisse gefährden würden. Eine spezifische gesetzlich geregelte Informationspflicht besteht für psychologische Gutachter nicht.

Aufmerksamkeit

Oberbegriff für eine Gruppe von psychischen Grund- oder Elementarfunktionen, die es einem Menschen ermöglichen, spezielle Informationen unter der Vielzahl simultan zur Verfügung stehender Information herauszufiltern, diese Information zu beachten, sich auf sie zu konzentrieren oder sie im bewussten Erleben präsent zu haben. Damit ist der in der modernen Neuropsychologie nicht favorisierte Begriff der Konzentration oder Konzentrationsfähigkeit hier eingeschlossen, stellt aber nur einen Teilaspekt von A. dar. Entsprechend der unterschiedlichen Aspekte von A. liegt auch eine Anzahl von Aufmerksamkeitstests vor. Ein einzelner Test, wie etwa der in Deutschland nach wie vor verbreitete Aufmerksamkeits-Belastungs-Test d2, ist nicht geeignet, A. in ihrer Komplexität adäquat zu messen.

Aufmerksamkeits- und Konzentrationstests

A.u.K. erfassen verschiedene Aspekte der Fähigkeit, die Aufmerksamkeit auf eine bestimmte Tätigkeit oder einen bestimmten Vorgang zu bündeln. Wichtige Teilbereiche der Konzentrationsleistung betreffen die Geschwindigkeit, mit der ein Proband auf äußere Signale reagiert, die Fähigkeit, sicher und fehlerfrei zu reagieren, die Fähigkeit, mehrere Prozesse gleichzeitig zu verfolgen (geteilte Aufmerksamkeit) und die Fähigkeit, die Aufmerksamkeit bei monotonen Anforderungen dauerhaft aufrecht zu erhalten. Die meisten der herkömmlichen Ansätze zur Konzentrationsmessung wie etwa Durchstreichtests (dazu gehört der nach wie vor weit verbreitete Aufmerksamkeits-Belastungs-Test d2), Rechentests oder Sortiertests sind nicht mit den neurowissenschaftlichen Entwicklungen der vergangenen zwei Jahrzehnte verbunden. Außerdem erfassen sie Aufmerksamkeitskomponenten häufig in einer Form, die mit anderen speziellen Fähigkeiten so stark vermengt ist, dass die Interpretation der Testergebnisse erschwert ist. So können etwa Rechentests primär auf spezifische Störungen des Zahlenumgangs und der Rechenfähigkeit ansprechen und damit fälschlicherweise Konzentrationsstörungen anzeigen, wo diese in Wahrheit nicht vorliegen.

Beeinträchtigung beruflicher Funktionen

Bezeichnung für Störung, Schädigung oder Minderung der Funktions- und Leistungsfähigkeit bezogen auf eine bestimmte berufliche Tätigkeit; Zielgröße der Bewertung beruflicher Leistungsfähigkeit. Die Einschätzung der B.b.F. erfolgt den aktuellen ➡ Leitlinien zufolge unter Berücksichtigung relevanter Aktivitäten bzw. Fähigkeiten und berufs- und arbeitsplatzbezogener Kontextbedingungen. Entscheidend für die Beurteilung der Berufsunfähigkeit ist es, inwiefern spezifische individuelle Aktivitäts- und Fähigkeitsbeeinträchtigungen in Verbindung mit den speziellen individuellen beruflichen Umwelt- und Leistungsanforderungen zu konkreten Funktions- und Leistungsbeeinträchtigungen am Arbeitsplatz geführt haben.

Befindlichkeits- und Verhaltensstörungen

Sammelbezeichnung für Störungen des Erlebens und Verhaltens, meist bezogen auf Begleiterscheinungen oder Folgen körperlicher Erkrankungen oder psychischer Störungen. Mitunter wird die Bezeichnung „Allgemeinbeschwerden" synonym verwendet. Die Bezeichnung resultiert aus der Schwierigkeit, dass B.u.V. nicht nur bekannte Folgen tatsächlicher organischer und psychischer Krankheiten darstellen, sondern auch ohne konzeptionellen Bezug zu definierten Krankheiten oder psychischen Störungen auftreten können. Davon abzugrenzen ist die Bezeichnung „Verhaltensstörung" nach ICD-10, die als Oberbegriff für eine relativ heterogene Gruppe psychischer Störungen gewählt wurde (abnorme Gewohnheiten, Störungen der Impulskontrolle, sexuelle Störungen, Entwicklung körperlicher Symptome aus psychischen Gründen, artifizielle Störung).

Befund

Gesamtheit der durch einen Arzt oder klinischen Psychologen erhobenen körperlichen und psychischen Erscheinungen eines Patienten. Der auf den aktuellen Untersuchungszeitpunkt bezogene medizinische Befundbericht setzt sich zusammen aus den Ergebnissen der körperlichen Untersuchung durch die Sinne (Beobachtung, Abhören, Riechen, Befühlen) und durch einfache Hilfsmittel des Untersuchers, welche den sogenannten klinischen B. bilden, sowie gegebenenfalls den Ergebnissen weiterer medizinischer oder psychologischer Untersuchungen mittels geräte- oder testgestützter Verfahren. Da der B. sich auf vom Psychologen oder Arzt festgestellte Erscheinungen bezieht, wird er von der Anamnese als Summe der subjektiven Angaben des Patienten abgegrenzt.

Befund, psychopathologischer

Systematische Beschreibung des psychischen Status eines Probanden auf der Grundlage psychopathologisch relevanter Kategorien und Zuordnungen. Der p.B. integriert Information vorwiegend aus Befragung und Verhaltensbeoachtung zu verschiedenen Funktionsbereichen wie z.B. Bewusstsein, Orientierung, Affektivität, Wahn, Sinnestäuschung, Ich-

Störungen, Antrieb, Psychomotorik, Suizidalität. Ein Teil dieser Kategorien wurde in die aktuellen ⟶ Leitlinien zur Begutachtung psychischer und psychosomatischer Krankheiten als Beschreibungsebenen für psychische Funktionen und Funktionsstörungen übernommen.

Befundtatsache

B.n sind Daten / Informationen, die ein Gutachter im Rahmen einer Beweisaufnahme aufgrund seiner Fachkenntnisse ermittelt. Davon abzugrenzen sind Anknüpfungstatsachen, die bereits vor der gutachtlichen Tätigkeit feststehen. Zusatztatsachen erfährt der Gutachter bei seiner Tätigkeit, ohne dass es für ihre Wahrnehmung auf seine besonderen Fachkenntnisse ankommt und ohne dass sie seinen Gutachterauftrag betreffen. In einem Gutachten stellt der Sachverständige die B.n sowie die Methode ihrer Ermittlung dar, bevor er aus ihnen Schlüsse zieht und sie bewertet. Zusatztatsachen lässt er im Gutachten unerwähnt (Schneider et al., 2012).

Begutachtung, neuropsychologische

Teilbereich der ⟶ psychologischen Begutachtung, schwerpunktmäßig ausgerichtet auf die Beurteilung der psychischen Erscheinungsformen und Folgen von Erkrankungen oder Verletzungen des Gehirns. N.B. kann immer dann angezeigt sein, wenn kognitive Beschwerden in einem rechtlich bedeutsamen Kontext durch den Betroffenen selbst vorgetragen werden oder wenn in einem solchen Kontext kognitive Störungen oder neuropsychologische Symptome anderen Personen offenkundig werden, selbst wenn keine solchen Beschwerden durch den Betroffenen selbst geltend gemacht werden.

Behinderung

Im sozialrechtlichen Sinne sind Menschen behindert, wenn ihre körperliche Funktion, geistige Fähigkeit oder seelische Gesundheit mit hoher Wahrscheinlichkeit länger als sechs Monate von dem für das Lebensalter typischen Zustand abweichen und daher ihre ⟶ Teilhabe am Leben in der Gesellschaft beeinträchtigt ist. Sie sind von B. bedroht, wenn die Beeinträchtigung zu erwarten ist. Die Weltgesundheitsorganisation differenziert B. traditionell nach der Ebene der Funktionsbeeinträchtigung in Schädigung (Impairment), Funktionsbeeinträchtigung (Disability) und Behinderung bzw. soziale Benachteilung (Handicap). Zielgröße einer gutachtlichen Bewertung von B. ist meist der ➠ Grad der B. Die sozialrechtliche Bewertung der B. ist unabhängig von der Bewertung der beruflichen ➠ Leistungsfähigkeit in der privaten ➠ Berufsunfähigkeitsversicherung.

Belastung, psychische

P.B. ist nach der Norm EN ISO 10075 „die Gesamtheit aller erfassbaren Einflüsse, die von außen auf den Menschen zukommen und psychisch auf ihn einwirken." Es gilt den Begriff Belastung von dem Begriff Beanspruchung zu trennen. Psychische Beanspruchung ist „die unmittelbare (nicht die langfristige) Auswirkung der p.nB. im Individuum in Abhängigkeit von seinen jeweiligen überdauernden und augenblicklichen Voraussetzungen, einschließlich der individuellen Bewältigungsstrategien". Der Belastungsbegriff ist im Gegensatz zum umgangssprachlichen Verständnis wertneutral, p.B.n sind nicht notwendigerweise negativ oder gesundheitsschädlich.

Berufliche Eignung

Im sozialrechtlichen Kontext Bezeichnung für die Fähigkeit zur ➠ Teilhabe am Arbeitsleben. Ziel einer diagnostischen Abklärung der b.nE. ist es, einen (neuen) Beruf zu finden oder Modifikationen der beruflichen Tätigkeit vorzuschlagen, sofern der bisherige Beruf nicht mehr ausgeübt werden kann.

Berufsunfähigkeit

In der privaten BU-Versicherung ist eine Person berufsunfähig, wenn ihre Erwerbsfähigkeit wegen Krankheit oder Behinderung dauerhaft –

mindestens aber sechs Monate ununterbrochen – auf mehr als 50% der von körperlich, geistig und seelisch Gesunden mit ähnlicher Ausbildung oder Kenntnissen und Fähigkeiten gesunken ist. Im Einzelfall können auch andere Regeln gelten (z.B. abweichende Prozentangaben). In der gesetzlichen Rentenversicherung kann ein Rentenanspruch aufgrund von B. nur noch von denjenigen Versicherten geltend gemacht werden, die vor dem 02.01.1961 geboren wurden. Berufsunfähig sind im Sozialrecht Versicherte, die wegen Krankheit oder ➡ Behinderung ihren bisherigen versicherungspflichtigen Beruf nicht mehr mindestens sechs Stunden täglich ausüben können und die nicht zu einer ihren Kräften und Fähigkeiten entsprechenden Tätigkeit verwiesen werden können. Ein anderer Begriff der B. wird in den Satzungen von Versorgungswerken (z.B. Ärzte- oder Zahnärztekammern) geregelt.

Berufsunfähigkeitsversicherung

Die B. dient der finanziellen Absicherung einer bestimmten beruflichen Tätigkeit. Versichert wird gegen das Risiko, die Tätigkeit aufgrund von Krankheit oder ➡ Kräfteverfall auf Dauer nicht mehr ausüben zu können. In der Regel ist nicht der Beruf versichert, in dem der Versicherte ausgebildet wurde, sondern die zuletzt ausgeübte berufliche Tätigkeit.

Beschwerden (➡ Symptome, ➡ Befindlichkeits- und Verhaltensstörungen)

Allgemeine Bezeichnung für Angaben Betroffener über Ereignisse oder Erfahrungen, die mit subjektiven Beeinträchtigungen oder Leiden verbunden sind. Nach Jaspers (1913) werden B. auch als subjektive Symptome, in Abgrenzung von den objektiven Symptomen, bezeichnet. Von Experten können B. als Symptome interpretiert werden, sofern die B. bestimmten Störungen oder Erkrankungen logisch oder klassifikatorisch zugeordnet werden können. B. bilden die subjektive Erfahrungsebene der Betroffenen ab und können auch auch ohne Krankheitsbezug geäußert werden. Häufig genannte psychische B. ohne direkten Krankheitsbezug sind z.B. Konzentrationsstörungen, Geräuschempfindlichkeit, Reizbarkeit, Gedächtnisstörungen, Erschöpfbarkeit, Müdigkeit, belastungsabhängige Kopfschmerzen oder Sehstörungen.

Beschwerdenschilderung

Darstellung gesundheitlicher Beschwerden, Symptome und Beeinträchtigungen aus Sicht der Betroffenen in der (mündlichen oder schriftlichen) Befragung. Aus testpsychologischer Perspektive fließen in die B. mit ein: die tatsächliche Ausprägung der Beschwerden, Merkmale der Erhebungsmethode, Besonderheiten der Befragungssituation, Antwortmotive, Erinnerungen an frühere Messungen, das individuelle Vergleichsniveau, Zufallsschwankungen.

Beschwerdenvalidierung

Bezeichnung für diagnostische Maßnahmen mit dem Ziel, die ➠ Beschwerdenvalidität bei einer einzelnen Testperson zu sichern. Zu den Validierungsmethoden zählen u. a. ➠ Konsistenzprüfung, Kontrolle der Authentizität demonstrierter Symptome und der ➠ Validität (Gültigkeit) mit Hilfe von ➠ Antworttendenzskalen sowie die Kontrolle von im Test gezeigten Funktionsausfällen mit Hilfe von ➠ Beschwerdenvalidierungstests.

Beschwerdenvalidierungstest

Nach aktueller Fassung wird der Begriff (engl.: Symptom Validity Test SVT) als Oberbegriff für alle psychometrischen Tests, Kennwerte oder Indikatoren verwendet, die ungültige Leistungen bei der Prüfung der kognitiven oder physischen Leistungsfähigkeit oder eine Übertreibung in der Beschwerdenschilderung erfassen (Greve, Bianchini & Brewer, 2013). Dazu gehören spezifische Tests, in traditionelle Tests eingebettete Validitätskennwerte sowie Fragebogenmethoden. Ursprünglich wurde dieser Begriff für Verfahren geprägt, die als Alternativwahlverfahren eine mathematisch und / oder empirisch begründete Beurteilung von Manipulationstendenzen bei der Testdurchführung gestattet. Mit Hilfe dieser speziellen B.s ist unter bestimmten Bedingungen eine Simulation auf einem festgelegten Wahrscheinlichkeitsniveau beweisbar. Entsprechend haben diese Verfahren auch Eingang in Kriterien für die Diagnose simulierter kognitiver Störungen (Slick et al., 1999) gefunden. Kognitive B.s sind dem

Anschein nach zur Leistungserfassung konzipiert, tatsächlich erfassen sie aber Testmotivation. Verschiedene B.s können auf unterschiedlichen Prinzipien der Beschwerdenvalidierung basieren. B.s stellen die am besten wissenschaftlich untersuchten Gruppen von Verfahren zur Diagnostik negativer Antwortverzerrungen dar. Nach den 2005 veröffentlichten Empfehlungen der National Academy of Neuropsychology, NAN (Bush et al., 2006) sind neuropsychologische Begutachtungen ohne adäquate Diagnostik der ➠ Beschwerdenvalidität als unvollständig anzusehen.

Beschwerdenvalidität

Gültigkeit der von einem Probanden genannten Beschwerden oder gezeigten Funktionsminderungen; ebenso Bezeichnung für Glaubhaftigkeit oder für den Grad an Vertrauen, den ein Untersucher der Aufrichtigkeit einer Beschwerdenschilderung und der Gültigkeit der Symptomdarstellung durch einen Probanden entgegen bringen kann. In der Leistungsdiagnostik bezieht sich die B. damit auf die Gültigkeit des ermittelten Testprofils. Ein Profil ist nur dann als gültig (valide) zu bewerten, wenn es begründete Aussagen über die tatsächlichen Leistungsvoraussetzungen der Testperson gestattet.

Bewältigungsverhalten (engl. Coping)

Bezeichnung für Verhaltensweisen, die als (bewusste) Reaktion (Abgrenzung zu ➠ Abwehr) auf belastende Ereignisse oder Erfahrungen gezeigt werden und auf eine Anpassung des Organismus an die Ereignisse oder Erfahrungen ausgerichtet sind. B. kann auf unterschiedlichen Verhaltensebenen (physiologisch, kognitiv, emotional-motivational, motorisch) beschrieben werden. In der psychologischen Literatur wird B. überwiegend als der willentlichen Steuerung unterworfen angesehen. Bezogen auf die Zielrichtung wird u. a. die Bewältigung der Belastungsbedingungen (instrumentelles Coping) und die Bewältigung der emotionalen Bedingungen (palliatives Coping) unterschieden.

Biopsychosoziales Modell

Vereinfachende Bezeichnung für die Annahme, dass Krankheit und Gesundheit durch eine Vielzahl biologischer, psychologischer und sozialer (umgebungsbezogener) Faktoren bestimmt sind, die sowohl einzeln, als auch in ihren Wechselwirkungen wirken. Verwendung insbesondere in interdisziplinären Wissenschaftsdisziplinen, aber auch als Grundlage etwa der ➡ ICF-Nomenklatur. Die Bezeichnung lässt sich auf psychische Störungen und auf chronische oder chronifizierte Krankheitsverläufe anwenden. Krankheit wird dabei gesehen als Ergebnis einer dynamischen Interaktion zwischen dem diagnostizierten Gesundheitsproblem und den sogenannten Kontextfaktoren, welche die Auswirkungen des gesundheitlichen Problems beeinflussen.

Bipolare Störung

Psychische Störung, die durch wiederholte Episoden einer deutlichen Störung der Stimmung und des Aktivitätsniveaus in Form einer Manie oder Hypomanie und einer Depression gekennzeichnet ist. Hypomane bzw. manische und depressive Phasen wechseln einander ab, typischerweise ist die Besserung zwischen den Phasen vollständig.

Blockspanne

Erstmals von Corsi (1972) entwickelter Testansatz zur Erfassung der nicht-sprachlichen (räumlichen) Behaltensspanne (in der Fachsprache: ➡ Kurzzeitgedächtnis), in Entsprechung zum Zahlennachsprechen, dem meistverwendeten Ansatz für die Messung der verbalen Behaltensspanne. Mehrere standardisierte Testverfahren verwirklichen dieses Testprinzip.

Chronifizierung

Übergang einer vorübergehenden zu einer dauerhaften Präsenz einer Störung oder Krankheit; häufig auch Bezeichnung für das Ausmaß, in dem sich eine Erkrankung oder ein Krankheitsverhalten unabhängig von äußeren oder inneren Einflüssen verselbstständigt hat und durch dauerhaftes Krankheits- und/oder Inanspruchnahmeverhalten gekennzeichnet ist.

Compliance

Ursprünglich Bezeichnung für das Befolgen therapeutischer Ratschläge und Verordnungen (Einnahme verordneter Medikamente) bzw. die Durchführung der vom Behandler festgelegten therapeutischen oder rehabilitativen Maßnahmen. In einem modernen Sinn bezeichnet C. in der Psychotherapie und Rehabilitation die aktive und willentlich gesteuerte Mitarbeit und Kooperation des Patienten im therapeutischen oder rehabilitativen Prozess, die u. a. darin zum Ausdruck kommt, dass der Patient sich auf neue Deutungen seiner Beschwerden und auf Behandlungsvorschläge einlässt, Offenheit für die Herstellung einer therapeutischen Beziehung signalisiert und therapeutische Vereinbarungen einhält (z. B. Verhaltensänderungen im Alltag praktiziert). In der Begutachtung psychischer Krankheitsfolgen ist die Beurteilung der C. erforderlich, um willentliche Anteile an der Qualität und dem Erfolg bisheriger Behandlungsmaßnahmen einschätzen zu können und daraus prognostische Bewertungen abzuleiten.

Coping ⇒ Bewältigungsverhalten

Datenquelle

Oberbegriff für Einheiten (z. B. Personen, Methoden), aus denen Informationen zur diagnostischen Urteilsbildung gewonnen werden. Im Begutachtungskontext werden häufig die D.n Proband (bzw. ⇒ Selbstbericht), Angehörige/Dritte (⇒ Fremdbericht), Untersucher (⇒ Verhaltensbeobachtung) und Behandler (Fremdbericht) unterschieden. D.n können auch nach der Beobachtungsebene differenziert werden, auf die sie sich beziehen (z. B. physiologische Daten, Fragebogendaten, Leistungstestdaten).

Datenschutz

Die Europäische Union versteht unter D. „insbesondere den Schutz der Privatsphäre natürlicher Personen bei der Verarbeitung personenbezogener Daten". Im gutachtlichen Kontext bedeutet dies, dass der Proband die Freigabe der in der Begutachtung erhobenen persönlichen Daten an den Auftraggeber oder an andere an der Begutachtung beteiligte Personen bestätigen muss. D. kann im gutachtlichen Kontext auch bedeuten, dass die Daten einer Person vor fehlerhafter Interpretation geschützt werden müssen, z.B. dadurch, dass zu den ⟶ Testverfahren Rohwerte, ⟶ Normwerte und Testinterpretationen mitgeteilt werden. Der Gutachter muss einen potenziellen Missbrauch individueller Mess- und Testdaten verhindern, der dann eintreten kann, wenn fachfremde, in Testdiagnostik unzureichend qualifizierte Personen Zugang zu diesen Daten erhalten. Ebenso ist zu erwägen, den begutachteten Personen selbst keinen Zugang zu Detailinformationen der Testdurchführung und zu ihren Testergebnissen zu gewähren, jedenfalls nicht in einer Weise, die künftige Testdurchführungen in erheblicher Weise beeinflussen würden. Testmaterialien müssen als schutzwürdige Information gelten, und es ist eine Verpflichtung für Psychologen, den Testschutz zu gewährleisten.

Demenz

Syndromatische Diagnose. Ein demenzielles Syndrom ist durch im Lebensvollzug nach zunächst normaler geistiger Entwicklung erworbene (d.h. nicht mit der Geburt oder entwicklungsmäßig angelegte) erhebliche kognitive Störungen gekennzeichnet. Diese führen zu erheblichen Einbußen in der Alltags-, sozialen und/oder beruflichen Kompetenz und betreffen verschiedene Leistungsbereiche (worunter meist, nach neuester Fassung aber nicht zwingend, Gedächtnisstörungen fallen). Die Einbußen müssen chronisch vorliegen (d.h. mindestens über sechs Monate hinweg). Das Fortschreiten oder die Unumkehrbarkeit (Irreversibilität) sind kein Merkmal der D., auch wenn sie eine bestimmte Gruppe, die sogenannten degenerativen D.en, kennzeichnen. Schwere Schädel-Hirn-Traumen können, ähnlich wie eine große Anzahl weiterer hirnschädigender Faktoren, demenzielle Syndrome bedingen. Daneben gibt es den Begriff der degenerativen D.en, der häufig mit dem syndromatischen Begriff verwechselt wird. Es handelt sich dabei um eine Gruppe von Krankheiten, die in aller Regel fortschreitend und unumkehrbar sind (dazu gehören u. a. die Alzheimer-Krankheit oder die semantische D.).

Demenztest

Bezeichnung für meist kurze Tests, die insbesondere im Rahmen der Diagnostik demenzieller Syndrome zum Einsatz kommen und die Entscheidung Demenz / keine Demenz bzw. eine Schweregradbeurteilung von Demenzen ermöglichen sollen. Diese Tests sind häufig nicht ausreichend nach einer Testtheorie entwickelt und weisen unter tatsächlichen klinischen Bedingungen eine unzureichende Güte auf. Der bekannteste und weltweit am häufigsten eingesetzte D. ist der Mini-Mental Status Test (MMST).

Depersonalisations- und Derealisationssyndrom

Psychische Störung nach ICD-10. Bei einem Depersonalisationssyndrom beklagen die Betroffenen, dass ihre geistige Aktivität, ihr Körper oder ihre Empfindungen oder Erfahrungen sich in ihrer Qualität verändert haben und diese als unwirklich, als nicht die eigenen oder als automatisiert erlebt werden. Ein Derealisationssyndrom ist dadurch gekennzeichnet, dass Objekte, Menschen oder die Umgebung unwirklich oder fern, künstlich, farblos, leblos usw. erscheinen. D.-u.D.e treten isoliert selten, aber gehäuft bei ➡ Depressionen, ➡ Angst- und ➡ Zwangsstörungen und bei psychotischen Störungen auf.

Depression

Störung des Affekts (➡ affektive Störung), die insbesondere durch gedrückte Stimmung, Interessenverlust, Antriebslosigkeit, erhöhte Ermüdbarkeit und verminderte Leistungsfähigkeit gekennzeichnet ist. Andere häufige Symptome sind: Verminderte Konzentration und ➡ Aufmerksamkeit, vermindertes Selbstwertgefühl und Selbstvertrauen, Schuldgefühle und Gefühle der Wertlosigkeit, pessimistische Zukunftsperspektiven, Suizidgedanken oder (versuchte) Suizidhandlungen, ➡ Schlafstörungen, verminderter Appetit, vermindertes sexuelles Interesse, psychomotorische Hemmung (Verlangsamung) oder Agitiertheit (motorische Unruhe). Die gedrückte Stimmung ändert sich von Tag zu Tag wenig, reagiert meist nicht auf die jeweiligen Lebensumstände und kann typische Tagesschwankungen aufweisen. Der Schweregrad einer D. wird danach beurteilt, wie viele Symptome der Betroffene zusätzlich zu den eingangs genannten Leitsymptomen aufweist.

Deutsche Gesellschaft für Psychologie (DGPs)

Vereinigung der in Forschung und Lehre tätigen Psychologinnen und Psychologen. Die DGPs strebt die Förderung und Verbreitung der wissenschaftlichen Psychologie und die Förderung der psychologischen Forschung an u. a. durch Förderung der intradisziplinären Kommunikation innerhalb des Gesamtgebietes der Psychologie, Anregung psychologischer und interdisziplinärer Forschungsprogramme, Einhaltung psychologischer Standards, Mitwirkung bei der Regelung des psychologischen Ausbildungs- und Prüfungswesens, Mitwirkung an der Fort- und Weiterbildung für graduierte Psychologinnen und Psychologen, insbesondere an dem wissenschaftlichen Teil solcher Programme.

Diagnose

In der Medizin Bezeichnung für die Zuordnung von klinischen Befunden, diagnostischen Zeichen oder Symptomen zu einem Syndrom, einer Störung oder einer Krankheit. Ein Syndrom ergibt in Verbindung mit den vermuteten Krankheitsursachen und Entstehungsbedingungen (Ätiologie, Pathogenes) die D. Klassifikatorische D.n nach ICD-10 dienen primär der Verständigung der mit der Beschreibung, Erklärung und Behandlung von Krankheiten befassten Experten. In der Psychologie bezeichnet der Begriff D. allgemein die Feststellung des Vorhandenseins oder Ausprägungsgrades psychologischer Merkmale (Eigenschaften, Fähigkeiten, Verhaltensweisen usw.) unter Beachtung bestimmter Kriterien.

Diagnostik (dimensional / klassifikatorisch)

Dimensionale psychologische D. ist dann angezeigt, wenn psychische Eigenschaften oder Störungen als (latente) Dimensionen konzipiert sind, die verschiedene quantitative Abstufungen vorsehen. Dimensionale D. basiert entsprechend auf psychologischen Mess- oder Testverfahren, die eine quantitative Einschätzung der zu messenden Eigenschaft (Dimension) zulassen. Klassifikatorische oder kategoriale D. ist so angelegt, dass die erhobenen Informationen die eindeutige Zuordnung einer Person (oder Eigenschaft) in eine bestimmte, qualitativ abgrenzbare Gruppe erlauben. Voraussetzung für dimensionale D. ist die ➡ Skalierfähigkeit des zu messenden Merkmals. Dimensionale D. ist im klinischen Bereich vor allem dann erforderlich, wenn eine klassifikatorische D. (z. B. nach ICD-10) nicht möglich ist. In der Begutachtung psychischer Erkrankungen und Krankheitsfolgen ist eine Kombination aus dimensionaler und klassifikatorischer D. erforderlich.

Diagnostik, (neuro-)psychologische

(N.-)p.D. umfasst eine Erhebung und Berücksichtigung aller relevanten Informationen, die zur Beantwortung einer (neuro-)psychologisch sinnvollen Fragestellung für notwendig erachtet werden. In der Begutachtung ist die Anwendung von Tests und Fragebögen gewöhnlich Bestandteil einer (n.-)p.nD., diagnostische Fragestellungen sind jedoch in bestimmten Kontexten auch ohne Testeinsatz zu beantworten. (N.-)p.D. in der Begutachtung ist nicht gleichzusetzen mit einer psychologischen Testung oder einer psychometrischen Untersuchung.

Diagnostisches Interview

Befragung des Probanden zu diagnostisch relevanten Sachverhalten. Zu unterscheiden sind freie und strukturierte d.I.s In der Begutachtung richtet sich das d.I. thematisch nach den gutachtlichen Fragestellungen. Bei Fragen zu krankheitsbedingter Funktions- und Leistungsminderung stehen im Vordergrund: Art und Ausprägung der Beschwerden, prämorbide Bedingungen, Entwicklung der Symptomatik bis zur aktuellen

Ausprägung unter Berücksichtung von Hemmnissen und Ressourcen, Bewältigungsverhalten, Auswirkungen der Beschwerden auf körperliche, psychische und soziale Funktionen, positives und negatives Leistungsvermögen. Freie d.I.s sind in der Durchführung meist ökonomisch, weil sie leicht an individuelle Problemlagen und an die Aussagen des Befragten angepasst werden können. Einschränkungen resultieren daraus, dass Zufallseinflüsse im freien Interview nicht systematisch kontrolliert werden und sich die Besonderheiten der Interaktion zwischen Interviewer und Proband auf das Befragungsergebnis auswirken können.

Diagnostische Methoden

Bezeichnung für Methoden, die möglichst gesicherte Informationen zur Beurteilung eines körperlichen, psychischen oder sozialen Sachverhaltes liefern. Im gutachtlichen Kontext können folgende Methodengruppen zur Beurteilung von Krankheiten unterschieden werden: Anamnese, klinische Untersuchungen, klinische Laboruntersuchungen, bildgebende Verfahren, Fragebogen, Funktionstests. In der psychologischen Diagnostik können folgende Methodengruppen unterschieden werden: Exploration, Verhaltensbeobachtung, Intelligenztests, Leistungstests, Persönlichkeitstests, Entwicklungstests, Schultests, Methoden der klinischen Diagnostik, neuropsychologische Verfahren, berufsbezogene Verfahren, medizinpsychologische Verfahren.

Differentialdiagnostik

Als Differentialdiagnosen bezeichnet man Erkrankungen mit ähnlicher bzw. nahezu identischer Symptomatik, die neben der Verdachtsdiagnose ebenfalls als mögliche Ursache der geklagten Beschwerden in Betracht gezogen werden müssen. D. umfasst sämtliche Erhebungs- und Bewertungsprozesse, die hierzu Entscheidungshilfen liefern.

Dissimulation

D. kennzeichnet die Tendenz, sich als psychisch unbelastet darzustellen, obwohl Belastungen oder Beeinträchtigungen vorliegen. D. zeigt sich darin, dass vorhandene Beschwerden oder Beeinträchtigungen verharmlost oder verleugnet werden oder die eigene Leistungsfähigkeit übertrieben positiv dargestellt wird. Die Tendenz ist abzugrenzen von einer krankheitsbedingt verminderten Wahrnehmungsfähigkeit.

Dissoziative Störungen / Konversionsstörungen

Nach ICD-10 eine Gruppe von psychischen Störungen, deren allgemeines Kennzeichen der teilweise oder völlige Verlust der normalen Integration von Erinnerungen an die Vergangenheit, des Identitätsbewusstseins, der unmittelbaren Empfindungen sowie der Kontrolle von Körperbewegungen ist. Es wird angenommen, dass die Fähigkeit zu bewusster und selektiver Kontrolle der Informationsverarbeitung oder motorischer Prozesse gestört ist. Häufig verleugnen Personen mit d.nS. ihre für andere Personen ganz offensichtlichen Probleme oder Störungen. Das Ausmaß der Störung kann situationsabhängig erheblich variieren, die Differenzierung d.rS. von ➡ Aggravation oder ➡ Simulation kann schwierig sein.

DSM-IV / DSM-5

Diagnostisches und Statistisches Manual psychischer Störungen. System der Amerikanischen Psychiatrischen Vereinigung zur Klassifikation psychischer Störungen anhand von Symptomen, sonstigen (z.B. zeitlichen) Kriterien und Zuordnungsregeln. Mit DSM-5 wurde im Mai 2013 eine revidierte Fassung des DSM-IV vorgelegt. Derzeit ist DSM-5 nur auf Englisch verfügbar. DSM-IV und DSM-5 sind verglichen mit ➡ ICD-10 stärker an aktuellen wissenschaftlichen Erkenntnissen ausgerichtet und sehen die Integration von Symptomen in ein Beschreibungssystem aus fünf Achsen vor (klinische Störungen, Persönlichkeitsstörungen und geistige Behinderung, medizinische Krankheitsfaktoren, psychosoziale und umgebungsbedingte Probleme, globale Erfassung des Funktionsniveaus).

Durchgangssyndrom

➠ Hirnorganisches Psychosyndrom. Der Begriff wurde für (potenziell) reversible organisch bedingte psychische Störungen benutzt, in Abgrenzung zu Defektsyndromen.

Durchhaltefähigkeit

Fähigkeit, dauerhaft leistungsfähig zu bleiben und Tätigkeiten trotz Beschwerden oder Beeinträchtigungen aufrecht zu erhalten oder Probleme trotz bestehender Schwierigkeiten zu bewältigen. In den aktuellen Leitlinien zur Begutachtung wird eine Unterscheidung in körperliche und mentale D. vorgeschlagen. Es bestehen begriffliche Überschneidungen zu Konstrukten wie Widerstandsfähigkeit, Ausdauer, Resilienz, Durchsetzungsfähigkeit und Standhaftigkeit. D. ist eine Aktivität nach ➠ Mini-ICF-P, die aber auch Prozessen der ➠ Krankheitsverarbeitung zugeordnet werden kann.

Dysarthrie / Dysarthrophonie

Störungen der Artikulation, des Sprechens, der Stimme. Im Gegensatz zu ➠ Aphasien werden diese durch Beeinträchtigungen der Funktion der lautbildenden Elemente (Zunge, Lippen, Kiefer, Kehlkopf, Stimmbänder) und der Atmung hervorgerufen. Ein typisches Beispiel für eine D. ist die verwaschene und mit veränderter Stimme produzierte Sprache vieler Alkoholkranker.

Dysexekutives Syndrom

Oberbegriff für Beeinträchtigungen verschiedenartiger „höherer geistiger Funktionen", die als ➠ exekutive Funktionen zusammengefasst werden. Früher wurden solche Störungsbilder häufig verkürzt Frontalhirnsyndrom genannt, selbst wenn keine frontale Läsion nachweisbar war. Neben kognitiven Beeinträchtigungen ist regelmäßig eine Reihe von Verhaltensauffälligkeiten zu finden.

Dysthymie

Chronische depressive Verstimmung, die nach Schweregrad und Dauer der einzelnen depressiven Episoden gegenwärtig nicht die Kriterien für eine leichte oder mittelgradige depressive Störung erfüllt.

Eignungsdiagnostik

Sammelbegriff der ➡ Arbeits- und Organisationspsychologie für psychologische Verfahren zur Messung von Kompetenzen, Fähigkeiten und Verhaltenstendenzen mit Bezug zu Bildungswegen oder beruflichen Tätigkeiten. E. soll eine möglichst genaue Vorhersage der Wahrscheinlichkeit ermöglichen, mit der bestimmte berufliche Ziele erreicht werden können. Ausgewählte eignungsdiagnostische Testverfahren können auch zur Begutachtung der beruflichen Leistungsfähigkeit verwendet werden, wenn Leistungsstörungen jeweils angepasst an berufliche Anforderungsbedingungen zu bewerten sind.

Einstellung

Bezeichnung für die aus der Erfahrung kommende Bereitschaft eines Individuums, in bestimmter Weise auf eine Person, eine soziale Gruppe, ein Objekt, eine Situation oder eine Vorstellung wertend zu reagieren. Dies kann sich im kognitiven (Annahmen und Überzeugungen), affektiven (Gefühle und Emotionen) und behavioralen (Verhaltensweisen) Bereich ausdrücken. In der Leistungsbegutachtung kann die Erhebung von E.en notwendig sein zur Einschätzung von Krankheitsverarbeitungsprozessen und von Leistungsmotiven. Die Bedeutung bewusster E.en (z.B. zur Gesundheit, zum Leistungsverhalten) für die Vorhersage von Verhalten ist begrenzt, sie nimmt aber zu, je spezifischer der Verhaltensbereich ist, auf den sich die E. bezieht.

Einwilligung, informierte (Formblatt)

Eine schriftliche Fixierung der Rahmenbedingungen für eine Begutachtung erhöht die Rechtssicherheit. Die i. E., die den Versicherten vor der Untersuchung zugesandt wird, sollte die folgenden Punkte enthalten:

- Kontext der Begutachtung (Auftraggeber) und Inhalt der (neuro-) psychologischen Untersuchung
- Information über die Bedeutung der Kooperativität in der Untersuchung und darüber, dass bei eingeschränkter Mitwirkung die Fragestellungen unter Umständen nicht beantwortbar sein werden
- Schweigepflichtsentbindung gegenüber dem Auftraggeber und gegenüber anderen in diese Begutachtung einbezogenen Gutachtern
- Unparteilichkeit des Gutachters
- Urheberrecht des Gutachters; Eigentumsrecht des Auftraggebers am Gutachten; Notwendigkeit einer Zustimmung des Auftraggebers, des Gutachters und des Versicherten, falls das Gutachten in anderen Kontexten verwandt werden soll
- Keine Ton- oder Bildaufzeichnungen während der Begutachtung, sofern nicht ausdrücklich anders vereinbart
- Elektronische Speicherung der Daten und Möglichkeit späterer anonymisierter Auswertung für statistische oder wissenschaftliche Zwecke

Die i. E. sollte durch beide Seiten unterzeichnet werden.

Emotion

Synonym für Gefühl, Gefühlsregung. Bezeichnung für meist spontan bzw. unkontrolliert auftretende körperlich (physiologisch) beeinflusste Erregung bei positiver oder negativer Valenz (Erlebnisqualität, subjektive Bewertung). Bei der Einteilung von E.en können drei Aspekte unterschieden werden: Intensität (stark, schwach), Spannung (Handlungsdruck, offensives Verhalten, Aggression vs. Angst, Vermeidung, Lähmung) und die hedonische Qualität (Lust vs. Unlust). E.en stellen zentrale Regulative und Mediatoren des gesamten Verhaltens dar.

Emotionale Beeinträchtigung

Beeinträchtigungen oder subjektive Leidenszustände, die eine Person durch negative Gefühle wie z.B. Ängste, Unsicherheit, Labilität, inneres Zittern, Anspannung, Trauer oder Aggressivität erlebt. Sie können eng mit Funktionsbeeinträchtigungen verknüpft sein, wenn z.B. eine Person aufgrund von Angst und innerer Unruhe nicht mehr in der Lage ist, Alltagsanforderungen zu bewältigen oder berufliche ⟶ Leistungen zu erbringen. Weitgehende Überschneidung zu ⟶ Neurotizismus.

Emotionale Entwicklung

Bezeichnung für die Entwicklung von Gefühlen in der Biographie einer Person, meist mit Schwerpunkt auf Kindheit und Jugend. Im Mittelpunkt der e.nE. steht die Frage, wie und unter welchen Bedingungen sich bestimmende ⟶ Emotionen wie Freude, Angst, Lust, Ärger oder Trauer entwickelt haben und welche Funktionalität diese Emotionen im Leben der Betroffenen hatten und haben. In der Begutachtung psychischer ⟶ Krankheitsfolgen kann die e.E. Hinweise auf die Schwere der Gestörtheit oder den Chronifizierungsgrad psychischer Störungen liefern. Häufig werden frühe Störungen in der e.nE. als Indikatoren einer ausgeprägteren Schwere der psychischen Störung bewertet.

Emotionale Funktion

E.F.en bezeichnen die Wirkungen, die Gefühle oder emotionale Zustände (Unruhe, Angst, Freude, Aggression) ausüben. Die Wirkungen können sich sowohl auf innerpsychische Prozesse, als auch auf äußere (soziale) Bedingungen beziehen. Eine e.F. kann z.B. eine Angst(-emotion) dadurch haben, dass dadurch andere unangenehme Erfahrungen oder Empfindungen vermieden werden. Häufig werden Emotionen als Ausdruck oder Ergebnis von Konflikten interpretiert. In den aktuellen Leitlinen zur Begutachtung sind e.F.en eine Facette ⟶ psychischer Funktionen.

Empathie

Fähigkeit, sich in die Gedanken, Gefühle und das Weltbild anderer Personen hineinzuversetzen bzw. Gedanken und Gefühle anderer zu erkennen und aus deren Perspektive zu interpretieren. In der Begutachtung muss der Sachverständige über E. verfügen, um das emotional-affektive und kognitive Bezugssystem des Untersuchten möglichst weitgehend zu erfassen und zutreffend bewerten zu können, um daraus Annahmen über die Art und den subjektiven Schweregrad von Beschwerden und Beeinträchtigungen abzuleiten.

Entlastungsmotiv

Als Motiv gilt in der Psychologie ein Beweggrund, der auf die Erreichung eines Ziels ausgerichtet ist. In diesem Sinne bezeichnet ein E. das zielgerichtete Bemühen einer Person, von bestehenden Verpflichtungen, Anforderungen oder Funktionen entlastet oder entbunden zu werden, z. B. im Zusammenhang mit der ➠ Entwicklung körperlicher Symptome aus psychischen Gründen. Ein E. kann eine Ursache für ➠ Aggravations- oder ➠ Simulationstendenzen sein.

Entscheidungsfähigkeit

Zentrale personale Fähigkeit in psychologischen ➠ Handlungstheorien; Bezeichnung für die Fähigkeit, relevante Informationen zu erkennen, auszuwählen und aufgrund von Wissen, Handlungs- und Verantwortungsbereitschaft Entscheidungen unter Einbezug persönlicher Präferenzen zu treffen (Pschyrembel, 2009). Angelehnt an die ➠ Leitlinien zur Begutachtung psychischer und psychosomatischer Erkrankungen, in denen die E. als „Entscheidungs- und Urteilsfähigkeit" den ➠ psychischen Funktionen und Funktionsbeeinträchtigungen zugeordnet ist, kann E. beschrieben werden als die Fähigkeit einer Person, Sachverhalte differenziert und kontextbezogen aufzufassen, daraus problemangemessene Schlussfolgerungen zu ziehen, Entscheidungsfolgen zu antizipieren und dies in Entscheidungen umzusetzen.

Entwicklung körperlicher Symptome aus psychischen Gründen

Nach ⇒ ICD-10 Bezeichnung dafür, dass körperliche Symptome, vereinbar mit und ursprünglich verursacht durch eine gesicherte körperliche Krankheit, Störung oder Behinderung, wegen des psychischen Zustandes des Betroffenen aggraviert werden oder länger anhalten. Früher als Rentenneurose oder Begehrensneurose bezeichnet. Typischerweise verfolgen Betroffene tatsächlich oder vermeintlich bestehende Leistungsansprüche hartnäckig und unbeirrt weiter, und es entwickelt sich ein aufmerksamkeitssuchendes Verhalten mit zusätzlichen Beschwerden nicht körperlichen Ursprungs. Zugrunde liegen häufig Erwartungshaltungen und ein subjektives Unrechtserleben, wenn geltend gemachte Ansprüche nicht gewährt werden. In Deutschland werden Ansprüche, die zwar aus einem ursprünglichen Schadensereignis hervorgehen, die dem Grunde nach aber als „Rentenneurose" zu beurteilen sind, regelmäßig nicht anerkannt (vgl. Foerster, 2004).

Epidemiologie

Die E. (griechisch epi = auf, über; demos = Volk; logos = Lehre) befasst sich mit der Verbreitung und dem Verlauf von Krankheiten und deren verursachenden Faktoren in der Bevölkerung. Neben der Erforschung der Krankheitsursachen untersucht die E. auch Möglichkeiten der Prävention. Bei der Bewertung von Einzelfällen (Begutachtung) können Ergebnisse der E. insbesondere beitragen zur Einschätzung von Anpassungsprozessen und Erkrankungsrisiken, zur Schweregradbeurteilung und zur Einschätzung der Krankheitsprognose.

Erscheinungsbild / Phänotyp

In der Genetik bezeichnet der Begriff E. die Menge aller Merkmale eines Organismus, die sich aus dem Zusammenwirken von Erbanlagen und Umwelt ergeben. Das E. eines Organismus kann durch morphologische, physiologische und psychologische / psychische Merkmale gekennzeichnet sein.

Erwerbsfähigkeit

Fähigkeit eines Versicherten, sich unter Ausnutzung der Arbeitsgelegenheiten, die sich ihm nach seinen Kenntnissen und körperlichen und geistigen Fähigkeiten im ganzen Bereich des wirtschaftlichen Lebens bietet, einen Erwerb zu erzielen. Im Bereich der gesetzlichen Rentenversicherung gilt als erwerbsfähig, wer eine E. unter den üblichen Bedingungen des allgemeinen Arbeitsmarktes in gewisser Regelmäßigkeit ausüben kann. Berufsfähigkeit und E. sind zu unterscheiden.

Erwerbsunfähigkeit

Im Sozialrecht Bezeichnung für Versicherte, die wegen Krankheit oder Behinderung auf nicht absehbare Zeit außerstande sind, eine Erwerbstätigkeit regelmäßig auszuüben oder mehr als ein geringfügiges Einkommen zu erzielen oder die wegen der Krankheit oder Behinderung nicht auf dem allgemeinen Arbeitsmarkt tätig sein können. Ausgenommen davon sind Selbstständige.

Erziehungsfähigkeit

Fähigkeit, Kinder oder Jugendliche „zum Wohl des Kindes" zu erziehen. Bestandteil des psychosozialen Funktionsniveaus bzw. der sozialen Leistungsfähigkeit einer Person in der Familie, aber auch im Sinne der beruflichen Leistungsfähigkeit als Erzieher. Nicht einheitlich definiert, im Familienrecht Gegenstand psychologischer Begutachtung. Als Indikatoren eingeschränkter E. können u.a. gelten: unzureichende Verhaltenssteuerung, desorganisierte Persönlichkeit, Planungsinkompetenz, Stressintoleranz, Konfliktlösungsinkompetenz, verminderte Lernfähigkeit, Dissozialität, psychotische Realitätsverkennung, Suchtverhalten.

Essstörung

Oberbegriff für psychische Störungen, die durch gestörtes Essverhalten gekennzeichnet sind. Nach ➠ ICD-10 und ➠ DSM-IV werden folgende

Störungen der Gruppe zugeordnet: Anorexia nervosa, Bulimia nervosa, Binge-Eating-Störung (Essattacken), nicht näher bezeichnete Essstörung. Insbesondere die Anorexia nervosa, die durch einen absichtlich selbst herbei geführten oder aufrecht erhaltenen Gewichtsverlust charakterisiert ist, kann aufgrund von Unterernährung und dauerhaften physiologischen Mangelzuständen zu erheblichen Beeinträchtigungen der körperlichen Funktions- und Leistungsfähigkeit, in schweren Fällen auch zu lebensbedrohlichen Komplikationen führen.

Evidenzbasierte Begutachtung

In Analogie zu evidenzbasierter Therapie die Ausrichtung der Begutachtung von Krankheitsursachen und Krankheitsfolgen an wissenschaftlich bzw. empirisch gestützten Erkenntnissen. Wissenschaftlich fundiert sollten dabei nicht nur Erkenntnisse über Ursachen, Erscheinungsform und Behandlung der zu bewertenden Erkrankungen sein. Auch Modelle über psychologische Prozesse der Krankheitsverarbeitung, Modelle zur Beschreibung, Erklärung und Vorhersage biopsychosozialer Funktionen und Funktionsbeeinträchtigungen (u.a. Leistungsfähigkeit) sowie psychodiagnostische Verfahrensweisen zur Beschreibung psychischer Eigenschaften (z.B. Störungen, Fähigkeiten, Aktivitäten), die im Rahmen der Begutachtung zum Einsatz kommen, sollten evidenzbasiert sein.

Exekutive Funktionen

Bezeichnung für komplexere kognitive Funktionen („höhere geistige Funktionen"), die Planungs-, Kontroll- und Problemlösefunktionen umfassen. Dazu gehören Prozesse der Zielsetzung, des vorausschauenden Denkens, Entscheidungsprozesse, Impulskontrolle und emotionale Regulierung, aber auch die Aufmerksamkeitssteuerung, die Initiierung und Sequenzierung von Handlungen, Prozesse der motorischen Steuerung, der Beachtung von Handlungsergebnissen und gegebenenfalls ihre Korrektur. Traditionell werden solche Leistungen insbesondere mit dem Stirnhirn (Frontalhirn) in Beziehung gebracht, weshalb gestörte Exekutivfunktionen häufig als Frontalhirnsyndrom bezeichnet wurden. Da exekutive Leistungen jedoch auch auf intakten anderen Hirnbereichen beruhen und

Störungen e.rF. nicht nur bei frontalen Hirnverletzungen zu beobachten sind, ist der Ausdruck dysexekutives Syndrom sachlich angemessener. Die Messung e.rF. stellt eine besondere Herausforderung an die Testkonstruktion dar, da Patienten mit exekutiven Funktionsstörungen häufig in Tests, die gut strukturiert sind, keine Ausfälle zeigen. Tests zur Erfassung bestimmter Aspekte e.rF. sollten aber dem Probanden möglichst breite Spielräume zu eigenem Handeln geben. Der am weitesten verbreitete Test ist der Wisconsin Card Sorting Test, eine Sortieraufgabe.

Exploration

Mündliche Befragung. Innerhalb der psychologischen Diagnostik bezieht sich die E. auf das Erkunden bestimmter Sachverhalte und Stimmungen mittels qualifizierter Interview-Techniken. Nach Fisseni (2004) ist es gerechtfertigt, die Begriffe E., Interview, Befragung und Anamnese synonym zu verwenden, da die Informationsvermittlung durch Wechselrede zwischen mindestens zwei Personen erfolgt, der Informationsfluss vom Befragten zum Befrager primär in eine Richtung geht, die Interaktionen auf vergleichbaren Beschreibungs- und Funktionsebenen ablaufen und die Befragungen so angelegt sind, dass die Auswertung rational kontrollierbar ist. E.en können nach dem Grad der Standardisierung, der Art und Weise der Gesprächsführung und der Auswertung der Ergebnisse differenziert werden.

Extinktion

Begriff aus der Lerntheorie, Bezeichnung dafür, dass ein durch Assoziation oder Verstärkung gelerntes Verhalten sich wieder zurückbilden kann, wenn die assoziative Verknüpfung oder Verstärkung durch neue Lernerfahrungen überschrieben wird. In der ⟶ Neuropsychologie wird damit ein Phänomen bezeichnet, bei welchem bei gleichzeitiger beidseitiger Stimulation nur einer der beiden Reize beachtet wird, obwohl bei einseitiger Stimulation sowohl rechts- als auch linksseitig dargebotene Reize erkannt werden. E. tritt insbesondere bei substanziellen rechtshirnigen Läsionen auf und ist mit dem Phänomen des ⟶ Neglects verwandt, aber nicht mit diesem identisch.

Extraversion

Zentrales Persönlichkeitsmerkmal der Persönlichkeitstheorie von Eysenck (1960) – neben ⟶ Neurotizismus und Psychotizimus – gekennzeichnet durch Offenheit für soziale Begegnungen und soziale Beziehungen, Kontaktfreudigkeit, Interesse an äußeren Veränderungen und am Austausch mit anderen Personen, eher verzögerter Aufbau und beschleunigter Abbau von Erregung. Gegenpol zur E. ist die Introversion, die u. a. gekennzeichnet ist durch Ausrichtung der Wahrnehmung und Informationsverarbeitung auf Innenschau und Selbstbeobachtung, schnelles Lernen von Furchtreaktionen und Überangepasstheit. In der Begutachtung können erhöhte Ausprägungen von E. und Introversion je nach Kontext sowohl als ⟶ Hemmnisse, als auch als ⟶ Ressourcen im Zusammenhang mit der ⟶ Krankheitsverarbeitung oder der ⟶ Prognose von Krankheitsfolgen interpretiert werden.

Fähigkeit

In der Psychologie die psychischen und körperlichen Bedingungen, die eine ⟶ Leistung ermöglichen. Es handelt sich um aus der Lebensgeschichte entstandene komplexe Eigenschaften, die den Tätigkeitsvollzug steuern. F.en (wie z. B. ⟶ Intelligenz, ⟶ Konzentration, motorisches Geschick) kann man nicht beobachten, man muss sie mittels (psycho-)diagnostischer Zugänge und Methoden erschließen (Fisseni, 2004).

Fahreignung

Spezielle Funktion im Rahmen der Mobilitätseinschätzung einer Person. Die Bewertung der F. eines Versicherten kann alleiniges Ziel einer Begutachtung sein, die Frage stellt sich aber auch im Zusammenhang mit der Beurteilung der ⟶ Berufs- und ⟶ Erwerbsfähigkeit. Die Fahrtauglichkeit einer Person kann eingeschränkt sein aufgrund von Krankheiten oder Störungen, die eine Selbst- oder Fremdgefährdung des Versicherten bei der Nutzung eines KFZ wahrscheinlich machen (z. B. Anfallsleiden, Suchterkrankungen, kognitive Beeinträchtigungen mit Auswirkungen auf die Reaktions- und Steuerungsfähigkeit).

Fairness (Testgütekriterium)

Ausmaß, in dem ein psychologischer ➡ Test eine systematische Diskriminierung bestimmter Personengruppen ausschließt (z.B. ethnisch, soziokulturell, geschlechtsspezifisch).

Fehler (bei einer Messung)

In der ➡ klassischen Testtheorie wird angenommen, dass sich jeder beobachtete Wert (jede Aussage, jeder Messwert) aus dem (verdeckten) wahren Anteil des gemessenen Merkmals und einem Fehleranteil additiv zusammensetzt. F. können dadurch kontrolliert bzw. eingegrenzt werden, dass Messverfahren verwendet werden, die eine ausreichende Messgenauigkeit (➡ Reliabilität) aufweisen. Je höher die Messgenauigkeit, umso stärker sichert das Verfahren gegen bestimmte F. bei der Messung ab. In den F. gehen mit ein: Zufallsschwankungen, ➡ Varianz aufgrund von Erinnerungen an frühere Messungen, motivationale Einflüsse bei der Testung, Rahmenbedingungen der Testung, Varianz aufgrund der spezifischen Besonderheiten des Messverfahrens, Variation aufgrund von Auswertungsfehlern u.a. Die Messfehlertheorie in der klassischen (psychologischen) Testtheorie führt dazu, dass für eine Person immer nur angegeben werden kann, in welchem Wertebereich ein individueller Messwert mit einer bestimmten ➡ Wahrscheinlichkeit liegt.

Fehlerrisiken (in psychologischen Gutachten)

Die Komplextität psychologischer Begutachtung erhöht verschiedene F. In der Begutachtung der beruflichen Leistungsfähigkeit sind folgende F. erhöht:

- Das berufliche Anforderungsprofil ist nicht hinreichend in psychologische Konstrukte oder Fragestellungen übersetzt worden.
- Die Auswahl der verwendeten Mess- oder Testverfahren ist nicht hinreichend auf das berufliche Anforderungsprofil abgestimmt.
- Psychologische Testwerte (Fragebogen, Leistungstests) werden überinterpretiert, so als lieferten sie objektive Informationen.

- Es fehlt eine explizite Prüfung der Gültigkeit bzw. Validität individueller Mess- oder Testergebnisse.
- Bewusstseinsnahe bzw. willentlich gesteuerte und bewusstseinsferne, der willentlichen Steuerung entzogene, krankheitswertige Anteile am bisherigen Krankheitsverlauf werden nicht ausreichend unterschieden.
- Schlussfolgerungen werden nicht ausreichend mit Blick auf vorliegende Untersuchungsergebnisse begründet.

Fertigkeit

In der Psychologie Bezeichnung für die zu einer Leistung notwendigen Techniken, Erfahrungen und Kenntnisse, die durch Übung erworben sind.

Flexibilität

F. als eine ➡ Aktivität nach ➡ ICF bezeichnet die Fähigkeit, sich bei wechselnden Anforderungen rasch geistig umzustellen und bei Problemlösungen von einer Strategie auf die andere wechseln zu können. Anhaltspunkte für Einschränkungen ergeben sich aus der Exploration und können ggf. durch entsprechende testpsychologische Verfahren gestützt werden (Schneider et al., 2012).

Fragebögen

Zu den Urteilsmethoden gehörende Klasse von Verfahren, die, wenn sie nach einer Testtheorie konstruiert wurden, häufig dem Oberbegriff „Test" zugeordnet werden. Nach inhaltlichen Gesichtspunkten können Persönlichkeits-F. (zu Persönlichkeitseigenschaften, Einstellungen, Verhaltens- und Bewältigungsstilen), Befindlichkeits- und Beschwerden-F., störungsbezogene klinische F., F. zum Entwicklungsstand, F. zu Funktionen und Funktionseinschränkungen, berufs- und leistungsbezogene F. sowie F. zu Validierungszwecken unterschieden werden. F. werden eingesetzt, um vorab festgelegte psychische ➡ Eigenschaften (Konstrukte) zuverlässig und gültig zu erfassen. Durch Standardisierung, ➡ Normierung und die

Bezugnahme der Fragen auf eine begrenzte Anzahl von Konstrukten können fragebogenbasierte Aussagen über die Ausprägung individueller Eigenschaften meist mit größerer Genauigkeit und Gültigkeit formuliert werden als explorationsbasierte Aussagen. Im Begutachtungskontext erfordert der Einsatz von F. in aller Regel gesonderte Maßnahmen zur ➠ Beschwerdenvalidierung.

Fremdbeobachtung

Von F. wird in der psychologischen Diagnostik gesprochen, wenn die zu beurteilende Person (Proband, Testperson) von einer anderen Person (also nicht von sich selbst) beobachtet und beschrieben wird. F. kann eine ➠ Datenquelle zur ➠ Validierung von Selbstberichten sein. Dokumentierte F.en werden auch als Fremdberichte (im Gegensatz zu Selbstberichten) bezeichnet. Zur gutachtlichen Urteilsbildung können F.en von Angehörigen, Arbeitskollegen, Arbeitgebern, behandelnden Ärzten oder Therapeuten sinnvoll sein. Dies schließt auch Angaben ein, die der Versicherte gegenüber diesen Personen gemacht hat.

Fremdbeurteilungsverfahren

Sammelbegriff für Fragebögen, Checklisten oder Ratingskalen, die eine Einschätzung beobachtbarer Merkmale oder Verhaltensweisen (z.B. des Symptomverhaltens, Sozialverhaltens, Arbeitsverhaltens, Leistungsverhaltens) auf der Grundlage einer standardisierten ➠ Verhaltensbeobachtung vorsehen. Sie können sich zur ➠ Validierung von Selbstberichten eignen, die das gleiche Merkmal erfassen. Manche Personengruppen erfordern F., weil die Betroffenen nicht oder nicht ausreichend in der Lage sind, sich selbst zu beurteilen (z.B. schwer depressive Patienten, Kinder, demente oder intelligenzgeminderte Personen).

Funktionale Gesundheit

Im Sinne der Internationalen Klassifikation der Funktionsfähigkeit, Behinderung und Gesundheit (➠ ICF) gilt eine Person als funktional gesund, wenn ihre körperlichen Funktionen und Körperstrukturen allgemein anerkannten Normen entsprechen, wenn sie all das tun kann, was von einem Menschen ohne Gesundheitsproblem erwartet wird und wenn sie ihr Dasein in allen Lebensbereichen, die ihr wichtig sind, in der Weise und dem Umfang entfalten kann, wie es von einem Menschen ohne Beeinträchtigung der Körperfunktionen oder der Körperstrukturen oder der Aktivitäten erwartet wird (Deutsche Rentenversicherung, 2012).

Funktionsbeeinträchtigung

F. bezeichnet die Beeinträchtigung zweckgerichteten Verhaltens in Form von Funktionsstörungen, Funktionsmängeln oder Funktionsausfällen. Eine F. kann sich auf verschiedene Verhaltens- oder Leistungsebenen beziehen. Allgemein wird zwischen kognitiven (geistigen), emotional-motivationalen, körperlichen und sozialen F.en unterschieden. Zielgröße der ➠ Berufsunfähigkeits-Begutachtung von ➠ Krankheitsfolgen sind F.en am aktuellen Arbeitsplatz. Berufsbezogene Funktions- und Leistungsbeeinträchtigungen liegen dann vor, wenn der Versicherte den spezifischen beruflichen Anforderungen oder den für die Berufsausübung typischen Anforderungen krankheitsbedingt nicht oder nicht mehr vollständig entsprechen kann.

Funktionsebene (in der Begutachtung)

Die aktuellen ➠ Leitlinien zur Begutachtung psychischer Störungsfolgen sehen vor, die folgenden drei Ebenen von Funktions- und Leistungsbeeinträchtigungen zu unterscheiden (Schneider et al., 2010).

- Psychische und körperliche Funktionsstörungen
- Aktivitätsstörungen
- Beeinträchtigungen beruflicher Funktionen

Bei Annahme einer eingeschränkten ➠ Berufs- oder ➠ Erwerbsfähigkeit sollte auf jeder dieser Ebenen Auffälligkeiten nachgewiesen werden können. Zugleich sollten Übergänge von einer Ebene zur nächsten durch den Sachverständigen deutlich gemacht werden.

Funktionsfähigkeit

Im Kontext der Begutachtung Bezeichnung für die Fähigkeit einer Person, zweckgerichtete Handlungen auszuüben. In Analogie zum ➡ ICF-Begriff der ➡ Leistungsfähigkeit und im Abgleich mit psychologischen Termini bezeichnet die F. das höchstmögliche Funktionsniveau. Thematisch kann F. nach körperlichen, psychischen, sozialen und berufs- und leistungsbezogenen Funktionen differenziert werden. Eine unbeeinträchtigte F. in einem bestimmten Leistungsbereich kann auch als ➡ Ressource interpretiert werden. Im Rahmen der Beurteilung der beruflichen Leistungsfähigkeit sollten F. und Funktionsbeeinträchtigung (i.S. eines positiven und negativen Leistungsprofils) zueinander in Beziehung gesetzt werden.

Funktionsniveau

Mittlere („durchschnittliche") Ebene der Leistung, die eine Person in einem bestimmten Zeitraum oder Zeitpunkt erbringt, bezogen auf intraindividuelle oder auf interindividuelle Vergleiche. Der Begriff orientiert sich am ➡ ICF-Begriff der ➡ Leistung, der beschreibt, was eine Person im Alltag tatsächlich tut. Das F. kann für körperliche, psychische und soziale Funktionen bestimmt werden. Es ergibt sich aus dem Abgleich zwischen Funktionen eines Individuums und deren Einschränkungen zu einem bestimmten Zeitpunkt.

Funktionsstörung

Allgemein Störung ziel- oder zweckgerichteter Aktivität in einem physiologischen, psychischen oder sozialen System, sodass die Wirkungsweise des gesamten Systems beeinträchtigt oder gefährdet ist. In der Physiologie Bezeichnung für die Störung der Wirkung von Organen oder der Wirkung und Wechselwirkung physiologischer Prozesse, in der Psychologie Bezeichnung für eine Störung von mentalen, emotional-motivationalen oder sozialen Prozessen. In der Begutachtung bezieht sich der Begriff meist auf die rechtlich relevanten Aspekte der Störung von Aktivitäts- oder Leistungsfunktionen.

Funktionstest

Gezielte Untersuchung eines Organsystems oder eines psychischen Systems zur Beurteilung seiner Tätigkeit, Leistungsfähigkeit und/oder Belastbarkeit. Bezeichnung für psychologische ⇒ Testverfahren zur Beurteilung des höchstmöglichen Funktions- oder Leistungsniveaus zu einem gegebenen Zeitpunkt. Als F.s gelten aber auch medizinische Tests, die ein mittleres körperliches Funktionsniveau zum Untersuchungszeitpunkt abbilden (z.B. EKG, Nervenleitgeschwindigkeit). In der Psychodiagnostik dienen F.s der Erfassung des höchstmöglichen Leistungsniveaus, d.h. ihre Durchführung setzt die Bereitschaft des Getesteten voraus, im Test höchstmögliche Leistung erbringen zu wollen. Gängige Verfahrensgruppen sind Konzentrationstests, Gedächtnistests, Intelligenztests und psychomotorische Tests.

GdB ⇒ Grad der Behinderung

Gedächtnisfähigkeit

Fähigkeit, neue Informationen aufzunehmen, zu behalten (mit vorhandenen Gedächtnisspuren zu verknüpfen) und abzurufen sowie bereits gespeicherte Informationen abzurufen. Der G. kommt eine zentrale Rolle in der Informationsverarbeitung zu. Sie kann klassifiziert werden nach dem Aspekt der Dauer (⇒ Ultrakurzzeitgedächtnis, ⇒ Kurzzeitgedächtnis, ⇒ Langzeitgedächtnis), nach der Art des gespeicherten Materials (Sprachgedächtnis, räumlich-visuelles Gedächtnis) oder nach der Art des Abrufs von Information (freie Erinnerung, Assoziation, Wiedererkennung). Lern- und Gedächtnisstörungen gehören zu den häufigsten Folgen von Erkrankungen und Verletzungen des Gehirns und sind deshalb in der neuropsychologischen Diagnostik von besonderer Wichtigkeit. Schwere, komplexe Störungen des Lernens und Behaltens werden ⇒ Amnesien genannt.

Gedächtnistest (➠ Lerntest)

Psychologischer Leistungstest zur Erfassung der Merk- und ➠ Gedächtnisfähigkeit. G.s enthalten in der Regel Material, das in einer bestimmten Zeit vom Probanden gelernt und später wieder abgerufen werden soll. G.s zum Altgedächtnis können Sachverhalte prüfen, von denen sicher angenommen werden kann, dass der Proband diese zu einem früheren Zeitpunkt gelernt hat. Unterschiedliche Schwierigkeitsgrade können dadurch realisiert werden, dass Umfang oder Komplexität des Lernmaterials variiert werden, dass Pausenzeiten oder Störreize zwischen Lern- und Abrufphase eingefügt werden oder dass unterschiedliche Abrufmodalitäten (freie Erinnerung, Wiedererkennung) genutzt werden. In der Begutachtung sind G.s dann angezeigt, wenn der Proband über Gedächtnisstörungen klagt. Die inhaltliche Interpretation schwacher G.-Ergebnisse setzt den Nachweis ausreichender Testmotivation durch Maßnahmen zur ➠ Beschwerdenvalidierung voraus.

Gegenübertragung

Spezifische emotionale Reaktion und damit einhergehende Haltung des Gutachters auf Verhaltensweisen oder Interaktionsangebote des Probanden, welche geprägt sind durch frühere Beziehungserfahrungen und hierdurch entwickelte Beziehungserwartungen (aus: Leitlinie AWMF).

Generalisierte Angststörung

Generalisierte, auf unterschiedliche Situationen und Auslösebedingungen bezogene anhaltende Angst, häufig gekennzeichnet durch die übertriebene Sorge, der Betroffene selbst oder Angehörige könnten erkranken oder verunglücken, sowie durch eine große Zahl anderer Sorgen oder Vorahnungen. Physiologisch überwiegen motorische Spannung und vegetative Übererregtheit.

Gesellschaft für Neuropsychologie (GNP)

Gemeinnützige deutschsprachige wissenschaftliche Fachgesellschaft, die fachliche und berufspolitische Interessen von Neuropsychologen vertritt. Ziele der Gesellschaft sind die Förderung der Neuropsychologie im wissenschaftlichen und klinischen Bereich sowie die Entwicklung professioneller Standards für die Berufsausbildung und Weiterbildung von Psychologen. Klinisch tätige Neuropsychologen können nach Absolvierung eines postgradualen Curriculums durch die GNP eine Zertifizierung erhalten (Klinischer Neuropsychologe GNP).

Gesetzliche Rentenversicherung (Deutsche Rentenversicherung)

Die g.R. ist Träger von Leistungen zur medizinischen ⇒ Rehabilitation, Leistungen zur Teilhabe am Arbeitsleben sowie unterhaltssichernden und anderen ergänzenden Leistungen. Die Leistungen sind darauf ausgerichtet, den Auswirkungen einer Krankheit oder ⇒ Behinderung auf die ⇒ Erwerbsfähigkeit eines Versicherten entgegenzuwirken oder diese zu überwinden. Ziel der g.nR. ist es, Versicherte zur Ausübung ihrer Erwerbstätigkeit zu befähigen oder sie wieder in das Erwerbsleben einzugliedern. Im Zentrum der Ausrichtung der g.nR. steht das „Recht zur Teilhabe" der Versicherten. Dieses sieht vor, dass der behinderte oder von Behinderung bedrohte Mensch weitgehend das Maß an Selbstbestimmung erhalten soll, das für jeden Bürger ohne Behinderung selbstverständlich ist.

Gesundheit

G. ist ein Zustand vollkommenen körperlichen, geistigen und sozialen Wohlbefindens und nicht allein das Fehlen von Krankheit und Gebrechen (Weltgesundheitsorganisation).

Glaubhaftigkeit (von Zeugenaussagen)

Begriff aus der forensischen Psychologie. Die G. einer (Zeugen-)Aussage ist um so höher zu veranschlagen, je wahrscheinlicher die Aussage auf einem tatsächlichen Erlebnisbezug basiert. Dieser Erlebnisbezug ist nicht gleichzusetzen mit dem faktischen Realitätsgehalt eines bestimmten beschriebenen Ereignisses. Die Beurteilung der G. erfordert ein mehrstufiges Vorgehen: 1) Inwiefern verfügt die Aussageperson über die notwendigen (z. B. kognitiven) Voraussetzungen, um gerichtsverwertbare Aussagen zu machen? 2) Inwieweit weist die Aussage Merkmale auf, die in erlebnisfundierten, nicht aber in frei erfundenen Schilderungen zu erwarten sind? 3) Inwieweit liegen potentielle Störfaktoren vor, die Zweifel an der Zuverlässigkeit der Aussage begründen können? (Greuel, 1998). Anders als im strafrechtlichen Kontext kann sich die psychologische Begutachtung der ➠ Leistungsfähigkeit im Zivil- oder Sozialrecht nicht auf aussagepsychologische Kriteriologien zur Beurteilung der G. beschränken.

Go-Nogo-Aufgaben

Aufgabentyp von Tests zur Erfassung der selektiven ➠ Aufmerksamkeit, bei denen auf bestimmte Signale zu reagieren ist, auf andere eine Reaktion zu unterdrücken ist.

Grad der Behinderung (GdB)

Begriff aus dem Schwerbehindertenrecht. Bezeichnung für das Ausmaß einer körperlichen, geistigen oder psychischen Behinderung mit den daraus für den behinderten Menschen in sämtlichen Lebensbereichen resultierenden Funktionsbeeinträchtigungen und deren Auswirkungen auf die Teilhabe am Leben in der Gesellschaft. Der GdB bezieht sich auf alle Gesundheitsstörungen unabhängig von ihrer Ursache. Berücksichtigt werden alle Auswirkungen einer länger als sechs Monate andauernden krankheitsbedingten Funktionsbeeinträchtigung. Die GdB-Bewertung erfolgt auf der Grundlage der versorgungsmedizinischen Grundsätze. Für die Beurteilung der ➠ Berufsunfähigkeit in der privaten BU-Versicherung ist der GdB ohne Bedeutung.

Gruppenfähigkeit

Eine Aktivität im Sinne des in den ➠ Leitlinien zur Begutachtung psychischer und psychosomatischer Erkrankungen verwendeten Mini-ICF-P: Die Fähigkeit, sich in Gruppen einzufügen, die formellen und informellen Regeln der Gruppe zu erkennen und sich entsprechend zu verhalten.

Gültigkeit ➠ Validität

Gutachten

Schriftliche oder mündliche Beurteilung inklusive Stellungnahme zu einem Sachverhalt (meist zu rechtlichen Fragestellungen) durch einen unabhängigen Sachverständigen. Das G. ist auf der Grundlage von wissenschaftlich gestütztem Fachwissen und Fachkompetenz des Gutachters, nicht aber aufgrund individueller persönlicher (z.B. moralischer) Wertungen zu erstellen. Psychologische Gutachten beziehen sich aufgrund der thematischen Ausrichtung der Psychologie vorwiegend auf Fragen der allgemeinen, der biologischen (neuropsychologischen) und der differentiellen Psychologie (Kognition, Emotion, Motivation, Verhaltensregulation, Leistung, Persönlichkeit), der Sozialpsychologie (Rollenverhalten, Einstellungen, soziale Funktionen) und der klinischen Psychologie. Bei psychiatrischen und psychosomatischen G. steht traditionell eher die Bewertung psychischer Erkrankungen (Verursachung, Therapie, Verlauf, Prognose) als deren Auswirkungen auf Funktions- und Leistungsmerkmale im Vordergrund.

Gutachtenaufbau

Der Aufbau eines (neuro-)psychologischen Gutachtens unterscheidet sich in der Grundstruktur nicht von dem eines medizinischen und umfasst die folgenden Unterpunkte:

*   Einleitende Bemerkungen (Auftraggeber, Fragestellung, Informationsbasis u. Ä.)

- Darstellung der Aktenlage, der Anknüpfungstatsachen, gegebenenfalls bereits mit kenntlich gemachter Kommentierung
- Durch den Probanden gelieferte Anamnese und Beschwerdenschilderung
- Eigene Untersuchungsbefunde, einschließlich Verhaltensbeobachtungen und psychischem Querschnittsbefund
- Zusammenfassende Diskussion und Bewertung der Einzelinformationen mit Beantwortung der Fragestellungen
- Abschließende Bemerkungen (Urheberrecht, Einsicht bzw. Aushändigung von Kopien, Verwendung des Gutachtens in anderen Kontexten, Schweigepflicht u. Ä.)

Gutachtenauftrag

Schriftliche Beauftragung eines Sachverständigen mit der Begutachtung eines Versicherten, meist nach vorheriger Klärung der spezifischen Fachkompetenz, der Zuständigkeit und der Bereitschaft zur Gutachtenerstellung. Ein G. kann direkt an psychologische Sachverständige ergehen, wenn normale oder krankheitsbedingt gestörte körperliche oder psychosoziale Funktionen (also Krankheitsfolgen, Aktivitäten oder Fähigkeiten) zu bewerten sind und dazu ein multimethodales psychodiagnostisches Vorgehen unter Einbezug testpsychologischer Methoden erforderlich ist. Ein direkter G. an Neuropsychologen ist dann angezeigt, wenn die Fragestellung unmittelbar die Auswirkungen von Gehirnverletzungen oder -erkrankungen auf das Verhalten betrifft und die ausschließlich medizinischen Fragenstellungen bereits als beantwortet gelten können. Falls durch körperliche Erkrankung verursachte Funktions- oder Leistungsbeeinträchtigungen zu begutachten sind, müssen relevante medizinische Sachverhalte zuvor durch Mediziner abgeklärt werden. Der psychologische Gutachter kann dem Auftraggeber hierzu notwendige medizinische Zusatzbegutachtungen vorschlagen. Bei primär ➡ psychischen Störungen ohne ursächliche oder begleitende körperliche Erkrankungen (medizinische Krankheitsfaktoren) können psychologische Sachverständige ebenfalls direkt als Hauptgutachter beauftragt werden. Der G. kann eine psychologische ➡ Zusatzbegutachtung vorsehen, wenn ein medizinischer (z.B. neurologischer, internistischer, orthopädischer, psychiatrischer oder nervenärztlicher) Gutachter die Notwendigkeit eines (neuro-)psychologischen Gutachtens erkennt und dem

Auftraggeber eine Zusatzbegutachtung vorschlägt. In diesem Fall wird der medizinische Hauptgutachter die Fragestellungen des Auftraggebers unter Einbeziehung der (neuro-)psychologischen Untersuchungsergebnisse beantworten. Auftraggeber psychologischer Gutachten sollten darauf achten, dass im G. keine Fragestellungen formuliert werden, deren Beantwortung nur durch einen medizinischen Gutachter zu leisten ist.

Gutachterlisten

Eine einheitliche curriculare Fortbildung zum psychologischen Gutachter oder zum Gutachter für Neuropsychologie existiert bislang in Deutschland nicht. Verschiedene Fachgesellschaften (z.B. DGNP, DGPSF) und Institutionen (mehrere Landespsychotherapeutenkammern) bieten Curricula an, die die Begutachtung von Funktions- und Leistungsbeeinträchtigungen zum Gegenstand haben. Die entsprechenden Zertifizierungen (z.B. zum Neuropsychologen) stellen eine notwendige, aber nicht hinreichende Voraussetzung für die Qualifikation als Gutachter dar.

Gütekriterien von Tests

Qualitätsmerkmale psychologischer Messinstrumente, die die Grundlage für die Verfahrensauswahl für eine bestimmte Fragestellung bilden sollten. Neben den Hauptkriterien ➟ Objektivität, ➟ Reliabilität und ➟ Validität lassen sich eine Reihe anderer Kriterien identifizieren, die Tests hinsichtlich ihrer Güte unterscheiden, wie ➟ Nützlichkeit, ➟ Skalierung, ➟ Normierung, ➟ Zumutbarkeit, ➟ Unverfälschbarkeit und ➟ Testfairness. Für den Bereich der beruflichen Eignungstestung wurde im Jahr 2002 die DIN 33430 verabschiedet, die strenge Maßstäbe an die Qualität eingesetzter Tests wie auch an die Qualifikation von Testanwendern stellt. Gütekriterien sind mittels eines mathematischen und methodischen Repertoires abschätzbar und können in Zahlen ausgedrückt werden, so dass Tests untereinander bezüglich ihrer Qualität vergleichbar sind. Ob und wieweit eingesetzte Tests die Gütekriterien erfüllen, erfordert zur kompetenten Beurteilung in der Regel gute Kenntnisse in Statistik und Testtheorie.

Habituation ⇒ Verhaltensgewohnheit

Handlungskompetenz

Fähigkeit zu sachlich angemessenem, realitätsbezogenem, durchdachtem sowie individuell und sozial verantwortlichem Handeln. Nach Pschyrembel (2009) kann H. differenziert werden in fachbezogenes Handeln (Fachkompetenz, Fachwissen), Methodenkompetenz im Sinne der Fähigkeit, durch Einsatz von Fertigkeiten, Techniken und Vorgehensweisen Probleme lösen zu können oder sich relevante Informationen zu beschaffen, soziale Kompetenz im Sinne eines kompetenten Umgangs mit Normen, Werten, Einstellungen usw. sowie personale Kompetenz (Persönlichkeitskompetenz) im Sinne der Bereitschaft und Fähigkeit, als Individuum die Entwicklungschancen, Anforderungen und Einschränkungen in Familie, Beruf und im öffentlichen Leben zu klären, zu beurteilen, eigene Begabungen zu entfalten und Lebenspläne zu fassen und weiterzuentwickeln. Schwere psychische Störungen gehen immer mit Einschränkungen der H. einher.

Handlungskontrolle / Handlungsregulation

Bezeichnung für bewusste oder bewusstseinsnahe psychische Prozesse zur Abschirmung einer Handlungsabsicht gegen konkurrierende Motive oder Motivationstendenzen zur Erreichung eines Handlungsziels. Zur Beschreibung und Erklärung von Handlungskontrollprozessen gibt es verschiedene theoretische Positionen, die sich zum einen in der Konzeptionalisierung bewusster und willentlicher Prozesse am Handlungsvollzug (z.B. in der Gewichtung metakognitiver Handlungskontrollstrategien), zum anderen in der proportionalen Gewichtung mentaler/kognitiver und emotional-affektiver Prozesse unterscheiden. Richtungsweisende psychologische Modelle sind z.B. das Handlungsphasen-Modell von Heckhausen et al. (1987) und das der Handlungs- und Lage-Orientierung von Kuhl (1994). In der Begutachtung psychosozialer Krankheitsfolgen liefern Theorien zur H. ein begriffliches Rahmengerüst zur Bewertung der Krankheitsverarbeitung, des bisherigen Therapieverhaltens und zur Begründung von Prognosen, sofern diese bisherige Formen und Ausprägungen von H. und ⇒ Handlungskompetenz berücksichtigen.

Handlungstheorie, psychologische

Gruppe allgemeinpsychologischer Theorien, Konzepte und Modelle zur Beschreibung, Erklärung und Vorhersage vorwiegend bewusster und willentlich gesteuerter zielgerichteter Handlungen. P.H.n umfassen Theorien und Modelle zum Handlungsantrieb bzw. zur ➠ Motivation, Handlungsfähigkeit (bzw. ➠ Leistungsfähigkeit), ➠ Handlungskompetenz und zur ➠ Handlungskontrolle.

Hauptgutachten

In einem H. werden sämtliche vorliegenden Informationen in die Beantwortung sämtlicher vorgegebener Fragestellungen integriert. Demgegenüber dient ein ➠ Zusatzgutachten der Beurteilung ausgewählter, für die Gesamtbeurteilung notwendiger Teilaspekte. In der Berufsunfähigkeits-Begutachtung sollte derjenige Gutachter das H. erstellen, der am besten qualifiziert ist, sowohl die klinischen Sachverhalte, als auch Art und Ausmaß kankheitsbedingter berufsbezogener Leistungsbeeinträchtigungen zu beurteilen. Dies können Ärzte oder Psychologen sein. Indessen sehen die vertraglichen Regelungen der meisten privaten Versicherungsunternehmen vor, nur Ärzte als Hauptgutachter zu beauftragen.

Hemianopsie

Halbseitige Erblindung infolge einer Hirnläsion. Meist sind das linke oder das rechte Gesichtsfeld beider Augen betroffen, auch wenn Patienten oft fälschlich von Problemen des linken oder rechten Auges sprechen. Nicht selten wird eine zerebral bedingte teilweise Erblindung durch Patienten nicht reflektiert.

Hemineglect

Halbseitige Aufmerksamkeitsstörung (s. a. ➠ Neglect).

Hemmnis

Bezeichnung für interne oder externe (personale oder soziale) Bedingungen, die sich erschwerend, behindernd oder in anderer Form nachteilig auf Anpassungs- oder Bewältigungsprozesse auswirken. Hemmnisse können bestimmt sein durch rigide und dysfunktionale Formen der Stress- und Krankheitsbewältigung oder durch unwirksame Behandlungsversuche. Für den Bereich der beruflichen Partizipation beziehen sich Hemmnisse auf Aktivitäts- und Fähigkeitseinbußen bei einem gegebenen beruflichen Anforderungsprofil (aus: Leitlinie AWMF).

Hilfsmittel

In der Sozialversicherung Hilfen für Versicherte, die geeignet und notwendig sind, um den Erfolg einer Rehabilitation zu sichern, einer drohenden ⮕ Behinderung vorzubeugen oder eine Behinderung bzw. ⮕ Leistungseinschränkung auszugleichen (z.B. Seh- und Hörhilfen, orthopädische H.).

Hirnleistungsdiagnostik

Ältere Bezeichnung für den leistungsdiagnostischen Aspekt neuropsychologischer Diagnostik. Da Hirnleistungen erheblich über den Gegenstand der psychologischen ⮕ Leistungsdiagnostik hinausgehen und zugleich neuropsychologische Diagnostik über den Einsatz leistungsdiagnostischer Methoden hinausgeht, wird von der Verwendung dieses Begriffs abgeraten.

Hirnorganisches Psychosyndrom (HOPS)

Auch Psychosyndrom, organisches Psychosyndrom. In der Literatur und im Sprachgebrauch häufig uneinheitlich benutzter Begriff. Heute werden damit unspezifische Störungen von Hirnleistungen (insbesondere eine Verlangsamung) und Merkfähigkeitsstörungen, bezeichnet, in Abgrenzung zu endogenen Psychosen (Schizophrenien, affektiven Psychosen) und den hirnlokalen Psychosyndromen (z.B. Frontalhirnsyndrom, Temporalhirnsyndrom). Andere Bezeichnungen sind körperlich begründbare oder symptomatische oder organische Psychose oder Durchgangssyndrom. Ein leichtes HOPS wird gelegentlich auch als pseudoneurasthenisches Syndrom bezeichnet. Demenzen sind schwere chronische Psychosyndrome. In der Übergeneralisierung, in der der Begriff häufig für alle möglichen organisch bedingten Veränderungen kognitiver Funktionen benutzt wird, ist er wenig brauchbar, weil ihm implizit eine eindimensionale Hirnschadenskonzeption zugrunde liegt. Aus diesem Grunde wird er von vielen Neuropsychologen heute abgelehnt. Bessere Bezeichnungen könnten „kognitive Störungen bei ..." oder „neuropsychologische Störungen bei ..." sein, die dann zu spezifizieren sind.

Hypochondrische Störung

Nach ➠ ICD-10 eine psychische Störung, die durch die beharrliche, in der Regel ängstliche Beschäftigung mit der Möglichkeit gekennzeichnet ist, an einer oder mehreren schweren und fortschreitenden körperlichen Krankheiten zu leiden. Die h.S. manifestiert sich in anhaltenden körperlichen Beschwerden oder ständiger Beschäftigung mit der eigenen körperlichen Erscheinung. Normale körperliche Empfindungen oder Erscheinungen werden von den Betroffenen oft als abnorm oder belastend interpretiert und die Aufmerksamkeit meist nur auf wenige Organe oder Organsysteme fokussiert. ➠ Angst und ➠ Depression begleiten das Störungsbild häufig.

ICD-10 (ICD-Diagnose)

Eine klassifikatorische Diagnose entsprechend der internationalen statistischen Klassifikation der Krankheiten und verwandter Gesundheitsprobleme (ICD, engl.: International Statistical Classification of Diseases and Related Health Problems). ICD-10 ist das wichtigste weltweit anerkannte Diagnoseklassifikations- und Verschlüsselungssystem der Medizin. Herausgegeben wurde es von der Weltgesundheitsorganisation (WHO). Eine klassifikatorische Diagnose zeigt an, ob ein Beschwerdenbild nach aktuellem wissenschaftlichem Verständnis und Konsens als krankhaft oder krankheitswertig und damit behandlungsbedürftig zu bewerten ist oder nicht.

ICF-Klassifikation

Internationale Klassifikation der Funktionsfähigkeit, Behinderung und Gesundheit (International Classification of Functioning, Disability, and Health) der Weltgesundheitsorganisation. Das Klassifikationssystem sieht auf der Grundlage des ➡ biopsychosozialen Modells der funktionalen Gesundheit eine grundlegende Einteilung von Funktionen in Körperfunktionen, Körperstrukturen, ➡ Aktivität und ➡ Teilhabe sowie ➡ Kontextfaktoren vor. Die Systematik der ICF fließt zumindest konzeptionell auch in die Begutachtung der Berufsunfähigkeit mit ein.

Indikation für (neuro-)psychologische Begutachtung

Grund zur Anwendung psychologischer Untersuchungsprozeduren in Fällen, die ein psychologisches Vorgehen rechtfertigen. Eine psychologische Begutachtung kann immer dann angezeigt sein, wenn körperliche, kognitive, emotional-motivationale, verhaltensbezogene oder soziale Beschwerden in einem rechtlich bedeutsamen Kontext durch den Betroffenen selbst vorgetragen werden oder wenn in einem solchen Kontext kognitive Störungen oder neuropsychologische Symptome anderen Personen offenkundig werden, selbst wenn keine solchen Beschwerden durch den Betroffenen selbst geltend gemacht werden. Bei neuropsychologischen Gutachten liegt der Fokus in der Regel auf kognitiven Beschwerden. Wallesch (2000) führte zur Indikation für ein neuropsychologisches Gutachten aus, es sei im Regelfall nicht zur Feststellung einer ➡ Aphasie, Apraxie (Störungen der Handlungsausführung), Agnosie (Störungen des bedeutungsmäßigen Erkennens), eines ➡ Neglect oder einer ➡ Demenz notwendig. Sinnvoll ist ein neuropsychologisches Gutachten jedoch bei (Verdacht auf) Aufmerksamkeitsstörungen, Gedächtnisstörungen, räumlich-konstruktiven Störungen, Neglectsymptomatik, Störungen exekutiver Funktionen.

Instruktionsverständnis

Fähigkeit, einfache und komplexe Anforderungen oder Anweisungen zu verstehen. In der Psychodiagnostik Bezeichnung für die Fähigkeit, sich auf vorgegebene Fragebögen oder Leistungstests hin orientieren zu können und die zur Bearbeitung gegebenen Anweisungen zu verstehen. Das Instruktionsverständnis kann daraus abgeleitet werden, in welchem Umfang der Untersuchte die Anweisungen tatsächlich befolgt.

Intelligenz

Bezeichnung für die geistige Fähigkeit und Begabung einer Person, sich in neuen Situationen zurecht zu finden, Sinn- und Bedeutungszusammenhänge zu erfassen und bestimmten Problemen und Anforderungen durch Denkleistungen sinnvoll zu entsprechen. Dies schließt die Fähigkeiten ein, zu lernen, Probleme zu lösen und sich an Umweltbedingungen anzupassen. Eine einheitliche und allgemein akzeptierte Definition der Intelligenz existiert trotz vielfacher Versuche nicht. Nach Wechsler (1956) bezeichnet I. „die zusammengesetzte oder globale Fähigkeit des Individuums, zweckvoll zu handeln, vernünftig zu denken und sich mit seiner Umgebung wirkungsvoll auseinanderzusetzen". Insofern vereint das Konstrukt der I. Einzelfähigkeiten oder Elemente in sich, wie etwa Sprache, Aufmerksamkeit oder Gedächtnis. I. ist als global aufzufassen, weil sie das Verhalten des Individuums als Ganzes charakterisiert; sie ist als zusammengesetzt zu betrachten, weil sie aus Elementen oder Fähigkeiten besteht, die qualitativ unterscheidbar sind. I. ist aber nicht einfach die Summe einzelner Fähigkeiten, sondern auch Funktion der Art, in der diese miteinander kombiniert sind. Fälschlicherweise kann man in Gutachten immer wieder Beurteilungen lesen wie: „Der Proband weist deutliche Sprachstörungen sowie Beeinträchtigungen in den Bereichen Aufmerksamkeit und Gedächtnis auf, aber die Intelligenz ist intakt." Dies stellt, wenn die obige oder eine andere moderne Begriffsbestimmung zugrunde gelegt wird, einen Widerspruch in sich selbst dar.

Intelligenz, fluide

Nach einem gängigen Intelligenzmodell von Horn und Cattell (1966) der Anteil der Intelligenz, der als eher kulturfrei und vorwiegend biologisch determiniert angesehen wird. Dazu gehören Aspekte wie das Erkennen figuraler Beziehungen oder induktives Denken. Aspekte der f.nI. nehmen bereits ab dem frühen Erwachsenenalter ab und sind häufig besonders störanfällig gegenüber Hirnschädigungen.

Intelligenz, kristalline

Nach dem Intelligenzmodell von Horn und Cattell (1966) der Anteil der Intelligenz, der als eher kultur- und bildungsabhängig angesehen wird und im Laufe der individuellen Lerngeschichte eines Individuums erworben wird. Dazu gehören Wissen, mechanische oder technische Kenntnisse, sprachliches Verständnis, Wortschatz, Fremdsprachenbeherrschung u. Ä. Aspekte der k.nI. wachsen bei einer Reihe von Menschen bis ins höhere Alter an und sind gegenüber bestimmten Arten von Hirnschädigungen und Erkrankungen resistenter als die ⇒ fluide Intelligenz.

Intelligenz, prämorbide

Schätzung der kognitiven Leistungsvoraussetzungen eines Probanden vor Beginn einer Erkrankung oder einer anderen Schädigung. Ihre Beurteilung ist deshalb von Bedeutung, weil eine Einschätzung von aktuellen Funktionsstörungen häufig nur sinnvoll unter Berücksichtigung des früher vorhandenen Funktionsniveaus erfolgen kann. Die Schätzung der p.nI. dient in der gutachtlichen Beurteilung also als individueller Bezugspunkt der mentalen Unversehrtheit.

Intelligenzquotient (IQ)

Messwert des Intelligenzniveaus einer Person. Der Mittelwert des IQ in der Bevölkerung ist mit 100 definiert, die Standardabweichung mit 15, so dass ca. 68 % der Bevölkerung einen IQ im Normbereich von 85 bis 115 haben. Nach der heute üblichen Klassifikation der Intelligenzminderung (ICD-10) werden verschiedene Schweregrade nach dem IQ definiert:

- Leicht   IQ 50 bis 69
- Mittelgradig IQ 35 bis 49
- Schwer   IQ 20 bis 34
- Schwerst   IQ unter 20

Intelligenztest

Testverfahren zur Erfassung der ⮡ Intelligenz auf der Grundlage eines oder mehrerer Intelligenzmodelle. Im deutschen Sprachraum ist eine große Vielfalt an I.s vorhanden, die sich hinsichtlich ihrer Güte und der ihrer Konstruktion zugrunde liegenden Intelligenztheorie stark unterscheiden. Aktuelle mehrdimensionale I.s enthalten meist Untertests zum sprachgebundenen und nicht sprachgebundenen logischen Denken, zu sprachlichen Fähigkeiten, zum Wissen, zu Aufmerksamkeits-, Lern- und Gedächtnisfunktionen sowie zur Kreativität/zu divergentem Denken. Intelligenztests können im Umfang erheblich variieren. Die meisten ermöglichen die Bildung entweder eines Gesamtindex (Intelligenzquotient) oder eines Intelligenzprofils. Es existieren auch Kurztests, über die allgemeine Intelligenzfunktionen oder der ⮡ Intelligenzquotient geschätzt werden können.

Interaktion

Allgemeine Bezeichnung für die Wechselwirkung von Botschaften, Signalen oder Effekten; wechselseitige Bedingtheit des Informationsaustauschs. Der Begriff der I. wird in verschiedenen inhaltlichen Zusammenhängen (sozial, statistisch, pharmakologisch, gesundheitsökonomisch usw.) unterschiedlich verwendet. Im Kontext der Begutachtung bezieht sich I. zum einen auf die verbale I. zwischen Proband und Gutachter (im Sinne von Kommunikation), die durch spezifische gegenseitige Rollenzuschreibungen und Erwartungshaltungen der Beteiligten geprägt sein kann. Spezifische Interaktionsmuster zwischen Proband und Untersucher können die Ergebnisse von Befragungen und Untersuchungen richtungsweisend beeinflussen. Bei der Integration von Mess-und Testergebnissen in einen psychologischen Befund kann es I.en zwischen verschiedenen Bedingungen der Untersuchung (z.B. der Planung der Untersuchung, der ⮡ Testauswahl, der Testreihenfolge, dem Befinden des Probanden, den physikalischen Umweltbedingungen der Testmotivation usw.) geben, die sich ebenfalls auf die zusammenfassende Bewertung der Mess- und Testergebnisse auswirken können. Der Gutachter sollte daher in der Lage sein, die relevanten Untersuchungsbedingungen und ihre Wechselwirkungen in ihrem Einfluss auf die Gesamtbewertung abzuschätzen und dies bei der Integration der Mess- und Testergebnisse zu berücksichtigen.

Interpretation von Testergebnissen

Das Ergebnis eines psychologischen ➠ Tests wird in einem Zahlenwert (oder einer Reihe von Einzelwerten) zusammengefasst. In einem ersten Interpretationsschritt erfolgt die Umwandlung dieses Rohwerts in einen Normwert, der die individuelle Testleistung in Bezug zu einer Vergleichsgruppe setzt. Meist wird als Durchschnitts- oder Normbereich der Bereich definiert, der um maximal eine Standardabweichung vom Mittelwert abweicht. Da der Durchschnittsbereich selbst sehr breit definiert ist (ca. 68 % der Normpopulation), können eine Untersetzung in unteren, mittleren und oberen Normbereich oder auch Beschreibungen wie „an der unteren Grenze des Normbereichs" angemessen sein. Gängige kategoriale Einteilungen sind über- bzw. unterdurchschnittlich (ober- und unterhalb einer Standardabweichung) sowie weit über- bzw. unterdurchschnittlich (ober- und unterhalb von Standardabweichungen). Die folgende Tabelle enthält Angaben über die Interpretation von Normwerten und die damit verbundenen Stichprobenanteile. Wie ein konkreter Testwert über diese rein statistisch begründete Beschreibung weiter inhaltlich interpretiert wird, kann von Faktoren abhängen, die außerhalb des Tests liegen.

Vergleich von T-Werten, Prozenträngen, Normstichprobenanteil und Testwertklassifikation (Bezeichnung)			
T-Wert	Prozentränge	Anteil der Referenzpopulation	Bezeichnung
20 – 29	0,1 – 2.2	2,1 %	weit unterdurchschnittlich
30 – 39	2,3 – 15,8	13,6 %	unterdurchschnittlich
40 – 44	15,9 – 27,4	11,5 %	unterer Durchschnittsbereich
40 – 60	15,9 – 84,1	68,3 %	durchschnittlich
56 – 60	72,6 – 84,1	11,5 %	oberer Durchschnittsbereich
61 – 70	84,2 – 97,7	13,6 %	überdurchschnittlich
71 – 80	97,8 – 99,9	2,1 %	weit überdurchschnittlich

Interview ➠ Exploration

Introversion ➠ Extraversion

Ipsative Norm

Vergleich eines individuellen Messwertes mit anderen Messwerten der gleichen Person. In der Regel erfordert dieser Vergleich eine Standardisierung der Messwerte (z.B. durch eine eigene Normierungsprozedur an derselben Person oder durch die Ausrichtung von Merkmalsausprägungen an einer Standardverteilung).

Irrtumswahrscheinlichkeit

Vorab festgelegte ➠ Wahrscheinlichkeit „α" der fälschlichen Ablehnung der Nullhypothese in einem Test, ebenso Wahrscheinlichkeit für den sogenannten Fehler 1. Art. Der Fehler 1. Art liegt vor, wenn die Nullhypothese (z.B. zwischen zwei Gruppen bestehe kein Unterschied oder zwischen mehreren Variablen bestehe kein überzufälliger Zusammenhang) zurückgewiesen wird, obwohl sie in Wirklichkeit wahr ist. Im Rahmen der psychologischen Individualdiagnostik kann sich die I. darauf beziehen, in welchem statistischen (Vertrauens-)Intervall sich der („wahre") Wert einer Person befindet. Wenn die Grenze z.B. für eine 5%-ige I. festgelegt wird, dann bedeutet das, dass der wahre Wert einer Person (z.B. die Intelligenz) mit 95%-iger Wahrscheinlichkeit in einem bestimmten Intervall (z.B. zwischen einem IQ von 105 und 110) und mit 5%-iger Wahrscheinlichkeit außerhalb dieses Intervalls liegt.

Item

Grundaufbauelement einer Skala (z.B. eines Tests, eines Indexes, eines Fragebogens), z.B. eine einzelne Frage in einem Fragebogen oder eine Aufgabe in einem Leistungstest.

Item-Response-Theorie (IRT)

Im Gegensatz zur ➠ klassischen Testtheorie (KTT) konzentrieren sich Item-Response-Testmodelle auf die statistische und theoretische Aussagekraft einzelner Items. Vereinfacht gehen diese Modelle davon aus, dass die Beantwortung einer einzelnen Frage oder die Lösung einer Aufgabe vor allem von zwei Größen abhängt:

- Der Fähigkeit einer Person, die Aufgabe zu lösen. Bei Selbstberichten (Fragebogen) spricht man meist von der „Lösung" eines Items, wenn der Befragte der Aussage zu der gemessenen Eigenschaft zustimmt.
- Der Schwierigkeit des Items. Ein Item ist „schwierig", wenn nur ein geringer Teil der Vergleichsstichprobe das Item gelöst hat, es ist „leicht", wenn es von einem hohen Anteil der Vergleichsstichprobe gelöst wurde.

Testverfahren auf der Grundlage der IRT sind in der Entwicklung meist aufwändig, weil sehr große Normierungsstichproben erforderlich sind. Nicht alle Testverfahren eignen sich zur Konstruktion auf IRT-Basis. Die weitaus meisten deutschsprachigen Testverfahren sind in der KTT begründet.

Ja- und Nein-Sage-Tendenz

Ja-Sage-Tendenz bezeichnet die Neigung von Menschen, Fragen unabhängig vom Inhalt mit „ja", „stimmt" oder „richtig" zu beantworten. Die Nein-Sage-Tendenz bezeichnet die entgegengesetzte Neigung, bei Fragen generell und unabhängig vom Inhalt ablehnend zu antworten. Aufgrund der Unabhängigkeit der ➠ Antworttendenz von den Frageinhalten werden beide Tendenzen auch als formale Antworttendenzen bezeichnet. Die Ausprägung dieser Tendenz kann von Persönlichkeitsmerkmalen der Befragten (z.B. Autoritätsorientierung, soziale Angst), dem Gegenstand der Befragung oder der Formulierung der Fragen abhängen. Auffällige Werte sind nicht automatisch als Hinweise auf ➠ Aggravation oder ➠ Dissimulation zu bewerten.

Kausalfaktor

Eine Bedingung, die im rechlichen Sinne ursächlich zur Entstehung einer Krankheit oder eines Gesundheitsschadens mit Auswirkungen auf das Funktionsniveau beigetragen hat. Im Zivilrecht gilt nur diejenige Bedingung als Ursache im Rechtssinn, die den Schaden adäquat verursacht hat, also erfahrungsgemäß allgemein geeignet ist, einen derartigen Schaden herbeizuführen. Im Sozialrecht zählen zu den Kausalfaktoren sämtliche Bedingungen, die wegen ihrer besonderen Beziehung zum Ergebnis (der Schädigung) im konkreten Einzelfall zu dessen Eintritt wesentlich mitgewirkt haben.

Kausalitätsgutachten

Bezeichnung für medizinische oder psychologische Gutachten, zu Fragen der Kausalität (Verursachung) von Krankheiten oder Störungen. Üblich sind K. im Zusammenhang mit der Bewertung von Unfallfolgen oder erlittenen Schädigungen, sofern die Tätigkeit, in der ein Unfall oder Schaden aufgetreten ist, einem eigenen Versicherungsschutz unterlag. „Kausalität" als Rechtsbegriff ist vom Ätiologiebegriff der Medizin oder klinischen Psychologie klar zu trennen. Die wichtigsten Rahmenbedingungen der Kausalitätsbegutachtung sind durch die Rechtsgebiete der gesetzlichen Unfallversicherung, der Dienstunfallfürsorge für Beamte, des sozialen Entschädigungsrechts, der privaten Unfallversicherung und der privaten Haftpflichtversicherung gegeben.

Klassifikationssystem

Einheitliches Ordnungssystem, auf dessen Basis eine Klassifikation (Einteilung) vorgenommen wird. In der Medizin erfolgt die Diagnosestellung auf der Grundlage anerkannter operationalisierter K.e. Sie enthalten Angaben und Regeln über die Zuordnung von Symptomen oder anderen krankheitsrelevanten Merkmalen zu Störungen oder Krankheiten unter Berücksichtigung weiterer (z.B. zeitlicher) Kriterien. Zur Klassifikation psychischer Störungen werden derzeit das ➠ DSM-IV bzw. DSM-5 verwendet – letzteres derzeit nur auf englisch verfügbar – (Diagnostisches und statistisches Manual psychischer Störungen; Saß, 2003; APA, 2013) und die ICD-10 (Internationale Klassifikation von Erkrankungen; WHO, 2005).

Klassische Testtheorie (KTT)

Die KTT geht davon aus, dass die tatsächliche ("wahre") Ausprägung psychischer Eigenschaften (wie z.B. bestimmter Persönlichkeitseigenschaften, psychischer Störungen oder geistiger Fähigkeiten und Funktionen) nicht aus einer einzelnen Beobachtung erschlossen werden kann. Die Messung psychischer Eigenschaften erfordert Testverfahren mit Kennwerten (Messwerten), die sich aus mehreren Einzelbeobachtungen zusammensetzen (Summenwerte, Mittelwerte) und die eine ausreichende ⇒ Testgüte aufweisen. Nach der KTT kann die tatsächliche/wahre Ausprägung eines individuellen Merkmals immer nur mit einer bestimmten ⇒ Wahrscheinlichkeit innerhalb eines bestimmten Intervalls geschätzt werden. Eine zentrale Annahme lautet, dass sich jede Beobachtung additiv aus einem wahren Wert und einem ⇒ Fehler zusammensetzt. Aussagen über die Ausprägung individueller psychischer Merkmale sind nach der KTT Wahrscheinlichkeitsaussagen, die auf der Grundlage empirisch gewonnener Testeigenschaften und willkürlich festgelegter ⇒ Wahrscheinlichkeiten getroffen werden können.

Klinische Neuropsychologie

K.N. ist der Anwendungsbereich der Neuropsychologie, in dem die in der Forschung gewonnenen Erkenntnisse und entwickelten Verfahren auf die Diagnose und Therapie von Patienten mit Störungen/Krankheiten des Gehirns angewendet werden. Untersucht werden Änderungen im Verhalten und Erleben von Personen infolge von hirnorganischen Veränderungen. Derartige Veränderungen können im Zusammenhang mit Schlaganfällen, Unfallverletzungen, Hirntumoren, entzündlichen Prozessen, biochemisch definierten Veränderungen und degenerativen Erkrankungen auftreten.

Klinische Psychologie

Teildisziplin der Psychologie, die sich mit der Psychologie psychischer Störungen und abweichender psychischer Funktionen (Ursache, Verlauf, Erscheinungsbild, Behandlung, Prävention, Rehabilitation, Störungsfolgen) und den psychischen Aspekten somatischer Störungen / Krankheiten befasst.

Klinischer Fragebogen (➡ Fragebögen)

Fragebogen zur Art, Qualität oder Ausprägung körperlicher, psychischer oder sozialer Beschwerden und Beeinträchtigungen sowie assoziierter Merkmale. Die Verfahren ermöglichen Aussagen über die dimensionale Ausprägung psychischer Störungen oder störungsassoziierter Eigenschaften (z.B. Krankheitsüberzeugungen, Einstellungen, Bewältigungsstile). Zu unterscheiden sind Screeningverfahren zur orientierenden Beschwerdenerfassung von störungsspezifischen Verfahren zur vertieften Messung störungsrelevanter Eigenschaften. Die überwiegende Zahl k.F. ist standardisiert und an Patientengruppen normiert, es gibt aber auch Normierungen an „gesunden Normalpersonen" ohne gesundheitliche Beeinträchtigungen.

Klinischer Neuropsychologe

Postgradualer Abschluss für akademische Psychologen, die sich auf das Gebiet der Neuropsychologie spezialisiert haben. Voraussetzung für die Zertifizierung ist eine mehrjährige praktische Berufstätigkeit, die Absolvierung von curriculären Weiterbildungskursen und eine Prüfung (www. gnp.de). Seit einiger Zeit ist eine Weiterbildung zum Neuropsychologen in den meisten Bundesländern nach der Weiterbildungsordnung für Psychologische Psychotherapeuten möglich. Die Weiterbildung zum K.nN.n (GNP) wird heute in Deutschland weitgehend als Qualifikationsnachweis angesehen und sollte Voraussetzung für die Tätigkeit als neuropsychologischer Gutachter sein. Listen zertifizierter K.N.n sind von der Geschäftsstelle der GNP (fulda@gnp.de) anzufordern.

Kognitive Funktionen

Geistige Leistungen. Moderner Begriff für die Gesamtheit der höheren Hirnfunktionen. Dazu gehören Funktionen der Bereiche Wahrnehmung, Aufmerksamkeit, Lernen und Gedächtnis, Erkennen, Sprache, Handeln, Problemlösung und vorausschauendes Denken.

(Neuro-)psychologisch bedeutsame Funktionsbereiche und Leistungen (Auswahl)	
Aufmerksamkeit	Aufmerksamkeitsaktivierung
	Daueraufmerksamkeit
	Selektive Aufmerksamkeit
	Wechsel des Aufmerksamkeitsfokus
	Geteilte Aufmerksamkeit
	Räumliche Aufmerksamkeitsausrichtung
Lernen und Gedächtnis	Unmittelbares Behalten (Kurzzeitgedächtnis)
	Episodisches Gedächtnis
	Semantisches Gedächtnis
	Gedächtnis für Fertigkeiten
	Prospektives Gedächtnis
	Konditionieren
Sprache und Sprechen	Kommunikationsfähigkeit
	Spontane Sprachproduktion
	Artikulation und Prosodie
	Sprachverständnis
	Benennen / Wortfindung
	Nachsprechen
	Schriftsprache

(Neuro-)psychologisch bedeutsame Funktionsbereiche und Leistungen (Auswahl)	
Exekutive Funktionen	Problemlösefähigkeit
	Begriffsbildung
	Umstellfähigkeit
	Abstraktionsfähigkeit
	Handlungsplanung und -koordination
	Handlungsinitiierung und -hemmung
Visuelle und visuell-räumliche Wahrnehmung	Elementare visuelle Funktionen (Sehschärfe, Konvergenz, Kontrastwahrnehmung, Farbsehen, Bewegungswahrnehmung usw.)
	Gesichtsfeld
	Blickfeld, visuelle Exploration
	Visuomotorische Koordination
	Visuelles Erkennen
	Orientierung im Raum (Navigation)

Kognitive Störungen

Störungen des Bewusstseins, der Wahnehmung, des Erkennens, der Informationsverarbeitung. Dazu gehören u.a. Konzentrationsstörungen, erhöhte Geräuschempfindlichkeit oder Sehstörungen bei Belastung, Gedächtnisstörungen, gedankliche Erschöpfbarkeit, störanfällige oder fehlerhafte Informationsverarbeitung, Intelligenzminderung, Störung der Wortfindung, Verlangsamung des Denkens und der Sprache, formale und inhaltliche Denkstörungen. In der Begutachtung psychosozialer Krankheitsfolgen sind k.S. in zweifacher Hinsicht bedeutsam: als Ausdruck des Schweregrades der psychischen Störung, sofern sie das Ausmaß beschreiben, in dem mentale Prozesse unwillkürlich und ungesteuert ablaufen, und als Indikatoren der gestörten, aber auch der verbliebenen geistigen Leistungsfähigkeit. Die psychololgische Beurteilung k.rS. stützt sich regelmäßig auf kognitive Leistungstests (siehe Tabelle).

Neuropsychologisch wichtige Funktionsbereiche und Auswahl an zugehörigen Tests	
Leistungsbereich	Tests (beispielhaft)
Aufmerksamkeit	Testbatterie zur Aufmerksamkeitsprüfung (TAP) Untertest Alertness Untertest Geteilte Aufmerksamkeit Untertest Go / Nogo
	Aufmerksamkeitstests des Wiener Testsystems
	Trail Making Test
	Test d2 – Aufmerksamkeits-Belastungs-Test
Kurzzeitgedächtnis	Untertest Arbeitsgedächtnis der TAP
	Zahlen-Nachsprechen
	Blockspanne nach Corsi
Gedächtnis	Verbaler Lern- und Gedächtnistest (Auditiv-Verbaler Lerntest)
	Rey-Osterrieth Complex Figure Test and Recognition Trial
	Wechsler Gedächtnistest – Revidierte Fassung
	Visueller und Verbaler Merkfähigkeitstest
	Berliner Amnesietest
	California Verbal Learning Test
	Semantisches Altgedächtnisinventar
	Perimetrische Untersuchung
Visuelle / visuell-räumliche Leistungen	Untertest Gesichtsfeld der TAP
	Mosaik-Test des WIE
	Computergestützte Testbatterie VS
	Testbatterie für visuelle Objekt- und Raumwahrnehmung
	Hooper Visual Organization Test
	Linienhalbierungsaufgaben
	Bells Test
	Wisconsin Card Sorting Test

Neuropsychologisch wichtige Funktionsbereiche und Auswahl an zugehörigen Tests	
Leistungsbereich	Tests (beispielhaft)
Exekutive Funktionen	Turm von Hanoi
	Turm von London
	Standardisierte Link'sche Probe
	Behavioural Assessment of the Dysexecutive Syndrome
	Planungstests und -aufgaben
	HAMASCH 5 Punkt Test
	Regensburger Wortflüssigkeitstest
	Aachener Aphasie Test
Sprache	Token Test
	Boston Naming Test
	Wortschatztest
	Peabody Picture Vocabulary Test
	Wechsler-Intelligenztest für Erwachsene (WIE)
Intelligenz	Leistungs-Prüf-System
	Intelligenz-Struktur-Test I-S-T 2000-R

Kommunikationsfähigkeit

Fähigkeit, sich verbal und nonverbal auszudrücken, zu lesen und orthographisch richtig zu schreiben. K. beinhaltet die Fähigkeit einer Person,
isolierte inhaltliche Informationen mit anderen Personen auszutauschen,
aber auch Beziehungen zu definieren und komplexe soziale Botschaften zu
übermitteln, die das Verhältnis der Kommunikationspartner zueinander
betreffen. In der Kommunikation werden neben verbalen Ausdrucksmit-
teln auch nonverbale (Gestik, Mimik u. a.) und paraverbale (Intonation,
Sprechgeschwindigkeit u. a.) Mittel eingesetzt. K. gilt als eine relevante
➠ Aktivität im Rahmen der Beurteilung der allgemeinen und leistungsbezogenen ➠ Funktionsfähigkeit.

Kompensation

Im Begutachtungskontext Bezeichnung dafür, dass gestörte oder fehlerhafte körperliche, psychische oder soziale Funktionen durch geeignete Maßnahmen oder ⇒ Hilfsmittel ausgeglichen (kompensiert) werden können. Wenn gesundheitsbedingte Beeinträchtigungen der beruflichen Tätigkeit kompensiert werden oder kompensierbar sind, dann sind Auswirkungen der gesundheitlichen Beeinträchtigungen auf die berufliche ⇒ Leistungsfähigkeit geringer zu veranschlagen.

Konsistenzprüfung

Vorgehen zur Überprüfung der Einheitlichkeit bzw. Widerspruchsfreiheit von Aussagen, Beoachtungen oder Testergebnissen. Konsistent sind Angaben oder Messergebnisse dann, wenn sie erwartungsgemäß übereinstimmen bzw. die Beobachtungen inhaltlich / logisch vereinbar sind. Einander widersprechende Aussagen, Angaben oder Testergebnisse wie zum Beispiel ein überdurchschnittlicher Depressionswert in einem Fragebogen und ein unterdurchschnittlicher Wert in einem anderen Fragebogen zum gleichen Konstrukt sind in ihrer tatsächlichen Bedeutung fraglich. Zur Prüfung von Konsistenzen oder Plausibilitäten eignen sich psychologische Testverfahren, die bestimmte Merkmale (Konstrukte) mit hinreichender Genauigkeit messen, weil so Abweichungen und Widersprüche gegen Zufälle oder Fehler abgesichert werden können. Konsistenzaussagen sind um so eher möglich, je eindeutiger die Messmethoden, die Datenquellen und die zu messenden Konstrukte übereinstimmen (z.B. zwei Messungen mit demselben Testverfahren bei derselben Person zu unterschiedlichen Zeitpunkten). Aussagen zur Konsistenz sind eingeschränkt, wenn Vergleiche zwischen verschiedenen Datenebenen oder verschiedenen ⇒ Datenquellen angestellt werden. In der Begutachtung psychosozialer Krankheitsfolgen sollte zwischen folgenden Datenebenen und Datenquellen eine K. erfolgen:

- Aktenlage, bekannte Anknüpfungstatsachen; Informationen zum Erstschadensbild, frühere Untersuchungsergebnisse, Rehabilitationsberichte
- Zusätzlich herangezogene Dokumente (z.B. Schul- und Ausbildungszeugnisse)

- Beschwerdenschilderung, geltend gemachte Störungen und Beeinträchtigungen
- Verhaltensbeobachtung, selbst erhobener psychischer Querschnittsbefund
- Ergebnisse eigener Untersuchungen, insbesondere Ergebnisse neuropsychologischer Testverfahren
- Angaben durch andere Personen, z.B. fremdanamnestische Angaben begleitender Angehöriger (sofern diese zur Begutachtung herangezogen werden dürfen)
- Störungs- oder krankheitsspezifisches Wissen, allgemein anerkannte Tatsachen zur typischen Symptomkonstellation und zum typischen Verlauf von Erkrankungen

Konstrukt

Unter (hypothetischen) K.en versteht man in der Psychologie Merkmale, Zustände oder Eigenschaften, die nicht direkt beobachtbar sind, sondern aufgrund von Beobachtungen gedanklich erschlossen werden (z.B. Intelligenz, Trauer, Extraversion).

Kontextfaktoren

Im Sinne der ➡ ICF alle Gegebenheiten des Lebenshintergrundes einer Person. Sie gliedern sich in sogenannte personenbezogene Faktoren und Umweltfaktoren. Als Umweltfaktoren sind nach ICF vorgesehen: Produkte und Technologien, Natürliche und vom Menschen veränderte Umwelt, Unterstützung und Beziehungen, Einstellungen, Dienste, Systeme und Handlungsgrundsätze. Eine Einteilung personenbezogener K. sieht das ICF nicht vor.

Kontrollgruppe ⇒ Vergleichsgruppe

Kontrollierte Testbedingungen

Von k.nT. spricht man bei der Durchführung von Experimenten oder von diagnostischen Einzeluntersuchungen, wenn der Untersucher die Bedingungen, von denen ein Einfluss auf das Untersuchungsergebnis erwartet wird, durch geeignete Maßnahmen kontrolliert. Störeinflüsse wie z.B. Zufallsergebnisse, motivationale Bedingungen oder soziale Einflüsse, die das Mess- oder Testergebnis aus psychologischer Sicht beeinflussen können, sollen durch k.T. identifiziert oder ausgeschaltet werden. Befragungsbedingungen können u.a. durch den Einsatz standardisierter Fragebögen kontrolliert werden, da jeder Befragte mit den gleichen Fragen in der gleichen Reihenfolge konfrontiert wird.

Kontrollskala ⇒ Antworttendenzskala

Konzentrationsfähigkeit

Die Fähigkeit eines Individuums zur Ausrichtung der ⇒ Aufmerksamkeit auf eng umgrenzte Sachverhalte für eine begrenzte Zeit (Fisseni, 2004). Dieser Begriff spielt in der gegenwärtigen Neuropsychologie eine untergeordnete Rolle, da er im weiter gefassten, den modernen neurowissenschaftlichen Entwicklungen verpflichteten Begriff der Aufmerksamkeit als ein Aspekt enthalten ist.

Kooperativität (des Probanden)

Bereitschaft zur Mitarbeit in der Untersuchung. Psychologische Tests sind von der K. des Probanden abhängig, weil ohne eine angemessene K. Testergebnisse in einem nicht zu kalkulierenden Maße verzerrt sind und nicht mehr als Messwerte für psychische Eigenschaften oder Leistungen interpretiert werden können. Die einer Begutachtung innewohnende Paradoxie liegt darin, dass auf der einen Seite geltend gemachte psychische kognitive Störungen mittels Leistungstests nachgewiesen werden sollen, der Untersuchte auf der anderen Seite aber seine volle Leistungsanstrengung im Test entfalten soll. Sonst kann mit Hilfe von Tests keine Schätzung seiner tatsächlichen Fähigkeiten erfolgen. Der Proband muss sich demnach für oder gegen eine volle K. entscheiden. Daher sind in der Begutachtung Maßnahmen zur ⟶ Beschwerdenvalidierung von herausragender Bedeutung. Die in Leistungstests erzielten Ergebnisse sind nur dann als Nachweis für Funktionsstörungen heranzuziehen, wenn mit modernen Methoden als ausreichend gesichert gelten kann, dass die Leistungseinschränkungen nicht Folge mangelnder Anstrengungsbereitschaft auf Seiten des Begutachteten sind. In Bezug auf die verbale Selbstdarstellung der Beschwerden, der bisherigen Beschwerdenverarbeitung und des Funktions- und Leistungsniveaus zeigt sich die K. in der Bereitschaft, authentisch und unverzerrt Auskunft zu geben. Auch diese muss durch Maßnahmen zur Beschwerdenvalidierung mittels ⟶ Konsistenzprüfung und ⟶ Antworttendenzskalen individuell kontrolliert werden.

Körperliche Funktionen

K.F. betreffen die Funktionen körperlicher Organsysteme, also des Herz-Kreislauf-Systems, des Atmungssystems, des Nervensystems, des Verdauungssystems, des muskuloskeletalen bzw. Bewegungssystems, des urogenitalen Systems, des endokrinen Systems (Verdauungs- und Stoffwechsel) und des Immunsystems. Die meisten psychischen Störungen gehen auch mit Störungen körperlicher Funktionen einher (z.B. Ängste mit Herzrasen, Zittern, Schwitzen usw.). Körperliche Funktionsstörungen können körperlich verursacht sein, sie können aber auch auftreten, ohne dass durch eine medizinische Untersuchung eine ausreichende körperliche Erklärung gefunden wird (z.B. bei somatoformen Störungen). Dauerhafte krankheitswertige Störungen umschriebener körperlicher Funktionssysteme können nach ICD-10 als somatoforme autonome Funktionsstörung (F45.3) klassifiziert werden.

Kräfteverfall

Ein K. liegt vor, wenn ein Versicherter in seiner beruflichen Leistungsfähigkeit gesundheitsbedingt erheblich (im Vergleich zu altersgleichen Personen) gemindert ist. Ein Hinweis auf K. kann z. B. darin gesehen werden, dass individuelle Funktions- und Leistungsmerkmale bei ausreichender Testmotivation eines Probanden im Vergleich zu den Funktions- und Leistungsmerkmalen altersgleicher Kontrollpersonen erheblich gemindert sind (z. B. weit unterdurchschnittliche Konzentrationsleistung in einem altersnormierten Konzentrationstest), jedoch keine psychische Störung vorliegt, die diese Leistungsminderung erklärt. Ein K. kann dazu führen, dass die berufliche Tätigkeit nicht mehr vollumfänglich ausgeübt werden kann. Aufgrund eines mehr als altersbedingten K.s kann eine Person als berufsunfähig bewertet werden (siehe auch § 172 VVG), auch wenn sie die Kriterien für eine körperliche Erkrankung oder krankheitswertige psychische Störung (nach ➠ ICD-10) nicht erfüllt.

Krankheit

Als K. wird das Vorliegen von Symptomen und / oder Befunden bezeichnet, die als Abweichung von einem physiologischen Gleichgewicht oder einer Regelgröße (Norm) interpretiert werden können und auf definierte Ursachen innerer oder äußerer Schädigungen zurückgeführt werden können (Schmidt & Unsicker, 2003). Eine verbindliche und einheitliche Definition von K. existiert in der Medizin bislang nicht. K. im Rechtssinn (Sozialrecht) liegt vor, wenn ein „regelwidriger Körper- oder Geisteszustand vorliegt, der von der Norm abweicht, die durch das Leitbild des gesunden Menschen geprägt ist" und wenn dieser Zustand entweder zu Funktions- oder Leistungsbeeinträchtigungen (z. B. Erwerbsunfähigkeit) führt oder eine Grundlage für weitere Rechtsfolgen ist.

Krankheitsbild (➠ Erscheinungsbild einer Krankheit)

Erscheinungsbild einer Erkankung oder krankheitswertigen psychischen Störung, erkennbar an den charakteristischen Symptomen, an Verlaufsmerkmalen, dem Krankheits- und Bewältigungsverhalten, an Funktions-

störungen oder Funktionsbeeinträchtigungen oder an krankheitsbezoge-
nem Rollenverhalten.

Krankheitserleben

Subjektives Erleben der Erkrankung selbst sowie krankheits- oder stö-
rungsbedingter Funktionsbeeinträchtigungen. Facette der Krankheitsverarbeitung in den aktuellen Leitlinien zur Begutachtung. Erfassbar ist das
K. in der Regel nur explorativ (Interview, Fragebogen). Es kann in Art
und Intensität bedeutsam vom körperlichen Schaden abweichen und wird
sowohl durch Persönlichkeitsmerkmale des zu Begutachtenden, als auch
durch dessen bisherige Erfahrungen mit medizinischen Institutionen und
durch Reaktionen der Umwelt beeinflusst.

Krankheitsfolgen

Auswirkungen von Erkrankungen oder psychischen Störungen auf das
Funktions- oder Leistungsniveau der betroffenen Personen. K. können
sich auf verschiedenen Verhaltensebenen (körperlich, kognitiv, emotional, motivational, behavioral) und in unterschiedlichen Funktionszu-
sammenhängen manifestieren. Das in der Vorgängerversion von ➡ ICF
(International Classification of Impairment, Disability, and Health; ICIDH)
verankerte Krankheitsfolgemodell, demzufolge jede Krankheit weitgehend
krankheitsspezifische Folgen nach sich zieht, wurde in der ICF zugunsten
der Vorstellung aufgegeben, dass Krankheitsfolgen unabhängig von den
jeweiligen Erkrankungen mit Bezug auf Aktivitäten und Kontextfaktoren
zu beschreiben sind.

Krankheitsgewinn

Aus einer körperlichen oder psychischen Erkrankung gezogener Vorteil.
Ursprünglich wurde das Konzept des K.s durch die Psychoanalyse entwickelt, wonach neurotische Patienten durch die psychische Störung oder das
Symptomverhalten unmittelbare emotionale Entlastung erfahren. Diese
primäre Entlastung (primärer K.) entsteht dadurch, dass die bedrohlichen

und symptomauslösenden Impulse einer Person in Symptome umgewandelt werden, die zugrundeliegende Emotion als weniger aversiv erlebt wird und die Person so unbewusst psychisch entlastet wird. Primärer K. kann auch dadurch entstehen, dass die Person die Einnahme der Kranken- oder Patientenrolle als unmittelbar psychisch entlastend erlebt (z.B. durch Zuwendung und Behandlung) und diese entsprechend aufrechterhält. Während primärer K. eher als ein bewusstseinsfernes, der willentlichen Steuerung entzogenes Geschehen interpretiert wird, bezeichnet der sekundäre K. eher bewusstseinsnahe Vorteile, die aus äußeren Verstärker- oder Unterstützungsbedingungen resultieren. K. in diesem Sinne liegt vor, wenn das Symptom- oder Krankheitsverhalten durch äußere Anreize wie z.B. Rentenzahlung, Frühpensionierung, Schmerzensgeld, Arbeitsbefreiung, Befreiung vom Wehrdienst usw. verstärkt und dadurch aufrecht erhalten wird. Insbesondere ein sekundärer K. kann in ungünstiger Weise auf die Kooperativität während einer Untersuchung und damit auf die Ergebnisse der Diagnostik rückwirken. Von tertiärem K. wird gesprochen, wenn eine andere Person (z.B. Angehörige, Behandler) einen Gewinn aus der Erkrankung ziehen.

Krankheitskonzept

Subjektives Verständnis des Betroffenen von der Erscheinungsform, den Ursachen, den Beeinflussungsmöglichkeiten und den Auswirkungen der eigenen Erkrankung oder psychischen Störung. Angaben zum K. sind Teil der Krankheitsverarbeitung in den aktuellen ➡ Leitlinien zur Begutachtung psychischer Erkrankungen. Das K. kann von individuellen Erfahrungen mit der Krankheit, von erlebten Behandlungen, aber auch von erworbenen krankheitsbezogenen Kenntnissen, medizinischen oder psychologischen Foschungsergebnissen, kulturellen Stereotypen, individuellen Einstellungen und Überzeugungen, Persönlichkeitseigenschaften usw. beeinflusst sein. Determinanten des K.s sind in den aktuellen Leitlinien zur Begutachtung krankheitsbezogene ➡ Attributionen.

Krankheitsschwere

Uneinheitlich verwendeter Begriff zur Beurteilung des Schwere- oder
➠ Chronifizierungsgrades von Krankheiten oder psychischen Störungen.
Die Beurteilung der K. kann abhängig gemacht werden von der Art und
Dauer der Erkrankung, dem Chronifizierungsgrad bzw. der Verselbstständigung des Krankheits- und Inanspruchnahmeverhaltens, dem Ausmaß,
in dem die bewusste und willentliche Steuerungsfähigkeit der Person
beeinträchtigt ist, der Beteiligung medizinischer (körperlicher) Krankheitsfaktoren oder sonstiger ätiologischer Merkmale (bei psychischen Störungen z.B. die Annahme ätiologischer Faktoren in der frühen Kindheit),
der Therapieresistenz, vom Fehlen an Kompensationsmöglichkeiten, von
krankheitsbedingten ➠ Funktions- und Leistungsbeeinträchtigungen,
von der ➠ Prognose usw. Von Gutachtern wird der Begriff der K. trotz
seiner Unschärfe häufig als Orientierungshilfe für die Beurteilung von
Krankheitsfolgen genutzt.

Krankheitsverarbeitung

Bezeichnung für psychische Prozesse und Verhaltensweisen, die darauf
ausgerichtet sind, körperliche oder psychische Beschwerden sowie krankheitsbedingte Funktionsbeeinträchtigungen entweder zu verringern oder
sich im Falle eingeschränkter Änderungsmöglichkeiten kognitiv und/oder
emotional an die Beschwerden oder Beeinträchtigungen anzupassen.
Für die Verarbeitung psychischer Erkrankungen sind unterschiedliche
Faktoren, wie z.B. der Leidensdruck, das Krankheitskonzept und die Veränderungsmotivation des zu Begutachtenden von Bedeutung. Beeinflusst
werden Krankheitsverarbeitungsprozesse durch spezifische emotionale,
kognitive und handlungsbezogene Persönlichkeitseigenschaften sowie
durch krankheitsbezogene und sonstige situative Bedingungen (aus:
Leitlinie AWMF).

Krankheitsverlauf / Störungsverlauf / Pathogenese

Bezeichnung für die Besonderheiten der Entwicklung einer individuellen Erkrankung oder Störung jeweils in Relation zur Gesamtheit der

Ereignisse und Bedingungen, die den K. seit dem erstmaligen Auftreten der Symptome beeinflussen oder bestimmen. Gängige Parameter zur Beschreibung von Krankheitsverläufen oder Verlaufscharakteristiken sind die Dauer der Beschwerden, deren zeitliche Charakteristik, Veränderung der Beschwerden und ihrer Auswirkungen im zeitlichen Verlauf, Angaben zu beschwerdenmodulierenden Einflüssen, Angaben zu Therapie und Rehabilitation (Art und Ergebnis der Maßnahmen) sowie zu motivationalen Einflüssen auf das Krankheitsgeschehen.

Kurztest

Uneinheitliche Bezeichnung für psychologische Mess- oder Testverfahren, die sich insbesondere an ökonomischen Testprinzipien ausrichten. Der Zweck von K.s (auch Screening-Tests) besteht darin, mit möglichst wenig Aufwand orientierende Hinweise auf Art und Ausprägung einer oder mehrerer festgelegter psychischer Eigenschaften (in der ➡ Epidemiologie meist auf Risikofaktoren) zu gewinnen. Die Qualität von K.s bemisst sich u. a. an der Fähigkeit, Ergebnisse aufwändigerer Testungen zum gleichen Sachverhalt richtig vorherzusagen. Häufig sind psychologische Kurztests aufgrund fehlender Distraktoren und der Beschränkung auf die wichtigsten Aspekte in ihrer Messintention durchsichtig und insofern leicht verfälschbar.

Kurzzeitgedächtnis

Modellvorstellung für einen Teilbereich des Gedächtnisses, Bezeichnung der unmittelbaren Merkfähigkeit für bestimmte Inhalte. Das K. ist von strikt begrenzter Kapazität und kann demzufolge Information nur zwischenspeichern, bevor sie entweder erlischt oder im Langzeitgedächtnis abgelegt wird. Die Kurzzeitgedächtnisinhalte erlöschen innerhalb einiger Sekunden und werden durch neue ersetzt. Eine Standardprüfung für das K. besteht darin, vorgelesene Zahlen sofort zu wiederholen – je mehr Zahlen wiederholt werden können, desto größer ist die K.-Kapazität. Häufig wird dieser Begriff in Befunden und Gutachten nach dem Alltagssprachgebrauch fälschlich für „Neugedächtnis" eingesetzt, der aber etwas gänzlich anderes bezeichnet.

Langzeitgedächtnis

Teil des hierarchisch organisierten Systems von Gedächtnisstrukturen, der längerzeitig gespeicherte Information enthält, die zunächst im Kurzzeitgedächtnis zwischengespeichert wurde. Das L. ist von praktisch unbegrenzter Kapazität und macht das gesamte Wissen einer Person und seine gesamten Erinnerungen an frühere Geschehnisse aus. Das L. selbst ist sehr komplex und wird deshalb üblicherweise unterteilt in ein explizites und ein implizites Gedächtnis. Das explizite Gedächtnis selbst wird differenziert nach einem semantischen und einem episodischen Gedächtnis.

Leidensdruck

Uneinheitlich verwendeter Begriff für das subjektive Leiden einer Person, ursprünglich auch verwendet als Indikator für den Schweregrad einer ⟶ Krankheit/psychischen Störung und für Behandlungsmotivation. In den aktuellen Leitlinien zur Begutachtung ist der L. eine Komponente der ⟶ Krankheitsverarbeitung, in der L. bestimmt ist durch die Schwere der Symptomatik, Art und Folgen der Diagnose, angewendete Behandlungsprozeduren sowie individuelle und gesellschaftliche Einstellungen zur Erkrankung (Stigmatisierung). Der L. muss aus dem Verhalten und den Schilderungen des Betroffenen erschlossen werden. Eine einheitliche lineare bzw. proportionale Beziehung zwischen dem Ausdruck von Leiden und dem L. kann nicht angenommen werden. L. kann auch als motivationale Ressource im Rahmen von ⟶ Krankheitsverarbeitung und Therapiemotivation angesehen werden.

Leistung

In der Psychologie Bezeichnung für die in einer Zeit(einheit) erbrachte Arbeit, für die vom Subjekt her gesehen eine bestimmte eigene Energie zweckmäßig aufgewendet und „dem Problem der Sache entsprechend" eingesetzt wurde (Thomae, 1968). Die International Classification of Functioning (ICF; WHO 1998, deutsche Version 2005) definiert Leistung als „ein Konstrukt, das als Beurteilungsmerkmal angibt, was Personen in ihrer gegenwärtigen tatsächlichen Umwelt tun und deshalb den Gesichtspunkt des Einbezogenseins einer Person in Lebensbereiche berücksichtigt".

Leistungsanforderungen (➠ Anforderungsprofil)

Situationsbedingungen, die zur Ausübung einer bestimmten Leistung veranlassen. Leistungsanforderungen können sich generell aus den Alltagsbedingungen ergeben, unter denen eine Person lebt, sie können aber auch eng auf eine bestimmte Situation (z.B. die Begutachtungssituation) bezogen sein. Leistungsanforderungen bestimmen Art und Umfang des individuellen Verhaltens, das zur erfolgreichen Leistungserbringung erforderlich ist.

Leistungsbeeinträchtigung

Nicht ganz einheitlich verwendete Bezeichnung dafür, dass eine Person entweder in ihrer Leistung oder ihrer Leistungsfähigkeit so beeinträchtigt ist, dass sie den Leistungsanforderungen nicht oder nicht vollständig gerecht wird.

Leistungsbegutachtung, psychologische

Ermittlung und / oder Erhebung von Ergebnissen und Befunden über körperliche, psychische oder soziale Leistungsfunktionen, Funktionsstörungen und deren Ursachen, meist in einem rechtlichen Entscheidungskontext, auf der Grundlage psychologischer Theorien und mit Hilfe psychodiagnostischer Methoden. P.L. kann u.a. folgende Bereiche umfassen:

- Beurteilung kognitiver Funktionen wie Wahrnehmung, ➠ Aufmerksamkeit, ➠ Gedächtnis, Denken, ➠ Intelligenz, Sprache
- Beurteilung psychischer Funktionen und Persönlichkeitsmerkmale in den für die Leistungsbeurteilung relevanten Ausschnitten
- Beurteilung von Motiven und motivationalen Bedingungen (z.B. Behandlungs- oder Rehabilitationsmotivation, ➠ Leistungsmotivation)

- Beurteilung von Behandlungswirkungen auf die geistige ⇒ Leistungsfähigkeit
- Analyse der Eignung von Personen für bestimmte soziale Funktionen (z.B. Erziehungsfähigkeit, Gruppenfähigkeit) oder Leistungsfunktionen (z.B. berufliche Eignung, Fahrtauglichkeit, Personalauswahl)
- Begutachtung der Gültigkeit (Validität) von Aussagen oder Verhaltensweisen
- Beurteilung der geistigen, emotionalen und sozialen Entwicklung, der Entstehung und Entwicklung von Leistungsverläufen und der Auswirkungen von Krankheiten und Krankheitsverläufen auf die ⇒ Leistungsfähigkeit

Leistungsfähigkeit (⇒ Fähigkeit)

In der Psychologie Bezeichnung der körperlichen, psychischen und sozialen Bedingungen einer Person, die eine bestimmte Leistung ermöglichen. Meist wird zwischen körperlicher und psychomentaler L. unterschieden. Die L. kann mit Hilfe von Leistungstests erfasst werden. Die ⇒ ICF definiert L. als ein Konstrukt, das das höchstmögliche Niveau der Funktionsfähigkeit angibt, das eine Person in einer Domäne der Aktivitäten- und Partizipationsliste zu einem gegebenen Zeitpunkt erreicht. L. nach ICF spiegelt die umwelt-adjustierte, bezogen auf die Berufsfähigkeit also die an die beruflichen Arbeitsbedingungen adjustierte Leistungsfähigkeit wider. Gemäß der aktuellen Leitlinien zur Begutachtung psychischer Erkrankungen geht die Beurteilung der L. über eine Beschreibung des allgemeinen Funktions- und Fähigkeitsniveaus (⇒ Aktivität und Partizipation) hinaus. Die Frage der beruflichen L. gilt nicht allein dem Funktionsniveau, das der zu Begutachtende in seinem Alltag realisiert, sondern dem Leistungsniveau, das er unter bestimmten kontextuellen (z.B. arbeitsplatzbezogenen) Bedingungen unter Berücksichtigung eventueller gesundheitlicher Beeinträchtigungen realisieren kann. Die berufliche L. wird von der Art und dem Ausmaß psychischer und psychosomatischer Funktionen und Funktionsstörungen, der Art der Krankheitsverarbeitung sowie von den dem Individuum zur Verfügung stehenden Aktivitäten und Fähigkeiten determiniert. Die Bewertung der konkret vorliegenden (beruflichen) Leistungsfähigkeit ergibt sich aus dem Abgleich der dem

Individuum möglichen Aktivitäten/Fähigkeiten mit dem beruflichen Anforderungsprofil (Partizipation) (aus: Leitlinie AWMF).

Leistungsgrenze

Bezeichnung für das höchste Niveau der individuellen Funktions- oder Leistungsfähigkeit in einem Leistungstest. Aufgaben mit einer Schwierigkeit über der Leistungsgrenze können in der Regel vom Probanden nicht mehr gelöst werden.

Leistungsmotivation

Bereitschaft einer Person, Leistungen erbringen zu wollen, nach Erfolg zu streben und sich zu diesem Zweck auch aktiv gegen Hindernisse bzw. Widerstände durchzusetzen. Vielfach werden Leistung und ➠ Leistungsfähigkeit einer Person durch seine L. beeinflusst, dabei kann die Selbsteinschätzung der Leistungsfähigkeit eine vermittelnde Rolle spielen. L. wird u. a. von Erfolgserwartungen, der Erfolgs- oder Misserfolgswahrscheinlichkeit und dem Anreiz für ein Leistungsverhalten beeinflusst.

Leistungsniveau

Bezeichnung für das mittlere bzw. durchschnittliche Niveau der individuellen Funktions- oder Leistungsfähigkeit in einem Leistungstest, meist bezogen auf das L. anderer (vergleichbarer) Personen, mitunter aber auch bezogen auf das intraindividuelle Vergleichsniveau. Intraindividuell bedeutet, dass sich das mittlere L. auf die Leistungsfähigkeit einer Person in einem definierten Zeitraum bezieht.

Leistungspotenzial

Im Kontext der Beurteilung krankheitsbedingter Funktions- und Leistungsbeeinträchtigungen Bezeichnung für die Differenz zwischen ➠ Leistung (nach ➠ ICF dem, was eine Person in ihrem Alltag tut) und

⇒ Leistungsfähigkeit (nach ICF dem höchstmöglichen Niveau dessen, was eine Person in einem bestimmten Funktionsbereich erreicht). In der Begutachtung krankheitsbedingt geminderter beruflicher Leistungsfähigkeit wird L. auch für den Vergleich zwischen der aktuellen und der in Zukunft zu erwartenden Leistungsfähigkeit verwendet. Die Frage nach dem L. zielt dann darauf, ob unter veränderten Bedingungen (z. B. nach erfolgreicher Rehabilitation) mit einer verbesserten Leistungsfähigkeit zu rechnen ist.

Leistungstest

Test zur Erfassung der ⇒ Leistungsfähigkeit bezogen auf ein bestimmtes Funktions- oder ⇒ Leistungsniveau. Psychologische L.s zu Fähigkeiten, Fertigkeiten, Eignungen und Begabungen existieren zu 1) allgemeinen Leistungsfunktionen (z. B. Konzentration, Aufmerksamkeit, Ausdauer, Arbeitsgeschwindigkeit, Genauigkeit), 2) motorischen und sensumotorischen Fähigkeiten (z. B. psychomotorische Reaktionen, Hand-Auge-Koordination, motorisches Tempo), 3) Wahrnehmungsfähigkeit (z. B. Sehfähigkeit, Farbtüchtigkeit, Hörfähigkeit, Formauffassung), 4) Gedächtnis- und Lernfähigkeit (z. B. Kurz- und Langzeitgedächtnis) sowie 5) intellektuellen Fähigkeiten (z. B. induktives und deduktives Denken, Raumvorstellung, Wortflüssigkeit).

Leistungsverhalten, suboptimales

Bezeichnung für das Verhalten von Probanden, die sich in einer Begutachtung nicht entsprechend ihrer tatsächlichen Leistungsvoraussetzungen verhalten und in Tests schlechter abschneiden, als sie könnten. Mögliche Gründe für s.L. können zum einen eher bewusstseinsnahe und willentlich bestimmte Faktoren sein wie ⇒ Aggravation, ⇒ Simulation oder ⇒ Entwicklung körperlicher Symptome aus psychischen Gründen. Allerdings können auch alle ⇒ psychischen Störungen, insbesondere ⇒ somatoforme Störungen, ⇒ dissoziative Störungen, ⇒ artifizielle Störungen und ⇒ affektive Störungen sowie situationsbedingte Faktoren wie z. B. die Person des Gutachters, Ablenkungen, die Tagesform oder persönliche Ereignisse zu s.emL. führen.

Leitlinien

Empfehlungen der wissenschaftlichen medizinischen Fachgesellschaften für ärztliches Handeln in charakteristischen Situationen bei Diagnose, Begutachtung und Therapie, die weder haftungsbegründende noch haftungsbefreiende Wirkung haben. L. werden in drei Stufen entwickelt:

- S1 Leitlinie: Eine repräsentativ zusammengesetzte Expertengruppe entwickelt Empfehlungen nach informellem Konsens
- S2 Leitlinie: S1-L. werden nach formalen Konsensustechniken beraten und verabschiedet
- S3-Leitlinie: S2-L. werden erweitert um Logikanalyse, Entscheidungsanalyse und Bewertung vorliegender empirischer Studienergebnisse

Leitlinie Neuropsychologische Begutachtung

Für die neuropsychologische Begutachtung wurde eine ➠ Leitlinie durch einen Arbeitskreis der Gesellschaft für Neuropsychologie (GNP) erarbeitet, die 2007 vorgestellt und 2008 verabschiedet wurde. Darin wird die Begutachtung der Auswirkungen von Hirnschädigungen auf die Teilhabe (➠ ICF) als eine häufig nur interdisziplinär zu lösende Aufgabe verstanden. Die L. spezifiziert die an einen neuropsychologischen Gutachter zu stellenden Qualifikationsanforderungen und den Prozess der Begutachtung. Der neuropsychologische Gutachter ist im Kontakt mit dem Auftraggeber und den ärztlichen Gutachtern selbst verantwortlich für die Formulierung einer angemessenen neuropsychologischen Fragestellung. Die L. enthält auch eine Checkliste zur Beurteilung neuropsychologischer Gutachten (Neumann-Zielke et al., 2009).

Leitlinie zur Begutachtung psychischer und psychosomatischer Erkrankungen

AWMF-anerkannte medizinische S2-k ➠ Leitlinie der Deutschen Gesellschaft für Psychosomatische Medizin und Ärztliche Psychotherapie (DGPM), dem Deutschen Kollegium für Psychosomatische Medizin

(DKPM), der Deutschen Gesellschaft für Klinische Psychotherapie und Psychosomatische Rehabilitation (DGPPR) und der Deutschen Gesellschaft für Neurowissenschaftliche Begutachtung (DGNB) unter Beteiligung von Experten aus Psychosomatischer Medizin, Psychiatrie, Neurologie, Orthopädie und Psychologie zur Begutachtung der Ursachen und Auswirkungen psychischer Erkrankungen, 2012 aktualisiert.

Lerntest

Gruppe psychologischer ⇒ Leistungstests, welche die Fähigkeit einer Person erfassen, Informationen aufzunehmen, diese kurz,- mittel- und langfristig im Gedächtnis zu behalten, mit vorhandenen Gedächtnisinhalten zu verknüpfen und wieder abzurufen. L.s unterscheiden sich nach dem zu lernenden Material (z.B. visuell, verbal), der Art und Weise der Reizdarbietung (z.B. einmalige oder wiederholte Darbietung), den Abrufbedingungen (z.B. freier Abruf, Wiedererkennung) und dem Schwierigkeitsgrad der Aufgaben.

Lerntheorie

Sammelbezeichnung für eine Gruppe psychologischer und biologischer Theorien, Modelle und Konzepte zu Gesetzmäßigkeiten des Lernens und zu Möglichkeiten, Erfahrungen für Verhaltensänderungen zu nutzen. L.n versuchen, menschliches Verhalten und Erleben als vorwiegend durch Lernvorgänge bedingt zu beschreiben und zu erklären. Wichtige Lernprinzipien sind das Lernen durch zeitlich-räumliche Assoziation (klassische Konditionierung), das Lernen durch Erfolg (operante Konditionierung) und das Modelllernen (Lernen komplexer Prozesse durch Beobachtung). Psychische Störungen werden als Folge dysfunktionaler Lernprozesse an konflikthafte oder belastende/schädigende Umweltbedingungen beschrieben, die zu fehlerhafter Anpassung des Organismus führen. Erweiternd geht die kognitive L. davon aus, dass dysfunktionale Informationsverarbeitungsprozesse ebenfalls Erklärungswert für die Entwicklung psychischer Störungen und ihrer Auswirkungen haben können.

Malingering

Englischsprachiger Begriff, der ➠ Simulation und ➠ Aggravation als bewusste, auf ein externales Ziel ausgerichtete Vortäuschung von Gesundheitsstörungen bezeichnet. In deutschen Texten sollte er vermieden werden.

Merkmal

Bezeichnung für eine (körperliche oder psychische) Eigenschaft oder Besonderheit, die durch eine Beobachtung oder einen Test beschrieben oder untersucht werden kann (z. B. Geschlecht, Körpergröße, Persönlichkeitseigenschaft). Psychische M.e können qualitativ oder quantitativ bestimmt sein. Von Merkmalsausprägung spricht man nur bei quantitativ gestuften (➠ skalierbaren) dimensionalen M.en (z. B. Helligkeit oder Ängstlichkeit). Bei natürlich dichotomen bzw. nominal unterscheidbaren M.en (z. B. Geschlecht) erfolgt eine Quantifizierung über die Angabe von Häufigkeiten.

Messmethode, psychologische

Bezeichnung für eine Untersuchungsmethode, die Maßeinheiten für Verhaltensmerkmale (auf körperlicher, psychischer, kognitiver, sozialer Ebene) liefert. P.M.n basieren auf einer Messtheorie, die Kriterien dafür liefert, wie genau und inhaltlich zutreffend sich Objektrelationen (z. B. Beziehungen zwischen den Merkmalen bestimmter Persönlichkeitseigenschaften) in Zahlenrelationen (d. h. in der Höhe der jeweils gewonnenen Messwerte) abbilden lassen.

Messwert

Ergebnis eines Messvorgangs. In der Psychodiagnostik Bezeichnung für einen Skalenwert, der sich aus der Summe oder dem Mittelwert mehrerer Einzelwerte / Einzelbeobachtungen zusammensetzt. Sowohl bei Rohwerten, als auch bei standardisierten und normierten Werten spricht man von M.en.

Messwiederholung

Das in der ➡ klassischen Testtheorie übliche Prinzip der M. besagt, dass ein psychisches Merkmal (Funktion, Eigenschaft) nur dann ausreichend zuverlässig (reliabel) und valide gemessen werden kann, wenn das Merkmal wiederholt auf dieselbe Weise gemessen wurde. Psychologische Testverfahren setzen dieses Prinzip um, indem auch in mehrdimensionalen ➡ Tests oder ➡ Fragebögen ein bestimmtes Konstrukt (Merkmal) immer durch mehrere Items mit überwiegend gleichen Messinhalten und leicht voneinander abweichenden Messeigenschaften (Itemschwierigkeiten, Itemtrennschärfen) erfasst wird. Darüber hinaus kann die wiederholte Messung derselben Eigenschaften mit Hilfe ausreichend reliabler Messverfahren zur Verlaufsmessung (z. B. physiologischer oder leistungsbezogener Veränderungen im Begutachtungsverlauf) genutzt werden. Ebenso wird über M.en die Effektivität therapeutischer und rehabilitativer Maßnahmen abschätzbar.

Methodenvielfalt (multimethodales Vorgehen)

Ein Prinzip der psychologischen Begutachtung psychischer Störungen und Erkrankungen sowie Krankheitsfolgen, das besagt, dass sich die Erhebung von Informationen zu psychosozialen Sachverhalten auf verschiedene methodische Zugänge stützen sollte. M. ermöglicht ➡ Konsistenzprüfungen und leistet Beiträge zur ➡ Validierung individueller Mess- und Testergebnisse. Psychologische Gutachter, die zu Fragen krankheitsbedingt geminderter allgemeiner und beruflicher ➡ Leistungsfähigkeit Stellung nehmen sollen, können auf das folgende Methodenrepertoire zurückgreifen:

- Freie Verhaltensbeobachtung
- Verhaltensbeobachtung unter Standardbedingungen / Testverhalten
- Interview / Exploration
- Persönlichkeitsfragebogen
- Klinischer Fragebogen
- Fragebogen zu Arbeits- und Leistungsfunktionen
- Antworttendenzskalen / Validierungsindizes
- Beschwerdenvalidierungstests
- Fremdberichte / Fremdbeobachtung

- Konzentrationstests
- Gedächtnistests
- Tests zu exekutiven Funktionen (Planungsfähigkeit)
- Intelligenztests
- Sprachtests
- Sensumotorische Tests
- Sonstige neuropsychologische Funktionstests
- Standardisierte Arbeitsproben
- Wahrnehmungsexperimente / Psychophysikalische Tests
- Physiologische Funktionsmessungen und Labortests

Minderung der Erwerbsfähigkeit (MdE)

Im Sinne der gesetzlichen Rentenversicherung ist die MdE eine erhebliche und mehr als sechs Monate andauernde Einschränkung der Leistungsfähigkeit im Erwerbsleben aufgrund gesundheitlicher Beeinträchtigungen. Festzustellen ist in der gesetzlichen Rentenversicherung das verbliebene individuelle Leistungsvermögen. Demgegenüber bezeichnet die MdE in der gesetzlichen Unfallversicherung, der beamtenrechtlichen Unfallfürsorge und in der Wiedergutmachung nach dem Bundesentschädigungsgesetz den Umfang einer Beeinträchtigung des körperlichen und geistigen Leistungsvermögens, soweit die Beeinträchtigung kausal auf ein schädigendes Ereignis (z.B. einen Unfall) zurückzuführen ist. Die MdE Bewertungen dürfen für die private Berufsunfähigkeitsversicherung nicht übernommen werden, d.h. sie liefern keine Anhaltspunkte für das Vorliegen einer ⇒ Berufsunfähigkeit.

Mitwirkung

Im Zusammenhang mit der Beantragung von Versicherungsleistungen Bezeichnung für die Tatsache, dass der Versicherte, der einen Leistungsantrag gestellt hat, sich aktiv an der Klärung der Leistungsvoraussetzungen zu beteiligen hat. Im Sozialrecht kann die unberechtigte Verweigerung erforderlicher M. – wenn die Aufklärung des Sachverhalts dadurch erheblich erschwert wird – zu Lasten des Versicherten gehen. Nach § 62 SGB X hat derjenige, der eine Leistung beantragt oder erhält, sich ärztlichen und psychologischen Untersuchungsmaßnahmen zu unterziehen, soweit diese für die Entscheidung über die Leistung erforderlich und zugleich auch zumutbar sind. Behandlungen dürfen vom Versicherten abgelehnt werden, bei denen ein gesundheitlicher Schaden für die Gesundheit nicht mit hoher Wahrscheinlichkeit ausgeschlossen werden kann, die mit erheblichen Schmerzen verbunden sind oder die einen erheblichen Eingriff in die körperliche Unversehrtheit bedeuten. Im Zivilrecht (private Berufsunfähigkeitsversicherung) gelten die im individuellen Vertrag geregelten Bedingungen.

Motivation

Gesamtheit der in einer Handlung wirksamen Motive (z. B. Hunger, Sexualität, Macht, Leistung, Aggression, soziales Nähebedürfnis), die das individuelle Verhalten aktivieren, richten und regulieren. Biologische Motivationstheorien gehen überwiegend von Instinkten, Trieben und physiologisch gesteuerten Bedürfnissen aus, psychologische Motivationstheorien stellen Aspekte wie Vorsatzbildung, Anreize und anreizorientiertes oder vermeidungsorientiertes Verhalten, spezifische Handlungs- und Ergebniserwartungen sowie äußere und innere Verstärkungsprozesse für Verhalten in den Vordergrund.

Motivationale Funktionen

M.F. bezeichnen die Wirkungen des inneren Antriebs, persönlicher Interessen, der Anstrengungsbereitschaft, der Durchhaltefähigkeit oder der Fähigkeit, sich selbst positive Anreize zu setzen und Ziele planmäßig zu verfolgen.

Münchhausen-Syndrom

Erstmals von Asher (1951) verwendeter Begriff für selbstmanipulierte Krankheiten. Das M. wird heute als eine spezielle Unterform der ➠ artifiziellen Störung verstanden. Im Vordergrund steht die manipulative Erzeugung körperlicher Symptome durch Eingriffe des Patienten (z. B.

Erzeugung artifiziellen Fiebers, Wundmanipulationen, andere Formen der Selbstbeschädigung). Gegenüber Ärzten werden gezielt falsche Angaben gemacht, dazu werden Behandler häufig gewechselt, insbesondere wenn ein Verdacht auf Selbstmanipulationen auftaucht. Wenn die manipulierende und die manipulierte Person nicht identisch sind, wird auch vom Stellvertreter-Münchhausen gesprochen (engl. Munchausen by proxy).

Neglect

Vernachlässigung einer Raum- und Körperhälfte, und zwar meist der linken Hälfte. Die Aufmerksamkeit des Patienten wird unsymmetrisch bevorzugt einer Seite zugewandt, in der Regel der rechten. Die Betroffen reagieren auf Reize aus der linken Raum- oder Körperhälfte unzureichend. Der N. ist ein häufiges Symptom nach lokalen Hirnschädigungen wie zum Beispiel Schlaganfällen, insbesondere rechts-hemisphärischen. Der N. selbst ist häufig der Reflexion durch die betroffene Person entzogen, d. h. sie selbst ist sich nicht bewusst, dass sie eine Raumhälfte in der Aufmerksamkeitszuwendung vernachlässigt.

Neologismus

Begriff in der Aphasiologie (Aphasieforschung) zur Bezeichnung von Wortneubildungen bzw. von Worten, die im normalen Wortschatz einer Sprache nicht vorkommen. Neologismen können bei einer Anzahl von Personen mit zentralen Sprachsprachstörungen beobachtet werden.

Nervenärztliches Fachgebiet

Der Nervenarzt ist Neurologe und Psychiater und somit als Facharzt nach mehrjähriger Weiterbildung für die Diagnose und Therapie neurologischer und psychischer Erkrankungen qualifiziert. Die Ausbildung umfasst mindestens fünf Jahre in den Bereichen Psychiatrie, Psychotherapie und Neurologie. Das N.F. umfasst die organisch fassbaren Erkrankungen des zentralen und peripheren Nervensystems sowie die nicht organisch fassbaren psychischen Störungen der Gesundheit.

Neugedächtnis

Jener Teil des episodischen Langzeitgedächtnisses, der sich auf relativ kurz zurückliegende Ereignisse bezieht, im Gegensatz zum Altgedächtnis, das auf Ereignisse bezogen ist, die sich vor Jahren oder Jahrzehnten zugetragen haben (s. a. ➠ Kurzzeitgedächtnis).

Neurasthenie

Synonym für Erschöpfungssyndrom. Nach ICD-10 kann eine N. gekennzeichnet sein durch Klagen über vermehrte Müdigkeit nach geistigen Anstrengungen, häufig verbunden mit einer abnehmenden Arbeitsleistung oder Effektivität bei der Alltagsbewältigung. Geistige Ermüdbarkeit wird typischerweise als unangenehmes Eindringen ablenkender Assoziationen oder Erinnerungen oder als Konzentrationsschwäche beschrieben. Ein anderer Prägnanztyp der N. ist gekennzeichnet durch Gefühle intensiver körperlicher Schwäche und Erschöpfung bereits nach geringer Anstrengung, die von Schmerzen und von der Unfähigkeit, sich zu entspannen, begleitet sein kann.

Neurologie

N. bezeichnet ein Fachgebiet der Medizin, das sich mit der Erforschung, Erkennung und Behandlung von organisch begründbaren Erkrankungen des zentralen, peripheren und vegetativen Nervensystems befasst.

Neuropsychologe ➠ Klinischer Neuropsychologe

Neuropsychologie

Eine Arbeitsrichtung der Psychologie, welche sich als interdisziplinäre Wissenschaft versteht. Sie beschäftigt sich mit den Zusammenhängen zwischen den biologischen Funktionen des Gehirns und dem Verhalten und Erleben, z.B. in den Bereichen Denken, Sprache, Wahrnehmung, Lernen, Gedächtnis,

Aufmerksamkeit, Geschicklichkeit oder auch Ängstlichkeit, Aggressivität und Sozialverhalten (Gesellschaft für Neuropsychologie, 2005).

Neuropsychologische Diagnostik

In der n.nD. wird mittels theoretisch fundierter Verfahren Art und Ausmaß hirnschädigungsbedingter Funktionsstörungen beschrieben und deren Verlauf psychometrisch dokumentiert. Da je nach Lokalisation, Größe und Ätiologie der Hirnschädigung sehr unterschiedliche Störungsmuster im kognitiven, emotionalen und sozialen Bereich resultieren, verlangt die Beschreibung und Einschätzung dieser Defizite fundierte allgemein- und neuropsychologische Kenntnisse (Gesellschaft für Neuropsychologie, 2005).

Neurotizismus

Faktorenanalytisch ermittelte, als stabil konzipierte, und empirisch sehr gut untersuchte Persönlichkeitseigenschaft, die durch emotionale Labilität, Ängstlichkeit, Sorgen, Gehemmtheit, Unsicherheit und eingeschränkte emotionale Belastbarkeit gekennzeichnet ist. Eine erhöhte Ausprägung von N. gilt als vulnerabilisierende Bedingung für verschiedene psychische (insbesondere neurotische) Störungen und als vermittelnde Größe des Krankheitsverhaltens.

Neurowissenschaften

Sammelbezeichnung für Forschungsbereiche von Medizin, Psychologie und Biologie, in denen – meist in Kooperation mit daran angrenzenden Wissenschaftsbereichen wie der Informationstechnik und Informatik – Aufbau und Funktionsweise von Nervensystemen untersucht werden. Für die Psychologie vorzugsweise relevant ist die kognitive Neurowissenschaft, die sich mit den neuronalen Mechanismen befasst, die kognitiven und psychischen Funktionen und somit überwiegend den höheren Leistungen des Gehirns zugrunde liegen. Die N. liefern wesentliche wissenschaftliche Grundlagen der ➠ klinischen Neuropsychologie, ➠ neuropsychologischen Diagnostik und neuropsychologischen Begutachtung.

Neutralität des Gutachters

Bezeichnung für die Verpflichtung des Sachverständigen zur Unparteilichkeit bzw. Unvoreingenommenheit in Bezug auf den zu beurteilenden
Sachverhalt. Gutachtliche Entscheidungen dürfen nicht einseitig durch
persönliche Interessen, Rücksichtnahmen, persönliche Beziehungen,
Rollenerwartungen oder individuelle Bewertungen des Gutachters (z.B.
moralischer oder politischer Art) beeinflusst sein. Dies beinhaltet u.a.,
dass eine Begutachtung von Personen, zu denen ein persönliches oder
verwandtschaftliches Verhältnis besteht oder bestanden hat, ausgeschlossen ist. Ebenso ist die Rolle des Gutachters bei ein und derselben Person
im Regelfall nicht mit der eines Therapeuten bzw. neuropsychologischen
Behandlers vereinbar, weil eine grundsätzlich unterschiedliche Beziehung
zu dieser Person die beiden Tätigkeitsfelder bestimmt. Psychotherapeuten
haben vor Übernahme eines Gutachtenauftrags ihre gutachterliche Rolle
zu verdeutlichen und von einer psychotherapeutischen Behandlungstätigkeit klar abzugrenzen. Ein Auftrag zur Begutachtung eigener Patienten im
Rahmen eines Gerichtsverfahrens ist daher in der Regel abzulehnen. Eine
Stellungnahme ist möglich, wenn der Patient auf die Risiken einer möglichen Aussage des Psychotherapeuten in geeigneter Weise hingewiesen
wurde (vgl. Musterberufsordnung für Psychologische Psychotherapeuten
und Kinder- und Jugendlichenpsychotherapeuten). Im gutachtlichen
Vorgehen ist die N.d.G. u.a. dadurch bestimmt, dass die Art und Weise
der Informationserhebung und die Auswahl von Testverfahren nicht zu
einer einseitigen Benachteiligung oder Bevorzugung bestimmter Personen
oder Personengruppen führt. Mangelnde N.d.G. im Sinne eingeschränkter Testfairness liegt z.B. vor, wenn eine nicht sprachsichere Person mit
sprachgebundenen Testaufgaben konfrontiert wird. Zur Sicherung der
Neutralität trägt es ebenso bei, die Diagnostik von Fehlfunktionen und die
Diagnostik erhaltener Funktionen und Ressourcen so auszubalancieren,
dass eine einseitig defizit- oder einseitig ressourcenorientierte Informationsgewinnung vermieden wird. Ebenso sind bei Angaben über psychische Störungen Maßnahmen zur Beschwerdenvalidierung Teil eines der
Neutralität verpflichteten diagnostischen Vorgehens. Bei der Integration
von Informationen kann sich die N.d.G. in dem Bemühen widerspiegeln,
erhaltene und beeinträchtigte Funktionen sorgfältig gegeneinander abzuwägen.

Normalpersonen

Bezeichnung für Personen, deren Angaben oder Leistungen in psychologischen Testverfahren zu Vergleichszwecken genutzt werden. Im Begutachtungskontext gelten als „normal" Personengruppen ohne wesentliche gesundheitliche Beeinträchtigungen oder Krankheitsfolgen. Als gesund kann in diesem Sinne auch gelten, wer zwar gelegentlich einen Arzt aufsucht, aber dennoch sozial und berufsbezogen leistungsfähig ist.

Normierung

Gütekriterium psychologischer Testverfahren. Normierung ermöglicht den Vergleich individueller Testwerte mit den Ergebnissen, die an einer oder mehren Stichproben gewonnen wurden. Über ➡ Normwerte wird eine Einordnung der gemessenen Leistung oder der Eigenschaftsausprägung des Untersuchten ermöglicht, da individuelle Messwerte so ins Verhältnis zu den Werten anderer Personen gesetzt werden. Es existieren verschiedene Normskalen (z. B. Prozentränge, Standardwerte, T-Werte, vgl. Tabelle). Streng genommen hat ein normierter Testwert nur Gültigkeit für diejenige Personengruppe, an der der Test / Fragebogen normiert wurde. Verallgemeinernde Folgerungen etwa auf andere Alters-, Patienten- oder Bildungsgruppen sind nur mit Einschränkungen möglich.

Normskalen der Testpsychologie		
Skalenbezeichnung	Mittelwert	Standardabweichung
z-Werte	0	1
Z-Werte	100	10
Intelligenzquotient (IQ)	100	15
T-Werte	50	10
Centile (C-Werte)	5	2
Stanine	5	1,96

Normwert

N.e beziffern die Ausprägung eines individuellen Testergebnisses (z.B. einer Persönlichkeitseigenschaft) gemessen an der Normstichprobe.

Nützlichkeit (Testgütekriterium)

N. als Güteeigenschaft eines psychologischen Tests liegt vor, wenn für das gemessene Merkmal praktische Relevanz besteht und die auf seiner Grundlage getroffenen Entscheidungen mehr Nutzen als Schaden erwarten lassen. Nach einer älteren Definition ist ein Test nützlich, wenn die durch ihn ermittelten Erkenntnisse nicht durch andere Mess- oder Testverfahren gewonnen werden können.

Objektivität (Gutachter)

In Anlehnung an O. als Testgütekriterium Bezeichnung für das Ausmaß, in dem mehrere Gutachter zu übereinstimmenden Bewertungen des zu beurteilenden Sachverhalts gelangen. Empirische Studien haben gezeigt, dass individuelle Besonderheiten im Vorgehen und Entscheidungsverhalten der Gutachter nicht selten zu abweichenden Bewertungen führen. Zur Verbesserung der O. sollen ➡ Leitlinien zur Begutachtung beitragen. Psychologische Testergebnisse stellen nicht automatisch eine Objektivierung von Leistungsbeschwerden dar.

Objektivität (Testgütekriterium)

In der psychologischen Diagnostik Bezeichnung für die Unabhängigkeit der Untersuchungsergebnisse vom Untersucher. Im Allgemeinen werden Durchführungs-, Auswertungs- und Interpretationsobjektivität unterschieden. O. wird in der Testpraxis angestrebt durch die Standardisierung des Vorgehens (insbesondere der Datenerhebung), durch Verfahrensvorschriften bei der Auswertung (z.B. durch das Auszählen von Punktwerten) oder durch Ankerbeispiele bei der Interpretation von Testwerten. Eine weitere Interpretation des Objektivitätsbegriffs bezieht sich auf die Durchsichtigkeit und Verfälschbarkeit des Testverfahrens. Ein psychologischer Test gilt demnach als objektiv, wenn die Messintention des Verfahrens für den Probanden undurchschaubar ist und der Proband aufgrund von Instruktion und Testmaterial nicht erkennen kann, wie er das Messergebnis willentlich verzerren oder verfälschen kann.

Ökonomie (Testgütekriterium)

Zeitlicher, personeller, apparativer und finanzieller Aufwand, der zur Durchführung eines Tests oder einer Untersuchungsmethode erforderlich ist. Die Ö. kann Art und Auswahl von Testverfahren in der Begutachtung beeinflussen und dadurch Art und Umfang der Untersuchung mitbestimmen. Die Ö. eines Tests kann auch vom Verhältnis zwischen dem für die Testanwendung betriebenen Aufwand und den ökonomischen Auswirkungen abhängen, die durch den Verzicht auf die Testung entstehen können.

Operationalisierung

Festlegung der Vorgehensweise zur Erfassung einer psychologischen Untersuchungsvariablen. Bezogen auf einen Test bezeichnet O. die konkrete Festlegung des zu messenden psychologischen Konstrukts (z.B. Konzentration, Depressivität) durch eine bestimmte inhaltlich festgelegte Anzahl von ➠ Items inklusive der dazu notwendigen Verknüpfungsregeln (z.B. ➠ Testwert als Mittelwert).

Orientierung

Bezeichnung für die Fähigkeit, die erlebte Realität in einen Bezugsrahmen zu setzen, der ein sinnvolles und an äußere Bedingungen angepasstes Verhalten ermöglicht. In der Psychiatrie und klinischen Psychologie Bezeichnung für die Fähigkeit, sich in Bezug auf die eigene Person, die aktuelle Zeit, den aktuellen Aufenthaltsort und die gegebene Situation zutreffend einzuordnen. O. setzt weitgehend intakte Bewusstseins- und Aufmerksamkeitsfunktionen voraus. Störungen der O. können auftreten bei körperlich bedingten oder psychotischen Störungen des Bewusstseins oder des Ich-Erlebens, bei Demenzen und bei Wahrnehmungs- und Gedächtnisstörungen.

Panikstörung

Wiederkehrende schwere Angstattacken (Panik), die nicht durch eine bestimmte Situation ausgelöst werden und daher für die Betroffenen auch nicht vorhersehbar sind. Typische Symptome: Herzklopfen, Brustschmerz, Erstickungsgefühl, Schwindelgefühl, Entfremdungsgefühl, Angst zu sterben.

Paralleltest

Testverfahren, das für eine bestimmtes Merkmal möglichst die gleichen Mess- und Testeigenschaften aufweist wie ein anderes Verfahren, aber mit diesem Verfahren nicht identisch ist. Ein P. kann z. B. dadurch erzeugt werden, dass die gleichen ⟹ Items wie im Originaltest in eine andere Reihenfolge gebracht werden. P.s können verwendet werden, um bei Messwiederholungen Verfälschungen durch Erinnerungen an frühere Messungen zu minimieren. Häufig werden Reliabilitätsschätzungen auf der Grundlage von P.s vorgenommen.

Paragraphie

Wortentstellung beim Schreiben, Schreibfehler. P. ist ein Merkmal von ⟹ Agraphien und Dysgraphien.

Paralexie

Wortentstellung beim Lesen, Lesefehler. P. ist ein Merkmal von ⟹ Alexien und Dyslexien.

Paraphasie

Wortentstellung auf der Lautebene oder falscher Wortgebrauch auf der Bedeutungsebene. P. ist ein typisches Merkmal von aphasischen Störungen.

Partizipation (Teilhabe)

Im Sinne der ➠ ICF Einbezogensein in eine Lebenssituation. Im Sozialrecht sind Regelungen zur Rehabilitation und Teilhabe behinderter und von Behinderung bedrohter Menschen mit dem Ziel formuliert, die gleichberechtigte Teilhabe (P.) am Leben in der Gemeinschaft zu fördern. Dazu werden durch gesellschaftliche Institutionen (z. B. Rentenversicherung) Leistungen zur Teilhabe (z. B. Rehabilitationsmaßnahmen, Renten) erbracht. In die ➠ Leitlinie zur Begutachtung psychischer und psychosomatischer Erkrankungen wurde die ICF-orientierte Unterscheidung von Aktivität und Partizipation vom Grundsatz her übernommen. In der privaten Berufsunfähigkeitsversicherung stellt sich die Frage nach der P. in allen Lebensbereichen normalerweise nicht. Partizipation meint hier die Leistungsfähigkeit in Bezug auf das spezifische Anforderungsprofil der beruflichen Tätigkeit.

Pausen

Unterbrechungen der Arbeitszeit, in denen der Arbeitnehmer von jeder Dienstverpflichtung freigestellt ist. Gemäß Arbeitszeitgesetz umfassen Ruhepausen bei einer Arbeitszeit von mehr als sechs Stunden mindestens 30 Minuten und bei einer Arbeitszeit von mehr als neun Stunden mindestens 45 Minuten täglich. Bei einer Tätigkeit bis zu sechs Stunden steht dem Arbeitnehmer keine Ruhepause zu. Begutachtungsfragen können darauf bezogen sein, ob der Versicherte seine berufliche Tätigkeit unter den üblichen Pausenregelungen ausführen kann oder ob zusätzliche Pausen erforderlich sind. Die Gestaltung der Begutachtung im Sinne einer simulierten ➠ Arbeitsprobe kann zur Bewertung von Pausenregelungen Entscheidungshilfen liefern.

Persönlichkeit

Gesamtheit der nicht-situativen Verhaltensbedingungen oder Verhaltens-dispositionen einer Person. Summe der psychophysischen Eigenschaften einer Person, die ihr Denken, Erleben und Verhalten bestimmen. Persön-lichkeitseigenschaften, zu denen auch die Intelligenz gehört, gestatten eine Vorhersage, wie sich eine Person in einer bestimmten Situation (vermutlich) verhalten wird. Eine der vorrangigen Aufgaben der empirischen Persön-lichkeitsforschung bestand in der Vergangenheit darin, wesentliche Dimen-sionen der P. herauszuarbeiten, anhand derer sich Menschen beschreiben lassen. Gegenwärtig favorisiert wird dabei ein Fünf-Faktoren-Modell, das die folgenden Faktoren oder Dimensionen umfasst: Extraversion, Neuroti-zismus, Verträglichkeit, Gewissenhaftigkeit und Offenheit für Erfahrung.

Persönlichkeitsänderung, andauernde

Nach ICD-10 Bezeichnung für Persönlichkeits- und Verhaltensstörungen, die sich bei Personen ohne vorbestehende Persönlichkeitsstörung nach extremer oder übermäßiger, anhaltender Belastung entwickelt haben oder nach schwerer psychischer Krankheit. Die a.P. sollte deutlich ausgeprägt und mit unflexiblem und fehlangepasstem Verhalten verbunden sein und zu Beeinträchtigungen der sozialen und beruflichen Beziehungen führen. Zur Diagnosestellung müssen folgende, beim Betroffenen zuvor nicht beobachtete Merkmale vorliegen: feindliche oder misstrauische Haltung gegenüber der Welt, sozialer Rückzug, Gefühle der Leere oder Hoffnungs-losigkeit, chronische Nervosität und Entfremdung.

Persönlichkeitseigenschaft

Definierte Eigenschaft einer Person, die als weitgehend zeitstabil bzw. situationsinvariant konzipiert und in der Regel dimensional operationali-siert ist und die zur Persönlichkeitsbeschreibung – meist im Rahmen eines psychologischen Persönlichkeits- oder Eigenschaftsmodells – genutzt werden kann.

Persönlichkeitsfragebögen

Auch „psychometrische Persönlichkeitstests" oder „Persönlichkeitsinventare" genannt. Bezeichnung für standardisierte ⇒ Fragebögen, die nach einer Testtheorie zur Beschreibung einer Person anhand von ⇒ Eigenschaften (z.B. Geselligkeit, Depressivität, Aggressivität, Maskulinität) konstruiert worden sind. P. unterscheiden sich u.a. darin, ob sie auf der Grundlage einer einheitlichen psychologischen Theorie entwickelt wurden und ob sie ⇒ Kontrollskalen zur Erfassung von ⇒ Antworttendenzen enthalten. Vom Probanden ist eine formalisierte Selbstbeschreibung gefordert, die sein typisches Verhalten oder Erleben wiedergeben soll. Meist müssen vorgegebene Fragen mit „ja/nein" oder „stimmt/stimmt nicht" oder über ein mehrstufiges ⇒ Rating beantwortet werden. Zu den Fragebögen gehören auch Einstellungs- und Interessentests sowie klinische Fragebögen, die eine spezifische Symptomatik im Sinne stabiler Eigenschaft erfassen. Einer der international am häufigsten eingesetzten P. ist das Minnesota Multiphasic Personality Inventory (MMPI, MMPI-2), in Deutschland wird häufig z.B. das Freiburger Persönlichkeitsinventar (FPI-R) verwendet.

Persönlichkeitsinventar ⇒ Persönlichkeitsfragebögen

Persönlichkeitsstörung

Nach ⇒ DSM-IV ist eine P. ein überdauerndes Muster von innerem Erleben und Verhalten, das merklich von den Erwartungen der soziokulturellen Umgebung abweicht, tiefgreifend und unflexibel ist, seinen Beginn in der Jugend (Adoleszenz) oder im frühen Erwachsenenalter hat, im Zeitverlauf stabil ist und zu Leid oder Beeinträchtigungen führt. Es handelt sich um starke oder extreme Ausprägungen von Persönlichkeitseigenschaften, die von den Betroffenen meist als zu sich gehörig und als Teil der eigenen Persönlichkeit erlebt werden (ich-synton), die aber dennoch zu Problemen im Umgang mit der Umwelt führen und dadurch Leiden verursachen können. P.en beruhen meist nicht auf einer anderen psychischen Störung oder einer Hirnerkrankung, obwohl sie ihnen voraus- oder mit ihnen einher gehen können. Die Zustandsbilder werden nach dem vorherrschenden Verhalten klassifiziert (z.B. schizoid, paranoid, dissozial, emotional instabil, zwanghaft, histrionisch). P.en sind meistens, aber nicht immer mit deutlichen Einschränkungen der beruflichen und sozialen Leistungsfähigkeit verbunden.

Phänotyp ⇒ Erscheinungsbild

Phobische Störung

Gruppe psychischer Störungen, bei denen Angst ausschließlich oder überwiegend durch eindeutig definierte, im Allgemeinen ungefährliche Situationen oder Objekte ausgelöst wird. Die auslösenden Situationen werden typischerweise gemieden oder voller Angst ertragen. Die Angst reicht von Unbehagen bis zu Panik.

Physiologische Funktionsmessung

Erfassung physiologischer Maße wie z. B. Blutdruck, Herzrate, Hautwiderstand, Muskelspannung zu diagnostischen Zwecken. In der Begutachtung der Berufs- oder Erwerbsfähigkeit (Leistungsfähigkeit) können physiologische Maße zur ergänzenden Kontrolle der psychophysiologischen Belastbarkeit genutzt werden. Aus Veränderungen psychophysiologischer Maße im Untersuchungsverlauf oder aus der physiologischen Reaktion auf belastende oder entlastende äußere Bedingungen können in Verbindung mit Selbstberichten und Leistungstestergebnissen Schlussfolgerungen zur ⇒ Leistungsfähigkeit einer Person gezogen werden.

Plausibilität

Von P. spricht man, wenn Ergebnisse oder Beobachtungen in einen theoretischen oder begrifflichen Kontext widerspruchsfrei und stimmig integriert werden können. Im gutachtlichen Kontext kann P. als theoretisch oder konzeptionell gestütztes Gütemerkmal für die Stimmigkeit oder Richtigkeit einer Beobachtung mitunter von der Konsistenz von Aussagen abgegrenzt werden (⇒ Konsistenzprüfung).

Plazebo

Bezeichnung für eine Substanz oder eine Aktivität, die eine Wirkung auf eine Erkrankung ausübt, obwohl kein nachweislich spezifischer Einfluss der Substanz/Aktivität auf die Erkrankung vorliegt. Eine wichtige Bedingung für P.-Wirkungen ist in der Regel ein subjektiv plausibles ➡ Krankheitskonzept, demzufolge der/die Kranke die spezifische Wirkung der Substanz oder Aktivität mit hoher Wahrscheinlichkeit erwartet. Im Rahmen der Begutachtung können P.-Effekte eine wichtige Rolle im Rahmen der Bewertung des Krankheitsverhaltens, der ➡ Krankheitsverarbeitung, der Beurteilung bisheriger Therapiemaßnahmen und Therapieerfolge und der daraus abzuleitenden ➡ Prognose spielen.

Posttraumatische Belastungsstörung (PTBS)

Abkürzung PTBS oder PTB, im Englischen PTSD für post-traumatic stress disorder. Mit dem amerikanischen Klassifikationssystem DSM-III 1980 eingeführte Diagnose, die einen politisch motivierten Ursprung hat – die Entschädigung psychisch traumatisierter amerikanischer Vietnamkriegsveteranen. Es handelt sich um eine psychische Störung, die per definitionem aus äußerst widrigen traumatisierenden Umständen resultieren muss. Diese Umstände waren zunächst so definiert, dass sie außerhalb üblicher menschlicher Erfahrungen liegen und bei nahezu jedem Menschen tiefgreifende seelische Veränderungen erzeugen können. Im Laufe der letzten 25 Jahre ist es aber zu einer zunehmenden Aufweichung dieses Traumakriteriums gekommen, so dass heute selbst nach Bagatelltraumen eine PTBS geltend gemacht wird. Weitere diagnostische Kennzeichen sind intrusive (unwillkürlich einschießende) Erinnerungen, Vermeidung von Situationen, die an das Trauma erinnern, ➡ Amnesie für bedeutsame Einzelaspekte des Traumas, ➡ Konzentrationsstörungen, Hypervigilanz (dauerhaft erhöhte Wachheit), peritraumatische ➡ Dissoziation (als Bewusstseinsphänomen). Neuropsychologische Aspekte betreffen zum einen Befunde, die Beeinträchtigungen in verschiedenen kognitiven Bereichen nahe legen, wie z.B. das verbale deklarative Gedächtnis, Aufmerksamkeit oder auch das globale Niveau der kognitiven Leistungen (Intelligenz). Dabei ist jedoch unklar, ob kognitive Störungen durch ein ➡ Trauma verursacht werden können oder ob ein vor dem Trauma vorhandenes Niveau der kognitiven Leistungsfähigkeit als Risiko- bzw. Schutzfaktor bezüglich des Auftretens von PTBS-Symptomen wirkt.

Prämorbiddiagnostik

Diagnostische Maßnahmen zur Beschreibung des prämorbiden (z.B. vor Auftreten eines schädigenden Ereignisses mit nachfolgendem Gesundheitsschaden bestehenden) Zustandes. Nach den für die Begutachtung relevanten rechtlichen Beweisregeln müssen konkurrierende Kausalfaktoren vollbeweislich gesichert sein, dies erfordert eine sorgfältige Beurteilung des prämorbiden Zustandes. P. umfasst die Diagnostik prämorbider Störungen und Erkrankungen, die Diagnostik einer störungsspezifischen und einer allgemeinen Schadensanlage (Disposition), die Diagnostik des prämorbiden psychosozialen Funktionsniveaus und die Diagnostik prämorbider Kontextbedingungen.

Prämorbide kognitive Leistungsvoraussetzung

Synonym für prämorbides kognitives Leistungsniveau. Zur Bestimmung wird häufig auf ein einfach erhobenes Maß des Wortschatzes zurückgegriffen (z.B. den Mehrfachwahl-Wortschatz-Test). Die mit dieser Methode wie auch mit einem Vergleich eines verbalen Kurztests mit einem logisch-abstrakten Problemlöse-Kurztest erreichten Kennwerte liefern aber für den Individualfall keine ausreichend zuverlässigen Schätzungen. Eine Beurteilung der p.nk.nL. sollte daher andere Informationsquellen einschließen (z.B. ➠ Fremdberichtsverfahren, Schul- und Ausbildungszeugnisse, frühere Untersuchungsergebnisse).

Primacy-Effekt

Positionseffekt beim Lernen neuer Information. Der P. besagt, dass früher eingehende Information besser gelernt und erinnert werden kann als später eingehende Information.

Proband

Teilnehmer an einer Untersuchung. In Gutachten und in der gutachtlichen Literatur wird häufig der Begriff des P.en in Abgrenzung zu dem des Patienten (zu dem ein Behandlungsverhältnis besteht) benutzt, um die Vielzahl der möglichen Charakterisierungen für begutachtete Personen je nach Rechts- und Vorstellungskontext in einem Wort zusammenzufassen (Antragsteller, Kläger, Beschuldigter, Beamter, Versicherter, geschädigte Person).

Problemlösefähigkeit

Fähigkeit, die innerhalb bestimmter Testverfahren vorgegebenen Probleme zu lösen, z.B. zum logischen Denken, zur Begründung von Handlungen, zur Bewältigung sozialer Probleme

Prognose

Vorhersage aufgrund von Fakten, die meist mit formalisierten Methoden (Messungen, zeitlich gegliederten Messreihen oder Simulationen) formuliert werden. In den Human- und Sozialwissenschaften kann eine P. meist nur mit einer bestimmten Wahrscheinlichkeit formuliert werden. P.n tragen dazu bei, Handlungsentscheidungen zu begründen. Operationalisierte Daten mit bestimmten (statistischen) Vorhersageeigenschaften, auf die sich eine Prognose stützt, werden als Prädiktoren bezeichnet. Bei der Begutachtung der beruflichen Leistungsfähigkeit geht es in der Regel um die Prognose des weiteren individuellen Krankheitsverlaufs und zukünftiger Krankheitsfolgen unter Berücksichtigung bisheriger Verlaufsmerkmale (Störungsmerkmale, Krankheitsverarbeitungsprozesse, Behandlungserfolge).

Projektive Tests / projektive Verfahren

Bezeichnung für Testverfahren, die nicht nach einer Testtheorie konzipiert sind und häufig auch nicht oder nur unzureichend den üblichen

Gütekriterien von Tests genügen. Es handelt sich um Instrumente, bei denen der Proband aufgefordert ist, relativ unstrukturiertes Material zu deuten oder zu gestalten. In den erhaltenen Antworten oder Gestaltungsprodukten würde, so die Annahme, der Proband seine spezifischen Bedürfnisse, Wünsche, Vorstellungen und Fähigkeiten erkennbar zum Ausdruck bringen, die dann durch den Untersucher erschlossen werden. Nach einer Klassifikation von Heiss (1964) lassen sich folgende Gruppen von p.nT. unterscheiden: Assoziations- und verbale Ergänzungsverfahren, Formdeuteverfahren, thematische Apperzeptionsverfahren, spielerische Gestaltungsverfahren, zeichnerische Gestaltungsverfahren, Farbwahl- und Farbgestaltungsverfahren, Bilderwahlverfahren. Für die Beurteilung der Funktions- und Leistungsfähigkeit sind p.T. aufgrund ihres impressionistischen Charakters in aller Regel wenig geeignet. Der Anspruch p.rT., eine valide direkte Erfassung unbewusster Prozesse zu ermöglichen und so einen direkten Zugang zum unwillkürlich gestörten oder kranken Erleben und Verhalten zu leisten, muss angesichts fehlender Testtheorie und schwacher Testgüte der Verfahren als nicht realistisch bewertet werden.

Prosodie

Intonation und Sprachmelodie, einschließlich Sprachfluss, Sprachpausen und Sprachrhythmus.

Psychiatrie

Teildisziplin der Medizin, die sich mit der Prävention, Diagnostik, Therapie und Rehabilitation primärer psychischer Störungen in Zusammenhang mit körperlichen Erkrankungen und toxischen Schädigungen einschließlich ihrer sozialen Anteile, psychosomatischen Bezüge und forensischen Aspekte befasst. Teilgebiete der P. sind u. a. Psychopathologie, Psychopharmakologie, biologische P., forensische P., Sozialpsychiatrie, Gerontopsychiatrie, Suchtmedizin (Pschyrembel, 2009).

Psychiatrische Begutachtung

Begutachtung von Personen mit psychischen Störungen oder Erkrankungen durch Fachärzte für ➡ Psychiatrie (bzw. Fachärzte für Nervenheilkunde, ggf. auch psychosomatische Medizin). Der Schwerpunkt p.rB. liegt auf der diagnostischen Beschreibung und Klassifikation des Krankheitsbildes unter Berücksichtigung ätiologischer Merkmale, insbesondere möglicher medizinischer Krankheitsfaktoren, der Beschreibung / Analyse des bisherigen Krankheitsverlaufs und der bisherigen Lebensgeschichte sowie der Abschätzung der Relevanz möglicher Krankheitsursachen oder Krankheitsfolgen mit Mitteln der Psychiatrie. Psychiatrische Zugänge sind – in Abgrenzung zu psychologischen – meist stärker darauf ausgerichtet, aus der Lebens- und Krankheitsgeschichte des Probanden und unter Berücksichtigung psychoanalytisch-tiefenpsychologischer Störungs- und Krankheitsmodelle sowie klinischer Befunde Hinweise auf die Schwere und Dauerhaftigkeit der Erkrankung / Störung zu gewinnen. Umfangreiche Messungen und Testungen normaler psychischer Funktionen, Eigenschaften und Fähigkeiten sind seltener Gegenstand der p.nB.

Psychische Erkrankung (➡ Psychische Störung)

Streng genommen eine juristische Bezeichnung, da in der Medizin und klinischen Psychologie bei psychischen Beschwerden und Beeinträchtigungen nicht mehr von Krankheiten, sondern von psychischen Störungen gesprochen wird. Im juristischen Sinne können diese „krankheitswertig" (d.h. behandlungsbedürftig) sein.

Psychische Funktionsstörung (➡ Funktionsstörung)

Sammelbezeichnung für psychische Symptome oder psychosoziale Beeinträchtigungen. In der aktuellen ➡ Leitlinie zur Begutachtung psychischer und psychosomatischer Erkrankungen bilden p.F.en den klinischen Ausgangspunkt zur Beurteilung störungs- oder krankheitsbedingter Aktivitätsbeeinträchtigungen. Den p.nF.en zugeordnet werden Störungen in den Bereichen Somatisierung, Emotionalität, Antrieb, Kognitionen, Psychose, Bewusstsein / Orientierung, Verhalten und Interaktion. In der Begutachtung sollte die quantitative Erfassung p.rF.en durch psychologische Mess- und Testverfahren abgesichert werden.

Psychische Störung

Eine Störung des Erlebens oder Verhaltens, die mit subjektivem Leiden verbunden ist und sich der willentlichen Kontrolle und Steuerungsfähigkeit durch den Betroffenen teilweise oder vollständig entzieht. Die Kriterien für verschiedene Arten p.rSt.en sind in den Klassifikationskriterien für p.S.en (➠ ICD-10, ➠ DSM-IV/DSM-5) festgelegt. Die Klassifikationskriterien sehen keine direkte Erfassung willentlicher und unwillentlicher Anteile an der Symptomatik vor. P.S.en sind dadurch gekennzeichnet, dass – anders als bei körperlichen Erkrankungen – eine eindeutige kausale Verbindung aus einem bestimmten ursächlichen Faktor, einem spezifischen pathogenetischen Prozess und einem charakteristischen Erscheinungsbild (nosologische Entität) nicht besteht. P.S.en gelten in Verlauf und Erscheinungsform als durch vielfältige innere und äußere Einflüsse determiniert. Entsprechend der Definition erfordert die nähere Beurteilung einer p.nS. die abwägende Gegenüberstellung unbewusster, krankhafter oder unwillentlicher Prozesse einerseits und bewusster, gesunder, willentlicher Prozesse andererseits.

Psychoanalyse

Der Begriff P. steht sowohl für das auf Freuds Theorien über die Dynamik des Unbewussten gegründete Beschreibungs- und Erklärungsmodell der menschlichen Psyche, als auch für psychoanalytische Therapien, die im Durcharbeiten latenter Konflikte aus der individuellen Biographie einen Weg zur Behandlung neurotischer Störungen sehen. Unbewusste („verdrängte") Prozesse aus der individuellen Biographie werden in der P. als ursächlich für neurotische und psychosomatische Störungen angesehen. Wesentliche Methoden der psychoanalytischen Therapie sind freie Assoziation, die Deutung unbewusster Prozesse (z.B. Träume), Beziehungsarbeit (Übertragung) und die Arbeit mit Widerstand. Es existieren verschiedene theoretische Varianten des psychoanalytischen Grundkonzepts, die sich u.a. darin unterscheiden, wie sehr sie bewusstseinsnahe, kontrollierte

Prozesse (Ich-Funktionen) in den psychischen Veränderungsprozess integrieren. Über die Wirksamkeit der (eher in der Medizin als in der Psychologie verbreiteten) psychoanalytischen bzw. tiefenpsychologischen Therapie wird kontrovers diskutiert, weil aus psychologischer Sicht die Effektivität und Effizienz psychoanalytischer Methoden Mängel aufweisen.

Psychodynamik

Lehre vom Wirken innerseelischer Kräfte, im Krankheits- bzw. Gesundheitsbereich traditionell assoziiert mit psychanalytischen Konzeptionen, die innerpsychische Wechselwirkungen zwischen verschiedenen Instanzen (Es, Ich, Über-Ich) zum Gegenstand haben. Heute weiter gefasst als Bezeichnung für die Wechselwirkungen zwischen äußeren und inneren Ereignissen und Einflüssen auf seelische (psychische) Vorgänge. In der Begutachtung werden psychodynamische Konzepte bevorzugt von Medizinern genutzt, um Beziehungen zwischen biographischen Erfahrungen und der späteren Ausbildung psychischer Störungen zu deuten.

Psychologe, Diplom-

Berufsbezeichnung von Personen, die eine universitäre Ausbildung im Fach ➠ Psychologie absolviert haben (D.-P. bzw. Master of Science Psychologie). Ziel der Ausbildung ist eine psychologische (z.B. diagnostische, gutachterlich-beratende, interventionelle, therapeutische, pädagogische, wissenschaftliche, präventive, rehabilitationsorientierte) Tätigkeit auf der Grundlage wissenschaftlich gestützter Beschreibungs- und Erklärungsmodelle des normalen und des abweichenden/gestörten menschlichen Verhaltens und Erlebens.

Psychologie

Eigenständige empirische Wissenschaft vom Erleben und Verhalten des Menschen, seiner Entwicklung im Laufe des Lebens und aller dafür maßgeblichen inneren und äußeren Ursachen und Bedingungen (Pschyrembel, 2009). Traditioneller Ausgangspunkt der P. ist der normale Mensch in seinen Lebensbezügen und Lebensfunktionen. Die Unterscheidung von Krankheit und Gesundheit wird eher aus der Abweichung normaler Prozesse und Funktionen abgeleitet und weniger (wie in der Medizin) aus definierten Krankheitseinheiten. Psychologische Phänomene und deren zugrunde liegende Prozesse werden in der P. auf der körperlichen (bis hin zur molekularen Ebene), der psychischen, der verhaltensbezogenen und der sozialen Ebene untersucht. Dabei kommen basierend auf Beobachtung, Experiment und statistischen Prozeduren häufig mehrdimensionale Untersuchungs- und Forschungsmethoden zum Einsatz. Hauptgebiete der P. sind allgemeine Psychologie (Kognition, Emotion, Motivation, Psychophysiologie), Persönlichkeitspsychologie, Entwicklungspsychologie, Sozialpsychologie, differentielle Psychologie, klinische Psychologie, medizinische Psychologie inklusive Neuropsychologie, angewandte Psychologie (z.B. Rechtspsychologie), Arbeits-, Betriebs- und Organisationspsychologie.

Psychologische Begutachtung

Sachkundige Beurteilung normaler und abweichender körperlicher, psychischer und sozialer Merkmale, Eigenschaften und Funktionen auf der Grundlage psychologischer Theorien und Modelle mit Hilfe ➡ psychologischer Testverfahren und anderer psychodiagnostischer Methoden. Schwerpunkte der p.nB. liegen aufgrund der leistungstestdiagnostischen Ausrichtung der ➡ Psychologie traditionell in der ➡ Neuropsychologie, der schulischen Lern- und Leistungsbeurteilung und der Beantwortung arbeits- und berufsbezogener Fragestellungen. Zunehmend gewinnt p.B. in allen Bereichen der sozialrechtlichen Begutachtung (Einschätzung von Behinderung, Krankheitsursachen, Krankheitsfolgen, Erwerbsfähigkeit) an Bedeutung. Im Zivilrecht liegen Schwerpunkte im Familienrecht (Begutachtung von Sorge- und Umgangsrechten) und in der Beurteilung der Fahrtüchtigkeit. Psychologen verwenden meist besonderen Aufwand darauf, Erkenntnisse über psychische Eigenschaften, Funktionen und Funktionsbeeinträchtigungen multimethodal zu erfassen und teststatistisch abzusichern. Psychologische Begutachtungen können als Haupt- oder Zusatzgutachten in Auftrag gegeben werden.

Psychologische Faktoren und Verhaltensfaktoren

Vollständige Bezeichnung: P.F.u.V. bei andernorts klassifizierten Krankheiten. Diagnose nach ➠ ICD-10 (F54) zur Erfassung von psychischen und Verhaltenseinflüssen, die wahrscheinlich eine wesentliche Rolle in der Manifestation körperlicher Krankheiten spielen, welche in anderen Kapiteln der ICD-10 klassifiziert werden. Indiziert sein kann die Diagnose bei chronischen und chronifizierten Krankheitsverläufen mit ausgeprägten Verhaltensanteilen sowie bei Erkrankungen, die traditionell als „psychosomatisch" bezeichnet werden (z.B. Asthma, koronare Herzerkrankung, Psoriasis). Im DSM-IV werden P.F.u.V. bezeichnet als „psychologischer Faktor, der einen medizinischen Krankheitsfaktor beeinflusst".

Psychologischer Sachverständiger

Diplom-Psychologe (oder Psychologe mit vergleichbarer Fachqualifikation), der zu rechtlichen Problemen oder Fragestellungen auf der Grundlage psychologischer Theorien und Modelle und unter Verwendung psychologischer Methoden Stellung nimmt. In der Regel erfordert die Tätigkeit als p.S. ein vertieftes Fachwissen zu den für die Beantwortung der gutachtlichen Fragestellungen relevanten Themen, sehr gute diagnostische und statistische Kenntnisse sowie mehrjährige praktische Erfahrungen in gutachtlich relevanten Bereichen. Vertiefungsqualifikationen z.B. in ➠ klinischer Neuropsychologie oder ➠ Rechtspsychologie fördern die Kompetenz für die Tätigkeit als p.S.

Psychologische Testverfahren (➠ Test, psychologischer)

Messverfahren (z.B. Fragebögen oder Leistungstests), die auf der Grundlage einer psychologischen ➠ Testtheorie entwickelt wurden und genutzt werden können, um Aussagen über das Vorhandensein oder die Ausprägung psychischer Eigenschaften oder Funktionen inhaltlich und statistisch abzusichern.

Psychometrie

Lehre von der Messung psychischer Eigenschaften. Von Medizinern wird der Begriff „psychometrischer Befund" gelegentlich als Synonym für „psychodiagnostischer Befund" unter Betonung des Einsatzes von Tests verwendet.

Psychomotorik

Begriff zur Bezeichnung der Wechselwirkungen zwischen kognitiven (Wahrnehmung, Gedächtnis, Denken) bzw. emotional-motivationalen Prozessen einerseits und motorischen bzw. muskulär gesteuerten Aktivitäten oder Fähigkeiten andererseits. P. kann sowohl unbewusste oder krankhafte Prozesse (z.B. Zittern), als auch bewusst und willentlich gesteuerte Handlungen (z.B. kontrollierte Durchführung einer bestimmten Armbewegung) betreffen. In der Begutachtung der allgemeinen oder beruflichen Leistungsfähigkeit sind am häufigsten Fragen der Bewegungskoordination zu prüfen.

Psychophysikalischer Test

Psychologische Tests zur Abbildung der gesetzmäßigen Wechselbeziehungen zwischen externen physikalischen Reizen und subjektivem mentalem Erleben. Mit Hilfe eines p.nT.s kann z.B. geprüft werden, ob eine Variation visueller, akustischer oder taktiler Reizstärken zu einer entsprechenden Veränderung der Wahrnehmung führt und ob die individuellen Wahrnehmungsveränderungen gängigen psychophysikalischen Gesetzmäßigkeiten entsprechen. Bei ➠ psychologischer Begutachtung können p.T.s Informationen dazu liefern, ob z.B. Schmerzangaben zur Schmerzempfindlichkeit zuverlässig und gültig sind.

Psychose

Traditionelle Bezeichnung für eine schwere psychische Störung, die mit einem zeitweiligen weitgehenden Verlust des Realitätsbezugs einhergeht.

Die aktuellen Klassifikationssysteme für psychische Störungen sehen diesen Begriff nicht mehr zur Unterscheidung unterschiedlich schwerer Störungen (z.B. Schizophrenie) vor.

Psychosomatik

Medizinische Wissenschaft von der Wechselwirkung körperlicher und psychischer Prozesse. Die psychosomatische Medizin befasst sich mit den psychischen Einflüssen auf körperliche Vorgänge, deren Diagnostik, Entstehung und Behandlung. Traditionell ist die P. eher von einer psycho-analytisch/psychodynamisch als lern- und handlungstheoretisch aus-gerichteten Denk- und Vorgehensweise geprägt. Klinische Schwerpunkte der Psychosomatik sind die biopsychosozialen Aspekte körperlicher Er-krankungen, funktionelle psychische Störungen als Begleiterscheinungen psychischer Konflikte sowie als Reaktion auf traumatische Erfahrungen, körperliche Symptome, die auf unbewusste Konflikte zurückgehen, krank-hafte Krankheitsüberzeugungen sowie gestörtes Gesundheitsverhalten.

Psychosomatische Begutachtung

Begutachtung psychischer und psychosomatischer Erkrankungen, d.h. insbesondere der Krankheitsursachen und psychosozialen Krankheitsfol-gen durch Fachärzte für psychosomatische Medizin. Klinische Schwer-punkte der psychosomatischen Medizin sind körperliche, insbesondere chronische innere Erkrankungen mit ihren biopsychosozialen Aspekten, physiologisch-funktionelle Störungen als Begleiterscheinungen von Kon-flikten sowie als direkte oder indirekte Reaktion auf Traumata, Konversi-onsstörungen, Hypochondrie, gestörtes Gesundheitsverhalten und dessen Folgen sowie psychische Störungen, die mit körperlichen Missempfindun-gen einhergehen.

Psychosoziale Belastung

Bezeichnung für externe oder interne (innerpsychische) Belastungsfakto-ren, die typischerweise Anpassungsreaktionen des Organismus auslösen.

Zu psychischen Belastungen können Kränkungs- oder Verlusterfahrungen, Traumatisierungen, Überforderungssituationen oder Konflikte gezählt werden. Soziale Belastungen ergeben sich aus problematischen sozialen Bedingungen, denen eine Person ausgesetzt ist (z.B. mangelnde soziale Integration oder soziale Isolation, finanzielle Belastungen, belastende Arbeitsplatzbedingungen, Belastungen durch das soziale Netzwerk).

Psychosyndrom ⇒ Hirnorganisches Psychosyndrom

Psychotherapie

Oberbegriff für alle Formen psychologischer Verfahren, die ohne Einsatz medikamentöser Mittel auf die Behandlung psychischer und psychosomatischer Krankheiten, Leidenszustände oder Verhaltensstörungen abzielen. P. ist ein bewusster geplanter Prozess, an dem mindestens zwei Personen beteiligt sind, zur Beeinflussung von Verhaltensstörungen und Leidenszuständen, die sich der willentlichen Steuerung und Kontrolle weitgehend oder vollständig entziehen, die gemeinsam für behandlungsbedürftig gehalten werden. P. wird durchgeführt mit psychologischen Mitteln (durch Kommunikation), in Richtung auf ein definiertes Ziel, mittels lehrbarer Techniken auf der Basis einer Theorie. In der Regel ist dazu eine tragfähige emotionale Bindung (therapeutische Beziehung) notwendig. Aktuell sind in der Krankenversorgung folgende Richtlinienverfahren anerkannt: Analytische P., tiefenpsychologisch fundierte P., Verhaltenstherapie. Weitere vom wissenschaftlichen Beirat P. als wirksam anerkannte Verfahren sind Gesprächspsychotherapie (keine sozialrechtliche Zulassung), Systemische Therapie (keine sozialrechtliche Zulassung), Neuropsychologische Therapie, Eye-Movement and Desensitization Reprocessing (EMDR), Hypnotherapie, Interpersonelle Therapie.

Publikumsverkehr

Berufliche Tätigkeiten mit P. sind durch direkten und häufig wechselnden Kontakt mit Personen gekennzeichnet, die nicht der Arbeitsstätte zuzuordnen sind. Die gutachtliche Bewertung der Fähigkeit, Tätigkeiten mit P. ausüben zu können, kann Teil des Gutachtenauftrages sein. Erwerbstätigkeiten mit P. können eingeschränkt sein, wenn beim Versicherten die Voraussetzungen zur Kommunikation oder Interaktion mit anderen Personen durch körperliche Krankheiten oder psychosoziale Störungen eingeschränkt sind. Leistungsmindernd können z.B. Hör- und Sprechstörungen, soziale Ängste oder Angststörungen, Intelligenzdefizite, Störungen umschriebener kognitiver Funktionen sowie Persönlichkeitsstörungen sein.

Qualifikation neuropsychologischer Gutachter

Die Gesellschaft für Neuropsychologie (GNP) hat eine postgraduale Weiterbildung mit Zertifizierung als Klinischer Neuropsychologe (GNP) konzipiert, die als Qualifikationsnachweis für ➠ Klinische Neuropsychologen gilt, aber keine spezielle curriculäre Qualifikation zum Gutachter darstellt. Die Zertifizierung stellt insofern eine notwendige, aber nicht hinreichende Voraussetzung für die Q.n.G. dar. Auftraggebern neuropsychologischer Gutachten ist zu empfehlen, im Gutachtenauftrag die Zertifizierung als ➠ Klinischer Neuropsychologe oder Äquivalentes als Minimalqualifikation zu fordern. Für den neuropsychologischen Gutachter sind Kenntnisse in der korrekten Auswahl, Anwendung, Auswertung und Interpretation von neuropsychologischen Tests eine notwendige, aber keine hinreichende Qualifikationsvoraussetzung. Profundes Wissen über statistische Urteilsprozesse, über Neurologie, Psychopathologie, funktionelle Neuroanatomie und gutachtliche und rechtliche Rahmenbedingungen sind unabdingbar. Ein neuropsychologischer Gutachter sollte mit den neueren Entwicklungen auf dem Gebiet der Diagnostik der Beschwerdenvalidität vertraut sein und sowohl über ein ausreichendes Methodenrepertoire als auch über praktische Erfahrungen im Einsatz dieser Methoden verfügen.

Qualität neuropsychologischer Gutachten

Die folgenden Anhaltspunkte liefern Hinweise zur Beurteilung der Q.n.G. zu Fragen der Verursachung und zu den Auswirkungen neurologischer Erkrankungen:

- Die Darstellung von Aktenlage (Darstellung von Anknüpfungstatsachen), Beschwerdenschilderung und eigener Befunderhebung durch den Untersucher sollten sorgsam getrennt sein.
- Multimethodales Vorgehen inklusive Anamnese und Beschwerdenschilderung, umfangreicher Verhaltensbeobachtung, angemessen breiter Testuntersuchung; Vorbefunde sollten vom Gutachter eigenständig gesichtet und bewertet worden sein.
- Bei der Beschwerdendarstellung und der Befunderhebung (einschl. Testbefunde) sind Ursache, Symptomatologie, Störungsverlauf und Prognose von Erkrankungen und Verletzungen des Gehirns aufeinander abzugleichen.
- Befund und Wertung/Interpretation der Ergebnisse sollten deutlich abgegrenzt sein, um die Nachvollziehbarkeit durch den Auftraggeber bzw. die unabhängige Bewertung durch einen späteren anderen Gutachter nicht zu behindern.
- Bei Gutachten zur Kausalität sind ➠ prämorbide kognitive Leistungsvoraussetzungen zu prüfen.
- Angewandte Tests und deren Ergebnisse inklusive der Roh- und Normwerte sollten mitgeteilt werden.
- Schweregradermittlung der kognitiven Störungen plausibel?
- Beantwortung der gutachtlichen Fragestellungen erfolgt?

Die Art und Weise, wie die Einzelinformationen in ihrem logischen Zusammenhalt oder in ihrer Widersprüchlichkeit im Gutachten dargestellt werden, bestimmt wesentlich mit, ob die Wertung des Gutachters durch den Auftraggeber nachvollzogen werden kann.

Qualität psychologischer Gutachten zu psychosozialen Krankheitsfolgen

Die folgenden Anhaltspunkte liefern Hinweise zur Beurteilung der Q.p.G. zu Fragen der kausalen Verursachung psychischer Erkrankungen / Störungen und zu Auswirkungen von Krankheiten oder psychischen Störungen auf das Funktions- und Leistungsniveau:

- Das Gutachten sollte formal gegliedert sein: Einleitung, Darstellung der Aktenlage, Darstellung der eigenen Untersuchung, Stellungnahme / Beantwortung der Fragestellungen, gegebenenfalls Anhang
- Die für die Beantwortung der Fragestellungen relevanten Vorbefunde / Vorberichte zu diagnostischen und therapeutischen Erkenntnissen sowie zu Funktions- und Leistungsbeeinträchtigungen sollten übersichtlich zusammengestellt und erkennbar in der gutachtlichen Stellungnahme berücksichtigt sein.
- Folgende diagnostische Quellen zur Informationsgewinnung sollten verwendet werden: ➠ Fremdberichte, ➠ Exploration / Interview, ➠ Verhaltensbeobachtung, normierte / standardisierte ➠ Fragebögen, psychologische Funktions- oder ➠ Leistungstests, Instrumente zur Beschwerdenvalidierung.
- Die Auswahl der psychologischen Messverfahren sollte für Entscheidungsträger nachvollziehbar auf die Fragestellungen bzw. auf die zu beurteilenden Funktionen abgestimmt sein.
- In Gutachten zur beruflichen Leistungsfähigkeit kann die Untersuchungssituation selbst im Sinne einer Arbeitsprobe für die zu bewertende berufliche Tätigkeit so gestaltet sein, dass vom Untersuchungsverhalten und von testpsychologischen Untersuchungsergebnissen plausibel auf Leistungsbeeinträchtigungen am Arbeitsplatz geschlossen werden kann.
- Die Ergebnisdarstellung sollte sich auf die für die Beantwortung der gutachtlichen Fragestellungen relevanten Aspekte beschränken.
- Defizite und Ressourcen bzw. Kompensationsmöglichkeiten sollten einander gegenüber gestellt werden.
- Konsistenz und Gültigkeit (Validität) der Angaben und Untersuchungsergebnisse sollten explizit geprüft werden.

- In der Stellungnahme sollten die Antworten auf die gutachtlichen Fragestellungen sorgfältig mit Verweis auf die Untersuchungsergebnisse und Validierungsprüfungen begründet werden.
- Die Beurteilung des aktuellen gesundheitlichen Zustandes und aktueller Funktions- und Leistungsbeeinträchtigungen (Querschnittsbefund) sollte vor dem Hintergrund der bisherigen Persönlichkeitsentwicklung und des bisherigen Krankheitsverlaufs erfolgen (längsschnittbezogen).
- Krankhafte oder krankheitswertige unkontrollierbare Symptome oder Beschwerden sollten in Beziehung gesetzt werden zu bewussten und willentlichen Kompensations- und Bewältigungsversuchen.

Rahmenbedingungen (der Begutachtung)

Die R. sind u.a. geprägt durch eine trianguläre Interaktion zwischen Gutachtenauftraggeber, zu Begutachtendem und Gutachter, die meist eine „Übersetzung" in verschiedene Sprachcodes (z.B. juristische, medizinische, psychologische) erfordert. Sie sind ebenfalls gekennzeichnet durch eine Reihe spezifischer Rollenerwartungen an den Gutachter wie z.B. die Rolle des neutralen Fachmannes, des wissenschaftlichen Fachvertreters, des Beraters usw. Auf Seiten des Probanden sind relevante R. z.B. die aus der Begutachtungsentscheidung bzw. der juristischen Entscheidung abzuleitenden Konsequenzen oder die motivationalen Bedingungen, unter denen der ➠ Proband begutachtet wird.

Rapport

Zustand verbaler und nonverbaler Bezogenheit von Menschen aufeinander. Ein enger R. kann z.B. dann bestehen, wenn zwei Personen nicht nur über die gleichen Inhalte sprechen, sondern sich im Dialog auch in ihrer Sprache, ihrer Sprechgeschwindigkeit, ihrer Mimik und Gestik einander angepasst haben. Meist wirkt sich ein guter Rapport förderlich auf die Intensität des Austauschs von Informationen aus. Er ist in der psychologischen und medizinischen Begutachtung um so wichtiger, je ausschließlicher sich die Informationsgewinnung auf explorative Methoden (Interview) stützt.

Realkennzeichen

Begriff aus der forensischen ➠ Psychologie, Bezeichnung für eine Auswahl von Kriterien zur Beurteilung der Glaubhaftigkeit von Zeugenaussagen. Aus R. können Hinweise auf eine fragliche Gültigkeit von Aussagen abgeleitet werden, z.B. aus der logischen Inkonsistenz der Angaben, einer auffällig sprunghaften Darstellung der zu beschreibenden Sachverhalte oder aus einem Mangel an quantitativem Detailreichtum. Die Kriterien sind überwiegend aus der Beurteilung von Zeugenaussagen im strafrechtlichen Kontext abgeleitet und nur bedingt auf die Beurteilung eigener gesundheitlicher oder funktionsbezogener Beeinträchtigungen anwendbar.

Recency-Effekt

Gedächtnispsychologischer Effekt, der besagt, dass später eingehende Informationen einen größeren Einfluss auf die Erinnerungsleistung einer Person ausüben als früher eingehende Informationen. Das Kurzzeitgedächtnis gibt den zuletzt wahrgenommenen Informationen ein stärkeres Gewicht.

Rechtspsychologie

Ein Anwendungsfach innerhalb der wissenschaftlichen ➠ Psychologie mit der Möglichkeit einer späteren Zusatzqualifikation zum Fachpsychologen in R. Fachpsychologen in R. sind spezialisiert auf psychologische (insbesondere gutachtliche und prognostische) Tätigkeiten vor allem im Straf- und Zivilrecht, in neuerer Zeit aber zunehmend auch im Sozialrecht.

Rehabilitation

R. umfasst medizinische oder andere therapeutische Leistungen, die darauf abzielen, eine drohende Beeinträchtigung der ➠ Teilhabe am gemeinschaftlichen Leben abzuwenden oder eine bereits eingetretene Beeinträchtigung der Teilhabe zu beseitigen oder zu vermindern. Die Ausrichtung der R. an der sogenannten Teilhabe ist durch die sozialrechtlichen Regelungen bestimmt. Der frühere Begriff „berufliche R." ist durch den Begriff „Leistungen zur Teilhabe am Arbeitsleben" ersetzt worden. Im Allgemeinen werden Leistungen zur medizinischen R., zur Teilhabe am Arbeitsleben (berufliche R.) und zur Teilhabe am Leben in der Gemeinschaft (soziale R.) unterschieden. R. basiert auf einem multidisziplinären Behandlungsansatz mit medizinischen und psychologischen Konzepten, Interventionen und Betreuungsformen (DRV, 2012).

Reliabilität

Das Testgütemerkmal R. bezeichnet die Zuverlässigkeit oder auch Genauigkeit, mit der ein Test das misst, was er messen soll. Durch Reliabilitätskennwerte kann der Fehleranteil an Messwerten abgeschätzt werden. Ein Test ist umso reliabler, je einheitlicher (homogener) die einzelnen Testkomponenten (Items, z.B. verschiedene Fragen zu einem Merkmal) das zugrundeliegende Merkmal messen. Von hoher Retest-R. (r_{tt}) spricht man dann, wenn ein Messverfahren bei einer wiederholten Messung zum gleichen Ergebnis kommt. Die Höhe der Korrelation zwischen der ersten Messung und einer späteren Messung des gleichen Merkmals kann als Maß für die Merkmalskonstanz interpretiert werden. Gängige Maße der Reliabilitätsbestimmung sind die Split-Half-R. (Testhalbierungsmethode), die über die Korrelation zwischen zwei Hälften desselben Tests berechnet wird, die Paralleltest-R., die als Korrelation zwischen Test A und einem sehr ähnlichen Test B bei derselben Stichprobe berechnet wird, und die Konsistenz (sog. Cronbachs alpha), bei der der Test in so viele Teile zerlegt wird, wie er Items hat. Aus der Anzahl der Items und der mittleren Höhe der Item-Interkorrelationen wird der Konsistenzwert ermittelt, der wie auch die anderen Maße ein Indikator für die Zuverlässigkeit eines Tests ist. Die Werte der Reliabilitätskennwerte variieren zwischen 0 und 1. Hohe Werte (nahe 1) zeigen eine hohe Messgenauigkeit an. Testverfahren mit einer R. unter 0.7 sollten in der Praxis nicht verwendet werden. In der psychometrischen Einzelfalldiagnostik (Begutachtung) mit Vergleichen mehrerer Testwerte einer Person sollten die R.en mindestens bei $\alpha = 0.85 - 0.90$ liegen.

Rentenneurose ➡ Entwicklung körperlicher Symptome aus psychischen Gründen

Ressource

In der Psychologie Bezeichnung für individuelle Fähig- und Fertigkeiten, individuelle Stärken oder Charaktereigenschaften, die geeignet sind, einen gewünschten Prozess in Gang zu bringen, zu erleichtern oder zu beschleunigen. Im Begutachtungskontext wird häufig die Frage gestellt, über welche R.n eine Person verfügt, um Funktionsminderungen zu kompensieren oder erlittene Nachteile auszugleichen. R.n können bestimmt sein durch protektive körperliche und / oder psychosoziale Eigenschaften (z.B. vorhandene Interessen, Handlungsmöglichkeiten, körperliche Fähigkeiten) sowie durch soziale Bedingungen wie z.B. soziale Unterstützung, finanzielle Rücklagen oder günstige Arbeitsplatzbedingungen.

Retrograde Amnesie

Rückwärtsgerichteter Erinnerungsverlust, gerechnet vom Unfall- oder Schädigungsereignis oder dem Krankheitsbeginn selbst. Bei abklingenden kognitiven Störungen, beispielweise im Rahmen rückläufiger Störungen nach einem mittelschweren oder schweren Schädel-Hirn-Trauma, schrumpft in der Regel die Ausdehnung einer r.nA. mit der Rückbildung der Störungen.

Rolle (neuro-)psychologischer Gutachter ➡ Neutralität

Rückwirkende Kausalität

Form logisch fehlerhafter Schlussfolgerung in Gutachten zur Kausalität, bei der von einer Folge sicher auf die Ursache geschlossen wird, obwohl viele andere mögliche Ursachen dieselbe Folge zeitigen können. Beispiele:

- Hirngeschädigte Patienten schneiden häufig schlecht in neuropsychologischen Tests ab. Der Proband X erreicht schlechte Ergebnisse in der Testuntersuchung. Also hat Proband X eine Hirnschädigung erfahren.
- Patienten nach Extrembelastung können Symptome entwickeln, die sich diagnostisch als posttraumatische Belastungsstörung (PTBS) darstellen. Der Proband Y schildert die Symptome einer PTBS. Also hat Proband Y eine Extrembelastung erlitten.

Stevens und Foerster (2003) vermuten, dass es sich bei der r.nK. um den häufigsten Denkfehler bei Begutachtungen handelt.

Ruhezeit

Gemäß Arbeitszeitgesetz die Zeit, die nach Beendigung der Arbeit zu gewähren ist, bevor die Arbeit wieder neu aufgenommen wird. Sie muss mindestens 11 Stunden betragen. In einzelnen Branchen bestehen jedoch Sonderregelungen. Sind berufliche Tätigkeiten zu begutachten, dann sind die R.-Regelungen zu berücksichtigen.

Schädel-Hirn-Trauma (SHT)

Kopfverletzung mit gleichzeitiger Verletzung des Gehirns. Einteilung klinisch in Schweregrade, die auch prognostische Bedeutung haben. Gutachtlich problematisch stellen sich häufig leichte Schädel-Hirn-Verletzungen dar. Als Kriterien nennen die AWMF-Leitlinien „Leichtes Schädel-Hirn-Trauma":

- Initialer Glasgow Coma Scale (GCS) Score von 15-13
- Kurzzeitige Veränderung der quantitativen oder qualitativen Bewusstseinslage weniger als 15 Minuten

- Erinnerungslücke (retro- / anterograde Amnesie) weniger als 24 Stunden
- Fehlen neurologischer Fokalzeichen
- Schädel-CT in der Regel ohne fokale Läsion(en)

Schizoaffektive Störung

Episodische Störungen, bei denen sowohl affektive, als auch schizophrene Symptome in derselben Krankheitsphase auftreten, meistens gleichzeitig oder höchstens durch einige Tage getrennt.

Schizophrenie

In der Regel schwere, durch neue Lernerfahrungen kaum oder gar nicht korrigierbare psychische Störung; nicht organische Psychose mit verschiedenen charakteristischen Störungen des Ich- bzw. Selbsterlebens, der Wahrnehmung, des Denkens und der Affektivität. Die Klarheit des Bewusstseins und intellektuelle Fähigkeiten sind häufig nicht beeinträchtigt, der Realitätsbezug ist aber teilweise extrem gestört und kann zu bizarren Verhaltensweisen führen. Häufige Symptome:

- Überzeugung, dass eigene Gefühle, Gedanken oder Handlungen anderen bekannt sind oder andere daran teilhaben und diese beeinflussen oder kontrollieren
- Wahrnehmung von Ereignissen ohne Realitätsbezug (Halluzinationen) oder in anderer Form qualitativ veränderte Wahrnehmung
- Überinterpretation von Details
- Angstvoller Bezug tatsächlich irrelevanter Beobachtungen oder Ereignisse auf die eigene Person
- Stimmung typischerweise flach, kapriziös oder unangemessen

Schlafstörung

Bezeichnung für subjektiv empfundene oder objektiv beobachtbare quantitative oder qualitative Abweichungen vom normalen Schlaf mit eingeschränkter Tagesbefindlichkeit. S.en können durch medizinische Krankheitsfaktoren oder psychotrope Substanzen verursacht sein, sie können aber – als eigenständige psychische Störungen – auch nichtorganisch bedingt sein. Die Gruppe der nicht organischen S.en umfasst zum einen Dyssomnien, d.h. primär psychogene Zustandsbilder mit einer Störung von Dauer, Qualität oder Zeitpunkt des Schlafes aufgrund emotionaler Ursachen wie Insomnie (Unfähigkeit zu schlafen), Hypersomnie (übermäßiges Schlafbedürfnis) und Störungen des Schlaf-Wach-Rhythmus. Zum anderen Parasomnien, d.h. abnorme Episoden, die während des Schlafs auftreten wie z.B. Schlafwandeln, Pavor nocturnus und Albträume. S.en werden ohne klassifikatorische Zuordnung häufig auch als psychische Allgemeinsymptome genannt. Im gutachtlichen Kontext sind S.en insbesondere für die Beurteilung der Erholungsfähigkeit und des Einhaltens zirkadianer Rhythmen von Bedeutung.

Schweigepflicht

Verpflichtung von Ärzten, Psychologen oder Angehörigen anderer Heilberufe, Verschwiegenheit über alles zu wahren, was ihnen in der Ausübung ihres Berufes vom Patienten anvertraut wird. Als Gutachter ist der Psychologe oder Mediziner nur berechtigt, dem Auftraggeber das zu berichten, was zur Erfüllung des ➠ Gutachtenauftrags gehört. Alles Übrige unterliegt der S. auch gegenüber dem Aufttraggeber. Im Falle der Begutachtung liegt durch den Umstand, dass sich der Versicherte der Begutachtung unterzieht, eine stillschweigende Entbindung von der S. vor. Wenn ein Proband während der Begutachtung explizit darum bittet, dass bestimmte Tatsachen nicht im Gutachten erwähnt werden sollen, entfällt die Entbindung von der Schweigepflicht. Der Gutachter muss dann die S. wahren, er sollte dann aber auf mögliche Konsequenzen dieser Entscheidung hinweisen.

Selbstberichtsverfahren

Bezeichnung für psychologische Erhebungsmethoden, die sich auf Selbstauskünfte der Probanden beziehen (v.a. ➠ Fragebogen, ➠ Interview).

Selbstgefährdung

Risiko eines selbstverletzenden oder selbstgefährdenden Verhaltens, z.B. im Zusammenhang mit psychischen Störungen (z.B. ➠ Depressionen, ➠ Borderline-Persönlichkeitsstörung, Sucht) oder aufgrund körperlicher Erkrankungen (z.B. Epilepsie, Gleichgewichtsstörung aufgrund eines medizinischen Krankheitsfaktors). Erhöhte Selbst- und Fremdgefährdung durch erhöhte Unfall- oder Verletzungsgefahr kann die berufliche Leistungsfähigkeit erheblich, ggf. auch vollständig einschränken.

Skalierbarkeit

Bezeichnung dafür, ob die zu messenden psychischen Merkmale oder Eigenschaften nach ihrer jeweiligen Ausprägung mit einem bestimmten Messverfahren beschreibbar sind.

Skalierung (Testgütekriterium)

Quantitative Erfassung psychologischer Merkmale durch die Zuordnung von Zahlen zu bestimmten Merkmalsausprägungen. S. ist in dem Maße gegeben, in dem die laut Verrechnungsregel resultierenden Testwerte die empirischen Merkmalsrelationen adäquat abbilden. Im Zusammenhang mit der S. werden verschiedene Skalenniveaus unterschieden, die jeweils unterschiedliche Auswertungs- und Interpretationsmöglichkeiten vorsehen: Nominalskala zur Unterscheidung begrifflicher Kategorien, Ordinalskala zur Einteilung nach Rangpositionen, Intervallskala für Werte, die auf einer diskreten oder stetigen Skala interpretierbar sind, Rationalskala für Werte auf Intervallskalenniveau mit absolutem Nullpunkt.

Schmerzempfindlichkeitsmessung

Psychophysikalischer Test zur Erfassung der Schmerzempfindlichkeit.

Simulation

Absichtliche (bewusste) Vortäuschung von Beschwerden zur Erreichung eines Ziels, wie etwa einer finanziellen Entschädigung, Rente, Befreiung vom Wehrdienst, Verhandlungsunfähigkeit usw. Beide Aspekte, die Absicht und ein klar erkennbares Ziel, müssen bejaht werden, damit von einer S. gesprochen werden kann. Bei einer S. handelt es sich nicht um eine Krankheit oder um eine psychische Störung, sondern um ein zielgerichtetes Verhalten.

Somatik

Körperliche Vorgänge betreffend.

Somatisierung

Bezeichnung für ein hohes Ausmaß subjektiv erlebter Körperbeschwerden, insbesondere dann, wenn die Beschwerden nicht auf eine nachweisbare körperliche Ursache zurückgeführt werden können und mit vermehrter Inanpruchnahme medizinischer Hilfen einhergehen. Die Diagnose einer Somatisierungsstörung nach ICD-10 erfordert mindestens zwei Jahre anhaltende multiple körperliche Symptome ohne hinreichende körperliche Erklärung, hartnäckige Weigerung, die Versicherung mehrerer Ärzte anzunehmen, dass für die Symptome keine körperliche Erklärung zu finden ist sowie eine Beeinträchtigung sozialer und familiärer Funktionen durch die Symptome.

Somatoforme Schmerzstörung

Bezeichnung für eine ➡ somatoforme Störung, die durch mehr als sechs Monate andauernde Klagen über Schmerzen gekennzeichnet ist, ohne dass für die Beschwerden eine ausreichende organische Begründung gefunden werden kann. Der Schmerz tritt in Verbindung mit emotionalen Konflikten oder psychosozialen Problemen auf, die schwerwiegend genug sein sollten, um als entscheidende ursächliche Einflüsse zu gelten. Die Folge ist gewöhnlich eine beträchtliche persönliche oder medizinische Betreuung oder Zuwendung. Häufig gehen die Beschwerden mit einer intensiven Inanspruchnahme des medizinischen Systems einher.

Somatoforme Störungen

Gruppe von psychischen Störungen, die dadurch gekennzeichnet sind, dass wiederholt körperliche Symptome dargeboten werden, denen kein adäquater Organbefund entspricht. Die Patienten fordern häufig hartnäckig medizinische Untersuchungen, obwohl diese immer wieder negativ ausfallen und obwohl ihnen immer wieder versichert wird, dass kein körperlich begründbares Leiden vorliegt. Gelegentlich liegt eine organisch begründete Erkrankung zwar vor, doch diese erklärt nicht ausreichend Art und Ausmaß der Beschwerden. Bei s.nS. besteht häufig ein aufmerksamkeitssuchendes (histrionisches) Verhalten, besonders bei Personen, die auf die Weigerung der Ärzte, weitergehende diagnostische oder therapeutische Maßnahmen durchzuführen, empfindlich reagieren.

Soziale Erwünschtheit

Tendenz, sich als moralisch einwandfrei, tadellos und optimal angepasst darzustellen. Nach psychologischen Erkenntnissen ist der überwiegende Anteil von Selbstbeschreibungen durch eine Antworttendenz im Sinne sozialer Erwünschtheit verzerrt. Manche Testverfahren (v. a. Persönlichkeitstests) enthalten daher Kontrollskalen zur Erfassung dieser Tendenz. Auffällig erhöhte Werte auf Kontrollskalen weisen darauf hin, dass sich die Person nicht so darstellt, wie sie ist (bzw. wie sie sich sieht), sondern so, wie sie sich glaubt darstellen zu müssen. Im klinischen / medizinischen Kontext kann die Tendenz zu sozial erwünschtem Verhalten auch darin zum Ausdruck kommen, dass eine Person sich optimal im Sinne der Krankenrolle verhält oder darstellt.

Soziale Funktionen

Bezeichnung für Wirkungen und Wechselwirkungen bestimmter Verhaltensweisen in einem sozialen System. S.F. können bestimmt werden, indem die Vor- und Nachteile bestimmter Verhaltensweisen für andere Personen herausgestellt werden. Bei der Analyse sozialer Funktionen gilt es u. a. zu prüfen, inwiefern ein bestimmtes Verhalten durch die Reaktionen anderer Personen verstärkt, aufrechterhalten oder erschwert („bestraft") wird.

Soziale Phobie

Irrationale Angst in oder vor sozialen Situationen und Vermeidung dieser Situationen. Eine s.P. kann zum Ausdruck kommen durch physiologische Erregung, Angst vor Abwertung oder Kritik, Übelkeit, Zittern, Vermeidung von Blickkontakt u. a. Insbesondere aufgrund des ausgeprägten Vermeidungsverhaltens bestehen häufig erhebliche negative Auswirkungen auf das psychosoziale Funktionsniveau.

Sozialrecht, Beurteilung im

Beurteilung der Erwerbsfähigkeit bzw. der Erwerbsminderung. Einschätzung, ob der Versicherte in der Lage ist, berufliche Tätigkeiten ohne besondere Spezifizierung und ohne die Voraussetzung einer speziellen beruflichen Qualifikation auszuüben.

Sprachtest

Bezeichnung für psychologische Leistungstests, die auf die Erfassung der Sprach- oder Sprechfähigkeit einer Person ausgerichtet sind. Relevante Merkmale können z.B. das Sprachverständnis, die Lesefähigkeit, orthographische Fähigkeiten, die sprachliche Ausdrucksfähigkeit, die Sprachproduktion oder die Wortflüssigkeit sein.

Standardisierte Methoden

Im Gegensatz zu freien (Erhebungs- oder Mess-)Methoden sehen s.M. ein vereinheitlichtes Vorgehen bei der Datengewinnung und/oder der Datenauswertung und/oder der Dateninterpretation vor. Der Standardisierungsgrad ist um so höher, je weitreichender Erhebung, Auswertung und Interpretation von Daten vereinheitlicht sind. Mit erhöhtem Standardisierungsgrad sinkt das Risiko von Messwertverzerrungen oder -verfälschungen durch den Untersucher.

Standardisierte Testbedingungen

Von s.nT. spricht man, wenn die Bedingungen, unter denen Messungen oder Testungen durchgeführt werden, vergleichbar sind. S.T. sind insbesondere dann von Bedeutung, wenn die Veränderung psychischer Eigenschaften oder Merkmale erfasst werden soll. Ein Bestandteil s.rT. können standardisierte Methoden sein, es können aber weitere Bedingungen hinzu kommen wie z.B. Vereinheitlichung der zeitlichen, räumlichen, psychischen oder sozialen Bedingungen, unter denen die Messung/Testung stattfindet.

Stichprobe

Bezeichnung für die Teilmenge einer Grundgesamtheit, die unter bestimmten Gesichtspunkten ausgewählt wurde. Viele verallgemeinernde Aussagen in den Human- und Sozialwissenschaften gehen von Ergebnissen aus, die an S.n gewonnen wurden. Ziel ist es, die an S.n ermittelten Erkenntnisse auf die Grundgesamtheit zu übertragen, beispielsweise Aussagen über die Verteilung bestimmter Eigenschaften oder Merkmale in der Bevölkerung (bzw. Population) auf der Grundlage der Stichprobenergebnisse zu schätzen. Auch die Eigenschaften psychologischer Testverfahren werden aus S.n gewonnen.

Stimmungsschwankungen

Bezeichnung für spontanen Wechsel der Stimmung bzw. des Affekts (Laune), typischerweise ohne erkennbaren Grund; relativ unspezifische Allgemeinbeschwerde ohne eindeutigen Bezug zu einer krankheitswertigen psychischen Störung.

Störungsfolgen

Bezeichnung für die Auswirkungen psychischer Störungen auf das körperliche, psychische oder soziale Funktions- oder Leistungsniveau der Betroffenen. Sammelbegriff für die Zielgröße der rechtlichen Begutachtung psychischer und psychosomatischer Erkrankungen.

Struktur psychologischer Gutachten

Formaler Aufbau eines (psychologischen) Gutachtens. Allgemein können folgende Teile unterschieden werden:

- Einleitung (Auftraggeber, Fragestellungen, allgemeine Rahmenbedingungen)
- Aktenanalyse (Darstellung relevanter Vorinformationen aus Akten oder vorliegenden Dokumenten)
- Untersuchungsbericht (Darstellung der Untersuchungsbedingungen, des Untersuchungsverlaufs, der Untersuchungsergebnisse)
- Beantwortung der Fragestellungen / Stellungnahme
- Anhang (ggf. Tabellen, Literaturhinweise)

Subarachnoidalblutung

Eine Blutung in jenem Raum innerhalb des Schädels, der zwischen der sogenannten Spinnenhaut (Arachnoidea) und dem Gehirn liegt und der, mit Hirnwasser (Liquor) gefüllt, das Gehirn mit einem Flüssigkeitsmantel umgibt. Sie kann zu Reizungen der Blutgefäße des Gehirns und der Hirnhaut führen. Eine solche Blutung kann ohne Langzeitfolgen abklingen, es können aber auch ernste dauerhafte Hirnfunktionsfolgen resultieren. Eine S. kann infolge eines Schädel-Hirn-Traumas oder spontan auftreten. In letzterem Falle stellt sie eine Form des Schlaganfalls dar.

Substanzinduzierte Störungen

Spektrum von psychischen Störungen, die auf dem Gebrauch psychotroper Substanzen basieren und deren Schweregrad von einer unkomplizierten Intoxikation oder schädlichem Gebrauch bis zu psychotischen Störungen oder Demenz reicht. Die Einteilung der s.nS. nach ICD-10 richtet sich nach dem Gebrauch der jeweiligen Substanz (z.B. Alkohol, Opioide, Cannabinoide, Sedativa, Kokain, Tabak), der über Patientenangaben, Laborbefunde oder andere Nachweise erfolgen kann, und nach der Art der jeweiligen Störung (z.B. schädlicher Gebrauch, Abhängigkeitssyndrom, Entzugssyndrom, amnestisches Syndrom, Restzustand). In der Begutachtung psychosozialer Krankheitsfolgen können s.S. sowohl als klinische Störungen, als auch als dysfunktionale Formen der Krankheitsverarbeitung Berücksichtigung finden.

Suchterkrankungen ➠ Substanzinduzierte Störungen

Supernormalität

Von Cima, Merckelbach et al. (2003) vorgeschlagener Begriff, der einen Aspekt positiv verzerrten Antwortverhaltens bezeichnet, nämlich die Tendenz zur systematischen Verleugnung weit verbreiteter Beschwerden. S. oder Dissimulation können als Gegenstück zur ➠ Simulation angesehen werden. Nicht gemeint sind hier Antworten im Sinne ➠ sozialer Erwünschtheit, die sich eher auf weit verbreitete menschliche Schwächen, nicht aber auf in der Allgemeinbevölkerung verbreitete Gesundheitsbeschwerden beziehen.

Symptom

In Medizin und Psychologie Bezeichnung für ein Zeichen, das auf eine Erkrankung oder Verletzung hinweist. Durch fachliche Zuordnung wird aus einem Zeichen ein Befund, d.h. ein S. enthält seine spezifische Bedeutung dadurch, dass es z.B. in einen psychopathologischen Zusammenhang eingeordnet wird. Die von Patienten selbst erfahrenen und kommunizierten S.e werden auch als Beschwerden oder nach Jaspers (1913) als subjektive S.e bezeichnet. Die Gesamtheit der aus einem Krankheitsprozess resultierenden Symptome ergibt das klinische Bild, die Symptomatik. Charakteristische Kombinationen von S.en oder Verbindungen von S.en mit anderen (z.B. zeitlichen) Kriterien werden auch als Syndrom bezeichnet.

Symptomvalidierung ⇒ Beschwerdenvalidierung

Tätigkeit, letzte berufliche

Die berufliche T., die der Versicherte zuletzt ausgeübt hat, bevor eine Arbeitsunfähigkeit oder ein Zustand der Erwerbsminderung eingetreten ist. Aus der T. ist in der privaten Berufsunfähigkeitsversicherung das berufliche Anforderungsprofil abzuleiten, auf das sich die Beurteilung der Funktions- und Leistungseinschränkungen bezieht.

Tendenziöse Haltung

Bezeichnung für richtungsgebendes oder verzerrtes Antwortverhalten mit Verfälschungstendenz in den aktuellen ⇒ Leitlinien zur Begutachtung psychischer und psychosomatischer Krankheiten, sonst wenig gebräuchliche Bezeichnung zur Beurteilung negativer Antwortverzerrungen.

Tendenz zur Mitte

Bezeichnung für die Neigung, bei mehrstufigen Skalen die mittleren Skalenpunkte auszuwählen. Sie kann ein Indikator für eine eingeschränkte Auskunftsbereitschaft oder für Entscheidungsunsicherheit sein.

Test, psychologischer

Standardisiertes Untersuchungsinstrument in der Psychologie. Nach Guthke et al. (1996) ist ein psychologischer T. „ein wissenschaftlich entwickeltes und überprüftes Routineverfahren, bei dem in standardisierten Situationen Verhalten – provoziert durch definierte Anforderungen – registriert bzw. Verhaltensmerkmale von Personen bzw. Personengruppen erfasst werden, die als Indikator für bestimmte Eigenschaften, Zustände oder Beziehungen dienen sollen". Damit ermöglichen T.s Klassifikationen, die an einer Gruppe vergleichbarer Personen gewonnen wurden, oder sie erfassen, wieweit sich eine Person einem Zielkriterium oder einem Idealwert angenähert hat. Häufig werden Fragebögen in den Begriff des T.s eingeschlossen. (Neuro-)psychologische T.s sind Werkzeuge in der Diagnostik, die eine quantifizierte Beurteilung von Leistungsressourcen und Leistungseinschränkungen eines Probanden gestatten. T.s können nach unterschiedlichen Gesichtspunkten klassifiziert werden. Nach dem Anwendungsbereich können Schulleistungstests, Entwicklungstests, Berufseignungstests, neuropsychologische Tests usw. unterschieden werden. Nach der erfassten Zielfunktion, dem erfassten Konstrukt oder der untersuchten Störung kann beispielsweise von Aufmerksamkeitstests, Gedächtnistests, Wortschatztests, Intelligenztests, Aphasietests oder Demenztests gesprochen werden.

Testauswahl

Festlegung geeigneter Untersuchungsmethoden zur Beurteilung der für die Fragestellungen relevanten psychologischen Konstrukte. Die passende T. setzt voraus, dass der Untersucher zunächst die gutachtlichen Fragestellungen in persönliche Merkmale, Eigenschaften, Fähigkeiten und Fertigkeiten übersetzt und davon ausgehend ⇒ Fragebögen, ⇒ Leistungstests, ➠ Verhaltensbeobachtung, sonstige explorative Methoden sowie Validierungsmethoden unter fachlichen, praktischen und öknomischen Aspekten zusammenstellt. Die Auswahl bemisst sich am Störungsbild, an der Relevanz der zu messenden Merkmale für die Leistungsbeurteilung und der Verfügbarkeit der Verfahren. Generell ist die T. als eine Leistung anzusehen, die dem Gutachter vorbehalten ist. Es ist nicht Sache des Auftraggebers, eine bestimmte T. vorzugeben oder einzufordern. In der ➠ neuropsychologischen Diagnostik und Begutachtung lässt sich die Angemessenheit der T. nicht anhand einer Checkliste von Testverfahren bestimmen. Ausschlaggebend sind vielmehr die Anwendung eines neuropsychologischen Grundansatzes, der auf dem Verhältnis zwischen Gehirn und Verhalten beruht, und eine entsprechende neuropsychologische Qualifizierung des Untersuchers. Eine kurze Testuntersuchung, die beispielsweise aus den drei Verfahren Test d2, Benton-Test und Mehrfachwahl-Wortschatztest besteht, wird mit sehr hoher Wahrscheinlichkeit keine qualifizierte neuropsychologische Untersuchung darstellen können. Dennoch ist es möglich, dass jedes einzelne der drei Verfahren oder auch alle drei gemeinsam Bestandteil einer qualifizierten neuropsychologischen Untersuchung sind. Bei ➠ psychologischen Begutachtungen sind häufig 20 oder mehr Einzeltests einzusetzen, um ein adäquates Abbild von psychosozialen Eigenschaften, Störungen, Bewältigungsstilen, Funktionseinschränkungen und Leistungsressourcen des Versicherten zu erhalten. Damit liefert der Untersuchungsumfang selbst bereits einen Hinweis darauf, ob eine qualifizierte Untersuchung stattfand. Dementsprechend ist etwa eine einstündige Testdurchführung im Regelfall lediglich als orientierende Untersuchung zu werten und kann nur bei sehr speziellen Fragestellungen eine ausreichende Grundlage für ein (neuro-)psychologisches Gutachten darstellen.

Testbatterie

Zusammenstellung von Tests oder Untertests zum Zwecke einer neuropsychologischen oder testdiagnostischen Untersuchung. Unterschieden werden feste T.n (sog. fixed battery approach) und individuelle Zusammenstellungen (sog. flexible battery approach). Feste T.n werden immer in der gleichen Aufgabenzusammensetzung gegeben; zum Teil wurden sie auch in dieser Zusammensetzung normiert und kommerziell vertrieben (z.B. die Luria-Nebraska Testbatterie). Individuelle Zusammenstellungen können je nach Fragestellung und in Abhängigkeit von bereits ermittelten Teilergebnissen variieren.

Testdiagnostik, Vorteile der

Die V.d.T. sind in den aktuellen ➠ Leitlinien zur Begutachtung psychischer und psychosomatischer Erkrankungen deutlicher als in früheren Leitlinien herausgestellt worden. In der (neuro-)psychologischen Diagnostik werden die V.d.T. traditionell deutlich gesehen, entsprechend fließen Testergebnisse hier selbstverständlich in diagnostische und gutachtliche Bewertungen ein, sofern geeignete ➠ psychologische Tests vorliegen. Die V.d.T. gegenüber anderen (psycho-)diagnostischen Methoden sind im Einzelnen:

- Tests ermöglichen eine Quantifizierung (Messung) von psychischen Leistungen.
- Sie sind in Durchführung, Auswertung und Interpretation standardisiert.
- Sie sind (weitgehend) vom Untersucher unabhängig, d. h. verschiedene Untersucher sollten am gleichen Probanden den gleichen Messwert erhalten.
- Sie sind wiederholbar. Dadurch sind Testergebnisse, die zu verschiedenen Zeiten am gleichen Probanden gewonnen wurden, vergleichbar.
- Sie gestatten auch eine Vergleichbarkeit mit anderen Mitgliedern einer bestimmten Gruppe (z.B. Altersgruppe, Patienten einer bestimmten Diagnose). Zu diesem Zwecke stehen Normen zur Verfügung.
- Testergebnisse sind leicht und ökonomisch kommunizierbar.

Testgütekriterien

Qualitätsmerkmale, aufgrund derer die Eignung psychologischer Testverfahren und ihrer Anwendung beurteilt werden kann. Unterschieden werden Haupt- und Nebengütekriterien.

Hauptgütekriterien

- Objektivität: Unabhängigkeit der Ergebnisse von Einflüssen der Untersucher oder der Untersuchungssituation bei Durchführung, Auswertung und Interpretation
- Reliabilität: Genauigkeit bzw. Zuverlässigkeit, mit der ein Merkmal gemessen wird; Ist die Messung in zu großem Ausmaß mit Messfehlern behaftet?
- Validität: Inhaltliche, konstrukt- oder kriterienbezogene Gültigkeit des gemessenen Merkmals

Nebengütekriterien

- Nützlichkeit: Ist das Verfahren nützlich oder ggf. auch unverzichtbar für die Beantwortung einer speziellen Fragestellung?
- Fairness: Ist gewährleistet, dass durch das Verfahren einzelne Personengruppen nicht bevorzugt oder benachteiligt werden?
- Ökonomie: Steht der materielle oder zeitliche Aufwand der Verfahrensanwendung in einem positiven Verhältnis zum Nutzen?
- Unverfälschbarkeit: Ist das Verfahren so konstruiert, dass der Kandidat seine Ergebnisse nicht gezielt steuern oder verfälschen kann?
- Zumutbarkeit: Ist dem Probanden die Anwendung des Verfahrens in zeitlicher, psychischer und körperlicher Hinsicht zumutbar?
- Normierung: Liefert der Test ein stichprobenbasiertes Bezugssystem, um die individuellen Testergebnisse im Vergleich zu denen einer Vergleichspopulation einordnen zu können? Sind die Normen hinreichend aktuell und repräsentativ?

Testmotivation

Bereitschaft einer Person, einen Test mit der für eine inhaltliche Testinterpretation erforderlichen Motivation durchzuführen. T. zeigt sich bei ⟹ Fragebögen vor allem in der Bereitschaft zu authentischer, unverfälschter Selbstbeschreibung, bei Leistungstests in der Bereitschaft, die maximale Leistung in der Testsituation zeigen zu wollen. In Begutachtungssituationen sollte eine Analyse der T. jeder inhaltlichen Interpretation von Mess- und Testergebnissen vorausgehen.

Testqualität

Das Testkuratorium der Föderation Deutscher Psychologenvereinigungen hat 1986 folgende Kriterien für die Testbeurteilung formuliert, die bei Testrezensionen zu berücksichtigen sind:

- Testgrundlage: Diagnostische Zielstellung, theoretische Grundlagen, Nachvollziehbarkeit der Testkonstruktion
- Testdurchführung: Durchführungsobjektivität, Transparenz, Zumutbarkeit, Verfälschbarkeit. Störanfälligkeit
- Testverwertung: Auswertungsobjektivität, Zuverlässigkeit, Gültigkeit, Normierung, Bandbreite, Informationsausschöpfung, Änderungssensitivität
- Testevaluation: Ökonomie, Fairness, Akzeptanz, Vergleichbarkeit, Bewährung, äußere Testgestaltung

Testtheorie

Eine psychologische T. beschreibt den theoretischen Hintergrund der Konstruktion und Interpretation (psychologischer) Testverfahren. Es existieren verschiedene T.n, davon hat die ⇒ klassische T. bisher den weitaus stärksten Einfluss auf die Testentwicklung gehabt, weil über 90% der derzeit verfügbaren (über 6000) psychologischen Testverfahren auf dieser Grundlage konstruiert wurden. Methodisch anspruchsvoller, aber weniger verbreitet ist die ⇒ Item-Response-Theorie.

Testwert

Ergebnis in einem psychologischen Mess- oder Testverfahren. Meist spricht man von T., wenn mehrere Werte oder Beobachtungen einer Person zu einem Wert (z.B. Summen- oder Mittelwert) zusammengefasst werden. T.e können standardisiert werden, indem man einen individuellen Rohwert zu den Verteilungskennwerten der Normierungsstichprobe (Mittelwert, Standardabweichung) in Beziehung setzt.

Therapierbarkeit (einer Krankheit oder Störung)

Aus klinischen Studien (Therapiestudien) ableitbares Änderungspotential, bezogen auf den durchschnittlich zu erwartenden Behandlungserfolg für eine Erkrankung oder psychische Störung. Die T. ist um so höher zu veranschlagen, je höher die Wirksamkeit oder der therapeutische Nutzen einer vorschriftsmäßig durchgeführten Behandlung aus wissenschaftlichen Studien hervorgeht. Gutachtlich relevant für die Beurteilung der Krankheitsverarbeitung, der Bewertung bisheriger Therapien und der Störungsprognose.

Transparenz (von Testaufgaben)

Durchsichtigkeit der Messintention von Tests oder ⇒ Items. Die T. kann insbesondere in Untersuchungs- oder Begutachtungssituationen, in denen mit motivationalen Verzerrungen zu rechnen ist, zu fehlerhaften Testwertinterpretationen führen. In diesen Fällen sind die ⇒ Testgütemerkmale Unverfälschbarkeit und ⇒ Objektivität eingeschränkt. Wenn die T. hoch und die inhaltliche Zielrichtung der Items für den Probanden erkennbar ist, dann eröffnen Symptomskalen, Persönlichkeitsfragebögen, Fragebögen zur Messung der Krankheitsverarbeitung oder Psychotherapiemotivation sowie Schmerzdokumentationen dem zu Begutachtenden relativ leicht die Möglichkeit, den Test intentional verzerrt zu bearbeiten. Aus der T. resultiert aber nicht die insbesondere von Medizinern betonte generelle Warnung vor ⇒ psychologischen Tests, sondern vielmehr die Notwendigkeit einer zusätzlichen Erfassung der ⇒ Testmotivation, z.B. mit Hilfe von ⇒ Antworttendenzskalen und ⇒ Beschwerdenvalidierungstests. Zudem können verschiedene Tests mit transparenter Messintention zum gleichen Merkmal zur Überprüfung der ⇒ Konsistenz von Angaben oder Leistungen genutzt werden.

Trauma

Bezeichnung für ein stark psychisch oder körperlich belastendes Ereignis. Nach ⇒ DSM-IV beinhaltet ein T. das direkte persönliche Erleben einer Situation, die mit dem Tod oder der Androhung des Todes, einer schweren

Verletzung oder einer anderen Bedrohung der körperlichen Unversehrtheit zu tun hat. Dabei kann es sich auch um die Beobachtung eines Ereignisses, das mit dem Tod, der Verletzung oder der Bedrohung der körperlichen Unversehrtheit einer anderen Person zu tun hat, handeln oder das Miterleben eines unerwarteten oder gewaltsamen Todes, schweren Leids oder Androhung des Todes oder einer Verletzung eines Familienmitgliedes oder einer nahestehenden Person. Das Erleben ist in der Regel durch Angst, Hilflosigkeit oder Entsetzen gekennzeichnet. In der ➠ Psychoanalyse bzw. in tiefenpsychologischen Konzepten wird traumatischen Erfahrungen in der Kindheit eine kausale Rolle für die Entwicklung verschiedener psychischer Störungen zugeschrieben. T.-Erfahrungen haben aber in der Psychoanalyse nicht den massiven, teilweise lebensbedrohlichen Charakter, wie er nach ➠ DSM-IV oder ➠ ICD-10 gefordert wird. Praktische Bedeutung hat ein T. in der ➠ psychologischen Begutachtung dadurch, dass es zu belastungsreaktiven Störungen wie z. B. einer ➠ Posttraumatische Belastungsstörung führen und Funktions- und Leistungsbeeinträchtigungen nach sich ziehen kann.

Überinterpretation

Risiko einer fehlerhaften, verzerrten oder unzulässig generalisierenden Interpretation einzelner Angaben, Beobachtungen oder Testwerte aufgrund unzureichender oder fehlerhafter Vergleiche. Das Risiko ist insbesondere erhöht bei freien Erhebungsverfahren wie z. B. im freien Interview oder bei unstandardisierter Verhaltensbeobachtung. Das Risiko kann begrenzt werden, indem Einzelaussagen oder Einzelbeobachtungen mit anderen Informationsquellen (z. B. standardisierter Befragung, Verhaltensbeobachtung) abgeglichen und auf ➠ Konsistenz geprüft werden.

Ultrakurzzeitgedächtnis

Auch sensorisches Gedächtnis genannt. Teil des hierarchisch organisierten Systems von Gedächtnisstrukturen, der, nicht bewusst erlebt, in einem Zeitfenster von ca. 0,5 Sekunden abläuft und in dem ständig sehr kurz gespeicherte Information durch neue Information verdrängt wird.

Umfang (neuro-)psychologischer Gutachten

Die Komplexität kognitiver, emotional-motivationaler und sozialer Funktionen bedingt, dass qualifizierte psychologische Untersuchungen zeitaufwändig sind. In aller Regel nehmen die Gutachten mehrere Stunden reiner Untersuchungszeit in Anspruch, nicht selten vier bis sechs Stunden. Hinzu kommt die Testauswertung, deren Ausmaß von der Länge der Tests, aber auch davon abhängt, inwieweit die Auswertung standardisiert oder (bei EDV-gestützten Tests) automatisiert ist. Aktenanalyse, Exploration und Verhaltensbeobachtung sind standardmäßig im Gutachten enthalten. In Abhängigkeit von den Besonderheiten des Einzelfalls, der Komplexität oder Widersprüchlichkeit der Anknüpfungstatsachen und der Komplexität der zu beantwortenden Fragestellungen kommen mehrere Stunden Vorbereitung, Integration der Befunde und Gutachtenanfertigung hinzu. Neuropsychologische Gutachten umfassen häufig 20 bis 30 Seiten, psychologische Hauptgutachten zu komplexen rechtlichen Beweisfragen (z.B. Erwerbsminderung, Berufsunfähigkeit) bis zu 60 Seiten.

Untersuchungsbefund ➠ Befund

Untersuchungsbericht

Teil eines psychologischen Gutachtens, ggf. auch als Befunddokumentation bezeichnet. Die Ergebnisse im U. sind nach Methoden oder nach Themen/Inhalten geordnet. Eine Ordnung nach Methoden sieht z.B. vor: Darstellung der Ergebnisse zu Vehaltensbeobachtung, Exploration, Fragebögen, Funktions- oder Leistungstests, Beschwerdenvalidierung. Eine thematische Ordnung nach Inhalten kann sich an den ➠ Leitlinien zur Begutachtung orientieren. In diesem Fall gliedert sich der U. in Teile zu psychischen Funktionen und Funktionsstörungen, Störungsgenese und Krankheitsverarbeitung, Beschwerdenvalidierung, Aktivitäten und Fähigkeiten und zur umweltadjustierten ➠ Funktions- und ➠ Leistungsfähigkeit. Eine inhaltlich-thematische Einteilung des Untersuchungsberichts ist für den Auftraggeber meist besser nachvollziehbar und daher in der Praxis vorzuziehen.

Untersuchungsstil (des Gutachters)

Bezeichnung für die Vorgehensweise bei der Informationserhebung und Untersuchung. Der U. kann sich auf die Art und Weise der Kontaktaufnahme mit dem Probanden, die Kontaktgestaltung im Untersuchungsverlauf, die Auswahl der Test- und Untersuchungsverfahren, die Art und Weise der Testdurchführung (z.B. Umfang persönlicher Unterstützung), die Auswahl und Gewichtung der Beobachtungskategorien oder auf die adaptive Integration neuer Erkenntnisse in den Prozess der Datengewinnung auswirken (z.B. veränderte Testauswahl im Untersuchungsverlauf in Abhängigkeit von erzielten Testergebnissen). In der Exploration betrifft der U. insbesondere Aspekte der Perspektivenübernahme bzw. der Konfrontation des Befragten. Nach Möglichkeit sollten in der Exploration empathisch-einfühlsame und fordernd-konfrontierende Formen der Informationsgewinnung im Sinne der ➠ Neutralität des Sachverständigen aufeinander abgestimmt sein.

Untersuchungsverhalten

Beobachtbares Verhalten des Probanden in der (gutachtlichen) Untersuchung, Systematisierung nicht nach psychopathologischen (➠ psychopathologischer Befund), sondern nach allgemein- und sozialpsychologischen Aspekten und Verhaltensebenen. In der Begutachtung werden verschiedene Facetten des Verhaltens geprüft und dokumentiert, nach Möglichkeit mit Bezug zu den gutachtlichen Fragestellungen. In der Funktions- und Leistungsbegutachtung sind folgende Beobachtungskategorien des U.s gängig: motorisches Verhalten / Bewegungsverhalten, emotionales Verhalten, Interaktionsverhalten / soziales Verhalten, Arbeits- und Leistungsverhalten, Klageverhalten.

Validierung

Bezeichnung für Maßnahmen zur Sicherung der Aussagekraft, der inhaltlichen Gültigkeit oder Vorhersagekraft eines mit einem Test gemessenen psychologischen Konstrukts (➠ Merkmals). Die Validierung eines Merkmals sieht entweder eine semantisch-begriffliche Analyse des psychologischen Konstrukts oder einen empirisch-statistischen Vergleich des Konstrukts mit einem oder mehreren anderen Konstrukten oder den Vergleich des Konstrukts mit (testunabhängigen) Außenkriterien (sog. kriterienbezogene Validität) vor. Hohe Übereinstimmungen der Testwerte zweier Testverfahren, die das gleiche Merkmal messen, können als Maße für die sogenannte konvergente ⇒ Validität des Testverfahrens verwendet werden. Die V. individueller Messergebnisse erfolgt in der Begutachtung meist durch den Nachweis einer ausreichenden Testmotivation über ⇒ Antworttendenzskalen oder ⇒ Beschwerdenvalidierungstests.

Validität

⇒ Testgütekriterium. Bezeichnung für das Ausmaß, in dem ein Test oder Fragebogen das misst, was er messen soll unter der Voraussetzung, dass er hinreichend genau misst. V. betrifft den inhaltlichen Aspekt der Messung, der darüber entscheidet, ob eine Messung tatsächlich zu einer gültigen Aussage über die Zieleigenschaft gelangt, die gemessen werden soll. Zu unterscheiden ist die V. als Eigenschaft eines Tests und die V. (Gültigkeit) eines individuellen Testwertes. Zur Sicherung der V. existieren verschiedene Formen der Validierung. Die Höhe der V. eines Testverfahrens wird in der Regel durch Höhe der Korrelation mit einem anderen Testverfahren oder einem Außenkriterium bestimmt. Eine Korrelation beschreibt einen statistischen Zusammenhang zwischen zwei (oder mehreren) Variablen, ihre Höhe kann zwischen -1.0 und 1.0 schwanken. Eine Korrelation von 0 besagt, dass kein Zusammenhang zwischen den Variablen besteht, Korrelationen mit negativem Vorzeichen zeigen einen inversen Zusammenhang (je höher die eine Variable, umso niedriger die andere), positive Korrelationen beschreiben einen gleichsinnigen Zusammenhang (je höher die eine Variable, umso höher die andere). Die Höhe von Validitätskoeffizienten kann nur in Verbindung mit inhaltlichen Überlegungen sinnvoll interpretiert werden. Anders als bei Reliabilitätskoeffizienten (⇒ Reliabilität) kann aber ein Validitätskoeffizient von über 0.50 bereits aussagekräftig sein. Grundsätzlich kann die Höhe des Validitätskoeffizienten nicht höher sein als die des Reliabilitätskoeffizienten.

Validität, ökologische

Entsprechung des psychologischen Diagnostizierens mit den Anforderungen der „natürlichen Lebensbedingungen". Ö.V. betrifft die Frage, inwieweit aufgrund von psychologischen Testergebnissen Aussagen über das Verhalten in der natürlichen Umgebung der Probanden getroffen werden können bzw. inwiefern aufgrund testpsychologisch gemessener ⮞ Eigenschaften oder ⮞ Fähigkeiten auf das Verhalten unter Alltagsbedingungen (d.h. unter Berücksichtigung von ⮞ Kontextfaktoren im Sinne von ⮞ ICF) geschlossen werden kann. Die ö.V. kann dadurch verbessert werden, dass die Untersuchung den Bedingungen angeglichen wird, auf die letztlich geschlussfolgert wird, indem die Untersuchung z.B. im Sinne einer ⮞ Arbeitsprobe konstruiert wird.

Validitätsindikatoren

Alternative Bezeichnung für ⮞ Antworttendenzskalen und für Kennwerte zur Überprüfung der Gültigkeit eines individuellen Antwortmusters. Es gibt hierfür unterschiedliche Parameter und ⮞ Operationalisierungen. Für die Beurteilung selbstberichteter psychischer Eigenschaften und Verhaltensweisen, psychischer Störungen, psychosozialer Bedingungen und subjektiver Funktions- und Leistungsbeeinträchtigungen stellen V. den wichtigsten Teil der ⮞ Validierung individueller Kennwerte dar, zumal die Aussagekraft von ⮞ Selbstberichtsverfahren nicht durch neuropsychologische ⮞ Beschwerdenvalidierungstests kontrolliert werden kann. Der diagnostische Nutzen von V. ist demnach unbestritten, auch wenn die meisten eingebetteten V. bislang nicht die Güte von ⮞ Beschwerdenvalidierungstests besitzen.

Variable

Bezeichnung für ein bestimmtes Merkmal oder einen Aspekt, hinsichtlich dessen Personen, Objekte, Ereignisse oder Zustände variieren. In psychologischen Experimenten wird insbesondere zwischen unabhängigen V.n (= Bedingungen, deren Einfluss kontrolliert geprüft werden soll) und abhängigen V.n (= Merkmalen, die einen möglichen Unterschied zwischen den Bedingungen der unbabhängigen V.n abbilden) unterschieden.

Varianz

Statistischer Begriff zur Bezeichnung der Streuung von Messwerten um den Mittelwert einer Messreihe, gemessen als die mittlere Summe der quadrierten Abweichungen der Einzelwerte vom Mittelwert. Der positive Wert der Wurzel aus der V. wird Standardabweichung genannt (➡ Normierung).

Veränderungsmotivation

Bezeichnung für die Bereitschaft einer Person, selbst aktiv zu werden, um einen bestehenden (z.B. gesundheitlichen oder funktions- und leistungsbezogenen) Zustand zu verändern oder zu überwinden. Für die Beurteilung relevant sein können auf der Grundlage motivations- und handlungstheoretischer Konzepte die Wahrnehmung der Situation durch den Betroffenen, die innere Repräsentation von Handlungsmöglichkeiten und die Antizipation möglicher Handlungsergebnisse oder Handlungsfolgen. In den aktuellen ➡ Leitlinien zur Begutachtung psychischer und psychosomatischer Krankheiten werden äußere Veränderungshemmnisse (z.B. Probleme am Arbeitsplatz, sekundärer ➡ Krankheitsgewinn, materielle Not) und innere Veränderungshemmnisse (z.B. fehlende Motivation, geringe Belastbarkeit) unterschieden, die in ihrem Zusammenwirken die V. konstituieren.

Verfälschungstendenzen

Bezeichnung für absichtliche Bemühungen einer Person, fehlerhafte oder unzutreffende Aussagen zur eigenen Person zu machen oder psychologische Testverfahren so zu verzerren, dass deren Ergebnisse nicht aussagekräftig sind (➡ Aggravation, ➡ Simulation). Aufgrund begrifflicher Unschärfe wird der Begriff kritisch diskutiert, daher wird eher von positiven oder negativen ➡ Antwortverzerrungen gesprochen. In der Begutachtung psychischer Erkrankungen ist die Kontrolle von V. erforderlich.

Vergleichsgruppe

Kontrollgruppe innerhalb eines wissenschaftlichen Experiments, die dadurch gekennzeichnet ist, dass im Gegensatz zur Experimentalgruppe die unabhängige ⟶ Variable nicht verändert wird. Bei psychologischen ⟶ Tests wird mitunter auch die Normierungsstichprobe, an der der Test oder Fragebogen entwickelt wurde, als V. bezeichnet.

Verhaltensauffälligkeiten

Sammelbezeichnung für Verhalten, das vom kulturellen Kontext oder von gesellschaftlichen Regeln oder interpersonellen Bezugssystemen abweicht und von anderen als gestört interpretiert wird, für Betroffene aber subjektiv sinnvoll sein kann. Gemäß der ⟶ Leitlinie zur Begutachtung psychischer und psychosomatischer Erkrankungen Bezeichnung für Verhaltensweisen des Individuums, die zu einer dysfunktionalen Anpassung an die Umweltanforderungen oder zu konflikthaften Auseinandersetzungen mit anderen führen können.

Verhaltensbeobachtung

In der Psychodiagnostik Bezeichnung für eine besonders aufmerksame (Fremd-)Wahrnehmung, die sich kontrolliert auf das Verhalten einer (anderen) Person (oder eines verhaltensbezogenen Ereignisses) richtet. Als wichtigste Möglichkeit, die Fremdbeobachtung eines Beobachters zu kontrollieren, gilt die Fremdbeobachtung eines anderen Beobachters. V. wird in der Psychologie systematisiert nach bestimmten Beobachtungskategorien. Psychopathologische Kategorien (wie z.B. im psychischen Befund der Psychiatrie) bilden eine Möglichkeit, beobachtbares Verhalten nach krankheitsbezogenen Merkmalen zu systematisieren. Steht die Beurteilung des Funktions- und Leistungsverhaltens einer Person mittels V. im Vordergrund, so eignen sich andere Beobachtungskategorien (z.B. Interaktionsverhalten, Strukturiertheit im Umgang mit Leistungsanforderungen, Arbeitsgeschwindigkeit, Sorgfalt im Umgang mit Testsituationen, motorisches Verhalten, Pausenverhalten, physiologische Auffälligkeiten, Klageverhalten). In der Begutachtung besonders aufschlussreich kann ein Abgleich des beobachtbaren Verhaltens und freien (Explorations-) Bedingungen mit festgelegten Standardbedingungen/Testbedingungen sein.

Verhaltensgewohnheit

Eine V. ist ein Reaktionsweise, die sich durch Wiederholung zu einem stabilen Reaktionsmuster entwickelt hat und bei gleichartigen Situationsbedingungen unwillkürlich bzw. wie automatisch ausgeführt wird, sofern sie nicht bewusst vermieden wird. V.en können auf allen Verhaltensebenen (physiologisch, kognitiv, emotional, behavioral) zum Ausdruck kommen. Die ➠ Lerntheorie spricht bei der Herausbildung stereotyper Reaktionsmuster aufgrund von Wiederholung und Gewöhnung von Habituation. Bei der Beurteilung chronischer Krankheitsverläufe bilden V.en wichtige Bindeglieder zwischen (Funktions-)Störungen, der Wirksamkeit von Behandlungen und dem Ausmaß von ➠ Krankheitsfolgen.

Verhaltenstherapie

Bezeichnung eines Spektrums psychotherapeutischer Formen, Strategien, Techniken und Verfahrensweisen, bei denen die Hilfe des Patienten zur Selbsthilfe bzw. die Förderung oder der Aufbau der Selbstregulations- und ➠ Handlungsfähigkeit des Patienten im Mittelpunkt steht. Typischerweise werden dem Patienten in der V. nach Einsicht in Ursachen und Funktionsweise seiner Probleme im Rahmen einer stützenden therapeutischen Beziehung Methoden und/oder Erfahrungen vermittelt, durch die er seine körperlichen, psychischen oder sozialen Probleme besser bewältigen oder lösen kann. Ziel einer V. ist in der Regel der Abbau dysfunktionaler und der Aufbau neuer funktionaler ➠ Verhaltensgewohnheiten und erfordert meist die Umsetzung neu gelernten Verhaltens in den Alltag. V. stützt sich auf lerntheoretische Grundlagen und geht von der Annahme aus, dass erlerntes Fehlverhalten (als solches werden psychische Störungen gedeutet) durch Umlernen verändert werden kann. Prinzipien der Therapie sind die Transparenz des therapeutischen Vorgehens, das Neu- oder Umlernen durch Konditionierung und Habituation, Lernen durch Verstärkung, Lernen am Modell sowie Realitätsprüfung und Konfrontation. In eine V.

werden in der Regel alle Verhaltensebenen einbezogen (physiologische, emotionale, kognitive, verhaltensbezogene).

Verzerrung von Ergebnissen ➠ Verfälschungstendenzen, ➠ Antwortverzerrungen

Vorbefund

Medizinische oder psychologische ➠ Befunde, die vor der gutachtlichen Untersuchung vorliegen (Akte) und die zur Planung der Begutachtung wie auch zur abschließenden Beantwortung der gutachtlichen Fragestellungen genutzt werden können.

Vorgetäuschte Störung ➠ Artifizielle Störung

Vulnerabilität

In der klinischen Psychologie und Medizin Bezeichnung für die Anfälligkeit oder Verletzlichkeit einer Person, Störungen, Erkrankungen oder gesundheitliche Beeinträchtigungen zu entwickeln. Im wissenschaftlichen Kontext stellt sich V. als erhöhte Wahrscheinlichkeit bzw. als erhöhtes Risiko für die Krankheitsentstehung dar. Gegensatz zur V. ist die Resilienz, d. h. die Widerstandsfähigkeit eines Organismus oder einer Person gegen Störungen oder Schädigungen. V. ist bei der ➠ Kausalitätsbegutachtung ein möglicher ➠ Kausalfaktor. V. kann aber auch bei der Begutachtung körperlicher und psychosozialer Krankheitsfolgen einer von mehreren Faktoren zur Beurteilung der ➠ Krankheitsschwere sein.

Wahnhafte Störung

Gruppe psychischer Störungen, die durch eine bestimmte meist lang andauernde irrationale, von der Realität weitgehend oder vollständig entkoppelte Überzeugung (Wahnidee oder andere Wahninhalte) gekennzeichnet sind, die das Erleben und Verhalten der betroffenen Person bestimmt. Typische Wahninhalte: Verfolgungswahn, hypochondrischer Wahn, Größenwahn, Querulantenwahn, Eifersuchtswahn, körperdysmorpher bzw. auf bestimmte Körpermerkmale bezogener Wahn.

Wahrnehmung

Bezeichnung des Vorganges der Empfindung einer subjektiven Gesamtheit von Sinneseindrücken aus Reizen der Umwelt und inneren Zuständen. W. wird als das unbewusste und/oder bewusste Filtern und Zusammenführen von Teil-Informationen zu subjektiv sinnvollen Gesamteindrücken interpretiert.

Wahrscheinlichkeit

Im Allgemeinen Bezeichnung für den Grad der Gewissheit, mit dem bestimmte Aussagen getroffen oder Bewertungen/Zuschreibungen vorgenommen werden. Der W.-Begriff wird in verschiedenen wissenschaftlichen Disziplinen und Anwendungsbereichen unterschiedlich verwendet (z.B. Mathematik, Naturwissenschaften, Rechtsprechung, Sozialwissenschaften), aber auch innerhalb der Disziplinen finden sich unterschiedliche theoretische und operationale Zugänge zur W. In psychologischen Experimenten wird die W. u.a. als eine Leitgröße genutzt, um die Enge (bzw. Sicherheit) eines angenommenen oder beobachteten Zusammenhanges zwischen mehreren Variablen zu beschreiben. In der Begutachtung werden u.a. psychologische ➠ Tests eingesetzt, um die W. bestimmen zu können, mit der ein ➠ Proband eine bestimmte ➠ Eigenschaft tatsächlich aufweist (vgl. auch ➠ Irrtumswahrscheinlichkeit).

Wechselwirkung

Synonym: Interaktion; bezeichnet das Zusammenspiel und die gegenseitige Beeinflussung von zwei (oder mehr) Merkmalen, Größen, Variablen, Konstrukten, Personen oder Verhaltensweisen. In experimentellen psychologischen Untersuchungen spricht man von W. dann, wenn sich eine unabhängige ➠ Variable nur in Abhängigkeit von der Ausprägung einer weiteren unabhängigen Variablen auf die abhängige Variable statistisch bedeutsam auswirkt.

Wegefähigkeit

Im Sozialrecht Bezeichnung für das Vermögen eines Versicherten, seine Arbeitsstelle aufzusuchen. In die Bewertung der W. kann die Fähigkeit einfließen, bestimmte Wegstrecken in einer bestimmten Zeit zu gehen, aber auch die Fähigkeit, selbst ein KFZ zu steuern oder öffentliche Verkehrsmittel zu nutzen.

Widersprüche zwischen Informationsebenen ➠ Konsistenzprüfung

Willensanspannung, zumutbare

In der Rechtsprechung verwendeter Begriff im Rahmen der Prognose einer Erkrankung und krankheitbedingter Funktions- und Leistungsbeeinträchtigungen („Wäre der Versicherte in der Lage, die gesundheitlichen Beeinträchtigungen, die einer Wiederaufnahme bzw. Fortführung seiner beruflichen Tätigkeiten entgegenstehen, selbst mit z.rW. zu überwinden?). Der Begriff der z.nW. zielt auf eine prognostische Bewertung unter Berücksichtigung bewusstseinsnaher, der willentlichen Kontrolle und Steuerungsfähigkeit unterworfener Prozesse und ist insofern konzeptionell von (unbewussten, unwillkürlichen) Krankheitsprozessen zu trennen. Davon abweichend wird in der psychiatrischen Literatur zur Begutachtung, in der psychologische Ergebnisse und Erkenntnisse zur willentlichen Handlungssteuerung relativ wenig Beachtung gefunden haben, die Position vertreten, die z.W. könne nur innerhalb psychiatrischer (krankheitsbezogener) Konzeptionen und mit psychiatrischen Methoden beurteilt werden. Aus psychologischer Sicht eignen sich zur Beurteilung der z.nW. psychologische Motivations- und Handlungstheorien.

Zufall

Von Z. spricht man, wenn für ein Ereignis oder das Zusammentreffen mehrerer Ereignisse keine kausale Erklärung gegeben werden kann. Bei der Messung psychischer Eigenschaften und Funktionen spielen zufällige Ereignisse immer eine Rolle, sie bestimmen neben anderen Einflüssen die ⇒ Wahrscheinlichkeit, mit der Aussagen über psychische Eigenschaften oder Phänomene als gültig angenommen werden können. In der ⇒ klassischen Testtheorie werden zufällige Einflüsse auf ein Testergebnis als Teil der Fehlerkomponente angesehen. Der Einfluss des Z.s kann bei der Messung psychischer Eigenschaften durch Messverfahren mit ausreichender ⇒ Testgüte (insbesondere ⇒ Reliabilität) verringert werden.

Zuständigkeit (in der Begutachtung)

Die fachlichen Z.en verschiedener Berufsgruppen und beruflicher Spezialisierungen bei der Begutachtung psychischer Erkrankungen und psychosozialer Krankheitsfolgen ergeben sich aus den inhaltlichen und methodologischen Schwerpunkten der Beteiligten. Aufgrund ihrer fachlichen Ausrichtung besteht die Z. von Psychologen v. a. in der Begutachtung normaler und gestörter körperlicher, psychischer und sozialer Funktionen, der Analyse krankheitsbedingt geminderter Aktivitäten und Leistungsfunktionen und der Validierung von Aussagen und Testergebnissen mit Hilfe psychodiagnostischer Methoden. Innerhalb dieser Gruppe sind ⇒ Neuropsychologen zuständig für die testgestützte Beurteilung von Zusammenhängen zwischen neurologischen Schädigungen und Erkrankungen und neuropsychologischen, insbesondere kognitiven Leistungsfunktionen. Die fachliche Z. von Neurologen liegt in der Diagnostik, Befundung und Behandlung von Erkrankungen des Nervensystems und der Muskulatur und der Bewertung der direkten Auswirkungen dieser Erkrankungen auf körperliche und psychische Funktionen. Die fachliche Z. von Psychiatern und Nervenärzten liegt in der Diagnostik, Befundung und Behandlung von körperlich begründbaren und nicht körperlich begründbaren schweren und leichteren psychischen Erkrankungen/Störungen und der Bewertung der Auswirkungen dieser Erkrankungen/Störungen auf körperliche und psychische Funktionen. Die fachliche Z. von Fachärzten für psychosomatische Medizin liegt in der Diagnostik, Befundung und Behandlung psychosomatischer Erkrankungen, d.h. innerer Erkrankungen mit ausgeprägten psychischen und Verhaltensanteilen und leichteren psychischen Störungen und der Bewertung der Auswirkungen dieser Erkrankungen auf körperliche und psychische Funktionen.

Zusammenarbeit, interdisziplinär

Facette der ⟶ Rahmenbedingungen der Begutachtung psychischer Erkrankungen und psychosozialer Krankheitsfolgen. Eine i.eZ. zwischen verschiedenen Berufsgruppen und fachlichen Spezialisierungen ist eine Grundvoraussetzung dafür, dass gutachtliche Fragestellungen zu Art, Ausmaß und Auswirkungen von Störungen und Erkrankungen, in bestimmten Rechtsgebieten auch zur Kausalität solcher Störungen, fachgerecht und sachlich zutreffend beantwortet werden können.

Zusatzgutachten (⟶ Hauptgutachten)

Gutachten zu Teilaspekten der Bewertung eines Gesundheitsschadens. Teilaspekte können sein: Nachweis eines körperlichen Schadens oder einer körperlichen Erkrankung, Nachweis spezifischer (insbesondere leistungsbezogener) Funktionsdefizite, Psychodiagnostik inklusive Beschwerdenvalidierung). Neuropsychologische Gutachten werden in Deutschland vorwiegend als Z. in Auftrag gegeben, häufig auf Anregung medizinischer Hauptgutachter. In diesem Falle bleibt die Integration aller Ergebnisse i.d.R. Aufgabe des Hauptgutachters, der dem Zusatzgutachter spezielle Fragestellungen vorgibt.

Zwangsstörung

Psychische Störung mit Zwangsgedanken (Ideen, Vorstellungen, Impulsen) und/oder Zwangshandlungen, die unwillürlich auftreten und von den Betroffenen als quälend oder sinnlos erlebt werden. Zwangsgedanken und Zwangshandlungen werden stereotyp ständig wiederholt, sie werden nicht als angenehm empfunden und dienen auch nicht dazu, nützliche Aufgaben zu erfüllen. Eigene Versuche der Betroffenen, gegen die Symptome anzugehen, sind oft nur wenig erfolgreich. Z.en können aufgrund von Entscheidungsschwierigkeiten und Verlangsamung zu erheblichen Beeinträchtigungen des allgemeinen und beruflichen Funktions- und Leistungsniveaus führen. Dies gilt ebenso für die zwanghafte ➠ Persönlichkeitsstörung.

Zwischenmenschliche Probleme

Allgemein Bezeichnung für psychosoziale und interaktionelle Schwierigkeiten oder Konflikte im sozialen bzw. zwischenmenschlichen Bereich. In der aktuellen ➠ Leitlinie zur Begutachtung psychischer und psychosomatischer Erkrankungen bezeichnen z.P. eine Facette psychischer ➠ Funktionen- und Funktionseinschränkungen, die dazu beitragen kann, die Möglichkeit eines Individuums einzuschränken, sich in Alltagsfunktionen oder Arbeitsprozesse zu integrieren.

Teil 6:

Handbuch Psychologische Tests

RALF DOHRENBUSCH

Die folgende Testzusammenstellung[1] ist ausgerichtet auf den Bedarf psychologischer Sachverständiger, die Begutachtungen der allgemeinen und beruflichen Leistungsfähigkeit unter Einbezug standardisierter und normierter psychologischer Testverfahren durchführen. Es wurden vorwiegend Verfahren ausgewählt, die im Handel erhältlich sind. Darüber hinaus gibt es in Deutschland derzeit über 5500 weitere psychologische Tests und Inventare, die zu praktischen Zwecken im klinischen und leistungs- bzw. berufsbezogenen Kontext sowie zu Forschungszwecken verwendet werden.

Eine Übersicht über sämtliche derzeit verfügbaren deutschsprachigen Testverfahren gibt das Leibniz-Zentrum für Psychologische Information und Dokumentation (ZPID, Online-Adresse: http://www.zpid.de). Die dort gelisteten Dokumentationen betreffen psychologische Tests, Skalen, Fragebögen, apparative Testverfahren, Methoden der computergestützten Diagnostik und andere diagnostische Verfahren aus allen Bereichen der Psychologie, psychiatrische Skalen und Methoden, Schulleistungstests, Adaptationen amerikanischer, englischer und anderssprachiger Tests sowie informelle Forschungsinstrumente. Die im vorliegenden Beitrag vorgenommene Auswahl von 140 Verfahren ist durch deren Ausrichtung auf Aspekte der klinischen oder neuropsychologischen Funktions- und Leistungsbegutachtung begründet. Die Auswahl ist auch von Zufällen und

---

[1] Mit herzlichem Dank an Thomas Merten, Sina Kaltwasser, Melissa Ruppel und Yvonne Winter für die wertvolle Unterstützung bei der Erstellung dieses Kapitels.

willkürlichen Schwerpunktsetzungen beeinflusst, d.h. es existieren Testverfahren, die zur psychologischen Begutachtung im Rahmen der BU-Bewertung ebenfalls sinnvoll genutzt werden können, hier aber nicht aufgeführt sind.

Vertiefende Informationen zu den hier genannten wie auch zu nicht genannten Verfahren liefern Testverlage (Online-Übersichten z.B. unter http://www.testzentrale.de – Hogrefe, http://www.verlag-hanshuber.com, http://www.pearsonassessment.de, http://www.schuhfried.at, usw.) sowie testorientierte psychologische Fachzeitschriften (z.B. Diagnostica, Psychological Assessment, Zeitschrift für Differentielle und Diagnostische Psychologie), publizierte Übersichten über die Auswahl von Testverfahren nach bestimmten Kriterien (z.B. Internationale Skalen für Psychiatrie des Collegium Internationale Psychiatriae Scalarum) sowie Online-Darstellungen von Autoren einzelner Tests im Selbstverlag.

1 Testübersicht

Unabhängig von der hier getroffenen Auswahl bemisst sich der Nutzen jedes einzelnen Verfahrens an den konkreten Fragestellungen bzw. am Erkenntnisinteresse des Testanwenders und an der Qualität und Verfügbarkeit alternativer Mess- und Testmöglichkeiten. Die folgende Tabelle 1 gibt Hinweise, zu welchen Themenbereichen der Begutachtung das jeweilige Verfahren vorwiegend Informationen beisteuert. Die Systematik orientiert sich an der aktuellen Leitlinie zur Begutachtung psychischer Störungen und psychosomatischer Erkrankungen (Online-Publikation: http://www.awmf.org/leitlinien/detail/ll/051-029.html), in der u. a. unterschieden wird zwischen:

- Psychische Funktionsstörungen (hier: klinische Merkmale)
- Krankheitsverarbeitung mit dispositionellen Merkmalen (hier: Persönlichkeitseigenschaften) und motivational-prozesshaften Einflüssen (hier: Krankheitsverarbeitung)
- Aktivität und Partizipation (hier: Funktion und Aktivität)
- Beschwerdenvalidierung (hier: Validierung)

Ein Kreuz in der jeweiligen Spalte der Tabelle 1 bedeutet:

- **Klinische Merkmale:** Das Verfahren liefert Informationen zur dimensionalen Erfassung bzw. Quantifizierung klinisch relevanter Merkmale (Eigenschaften oder Zustände), im Einzelfall auch Beiträge zur klassifikatorischen Einordnung psychischer Störungen oder Erkrankungen.
- **Persönlichkeit:** Das Verfahren liefert Informationen zur Erfassung mentaler oder psychischer Eigenschaften einer Person, die als stabil, d. h. zeit- bzw. situationsüberdauernd konzipiert sind. Die gemessenen Eigenschaften können das Bild vom Schweregrad einer Störung oder Erkrankung vervollständigen oder Hinweise liefern auf Art und Ausprägung dysfunktionaler Besonderheiten oder dispositionelle (störungsverursachende) Faktoren. Zur Persönlichkeit zählen auch situationsübergreifende Einstellungen, Denk- und Verhaltensgewohnheiten, Kommunikations- und Interaktionsstile sowie Fähigkeiten.

- **Krankheitsverarbeitung:** Das Verfahren liefert Informationen zur Erfassung von Merkmalen, die für die Verarbeitung der gesundheitlichen Beschwerden oder Erkrankungen bedeutsam sind. Es kann verwendet werden zur näheren Beschreibung von Merkmalen des Bewältigungs- oder Therapieverhaltens, also der Wahrnehmung- und Verarbeitung von Beschwerden und Beeinträchtigungen, der Selbstregulation, des Umgangs mit sozialer Unterstützung oder der Reaktion auf therapeutische oder rehabilitative Behandlungsangebote.

- **Funktion/Aktivität:** Das Verfahren liefert Informationen zur Erfassung von Funktionen oder Leistungsmerkmalen über Selbstberichte oder über Leistungsmessungen. Es kann sich dabei z. B. sowohl um kognitive oder motorische Leistungstests (Konzentrations- oder Gedächtnistests, Intelligenztests), als auch um Selbsteinschätzungen des allgemeinen oder arbeitsbezogenen Funktions- und Leistungsniveaus handeln.

- **Validierung:** Das Verfahren liefert Informationen zu Besonderheiten im Testverhalten, die zur Beurteilung der Gültigkeit individueller Testergebnisse genutzt werden können. Zu dieser Gruppe von Testverfahren zählen neuropsychologische Beschwerdenvalidierungstests, Fragebögen mit Kontrollskalen, gesonderte Verfahren zur Kontrolle negativer Antwortverzerrungen oder Testverfahren, deren Eignung zur Identifikation von Antwortverzerrungen durch empirische Untersuchungen belegt wurde.

Nähere Angaben zu den einzelnen Testverfahren (zu Testautor, Erscheinungsjahr, Messintention, Methodengruppe, Auswahl von Messdimensionen, Testumfang, Testgüte, Hinweise zur Verwendung in der Begutachtung der Berufs(un)fähigkeit) enthält Abschnitt 2 dieses Kapitels.

Tabelle 1: Testverfahren – Überblick über angesprochene Themenbereiche der Begutachtung

	Klinische Merkmale	Persön- lichkeit	Krank- heitsverar- beitung	Funktion/ Aktivität	Validie- rung
Aachener Aphasietest	x			x	
Adaptives Intelligenz Diagnosticum		x		x	
Alcohol Use Disorder Iden- tification Test	x				
Allgemeine Depressions- skala	x		x		x
Amsterdamer Kurzzeitge- dächtnistest					x
Analytischer Intelligenztest		x		x	
Auditiv-Verbaler Lerntest		x		x	
Aufmerksamkeits-Belas- tungstest		x		x	
Bech-Rafaelsen-Melan- cholie-Skala	x				
Beck-Angst-Inventar	x				
Beck-Depressions-Inventar	x				
Beeinträchtigungs-Schwe- re-Score				x	
Befindlichkeits-Skala				x	
Begabungs-Test-System		x		x	
Bells Test					
Benton-Test	x			x	x
Berner-Verbitterungs- Inventar	x		x		
Berufseignungstest		x		x	
Beschwerdenliste	x				
Bochumer Inventar zur berufsbezogenen Persön- lichkeitsbeschreibung		x		x	
Bochumer Wissenstest		x		x	
Borderline-Persönlichkeits- Inventar	x		x		

	Klinische Merkmale	Persön- lichkeit	Krank- heitsverar- beitung	Funktion/ Aktivität	Validie- rung
Boston Naming Test				x	
Brief Symptom Checklist	x				x
Büro-Test				x	
California Verbal Learning Test	x			x	
CERAD-Testbatterie	x	x		x	x
Cognitive Linguistic Quick Test		x		x	
Dem Tect	x			x	x
Demenz-Test	x			x	x
Deutsche Personality Research Form		x	x		
Deutscher Schmerzfrage- bogen	x	x	x	x	
Diabetes Wissens Test Typ 1			x		
Eating Disorder Inventory- II	x	x	x		
Eppendorfer Schizophre- nie-Inventar	x	x			x
Eysenck-Persönlichkeits- Inventar		x			x
Farbe-Wort-Interferenztest		x		x	
Fragbogen zum Essver- halten	x	x	x		
Fragebogen Alltagsleben			x	x	
Fragebogen dissoziativer Symptome	x				
Fragebogen für körperliche, psychische und soziale Symptome	x	x		x	
Fragebogen zu Kompetenz- und Kontrollüberzeugun- gen		x	x		
Fragebogen zu körperbezo- genen Ängsten, Kognition und Vermeidung	x	x	x	x	

	Klinische Merkmale	Persönlichkeit	Krankheitsverarbeitung	Funktion / Aktivität	Validierung
Fragebogen zu sozialer Angst und sozialen Kompetenzdefiziten	x		x	x	
Fragebogen zum funktionalen Trinken	x	x	x		
Fragebogen zum Gesundheitszustand				x	
Fragebogen zur Analyse belastungsrelevanter Anforderungsbewältigung		x	x	x	
Fragebogen zur Depressionsdiagnostik nach DSM-IV	x				
Fragebogen zur Erfassung der Schmerzverarbeitung	x				
Fragebogen zur Erfassung von Aggressivitätsfaktoren		x	x		
Fragebogen zur Erfassung von Ressourcen und Selbstmanagementfähigkeiten		x	x		
Fragebogen zur Lebenszufriedenheit			x	x	
Fragebogen zur Messung der Psychotherapiemotivation		x	x		
Fragebogen zur sozialen Unterstützung			x	x	
Freiburger Fragebogen – Stadien der Bewältigung chronischer Schmerzen	x		x		
Freiburger Fragebogen zur Krankheitsverarbeitung	x	x	x		
Freiburger Persönlichkeitsinventar	x	x		x	x
Grundintelligenztest Skala 3		x		x	
Hamburger Persönlichkeitsinventar		x		x	
Hamburger Zwangsinventar, Kurzversion	x				x

	Klinische Merkmale	Persön-lichkeit	Krank-heitsverar-beitung	Funktion/ Aktivität	Validie-rung
Hamilton Depressions-Skala	x				
Hospital Anxiety and Depression Scale	x	x			
Hypochondrie-Hysterie-Inventar	x				
Impact of Event Scale-R	x			x	
Indikatoren des Reha-Status		x	x	x	
Intelligenz Struktur Analyse		x		x	
Intelligenz-Struktur-Test		x		x	
Internationale Skalen für Hypochondrie	x				
Inventar zur Erfassung interpersonaler Probleme		x		x	
Inventar berufsbezogener Einstellungen und Selbst-einschätzungen		x		x	
Inventar zur Gedächtnisdi-agnostik	x	x		x	x
Iowa Gambling Task				x	
Irritations-Skala zur Erfassung arbeitsbezogener Beanspruchungsfolgen				x	
Job-Angst-Skala			x	x	
Kaufman Test zur Intelli-genzmessung		x		x	
Kieler Interview zur subjektiven Situation – Belastungen/Ressourcen		x	x		
Kieler-Schmerz-Inventar	x	x	x	x	
Kurztest zur Messung des Arbeitsgedächtnisses				x	x
Leistungsmotivationsin-ventar		x	x		
Leistungs-Prüf-System		x		x	
Line Orientation Test				x	

	Klinische Merkmale	Persön- lichkeit	Krank- heitsverar- beitung	Funktion / Aktivität	Validie- rung
Manheimer Intelligenztest		x		x	
Manie-Selbstbeurteilungs- skala	x				
Mehrfachwahl-Wort- schatz-Intelligenztest		x		x	
Mini-Mental-Status-Test	x			x	x
Minnesota Multiphasic Personality Inventory 2	x	x	x	x	x
Montgomery-Asberg Depressions Scale	x	x	x		
Münchener Lebensquali- täts-Dimensionen-Liste		x		x	
Multiphasic Sex Inventory	x			x	x
Narzissmusinventar	x	x	x		
NEO-Persönlichkeitsin- ventar	x	x	x	x	
Nottingham Health Profile		x		x	
Nürnberger Lebensquali- täts-Fragebogen				x	
Obsessive-Compulsive Inventory-Revised	x	x			
Osnabrücker Arbeitsfähig- keitenprofil	x	x		x	
Pain Disability Index	x			x	
Paranoid Depressivitäts- Skala, Depressivitäts-Skala	x	x			
Patientenfragebogen			x		
Persönlichkeits-Stil- und Störungs-Inventar	x	x	x		
Profil der Lebensqualität chronisch Kranker	x			x	
Progressive Matrizen		x		x	x
Quantifizierungs-Inventar für somatoforme Syndrome	x				
Regensburger Wortflüssig- keitstest		x		x	
Response Styles Questi- onnaire	x		x		

	Klinische Merkmale	Persön- lichkeit	Krank- heitsverar- beitung	Funktion / Aktivität	Validie- rung
Rey-Osterrieth Complex Figure Test				x	x
Rey Fifteen Item Test					x
Schmerzempfindungs- Skala	x				x
Screening für somatoforme Störungen	x				
Sechzehn Persönlichkeits- Faktoren-Test	x	x	x	x	x
Self-Monitoring-Skala		x		x	x
Semantisches Altgedächt- nisinventar				x	
Sickness Impact Profile				x	
Skalen zur Erfassung der Lebensqualität				x	
Skalen zur Erfassung von Hoffnungslosigkeit		x	x		
Social Phobia Scale, Social Interaction Scale	x	x		x	
State-Trait-Angstinventar	x	x			
Strukturierter Fragebogen Simulierter Symptome					x
Strukturiertes klinisches Interview für DSM-IV	x				
Symptom Checkliste	x				x
Test of Memory Malinge- ring					x
Testbatterie zur Aufmerk- samkeitsprüfung	x	x		x	
Testbatterie zur Forensi- schen Neuropsychologie					x
Test zur Untersuchung des praktisch-technischen Verständnisses		x		x	
Token Test	x			x	
Trierer Alkoholismus Inventar	x	x	x	x	

	Klinische Merkmale	Persönlichkeit	Krankheitsverarbeitung	Funktion/ Aktivität	Validierung
Tübinger Bogen zur Erfassung von Schmerzverhalten	x				
Turm von Hanoi				x	
Turm von London				x	
Verbaler Kurzintelligenztest		x		x	
Verbaler Lern- und Merkfähigkeitstest	x	x		x	
Verbaler und non-verbaler Lerntest		x		x	
Verhaltens- und Erlebnisinventar	x	x	x	x	x
Verkaufs- und Vertriebskompetenz-Inventar		x		x	
Wechsler Intelligenztest für Erwachsene		x		x	x
Wiener Testsystem		x		x	x
Wilde Intelligenz Test		x		x	
Wisconsin Card Sorting Test	x	x		x	
Word Memory Test					x
Wortschatztest		x		x	
Zahlen-Verbindungs-Test		x		x	x

2 Testbeschreibung

Aachener Aphasietest – ATT

Der AAT ist ein Verfahren zur Diagnose von Aphasien infolge erworbener Hirn-schädigungen. Vor allem durch das Testen der Spontansprache können so alle sprachlichen Ebenen überprüft werden. Sprachliche Störungen werden beim Nachsprechen, beim Lesen und Schreiben, beim Benennen und in Bezug auf das Sprachverständnis identifiziert. Der AAT enthält sechs Untertests zu den ge-nannten Funktionsbereichen. In der Begutachtung liefert das Verfahren bei aus-reichender Testmotivation Informationen zur Sprach- und Sprechfähigkeit einer Person. Testpsychologisch belegte Störungen können zu Beeinträchtigungen der Lern- und Aufnahmefähigkeit, des Instruktionsverständnisses, der Urteils- und Entscheidungsfähigkeit, der kognitiven Verarbeitungsgeschwindigkeit sowie der Kommunikations- und Kontaktfähigkeit führen.

Autor(en)	Huber, W., Poeck, K., Weniger, D., Willmes, K.
Erscheinungsjahr / letzte Auflage	1983
Messintention	Diagnose von Aphasien infolge erworbener Hirnschä-digungen; Abgrenzung gegenüber nicht-aphasischen Störungen und Bewertung des Schweregrads der Aphasie
Methodengruppe	Leistungstest
Messdimensionen	Spontansprache, Artikulation, Prosodie, Schriftsprache, Benennen, Nachsprechen, Sprachverständnis
Testdauer / Umfang	Ca. 60 – 90 Minuten
Testgüte	Reliabilität: Interne Konsistenz α = .93 – .99; Retest-Reliabilität r_{tt} = .95 Validität: Konstruktvalidität – 92,2 % korrekte Einstu-fungen von Personen mit und ohne Aphasie; Gesamt-klassifikationsrate 85,8 % für die Unterscheidung der vier großen Standardsyndrome der Aphasie

Adaptives Intelligenz Diagnosticum – AID 2

Der AID 2 dient der Erfassung komplexer und basaler Kognitionen. Auf der testtheoretischen Grundlage des sogenannten Rasch-Modells ist durch die Auswahl der Testaufgaben sichergestellt, dass alle Items eines Untertests (alle Aufgaben) nur jeweils eine ganz bestimmte Eigenschaft (eindimensional) messen, dies allerdings auf unterschiedlichen Schwierigkeitsebenen. Durch diese Testeigenschaften kann das Leistungsniveau besonders zuverlässig bestimmt werden. Gemessen werden verbal-akustische Fähigkeiten auf sieben und manuell-visuelle Fähigkeiten auf sechs Dimensionen. Im Kontext der Begutachtung kann das Verfahren zur Beurteilung allgemeiner und spezieller geistiger Fähigkeiten eingesetzt werden. Bei ausreichender Anstrengungsbereitschaft liefern die Kennwerte Informationen zum Niveau sprachlicher und nicht primär sprachbezogener Denk- und Analysefähigkeit, zur Strukturierungs- und Planungsfähigkeit, zur geistigen Flexibilität, zur Rechenfähigkeit und zur Fähigkeit zu komplexer Informationsverarbeitung.

Autor(en)	Kubinger, K.D.
Erscheinungsjahr / letzte Auflage	1985 (2. Auflage)
Messintention	Erfassung komplexer und basaler Kognitionen bei Kindern, Jugendlichen und auch Erwachsenen
Methodengruppe	Kognitiver Leistungstest
Messdimensionen	Verbal-akustische Fähigkeiten (Alltagswissen, angewandtes Rechnen, unmittelbares Reproduzieren – numerisch, Synonyme finden, Funktionen abstrahieren, soziales Erfassen und sachliches Reflektieren), manuell-visuelle Fähigkeiten (Realitätssicherheit, soziale und sachliche Folgerichtigkeit, Kodieren und Assoziieren, Antizipieren und Kombinieren – figural, Analysieren und Synthetisieren – abstrakt)
Testdauer / Umfang	Ca. 30 – 75 Minuten

Testgüte	Reliabilität: Interne Konsistenz ist aufgrund der Geltung des Rasch-Modells für neun Untertests und alle Zusatztests gegeben. Testhalbierungs-Reliabilität für neun Untertests (des ursprünglichen AID) zwischen $r_{tt} = .91$ und $r_{tt} = .95$; Stabilität nach vier Wochen bzw. nach mindestens einem Jahr zwischen $r_{tt} = .83$ und $r_{tt} = .95$ bzw. zwischen $r_{tt} = .60$ und $r_{tt} = .80$ Validität: Inhaltliche Gültigkeit aufgrund von Experten-Ratings; Konstruktvalidität in Bezug auf Wahrnehmen, Merken und Verarbeiten; diskriminante Konstruktvalidität in Bezug auf zahlreiche Leistungstests

Allgemeine Depressionsskala – ADS

Die ADS ist ein Selbstbeurteilungsfragebogen, mit dem der Grad der Beeinträchtigung durch depressive Symptome geschätzt werden kann. Der Befragte soll beurteilen, inwiefern er durch depressionstypische affektive, emotionale, motivationale, kognitive, somatische und motorisch / interaktionale Beschwerden in der letzten Woche eingeschränkt war. Das Verfahren differenziert eher bei mittelgradigen als bei schweren depressiven Störungen. Es existiert eine Langform und eine Kurzform. Im Begutachtungskontext eignet sich das Verfahren zur Quantifizierung der depressiven Symptomatik und zur Validierung von Beschwerden.

Autor(en)	Hautzinger, M., Bailer, M., Hofmeister, D., Keller, F.
Erscheinungsjahr / letzte Auflage	1993
Messintention	Selbsteinschätzung der Beeinträchtigung durch depressive Symptome innerhalb der letzten Woche
Methodengruppe	Fragebogen
Messdimensionen	Ausprägung depressiver Beschwerden, Antwortkonsistenz
Testdauer / Umfang	Ca. 5 Minuten

| Testgüte | Reliabilität: Interne Konsistenz ADS-L α = .89 – .92, bei depressiven Patienten α = .92, bei Kindern und Jugendlichen α = .82 – .88; interne Konsistenz ADS-K α = .88 – .95 |
| | Validität: Erwartungskonforme Zusammenhänge mit konstruktnahen Verfahren (u. a. Beck-Depressions-Inventar, Inventar Depressiver Symptome, Befindlich-keitsskala, Geriatrische Depressionsskala) |

Amsterdamer Kurzzeitgedächtnistest – AKGT

Der AKGT ist ein Verfahren zur Erfassung der Leistungsmotivation bei Jugendlichen und Erwachsenen. Der Test kann Hinweise auf Störungen des Kurzzeitgedächtnisses liefern, er kann aber auch verwendet werden, um eine schwache Testmotivation abzubilden. Auffällige Werte können darauf hinweisen, dass die Testperson in der Testsituation zu müde oder antriebsgemindert war, um ihre maximale Leistungsfähigkeit abzurufen oder dass sie bemüht war, einen bestimmten Eindruck von ihrer Leistungsfähigkeit zu vermitteln.

Autor(en)	Schmand, B., Lindeboom, J., Merten, T., Millis, S.R.
Erscheinungsjahr/ letzte Auflage	2005
Messintention	Erfassung unzureichender Leistungsmotivation
Methodengruppe	Validierungstest
Messdimensionen	–
Testdauer/Umfang	Ca. 10 – 15 Minuten
Testgüte	Reliabilität: Interne Konsistenz α = .90
	Validität: Sensitivität .90, Spezifität .89 – bezogen auf die Unterscheidung von Testpersonen mit zureichender vs. unzureichender Testmotivation

Auditiv-Verbaler Lerntest – AVLT

Der AVLT ist ein kognitiver Leistungstest zur Erfassung der Lernfähigkeit, dabei können Lernstrategien berücksichtigt werden. Der Testperson werden wiederholt 15 Substantive vorgelesen, die die Person unmittelbar im Anschluss aus dem Gedächtnis reproduzieren soll. Die AVLT-Wortlisten liegen in fünf Parallelformen vor, sodass eine Testperson pro Testdurchlauf mit unterschiedlichen Listen getestet werden kann. Im Kontext der Begutachtung eignet sich das Verfahren zur Beurteilung des verbalen Kurzzeitgedächtnisses. Testpsychologisch dokumentierte Störungen können je nach Schweregrad Auswirkungen haben auf unterschiedliche mentale Leistungsfunktionen (Urteils-, Strukturierungs-, Planungsfähigkeit) sowie auf kommunikative Fähigkeiten. Voraussetzung für die inhaltliche Interpretation der Testwerte sind Belege über eine ausreichende Anstrengungsbereitschaft in der Testsituation.

Autor(en)	Heubrock, D.
Erscheinungsjahr/ letzte Auflage	1992
Messintention	Erfassung von Lernfähigkeit unter Berücksichtigung von Lernstrategien
Methodengruppe	Kognitiver Leistungstest
Messdimensionen	Merkspanne, Tendenz zu proaktiver und retroaktiver Hemmung, Positionseffekte beim Lernen, Lernstrategien, Wiedererkennungsfähigkeit
Testdauer/Umfang	Ca. 20 – 30 Minuten
Testgüte	Keine Angaben zur Reliabilität im Referenzartikel; Belege für die Abhängigkeit der Testwerte von Bildungsniveau, Intelligenz, Lebensalter, Geschlecht

Aufmerksamkeits-Belastungstests – d2

Der Test d2 ist ein weit verbreiteter kognitiver Leistungstest zur Erfassung der Aufmerksamkeits- und Konzentrationsleistung. Der Testbogen enthält 14 Testzeilen mit jeweils 47 Zeichen. Aus einer gemischten Reihenfolge der Buchstaben „d" und „p" mit jeweils ein, zwei, drei oder vier Strichen soll jedes „d" mit 2 Strichen erkannt und durchgestrichen werden. Der Test d2 erfasst die Verhaltenskomponenten Quantität/Tempo, Qualität/Sorgfalt sowie den zeitlichen Verlauf der Leistung. Er misst eine relative kurze Konzentrationsleistung und eignet sich in der Begutachtung sowohl zur Erfassung des allgemeinen konzentrativen Leistungsniveaus, als auch zur Veränderungsmessung im Untersuchungsverlauf.

Autor(en)	Brickenkamp, R.
Erscheinungsjahr/ letzte Auflage	1994 (Erscheinungsjahr), 2002 (9. Auflage)
Messintention	Untersuchung der individuellen Aufmerksamkeits- und Konzentrationsfähigkeit
Methodengruppe	Kognitiver Leistungstest
Messdimensionen	Tempo und Sorgfalt des Arbeitsverhaltens bei der Unterscheidung ähnlicher visueller Reize
Testdauer/Umfang	Ca. 8 Minuten
Testgüte	Reliabilität: Interne Konsistenz α = .95 – .98 Validität: Gute bis sehr gute konvergente Validitäten zu anderen Konzentrationstests

Bech-Rafaelsen-Melancholie-Skala – BRMS

Die BRMS dient der Einschätzung des Schweregrades einer Depression im Querschnitt und im Verlauf. Die Erhebung erfolgt mittels eines Interview- und Beobachtungsleitfadens. Aussagen zu umschriebenen Funktionsbereichen sind darin fünfstufig quantifiziert. Itembeispiel: Verbale Aktivität: 0) normale verbale Aktivität, 1) Ausdrucksfähigkeit leicht eingeschränkt, 2) deutlich passiv im Gespräch, 3) lange Pausen und kurze Antworten im Gespräch, 4) die Befragung kann nur unter großen Schwierigkeiten zu Ende geführt werden. Der Gesamtwert eignet sich zur Einschätzung des Schweregrades einer depressiven Symptomatik. Normen liegen nicht vor.

Autor(en)	Stieglitz, R.D., Smolka, M., Bech, P., Helmchen, H.
Erscheinungsjahr / letzte Auflage	1986
Messintention	Einschätzung des Schweregrades einer Depression
Methodengruppe	Fremdbeurteilungsskala
Messdimensionen	Schwere der Depression (Summe über 11 Items)
Testdauer / Umfang	Informationserhebung mittels Interviewleitfaden ca. 10 – 20 Minuten, Ausfüllen des Dokumentationsbogens ca. 5 Minuten
Testgüte	Reliabilität: Interne Konsistenz α = .70 – .89 Validität: Faktorenanalytische Untersuchungen sprechen für eine einzige zugrundeliegende Dimension bei Depressiven (Schwere der Depression), nicht aber bei Verwendung der Skala bei anderen Patientengruppen. Substanzielle Übereinstimmungen zur Hamilton Depressions-Skala (Fremdbeurteilung) und zum Beck-Depressions-Inventar (Selbstbericht)

Beck-Angst-Inventar – BAI

Das BAI ist ein Selbstbeurteilungsverfahren zur Erfassung des Angstschweregrads bei Erwachsenen und Jugendlichen. Der kombinierte Einsatz von BAI und BDI-II (Beck-Depressions-Inventar) verbessert die Differenzierung von Angst und Depression. Das BAI besteht aus 21 Fragen zu Angst und Ängstlichkeit, die auf einer vierstufigen Skala hinsichtlich der Schwere des Auftretens in den letzten sieben Tagen zu bewerten sind. Im Kontext der Begutachtung ist die Verwertbarkeit des Verfahrens aufgrund der Durchsichtigkeit der Messung und fehlender Kontrollskalen zur Erfassung negativer Antwortverzerrungen eingeschränkt.

Autor(en)	Beck, A.T., Margraf, J., Ehlers, A.
Erscheinungsjahr /letzte Auflage	2007
Messintention	Angstschweregradbeurteilung, Differenzierung von Angst und Depressivität durch Vergleich mit BDI
Methodengruppe	Fragebogen, Selbstbericht

Messdimensionen	Schweregrad der Angst
Testdauer / Umfang	Ca. 5 – 10 Minuten, 21 Items
Testgüte	Reliabilität: Interne Konsistenz α = .85 – .90, Retest-Reliabilität r_{tt} = .68 – .79 Validität: Für die deutschsprachige Version liegen die Mediane der Korrelationen mit anderen Angstmaßen zwischen r = .46 (Hamilton Angst-Skala) und r = .72 (SCL-90 Subskala Ängstlichkeit).

Beck-Depressions-Inventar – BDI-II

Das BDI-II ist ein standardisierter Fragebogen, der die Schwere depressiver Symptomatik erfasst. Anhand von 21 Fragen bestimmt der Proband, welche von vier möglichen Aussagen zu verschiedenen Aspekten depressiver Symptomatik für ihn in der letzten Woche am ehesten zutreffen. Die Werte der angekreuzten Aussagen werden zu einem Summenwert aufaddiert. Das BDI-II ist eines der international am weitesten verbreiteten Selbstbeurteilungsinstrumente zur Beurteilung der Schwere einer Depression, es differenziert relativ gut im Bereich mittelgradiger bis schwerer Depressivität. Im Begutachtungskontext ist der Informationswert des Bogens aufgrund seiner hohen Transparenz und fehlender Kontrollskalen zur Erfassung möglicher Antworttendenzen eingeschränkt.

Autor(en)	Beck, A.T., Steer, R.A., Brown, G.K., Hautzinger, M., Keller, F., Kühner, C.
Erscheinungsjahr / letzte Auflage	2007
Messintention	Beurteilung der Schwere der Depression bei psychiatrisch diagnostizierten Jugendlichen ab 13 Jahren und Erwachsenen
Methodengruppe	Fragebogen
Messdimensionen	Schwere der depressiven Symptomatik
Testdauer / Umfang	Ca. 5 – 10 Minuten

Testgüte	Reliabilität: Interne Konsistenz – Depressive Patienten in Behandlung α = .93, Patienten mit primär anderen psychischen Störungen α = .92, Gesunde α = .90.; Retest-Reliabilität r_{tt} = .78
	Validität: Hohe Übereinstimmungen sowohl mit der selbstbeurteilten Depressivität (FDD-DSM–IV) in Höhe von r = .72 – .89 als auch mit fremdbeurteilter Depressivität (MADRS) in Höhe von r = .68 – .70

Beeinträchtigungs-Schwere-Score – BSS

Beim BSS handelt es sich um ein theorieunabhängiges Experten-Ratingverfahren, mit dem die Beeinträchtigung eines Menschen durch seine Erkrankung orientierend eingeschätzt werden kann. Die Beurteilung erfolgt in Bezug auf körperliche, psychische und sozialkommunikative Beeinträchtigung. Aufgrund schwacher Differenzierung der Konstrukte, Verzicht auf Messwiederholung und fraglicher Reliabilität ist der Wert des Verfahrens für die Begutachtungspraxis eingeschränkt, aus psychometrischer Sicht ist sein Einsatz in der Einzelfallbegutachtung nicht zu empfehlen.

Autor(en)	Schepank, H.
Erscheinungsjahr / letzte Auflage	1995
Messintention	Grobeinschätzung der Beeinträchtigung durch psychische Erkrankung
Methodengruppe	Theorieunabhängiges Experten-Ratingverfahren
Messdimensionen	Körperliche, psychische und sozialkommunikative Beeinträchtigung mit jeweils fünf Skalenstufen
Testdauer / Umfang	Ca. 2 Minuten
Testgüte	Reliabilität: Interrater-Reliabilität r = .90, keine Konsistenz. Es liegen Normwerte Gesunder und psychotherapeutisch versorgter Erwachsener vor.
	Validität unbestimmt

Befindlichkeits-Skala – Bf-SR

Die Bf-SR dient der Erfassung des momentanen psychischen Befindens. Das Verfahren ist störungsübergreifend bei Gesunden, Patienten und Testpersonen in der Begutachtung einsetzbar. Es eignet sich dazu, Befindlichkeitsänderungen z.B. im Verlauf eines Tages hinreichend zuverlässig (reliabel) zu erfassen. Der Testperson werden 24 Paare von Eigenschaftswörtern (z.B. müde – wach) zur Einschätzung vorgegeben. Sie soll angeben, inwiefern die vorgegebenen Eigenschaften das aktuelle Befinden treffend beschreiben. Im Kontext der Begutachtung kann die Skala verwendet werden, um situative Einflüsse auf das Untersuchungsverhalten oder auf Testleistungen abzuschätzen oder um Veränderungen des Befindens oder des Funktionsniveaus im Untersuchungsverlauf zu quantifizieren.

Autor(en)	Zerssen, D., Petermann, F.
Erscheinungsjahr/ letzte Auflage	2011
Messintention	Erfassung der momentanen psychischen Befindlichkeit, wobei das gesamte Spektrum normaler und pathologischer Veränderungen des Befindens abgebildet werden kann
Methodengruppe	Selbstbeurteilungsskala
Messdimensionen	Beeinträchtigtes Allgemeinbefinden vs. Wohlbefinden
Testdauer/Umfang	Ca. 5 Minuten, 24 zu beurteilende Paare von Eigenschaftswörtern
Testgüte	Reliabilität: Testhalbierungs-Reliabilität r ≥ .90 Validität: Kriteriumsvalidität r = .85 – .90, hohe Übereinstimmungen zu selbsteingeschätzter Depressivität

Begabungs-Test-System – BTS

Das BTS erfasst Intelligenz-, Schul- und Konzentrationsleistungen. Es besteht aus neun Untertests, die z.T. Weiterentwicklungen bekannter Verfahren sind (u.a. Muster fortsetzen, Mensch zeichnen, Regelerkennen, Buchstaben raten, Grundrechnen, Buchstaben zählen, Rechtschreibung). Die Untertests wurden danach ausgewählt, wie gut sie zwischen guten und schlechten Schülern differenzieren. Der Schwierigkeitsbereich der Aufgaben ist breit gestreut. Aufgrund veralteter Normen sollte der mittlerweile nur noch relativ wenig gebrauchte Test im Begutachtungskontext nur zur orientierenden Einschätzung jüngerer und mit aktuellen Leistungstestverfahren bereits gut vertrauter Probanden eingesetzt werden (Vermeidung von Gedächtniseffekten bei Testwiederholung).

Autor(en)	Horn, W.
Erscheinungsjahr/ letzte Auflage	1972 (2. Auflage)
Messintention	Erfassung von Intelligenz-, Schul-, Konzentrationsleistungen etwa im gleichen Verhältnis
Methodengruppe	Kognitiver Leistungstest
Messdimensionen	Kristalline Intelligenz, Konzentration und Rechnen, logisches Denken
Testdauer/Umfang	Ca. 90 Minuten (Kurzform 68 Minuten)
Testgüte	Reliabilität: Interne Konsistenz α = .58 – .93
	Validität: Mittelgradig ausgeprägter Zusammenhang zwischen Testwerten und Arbeitsverhalten (bezogen auf schulische Leistungsbedingungen), veraltete Normierung

Bells Test

Der Bells Test ist ein neuropsychologischer Leistungstest, der visuelle Neglect-Phänomene, also halbseitige Wahrnehmungs- oder Aufmerksamkeitsstörungen oder den Ausfall einer Gesichtshälfte erfasst. Er besteht aus einer Zeichnung von 280 Distraktor-Bildern (Abbildungen unterschiedlicher Gegenstände) und 35 Glockenbildern auf einem Blatt. Die Aufgabe des Probanden ist es, so schnell wie möglich alle Glockenbilder einzukreisen. Erfasst werden die benötigte Zeit und die Anzahl der richtigen Lösungen. Je nachdem, in welchen Bereichen und wieviele Glocken ausgelassen wurden, ist der Schluss auf eine visuelle Neglect-störung gerechtfertigt.

Autor(en)	Gauthier, L., Dehaut, F., Joanette, Y.
Erscheinungsjahr / letzte Auflage	1989
Messintention	Diagnostik visueller Neglect-Phänomene (halbseitiger Aufmerksamkeitsstörungen)
Methodengruppe	Neuropsychologischer kognitiver Leistungstest
Messdimensionen	Auslassungen von Zielitems – Glockensymbole im Kontext unterschiedlicher Distraktoritems (andere Symbole)
Testdauer / Umfang	Ca. 5 Minuten
Testgüte	Angaben zur kriterienbezogenen Validität, Eignung zur Unterscheidung von Patienten mit vs. ohne neurologischer Schädigung.

Benton-Test – BT

Der BT ist ein Leistungstest des Gedächtnisses für visuell-räumliche Stimuli bzw. unterschiedliche geometrische Figuren. Je nach Version müssen die Probanden die dargebotenen Figuren frei erinnern und aufschreiben, nur abzeichnen oder aus einer vorgegebenen Liste wiedererkennen. Der BT ist ein häufig verwendeter Test zur Erfassung des visuellen Kurzzeitgedächtnisses sowie umschriebener neuropsychologischer Defekte mit Gedächtnisbeteiligung. Im Kontext der Begutachtung kann er zur Abschätzung basaler konzentrativer, gedächtnisbezogener und sensumotorischer Funktionen sowie teilweise auch zur Validierung von Klagen über kognitive Beeinträchtigungen verwendet werden.

Autor(en)	Benton, A.L.
Erscheinungsjahr/ letzte Auflage	1996
Messintention	Tests des Gedächtnisses für visuell-räumliche Stimuli
Methodengruppe	Kognitiver Leistungstest
Messdimensionen	Reproduktion, Abzeichnen und Wiedererkennen von Items
Testdauer/Umfang	Ca. 10 – 20 Minuten (Kurzform 5 – 10 Minuten)
Testgüte	Reliabilität: Retest-Reliabilität für die Zeichenformen $r_{tt} = .85$, Interrater-Reliabilität $r = .94 – .98$, interne Konsistenz $\alpha = .90$ Die Validität des Verfahrens wurde in mehreren unabhängigen Untersuchungen überprüft.

Berner-Verbitterungs-Inventar – BVI

Das BVI dient der Erfassung von Verbitterung, die den Testautoren zufolge konzeptionell abgrenzbar ist von Depression, moralischer Verzweiflung und Aggression. Es werden subjektive Einstellungen und Gefühle erfragt, die sich aus einer persönlichen und als ungerecht empfundenen Leidensgeschichte ergeben. Im Begutachtungskontext kann der Bogen ergänzende Hinweise liefern zum Erscheinungsbild affektiver Störungen. Aufgrund der Messtransparenz des BVI und fehlender Kontrollskalen zur Aufdeckung negativer Antworttendenzen ist die Verwertbarkeit in der Begutachtung eingeschränkt.

Autor(en)	Znoj, H.
Erscheinungsjahr/ letzte Auflage	2009
Messintention	Erfassung von Verbitterung im beruflichen sowie privaten Bereich; Abgrenzung von Depression, moralischer Verzweiflung und Aggression
Methodengruppe	Fragebogen
Messdimensionen	Emotionale Verbitterung, leistungsbezogene Verbitterung, Pessimismus/Hoffnungslosigkeit, Menschenverachtung
Testdauer/Umfang	Ca. 5 Minuten

Testgüte   Reliabilität: Interne Konsistenz α = .65 – .86, Retest-Reliabilität r_{tt} = .74 – .81

Die Validität des Verfahrens wurde in mehreren Untersuchungen überprüft.

Beschwerdenliste – B-L

Die B-L ermittelt das Ausmaß subjektiver Beeinträchtigung durch körperliche und Allgemeinbeschwerden. Die Testperson wird aufgefordert, für verschiedene gesundheitliche Beschwerden (z.B. Kurzatmigkeit, Schwindel, Übelkeit usw.) das Ausmaß der Beeinträchtigung einzuschätzen. Veränderungen des Kennwertes bilden bei wiederholter Anwendung Veränderungen des gesundheitlichen Zustandes ab. Aufgrund der Messtransparenz und fehlender Kontrollmöglichkeiten zur Aufdeckung negativer Antworttendenzen ist die Verwertbarkeit der Liste in der Begutachtung eingeschränkt.

Autor(en)	Zerssen, D.v.
Erscheinungsjahr / letzte Auflage	1976
Messintention	Erfassung des Ausmaßes subjektiver Beeinträchtigung durch körperliche und Allgemeinbeschwerden
Methodengruppe	Selbstbeurteilungsskala
Messdimensionen	Je ein Summen-Score für die Parallelformen B-L und B-L', sowie ein gemeinsamer Score für beide Testformen als Gradmesser der Gesamtbeeinträchtigung.
Testdauer / Umfang	Ca. 2 Minuten, 24 Items
Testgüte	Relibilität: Paralleltest-Reliabilität r_{tt} = .85 – .95, Testhalbierungs-Reliabilität für die Parallelformen r_{tt} = .91, für beide Testformen zusammen r_{tt} = .96 Kriterienbezogene Validität: Korrelation mit dem Kriterium der Zugehörigkeit zu einer klinischen bzw. einer Kontrollgruppe bei r_{tt} = .62. Ausreichende Normierung, aber keine Trennwerte zur Abgrenzung abnorm erhöhter Beschwerden.

Berufseignungstest – BET

Der BET ist ein Leistungstest zur Erfassung verschiedener Grundfunktionen persönlicher Begabung und beruflicher Eignung. Der Test besteht aus 12 Aufgabengruppen, die Bereiche wie z.B. Wahrnehmungsgeschwindigkeit, räumliches Vorstellungsvermögen, rechnerische und sprachliche Fähigkeiten usw. abdecken. Das persönliche Begabungsprofil kann mit den vorliegenden berufsspezifischen Anforderungsnormen verglichen werden, um Aufschluss über die Eignung für einen bestimmten Beruf zu erhalten. Der BET liefert Angaben zum Begabungsprofil für 64 kaufmännische und gewerblich-technische Berufe. In der Begutachtung kann der Test verwendet werden, um kognitive bzw. intellektuelle Voraussetzungen und Fähigkeitseinschränkungen jeweils bezogen auf bestimmte berufliche Anforderungsprofile abzuschätzen. Die Interpretierbarkeit der Testwerte setzt eine optimale Testmotivation und Anstrengungsbereitschaft der Testperson voraus, die aber durch den BET nicht gesondert geprüft wird.

Autor(en)	Schmale, H., Schmidtke, H.
Erscheinungsjahr/ letzte Auflage	2013 (5. Auflage)
Messintention	Erfassung verschiedener Grundfunktionen persönlicher Begabung und beruflicher Eignung für 64 kaufmännische sowie gewerblich-technische Berufe
Methodengruppe	Berufsbezogener Leistungstest
Messdimensionen	Wahrnehmungsgeschwindigkeit und -genauigkeit, räumliches Vorstellungsvermögen, rechnerische und sprachliche Fähigkeiten, Zahlenlogik, perzeptive Stressresistenz, optomotorische Koordination, fein- und grobmotorische Geschicklichkeit
Testdauer/Umfang	Ca. 90 Minuten (für alle Einzeltests), Auswertungszeit ca. 10 – 15 Minuten
Testgüte	Reliabilität: Die Retest-Reliabilität (Intervall von sieben Tagen) liegt zwischen $r_{tt} = .89$ und $r_{tt} = .93$. Validität: Es liegen nach Berufsgruppen differenzierte Validitätsnachweise für die Einzeltests vor. Außenkriterium: Eine innerbetriebliche Bewertung des Ausbildungserfolges oder Abschlussprüfung

Bochumer Inventar zur berufsbezogenen Persönlichkeitsbeschreibung – BIP

Das BIP ist ein standardisierter Fragebogen zur Erfassung von Persönlichkeitsmerkmalen, die im Berufsleben relevant sind. Auf insgesamt 14 Dimensionen
werden persönliche Eignungsvoraussetzungen zu den übergeordneten Merkmalen Arbeitsverhalten, berufliche Orientierung, soziale Kompetenzen und
psychische Konstitution erfasst. Die Erhebung durch einen Selbstbeurteilungsfragebogen und einen Fremdbeschreibungsbogen ermöglichen einen Abgleich
von Selbst- und Fremdbild. Die Auswahl der Dimensionen ist zur Beurteilung
der beruflichen Leistungsfähigkeit geeignet. Die Normierungs- und Interpretationsmöglichkeiten sind im Begutachtungskontext eingeschränkt, weil das
BIP für Anwendungen in der Personalentwicklung bzw. für Entscheidungen
unter anderen motivationalen Rahmenbedingungen entwickelt worden ist und
die Testautoren eine zurückhaltende Interpretation der normierten Testwerte
empfehlen.

Autor(en)	Hossiep, R., Paschen, M., Mühlhaus, O.
Erscheinungsjahr/ letzte Auflage	2003 (2. Auflage)
Messintention	Erfassung von im Berufsleben relevanten Persönlich-keitsmerkmalen
Methodengruppe	Fragebogen (Selbstbeurteilung und Fremdbeurteilung)
Messdimensionen	Arbeitsverhalten (Gewissenhaftigkeit, Flexibilität, Handlungsorientierung), berufliche Orientierung (Leistungsmotivation, Gestaltungsmotivation, Füh-rungsmotivation), soziale Kompetenzen (Sensitivität, Kontaktfähigkeit, Soziabilität, Teamorientierung, Durch-setzungsstärke) psychische Konstitution (emotionale Stabilität, Belastbarkeit, Selbstbewusstsein)
Testdauer/Umfang	Ca. 45 Minuten

Testgüte	Reliabilität: Interne Konsistenz α = .74 – .91, Retest-Reliabilität r_{tt} = .71 – .79
	Validität: Substanzielle Zusammenhänge der BIP-Skalen mit Merkmalen beruflichen Erfolges und beruflicher Zufriedenheit (Kriterien Einkommen, Hierarchiestufe, berufliche Zufriedenheit r = .41 – .49.); konvergente Validität mit Skalen anderer Persönlichkeitsfragebögen NEO-FFI, 16 PF-R, EPI). Die Kennwerte liegen für verwandte Konstrukte zwischen r = .54 und .84.

Bochumer Wissenstest – BOWIT

Der BOWIT ist ein Verfahren zur Erfassung des Allgemeinwissens im Sinne kristalliner (durch sprachliche und kulturelle Einflüsse bestimmte) Intelligenz. Der Test liegt als Vollversion und Kurzversion (Screening) vor. Erfragt werden in der Vollversion Wissensinhalte aus elf Bereichen, die Kurzversion erfasst Inhalte aus zwei übergeordneten Bereichen (naturwissenschaftlich-technisches und gesellschafts- und geisteswissenschaftliches Wissen). In der Begutachtung können die Kennwerte zur Abschätzung des prämorbiden Intelligenzniveaus verwendet werden, insbesondere wenn sich das Leistungsniveau der geistigen Informationsverarbeitung krankheits- oder verletzungsbedingt verringert hat. Außerdem eignet sich der Test zur orientierenden Beschreibung des allgemeinen Niveaus der geistigen Fähigkeit und zum Abgleich mit Testwerten anderer Leistungstests (Validierung).

Autor(en)	Hossiep, R., Schulte, M.
Erscheinungsjahr/ letzte Auflage	2007
Messintention	Zuverlässige und ökonomische Erfassung des Allgemeinwissens im Sinne kristalliner Intelligenz; differenziert und als Screening
Methodengruppe	Leistungstest

Messdimensionen	11 Facetten: Bildende Kunst/Architektur, Biologie/ Chemie, Ernährung/Bewegung/Gesundheit, Geographie/ Verkehr, Geschichte/Archäologie, Gesellschaft/Politik, Mathematik/Physik, Philosophie/Religion, Sprache/Literatur, Technik/EDV, Wirtschaft/Recht (in der Kurzversion zwei Faktoren: Naturwissenschaftliches-technisches Wissen, gesellschafts- und geisteswissenschaftliches Wissen)
Testdauer/Umfang	Ca. 45 Minuten, 154 Items (Kurzform ca. 20 Minuten, 45 Items)
Testgüte	Reliabilität: Paralleltest-Reliabilität r_{tt}= .91, Retest-Reliabilität r_{tt} = .96, interne Konsistenz α = .95 (Facetten .60 – .84)
	Validität: Belege für diskriminante Validität, konvergente Übereinstimmung mit dem Wissensmodul des I-S-T 2000-R r = .75; Kriteriumsvalidität durch Zusammenhänge mit Abiturnote, Studiumsnote, hierarchischer Position

Borderline-Persönlichkeits-Inventar – BPI

Das BPI ist ein deutschsprachiger Fragebogen zur Erfassung der Borderline-Persönlichkeitsstörung und zur Quantifizierung borderlinetypischer Eigenschaften bei Erwachsenen. Eine Borderline-Persönlichkeitsstörung ist gekennzeichnet durch eine erhöhte Neigung zu intensiven, zugleich aber durch erhebliche Widersprüche gekennzeichneten sozialen Beziehungen, durch das Erleben ständiger psychischer Krise, Verzweiflung sowie durch Neigungen zu selbstschädigendem Verhalten. Das Verfahren orientiert sich an der tiefenpsychologisch-psychoanalytischen Konzeption der Borderline-Störung von Kernberg, die teilweise von der Boderline-Klassifikation nach ICD-10 und DSM-IV abweicht. Der Test liefert Cut-Off-Werte zur Unterscheidung der Borderline-Störung von Neurosen und von Schizophrenien. Im Begutachtungskontext kann das Verfahren zur quantifizierenden klinischen Beschreibung von Personen mit borderlinetypischen Eigenschaften und zur Kennzeichnung relevanter Krankheitsverarbeitungsmechanismen verwendet werden.

Autor(en)	Leichsenring, F.
Erscheinungsjahr/ letzte Auflage	1997

Messintention	Erfassung des Konzepts der Borderline-Persönlichkeitsstörung nach Kernberg
Methodengruppe	Fragebogen
Messdimensionen	4 Skalen: Entfremdungserlebnisse und Identitäts-Diffusion (ID), Primitive Abwehrmechanismen und Objektbeziehungen (AB), Mangelhafte Realitätsprüfung (R), Angst vor Nähe (N)
Testdauer / Umfang	Ca. 20 Minuten, 53 Items
Testgüte	Reliabilität: Interne Konsistenz α = .68 – .91, Retest-Reliabilität r_{tt} = .73 – .88 Konstrukt-Validität empirisch gesichert

Boston Naming Test – BNT

Der BNT ist ein neuropsychologischer Test, der die Fähigkeit zur Benennung von Objektdarstellungen bei Patienten mit Sprachstörungen oder Hirnläsionen erfasst. Hierzu sollen die Probanden 60 schwarz-weiß gezeichnete Objekte benennen. Der Schwierigkeitsgrad steigt kontinuierlich an, d. h. mit zunehmender Itemzahl nimmt der Bekanntheitsgrad der Objekte aus dem Alltag systematisch ab. Der Test wird vor allem im angloamerikanischen Sprachraum angewendet. In der Begutachtung eignet er sich zur neuropsychologischen Funktionsdiagnostik sowie zur orientierenden Bewertung der Auswirkungen neurologischer Schädigungen auf das sprachliche und soziale Funktions- und Leistungsniveau.

Autor(en)	Kaplan, E., Goodglass, H., Weintraub, S.
Erscheinungsjahr / letzte Auflage	2001
Messintention	Erfassung der Bennung von Objektdarstellungen bei Patienten mit Aphasien oder anderen Sprachstörungen
Methodengruppe	Neuropsychologischer Test
Messdimensionen	Benennungsleistung spontan, Leistung mit semantischer Hilfe und mit phonetischer Hilfe
Testdauer / Umfang	60 Items
Testgüte	Vor allem im angloamerikanischen Sprachraum geprüft und angewendet

Brief Symptom Inventory – BSI

Das BSI ist ein Selbstberichtsfragebogen, mit dem das Ausmaß subjektiver Beeinträchtigung durch körperliche und psychische Symptome in der letzten Woche erfasst wird. Der Test ist die Kurzform der SCL-90-R (Symptom-Checkliste), die in Forschung und Praxis weit verbreitet ist. In der Begutachtung kann das Antwortprofil neben orientierenden Hinweisen auf die wahrgenommene Ausprägung psychosozialer und körperlicher Beschwerden auch Hinweise auf negative Antworttendenzen liefern.

Autor(en)	Franke, G.H.
Erscheinungsjahr / letzte Auflage	2002 (2. Auflage)
Messintention	Erfassung des Ausmaßes subjektiver Beeinträchtigung durch körperliche und psychische Symptome in der letzten Woche
Methodengruppe	Fragebogen
Messdimensionen	Somatisierung, Zwanghaftigkeit, Unsicherheit im Sozialkontakt, Depressivität, Ängstlichkeit, Aggressivität/ Feindseligkeit, phobische Angst, paranoides Denken, Psychotizismus
	3 globale Kennwerte: GSI – Grundsätzliche psychische Belastung, PSDI – Intensität der Antworten, PST – Anzahl der Symptome
Testdauer / Umfang	Ca. 10 Minuten, 53 Items
Testgüte	Reliabilität: Interne Konsistenz α = .74 – .95, Retest-Reliabilität r_{tt} = .69 – .92
	Validität: Augenscheinvalidität der Items. Die Durchführungs-, Auswertungs- und Interpretationsobjektivität ist nach vorliegenden Befunden gewährleistet. Einschränkung der Gültigkeit von Subskaleninterpretation, empirische Hinweise auf Eindimensionalität der Skala

Büro-Test – BT

Der BT ist ein Leistungstest zur Untersuchung der praktisch-kaufmännischen Fähigkeiten für Büroarbeiten. Die Testperson muss auf einfachem Niveau Aufgaben bewältigen, die sich am beruflichen Alltag von Sekretär/inn/en oder Verwaltungsangestellten orientieren. Erfasst wird praktisch-anschauliches Denken sowie Kombinations- und Organisationsfähigkeit, die mit dem Interesse für vorwiegend sachbezogene kaufmännisch-verwaltungsmäßige Tätigkeiten in Beziehung stehen. In der Begutachtung kann der Test dazu verwendet werden, ein für Verwaltungstätigkeiten relativ spezifisches Profil von Leistungsanforderungen zu inszenieren. Durch die Repräsentativität der Testanforderungen sind Schlussfolgerungen zur Leistungsfähigkeit unter Realbedingungen leichter möglich. Allerdings ist der Test gemessen an heutigen Büroausstattungen und medialen Anforderungen mittlerweile veraltet.

Autor(en)	Marschner, G.
Erscheinungsjahr/ letzte Auflage	1981
Messintention	Erfassung von Fähigkeiten in Bezug auf kaufmännisch-verwaltungsmäßige Tätigkeiten
Methodengruppe	Beruflicher Eignungstest, Arbeitsprobe
Messdimensionen	Praktisch-anschauliches Denken, Kombinations- und Organisationsfähigkeit u. a.
Testdauer/Umfang	Ca. 45 Minuten
Testgüte	Reliabilität: Interne Konsistenz α = .71 – .91, Normen veraltet, Übereinstimmung mit Fremdurteil, eingeschränkt verwertbar durch verändertes Anforderungsprofil kaufmännischer Tätigkeiten

California Verbal Learning Test – CVLT

Der CVLT ist ein Test zur Beurteilung verbaler Lernstrategien und -prozesse. Er besteht aus zwei Wortlisten mit jeweils 16 Items. Wortliste A ist die Lernliste, Wortliste B dient als Interferenzaufgabe (Störaufgabe). Die Wortliste A wird insgesamt fünfmal dargeboten. Nach der Interferenzaufgabe erfolgt der kurzfristige freie Abruf der Wortliste A. Nach dem Behaltensintervall (20 Minuten) ist wieder der freie Abruf gefordert, dem der Abruf mit Hilfestellung folgt. Der CVLT ermöglicht eine individuelle Beurteilung verbaler Lernstrategien und -prozesse. In der Begutachtung eignet er sich zur Erfassung möglicher Lern- oder Gedächtnisstörungen und zur Vorhersage alltäglicher oder beruflicher Leistungsfunktionen, die eine ausreichende Lern- und Gedächtnisfähigkeit erfordern.

Autor(en)	Niemann, H.v., Sturm, W., Thöne-Otto, A.I.T., Willmes, K.
Erscheinungsjahr / letzte Auflage	2008
Messintention	Beurteilung verbaler Lernstrategien und -prozesse
Methodengruppe	Kognitiver Leistungstest
Messdimensionen	Lernvermögen, Störanfälligkeit, Lernstrategie
Testdauer / Umfang	Ca. 30 – 40 Minuten
Testgüte	Reliabilität: Interne Konsistenz α = .60 – .96 Untersuchungen zur faktoriellen Validität der deutschen Version ergab sechs Faktoren, Normierung der deutschen Version an 303 Personen ohne neurologische Erkrankungen

CERAD-Testbatterie

Dieser Kurztest misst Beeinträchtigungen kognitiver Basisfunktionen, die insbesondere bei demenziellen Erkrankungen auftreten. Die Testbatterie besteht aus
sieben Untertests, bei denen vor allem Konzentrations-, Gedächtnis- und Denkleistungen auf einem niedrigen Leistungsniveau mit jeweils wenigen Aufgaben
geprüft werden. Die Testergebnisse ergeben in der Gesamtheit Hinweise zum Grad
eines demenziellen Leistungsabbaus. In der Begutachtung kann der Test verwendet
werden, um das Ausmaß kognitiver Beeinträchtigungen bei fraglich oder gesichert
demenziellem Abbau oder bei depressiver Pseudodemenz zu beschreiben. Ebenso
können die Testwerte zum Abgleich mit den Ergebnissen anderer kognitiver Leistungstests oder zum Vergleich mit Beschwerdenvalidierungstests genutzt werden.

Autor(en)	Morris, J.C., Heyman, A. ,Mohsist, R.C.
Erscheinungsjahr / letzte Auflage	1989
Messintention	Messung der Beeinträchtigungen kognitiver Basisfunktionen, die insbesondere bei demenziellen Erkrankungen auftreten
Methodengruppe	Kognitiver Leistungstest
Messdimensionen	Mini-Mental-Status-Examination (MMSE), Wortflüssigkeit, Modified Boston Naming Test (MBNT), konstruktive Praxis, Lernen, Wiedergeben/Wiedererkennen einer Wortliste
Testdauer / Umfang	Ca. 10 Minuten
Testgüte	Gute Eignung zur Trennung zwischen gesunden, leicht und schwer dementen Probanden

Cognitive Linguistic Quick Test – CLQT

Der CLQT eignet sich zur orientierenden Diagnostik kognitiver Funktionen auf mittlerem bis niedrigem Leistungsniveau. Er enthält Aufgaben zur Aufmerkamkeit und Konzentration, zu Aufnahme und Abruf neuer Informationen (Gedächntis), zur Planungs- und Strukturierungsfähigkeit (exekutive Funktionen), zu sprachlichen und zu visuell-räumlichen Fähigkeiten. Der Test kann bei neuropsychologischen Patienten auch verwendet werden, um eine Behandlung auf die Defizite und Potentiale des Patienten abzustimmen.

Autor(en)	Helm-Estabrochs, N.
Erscheinungsjahr/ letzte Auflage	2001
Messintention	Schnelle Identifikation von Stärken und Schwächen in fünf kognitiven Bereichen für Erwachsene mit neurologischer Beeinträchtigung
Methodengruppe	Kognitiver Leistungstest
Messdimensionen	Aufmerksamkeit, Gedächtnis, exekutive Funktionen, Sprache, visuell-räumliche Fähigkeiten,
Testdauer/Umfang	Ca. 15 – 30 Minuten
Testgüte	Überwiegend im anglo-amerikanischen Sprachraum verwendet

Dem Tect

Der Dem Tect ist ein kognitiver Leistungstest zur Früherkennung einer Demenz. Er umfasst auf niedrigem Leistungsniveau fünf kurze Aufgabenblöcke zu folgenden vier Bereichen: Verbales Gedächtnis (Wortliste lernen), Wortflüssigkeit (Worte aus einem Themenbereich nennen), Intellektuelle Flexibilität und Aufmerksamkeit (Symbole zuordnen). Der Test ist weit verbreitet und wird häufig mit dem MMST (Mini-Mental-Status-Test) im Rahmen der Demenzdiagnostik kombiniert. Er kann im Kontext der Begutachtung psychischer und insbesondere kognitiver Funktionsstörungen auch zu Validierungszwecken genutzt werden.

Autor(en)	Calabrese, P., Kessler, J., Kalbe, E.
Erscheinungsjahr/ letzte Auflage	2000

Messintention	Screeningtest zur Demenzfrüherkennung
Methodengruppe	Kognitiver Leistungstest
Messdimensionen	Verbales Gedächtnis, Wortflüssigkeit, intellektuelle Flexibilität, Aufmerksamkeit
Testdauer/Umfang	Ca. 8 – 10 Minuten
Testgüte	Sensitivität .97, Spezifität .93 in Bezug auf die Erkennung von Demenzerkrankungen

Demenz-Test – DT

Der DT ist eine Testbatterie zur Erfassung demenzieller Beeinträchtigung im Alter. Er besteht aus dem MMST (Mini-Mental-Status-Test), einem Gedächtnistest mit freiem Abruf und Wiedererkennen, einer verbalen Flüssigkeitsaufgabe, einem Apraxietest und Fragen zur Orientierung. Mit dem DT kann abgeschätzt werden, ob überhaupt ein Demenzzustand vorliegt, er kann aber auch verwendet werden, um zwischen verschiedenen demenziellen Alterskrankheiten zu differenzieren und um Auffälligkeiten zu erfassen, die auf Hirnleistungsstörungen in einem früherem Stadium hinweisen. Für nicht mehr testbare Patienten steht ein Fremdrating zu verschiedenen kognitiven und nicht-kognitiven Domänen zur Verfügung. Im Begutachtungskontext kann der DT auch zur Konsistenzprüfung und Validierung bei Hinweisen auf stark situationsabhängiges Leistungsverhalten verwendet werden.

Autor(en)	Kessler, J., Denzler, P., Markowitsch, H.J.
Erscheinungsjahr/ letzte Auflage	1988
Messintention	Testbatterie zur Erfassung kognitiver Beeinträchtigung im Alter
Methodengruppe	Kognitiver Leistungstest
Messdimensionen	Der Demenz-Test besteht aus dem Demenz-Screeningverfahren Mini-Mental-Status-Test, einem Gedächtnistest mit freiem Abruf und Wiedererkennen, einer verbalen Flüssigkeitsaufgabe, einem Apraxietest und Fragen zur Orientierung.
Testdauer/Umfang	Ca. 30 Minuten
Testgüte	Reliabilität: Interne Konsistenz α = .52 – .95 Sensitivität .88, Spezifität 1

Deutsche Personality Research Form – PRF

Der PRF ist ein Fragebogen zur umfassenden Charakterisierung der Persönlichkeit, also situationsüberdauernder Eigenschaften einer Person. Gestützt auf die Persönlichkeitstheorie von Murray galt die Ausrichtung vorwiegend der Erfassung relevanter persönlicher Lebens- und Handlungsmotive. Er erfasst 14 Dimensionen, die im Kontext der Begutachtung psychosozialer Krankheitsfolgen Informationen liefern können zu Art und Qualität der Krankheitsverarbeitung, zu bewusstseinsnahen und willentlichen Anteilen am Bewältigungsverhalten sowie zu Handlungsmotiven im allgemeinen und leistungsbezogenen Alltag. Ebenso liefert der Fragebogen Erkenntnisse zur Validität des Antwortprofils. Der Deutsche PRF ist eine gekürzte Übersetzung der Originalversion.

Autor(en)	Stumpf, H., Angleitner, A., Wieck, T., Jackson, D.N., Beloch-Till, H.
Erscheinungsjahr / letzte Auflage	1985
Messintention	Umfassende Charakterisierung der Persönlichkeit
Methodengruppe	Fragebogen, Persönlichkeitsinventar
Messdimensionen	Leistungsstreben, Geselligkeit, Aggressivität, Dominanzstreben, Ausdauer, Bedürfnis nach Beachtung, Risikovermeidung, Impulsivität, Hilfsbereitschaft, Ordnungsstreben, spielerische Grundhaltung, soziales Anerkennungsbedürfnis, Anlehnungsbedürfnis und allgemeine Interessiertheit
Testdauer / Umfang	Ca. 25 – 50 Minuten
Testgüte	Reliabilität: Retest-Reliabilität r_{tt} = .67 – .96, bedeutsame Übereinstimmungen zu Persönlichkeitseigenschaften anderer Persönlichkeitsfragebögen

Deutscher Schmerzfragebogen – DSF

Der DSF ist eine mehrdimensional aufgebaute Fragebogenbatterie zur Schmerz- und Beeinträchtigungsdiagnostik. Der Bogen erfasst Art und Ausmaß einer vorhandenen chronischen Schmerzproblematik sowohl durch offene Fragen mit freien Antwortmöglichkeiten, als auch durch Fragen mit festem Antwortformat. Er kombiniert standardisierte und normierte Kurzfragebögen (z.B. SF12, Schmerzempfindungsskala, Pain Disability Inventory) mit Fragen zu relevanten Aspekten der Entstehung, Genese und zur Modulier- und Behandelbarkeit eines individuellen Schmerzproblems und Erhebungen biographischer und sozio-demographischer Informationen. Das Verfahren liefert ein umfassendes Bild von der Qualität und Intensität eines chronischen Schmerzproblems und gibt orientierende Informationen zur Bewertung von Krankheitsverarbeitungsprozessen und Funktionseinschränkungen. Normierungsinformationen liegen nur teilweise vor.

Autor(en)	Deutsche Schmerzgesellschaft (DGSS)
Erscheinungsjahr / letzte Auflage	2012
Messintention	Schmerz- und Beeinträchtigungsdiagnostik, Analyse der Schmerzsituation
Methodengruppe	Fragebogen
Messdimensionen	Modularer Aufbau, u. a. schmerzlindernde und -verstärkende Bedingungen, Begleitsymptomatik, subjektive Schmerzbeschreibung, depressive Symptomatik, Funktionsbeeinträchtigungen durch Schmerz
Testdauer / Umfang	Ca. 45 – 60 Minuten
Testgüte	Reliabilitäts- und Validitätsmerkmale sind abhängig von den Einzeltestverfahren, die in das Inventar integriert sind.

Diabetes Wissens Test Typ 1 – DWT Typ 1

Der DWT Typ 1 erfasst das Theorie- und Behandlungswissen zum Typ 1 Diabetes von Betroffenen und Angehörigen. Krankheitsbezogene Wissenstests liefern Hinweise darauf, ob die Wissensvoraussetzungen für ein angemessenes und Erfolg versprechendes Krankheitsbewältigungsverhalten gegeben sind. Ebenso können sie Informationen beisteuern zur Motivations- und Handlungsbereitschaft der von psychischer und körperlicher Krankheit Betroffenen. Im Kontext der Begutachtung psychosozialer Krankheitsfolgen kann der DWT Typ 1, der hier exemplarisch für Testverfahren zum Krankheitswissen steht, als Maß für die Qualität der Krankheitsverarbeitung verwendet werden.

Autor(en)	Roth, R., Kulzer, B., Teupe, B., Borkenstein, M.
Erscheinungsjahr / letzte Auflage	1996
Messintention	Erfassung krankheits- und bewältigungsrelevanter Wissensdefizite
Methodengruppe	Leistungstest
Messdimensionen	Wissen zu folgenden Krankheitsbereichen: Ursachen und Pathophysiologie, Insulin und Insulinwirkung, Insulininjektion und -lagerung, Ernährung, körperliche Bewegung, Stoffwechselselbstkontrolle, Hyperglykämie, Hypoglykämie, Erkrankungen, Insulinanpassung und Folgeschäden
Testdauer / Umfang	Kurzform mit 30 Multiple-Response-Items (10 – 20 Minuten), Langform mit 66 Items (30 – 40 Minuten)
Testgüte	Reliabilität: Die interne Konsistenz von Gesamt- und Kurztest liegt über $\alpha = .90$ und ist insofern ausreichend für die Individualdiagnostik. Die Interkorrelation der inhaltlichen Subskalen ist durchgehend hoch. Eine Vielzahl signifikanter Bezüge zu Außenkriterien (Erkrankungsdauer, Therapieform, Ernährungsschema, Schulungshäufigkeit) weisen auf eine hinreichende Konstrukt- und Kriteriumsvalidität hin.

Eating Disorder Inventory – EDI-2

Das EDI-2 eignet sich zur Erfassung typischer Eigenschaften und psychopathologischer Besonderheiten von Patienten mit Anorexia und Bulimia nervosa sowie anderen Essstörungen. Es liefert nicht nur quantitative Angaben zur Ausprägung der klinischen Symptomatik, sondern auch zu relevanten Verhaltensdispositionen für die Entwicklung von Essstörungen sowie zu Besonderheiten der Bewältigung von Essstörungen und ihrer Auswirkungen auf das Funktions- und Leistungsniveau. Im Begutachtungskontext kann der Fragebogen auch genutzt werden, um dysfunktionale Formen der allgemeinen Stressbewältigung zu erfassen oder um die Übereinstimmung zu explorativ oder mit anderen Fragebögen gewonnenen Angaben zum Essverhalten zu prüfen (Validierung).

Autor(en)	Paul, T., Thiel, A.
Erscheinungsjahr/ letzte Auflage	2004
Messintention	Mehrdimensionale Beschreibung der Psychopathologie von Patienten mit Anorexia und Bulimia nervosa und anderen Essstörungen
Methodengruppe	Fragebogen
Messdimensionen	11 Skalen: Schlankheitsstreben, Bulimie, Unzufriedenheit mit dem Körper, Ineffektivität, Perfektionismus, Misstrauen, interozeptive Wahrnehmung, Angst vor dem Erwachsenwerden, Askese, Impulsregulation, soziale Unsicherheit.
Testdauer/Umfang	Ca. 20 – 25 Minuten (Kurzfassung ca. 15 – 20 Minuten)
Testgüte	Reliabilität: Interne Konsistenz α = .73 – .93, Retest-Reliabilität r_{tt} = .81 – .89 Validität: Empirische Belege für ausreichende Kriteriumsvalidität und faktorielle Validität

Eppendorfer Schizophrenie-Inventar – ESI

Das ESI ist ein Fragebogen zur quantitativen Erfassung subjektiv erlebter kognitiver Dysfunktionen, die charakteristisch für schizophrene Störungen sind. Die
mit dem ESI abgebildeten Symptome und Beschwerden werden von Schizophre-
nen nicht nur häufiger angegeben als von psychisch Gesunden, sondern auch
häufiger als von Angehörigen anderer klinischer Gruppen (Depressive, Personen
mit Zwangsstörung). Im Begutachtungskontext eignet sich das Verfahren zur
Ergänzung des psychopathologischen Befundes, einzelne Facetten (z. B. zu Auf-
merksamkeitsbeeinträchtigungen) können auch mit Leistungstestergebnissen
abgeglichen werden.

Autor(en)	Maß, R.
Erscheinungsjahr / letzte Auflage	2001
Messintention	Quantitative Erfassung von subjektiven kognitiven Dysfunktionen, die charakteristisch für Schizophrenie sind
Methodengruppe	Fragebogen
Messdimensionen	4 klinische Skalen: Aufmerksamkeits- und Sprachbeein-trächtigung, Beziehungsideen, akustische Unsicherheit, Wahrnehmungsabweichung sowie die Kontrollskala Offenheit
Testdauer / Umfang	Ca. 5 – 10 Minuten, 40 Items
Testgüte	Reliabilität: Interne Konsistenz α = .60 – .90 Validität: Übereinstimmungen bei Schizophrenen und Gesunden mit anderen klinischen Fragebögen, mit neuropsychologischen Kennwerten und mit Fremdbeur-teilungen der Psychopathologie

Eysenck-Persönlichkeits-Inventar – EPI

Das EPI erfasst zwei Hauptdimensionen der Persönlichkeit nach Eysenck: Extraversion und Neurotizismus. Der Proband muss 57 Fragen zu seinen persönlichen Eigenschaften in dichotomem Antwortformat („trifft zu", „trifft nicht zu") beantworten. Der Fragebogen ist eine Weiterentwicklung des lange Zeit weltweit verbreiteten Maudsley Personality Inventory (MPI) mit den Vorteilen einer Test- und einer Paralleltestform, einer Vereinfachung von Itemformulierungen, der statistischen Unabhängigkeit der erfassten Konstrukte und der Integration einer Kontrollskala zur Erfassung von Antworttendenzen. Im Begutachtungskontext kann das EPI zur Quantifizierung psychosozialer Allgemeinbeschwerden (Neurotizismus) und zur orientierenden Bewertung des sozialen Funktionsniveaus (Extraversion) verwendet werden.

Autor(en)	Eggert, D., Ratschinski, G.
Erscheinungsjahr/ letzte Auflage	1983
Messintention	Erfassung der Persönlichkeitsdimensionen des Eysenck'schen Persönlichkeitsmodells
Methodengruppe	Persönlichkeitsfragebogen
Messdimensionen	Neurotizismus, Extraversion, Lügenskala
Testdauer/Umfang	Ca. 5 – 10 Minuten, 57 Items
Testgüte	Reliabilität: Interne Konsistenz α = .44 – .78
	Validität: Konvergente Validität r = .42 – .80, sehr gut untersuchtes Verfahren, Normen veraltet

Farbe-Wort-Interferenztest – FWIT

Als kognitiver Leistungstest misst der FWIT elementare Fähigkeiten der Informationsverarbeitung im optisch-verbalen Funktionsbereich. Er besteht aus neun Testtafeln mit den Aufgabenarten Farbwörter lesen, Farbstriche benennen und Farbe des Farbwortes benennen. Grundlage ist das Farbe-Wort-Inkongruenzprinzip nach Stroop. Es sieht eine konzentrative Belastung dadurch vor, dass zwei konkurrierende Informationen (Wortbedeutung und Farbe des Wortes) in einem Reiz vorgegeben werden und die Person sich auf eine der Informationen konzentrieren und diese möglichst schnell benennen soll. Getestet wird so die Fähigkeit einer Person, konkurrierende oder störende Information bei der Verarbeitung visueller Reize zu unterdrücken. In der Begutachtung eignet sich der FWIT zur Quantifizierung der konzentrativen Störanfälligkeit und zur Abschätzung von Funktions- oder Leistungsdefiziten, die im Zusammenhang mit Konzentrationsdefiziten oder erhöhter Störanfälligkeit stehen.

Autor(en)	Bäumler, G.
Erscheinungsjahr / letzte Auflage	1985
Messintention	Erfassung von Leistungen der zentralen Exekutive des Arbeitsgedächtnisses
Methodengruppe	Kognitiver Leistungstest
Messdimensionen	Nomination (Geschwindigkeit der Namenfindung, Benennung), Selektivität (konzentrativer Widerstand gegenüber dominierenden Reaktionstendenzen oder Interferenzneigung), Alertness (Grundgeschwindigkeit der Informationsverarbeitung) sowie, unter bestimmten Voraussetzungen, die Lesegeschwindigkeit
Testdauer / Umfang	Ca. 10 Minuten
Testgüte	Bedeutsame Zusammenhänge zu anderen Kennwerten exekutiver Funktionen, insbesondere zu selektiver Aufmerksamkeit

Fragebogen Alltagsleben – FAL

Der FAL ist ein Fragebogen, der gemäß der ihm zugrunde liegenden Definition von Lebensqualität die körperliche, emotionale, mentale, soziale und verhaltensbezogene Komponente des allgemeinen Wohlbefindens und Funktionsniveaus erfasst. Die Beantwortung der Items erfolgt aus der Perspektive des Befragten auf einer Skala von 1 bis 5 („gar nicht", „nur mit Mühe", „halbwegs", „ganz gut", „problemlos") und erfasst einen Bewertungszeitraum von einer Woche. (Beispielitem: „Konnten Sie in der vergangenen Woche sich länger auf eine Aufgabe konzentrieren?"). Im Kontext der Begutachtung bildet das Verfahren zwar wichtige Dimensionen einer gesundheitsbedingt geminderten allgemeinen und beruflichen Funktions- und Leistungsfähigkeit ab. Die Transparenz des Items und der Messintention sowie das Fehlen von Kontrollskalen zur Erfassung negativer Antwortverzerrungen schränken den Nutzen des Verfahrens jedoch ein.

Autor(en)	Bullinger M., Kirchberger I., Steinbüchel, N.v.
Erscheinungsjahr / letzte Auflage	Ohne Jahresangabe
Messintention	Verhaltensnahe Erfassung der Lebensqualität
Methodengruppe	Fragebogen
Messdimensionen	Psychische Verfassung, körperliches Wohlbefinden, Sozialleben, Funktionsfähigkeit im Alltag, Lebensfreude, medizinische Versorgung
Testdauer / Umfang	Ca. 10 – 15 Minuten, 42 Items
Testgüte	Reliabilität: Interne Konsistenz $\alpha > .80$

Fragebogen zum Essverhalten – FEV

Der FEV erfasst verschiedene Varianten gestörten Essverhaltens. Er eignet sich zur Beschreibung von Personen mit Essstörungen oder Adipositas und von Personen, die Stress vorwiegend über ihr Essverhalten regulieren. Die Ebenen der gedanklichen Kontrolle des Essverhaltens und des gezügelten Essens, der Störbarkeit des Essverhaltens und der Wahrnehmung von Hungergefühlen werden anhand von 60 Aussagen erfasst. Der Befragte gibt an, ob die Aussage auf ihn zutrifft oder nicht (Beispielitem: „Wenn ich mal mit dem Essen begonnen habe, kann ich manchmal nicht mehr aufhören."). Im Begutachtungskontext kann der Fragebogen auch genutzt werden, um dysfunktionale Formen der allgemeinen Stressbewältigung zu erfassen oder um die Übereinstimmung zu explorativ oder mit anderen Fragebögen gewonnenen Angaben zum Essverhalten zu prüfen (Validierung).

Autor(en)	Pudel, V., Westenhöfer, J.
Erscheinungsjahr / letzte Auflage	1989
Messintention	Erfassung gestörten Essverhaltens jeglicher Art
Methodengruppe	Fragbogen
Messdimensionen	3 Subskalen zu bedeutsamen Dimensionen des menschlichen Essverhaltens: 1) Kognitive Kontrolle des Essverhaltens, gezügeltes Essen, 2) Störbarkeit des Essverhaltens und 3) Erlebte Hungergefühle
Testdauer / Umfang	Ca. 15 Minuten
Testgüte	Reliabilität: Interne Konsistenz α = .74 – .87 Validität: Skala 1 korreliert mit verringerter, die Skala 2 mit erhöhter Nahrungsaufnahme. Beide Skalen besitzen prognostische Validität im Hinblick auf erfolgreiche Gewichtsreduktion.

Fragebogen dissoziativer Symptome – FDS

Bei dem FDS handelt es sich um einen Selbstbeurteilungsbogen zur Erfassung dissoziativer Phänomene (Abspaltung von Wahrnehmungs- oder Bewusstseinsinhalten) einschließlich Depersonalisation und Derealisation. Der FDS enthält Items, anhand derer Probanden auf einer Skala von 0 bis 100 % einschätzen sollen, wie häufig sie die gegebenen Beispiele dissoziativer Erfahrungen in ihrem täglichen Leben erlebt haben. Die Reliabilität einzelner Unterskalen ist so gering, dass deren Verwertbarkeit für die psychometrische Einzelfalldiagnostik und die Begutachtung eingeschränkt ist. Im Begutachtungskontext kann das Verfahren ergänzend zu anderen Erhebungsmethoden zur Beurteilung des Schweregrades dissoziativer Störungen und zur Beurteilung des Ausmaßes dissoziativer Tendenzen bei anderen psychischen Störungen verwendet werden.

Autor(en)	Spitzer, C., Stieglitz, R.-D., Freyberger, H.J.
Erscheinungsjahr/ letzte Auflage	2005
Messintention	Erfassung dissoziativer Phänomene einschließlich Depersonalisation und Derealisation
Methodengruppe	Selbstbeurteilung
Messdimensionen	Subskalen Amnesie, Absorption, Derealisation, Konversion
Testdauer/Umfang	Langform mit 44 Items, Kurzform mit 20 Items, Dauer der Bearbeitung ca. 5 – 15 Minuten
Testgüte	Reliabilität: Interne Konsistenz Gesamttest α = .94, für die einzelnen Subskalen α = .77 – .82. Die Retest-Reliabilität liegt nach zwei Wochen für den Gesamttest bei r_{tt} = .82, für die Subskalen zwischen r_{tt} = .58 und r_{tt} = .83.

Fragebogen für körperliche, psychische und soziale Symptome – KÖPS

Der KÖPS-Fragebogen dient der quantitativen Erfasssung psychischer und psychosomatischer Beschwerden auf körperlicher, psychischer und sozial-interaktionaler Ebene. Auf einer Gesamtskala werden u. a. Angaben zu Nervosität, Gelassenheit und Depressivität erhoben. Der Kennwert kann als ein Maß für den Grad gesundheitlicher Funktionsstörungen interpretiert werden. Ohne Angaben zu Antworttendenzen im Begutachtungskontext hat dies jedoch nur eingeschränkte Gültigkeit.

Autor(en)	Manz, R.
Erscheinungsjahr / letzte Auflage	1998
Messintention	Erfassung von Krankheitssymptomen auf körperlicher, psychischer und sozial-interaktioneller Ebene
Methodengruppe	Fragebogen
Messdimensionen	Körperliche, psychische und sozialkommunikative Beeinträchtigung, Gesamtskala
Testdauer / Umfang	Ca. 12 – 18 Minuten, 60 Items
Testgüte	Reliabilität: Interne Konsistenz α = .89 – .95, Retest-Reliabilität r_{tt} = .76 – .90

Fragebogen zu Kompetenz- und Kontrollüberzeugungen – FKK

Der FKK ist ein Persönlichkeitsfragebogen zur Erfassung generalisierter Selbstkompetenz und Kontrollüberzeugung. Selbstkompetenz und Kontrollüberzeugung bezeichnen die Überzeugung einer Person, sich selbst als fähig zur Lösung von Problemen zu erleben und in der Lage zu sein, eigenes Denken und Verhalten bewusst und willentlich kontrolliert zu steuern. Diese Eigenschaften werden im FKK auf vier Skalen erfasst. Der Proband muss einschätzen, in welchem Ausmaß vorgegebene Aussagen auf ihn zutreffen (Beispielitems: „Um das zu bekommen, was ich will, muss ich zu anderen Menschen freundlich und zuvorkommend sein." oder „Ich habe das Gefühl, dass vieles von dem, was in meinem Leben passiert, von anderen Menschen abhängt."). Im Begutachtungskontext eignet sich das Verfahren zur Bewertung von Verhaltensstilen in der Stress- und Krankheitsbewältigung sowie zur Beurteilung willentlich kontrollierter Einflüsse auf das Funktions- und Leistungsniveau.

Autor(en)	Krampen, G.
Erscheinungsjahr / letzte Auflage	1991
Messintention	Erfassung generalisierter Selbstkompetenz- und Kontrollüberzeugungen
Methodengruppe	Persönlichkeitsfragebogen (Selbstbericht)
Messdimensionen	Generalisiertes Selbstkonzept eigener Fähigkeiten, Internalität in generalisierten Kontrollüberzeugungen, sozial bedingte Externalität, fatalistische Externalität
Testdauer / Umfang	Ca. 10 – 20 Minuten, 32 Items
Testgüte	Reliabilität: Interne Konsistenz α = .64 – .90 Validität: Bedeutsame Korrelationen zu Merkmalen der Selbststeuerungsfähigkeit und Handlungsregulation

Fragebogen zu körperbezogenen Ängsten, Kognition und Vermeidung – AKV

Der AKV besteht aus den drei Fragebögen: Fragebogen zur Angst vor körperlichen Symptomen (BSQ), Fragebogen zu angstbezogenen Kognitionen (ACQ) und Mobilitäts-Inventar (MI). Erfasst werden verschiedene Aspekte der Symptomatik bei Patienten mit Angststörungen und funktionellen Beschwerden. Der Fragebogen zur Angst vor körperlichen Symptomen (BSQ) erfasst auf einer Fünf-Punkte-Skala (von „gar nicht beunruhigt oder ängstlich" bis „extrem ängstlich") den Grad der Angst vor körperlichen Symptomen. Der Fragebogen zu angstbezogenen Kognitionen (ACQ) erfasst auf einer Fünf-Punkte-Skala (von „Gedanke kommt nie vor" bis „Gedanke kommt immer vor") die Häufigkeit typischer angstbezogener Kognitionen. Das Mobilitäts-Inventar beschreibt die wichtigsten agoraphobischen Situationen. Im Begutachtungskontext bildet das Verfahren die klinische Symptomatik wie auch Aktivitäts- und Partizipationsmerkmale ab, es ist aber aufgrund seiner Transparenz und fehlender Kontrollskalen zur Erfassung von Antworttendenzen in der Begutachtung nicht ohne zusätzliche Validierungsinformationen interpretierbar.

Autor(en)	Ehlers, A., Margraf, J., Chambless, D.
Erscheinungsjahr/ letzte Auflage	2001 (2. Auflage)
Messintention	Screening von Panikstörung, Agoraphobie, somatischen Ängsten; interne Angstauslöser
Methodengruppe	Fragebogen
Messdimensionen	3 Fragebögen: Body Sensations Questionnaire (BSQ), Agoraphobic Cognitions Questionnaire (ACQ) und Mobility Inventory (MI)
Testdauer/Umfang	Ca. 10 – 20 Minuten
Testgüte	Reliabilität: Interne Konsistenz α = .80 – .95, Retest-Reliabilität r_{tt} = .63 – .66
	Validität: Für verschiedene Patientengruppen liegen die Korrelationen mit anderen Verfahren zur Erfassung von Angst bzw. Furcht in der Größenordnung von r = .40 – .58.

Fragebogen zu sozialer Angst und sozialen Kompetenzdefiziten – SASKO

SASKO ist ein Fragebogen zur Erfassung klinisch relevanter sozialer Ängste und sozialer Defizite. Er quantifiziert anhand von 40 Items die Ausprägung von Ängsten davor, zu sprechen oder im Mittelpunkt zu stehen, von anderen Personen abgelehnt zu werden, in bestimmten Situationen geistig überfordert zu sein oder von anderen Menschen verlassen zu werden. Eine Besonderheit des SASKO besteht darin, dass soziale Ängste und soziale Defizite unabhängig voneinander als zwei verschiedene Störungskomponenten erfasst werden. Dies eröffnet im Begutachtungskontext die Möglichkeit, soziale Probleme aus einer klinischen bzw. krankheitsbezogenen und einer funktionsorientierten Perspektive getrennt zu betrachten. Aufgrund transparenter Messung und fehlender Kontrollskalen zur Aufdeckung negativer Verzerrungen sollten SASKO-Testergebnisse in der Begutachtung nur im Abgleich mit Validierungsinformationen interpretiert werden.

Autor(en)	Kolbeck, S., Maß, R.
Erscheinungsjahr / letzte Auflage	2009
Messintention	Erfassung klinisch relevanter sozialer Ängste und sozialer Defizite
Methodengruppe	Fragebogen
Messdimensionen	Sprech- und Mittelpunktsangst, Angst vor Ablehnung, Interaktionsdefizite, Informationsverarbeitungsdefizite
Testdauer / Umfang	Ca. 5 – 10 Minuten, 40 Items
Testgüte	Reliabilität: Interne Konsistenz α = .92 – .94
	Validität: Konvergente Validität zeigt Korrelationen von r = .65 – .76 mit anderen Verfahren zu sozialen Ängsten

Fragebogen zum funktionalen Trinken – FFT

Der FFT dient der Identifikation von Risikoträgern für alkoholabhängiges Trinken, gemessen am Ausmaß der positiv empfundenen Alkoholwirkung. Dazu werden Merkmale aus 17 verschiedenen Funktionsbereichen des Alkohols zu fünf Skalen zusammengefasst. Die Befragten sollten Erfahrungen mit Alkoholkonsum haben. Im Begutachtungskontext kann das Verfahren in Verbindung mit anderen Informationen Erkenntnisse liefern zur Ausprägung psychischer Beeinträchtigungen aufgrund von Alkoholkonsum sowie dazu, in welcher Art und welchem Umfang Alkoholkonsum Teil der Bewältigung von Belastungen anderer Art (z. B. anderer Gesundheitsprobleme) ist.

Autor(en)	Behlitz-Weihmann, E., Metzler, P.
Erscheinungsjahr / letzte Auflage	1997
Messintention	Identifikation von Risikoträgern für alkoholabhängiges Trinken, gemessen am Ausmaß der positiv empfundenen Alkoholwirkung
Methodengruppe	Fragebogen
Messdimensionen	Items aus 17 verschiedenen Funktionsbereichen des Alkohols werden in 5 Skalen gruppiert, die folgende Alkoholwirkungen erfassen: Exzitative Wirkung, psychopharmakologische Wirkung, die soziale Funktion des Alkohols, das normausnutzende Hintergrundstrinken und Symptome der psychischen und physischen Abhängigkeit
Testdauer / Umfang	Ca. 15 – 20 Minuten
Testgüte	Reliabilität: Interne Konsistenz α = .89 – .96 Validität: Abhängige können von normaltrinkenden Probanden mit einer Trefferquote von 95 % erkannt werden (Kreuzvalidierung). Auch ohne Skala 5 liegt die Trefferquote immer noch bei 93 %.

Fragebogen zum Gesundheitszustand – SF-36/SF-12

Der SF-36 ist ein krankheitsübergreifendes Messinstrument zur Erfassung des gesundheitsbezogenen Funktionsniveaus von Patienten. Er besteht aus 36 Items zu acht Dimensionen der subjektiven Gesundheit, die sich den Grunddimensionen der körperlichen und der psychischen Gesundheit zuordnen lassen. Die Items haben ein wechselndes Antwortformat, dadurch wird eine einheitliche Antworttendenz aufgrund des Antwortformats erschwert. (Beispielitems: „Ich bin genauso gesund wie alle anderen, die ich kenne." oder „Inwieweit haben die Schmerzen Sie in den vergangenen vier Wochen bei der Ausübung Ihrer Alltagstätigkeiten zu Hause und im Beruf behindert?") Aufgrund der Kürze des Fragebogens und der einzelnen Skalen (Dimensionen) liegen die Reliabilitäten nur im mittleren Bereich, sodass der Test zwar für orientierende Gruppenuntersuchungen, aber weniger für einzelfalldiagnostische Fragestellungen geeignet ist.

Autor(en)	Morfeld, M., Kirchberger, I., Bullinger, M.
Erscheinungsjahr / letzte Auflage	2011
Messintention	Krankheitsübergreifende Erfassung der gesundheitsbezogenen Lebensqualität in Screening-Form
Methodengruppe	Fragebogen, Interview
Messdimensionen	8 Dimensionen der subjektiven Gesundheit: Körperliche Funktionsfähigkeit, körperliche Rollenfunktion, körperliche Schmerzen, allgemeine Gesundheitswahrnehmung, Vitalität, soziale Funktionsfähigkeit, emotionale Rollenfunktion und psychisches Wohlbefinden
Testdauer/Umfang	Ca. 10 Minuten, 36 Items. Es existiert darüber hinaus auch eine Kurzform mit 12 Items (SF-12).
Testgüte	Realibilität: Interne Konsistenz der Subskalen α = .57 – α > .70. Es liegen deutsche Normdaten aus einer repräsentativen Bevölkerungsstichprobe vor.

Fragebogen zur Analyse belastungsrelevanter Anforderungsbewältigung – FABA

Der FABA zielt auf die Erfassung stressbezogener Verhaltensweisen, die durch dauerhafte Aktivierung das Erkrankungs- oder Beschwerdenrisiko erhöhen können. Es werden Verhaltensfehlregulationen in den Merkmalsdimensionen Erholungsunfähigkeit und Arbeitsengagement, Planungsambitionen und Kontrollbedürfnis, Ungeduld sowie Dominanz erfasst. Der Test liegt in Kurzform (20 Items) und in Langform (44 Items) vor. Im Begutachtungskontext liefert das Verfahren vor allem Informationen zu Aspekten der Stress- und Krankheitsbewältigung. Die Messintention ist relativ transparent, ohne Kontrollskala sind die Ergebnisse im Begutachtungskontext nur eingeschränkt bzw. in Kombination mit anderen Testergebnissen oder Validierungsinformationen interpretierbar.

Autor(en)	Richter, P., Rudolf, M., Schmidt, C.F.
Erscheinungsjahr/ letzte Auflage	1996
Messintention	Diagnostik von gewohnheitsmäßigen Handlungsmustern, die in Stresssituationen dauerhafte Aktivierungen auslösen und langfristig das Erkrankungsrisiko erhöhen können
Methodengruppe	Fragebogen
Messdimensionen	Erholungsunfähigkeit/Arbeitsengagement, Planungsambitionen/Kontrollbedürfnis, Ungeduld, Dominanz
Testdauer/Umfang	Langform ca. 10 –20 Minuten, 44 Items und Kurzform ca. 5 – 10 Minuten, 20 Items
Testgüte	Reliabilität: Interne Konsistenz α = .53 – .80 Validität: Konvergente Validität r = .65 – .76; kriterienbezogene Validität zu belastungsreaktiven Störungen und chronischen Krankheitsverläufen

Fragebogen zur Depressionsdiagnostik
nach DSM-IV – FDD-DSM-IV

Der FDD-DSM-IV erfasst in Selbsteinschätzung typische Symptome depressiver Episoden. Die Fragebogenversion A besteht aus 18 Symptomitems. Eine Version B erhebt zusätzlich zu den Symptomitems noch die Symptomdauer. Der FDD-DSM-IV kann therapiebegleitend zur individuellen Eingangs-, Verlaufs- und Abschluss-diagnostik herangezogen werden. In der Begutachtung kann das Verfahren in Kombination mit anderen Erhebungsmethoden genutzt werden, um Mess- und Kontexteinflüsse bei der Erhebung klinischer Informationen zu beurteilen.

Autor(en)	Kühner, C.
Erscheinungsjahr / letzte Auflage	1997
Messintention	Selbsteinschätzung typischer Symptome depressiver Episoden in Anlehnung an die DSM-IV-Diagnostik
Methodengruppe	Fragebogen
Messdimensionen	Neben dem Summenwert als Maß der Depressions-schwere kann die Fragebogendiagnose als qualitatives Kriterium berechnet werden.
Testdauer / Umfang	Ca. 15 Minuten, 18 Items (Kurzform ca. 10 Minuten)
Testgüte	Reliabilität: Interne Konsistenz α = .82 – .92, Testhalbie-rungs-Reliabilität r_{tt} = .79 – .86 Validität: Korrelationskoeffizienten des FDD-Summen-werts mit fremdbeurteilter Depressionsschwere (PSE) r = .84 – .87

Fragebogen zur Erfassung der Schmerzverarbeitung – FESV

Der FESV erfasst über Selbsteinschätzungen das Bewältigungsrepertoire sowie die aus Schmerzen resultierenden psychischen Beeinträchtigungen bei Patienten mit einer andauernden Schmerzproblematik. Die drei Grundkomponenten kognitive Schmerzbewältigung, behaviorale Schmerzbewältigung und schmerzbedingte psychische Beeinträchtigung werden durch die Dimensionen Handlungskompetenzen, kognitive Umstrukturierung und Kompetenzerleben, mentale Ablenkung, gegensteuernde Aktivitäten und Ruhe, Entspannungstechniken, schmerzbedingte Hilflosigkeit und Depression, schmerzbedingte Angst sowie schmerzbedingter Ärger abgebildet. Im Begutachtungskontext liefert das Verfahren ergänzende Informationen zum Schweregrad schmerzbedingter subjektiver Beeinträchtigungen sowie zu Art und Ausprägung willentlich kontrollierter Bewältigungsprozesse.

Autor(en)	Geissner, E.
Erscheinungsjahr / letzte Auflage	2001
Messintention	Erfassung des Bewältigungsrepertoires und der in Zusammenhang mit Schmerzen stehenden psychischen Beeinträchtigungen bei Patienten mit länger andauernden oder rezidivierenden Schmerzen
Methodengruppe	Fragebogen
Messdimensionen	Kognitive Schmerzbewältigung, behaviorale Schmerzbewältigung, schmerzbedingte psychische Beeinträchtigung, jeweils gegeliedert in neun Einzeldimensionen
Testdauer / Umfang	Ca. 10 Minuten
Testgüte	Reliabilität: Interne Konsistenz α = .77 – .88, Retest-Reliabilität r_{tt} = .81 Validitätsbelege durch klinische Gruppentrennung und Angaben zur konvergenten Validität

Fragebogen zur Erfassung von Aggressivitätsfaktoren – FAF

Der FAF erfasst die Neigung, negative und aggressive Impulse wahrzunehmen und nach außen (gegen die Umwelt) oder gegen die eigene Person zu richten. Die Bereiche der spontanen und reaktiven Aggressivität sowie der Erregbarkeit können zu einem Gesamtwert der Aggressivität zusammengefasst werden. Zusätzlich zu fünf gesonderten Aggressionsbereichen misst der FAF auf einer Kontrollskala die Bereitschaft zur offenen Fragebogenbeantwortung. Im Begutachtungskontext kann das Verfahren zur Beschreibung emotionaler Störungen und antisozialer Persönlichkeitsakzentuierungen sowie zu Besonderheiten der Stress- und Krankheitsverarbeitung genutzt werden.

Autor(en)	Hampel, R., Selg, H.
Erscheinungsjahr / letzte Auflage	1975
Messintention	Erfassung von fünf Aggressionsbereichen
Methodengruppe	Fragebogen
Messdimensionen	Spontane Aggressivität, reaktive Aggressivität, Erregbarkeit, Selbstaggression, Aggressionshemmungen
Testdauer / Umfang	Ca. 10 – 20 Minuten
Testgüte	Reliabilität: Interne Konsistenz α = .61 – .79, Normen veraltet, Zusammenhänge belegt zu verschiedenen anderen Persönlichkeitseigenschaften, Abhängigkeit der Kennwerte u. a. von Geschlecht

Fragebogen zur Erfassung von Ressourcen und Selbstmanagementfähigkeiten – FERUS

Der FERUS erfasst gesundheitsrelevante Ressourcen und Selbstmanagementfähigkeiten. Selbstmanagement umfasst die Fähigkeit, eigenes Denken und Handeln zum Ausgangspunkt der Lösung spezieller wie auch allgemein alltagsbezogener Probleme und Anforderungen zu machen und sich beim Lösungsvorgang auf eigene Kompetenzen zu verlassen. Angelehnt an verschiedene theoretische Konzepte der Selbstregulation bildet der FERUS die Eigenschaften Veränderungsmotivation, Selbstbeobachtung, aktives und passives Coping, Selbstwirksamkeit, Selbstverbalisation, Hoffnung und soziale Unterstützung ab. Zusätzlich wird ein Gesamtwert zur Erfassung von Ressourcen und Selbstmanagementfähigkeiten bestimmt. Im Begutachtungskontext liefert das Verfahren Informationen zu relevanten Determinanten der Krankheitsverarbeitung und des Funktions- und Leistungsniveaus.

Autor(en)	Jack, M.
Erscheinungsjahr/ letzte Auflage	2007
Messintention	Erfassung gesundheitsrelevanter Ressourcen und Selbstmanagementfähigkeiten
Methodengruppe	Fragebogen
Messdimensionen	7 Skalen, u. a. Veränderungsmotivation, Selbstbeobachtung, Selbstwirksamkeit
Testdauer/Umfang	Ca. 20 – 30 Minuten, 66 Items
Testgüte	Reliabilität: Interne Konsistenz α = .66 – .93; hohe Korrelationen mit Merkmalen der Selbstregulation, des Selbstkonzepts und mit Kontrollattributionen

Fragebogen zur Lebenszufriedenheit – FLZ

Der FLZ ist ein Fragebogen zur Erfassung relevanter Aspekte der Lebenszufriedenheit in zehn getrennten Lebensbereichen, darunter auch Arbeit und Beruf. Er ermöglicht auch die Abschätzung der allgemeinen Lebenszufriedenheit. Die Items müssen von den Probanden auf einer siebenstufigen Antwortskala (von „sehr unzufrieden" bis „sehr zufrieden") beantwortet werden. Der FLZ wird vor allem in der Lebensqualitäts- und Rehabilitationsforschung eingesetzt, sein Wert für die Begutachtung einzelner Personen ist angesichts transparenter Messintention und mäßiger Eignung des Konzepts der Zufriedenheit für die Funktionsbewertung begrenzt.

Autor(en)	Fahrenberg, J., Myrtek, M., Schumacher, J., Brähler, E.
Erscheinungsjahr / letzte Auflage	2000
Messintention	Erfassung relevanter Aspekte der Lebenszufriedenheit in 10 Lebensbereichen
Methodengruppe	Fragebogen
Messdimensionen	Gesundheit, Arbeit und Beruf, finanzielle Lage, Freizeit, Ehe und Partnerschaft, Beziehung zu den eigenen Kindern, eigene Person, Sexualität, Freunde/Bekannte/Verwandte, Wohnung
Testdauer / Umfang	Ca. 10 Minuten
Testgüte	Reliabilität: Interne Konsistenz α = .82 – .95 Validität: Die Validität ist durch Faktorenanalysen und die Beziehung der Skalen zu anderen Persönlichkeitsmerkmalen gesichert.

Fragebogen zur Messung der Psychotherapiemotivation – FMP

Der FMP ist ein rational konstruierter Fragebogen zur Erhebung der Motivationslage psychisch gestörter Personen, der im Rahmen therapeutischer Indikationsstellung sowie im Bereich von Forschung eingesetzt wird. Er erfasst verschiedene Aspekte der Psychotherapiemotivation wie z.B. Leidensdruck und Krankheitsgewinn, Überzeugungen von der Verursachung der Beschwerden (Laienätiologie), Behandlungserwartungen und -einstellungen sowie therapeutische Vorerfahrungen. Im Begutachtungskontext kann das Verfahren orientierende Hinweise auf Art und Angemessenheit bisheriger psychotherapeutischer Behandlung liefern sowie auf die Motivation der Betroffenen, noch weitere Veränderungen der gesundheitlichen Situation mit therapeutischer Hilfe erzielen zu wollen.

Autor(en)	Schneider, W., Basler, H.-D., Beisenherz, B.
Erscheinungsjahr/ letzte Auflage	1989
Messintention	Erhebung der motivationalen Ausgangslage eines Patienten
Methodengruppe	Fragebogen
Messdimensionen	Krankheitserleben, Laienätiologie, allgemeine Behandlungserwartungen und -einstellungen, Erfahrungen mit psychotherapeutischen Behandlungsmethoden
Testdauer/Umfang	20 – 30 Minuten
Testgüte	Reliabilitäten gut Kriteriumsvalidität: r = .36 mit Inanspruchnahme von Therapie, relevante Beziehungen zwischen FMP-Kennwerten und Therapieerfolg

Fragebogen zur sozialen Unterstützung – F-SozU

Der F-SozU ist ein Fragebogen zur Erfassung der subjektiv wahrgenommenen bzw. antizipierten Unterstützung aus dem sozialen Umfeld. Die Items des Fragebogens liegen in Aussageform vor (Beispielitem: „Ich habe Freunde/Angehörige, die auch mal gut zuhören können, wenn ich mich aussprechen möchte.") und erfassen verschiedene Facetten emotionaler und sozialer Untersützungs- und Belastungsfaktoren. Auf einer fünfstufigen Likertskala geben die Probanden den Grad ihrer Zustimmung zu diesen Aussagen an. Auf Basis der Langform wurden zwei Kurzformen mit 22 (K-22) und 14 Items (K-14) extrahiert. Im Begutachtungskontext liefert der Fragebogen Informationen zu relevanten Determinanten der Stress- und Krankheitsverarbeitung und zum sozialen Funktions- und Leistungsniveau.

Autor(en)	Frydrich, T., Sommer, G., Brähler, E.
Erscheinungsjahr/ letzte Auflage	2007
Messintention	Erfassung wahrgenommener und antizipierter sozialer Unterstützung
Methodengruppe	Fragbogen
Messdimensionen	Emotionale Unterstützung, praktische Unterstützung, soziale Integration, Belastung aus dem sozialen Netzwerk; ergänzende Skalen: Reziprozität, Verfügbarkeit einer Vertrauensperson, Zufriedenheit mit sozialer Unterstützung
Testdauer/Umfang	Ca. 15 – 20 Minuten, 54 Items (Kurzform ca. 5 Minuten)
Testgüte	Reliabilität: Interne Konsistenz α = .81 – .93 Hinweise zur konvergenten und kriterienbezogenen Validität

Freiburger Fragebogen – Stadien der Bewältigung chronischer Schmerzen – FF-STABS

Der FF-STABS wird bei Personen mit chronischen Schmerzen in Einrichtungen eingesetzt, um deren individuelle Bereitschaft zu ermitteln, Schmerzbewältigungstechniken zu erlernen und anzuwenden. Das Verfahren stützt sich auf das Transtheoretische Modell von Prochaska, das vier aufeinander aufbauende motivationale Stufen der Verhaltensänderung vorsieht. Das individuelle Antwortmuster lässt Rückschlüsse darauf zu, welche Stufe die derzeitige Situation des Befragten am besten charakterisiert. Die niedrigste erreichte Stufe bildet ab, dass die Person bislang nur wenig Problembewusstsein für eine Verhaltensänderung entwickelt hat, die höchste Stufe spricht dafür, dass sich die befragte Person bemüht, erreichte Veränderungen aufrecht zu erhalten. Im Begutachtungskontext geben die Testwerte orientierende Hinweise auf das Bewältigungsverhalten unter Berücksichtigung willentlich kontrollierter Anpassungsprozesse.

Autor(en)	Maurischat, C., Härter, M., Bengel, J.
Erscheinungsjahr/ letzte Auflage	2006
Messintention	Anwendung des transtheoretischen Modells der Veränderung auf Personen mit chronischen Schmerzen, Ermittlung der Bereitschaft, Schmerzbewältigungstechniken zu erlernen und anzuwenden
Methodengruppe	Fragebogen
Messdimensionen	4 Skalen, die die transtheoretischen Stadien Sorglosigkeit, Vorbereitung, Handlung und Aufrechterhaltung abbilden
Testdauer/Umfang	Ca. 5 Minuten
Testgüte	Reliabilität: Ausreichende interne Konsistenzen und Retest-Reliabilitäten
	Validität: Konstruktvalidität belegt durch korrelativen Vergleich mit inhaltlich verwandten Instrumenten (u.a. FESV, PDI, FSS, FSK, KAUKON)

Freiburger Fragebogen zur Krankheitsverarbeitung – FKV

Der FKV erfasst mittels Selbst- und Fremdeinschätzung Krankheitsbewälti-gungs- und verarbeitungsmodi auf den Ebenen von Kognition, Emotion und Verhalten. Erhoben werden verschiedene Bewältigungsdimensionen. Der Test sieht eine Langversion mit 102 Items und 12 Skalen und zwei Kurzformen zur Selbst- und Fremdeinschätzung mit je 35 Items und 5 Skalen vor. In der Begut-achtung kann der Fragebogen differenzierte Informationen zur Verarbeitung gesundheitlicher Beschwerden und krankheitsbedingter Funktions- und Leis-tungsbeeinträchtigungen liefern. Fehlende Kennwerte zu möglichen negativen Antwortverzerrungen schränken seinen Nutzen für die praktische Anwendung jedoch ein.

Autor(en)	Muthny, F.A.
Erscheinungsjahr/	1989
letzte Auflage	
Messintention	Erfassung von Krankheitsverarbeitungsmodi
Methodengruppe	Fragebogen, Selbsteinschätzung, Fremdeinschätzung
Messdimensionen	Depressive Verarbeitung, aktives problemorientiertes Coping, Ablenkung/Selbstaufbau, Religiosität/Sinnsuche, Bagatellisierung/Wunschdenken u.a.
Testdauer/Umfang	Ca. 5 – 30 Minuten
Testgüte	Reliabilität: Interne Konsistenz $\alpha > .80$
	Validität: Konstruktvalidität gewährleistet durch weit-gehend faktorenanalytisch begründete Skalenbildung an gemischten Stichproben chronisch Kranker

Freiburger Persönlichkeitsinventar – FPI-R

Der FPI-R ist ein in Deutschland weit verbreiteter Persönlichkeitsfragebogen zur Erfassung 12 relevanter Persönlichkeitseigenschaften. Die Skalenauswahl basiert auf Überlegungen der Testautoren und gründet sich nicht auf eine einheitliche Persönlichkeitstheorie. Ergänzend wurden die Skalen Extraversion und Emotionalität (Neurotizismus) des Psychologen Eysenck integriert. Im Begutachtungskontext eignet sich das Verfahren weniger zur klinischen Diagnostik als zur ergänzenden Beschreibung von Merkmalen der Krankheitsverarbeitung und des allgemeinen, leistungsbezogenen und sozialen Funktionsniveaus.

Autor(en)	Fahrenberg, J., Hampel, R., Selg, H.
Erscheinungsjahr / letzte Auflage	2010
Messintention	Erfassung relevanter Konzepte der Selbstbeschreibung
Methodengruppe	Persönlichkeitsinventar
Messdimensionen	12 Skalen: Lebenszufriedenheit, soziale Orientierung, Leistungsorientierung, Gehemmtheit, Erregbarkeit, Aggressivität, Beanspruchung, körperliche Beschwerden, Gesundheitssorgen, Offenheit; Sekundärskalen: Extraversion und Emotionalität
Testdauer / Umfang	Ca. 20 – 30 Minuten, 138 Items
Testgüte	Reliabilität: Interne Konstistenz α = .73 – .83, weit verbreitetes Verfahren
	Konstrukt- und kriterienbezogene Validität bezogen auf Normalbevölkerung und klinische Gruppen in vielen Untersuchungen weitgehend gesichert

Grundintelligenztest Skala 3 (CFT 3) und CFT 20-R mit WS/ZF-R (Culture Fair Intelligence Test)

Bei den genannten Intelligenztests handelt es sich um Varianten sprachfreier kognitiver Leistungstests für Jugendliche und Erwachsene auf der Grundlage der Cattell'schen Intelligenztheorie. Die Tests erfassen vorwiegend die sogenannte fluide, d.h. nicht primär bildungs- und wissensabhängige Intelligenz. Den Probanden werden figurale Aufgaben vorgelegt, bei denen logische Zusammenhänge oder Regel- und Gesetzmäßigkeiten in symbolischen Formen oder Zahlenmustern erkannt oder klassifikatorische Zuordnungen in möglichst kurzer Zeit vorgenommen werden müssen. In der derzeitigen Version des CFT 20-R können in Anlehnung an aktuelle Intelligenzkonzepte ergänzend auch die Verarbeitungskapazität und der (kulturabhängige) Wortschatz getestet werden. Im Begutachtungskontext liefert der Test Informationen zum allgemeinen geistigen Leistungsniveau, insbesondere zu den Fähigkeiten, logisch und schlussfolgernd zu denken, Gesetzmäßigkeiten zu erkennen und neue Informationen schnell zu sicher zu verarbeiten. Dies betrifft u.a. die Partizipationsmerkmale Urteils- und Entscheidungsfähigkeit, Strukturierungsfähigkeit, Planungsfähigkeit, Anwendung fachlicher Kompetenzen und Problemlösefähigkeit. Aufgrund der hohen Reliabilität ist der Test für die Individualdiagnostik uneingeschränkt geeignet.

Autor(en)	Cattell, R.B., Weiss, R.H.
Erscheinungsjahr/ letzte Auflage	1971
Messintention	Erfassung der Grundintelligenz im Sinne der Cattell'schen fluiden Intelligenz, d.h. der Fähigkeit, sich neuen Problemen oder Situationen anzupassen
Methodengruppe	Kognitiver Leistungstest
Messdimensionen	Reihen fortsetzen, Klassifikationen, Matrizen, topologisches Schlussfolgern
Testdauer/Umfang	CFT 3 ca. 50 Minuten, CFT 20-R ca. 60 Minuten, Kurzform ca. 35 – 40 Minuten
Testgüte	Reliabilität: CFT 3 α = .95, CFT 20-R Retest-Reliabilität r_{tt} = .80 – .82, Konsistenz für den Gesamttest α = .95 Konvergente Validität zu Kennwerten des schlussfolgernden Denkens anderer Intelligenztestverfahren

Hamburger Persönlichkeitsinventar – HPI

Der Fragebogen erfasst sechs Basisdimensionen der Persönlichkeit in relativ ökonomischer Form anhand von jeweils 14 Items pro Skala. Die Skalen lassen sich auf einer höheren Ebene zu noch allgemeineren Ambivalenzen der Persönlichkeit integrieren (Neurotizismus – Extraversion, Offenheit – Gewissenhaftigkeit, Verträglichkeit – Wettbewerbsorientierung). Im Begutachtungskontext kann der Bogen ergänzende Informationen zur Art und Qualität von Stress- und Krankheitsverarbeitungsprozessen sowie zur Beschreibung von funktions- und leistungsrelevanten Persönlichkeitseigenschaften liefern.

Autor(en)	Andresen, B.
Erscheinungsjahr/ letzte Auflage	2002
Messintention	Erfassung von Persönlichkeitsgrunddimensionen
Methodengruppe	Persönlichkeitsinventar
Messdimensionen	6 Dimensionen: Neurotizismus, Extraversion, Verträglichkeit, Offenheit für neue Erfahrungen, Gewissenhaftigkeit, Bereitschaft für Risiko und Wettbewerb
Testdauer/Umfang	Ca. 15 Minuten, 64 Items
Testgüte	Reliabilität: Interne Konsistenz α = .81 – .89 Validität: Übereinstimmungen v. a. mit Kennwerten der Big-Five anderer Persönlichkeitsinventare

Hamburger Zwangsinventar – HZI, Kurzversion – HZI-K

Der Fragebogen erfasst Denk- und Handlungszwänge. Die befragte Person soll angeben, ob Aussagen vor allem zu Ordnungs- und Kontrollverhalten sowie zu den damit assoziierten Denkmustern auf sie zutreffen. Der Test ist bei Personen mit Zwangsstörungen oder Zwangsproblemen wie auch bei Gesunden anwendbar. Das in der Praxis gebräuchlichere HZI-K besteht aus sechs Subskalen mit einer Bearbeitungsdauer von ca. 15 – 30 Minuten. Im Begutachtungskontext kann das Verfahren Erkenntnisse liefern zur Ausprägung klinisch bedeutsamer Zwangssymptome, die auf der Funktions- und Leistungsebene mit Problemen der Urteils- und Entscheidungsfähigkeit, mit übertriebener Sorgfalt und mit eingeschränkter Arbeitsgeschwindigkeit einher gehen können.

Autor(en)	Klepsch, R., Zaworka, W., Hand, I., Lünenschloß, K., Jauering, G.
Erscheinungsjahr/ letzte Auflage	1993
Messintention	Differenzierte Erfassung von Denk- und Handlungs- zwängen
Methodengruppe	Fragebogen
Messdimensionen	6 Dimensionen: 1) Kontrollhandlungen, Wiederholungen von Kontrollhandlungen und gedankliches Kontrollieren nach einer Handlung, 2) Waschen und Putzen, 3) Ord- nen, 4) Zählen, Berühren und Sprechen, 5) Gedanken- zwänge und 6) zwanghafte Vorstellung, sich selbst oder anderen ein Leid zuzufügen
Testdauer/Umfang	Ca. 15 – 30 Minuten, 72 Items
Testgüte	Reliabilität: Retest-Reliabilität r_{tt} = .73 – .94 Validität: Korrelationen mit den Skalen des HZI r = .91 – .97, substanzielle Übereinstimmung mit Skalen anderer Zwangsinventare (Y-BOCS, OCI)

Hamilton Depressions-Skala – HAMD

Die HAMD ist eine Fremdbeurteilungsskala zur Einschätzung des Schwere- grades einer Depression in Form eine Patienteninterviews. Der Testanwender stellt Fragen zu Art und Ausprägung der depressiven Symptomatik, u.a. zu Tagesschwankungen, dissoziativen Phänomenen, paranoiden Symptomen und Zwangssymptomen. Ergänzend kodiert er Merkmale des Erscheinungsbildes und des Verhaltens des Befragten. Die Informationen werden zu einem Kennwert zusammengefasst, der die Schwere der Depression beschreibt. In der Begutach- tung kann das Verfahren orientierende Hinweise zur Schwere der depressiven Störung geben, insbesondere wenn die untersuchte Person keine (ausreichenden) Angaben im Fragebogen gemacht hat oder machen kann oder wenn Zweifel an der Authentizität der Beschwerden bestehen.

Autor(en)	Collegium Internationale Psychiatriae Scalarum
Erscheinungsjahr/ letzte Auflage	2005

Messintention	Ermittlung der Schwere einer depressiven Störung
Methodengruppe	Fremdbeurteilungsskala, Patienteninterview
Messdimensionen	Schweregrad der Depression
Testdauer / Umfang	Ca. 30 Minuten, 22 Items
Testgüte	Reliabilität: Interrater-Reliabilität r = .52 – .98, interne Konsistenz α = .73 – .91
	Validität: Inhaltliche Validität durch Übereinstimmung der Items mit Merkmalen des klinischen Bildes der Depression. Kriterienorientierte Validität durch Übereinstimmung mit dem Beck-Depressions-Inventar (BDI) in Höhe von r = .37.

Hospital Anxiety and Depression Scale – HADS-D

Der HADS-D ist ein Fragebogen mit zwei Subskalen zur Erfassung von Angst und Depression insbesondere bei Personen mit körperlichen Erkrankungen und möglicherweise psychisch bedingten Körperbeschwerden. Erfragt wird die Ausprägung ängstlicher und depressiver Symptomatik während der vergangenen Woche. Bei der Itemauswahl wurden schwere psychopathologische Symptome ausgelassen. In der Begutachtung eignet sich das Verfahren zur ergänzenden Diagnostik emotional-affektiver, möglicherweise krankheitswertiger Beeinträchtigungen.

Autor(en)	Hermann-Lingen, C., Buss, U., Snaith, R.P.; deutsche Version Snaith, R.P., Zigmond, A.S.
Erscheinungsjahr / letzte Auflage	2011
Messintention	Erfassung von Angst und Depression bei Patienten mit körperlichen Beschwerden während letzter Woche
Methodengruppe	Fragebogen
Messdimensionen	Ängstliche Symptomatik, depressive Symptomatik; Gesamtsummenwert als Maß für die allgemeine psychische Beeinträchtigung
Testdauer / Umfang	Ca. 5 Minuten

Testgüte	Reliabilität: Cronbachs Alpha und die Testhalbierungs-Reliabilitäten für beide Subskalen bei je .80; Retest-Reliabilität r_{tt} > .80 Validität: Zweifaktorielle Struktur wurde wiederholt gestützt. Für die Fallerkennung werden Spezifitäten und Sensitivitäten von jeweils ca. .80 angegeben.

Hypochondrie-Hysterie-Inventar – HHI

Das HHI ist ein Fragebogen zur Erfassung hypochondrischer und hysterifor-mer Persönlichkeitstendenzen. Hypochondrische und hysteriforme Tendenzen wurden in traditionellen psychiatrischen Erklärungsmodellen gleichermaßen v. a. mit der Entstehung psychosomatischer oder somatoformer Störungen in Verbindung gebracht. Das Verfahren strebt eine Differenzierung dieser Kon-strukte an. Dazu werden dem Befragen 65 Aussagen zur Beurteilung vorgelegt. Im Begutachtungskontext kann das Verfahren gegebenenfalls ergänzende Infor-mationen zum klinischen Erscheinungsbild oder zu möglichen dispositionellen Bedingungen für körperliche Beschwerden liefern.

Autor(en)	Süllwold, F.
Erscheinungsjahr / letzte Auflage	1995
Messintention	Erfassung der Intensität hypochondrischer und hysteroi-der Persönlichkeitstendenzen
Methodengruppe	Fragebogen
Messdimensionen	Gesamtwerte für Hypochondrie und Hysterie, Anste-ckungsangst
Testdauer / Umfang	Ca. 15 – 30 Minuten
Testgüte	Reliabilität: Cronbachs Alpha und Spearman-Brown-Ko-effizienten r_{tt} = .90; faktorenanalytisch fundierte Skalen; signifikante Korrelationen zwischen Testergebnissen und alltagsbezogenen Fremdbeurteilungen

Impact of Event Scale-R – IES-R

Der IES-R ist ein Kurzfragebogen zu typischen Formen posttraumatischer Reaktionen auf extrem belastende Ereignisse. Die Konstruktion basiert auf der Annahme, dass extreme Ereignisse wie sexualisierte Gewalttaten, Kriegserleben, Naturkatastrophen oder lebensbedrohliche Erkrankungen psychische Reaktionen erzeugen, die die individuelle Adaptationsfähigkeit überfordern und zu krankheitswertigen Störungen führen können. In der Begutachtung kann der Testwert zur Quantifizierung der Intensität einer posttraumatischen Reaktion beitragen, er ersetzt aber nicht die klassifikatorische Diagnostik einer Posttraumatischen Belastungsstörung nach ICD/DSM.

Autor(en)	Maercker, A., Schützwohl, M.; deutsche Version
Erscheinungsjahr/ letzte Auflage	1998
Messintention	Screeningfragebogen zu Symptomen oder Beschwerden, die typische posttraumatische Reaktionen beschreiben
Methodengruppe	Fragebogen
Messdimensionen	3 Subskalen: Intrusion, Vermeidung, Übererregung. Eine Schätzformel (Regressionsgleichung) erlaubt, aus den Subskalen mit einer gegebenen Wahrscheinlichkeit das Vorliegen einer PTBS-Diagnose abzuschätzen.
Testdauer/Umfang	Ca. 7 – 15 Minuten
Testgüte	Reliabilität: Interne Konsistenz α = .79 – .90, Retest-Reliabilität (3 Monate) r_{tt} = .66 – .80 Validität: Die Interkorrelationen zwischen den IES-R- und zugehörigen DIPS-Symptomsummenwerten (Diagnostisches Interview) betrugen r = .53 (Vermeidung), r = .59 (Intrusionenen) und r = .72 (Übererregung).

Indikatoren des Reha-Status – IRES

Bei den Indikatoren des Reha-Status handelt es sich um eine Selbsteinschätzung in Fragebogenform. Der IRES stellt ein Erhebungsinstrument für die medizinische Rehabilitation dar, das Informationen zum Gesundheitszustand, zu psychosozialen Krankheitsfolgen und zur beruflichen Leistungsfähigkeit in standardisierter Form erfasst. Der IRES gliedert sich in acht Dimensionen. Im Begutachtungskontext eignen sich die Skalen somatische Gesundheit, Schmerzen und psychisches Befinden zur ergänzenden Beurteilung der klinischen Symptomatik, die Skalen Gesundheitsverhalten und Krankheitsbewältigung eignen sich zur Beschreibung von Bewältigungsprozessen und die Skalen Funktionsfähigkeit im Alltag, Funktionsfähigkeit im Beruf und soziale Integration bilden Beeinträchtigungen des Funktions- und Leistungsniveaus ab.

Autor(en)	Bührlen, B., Gerdes, N., Jäckel, B.H.
Erscheinungsjahr / letzte Auflage	2002
Messintention	Erfassung des Gesundheitszustandes und des Funktionsniveaus
Methodengruppe	Fragebogen, Selbsteinschätzung
Messdimensionen	Somatische Gesundheit, Schmerzen, Gesundheitsverhalten, körperliche Funktionsfähigkeit, berufliche Funktionsfähigkeit, psychisches Befinden, Krankheitsbewältigung, soziale Integration
Testdauer / Umfang	Ca. 20 – 30 Minuten, 144 Items
Testgüte	Reliabilität: Interne Konsistenz – Cronbach-Alpha $Md\alpha = .85$, Range .75 – .94; Part-whole korrigierte Trennschärfe $Md\alpha = .69$, Range .53 – .86; Retest-Reliabilität $Mdr_{tt} = .78$, Range .58 – .90 Konfirmatorische Faktorenanalyse von Metaanalysen bestätigt faktorielles Modell; substanzielle Korrelationen zu Kennwerten verschiedener rehabilitationspsychologischer Verfahren (SF-36, HADS, FVK u.a.) in Höhe von $r = .30 – .79$.

Intelligenz Struktur Analyse – ISA

Die ISA ist ein kognitiver Leistungstest, der sprach- und zahlengebundene Intelligenz, räumliches und figurales Vorstellungsvermögen sowie Merkfähigkeit erfasst. Sie ist für Probanden zwischen 14 und 30 Jahren konzipiert. Die Analyse ist in neun Untertests aufgeteilt, von denen vier Tests verbale Fähigkeiten, zwei Tests numerische, zwei weitere Tests figural-räumliche Fähigkeiten und ein Test das mittelfristige Behalten ermitteln. Aufgrund der Altersnormierung und des eher geringen Verbreitungsgrades liegt das bevorzugte Einsatzgebiet des Verfahrens in der Begutachtung bei jüngeren Probanden und bei Personen mit Vorerfahrungen in der Intelligenztestung bzw. kognitiven Leistungsmessung.

Autor(en)	Fay, E., Trost, G., Gitter, G.
Erscheinungsjahr/ letzte Auflage	1994 (3. Auflage)
Messintention	Erfassung der allgemeinen Intelligenz
Methodengruppe	Kognitiver Leistungstest
Messdimensionen	Sprach- und zahlengebundene Intelligenzfunktionen, räumliches und figurales Vorstellungsvermögen, Merkfähigkeit
Testdauer/Umfang	Ca. 90 Minuten, 177 Items
Testgüte	Reliabilität: Konsistenz je nach Skala $\alpha = .78 - .97$ Konstruktvalidität: Die Korrelationen der ISA-Gesamttestleistung mit den Advanced Progressive Matrices beträgt $r = .52$, mit den Standard Progressive Matrices (SPM) $r = .66$.

Intelligenz-Struktur-Test – I-S-T 2000-R

Der I-S-T 2000-R ist ein weit verbreiteter und über Jahrzehnte weiterentwickelter kognitiver Leistungstest, mit dem insgesamt elf Facetten allgemeiner und bereichsspezifischer Intelligenz erfasst werden können (Messdimensionen). Einsetzbar ist der Test für Jugendliche ab 15 Jahren und Erwachsene in Einzel- und Gruppentest. Konkret geforderte Leistungen sind u. a. Satzergänzungsaufgaben, Analogien bilden, sprachliche Gemeinsamkeiten finden, begonnene Zahlenreihen fortsetzen, Rechenaufgaben und Matrizenaufgaben lösen, Figuren auswählen und die Durchführung mentaler Rotationen (Würfelaufgaben). Der I-S-T 2000-R ist modular aufgebaut, d. h. bestimmte Komponenten können in Abhängigkeit von inhaltlichen und ökonomischen Anforderungen hinzugenommen oder weggelassen werden. Ein Wissenstest kann separat eingesetzt werden. In der Begutachtung eignet sich das Verfahren zur Beurteilung der geistigen Leistungsfähigkeit und zur Abschätzung von Funktionsmerkmalen wie Denk-, Urteils-, Planungs-, Strukturierungs- und Entscheidungsfähigkeit, Geschwindigkeit und Kapazität der Informationsverarbeitung sowie zur Beurteilung des prämorbiden Leistungsniveaus nach einer Schädigung.

Autor(en)	Liepmann, D., Beauducel, A., Brocke, B., Amthauer, R.
Erscheinungsjahr / letzte Auflage	2007
Messintention	Intelligenzerfassung
Methodengruppe	Kognitiver Leistungstest
Messdimensionen	Verbale Intelligenz, figural-räumliche Intelligenz, rechnerische Intelligenz, Merkfähigkeit, schlussfolgerndes Denken, verbales Wissen, figural-bildhaftes Wissen, numerisches Wissen und Wissen gesamt, außerdem fluide und kristalline Intelligenz.
Testdauer / Umfang	Grundmodul ca. 77 Minuten, einschließlich Wissenstest ca. 130 Minuten

Testgüte	Reliabilität: Interne Konsistenz α = .87 – .97 Validität: Zahlreiche Belege zur faktoriellen und kriterienbezogenen Validität, z.B. I-S-T 2000-R Verbalteil korreliert mit dem HAWIE-R-Wissen mit r = .48, mit dem Mehrfachwortschatztest (MWBT) mit r = .39. Schlussfolgerndes Denken korreliert mit den CFT 20-Matrizen mit r = .63. Die Korrelation des I-S-T 2000-R Reasoning-Gesamtwerts mit der Schul-Mathematiknote beträgt r = .45.

Internationale Skalen für Hypochondrie – WI-IAS

Bei den Internationalen Skalen für Hypochondrie handelt es sich um die deutschsprachige Adaptation des Whiteley-Index (WI) und der Illness Attitude Scales (IAS) zur Erfassung körperlicher Beschwerden, hypochondrischer Tendenzen und unterschiedlicher Aspekte von Krankheitsverhalten. Die Fragen bzw. Einschätzungen beziehen sich auf emotionale, kognitive und verhaltensbezogene Merkmale, die für Personen mit unklaren körperlichen Beschwerden charakteristisch sind. Es stehen Normwerte für klinische und nicht-klinische Gruppen zur Verfügung. In der Begutachtung eignen sich die Kennwerte zur quantitativen Einschätzung der Belastung durch körperliche Beschwerden und zur Beschreibung relevanter Facetten der Krankheitsverarbeitung und der Chronifizierung psychosomatischer Beschwerden.

Autor(en)	Hiller, W., Rief, W.
Erscheinungsjahr/ letzte Auflage	2004
Messintention	Erfassung und Schweregradbestimmung der Hypochondrie
Methodengruppe	Fragebogen
Messdimensionen	Whiteley-Index (WI) und Illness Attitude Scales (IAS) erfassen zentrale emotionale, kognitive und verhaltensbezogene Merkmale, die für Personen mit unklaren körperlichen Beschwerden charakteristisch sind. Subskalen: Krankheitsängste, Krankheitsüberzeugungen, inadäquates Krankheitsverhalten
Testdauer/Umfang	Ca. 5 – 7 Minuten

Testgüte	Reliabilität: WI Interne Konsistenzen α = .51 – .76, Retest-Reliabilität r_{tt} = .82 – .89, IAS α = .70 – .87. Die Retest-Reliabilitäten nach 50 Tagen liegen zwischen r_{tt} = .75 und r_{tt} = .91.
	Validität: Substanzielle Überschneidungen zu verwandten Konstrukten anderer Fragebögen und zu klinischen Gruppen

Inventar zur Erfassung interpersonaler Probleme – IIP-D

Das IIP-D ist ein Fragebogen zur Erfassung von Schwierigkeiten in zwischenmenschlichen Beziehungen. Erfasst werden interaktive Stile, die als komplementär aufeinder bezogene Verhaltensweisen konzipiert sind. Erfragt wird, welches Verhalten dem Befragten im Kontakt mit anderen Personen schwer fällt und welches Verhalten er gegenüber anderen Personen im Übermaß zeigt. Aus vermiedenen und verstärkt gezeigten Verhaltensweisen kann der bevorzugte Interaktionsstil bzw. das bevorzugte Rollenverhalten abgeleitet werden. In der Begutachtung eignet sich das Verfahren zur ergänzenden Beschreibung psychischer Symptome in sozialen Kontexten (z.B. sozialer Ängste), zur Beschreibung sozialer Unterstützungsprozesse im Zusammehang mit der Krankheitsverarbeitung und zur Kennzeichnung allgemeiner sozialer Partizipationsmerkmale (z.B. Kommunikationsfähigkeit, soziale Durchsetzungsfähigkeit, Anpassungsfähigkeit).

Autor(en)	Horowitz, L.M., Strauß, B., Kordy, H.
Erscheinungsjahr/ letzte Auflage	2000
Messintention	Erfassung von Problemen in zwischenmenschlichen Beziehungen
Methodengruppe	Fragebogen
Messdimensionen	8 Skalen, u.a. autokratisch/dominant, introvertiert/sozial vermeidend, selbstunsicher/unterwürfig, expressiv/ aufdringlich
Testdauer/Umfang	Ca. 20 Minuten, 64 Items (Kurzform ca. 10 Minuten, 32 Items)

Testgüte	Reliabilität: Retest-Reliabilität r_{tt} = .81 – .90, Normierung getrennt nach klinischen Stichproben und Bevölkerungsstichproben Validität: Eignung zur Differenzierung zwischen klinischen Gruppen, Zusammenhänge zwischen IIP-D Skalen und Bindungsstilen und assoziierten Persönlichkeitsmerkmalen.

Inventar zur Gedächtnisdiagnostik – IGD

Das IGD ist ein kognitiver Leistungstest für Erwachsene im Alter von 18 bis über 65 Jahre. Getestet werden die Lern- und Merkfähigkeit mit unmittelbarer und verzögerter Abfrage, das semantische Altgedächtnis sowie Selbstbeurteilungsskalen zur Einschätzung der Erinnerungsfähigkeit und -qualität autobiografischer Ereignisse und Fakten. Neben dem Haupteinsatzbereich der neuropsychologischen Diagnostik ist das Inventar für die Personalauslese und Leistungsdiagnostik anwendbar. In der Begutachtung liefert das IGD detaillierte Informationen zum Funktionsniveau von Personen, die über Lern- und Gedächtnisstörungen entweder als Folge einer neurologischen Schädigung oder im Zusammenhang mit psychischen Erkrankungen klagen.

Autor(en)	Baller, G., Brand, M., Kalbe, E., Kessler, J.
Erscheinungsjahr/ letzte Auflage	2006
Messintention	Erfassung der Lern- und Merkfähigkeit und prospektiver Gedächtnisleistungen im niedrigen bis mittleren Leistungsbereich
Methodengruppe	Kognitiver Leistungstest
Messdimensionen	Prospektives Gedächtnis, Zahlenspanne, Arbeitsgedächtnis, exekutive Kontrolle, verbales Lernen, visuelles Lernen, Paarassoziationslernen, verzögerte Rekognition, verzögerte Reproduktion, Priming, semantisches Gedächtnis mit Wortkenntnis, Faktenwissen u.a.
Testdauer/Umfang	Ca. 90 Minuten

| Testgüte | Reliabilität: Retest-Reliabilität r_{tt} =.82 – .84; Normierung getrennt nach Altersgruppen |
| | Validität: Eignung zur Unterscheidung verschiedener klinischer Gruppen, konvergente Validität mit Kennwerten anderer Gedächtnistests |

Iowa Gambling Task – IGT

Der IGT ist ein computergestützter kognitiver Leistungstest zur Erfassung von Defiziten im Entscheidungsverhalten unter Mehrdeutigkeits bzw. Ambiguitätsbedingungen im Alltag. Dabei sehen die Probanden auf einem Monitor vor sich vier Kartenstapel, von denen Gewinn- und Verlustkarten gezogen werden sollen. Zwei Kartenstapel werfen große Gewinne ab, die beiden anderen nur mageren Gewinn. Die möglichen Verluste sind aber bei letzteren geringer als bei den Karten mit höheren Gewinnchancen. Die Probanden sollen lernen, die Kartenstapel herauszufinden, die zwar eine vermeintlich niedrige Belohnung versprechen, dauerhaft aber zu einem höheren Gewinn führen. Im Begutachtungskontext kann der Test Informationen zum Risiko- und Entscheidungsverhalten einer Person liefern mit Auswirkungen auf ihr Bewältigungs- und Leistungsverhalten.

Autor(en)	Bechara, A., Damasio, A., Tranel, D., Anderson, S.
Erscheinungsjahr / letzte Auflage	1994
Messintention	Erfassung von Defiziten im Entscheidungsverhalten unter Ambiguitätsbedingungen im Alltag
Methodengruppe	Kognitiver Leistungstest, Computersimulation
Messdimensionen	Belohnungssuchendes bzw. bestrafungsvermeidendes Entscheidungsverhalten, Zahl ergebnisoptimierender vs. nicht ergebnisoptimierender Karten
Testdauer / Umfang	Ca. 15 Minuten
Testgüte	Validität: Bedeutsame Korrelationen mit Kennwerten anderer Tests (z.B. Wisconsin Card Sorting Test) zur Erfassung exekutiver Funktionen bei impliziten (verborgenen) Entscheidungsregeln, insbesondere bei Patienten

Inventar berufsbezogener Einstellungen und Selbsteinschätzungen – IBES

Das IBES ist ein Fragebogen zur Berufseignungsdiagnostik, der in der Organisations- und Persönlichkeitspsychologie als Methode zur Personalauswahl eingesetzt wird. Das IBES besteht aus 115 Aussagen zu neun Dimensionen, die Informationen über die Bereitschaft einer Person zur Anpassung an berufliche und leistungsbezogene Bedingungen enthalten. Getestet werden die einstellungsorientierten Facetten (z. B. Vertrauen, Verbreitung unerwünschten Verhaltens) und eigenschaftsorientierte Facetten (z. B. Gelassenheit/Selbstwertgefühl, Zuverlässigkeit/Voraussicht). Der Gesamtwert informiert über kontraproduktives bzw. abweichendes Verhalten in Organisationen. Im Begutachtungskontext ist der Einsatz durch fehlende Antworttendenzskalen eingeschränkt. In Verbindung mit anderen Verfahren liefert das IBES ergänzende Ergebnisse vor allem zur Anpassungsfähigkeit einer Person bezogen auf berufliche und/oder leistungsbezogene Anforderungen und Rahmenbedingungen.

Autor(en)	Marcus, B.
Erscheinungsjahr / letzte Auflage	2006
Messintention	Test zur Erfassung unterschiedlicher Merkmale kontraproduktiven bzw. abweichenden Verhaltens in Organisationen (z. B. Mitarbeiterdiebstahl, Absentismus, kollegenschädigendes Verhalten)
Methodengruppe	Fragebogen (Selbstbericht)
Messdimensionen	9 Subskalen: 1) Einstellungsorientiert: Vertrauen, Verbreitung unerwünschten Verhaltens, Nicht-Rationalisierung, Verhaltensabsichten, 2) Eigenschaftsorientiert: Gelassenheit/Selbstwertgefühl, Zuverlässigkeit/Voraussicht, Vorsicht, Zurückhaltung, Konfliktmeidung
Testdauer / Umfang	Ca. 25 Minuten, 115 Items

Testgüte	Reliabilität: Interne Konsistenz für den Gesamtwert $\alpha = .91 - .94$, für die Subskalen $\alpha = .73$ (im Durchschnitt); Retest-Reliabilität über einen Zeitraum von fünf Monaten $r_{tt} = .89$ (Gesamtwert), $r_{tt} = .76 - .90$ (Subskalen)
	Validität: Der Gesamtwert des IBES korreliert substanziell ($r = .40$) mit den Dimensionen emotionale Stabilität, Veträglichkeit und Gewissenhaftigkeit des Fünf-Faktoren-Modells der Persönlichkeit; ebenso deutliche Beziehungen zu Selbstkontrolle, sozialer Erwünschtheit und beruflichen Interessen und fremdbeurteilten beruflichen und akademischen Leistungen.

Irritations-Skala zur Erfassung arbeitsbezogener Beanspruchungsfolgen – IS

Die Irritations-Skala zur Erfassung arbeitsbezogener Beanspruchungsfolgen ist ein Kurzfragebogen, dessen Gesamtindex sich aus Fragen zu kognitiver und emotionaler Irritation zusammensetzt. Die Skala besteht aus acht Items mit siebenstufigem Antwortformat. Im Begutachtungskontext kann der Testwert orientierende Hinweise auf belastungsbedingte Leistungsbeeinträchtigungen am Arbeitsplatz geben. Die Kürze und die Transparenz des Verfahrens schließen aber eine inhaltliche Interpretation individueller Testwerte weitgehend aus, sofern keine Angaben zu Antworttendenzen oder Vergleiche mit anderen Testverfahren vorliegen.

Autor(en)	Mohr, G., Rigotti, T., Müller, A.
Erscheinungsjahr / letzte Auflage	2007
Messintention	Erfassung von Irritation als ein Indikator psychischer (Fehl-)Beanspruchung in der Folge von Belastungen durch Arbeit
Methodengruppe	Fragebogen
Messdimensionen	Gesamtindex, kognitive Irritation (arbeitsbezogene Rumination), emotionale Irritation (Gereiztheit)
Testdauer / Umfang	Wenige Minuten, 8 Items

Testgüte	Reliabilität: Interne Konsistenz für emotionale Irritation $\alpha = .80 - .90$, für kognitive Irritation $\alpha = .75 - .91$; Retest-Reliabilität $r_{tt} = .69$
	Validität: Hinweise auf Übereinstimmungen zu verwandten Konstrukten

Job-Angst-Skala – JAS

Die JAS ist ein Selbstbericht-Fragebogen zur Erfassung berufs- und arbeitsbezogener Ängste. Das Verfahren enthält 70 Items vorwiegend zur erlebten Bedrohlichkeit des Arbeitsplatzes, zur Bedrohlichkeit spezieller Bedingungen am Arbeitsplatz sowie zu angst- oder vermeidungsorientierten Erlebens- und Verhaltensweisen. Die Skala kann an klinischen und nicht-klinischen Stichproben arbeitsbezogen verwendet werden. Eine valide Differenzierung unterschiedlicher Angststörungen leistet die JAS nicht. Im Begutachtungskontext kann das Verfahren genutzt werden, um die Spezifität von Angstproblemen und Vermeidungsverhalten und die Auswirkungen von Angst und Vermeidung auf das berufliche Leistungsniveau zu quantifizieren.

Autor(en)	Linden, M., Muschalla, B., Olbrich, D.
Erscheinungsjahr/ letzte Auflage	2008
Messintention	Erfassung berufs- und arbeitsbezogener Ängste
Methodengruppe	Selbstbericht
Messdimensionen	Stimulusbezogene Ängste und Vermeidungsverhalten, Insuffizienzängste, arbeitsplatzbezogene Sorgen, gesundheits- und körperbezogene Ängste
Testdauer/Umfang	Ca. 10 Minuten
Testgüte	Reliabilität: Interne Konsistenz $\alpha = .87 - .98$
	Validität: Korrelationen mit STAI-Trait (Angst) $r > .58$; positive Korrelation von arbeitsplatzbezogenen Ängsten mit Arbeitsunfähigkeitszeit in Höhe von $r = .30$

Kaufman-Test zur Intelligenzmessung für Jugendliche und Erwachsene – K-TIM

Der K-TIM ist ein umfassender Intelligenztest, der ursprünglich für Kinder entwickelt wurde und dann auf Jugendliche und Erwachsene ausgeweitet wurde. Er liefert Ergebnisse zu fluider und kristalliner Intelligenz auf der Grundlage der Intelligenztheorie von Cattell. Das Verfahren differenziert auf der fluiden Ebene im Bereich des auditiven und visuellen Kurzzeitgedächtnisses sowie im Abruf visueller und auditiv gespeicherter Informationen nach einem Verzögerungsintervall. Auf der kristallinen Ebene werden Wissensinformationen auf figuraler und semantischer Ebene erhoben. Im Begutachtungskontext eignet sich das Verfahren zur Abschätzung der Denk-, Urteils-, Strukturierungs- und Entscheidungsfähigkeit, der Geschwindigkeit und Kapazität der Informationsverarbeitung sowie aufgrund getrennter Werte für kristalline und fluide Intelligenz auch zur Beurteilung des prämorbiden Leistungsniveaus nach einer Schädigung.

Autor(en)	Melchers, P., Schürmann, S., Scholten, S.
Erscheinungsjahr / letzte Auflage	2006
Messintention	Intelligenzerfassung
Methodengruppe	Kognitiver Leistungstest
Messdimensionen	Kristalline und fluide Intelligenz – Fluide Intelligenz wird erfasst durch die Untertests Symbole lernen, Zeichen entschlüsseln und logische Denkschritte. Kristalline Intelligenz beinhaltet die Untertests Worträtsel, auditives Verständnis und doppelte Bedeutungen. In der erweiterten Fassung existieren die Untertests figurales Gedächtnis (fluid) und Persönlichkeiten (kristallin).
Testdauer / Umfang	Ca. 70 – 90 Minuten
Testgüte	Reliabilität: Das Verfahren verfügt mit durchschnittlichen Kennwerten von über r = .95 über eine sehr hohe Testhalbierungs-Reliabilität.
	Validität: Die Konstruktvalidität konnte mit Hilfe verschiedener Analysen zu Interkorrelationen, Faktorenstruktur und Leistungsverlauf über den Altersbereich nachgewiesen werden.

Kieler Interview zur subjektiven Situation – Belastungen/ Ressourcen – KISS-BR

Das KISS-BR ist ein strukturiertes Interview zur Selbst- und Fremdburteilung von krankheits- und/oder behandlungsbedingten Veränderungen. Das Verfahren kann bei Erwachsenen mit chronischen sowie schweren akuten Erkrankungen eingesetzt werden. Erfasst werden krankheitsbedingte Veränderungen auf somatischer, emotionaler und kognitiver Ebene, weiterhin Ressourcen und Belastungen sowie Facetten der Krankheitsverarbeitung. Das Verfahren sichert ein strukturiertes und einheitliches Vorgehen bei der Erhebung von Informationen zur Krankheitsverarbeitung, es liefert aber keine aussagestarken Normvergleiche. Dadurch ist sein Nutzen in der Begutachtung eingeschränkt.

Autor(en)	Hasenbring, M., Kurz, B., Marienfeld, G.
Erscheinungsjahr/ letzte Auflage	1989
Messintention	Selbst- und Fremdbeurteilung von krankheits- und/ oder behandlungsbedingten Veränderungen sowie ihrer Verarbeitung bezogen auf Erwachsene mit chronischen und schweren akuten Erkrankungen
Methodengruppe	Interview, Selbstbericht
Messdimensionen	Primäre Veränderungen auf somatischer, emotionaler und kognitiver Ebene; sekundäre Veränderungen (Belastungs- und stützende Faktoren im beruflichen und privaten Umfeld); Aspekte der Krankheitsverarbeitung
Testdauer/Umfang	Keine Angaben
Testgüte	Keine Angaben

Kieler-Schmerz-Inventar – KSI

Das KSI ist ein multimodales Selbstbeurteilungsverfahren zur Erfassung der individuellen Schmerzverarbeitung auf emotionaler, kognitiver und Verhaltensebene. Der erste Teil liefert Informationen zur emotionalen Schmerzverarbeitung, der zweite Teil zu schmerzbezogenen Kognitionen und der dritte Teil zu Schmerzbewältigungsstrategien. Die Testteile können auch einzeln verwendet und interpretiert werden. Im Begutachtungskontext kann das Verfahren ergänzende Hinweise zur Ausprägung eines chronischen Schmerzproblems sowie zu Art und Umfang von Schmerzbewältigungsprozessen, teilweise auch zum Ausmaß schmerzbedingter Funktions- und Leistungsbeeinträchtigungen geben. Aufgrund der Transparenz des Verfahrens und wenig umfangreicher Normstichproben sind individuelle Kennwerte aber nur eingeschränkt interpretierbar.

Autor(en)	Hasenbring, M.
Erscheinungsjahr / letzte Auflage	1996
Messintention	3 Selbstbeurteilungs-Instrumente zur standardisierten Erfassung der individuellen Schmerzverarbeitung
Methodengruppe	Fragebogen, Selbstbeurteilung
Messdimensionen	Teil I (ERSS) erfasst emotionale Schmerzverarbeitung anhand der Skalen Angst/Depressivität, gereizte Stimmung und gehobene Stimmung. Teil II (KRSS) erfasst schmerzbezogene Kognitionen anhand der Skalen Hilf-/Hoffnungslosigkeit, Behinderung, Katastrophisieren, Durchhalteappell, Bagatellisieren, Coping-Signal und psychische Kausalattribution. In Teil III (CRSS) werden Aspekte der Schmerzbewältigung in 8 Skalen erfasst wie z.B. Vermeiden sozialer Aktivitäten, Vermeiden körperlicher Aktivitäten, Durchhaltestrategien, nichtverbales Ausdrucksverhalten.
Testdauer / Umfang	Für alle Testteile ca. 35 Minuten
Testgüte	Reliabilität: Interne Konsistenz ERSS zwischen $\alpha = .85$ und $\alpha = .91$, für den KRSS zwischen $\alpha = .78$ und $\alpha = .91$ und für den CRSS in den zentralen Skalen zwischen $\alpha = .73$ und $\alpha = .91$ Wenig Informationen zur faktoriellen bzw. kriterienbezogenen Validität

Kurztest zur allgemeinen Intelligenz – KAI

Der KAI dient der Erfassung von Basisgrößen der kognitiven Informationsverarbeitung. Als Basisgrößen werden die Verarbeitungsgeschwindigkeit und das Arbeitsgedächtnis verwendet. Mittels Lesegeschwindigkeit und einer kurzen Aufgabe zur Messung des Arbeitsgedächtnisses, die mehrfach wiederholt wird, können Merkspanne und Arbeitsgeschwindigkeit jeweils isoliert gemessen und dann in einen gemeinsamen Kennwert integriert werden. Dieser ermöglicht mit einer bestimmten Wahrscheinlichkeit die Abschätzung des fluiden Intelligenzniveaus. Im Begutachtungskontext eignet sich das Verfahren zur orientierenden Beurteilung der Informationsverarbeitungsfähigkeit sowie zum Konsistenzabgleich mit anderen Leistungstests zur Konzentrations- und Merkfähigkeit.

Autor(en)	Lehrl, S., Blaha, L.
Erscheinungsjahr / letzte Auflage	2000
Messintention	Erfassung der Informationsverarbeitungsfähigkeit
Methodengruppe	Kognitiver Leistungstest
Messdimensionen	Merkspanne, Arbeitsgeschwindigkeit
Testdauer / Umfang	Ca. 5 – 8 Minuten
Testgüte	Reliabilität: Testhalbierungs-Reliabilität r_{tt} = .75 – .99
	Validität: Korrelationen für beide KAI Untertests mit anderen Intelligenztests in Höhe von r = .50 – .60 in repräsentativen Stichproben

Leistungs-Prüf-System – LPS, Leistungsprüfsystem 50+

Das LPS ist ein mehrdimensionaler kognitiver Leistungstest zur Intelligenzerfassung. Das Prüfsystem erfasst die folgenden sogenannten Primärfaktoren der Intelligenz nach Thurstone: Wortflüssigkeit, verbales Verständnis, Zahlenverständnis, Gedächtnis, Wahrnehmungsgeschwindigkeit, räumliches Denken, logisches Denken. Diese Fähigkeiten werden mit je zwei Untertests von je mindestens 40 Aufgaben erfasst. Es erfolgt eine Aufgabenbearbeitung unter Zeitbegrenzung. Im Jahr 1993 erschien eine leicht veränderte und normierungsangepasste Version des LPS für ältere Personen über 50 Jahre (LPS 50+). In der Begutachtung liefert das Verfahren testpsychologisch gut gesicherte Informationen zu verbalen Fähigkeiten, zum logischen Denken, zur visuellen Organisationsfähigkeit, zur Verarbeitungsgeschwindigkeit und zur Konzentrationsfähigkeit auf einem mittlerem Leistungsniveau. Daraus lassen sich Erkenntnisse zum allgemeinen und berufsbezogenen Leistungsprofil ableiten.

Autor(en)	Horn, W.
Erscheinungsjahr / letzte Auflage	1983 (2. Auflage)
Messintention	Intelligenzerfassung
Methodengruppe	Kognitiver Leistungstest
Messdimensionen	Verbales Verständnis, Wortflüssigkeit, Zahlenverständnis, Gedächtnis, Wahrnehmungsgeschwindigkeit, räumliches Denken, logisches Denken
Testdauer / Umfang	Ca. 90 – 120 Minuten
Testgüte	Reliabilität: Interne Konsistenz α = .90 – .99 Validität: r = .74 (Korrelation mit I-S-T 2000-R), substanzielle Übereinstimmungen zu Testwerten vergleichbarer Konstrukte aus anderen Intelligenz- und Leistungstests, getrennte Normierung für Personen über 50 Jahre in gesondertem Test (LPS 50+)

Leistungsmotivationsinventar – LMI

Das Leistungsmotivationsinventar ist ein Fragebogen zur Erfassung von Persönlichkeitseigenschaften, die zur Beschreibung von Leistungsmotivation beitragen. Es integriert die wichtigsten Dimensionen verschiedener psychologischer Leistungsmotivationstheorien. Das Inventar kann ab einem Alter von 16 Jahren eingesetzt werden, bislang wird es insbesondere in der Berufseignungsdiagnostik und Personalentwicklung genutzt. Aufgrund transparenter Messintention und fehlender Kontrollskalen ist der Wert des Verfahrens für die Begutachtung eingeschränkt. Aus den Ergebnissen können daher nur orientierende Hinweise auf willentliche Anteile am Stress- und Krankheitsbewältigungsverhalten sowie auf berufliche und allgemeine Handlungs- und Leistungsmotive abgeleitet werden, die in die Beurteilung des Funktions- und Leistungsniveaus zu integrieren sind.

Autor(en)	Schuler, H., Prochaska, M., Frintrup, A.
Erscheinungsjahr/ letzte Auflage	2001
Messintention	Erfassung von Persönlichkeitseigenschaften, die zur Beschreibung oder Erklärung von Leistungsmotivation beitragen.
Methodengruppe	Fragebogen
Messdimensionen	17 Dimensionen (Leistungsorientierungen): Beharrlichkeit, Dominanz, Engagement, Erfolgszuversicht, Flexibilität, Flow, Furchtlosigkeit, Internalität, kompensatorische Anstrengung, Leistungsstolz, Lernbereitschaft, Schwierigkeitspräferenz, Selbstständigkeit, Selbstkontrolle, Statusorientierung, Wettbewerbsorientierung und Zielsetzung
Testdauer/Umfang	Ca. 35 Minuten, 170 Items (Kurzform ca. 10 Minuten, 30 Items)

| Testgüte | Reliabilität: Die interne Konsistenz beträgt α = .68 bis α = .86 für die Dimensionswerte. Die Retest-Reliabilitäten liegen für die Einzelwerte zwischen r_{tt} = .66 und r_{tt} = .82, für den Gesamttest bei r_{tt} = .86. |
| | Validität: Engere Beziehungen zu Neurotizismus und Gewissenhaftigkeit im NEO-FFI, v. a. für konstruktnahe Dimensionen (Beharrlichkeit, Erfolgszuversicht, Furcht-losigkeit, Flexibilität, Selbstkontrolle). Gute Vorher-sageleistung in Bezug auf Außenkriterien wie schul-, studien- und berufsbezogene Leistungsmaße |

Line Orientation Test – LOT

Der LOT dient der Messung der visuell-räumlichen Wahrnehmung und Orien-tierung. Er erfasst die Fähigkeit einer Person, visuelle Formen und räumliche Relationen zu analysieren. Die getestete Person muss dazu den Winkel mehrerer Linien zueinander genau erkennen und zuordnen können. Das Verfahren eig-net sich für spezielle neuropsychologische Fragestellungen, insbesondere zur Erfassung von Störungen oder Schädigungen der rechten Hirnhemisphäre. In der Begutachtung können so spezifische Krankheitsfolgen organisch zugeordnet und mit spezifischen Funktionsminderungen in Verbindung gebracht werden.

Autor(en)	Benton, A.L., Varney, N.R., Hamsher, K.D.
Erscheinungsjahr/ letzte Auflage	1978
Messintention	Erfassung visuell-räumlicher Wahrnehmung und Orien-tierung
Methodengruppe	Neuropsychologischer Leistungstest
Messdimensionen	Fähigkeit zu räumlicher Orientierung
Testdauer/Umfang	Originalversion 30 Items, Kurzform 15 Items
Testgüte	Reliabilität: Langform α = .90, Kurzform α = .82, Korre-lation zwischen Kurz- und Langform r = .94. Dies spricht für die gute Verwendbarkeit der Kurzform.

Manheimer Intelligenztest – MIT

Der Manheimer Intelligenztest dient der Erfassung der intellektuellen Leistungsfähigkeit bzw. der allgemeinen Intelligenz. Es existieren zwei Parallelformen
(S und T), die sich aus 10 Untertests zu sprachfreien (fluiden) und sprachgebundenen (kristallinen) Aspekten der Intelligenz zusammensetzen. Der Test ist
eher für jüngere Personen (Alter von 12 bis 45 Jahren) konzipiert. Im Begutachtungskontext liefert das Verfahren lediglich orientierende Informationen zum
kognitiven Leistungsniveau, die nur in Verbindung mit Ergebnissen aktuellerer
Testverfahren interpretiert werden sollten.

Autor(en)	Conrad, W., Büscher, P., Hornke, L., Jäger, R.S., Schwei-zer, H., Stützer, W.v., Wienke, W.
Erscheinungsjahr/ letzte Auflage	1986 (3. Auflage)
Messintention	Erfassung der intellektuellen Leistungsfähigkeit bzw. der allgemeinen Intelligenz
Methodengruppe	Kognitiver Leistungstest
Messdimensionen	10 Untertests: Figurenreihen, Wortbedeutungen, Dominos, Buchstabengruppen, Zahlenreihen, Wort-verhältnisse, Mosaiken, Sprichwörter, Zahlensymbole, Unmöglichkeiten
Testdauer/Umfang	Ca. 60 Minuten, davon reine Bearbeitungszeit 34 Minu-ten
Testgüte	Reliabilität: Die interne Konsistenz (KR 20) beträgt für Form S α = .97 und für Form T α = .96 (N = 2.214); die Korrelation zwischen den beiden Parallelformen beträgt r = .89 (N = 162). Die Retest-Reliabilität (nach 1 Woche) liegt für die Wiederholung mit derselben Testform bei r_{tt} = .80 (Form S) bzw. r_{tt} = .84 (Form T) und für die Wiederholung mit der Paralleltestform bei r_{tt} = .79 (N = 107 – 425). Normierung: Nicht mehr aktuell, daher nur einge-schränkt interpretierbar Validität: Korrelationen zwischen MIT und Intelligenz-test I-S-T 70 r = .78. Faktorenanalytische Studien stützen die Interpretation des Gesamttestwerts als Maß für allgemeine geistige Leistungsfähigkeit.

Manie-Selbstbeurteilungsskala – MSS

Die in der Forschung und Klinik eingesetzte MSS dient der Beurteilung manischer Symptomatik durch den Patienten. Sie kann zur Status- und Veränderungsdiagnostik eingesetzt werden. In der Begutachtung kann sie orientierende Hinweise zu krankheitsbedingt geminderter Aufmerksamkeit, Steuerungsfähigkeit und Urteilsfähigkeit sowie zu krankheitsbedingt erhöhtem Antrieb und erhöhter Aktivität liefern.

Autor(en)	Krüger, S., Bräuning, P., Shugar, G.
Erscheinungsjahr / letzte Auflage	1998
Messintention	Selbstbeurteilung manischer und hypomanischer Symptomatik
Methodengruppe	Fragebogen
Messdimensionen	Schweregrad manischer Symptomatik
Testdauer / Umfang	Ca. 3 – 6 Minuten
Testgüte	Reliabilität: Interne Konsistenz α = .94, Retest-Reliabilität r_{tt} = .80 – .93

Mehrfachwahl-Wortschatz-Intelligenztest – MWT

Der MWT dient der Messung des allgemeinen Intelligenzniveaus in Bezug auf die kristalline (wissensbezogene) Intelligenz. Der Proband muss dabei aus mehreren verschiedenen Wörtern, von denen nur ein Wort korrekt ist, das richtige auswählen und markieren. Das Verfahren ist in einem Altersbereich von 20 bis 65 Jahren einsetzbar. Im Begutachtungskontext eignet sich der Test zur Abschätzung sprachgebundenen Wissens, über das sich das Niveau der allgemeinen geistigen Leistungsfähigkeit im Alltag annähernd bestimmen lässt. Ebenso kann über den Kennwert das prämorbide geistige Leistungsniveau geschätzt werden (z.B. im Zusammenhang mit der Beurteilung von Unfallfolgen).

Autor(en)	Lehrl, S.
Erscheinungsjahr / letzte Auflage	2005
Messintention	Messung des allgemeinen Intelligenzniveaus, kristalline (wissensbezogene) Intelligenz

Methodengruppe	Kognitiver Leistungstest
Messdimensionen	Sprachgebundenes Wissen, Intelligenz
Testdauer/Umfang	Ca. 4 – 6 Minuten
Testgüte	Reliabilität: Retest-Reliabilität r_{tt} = .96
	Validität: Korrelation MWT und LPS in Höhe von r = .74

Mini-Mental-Status-Test – MMST

Der MMST ist ein kognitiver Leistungstest zur Abschätzung der kognitiven Fähigkeiten älterer Menschen und zur Überprüfung einer Demenz. Erfasst werden Orientierung, Gedächtnis, Aufmerksamkeit, Rechnen, Sprache und konstruktive Praxis. Die Itemschwierigkeiten sind auf niedrigem Niveau (Beispielitem: „Zeigen Sie dem Patienten eine Armbanduhr und fragen Sie ihn, was das ist.") Auffällige Testwerte können auf einen demenziellen Abbau oder auf depressionsbedingte Funktionsbeeinträchtigungen hinweisen. Im Begutachtungskontext kann das Verfahren zur ergänzenden klinischen Diagnostik, zur Funktionsdiagnostik und zur Validierung anderer Testergebnisse genutzt werden.

Autor(en)	Folstein, M.F., Folstein, S.E., McHugh, P.R.
Erscheinungsjahr/ letzte Auflage	1992
Messintention	Abschätzung der kognitiven Fähigkeiten älterer Menschen; Erfassung der Schwere bzw. des Stadiums eines demenziellen Abbauprozesses

Methodengruppe	Kognitiver Leistungstest
Messdimensionen	Orientierung, Gedächtnis, Aufmerksamkeit und Rechnen, Sprache und konstruktive Praxis
Testdauer/Umfang	Ca. 10 Minuten
Testgüte	Validität: Empirische Belege für die Fähigkeit des Tests, zwischen demenziell beeinträchtigten und nicht demenziell beeinträchtigten Erwachsenen zu unterscheiden

Minnesota Multiphasic Personality Inventory 2 – MMPI-2, deutsche Version

Die deutsche Version des MMPI-2 ist ein Fragebogen zur dimensionalen Diagnostik psychischer Störungen, zur Erfassung von Persönlichkeitseigenschaften, Bewältigungsstilen, Funktionen und Funktionsstörungen sowie Einstellungen und Antworttendenzen. Mit seiner Hilfe kann ein umfassendes Bild von der Persönlichkeit und den Beschwerden einer Person gewonnen werden. Der MMPI-2 enthält 567 Fragen, die mit „trifft zu" oder „trifft nicht zu" zu beantworten sind. Er gilt als einer der am besten untersuchten und am umfangreichsten normierten Fragebögen weltweit. Unter anderem sieht er Möglichkeiten vor, bei Auffälligkeiten in den Hauptskalen Besonderheiten in den Teilkomponenten gesondert zu prüfen. Im Rahmen der Begutachtung psychosozialer Krankheitsfolgen liefert der Test nicht nur Ergebnisse zu klinischen bzw. krankheitsbezogenen Merkmalen (z.B. Hypochondrie, Hysterie, Depression, Paranoia, Schizophrenie), sondern auch zu Merkmalen der Krankheitsentstehung und Krankheitsverarbeitung sowie zu Merkmalen des psychosozialen und leistungsbezogenen Funktions- und Leistungsniveaus.

Autor(en)	Engel, R.R.
Erscheinungsjahr/ letzte Auflage	2000
Messintention	Dimensionale Diagnostik psychischer Störungen, Erfassung von Persönlichkeitseigenschaften, Bewältigungsstilen, Funktionen und Funktionsstörungen, Einstellungen, Antworttendenzen
Methodengruppe	Fragebogen
Messdimensionen	10 klinische Skalen: U.a. Hypochondrie, Hysterie, Depression, Paranoia, Schizophrenie, Introversion; zusätzlich Validitätsskalen: Inhaltsskalen, Inhaltskomponentenskalen, Zusatzskalen
Testdauer/Umfang	Ca. 60 – 90 Minuten, 567 Items (Kurzform 370 Items)

Testgüte	Reliabilität: Interne Konsistenz α = .75 – .83
	Validität: Grundlegende Konzepte der 10 klinischen Skalen sind – im Gegensatz zu denen der Inhaltsskalen und der Zusatzskalen – teilweise veraltet, trotzdem ist der MMPI das weltweit am besten untersuchte Persönlichkeitsinventar mit zahlreichen Belegen für die konstrukt- und kriterienbezogene Validität der verwendeten Skalen. Die automatisierte Auswertung der amerikanischen Version basiert auf einer Stichprobe von über 100.000 Personen. Der deutschen Normierung liegen ca. 1000 Personen zugrunde.

Montgomery-Asberg Depressions Skala – MADRS

Die MADRS ist eine Fremdbeurteilungsskala zur Einschätzung depressiver Patienten. Die Bewertung erfolgt auf der Grundlage eines Interviews, das mit allgemeinen Fragen beginnt und dann zu einer detaillierten Beschreibung der Symptomatik führt. Zusätzlich zur Exploration wird auch das beobachtete Verhalten der Person innerhalb und außerhalb der Testsituation zur Informationsgewinnung genutzt. Im Begutachtungskontext liefert das Verfahren Informationen zur Schwere einer depressiven Störung sowie zu den Auswirkungen affektiver Beeinträchtigungen auf ausgewählte Funktionsbereiche.

Autor(en)	Montgomery, S.A., Asberg, M.
Erscheinungsjahr / letzte Auflage	1979
Messintention	Fremdbeurteilungsskala zur quantitativen Einschätzung depressiver Patienten
Methodengruppe	Verhaltensbeobachtung, Interview
Messdimensionen	Sichtbare Traurigkeit, berichtete Traurigkeit, innere Spannung, Schlaflosigkeit, Appetitverlust, Konzentrationsschwierigkeiten, Untätigkeit, Gefühllosigkeit, pessimistische Gedanken, Selbstmordgedanken
Testdauer / Umfang	Ca. 15 Minuten, 10 Items

Testgüte	Reliabilität: Interrater-Reliabilität r = .89 – .97. Für deutsche Stichproben wird eine Konsistenz von α = .86 für Depressive angegeben. Validität: Korrelation mit HAMD in Höhe von r = .85

Münchener Lebensqualitäts-Dimensionen-Liste – MLDL

Die MLDL ist ein Fragebogen zur dimensionalen Erfassung der Zufriedenheit mit einzelnen Funktionsbereichen. Mit insgesamt 19 Items werden die Messdimensionen Physis, Psyche, Alltagsleben und Sozialleben erfasst. Die Bewertung erfolgt auf einer Skala von 0 bis 10 („sehr unzufrieden" bis „sehr zufrieden"). Im Begutachtungskontext ist die Liste aufgrund der Transparenz der Messintention, fehlender Kontrollskalen und der geringen Itemzahl nur eingeschränkt aussagefähig in Bezug auf krankheitsbedingt geminderte Funktions- und Partizipationsmerkmale.

Autor(en)	Bullinger, M., Steinbüchel, N.v.
Erscheinungsjahr/ letzte Auflage	2000
Messintention	Dimensionale Erfassung der Zufriedenheit mit einzelnen Lebensqualitätsbereichen
Methodengruppe	Fragebogen
Messdimensionen	Physis (Gesundheit, körperliche und geistige Leistungsfähigkeit, medizinische Behandlung, Umgang mit der Krankheit), Psyche (Wohlbefinden, Selbstwerteinschätzung, Anerkennung, Entspannung), Alltagsleben (Beruf, Finanzen, Wohnung, Freizeit, Selbstständigkeit), Sozialleben (Ehe/Partner, Sexualleben, Familie, Freunde, Unterstützung durch das Umfeld)
Testdauer/Umfang	Ca. 5 Minuten, 19 Items
Testgüte	Reliabilität: Interne Konsistenz α =.63 – .96 Validität: Ausreichende Übereinstimmung mit Kennwerten thematisch angrenzender Skalen

Multiphasic Sex Inventory – MSI

Der MIS ist ein Fragebogen zur Erfassung psychosexueller Merkmale u.a. bei erwachsenen männlichen Sexualstraftätern. Der Fragebogen enthält drei Skalen zur sexuellen Devianz von sexuellen Missbrauchern, Vergewaltigern und Exhibitionisten. In 300 Items werden die Messdimensionen sexuelle Devianz, atypisches Sexualverhalten sowie sexuelle Dysfunktionen und Wissen/Überzeugungen über Sexualität erhoben. Zusätzlich werden Lügen- und Rechtfertigungstendenzen, Behandlungsmotivation, soziale sexuelle Erwünschtheit, sexuelle Zwanghaftigkeit sowie kognitive Verzerrung/Unreife erfasst. Im sozial- und zivilrechtlichen Begutachtungskontext kann die Skala Hinweise liefern auf die Schwere psychosozialer Beeinträchtigung durch sexuelle Störungen, sexuelle Präferenzen oder atypisches Sexualverhalten.

Autor(en)	Nichols, H.R., Molinder, I., Deegener, G.
Erscheinungsjahr / letzte Auflage	1996
Messintention	Erfassung psychosexueller Merkmale (auch Störungen) bei erwachsenen Männern
Methodengruppe	Fragebogen
Messdimensionen	Sexuelle Devianz, atypisches Sexualverhalten (z.B. Fetischismus), sexuelle Dysfunktionen, Wissen und Überzeugungen über Sexualität, Validitässkalen, Skala zur sexuellen Biographie
Testdauer / Umfang	Ca. 45 Minuten, 300 Items
Testgüte	Reliabilität: Interne Konsistenz α = .50 – .90, getrennte Normen für delinquente und nicht delinquente Personen

Narzissmusinventar – NI

Das NI ist ein Fragebogen zur Erfassung verschiedener Aspekte des narzissti-schen Persönlichkeitssystems. Unter gestörtem Narzissmus versteht man u.a. Beziehungsunfähigkeit durch übermäßige Selbstliebe und Selbstbezogenheit/ Egozentrik, stark erhöhte Kränkbarkeit bzw. Kritikunfähigkeit, mangelnde Einfühlungsfähigkeit und Wunsch nach Bewunderung und Wichtigkeit. Der Fragebogen bildet die vier Dimensionen bedrohtes Selbst, narzisstisches Selbst, Ideal-Selbst und hypochondrisches Selbst ab. In der Begutachtung psychosozia-ler Krankheitsfolgen kann das Verfahren genutzt werden, um Art und Schwere psychischer Störungen oder abweichender Persönlichkeitseigenschaften zu beschreiben und um Krankheitsverarbeitungsprozesse (z.B. mangelnden Thera-pieerfolg) zu veranschaulichen oder zu erklären.

Autor(en)	Deneke, F.-W., Hilgenstoc, B.
Erscheinungsjahr / letzte Auflage	1989
Messintention	Erfassung verschiedener relevanter Aspekte der Orga-nisation und Regulation des narzisstischen Persönlich-keitssystems
Methodengruppe	Fragebogen
Messdimensionen	18 Skalen zu vier Dimensionen: Bedrohtes Selbst, (klassisch) narzisstisches Selbst, Ideal-Selbst, hypochon-drisches Selbst
Testdauer / Umfang	Ca. 30 – 45 Minuten, 163 Items
Testgüte	Reliabilität: Interne Konsistenz α = .71 – .94 Validität: Faktorielle Validität in Form von Überschnei-dung zu verwandten Konstrukten, vorwiegend auf tiefenpsychologisch-psychoanalytischer Grundlage

NEO-Persönlichkeitsinventar nach Costa und McCrae – Revidierte Form NEO-PI-R; Vorgängerversion: NEO-FFI

Der NEO-PI-R ist ein verbreitet eingesetzter Fragebogen zur Messung von fünf Dimensionen der Persönlichkeit. Die Zusammenstellung der Dimensionen ist das Ergebnis sehr vieler internationaler Studien zur Dimensionalität der menschlichen Persönlichkeit. Das NEO-PI-R ermöglicht eine differenzierte Messung der fünf Hauptskalen auf der Grundlage von insgesamt 30 Facetten. Diese Facetten, von denen jede mit durchschnittlich ca. acht Fragen erfasst werden, beschreiben inhaltliche Teilbereiche der Hauptskalen. Für Fremdbeurteilungen z.B. durch Familienangehörige oder Klinikpersonal steht eine entsprechende Form zur Verfügung. Im Begutachtungskontext liefert das Verfahren Informationen zu Art und Ausmaß psychischer Gestörtheit, zu Besonderheiten der Stress- und Krankheitsverarbeitung und zu Bedingungen des individuellen Funktions- und Leistungsniveaus. Aufgrund fehlender Skalen zur Kontrolle negativer Antwortverzerrungen ist der Nutzen des Verfahrens in der Begutachtung eingeschränkt.

Autor(en)	Ostendorf, F., Angleitner, A.
Erscheinungsjahr/ letzte Auflage	2003
Messintention	Messung des Fünf-Faktoren-Modells der Persönlichkeit
Methodengruppe	Persönlichkeitsinventar, Selbst- und Fremdbeurteilung möglich
Messdimensionen	Neurotizismus, Extraversion, Verträglichkeit, Gewissenhaftigkeit, Offenheit für Erfahrungen
Testdauer/Umfang	Ca. 35 Minuten, 243 Items
Testgüte	Reliabilität: Interne Konsistenz α = .87 – .92, Geschlechts- und Altersgruppennormierung
	Validität: Wenig Informationen zur Validität der Konstrukte im Testhandbuch, Verweis auf eine Vielzahl von Studien zur faktoriellen und kriterienbezogenen Validität des Fünf-Faktoren-Modells

Nottingham Health Profile – NHP

Das NHP ist ein vor allem im englischen Sprachraum häufig verwendeter Fragebogen zur Erfassung des subjektiven Gesundheitszustandes und Funktionsniveaus, der aber auch in deutscher Übersetzung vorliegt. Im Begutachtungskontext eignen sich die Skalen Energieverlust, Schmerz, und emotionale Reaktion zur ergänzenden Beschreibung klinischer Auffälligkeiten, die Skalen Schlaf, soziale Isolation und physische Mobilität liefern quantitative Ergebnisse vorwiegend zum psychosozialen Funktionsniveau im Alltag.

Autor(en)	Kohlmann, T., Bullinger, M., Kirchberger-Blumstein, I.
Erscheinungsjahr / letzte Auflage	1997
Messintention	Erfassung des subjektiven Gesundheitszustandes
Methodengruppe	Fragebogen
Messdimensionen	6 Skalen: Energieverlust, Schmerz, emotionale Reaktion, Schlaf, soziale Isolation, physische Mobilität
Testdauer / Umfang	10 Minuten, 38 Items
Testgüte	Reliabilität: Interne Konsistenz α = .69 – .85, Retest-Reliabilität r_{tt} = .45 – .73
	Validität: Bedeutsame Übereinstimmungen mit körperlichem Funktionsniveau, krankheitsbezogenen Einstellungen, Depressivität und Schmerz an deutscher Stichprobe

Nürnberger Lebensqualitäts-Fragebogen – NLQ

Der NLQ ist ein speziell für ältere Menschen konzipiertes Verfahren zur Erfassung der Lebensqualität. Der Proband bewertet darin auf einer 4-stufigen Skala („trifft zu" bis „trifft nicht zu") inwieweit er den Aussagen zu psychischen und körperlichen Symptomen, aber auch zu Wohlbefinden, Gesundheitszustand, Partnerschaft, sozialen Beziehungen, Arbeitsleistung und Lebenszufriedenheit zustimmt. Das Verfahren liefert vor allem Informationen zu Aktivitäts- und Partizipationsbeeinträchtigungen im Alltag. Die Verwertbarkeit im Begutachtungskontext ist aufgrund fehlender Kontrollskalen zur Erfassung negativer Antworttendenzen eingeschränkt.

Autor(en)	Oswald, W.D., Fleischmann, U.M.
Erscheinungsjahr / letzte Auflage	1994
Messintention	Quantifizierung alterstypischer und krankheitsbedingter Einschränkungen der Lebensqualität
Methodengruppe	Fragebogen
Messdimensionen	Wohlbefinden, Gesundheitszustand, Sexualität/Partnerschaft, Arbeitsleistung, Gemütszustand, kognitive Funktionen, soziale Beziehungen, Lebenszufriedenheit
Testdauer/Umfang	Ca. 10 Min , 39 Items
Testgüte	Reliabilität: Interne Konsistenz α = .94, Retest-Reliabilität r_{tt} = .77; Normierung an 676 Patienten für zwei Altersstufen (bis 54 Jahre, über 55 Jahre) Validität: Faktoriell wurden drei unabhängige Dimensionen gesichert.

Obsessive-Compulsive Inventory Revised – OCI-R

Das Zwangsinventar OCI-R ist ein kurzes Selbstbeurteilungsinstrument zur Erfassung der Schwere einer Zwangsstörung. Insgesamt sechs Facetten von Zwangsstörungen werden darin über je drei Items erfasst. Aufgrund der Kürze und Durchsichtigkeit eignet sich der Fragebogen im Begutachtungskontext nur zur ergänzenden klinischen Diagnostik bzw. zum direkten Abgleich mit klinischen Informationen aus anderen Erhebungsverfahren (Validierung).

Autor(en)	Foa, E.B., Huppert, J.D., Leiberg, S., Langner, R., Kichic, R., Hajcak, G., Salkoviskis, P.M., Gönner, S., Ecker, W., Leonhart, R.
Erscheinungsjahr / letzte Auflage	1998
Messintention	Selbstbeurteilungsinstrument zur Erfassung der Schwere einer Zwangsstörung
Methodengruppe	Fragebogen
Messdimensionen	Kontrollieren, Waschen, Ordnen, Horten, mentales Neutralisieren, Zwangsgedanken
Testdauer/Umfang	Ca. 5 – 7 Minuten, 18 Items

Testgüte	Reliabilität: Interne Konsistenz α = .76 – .95 (bei Zwangspatienten)
	Validität: Belege für ausreichende konvergente, divergente und kriteriumsorientierte Validität; OCI-R Zwangssymptome scheinen weitgehend unabhängig von Angst, Depression, pathologischer Besorgnis, Perfektionismus und zwanghaften Persönlichkeitsmerkmalen zu sein.

Osnabrücker Arbeitsfähigkeitenprofil – O-AFP

Das O-AFP dient der Erfassung der allgemeinen Funktions- und Arbeitsbereiche, in denen psychisch erkrankte Personen häufig eingeschränkt sind. Im Fokus stehen Lernfähigkeit, die Fähigkeit zur sozialen Kommunikation sowie Anpassung. Bevorzugter Einsatzbereich sind Personen, die in ihrer Funktions- und Leistungsfähigkeit bzw. in ihrer Partizipationsfähigkeit mindestens mittelgradig eingeschränkt sind. Das O-AFP wird primär zur strukturierten Fremdeinschätzung durch den Untersucher eingesetzt, eine Selbstbeurteilungsversion kann die Einschätzungen ergänzen.

Autor(en)	Wiedl, K.H., Uhlhorn, S.
Erscheinungsjahr / letzte Auflage	2006
Messintention	Erfassung der allgemeinen Arbeitsfähigkeiten, in denen psychisch erkrankte Personen häufig Beeinträchtigungen aufweisen
Methodengruppe	Fragebogen (Fremdeinschätzung sowie Selbsteinschätzung)
Messdimensionen	3 Skalen: Lernfähigkeit, Fähigkeit zur sozialen Kommunikation, Anpassung
Testdauer / Umfang	Ca. 15 Minuten, 10 Items (Selbsteinschätzung ca. 30 Minuten; große interindividuelle Unterschiede)

Testgüte	Reliabilität: Interne Konsistenzen (Cronbachs Alpha) für die Skala Lernfähigkeit α = .94, für die Skala Fähigkeit zur sozialen Kommunikation α = .90 und für die Skala Anpassung α = .92
	Validität: Die dreifaktorielle Faktorenstruktur konnte in mehreren Studien repliziert werden.

Pain Disability Index – PDI

Der PDI ist ein kurzes Selbstbeurteilungsverfahren zur Erfassung der Beeinträchtigung durch Schmerzen in verschiedenen Lebensbereichen. Der Proband soll auf einer mehrstufigen Skala einschätzen, inwiefern er sich durch Schmerzen in folgenden Lebensbereichen beeinträchtigt fühlt: Familiäre und häusliche Verpflichtungen, Erholung, soziale Aktivitäten, Beruf, Sexualleben, Selbstpflege, lebensnotwendige Tätigkeiten. Im Begutachtungskontext sollte der Kennwert aufgrund seiner Durchsichtigkeit und Kürze nur im Vergleich zu anderen Kennwerten und unter Berücksichtigung zusätzlicher Validierungsergebnisse interpretiert werden.

Autor(en)	Dillmann, U., Nilges, P., Saile, H., Gerbershagen, H.U.
Erscheinungsjahr / letzte Auflage	2002
Messintention	Erfassung des Ausmaßes der Behinderung durch Schmerzen in verschiedenen Lebensbereichen (Screening)
Methodengruppe	Fragebogen, Selbstbeurteilung
Messdimensionen	Erfassung des Schmerzes in sieben verschiedenen Lebensbereichen auf einer Skala von 1-10
Testdauer / Umfang	Ökonomisch
Testgüte	Reliabilität: Interne Konsistenz α =.83 – 90. Scree-Test ergab eine einfaktorielle Lösung, in der Gesamtstichprobe wurden durch den Faktor 59 % der Gesamtvarianz erklärt.

Paranoid Depressivitäts-Skala, Depressivitäts-Skala – PD-S/D-S

Dieses Verfahren erfasst das Ausmaß subjektiver Beeinträchtigung durch ängstlich-depressive Verstimmtheit, erhöhtes Misstrauen gegenüber der Umwelt sowie Realitätsfremdheit bis hin zu Wahnerleben. Die PD-Skala misst Paranoia, Depressivität sowie Krankheitsverleugnung und Motivation, die D-S erfasst nur Depressivität. Es existieren Parallelformen (Tests zum gleichen Merkmal mit gleichen Testeigenschaften), die zeitnah zur Veränderungsmessung genutzt werden können. Im Begutachtungskontext eignet sich das Verfahren zur quantitativen klinischen Beurteilung von Personen mit schweren psychischen Störungen (u. a. aus dem Formenkreis der Schizophrenie) sowie zur orientierenden Abschätzung von Krankheitsbewältigungsprozessen.

Autor(en)	Zerssen, D., Koeller, D.-M.
Erscheinungsjahr/ letzte Auflage	1976
Messintention	Erfassung des Ausmaßes der subjektiven Beeinträchtigung durch ängstlich-depressive Verstimmtheit sowie eine klinisch und faktoriell davon eindeutig unterscheidbare Misstrauenshaltung und Realitätsfremdheit bis zu ausgeprägter Wahnhaftigkeit
Methodengruppe	Fragebogen
Messdimensionen	Paranoia, Depressivität, Krankheitsverleugnung, Motivation und M-Items zur Motivation
Testdauer/Umfang	PD-Skala, 43 Items, davon 11 zu Krankheitsverleugnung und Motivation, Bearbeitungsdauer ca. 10 Minuten (je nach Art und Ausmaß der Störung bis zu 15 – 20 Minuten); D-S 16 Items, ca. 2 – 5 Minuten Bearbeitungsdauer
Testgüte	Reliabilität: Paralleltest-Reliabilität für PD-S/ PD-S' r_{tt} = .58 - .81, für D-S/D-S' r_{tt} = .76 – .91; Testhalbierungs-Reliabilität für PD-S/PD-S' r_{tt} = .78 (.87), D-S/D-S' r_{tt} = .85 (.91)

Patiententheorienfragebogen – PATEF

Der PATEF ist ein Verfahren zur Ermittlung von Überzeugungen oder subjektiven Theorien, die Patienten in Bezug auf die Verursachung ihrer gesundheitlichen Beschwerden haben. Der Fragebogen gibt darüber Auskunft, inwieweit der Patient überzeugt ist, dass seine Krankheit durch naturgegebene Einflüsse (naturalistisch), psychosoziale Einflüsse, von äußeren und von inneren Faktoren und durch mangelhaftes Gesundheitsverhalten verursacht ist. Außerdem erlaubt das Verfahren eine Aussage darüber, inwieweit der Patient dazu neigt, sich gedanklich mit den Ursachen seiner Beschwerden zu beschäftigen. Der PATEF besteht aus 46 Items und lässt sich in etwa 35 Minuten bearbeiten.

Autor(en)	Zenz, H., Bischoff, C., Hrabal, V.
Erscheinungsjahr / letzte Auflage	1996
Messintention	Erfasst die Annahmen/Theorien der Patienten hinsichtlich der Verursachung ihrer Beschwerden
Methodengruppe	Fragebogen
Messdimensionen	3 Hauptskalen, 4 Subskalen; Fragebogen gibt Auskunft, inwieweit der Patient seine Krankheit naturalistisch, psychosozial, von äußeren und von inneren Faktoren und durch mangelhaftes Gesundheitsverhalten verursacht sieht. Innerhalb dieser Kategorien lassen sich die Antworten der Patienten auf die einzelnen Items zu Skalenwerten zusammenfassen. Außerdem erlaubt das Verfahren eine Aussage darüber, inwieweit der Patient dazu neigt, sich gedanklich mit den Ursachen seiner Beschwerden zu beschäftigen (Gesamtwert).
Testdauer / Umfang	Ca. 35 Minuten, 46 Items
Testgüte	Reliabilität: Interne Konsistenz α = .72 – .93, Stabilität über 3 Wochen r_{tt} = .70 – .79 Validität: Der Fragebogen ist faktorenanalytisch konstruktvalidiert, Hinweise auf eingeschränkte Gültigkeit der faktoriellen Struktur. Studien mit unterschiedlichen Patientengruppen belegen die kriterienbezogene Validität des Fragebogens.

Persönlichkeits-Stil- und Störungs-Inventar – PSSI

Das PSSI ist ein Fragebogen zur Selbstbeurteilung, mit dem die Ausprägung von Persönlichkeitsstilen erfasst werden kann. Das Verfahren lehnt sich an die Einteilung von Persönlichkeitsstörungen nach ICD bzw. DSM an und gibt orientierende Hinweise zur Quantifizierung möglicher Auffälligkeiten im Erleben und Verhalten (v. a. Interaktionsverhalten). In der Begutachtung eignet sich das Verfahren zur ergänzenden klinischen Beschreibung von Persönlichkeitsstörungen, zur Beschreibung von Krankheitsverarbeitungsstilen sowie zur Kennzeichnung insbesondere sozialer und interaktioneller Funktionsbeeinträchtigungen.

Autor(en)	Kuhl, J., Kazén, M.
Erscheinungsjahr / letzte Auflage	2009
Messintention	Erfassung der relativen Ausprägung von Persönlichkeitsstilen, die als nicht-pathologische Entsprechungen von Persönlichkeitsstörungen konzipiert sind
Methodengruppe	Selbstbeurteilungsinventar
Messdimensionen	14 Skalen, u. a. eigenwillig-paranoid, spontan-borderline, liebenswürdig-histrionisch
Testdauer / Umfang	Ca. 20 Minuten, 140 Items
Testgüte	Reliabilität: Interne Konsistenz α = .68 – .85. Gemäß Testhandbuch weist das PSSI ein theoretisch stimmiges Netz von Beziehungen mit einer Vielzahl klinischer und nicht-klinischer Verhaltensmerkmale auf (bspw. Suizidalität, Depressivität, psychosomatische Symptome, Big Five, Persönlichkeitsdimensionen des 16PF), was eine gute Konstruktvalidität des Inventars belegt.

Profil der Lebensqualität chronisch Kranker – PLC

Das PLC dient zur Erfassung der Lebensqualität chronisch Kranker in Abhängigkeit vom Verlauf einer Erkrankung und deren Behandlung. Das Kernmodul umfasst 40 Items, die Lebensqualität auf sechs Skalen und der Dimension Symptombelastung abbilden. In der Begutachtung eignet sich das Verfahren zur ergänzenden Beschreibung affektiver Beschwerden, zu ausgewählten Aspekten der Krankheitsverarbeitung und zur Kennzeichnung sozialer Funktionsbeeinträchtigungen. Fehlende Kennwerte zur Beurteilung möglicher Antworttendenzen bei hoher Transparenz des Verfahrens schränken die Interpretierbarkeit der Ergebnisse im Begutachtungskontext jedoch ein.

Autor(en)	Siegrist, J., Broer, M., Junge, A.
Erscheinungsjahr / letzte Auflage	1996
Messintention	Erfassung der Lebensqualität chronisch Kranker in Abhängigkeit vom Verlauf einer Erkrankung und/oder deren Behandlung
Methodengruppe	Fragebogen
Messdimensionen	6 Skalen: Leistungsvermögen, Genuss- und Entspannungsfähigkeit, positive Stimmung, negative Stimmung, Kontaktvermögen, Zugehörigkeitsgefühl. Zusätzlich wird die krankheitsspezifisch variierende Dimension Symptombelastung erfasst.
Testdauer / Umfang	Ca. 15 Minuten im Selbstausfüllverfahren, ca. 20 Minuten im Interview
Testgüte	Reliabilität: Im Manual werden zahlreiche Studien zur Reliabilität angeführt, die getrennt für die einzelnen Skalen Reliabilitätskoeffizienten angeben. Diese liegen im Mittel bei etwa r = .80. Validität: Das Manual enthält umfangreiche Angaben zur inhaltlichen Validität sowie zur Konstrukt- und Kriteriumsvalidität.

Progressive Matrizen – CPM, SPM, APM

Matrizentests werden in der Intelligenzdiagnostik zur Erfassung der Fähigkeit zu logischem, schlussfolgerndem Denken eingesetzt. Sie gelten als weitgehend unabhängig von Alter, Bildung, Nationalität und körperlicher Verfassung, weil sie keine sprachlichen Fähigkeiten erfordern. Die Tests bestehen aus Sets mit grafischen Testaufgaben. Die Testperson muss in den vorgelegten unvollständigen Mustern aus Figuren einen logischen Zusammenhang erkennen und aus einer Auswahl von Alternativen die Figur auswählen, die das Muster richtig ergänzt. Die Aufgabenschwierigkeit steigt mit jeder Aufgabe. Die drei Versionen enthalten leichte (CPM), mittlere (SPM) und erhöhte (APM) Anforderungen. In der Begutachtung eignet sich das Verfahren zur Abschätzung sprachfreier fluider Intelligenzmerkmale und allgemeiner kognitiver Fähigkeiten auf einem mittleren Leistungsniveau sowie zur Überprüfung der Testmotivation bzw. zur Validierung anderer Leistungstestergebnisse.

Autor(en)	Raven, J.C., Court J.H., Horn, R.
Erscheinungsjahr / letzte Auflage	2009 (2. Auflage)
Messintention	Erfassung von logischem/schlussfolgerndem Denken
Methodengruppe	Kognitiver Leistungstest
Messdimensionen	5 Sets mit je 12 grafischen Testaufgaben, ansteigende Schwierigkeit
Testdauer / Umfang	Ohne Zeitlimit
Testgüte	Reliabilität: Testalbierungs-Reliabilität $r_{tt} > .90$, $r_{tt} = .90$ bei kurzen Wiederholungsintervallen, $r_{tt} = .80$ bei längeren (bis zu 12 Monate) Validität: Mittlere bis hohe Korrelationen zwischen den SPM und verschiedenen nonverbalen Intelligenztests und Handlungstests. Korrelationen zu verbalen Intelligenztests und Wortschatztests liegen meist niedriger ($r < .70$).

Quantifizierungs-Inventar für somatoforme Syndrome – QUISS

Mit dem QUISS-Fragebogen kann der Schweregrad der Störung bei Patienten mit einer somatoformen Störung nach ICD-10 und DSM-IV bestimmt werden. Somatoforme Störungen sind durch Klagen über körperliche Beschwerden und verstärktes Krankheitsverhalten bei schwachen oder fehlenden Hinweisen auf körperliche Krankheitsursachen gekennzeichnet. Das Verfahren liegt als Fremd- und als Selbstbeurteilungsskala vor. Aufgrund der Transparenz und Kürze des QUISS sowie fehlender Kontrollskalen eignet sich der Fragebogen in der Begutachtung nur zur orientierenden Bewertung von Klagen über körperliche Beschwerden und zum Abgleich mit entsprechenden Informationen aus anderen Messverfahren.

Autor(en)	Wedekind, D., Bandelow, B.
Erscheinungsjahr/ letzte Auflage	2009
Messintention	Bestimmung des Schweregrades einer somatoformen Störung
Methodengruppe	Fragebogen (Selbst- und Fremdbeurteilungsskala)
Messdimensionen	Somatoforme Symptome, dysfunktionale Kognitionen, Einschränkung (Familie und Partnerschaft, soziale und Freizeitaktivitäten, Arbeit), Gesundheitsbefürchtungen, irrationale Gesundheitsüberzeugungen und dysfunktionale Körperwahrnehmung.
Testdauer/Umfang	Ca. 10 – 15 Minuten (Fremdbeurteilung), ca. 15 – 20 Minuten (Selbstbeurteilung), je 18 Items
Testgüte	Reliabilität: Interrater-Reliabilität Fremdbeurteilung $r = .87$, interne Konsistenz $\alpha = .87$ (Fremdversion), $\alpha = .88$ (Selbstbeurteilung); Test-Retest-Reliabilität $r_{tt} = .89$ (Fremdversion); Spearman-Rang-Korrelation der Fremd- mit der Selbstbeurteilungsversion $r = .88$ Validität: Korrelation der Fremdbeurteilungsversion mit dem klinischen Gesamteindruck (somatoforme Störung) $r = .49$; mit dem Screening für somatoforme Störungen (SOMS-7T) $r = .54$

Regensburger Wortflüssigkeitstest – RWT

Der RWT ist ein Verfahren zur Erfassung der Wortflüssigkeit. Wortflüssigkeit zeigt sich u. a. in der Geschwindigkeit, mit der semantisch ähnliche oder nach anderen (nicht semantisch) Kriterien geordnete Begriffe von einer Person assoziiert bzw. genannt werden können. Der Test enthält fünf Untertests zur formallexikalischen Wortflüssigkeit sowie fünf Untertests zur semantischen Wortflüssigkeit mit jeweils mehreren parallelen (gleichartigen) Messungen. Bei der Testung soll der Proband über einen Zeitraum von ein oder zwei Minuten Lösungen verbal generieren. Im Begutachtungskontext kann der Test Hinweise liefern auf verschiedene Funktions- und Leistungsmerkmale der Testperson, insbesondere auf die verbale Verarbeitungsgeschwindigkeit, auf kognitive Flexibilität und Umstellungsfähigkeit, auf die Planungs- und Strukturierungsfähigkeit (exekutive Funktionen) sowie auf die Interaktions- und Kommunikationsfähigkeit.

Autor(en)	Aschenbrenner, S., Tucha, O., Lange, K.W.
Erscheinungsjahr / letzte Auflage	2000
Messintention	Erfassung der Wortflüssigkeit
Methodengruppe	Kognitiver Leistungstest
Messdimensionen	Formallexikalische Wortflüssigkeit, semantische Wortflüssigkeit, Erfassung des Wechsels innerhalb formallexikalischer bzw. semantischer Kategorien
Testdauer / Umfang	Ca. 1 – 2 Minuten pro Untertest (mindestens 4 Untertests werden empfohlen)
Testgüte	Reliabilität: Retest-Reliabilität r_{tt} = .72 – .99 Validität: Substanzielle Zusammenhänge zu Merkmalen des divergenten Denkens, der kognitiven (semantischen) Verarbeitungsgeschwindigkeit, der kristallinen (sprachgebundenen) Intelligenz

Response Styles Questionnaire – RSQ-D – Deutsche Version

Der RSQ-D ist ein Fragebogen zur Erfassung der kognitiven und verhaltensmä-
ßigen Bewältigungsstile im Umgang mit depressiver Stimmung. Die Person soll
einschätzen, inwiefern sie im Alltag dazu neigt, sich den depressiven Symptomen zuzuwenden oder sich davon zu distanzieren. Es existiert eine Lang- und
eine Kurzform, die sich in zwei bzw. drei Subskalen gliedert. Im Kontext der
gutachterlichen Funktions- und Leistungsbegutachtung kann das Verfahren zur
ergänzenden Beschreibung des Schweregrades einer depressiven Symptomatik
sowie zur Einschätzung des Krankheitsbewältigungsverhaltens genutzt werden.

Autor(en)	Kühner, C., Huffziger, S., Nolen-Hoeksema, S.
Erscheinungsjahr / letzte Auflage	2007
Messintention	Erfassung von Copingstilen im Umgang mit depressiver Stimmung
Methodengruppe	Fragebogen
Messdimensionen	Subskalen Rumination (Grübeln über die depressiven Symptome, Grübeln über die negativen Aspekte der eigenen Person) und Distraktion (Versuche, sich von der depressiven Symptomatik zu distanzieren)
Testdauer / Umfang	Ca. 5 Minuten
Testgüte	Reliabilität: Interne Konsistenz der einzelnen Subskalen für Gesunde und Patienten $\alpha = .76$ bis $\alpha = .88$, Retest-Reliabilität $r_{tt} = .51 - .70$
	Validität: Faktoriell abgeleitete Subskalen weisen plausible Muster von Zusammenhängen mit konstruktnahen Skalen und depressiver Symptombelastung auf. Hinweise auf prädiktive Validität der Subskalen für den Verlauf negativer Stimmung bzw. depressiver Symptome

Rey-Osterrieth Complex Figure Test – ROCF

Der ROCF ist ein kognitiver Leistungstest, der die Fähigkeit der räumlich-visuellen Konstruktion und der visuellen Gedächtnisleistung erfasst. Der Test besteht aus einem komplexen Muster verschiedener geometrischer Elemente, die in 18 Einheiten zerlegt werden können. Zunächst soll der Proband die Figur abzeichnen, anschließend nach 3 bzw. nach 30 Minuten aus dem Gedächtnis aufzeichnen. Der Test differenziert zwischen Personen, die über Probleme des figuralen bzw. bildlichen Gedächtnisses klagen und hier Störungen aufweisen. Der vorwiegend in der Neuropsychologie eingesetzte Test kann im Kontext der Funktions- und Leistungsbegutachtung genutzt werden, um krankheitsbedingte Beeinträchtigungen der Fähigkeit zu bildlich-figuraler Informationsverarbeitung zu quantifizieren. Testpsychologisch belegte Einschränkungen können sich auf die Kapazität und Geschwindigkeit der allgemeinen Informationsverarbeitung sowie auf kognitive Funktionen wie räumliche Orientierung, Gedächtnis sowie Planungs- und Strukturierungsfähigkeit auswirken.

Autor(en)	Rey, A., Osterrieth, P.A.
Erscheinungsjahr/ letzte Auflage	1995
Messintention	Erfassung der Fähigkeit der räumlich-visuellen Konstruktion und der visuellen Gedächtnisleistung und zur Erfassung exekutiver Funktionen
Methodengruppe	Kognitiver Leistungstest
Messdimensionen	Anzahl und Art von Reproduktionsfehlern
Testdauer/Umfang	Je nach zeitlicher Verzögerung der geforderten Bildreproduktion bis zu 45 Minuten
Testgüte	Hinweise auf eingeschränkte Objektivität wegen unterschiedlicher Kodierungssysteme
	Validität: Der Test trägt zur Differenzierung von Personen mit Problemen des figuralen Gedächtnisses bei.

Rey Fifteen Item Test – FIT

Der FIT ist ein Test, der zur Erfassung von Test- und Leistungsmotivation konzipiert wurde. Aufgrund seiner einfachen Durchführung und Auswertung wird
er vergleichsweise häufig eingesetzt. Wissenschaftliche Untersuchungen haben
aber gezeigt, dass er nur stark eingeschränkte Testmotivation einigermaßen zuverlässig erfassen kann und daher für die Begutachtungspraxis relativ geringe
Bedeutung hat.

Autor(en)	Rey, A.
Erscheinungsjahr/ letzte Auflage	1964
Messintention	Erfassung der Testmotivation bei Gedächtnistests
Methodengruppe	Beschwerdenvalidierungstest
Messdimensionen	–
Testdauer/Umfang	Ca. 5 Minuten, 15 Items
Testgüte	Unzureichende Sensititivität, mäßige Spezifität

Schmerzempfindungs-Skala – SES

Die SES erlaubt eine differenzierte Beschreibung der subjektiv wahrgenommenen
Schmerzen. Die 24 Items des Fragenbogens lassen sich fünf Teilskalen zuordnen.
Zwei Skalen beschreiben affektive Merkmale (z.B. Erträglichkeit) und drei Ska-
len sensorische Aspekte (z.B. pulsierend, dumpf) der Schmerzempfindung. Die
Dimensionen der affektiven und der sensorischen Schmerzempfindung werden
auf der Grundlage wissenschaftlicher Schmerzkonzepte getrennt. Im Begutach-
tungskontext eignet sich das Verfahren zur ergänzenden Beschreibung einer
Schmerzproblematik, zur Validierung von Schmerzbeschreibungen (Abgleich
mit anderen Messverfahren) und zur diagnostischen Zuordnung schmerzhafter
Beschwerden zu definierten Krankheitsgruppen.

Autor(en)	Geissner, E., Schulte, A.
Erscheinungsjahr/ letzte Auflage	1996
Messintention	Messung und differenzierte Beschreibung wahrgenom-mener Schmerzen
Methodengruppe	Fragebogen

Messdimensionen	5 Skalen, u. a. allgemeine affektive Schmerzangabe, sensorische Schmerzangabe der Temperatur
Testdauer/Umfang	Ca. 5 Minuten, 24 Items
Testgüte	Reliabilität: Interne Konsistenz α = .72 – .96 Validität: Konstruktvalidität und konvergente Validität an verschiedenen Personengruppen mit Schmerzen belegt, Hinweise auf ausreichende kriterienbezogene Validität durch Vergleich mit verschiedenen Patientengruppen mit unterschiedlichen Schmerzsyndromen

Screening für somatoforme Störungen – SOMS

Das SOMS dient der Erfassung multipler körperlicher Beschwerden, die nicht auf eine bestimmte organische Erkrankung zurückzuführen sind. Dabei werden die Kriterien nach ICD-10 und DSM-IV berücksichtigt. Aufgrund der Transparenz und Kürze des SOMS sowie fehlender Kontrollskalen zur Erfassung von Antwortverzerrungen eignet sich der Fragebogen in der Begutachtung nur zur orientierenden Bewertung von Klagen über körperliche Beschwerden und zum Abgleich mit entsprechenden Informationen aus anderen Messverfahren. Ohne zusätzliche Informationen zur Gültigkeit der Angaben sollte der Testwert im Begutachtungskontext nicht als Maß für die Schwere somatoformer oder psychosomatischer Beschwerden interpretiert werden.

Autor(en)	Rief, W., Hiller, W.
Erscheinungsjahr/ letzte Auflage	2008 (2. Auflage)
Messintention	Screening zur Quantifizierung somatoformer Störungen bezogen auf zwei Jahre oder die letzte Woche
Methodengruppe	Fragebogen
Messdimensionen	1) Somatisierungsindex nach DSM-IV, 2) Somatisierungsindex nach ICD-10 und 3) SAD-Index zur Abklärung einer somatoformen autonomen Funktionsstörung. Darüber hinaus lässt sich für SOMS-2 auch ein klassifikationsübergreifender Somatisierungsindex bestimmen. Eine Verlaufsmessung kann anhand von SOMS-7T vorgenommen werden.

Testdauer / Umfang	Ca. 5 Minuten
Testgüte	Reliabilität: Interne Konsistenz zwischen $\alpha = .73$ und $\alpha = .82$; Retest-Reliabilität (nach 72 Stunden) zwischen $r_{tt} = .71$ und $r_{tt} = .87$
	Validität: Die Korrelationen zwischen dem SOMS und verschiedenen Skalen anderer Verfahren (FPI-R, SCL-90, BDI usw.) belegen eine zufriedenstellende Konstruktvalidität des Verfahrens.

Sechzehn Persönlichkeits-Faktoren-Test – 16PF-R

Der 16PF-R ist einer der ältesten und weltweit am häufigsten verwendeten Persönlichkeitstests. Er beruht auf der Persönlichkeitstheorie Cattells, in der Persönlichkeit definiert ist als die Gesamtheit der Eigenschaften, die das Verhalten von Menschen in konkreten Situationen zuverlässig vorhersagen. Die Antwortmöglichkeiten auf die 184 Items (Fragen oder Aussagen) sind dreistufig kodiert, wobei die mittlere Kategorie der Testperson die Möglichkeit bietet, sich in Bezug auf die Frage bzw. Aussage nicht festzulegen. Insgesamt werden 16 Dimensionen der Persönlichkeit erfasst, darunter auch Intelligenz durch eine Auswahl von Aufgaben zum logischen Denken. Im Begutachtungskontext kann das Verfahren eingesetzt werden, um Begleiterscheinungen psychischer Störungen zu erfassen, zur Kontrolle von Antworttendenzen, zur Beschreibung von Merkmalen der Stress- und Krankheitsbewältigung sowie zur quantitativen Erfassung von Funktions-, Leistungs- und Partizipationsbeeinträchtigungen.

Autor(en)	Schneewind, K.A., Graf, J.
Erscheinungsjahr / letzte Auflage	1998
Messintention	Mehrdimensionale Persönlichkeitsdiagnostik
Methodengruppe	Persönlichkeitsinventar
Messdimensionen	16 Dimensionen: Wärme, logisches Schlussfolgern, emotionale Stabilität, Dominanz, Lebhaftigkeit, Regelbewusstsein, soziale Kompetenz, Empfindsamkeit, Wachsamkeit, Abgehobenheit, Privatheit, Besorgtheit, Q-Faktoren sowie Validitätsskalen u.a.
Testdauer / Umfang	Ca. 30 – 45 Minuten, 184 Items

Testgüte   Reliabilität: Interne Konsistenz α = .74 – .87
                  Validität: Vielfältige empirische Belege zu ausreichen-
                  der konvergenter und diskriminanter Validität der
                  erfassten Konstrukte

Self-Monitoring-Skala (Deutsche Version)

Dieser kurze Selbstbeurteilungsfragebogen dient der Erfassung der sozialen Fähigkeit, das eigene Verhalten auf situative Ereignisse abzustimmen. Erfragt wird die Neigung des Probanden, das eigene Verhalten im Umgang mit anderen Personen an bestimmten Rollenerwartungen auszurichten, die Aufmerksamkeit auf andere Personen zu richten und die Tendenz, Kontakt zu anderen Personen zu suchen und sozial aktiv zu sein. Im Begutachtungskontext kann das Verfahren Hinweise darauf liefern, wie der Proband die Untersuchungssituation selbst wahrnimmt und warum er sich darin so verhält (Validierungshinweise). Außerdem können die Kennwerte Informationen enthalten zur Art und Qualität sozialer Unterstützungsbedingungen sowie zur sozialen Funktions- und Leistungsfähigkeit der Testperson im Alltag (Interaktions-, Kommunikations- und Durchsetzungsfähigkeit).

Autor(en)	Graf, A.
Erscheinungsjahr / letzte Auflage	2004
Messintention	Erfassung der Tendenz, eigenes Verhalten auf das Verhalten anderer Personen auszurichten
Methodengruppe	Fragebogen, Selbstbericht
Messdimensionen	Übernahme von Rollen, auf andere gerichtete Aufmerksamkeit, Extraversion
Testdauer / Umfang	Ca. 3 Minuten, 25 Items
Testgüte	Reliabilität: Interne Konsistenz α = .70 Validität: Übereinstimmungen der Kennwerte mit Skalen des Interpersonal Competence Questionnaire (ICQ)

Semantisches Altgedächtnisinventar

Dieser Leistungstest dient der Untersuchung des semantischen Gedächtnisses. Das semantische Gedächtnis umfasst Weltwissen, d. h. die Kenntnis allgemeiner Fakten ohne speziellen raum-zeitlichen Kontext. Die Erfassung von Altgedächtnisfunktionen kann v. a. bei neuropsychologischen Fragestellungen sinnvoll sein, etwa um schädigungsbedingte Differenzen zwischen der Fähigkeit zur Aufnahme neuer Informationen und der Fähigkeit zum Abruf bestehender Gedächtnisinhalte zu prüfen. Dem Test liegt eine Drei-Faktoren-Lösung zugrunde (nicht-verbale kognitive Fähigkeiten, Sprachgedächtnis, verbales Gedächtnis). Im Begutachtungskontext kann sich das Verfahren zur Differenzierung von Gedächtnisstörungen, zur Validierung von Klagen über kognitive Beeinträchtigungen durch Abgleich der Ergebnisse mit anderen Testverfahren und zur orientierenden Bewertung von Aktivitäts- und Partizipationsbeeinträchtigungen eignen, bei denen Gedächtnisfunktionen eine wichtige Rolle spielen (z. B. Anpassungsfähigkeit, Einhaltung von Regeln, Planungs- und Strukturierungsfähigkeit).

Autor(en)	Schmidtke, K., Vollmer-Schmolck, H.
Erscheinungsjahr / letzte Auflage	1999
Messintention	Untersuchung des semantischen Gedächtnisses
Methodengruppe	Leistungstest
Messdimensionen	3 Faktoren, die das Konstrukt eines einheitlichen semantischen Altgedächtnisses allerdings nicht stützt: Globale/ nicht-verbale kognitive Fähigkeiten, Sprachgedächtnis/ Kategorienflüssigkeit, allgemein verbales Gedächtnis/ Zahlennachsprechen vorwärts und rückwärts
Testdauer / Umfang	–
Testgüte	Bei einer retrospektiven Datenanalyse von 300 Testprotokollen neurologischer Patienten einer Akutklinik erreichten 59 % der Analysestichprobe Testwerte unterhalb des vorgeschlagenen Trennwertes. Die interne Konsistenz ist zufriedenstellend. In einer Hauptachsenanalyse wurde eine Drei-Faktoren-Lösung erhalten, die ein eindimensionales Konstrukt „semantisches Altgedächtnis" nicht unterstützt.

Sickness Impact Profile – SIP, Krankheitsbeeinträchtigungsprofil

Das SIP ist ein umfassendes, bislang aber nur in der Forschung an deutsche Verhältnisse angepasstes Verfahren zur Beurteilung der Lebensqualität und allgemeiner krankheitsbedingter Funktionsbeeinträchtigung im Alltag. Der Fragebogen besteht aus 136 Items, die 12 Kategorien zugeordnet sind wie z.B. Schlaf, Mobilität, soziale Funktionen, berufliche Leistungsfähigkeit. Die Testperson muss bei jedem Item angeben, ob sie in Bezug auf die jeweils vorgegebene Aktivität ausschließlich durch Krankheit im Alltag eingeschränkt ist. Das Antwortformat ist dichotom („stimmt", „stimmt nicht"). Die Items fließen jeweils gewichtet nach der Schwere der Beeinträchtigung in die Summenwerte der Unterstests mit ein. In der Begutachtung psychosozialer Krankheitsfolgen kann das Inventar ergänzende Hinweise zum krankheitsbedingt geminderten Funktions- und Leistungsniveau liefern. Fehlende Kontrollskalen zur Erfassung von Antworttendenzen schließen aber die Aussagekraft des Verfahrens für sich genommen ein.

Autor(en)	Gilson, B., Bergner, M.
Erscheinungsjahr/ letzte Auflage	1996
Messintention	Erfassung allgemeiner krankheitsbedingter Funktionsbeeinträchtigung im Alltag
Methodengruppe	Fragebogen, Interview
Messdimensionen	Insgesamt 12 Kategorien, die sich den Kategorien körperliche Beeinträchtigung (z.B. Mobilität, Selbstversorgung/ Haushaltstätigkeiten, Arbeit) und psychosoziale Beeinträchtigung (z.B. Kommunikation) zuordnen lassen.
Testdauer/Umfang	Ca. 20 – 30 Minuten, 136 Items
Testgüte	Reliabilität: Retest-Reliabilität r_{tt} = .87 bei Selbstausfüllung, r_{tt} = .97 bei Interview; interne Konsistenz α = .94 bei Interview, α = .81 bei postalischer Version Validität: Zusammenhänge zu Kennwerten des Funktionsstatus chronisch Kranker, gesicherte kriterienbezogene Validität bezogen auf verschiedene Patientengruppen

Skalen zur Erfassung der Lebensqualität – SEL

Die SEL sind ein Fragebogen zur Erfassung der gesundheitsbezogenen Lebensqualität. Dem Test liegt ein Konzept von Lebensqualität zugrunde, das Lebenserfahrungen und Funktionen auf der inhaltlichen Ebene, auf der Ebene des zeitlichen Bezugsrahmens und der Ebene der subjektiven Relevanz beschreibt. Die Testperson ist aufgefordert, Angaben zu körperlichen, psychischen und sozialen Merkmalen ihres Lebens bzw. Alltags zu machen. Die Antworten werden auf sieben Skalen zusammengefasst. Im Kontext der Begutachtung kann das Verfahren orientierende Informationen zu ausgewählten klinischen Aspekten (z. B. Stimmungsbeeinträchtigungen), vor allem aber zu Funktions- und Leistungsbeeinträchtigungen im Alltag liefern. Die Durchsichtigkeit der Messintention bei fehlenden Kontrollskalen zur Erfassung von Antworttendenzen schränkt den Wert der Skalen in der Begutachtung ein.

Autor(en)	Averbeck, M., Leiberich, P., Grote-Kusch, M.T., Olbrich, E., Schröder, A., Brieger, M., Schumacher, K.
Erscheinungsjahr / letzte Auflage	1997
Messintention	Erfassung des Konstrukts der gesundheitsbezogenen Lebensqualität
Methodengruppe	Fragebogen
Messdimensionen	7 Skalen: Objektive körperliche Beschwerden, subjektive körperliche Verfassung, objektives soziales Umfeld, subjektives soziales Umfeld, Stimmung, Grundstimmung und Lebensorientierung
Testdauer / Umfang	Ca. 20 – 30 Minuten, 69 Items (Kurzfassung ca. 5 – 15 Minuten)
Testgüte	Reliabilität: Interne Konsistenz α = .87 – .97; Retest-Reliabilität nach 3 – 6 Wochen r_{tt} = .52 – .80, nach 9 – 15 Wochen r_{tt} = .48 – .75 Validität: Weitgehend stichprobenunabhängige Skaleninterkorrelationen, substanzielle Übereinstimmungen zu anderen Skalen zur Lebensqualität und zu Beschwerden

Skalen zur Erfassung von Hoffnungslosigkeit – H-Skalen

Die H-Skalen bilden einen Fragebogen, mit dessen Hilfe die subjektive Hoffnungslosigkeit als eine Facette depressiver Störungen quantitativ beschrieben werden kann. Die Skalen erfassen Depression anhand der negativen Erwartungen einer Person über sich selbst, über die Umwelt und über ihr künftiges Leben. Nach der kognitiven Theorie der Depression nach Beck sind diese Facetten charakteristisch für Personen mit depressiven Störungen. Im Begutachtungskontext eignet sich das Verfahren zur ergänzenden Einschätzung der Art und Schwere einer depressiven Störung sowie zur Kennzeichnung von Merkmalen der Krankheitsverarbeitung.

Autor(en)	Krampen, G.
Erscheinungsjahr/ letzte Auflage	1994
Messintention	Depressionsdiagnostik
Methodengruppe	Fragebogen
Messdimensionen	Negative Erwartungen einer Person über sich selbst, über die Umwelt und über ihr künftiges Leben. Dabei liegt der Schwerpunkt auf psychischen Symptomen.
Testdauer/Umfang	Ca. 10 Minuten, 20 Items
Testgüte	Reliabilität: Interne Konsistenz $\alpha = .85$; Retest-Reliabilität für ein Intervall von 4 Wochen $r_{tt} = .80$; Paralleltest-Reliabilität $r_{tt} = .84$ Validität: Hinweise auf ausreichende inhaltliche, faktorielle und konvergente Validität

Social Phobia Scale, Social Interaction Scale – SPS/SIAS

Die SPS bzw. SIAS sind Selbsteinschätzungsverfahren zur Messung der Art und Ausprägung sozialer Ängste. Die SPS erfasst Angst vor Beobachtung durch andere Personen (z.B. beim Essen, Schreiben), während die SIAS Angst vor sozialen Interaktionen bzw. vor der Kommunikation mit anderen misst. Der Umfang des Verfahrens spricht für eine relativ gute psychometrische Absicherung der Testergebnisse, sodass auch Aussagen über eine einzelne Testperson als ausreichend zuverlässig gelten können. In der Begutachtung kann die Skala eingesetzt werden zur Differentialdiagnostik bei Angststörungen und paranoiden Tendenzen, zur Schweregradbestimmung bei Klagen über soziale Ängste und zur Bewertung psychosozialer Funktions- und Partizipationsbeeinträchtigungen im Alltag und am Arbeitsplatz. Aufgrund fehlender Kontrollskalen sollten Informationen in der Begutachtung immer nur im Abgleich mit anderen Informationen interpretiert werden.

Autor(en)	Stangier, U., Heidenreich, T., Berardi, A., Golbs, U., Hoyer, J.
Erscheinungsjahr / letzte Auflage	1999
Messintention	Dimensionale Erfassung sozialer Ängste
Methodengruppe	Fragebogen
Messdimensionen	Erfassung von Angst vor Beobachtung (SPS) und Interaktionsangst (SIAS)
Testdauer / Umfang	Ca. 15 Minuten, 75 Items
Testgüte	Reliabilität: Interne Konsistenz α = .84 – .92, Retest-Reliabilität r_{tt} = .92 – .96
	Validität: Hinweise auf ausreichende inhaltliche, faktorielle und konvergente Validität bezogen auf andere Testverfahren zu sozialen Ängsten

State-Trait-Angstinventar – STAI

Das STAI ist ein Fragebogen zur quantitativen Erfassung von Ängstlichkeit. Dabei werden Angst als vorübergehender, emotionaler, situativer Zustand und Angst als eine relativ stabile Persönlichkeitseigenschaft unterschieden. Der Fragebogen besteht aus zwei Skalen (State-Angst und Trait-Angst) mit jeweils 20 Items zu physiologischen, emotionalen und kognitiven (gedanklichen) Merkmalen von Angst. Das Inventar leistet keine diagnostische Zuordnung zu einer bestimmten Angststörung. Im Begutachtungskontext kann das STAI genutzt werden, um mögliche situative Einflüsse auf das Angsterleben der Testperson abzuschätzen, zur quantifizierenden Beschreibung einer Angststörung und zur Validierung von Klagen über Ängste durch Abgleich mit anderen Messverfahren.

Autor(en)	Laux, L., Glanzmann, P., Schaffner, P., Spielberger, C.D.
Erscheinungsjahr / letzte Auflage	1981
Messintention	Erfassung von Ängstlichkeit als relativ überdauernde Persönlichkeitseigenschaft und von Angst als vorübergehendem emotionalen Zustand, der in seiner Intensität über Zeit und Situation variiert
Methodengruppe	Fragebogen
Messdimensionen	State-Angst, Trait-Angst
Testdauer / Umfang	Ca. 6 – 12 Minuten, 40 Items
Testgüte	Reliabilität: Interne Konsistenz $\alpha = .90$

Strukturierter Fragebogen Simulierter Symptome – SFSS

Der SFSS ist ein Test zur Erfassung negativer Antwortverzerrungen oder fraglich erlebnisbasierter Angaben. Auffällige Testergebnisse können ein Indikator dafür sein, dass die Testperson sich in ihrem Antwortverhalten nur teilweise auf die jeweiligen Frageinhalte bezogen hat, dass sie sich in der Untersuchung vorwiegend an bestimmten Rollenerwartungen statt an eigenen Erfahrungen orientiert hat oder dass sie in anderer Weise bemüht war, einen bestimmten Eindruck in der Befragungssituation von sich zu vermitteln. In der Begutachtung kann der Test eingesetzt werden, um die motivationalen Bedingungen zu klären, unter denen die Testperson Selbsteinschätzungen vorgenommen hat.

Autor(en)	Cima, M., Hollnack, S., Kremer, K., Knauer, E., Schellbach-Matties, R., Klein, B., Merckelbach, H.
Erscheinungsjahr/ letzte Auflage	2003
Messintention	Erfassung von negativer Antwortverzerrung
Methodengruppe	Fragebogen
Messdimensionen	5 Skalen zu vorgetäuschten Störungen, u.a. neurologische Beeinträchtigung, amnestische Störung
Testdauer/Umfang	Ca. 10 – 15 Minuten, 75 Items
Testgüte	Reliabilität: Interne Konsistenz α = .80

Strukturiertes klinisches Interview für DSM-IV – SKID-I und SKID-II

Das SKID kann bei Patienten mit psychischen Störungen im psychiatrischen oder psychotherapeutischen Bereich verwendet werden, um die Zuverlässigkeit und Gültigkeit der klinischen Diagnostik nach DSM-IV abzusichern. Das SKID-I dient der Erfassung von affektiven Störungen, psychotischen Störungen, Störungen durch psychotrope Substanzen, Angststörungen, somatoformen Störungen, Essstörungen und Anpassungsstörungen. Das SKID-II ist ein zweistufiges Verfahren aus Fragebogen und nachfolgendem Interview, dessen Items die Kriterien für Persönlichkeitsstörungen nach DSM-IV repräsentieren. Im Begutachtungskontext kann das Interview sinnvoll sein, wenn Fragen der Komorbidität oder des Krankheitswertes von gesundheitlichen Beschwerden zu prüfen sind. Liegt der Schwerpunkt der Diagnostik auf der Funktions- und Leistungbegutachtung, dann ist der mit der Durchführung des SKID verbundene zeitliche Aufwand meist nicht gerechtfertigt.

Autor(en)	Wittchen, H.-U., Zaudig, M., Fydrich, T.
Erscheinungsjahr/ letzte Auflage	1997
Messintention	Erfassung und Diagnostik ausgewählter psychischer Syndrome und Störungen, wie sie im DSM-IV auf Achse I definiert werden. Außerdem werden Kodierungsmöglichkeiten für die Beurteilung von Achse III (körperliche Störungen) und Achse V (psychosoziales Funktionsniveau) angeboten. Das SKID-II ist ein Verfahren zur Diagnostik der zehn auf Achse-II sowie der zwei im Anhang des DSM-IV aufgeführten Persönlichkeitsstörungen.
Methodengruppe	Fragebogen, Interview
Messdimensionen	Affektive Störungen, psychotische Störungen, Störungen durch psychotrope Substanzen, Angststörungen, somatoforme Störungen, Essstörungen, Anpassungsstörungen
Testdauer/Umfang	SKID-I: Ca. 60 Minuten (ein freier Teil von ca. 10 Minuten Dauer und ein strukturierter Interviewteil), SKID-II: Ca. 30 Minuten
Testgüte	Belege für hohe Objektivität und Reliabilität verglichen mit freien Interviews; keine Normierung

Symptom Checkliste – SCL-90-R

Die SCL-90 erfasst die subjektiv empfundene Beeinträchtigung durch körperliche und psychische Symptome. Dazu soll der Befragte angeben, wie stark („überhaupt nicht" bis „sehr stark") er innerhalb der letzten sieben Tage an den genannten Beschwerden gelitten hat. Die Beschwerden können zu neun Subskalenwerten und zu drei allgemeinen Kennwerten zusammengefasst werden, die den Grad der Belastung durch körperliche und psychische Beschwerden abbilden. In der Begutachtung eignet sich das Verfahren zur Abschätzung der subjektiven Belastung durch körperliche und psychische Beschwerden. Die Interpretation der Subskalenergebnisse sollte nur unter Vorbehalt erfolgen. Das Instrument kann auch Hinweise auf negative Antwortverzerrungen geben.

Autor(en)	Franke, G.H.
Erscheinungsjahr/ letzte Auflage	2002 (2. Auflage)
Messintention	Erfassung subjektiv empfundener Beeinträchtigung durch körperliche und psychische Symptome innerhalb der letzten Woche
Methodengruppe	Fragebogen
Messdimensionen	9 Skalen: Somatisierung, Zwanghaftigkeit, Unsicherheit im Sozialkontakt, Depressivität, Ängstlichkeit, Aggressivität/Feindseligkeit, phobische Angst, paranoides Denken und Psychotizismus 3 globale Kennwerte geben Auskunft über das Antwortverhalten bei allen Items.
Testdauer/Umfang	Ca. 10 – 15 Minuten, 90 Items
Testgüte	Reliabilität: Interne Konsistenz in der repräsentativen Eichstichprobe α = .75 – .97, in einer klinischen Stichprobe von stationären Psychotherapieklienten α = .74 – .97; Retest-Reliabilität bei einem Zeitraum von einer Woche r_{tt} = .69 – .92 Die Durchführungs-, Auswertungs- und Interpretationsobjektivität ist nach den vorliegenden Befunden gewährleistet. Konfirmatorische Prüfungen stützen die neun Skalen in klinischen Gruppen.

Test of Memory Malingering – TOMM

Der TOMM ist ein Test zur Überprüfung der Testmotivation in psychologischen Leistungstests. Erfasst werden dabei Lernleistungen. Auffällige Testergebnisse können ein Indikator dafür sein, dass die Testperson in der Testsituation zu müde oder antriebsgemindert war, um ihre maximale Leistungsfähigkeit abzurufen, sie können aber auch dafür sprechen, dass sie sich in ihrem Leistungsverhalten vorwiegend an bestimmten Rollenerwartungen statt an eigenen Fähigkeiten orientiert hat oder dass sie in anderer Weise bemüht war, einen bestimmten Eindruck von ihrer Leistungsfähigkeit zu vermitteln. In der Begutachtung kann der Test eingesetzt werden, um die motivationalen Bedingungen zu klären, unter denen die Testperson Leistungstestergebnisse erzielt hat.

Autor(en)	Tombaugh, T.N.
Erscheinungsjahr / letzte Auflage	1996
Messintention	Erfassung der Testmotivation bei Gedächtnistests
Methodengruppe	Validierungstest
Messdimensionen	–
Testdauer / Umfang	Ca. 15 – 20 Minuten
Testgüte	Validität: Gute Trenneigenschaften bezogen auf negativ verzerrte vs. nicht negativ verzerrte Testmotivation, substanzielle Übereinstimmung mit anderen Beschwerdenvalidierungstests

Testbatterie zur Aufmerksamkeitsprüfung – TAP

Die TAP ist eine computergestützte Testbatterie zur Untersuchung von Aufmerksamkeitsdefiziten und Konzentrationsmängeln. Sie eignet sich besonders, wenn ausgewählte Facetten einer geminderten Aufmerksamkeit gesondert geprüft und quantitativ eingeschätzt werden sollen. In der neuropsychologischen Diagnostik wird die Batterie häufig dazu eingesetzt, die funktionellen Auswirkungen umschriebener Hirnschädigungen näher zu bestimmen. Je nach Fragestellung durchläuft der Proband dazu mehrere Leistungstests zu verschiedenen Aufmerksamkeitsaspekten wie z.B. zu Aktivität, Daueraufmerksamkeit, Flexibilität, Vigilanz, Augenbewegungen oder geteilter Aufmerksamkeit. In der Begutachtung psychosozialer Krankheitsfolgen können Untertests der Batterie außer bei neuropsychologischen Fragestellungen im engeren Sinne genutzt werden, um Basisfunktionen der kognitiven Informationsverarbeitung quantitativ zu beschreiben, die für die Bewältigung spezieller beruflicher Leistungsanforderungen bedeutsam sind.

Autor(en)	Zimmermann, P., Fimm, B.
Erscheinungsjahr / letzte Auflage	2002
Messintention	Diagnostik von Aufmerksamkeitsstörungen
Methodengruppe	Zusammenstellung unterschiedlicher EDV-gestützter kognitiver Leistungstests
Messdimensionen	Aktivierung, Arbeitsgedächtnis, Augenbewegung, crossmodale Integration, Daueraufmerksamkeit, Flexibilität, Gesichtsfeld/Neglect, geteilte Aufmerksamkeit, Go/No-Go, Inkompatibilität, verdeckte Aufmerksamkeitsverschiebung, Vigilanz, visuelles Scanning
Testdauer / Umfang	Ca. 64 Minuten (230 Minuten zusätzlich, wenn Vigilanz mit erfasst wird)
Testgüte	Reliabilität: Testhalbierungs-Reliabilität r_{tt} = .90, Odd-even ist häufig unzureichend, Retest-Reliabilität r_{tt} = .60 – .83 Validität: Ausreichende konvergente Validität zu verschiedenen Konzentrations- und Aufmerksamkeitstests. Der Test liefert substanzielle Beiträge zur Beschreibung spezifischer Funktionsdefizite bei neuropsychologischen Syndromen.

Testbatterie zur Forensischen Neuropsychologie – TBFN

Die TBFN ist ein Verfahren zur Erfassung motivationsbedingter Minderleistungen und negativer Antwortverzerrungen. Die Testbatterie setzt sich aus unterschiedlichen Modulen zusammen, die je nach Fragestellung und Untersuchungskontext individuell kombiniert werden können. Die Durchführungszeit variiert je nach Untertest und kann pro Untertest bis zu 20 Minuten betragen. Auffällige Testergebnisse können darauf hinweisen, dass die Testperson in der Testsituation zu müde oder antriebsgemindert war, um ihre maximale Leistungsfähigkeit abzurufen oder dass sie bemüht war, einen bestimmten Eindruck von ihrer Leistungsfähigkeit zu vermitteln. Der Test kann eingesetzt werden, um die motivationalen Bedingungen zu klären, unter denen die Testperson Leistungstestergebnisse erzielt hat.

Autor(en)	Heubrock, D., Petermann, F.
Erscheinungsjahr / letzte Auflage	1987
Messintention	Identifizierung negativer Antwortverzerrungen bei neurologischen, ophthalmologischen, audiologischen und amnestischen Störungen in der Klinischen und in der Forensischen Neuropsychologie
Methodengruppe	Validierungstest
Messdimensionen	Die Batterie enthält verschiedene Subtests, u. a. Bremer auditiver Gedächtnistest, Rey15-Test, Test zur Überprüfung der Gedächtnisfähigkeit im Alltag, Bremer Symptomvalidierungstest. Aus den Untertests werden verschiedene Messdimensionen abgeleitet, die Hinweise auf negative Antwortverzerrungen liefern.
Testdauer / Umfang	Ca. 0,5 – 20 Minuten (je nach Untertest)
Testgüte	Auf Basis empirischer Untersuchungen, in denen eine Simulationsgruppe mit einer neurologischen Patientengruppe mit Hirnschädigungen verglichen wurde, wurden klinische Cut-Off-Werte ermittelt, die Patienten mit tatsächlichen Störungen von Simulanten trennen. Die Normierung ist teilweise unzureichend, einzelne Reliabilitäten sind für die Einzelfalldiagnostik unzureichend.

Token Test – TT

Der TT ist ein Verfahren zur Aufdeckung rezeptiver Störungen bei Personen mit Sprachstörungen (Aphasikern). Das Testprinzip besteht darin, dass dem Probanden sehr konkrete und eindeutige Informationen zur Verarbeitung vorgegeben werden, die er nach bestimmten Kriterien ohne zusätzliche sprachliche Hilfen oder redundante Informationen ordnen soll. Der Test besteht aus 20 unterschiedlichen viereckigen Plättchen (Tokens), die nach unterschiedlichen Kriterien angeordnet werden sollen. Im Begutachtungskontext eignet sich der Test bei speziellen neuropsychologischen Fragestellungen und umschriebenen Störungen einer gestörten Sprachfähigkeit.

Autor(en)	Orgass, B., De Renzi, E., Vignolo, L.A.
Erscheinungsjahr / letzte Auflage	1981
Messintention	Aufdeckung rezeptiver Störungen bei Aphasikern
Methodengruppe	Kognitiver Leistungstest
Messdimensionen	5 Aufgabengruppen zu Sprachverständnis, Aufmerksamkeitsleistung, kognitiver Leistungsfähigkeit
Testdauer / Umfang	Ca. 5 Minuten
Testgüte	Reliabilität: Interne Konsistenz α = .96 Validität: Unterscheidung von Patienten mit aphasischen Syndromen von Hirngeschädigten ohne Aphasie; Trefferquote von ca. 90%.

Trierer Alkoholismus Inventar – TAI

Das TAI ist ein Selbstbeurteilungsfragebogen, der behandlungsrelevante und differenzialdiagnostische Informationen zu alkoholabhängigen Personen liefert. Die Testfragen beinhalten spezifische Erlebens- und Verhaltensweisen, wie sie von alkoholabhängigen Personen selbst als Grund und Konsequenzen des exzessiven Alkoholkonsums dargestellt werden. Der Test enthält sieben Skalen (s. u.). In der Begutachtung kann der Bogen ergänzende Informationen liefern zur Schwere der psychischen Gestörtheit bei Alkoholmissbrauch oder Alkoholabhängigkeit, zur Art und Qualität der Bewältigung von Belastungen oder gesundheitlichen Beeinträchtigungen (nicht nur auf Alkohol bezogen) sowie zu den Auswirkungen des Missbrauchs psychotroper (auf die Psyche einwirkender) Substanzen auf das soziale Funktionsniveau. Aufgrund fehlender Antworttendenz-Kontrollmöglichkeiten kann die Interpretierbarkeit der Kennwerte eingeschränkt sein.

Autor(en)	Funke, W., Funke, J., Klein, M., Scheller, R.
Erscheinungsjahr/ letzte Auflage	1987
Messintention	Differentialdiagnostik der Alkoholabhängigkeit
Methodengruppe	Fragebogen
Messdimensionen	7 Skalen: 1) Verlust der Verhaltenskontrolle und negative Gefühle nach dem Trinken, 2) soziales Trinken, 3) süchtiges Trinken, 4) Trinkmotive, 5) Folgen, Schädigung und Versuche der Selbstbehandlung von physiologischen Begleiterscheinungen, 6) Partnerprobleme wegen des Trinkens und 7) Trinken wegen Partnerproblemen
Testdauer/Umfang	Ca. 30 Minuten, 90 Items
Testgüte	Reliabilität: Interne Konsistenz α = .70 – .80, mittlere Trennschärfe jeweils ca. r_{tt} = .50 Validität: Zusammenhänge der Kennwerte mit soziodemographischen und persönlichkeitspsychologischen Daten, medizinischen Laborbefunden, katamnestischen Erhebungen, partnerschaftsspezifischen Variablen; konvergente Validität in Bezug auf die Göttinger Abhängigkeitsskala

Tübinger Bogen zur Erfassung von Schmerzverhalten – TBS

Der TBS ist ein Verfahren zur Erfassung der Intensität von Schmerzverhalten unter Standardbedingungen. Hierbei handelt es sich um eine Fremdbeobachtung des Verhaltens der Testperson. Der Bogen kodiert die Auftretenshäufigkeit schmerzbezogener Verhaltensäußerungen innerhalb eines bestimmten Zeitraumes (z. B. in einer definierten Situation oder in einem Video) in drei Kategorien „nie", „manchmal", „fast immer". Es werden 11 Verhaltensweisen erfasst (z. B. verkrampfte Haltung, Klagen, Humpeln). In der Begutachtung von Personen mit Schmerzen kann das Verfahren zur Systematisierung des Beobachtungsverhaltens und zum Abgleich von Beobachtungsinformation mit Informationen aus anderen Erhebungsverfahren verwendet werden.

Autor(en)	Flor, H., Heimerdinger, K.
Erscheinungsjahr/ letzte Auflage	1991
Messintention	Erfassung der Intensität von Schmerzverhalten unter Standardbedingungen
Methodengruppe	Fremdbeobachtung
Messdimensionen	11 Schmerzverhaltensweisen
Testdauer/Umfang	Ca. 10 Minuten
Testgüte	Gute Reliabilität (hohe Interrater-Reliabilität, hohe interne Konsistenz) und Validität (enge Korrelation mit dem Beobachtungssystem von Keefe et al.)

Turm von London – TvL

Der TvL ist ein Leistungstest zur Erfassung des komplexen schlussfolgernden problemlösenden Denkens. Der Test besteht aus verschiedenfarbigen Kugeln, die auf nebeneinander angeordneten vertikalen Stäben von unterschiedlicher Länge positioniert sind. Ziel der Aufgabe ist es, in einer minimal erforderlichen Anzahl von Zügen die Kugeln von einem Ausgangszustand in einen vorgegebenen Zielzustand zu überführen. Dabei müssen bestimmte Regeln beachtet werden. Der Schwierigkeitsgrad der Aufgabe lässt sich anhand der erforderlichen Zugzahl variieren. Der Test umfasst 20 Aufgaben unterschiedlichen Schweregrades. In der Begutachtung kann der Test ergänzend zur Beurteilung exekutiver (planender) Funktionen im oberen Leistungsbereich verwendet werden.

Autor(en)	Tucha, O., Lange, K.-W.
Erscheinungsjahr / letzte Auflage	2004
Messintention	Erfassung des konvergenten problemlösenden Denkens
Methodengruppe	Kognitiver Leistungstest
Messdimensionen	Planungsfähigkeit, Fehlertypen, Planungszeiten, Ausführungszeiten
Testdauer / Umfang	Ca. 20 – 25 Minuten
Testgüte	Reliabilität: Interne Konsistenz α = .76 – 1.0
	Validität: Konvergente Zusammenhänge zu anderen Kennwerten des schlussfolgernden Denkens und der fluiden Intelligenz

Test zur Untersuchung des praktisch-technischen Verständnisses – PTV

Der PTV ist ein Leistungstest zur Erfassung des Verständnisses für technische Zusammenhänge. Er besteht aus einer Reihe von technischen und physikalischen Problemen verschiedener Schwierigkeit, die in Form von Zeichnungen mit jeweils vorgegebenen Lösungsmöglichkeiten dargestellt sind. Die Lösung der Aufgaben erfordert die Fähigkeit zu korrektem schlussfolgerndem Denken, bildlich-räumliches Vorstellungsvermögen, Flexibilität und Umstellungsfähigkeit sowie Wissen über physikalische und technische Vorgänge. In der Begutachtung von Krankheitsfolgen kann der Test eingesetzt werden, um die berufliche Leistungsfähigkeit in einem von technischen Anforderungen geprägten beruflichen Umfeld zu bestimmen. Aufgrund der veralteten Normen liefern die ermittelten Testwerte nur grob orientierende Hinweise zum Leistungsniveau.

Autor(en)	Amthauer, R.
Erscheinungsjahr / letzte Auflage	1972
Messintention	Erfassen des praktisch-technischen Verständnisses
Methodengruppe	Leistungstest
Messdimensionen	Technische und physikalische Probleme verschiedener Schwierigkeit
Testdauer / Umfang	Ca. 30 Minuten
Testgüte	Reliabilität: Testhalbierungs-Reliabilität r_{tt} = .66 – .97 Der PTV gestattet zusammen mit dem I-S-T eine sichere Prognose für den beruflichen Erfolg bei technischen und naturwissenschaftlichen Ausbildungsgängen. Die Normen sind mittlerweile veraltet.

Verbaler Kurzintelligenztest – VKI

Der VKI ist ein kognitiver Test mit sehr kurzer Durchführungszeit. Er erfasst insbesondere die verbale Intelligenz und allgemeine Urteils- und Denkfähigkeit. Der VKI besteht aus zwei Paralleltests mit jeweils 20 Wort-Bild Zuordnungsaufgaben. Aufgrund der veralteten Normen liefern die ermittelten Testwerte nur grob orientierende Hinweise zum Leistungsniveau.

Autor(en)	Anger, H., Mertesdorf, F., Wegner, R., Wülfing, G.
Erscheinungsjahr / letzte Auflage	1980
Messintention	Erfassung der verbalen Intelligenz und allgemeiner Urteils- und Denkfähigkeit
Methodengruppe	Kognitiver Leistungstest
Messdimensionen	Verbale Intelligenz
Testdauer / Umfang	Ca. 10 Minuten
Testgüte	Reliabilität: Paralleltest-Reliabilität $r_{tt} = .87$, Normen wahrscheinlich veraltet

Verbaler Lern- und Merkfähigkeitstest – VLMT

Der VLMT ist ein Test zur Fähigkeit, verbale Informationen aufzunehmen, im Gedächtnis zu speichern und wieder abzurufen. Er erfasst unterschiedliche Parameter des deklarativen Verbalgedächtnisses wie die Supraspanne, die Lernleistung, die mittelfristige Enkodierungs- bzw. Abrufleistung und die Wiedererkennungsleistung. Das Testmaterial besteht aus zwei Wortlisten und einer Wiedererkennliste, die die Wörter der beiden Wortlisten sowie weitere Distraktorwörter enthält. Der Testperson wird eine Wortliste zum Lernen wiederholt vorgegeben, später wird sie mit der weiteren Lernliste konfrontiert. Jedem Lernvorgang folgt der Abruf der gelernten Information. Auf diese Weise kann der Lernverlauf bestimmt werden. Im Begutachtungskontext eignet sich das Verfahren zur klinischen Beurteilung von Erkrankungen, die mit Lern- und Merkfähigkeitsstörungen einher gehen sowie zur Einschätzung der Auswirkungen psychischer Störungen auf Lern- und Gedächtnisprozesse.

Autor(en)	Helmstaedter, C., Lendt, M., Lux, S.
Erscheinungsjahr/ letzte Auflage	2001
Messintention	Test zur verbalen Lernfähigkeit
Methodengruppe	Kognitiver Leistungstest
Messdimensionen	Supraspanne, Lernleistung, langfristige Enkodierungs- bzw. Abrufleistung, Wiedererkennungsleistung
Testdauer/Umfang	Ca. 50 – 55 Minuten
Testgüte	Reliabilität: Retest-Reliabilität r_{tt} = .68 – .87
	Validität: Substanzielle Zusammenhänge zu anderen Lern- und Gedächtnistests, zu Arbeitsgedächtnistests, Aspekte des verbalen Kurz- und Arbeitsgedächtnisses sind mit Maßen zur verbalen Gedächtnisspanne und zum bildhaft orientierten Lernen und Gedächtnis (zwischen r = .46 und r = .59) korreliert.

Verbaler und non-verbaler Lerntest – VLT/NVLT

VLT bzw. NVLT sind Verfahren zur Untersuchung sprachlicher und nonverbaler Lernleistungen nach der Wiedererkennungsmethode. Die Verfahren sind bezüglich der Untersuchungsmethode identisch und unterscheiden sich nur im verwendeten Gedächtnismaterial. Den Probanden werden 160 sinnfreie Wörter (VLT) oder sinnfreie Figuren (NVLT) jeweils drei Sekunden lang dargeboten. Bestimmte Items werden dabei mehrfach wiederholt. Bei jedem Item soll die Entscheidung getroffen werden, ob es vorher schon einmal im Laufe des Tests vorkam oder nicht. Aus den Ergebnissen kann sowohl das Leistungsniveau als auch die Stabilität des Lernverlaufs bestimmt werden. Im Begutachtungskontext eignet sich das Verfahren zur Beurteilung der Lern- und Wiedererkennungsfähigkeit insbesondere bei nicht deutschsprachigen Personen.

Autor(en)	Sturm, W., Willmes, K.
Erscheinungsjahr/ letzte Auflage	1999
Messintention	Untersuchung sprachlicher und nonverbaler Lernleistungen nach der Wiedererkennungsmethode
Methodengruppe	Kognitiver Leistungstest

Messdimensionen	Anzahl richtig positiver Antworten, Anzahl falsch positiver Antworten, Differenzwert Anzahl richtig positiver und falsch positiver Antworten
Testdauer / Umfang	Ca. 15 Minuten (Kurzform 10 Minuten)
Testgüte	Reliabilität: Interne Konsistenz α = .74 – .91
	Validität: Eignung zur Unterscheidung von Personen mit vs. ohne Lernstörung

Verhaltens- und Erlebnisinventar – VEI

Das VEI ist ein umfangreicher Selbstbeurteilungsfragebogen zum Einsatz in klinischer Psychologie, Psychiatrie und Forensik. Es erhebt quantitative Informationen zur Gültigkeit der Angaben, zu Dimensionen des klinischen Störungsbildes bezogen auf psychische und psychosomatische Störungen, zu Aspekten der Krankheitsverarbeitung und der Therapie sowie zum psychosozialen Funktionsniveau. Durch die Auswahl der Skalen liefert das Verfahren Informationen zu nahezu allen relevanten Themenkomplexen der Begutachtung psychosozialer Krankheitsfolgen. Aufgrund des Umfangs eignet sich der Test auch zur Verhaltensbeobachtung unter Standardbedingungen.

Autor(en)	Engel, R., Groves, J.
Erscheinungsjahr / letzte Auflage	2013
Messintention	Erfassung der Persönlichkeit und der Symptomatik von Personen, die professionelle Hilfe bei psychischen Störungen suchen
Methodengruppe	Fragebogen
Messdimensionen	22 Skalen, u. a. 11 klinische Skalen (somatische Beschwerden, Angst, Depression, Paranoia, Schizophrenie, Borderline-Merkmale, antisoziale Verhaltensmerkmale, Alkoholprobleme, Aggression, Stress bzw. aktuelle Belastung, Unterstützungsdefizit), 5 Behandlungsskalen, 2 interpersonale Skalen und 4 Validitätsskalen
Testdauer / Umfang	Ca. 40 – 60 Minuten, 344 Items

Testgüte	Reliabilität: Interne Konsistenz α = .80 – .90 Validität: Die Kennwerte zur faktoriellen Validität und zur Konstruktvalidität der amerikanischen Version (Personality Assessment Inventory) sind durch eine Vielzahl von Studien belegt.

Verkaufs- und Vertriebs-Kompetenz-Inventar – VVKI

Das VVKI ist ein Fragebogen zur Erfassung von Persönlichkeitsmerkmalen, die für Verkaufs- und Vertriebstätigkeiten besonders relevant sind. Anhand von 153 Items werden insbesondere leistungsrelevante Merkmale der Anpassungsfähigkeit und der sozialen Kompetenz abgebildet. Im Begutachtungskontext eignet sich das Verfahren zur Beurteilung spezifischer beruflicher Eignungsvoraussetzungen und Eignungseinschränkungen bezogen auf Verkaufs- und Vertriebstätigkeiten. Aufgrund fehlender Kontrollskalen zur Beurteilung von Antworttendenzen kommt den Testwerten in der Berufsunfähigkeitsbegutachtung nur orientierende Bedeutung zu.

Autor(en)	Liepmann, D., Beauducel, A.
Erscheinungsjahr / letzte Auflage	2011
Messintention	Erfassung berufsbezogener Persönlichkeitsmerkmale
Methodengruppe	Fragebogen
Messdimensionen	8 Dimensionen: Motivationale Anpassung, emotionale Anpassung, soziale Anpassung, Anpassungsfähigkeit, Gewissenhaftigkeit, emotionale Stabilität, soziale Kontrolle, Selbstsicherheit
Testdauer / Umfang	Ca. 25 Minuten, 153 Items
Testgüte	Reliabilität: Interne Konsistenz der inhaltlichen Skalen α = .54 – .87; Retest-Reliabilität r_{tt} = .78 – .84 Validität: Umfangreiche Aussagen zur konvergenten Validität (NEO-FFI, BIP, PANAS). Kriterienbezogene Validität – Berufserfolg (Selbst- und Fremdeinschätzung)

Wechsler Intelligenztest für Erwachsene – WIE

Der WIE ist ein Intelligenztest zur Erfassung allgemeiner kognitiver Fähigkeiten. Er ist Nachfolger des Hamburger-Wechsler Intelligenztests, in dem Intelligenz als die Fähigkeit definiert ist, (praktische) Lebensanforderungen zu bewältigen. Aufgrund von Weiterentwicklungen in der Intelligenzforschung wurde er auf 14 Untertests erweitert. Der Test kann nur als Einzeltest durchgeführt werden, bei dem Testleiter und getestete Person miteinander interagieren. Durch die Erweiterung auf 14 Untertest und die Bezugnahme auf aktuelle Intelligenzkonzepte wurde die Vergleichbarkeit mit anderen Intelligenztests verbessert. Der WIE liefert Gesamtkennwerte zur intellektuellen Leistungsfähigkeit, es können aber auch einzelne Untertests oder Gruppen von Untertests gesondert durchgeführt und interpretiert werden. Im Begutachtungskontext liefert das Verfahren Informationen zur kognitiven und lebenspraktischen Leistungsfähigkeit vorzugsweise im mittleren bis unteren Leistungssegment.

Autor(en)	Aster, M., Neubauer, A., Horn, R.
Erscheinungsjahr/ letzte Auflage	2006
Messintention	Erfassung allgemeiner Intelligenz
Methodengruppe	Kognitiver Leistungstest
Messdimensionen	Untertests: Bilder ergänzen, Wortschatz-Test, Zahlen-Symbol-Test, Gemeinsamkeiten finden, Mosaik-Test, rechnerisches Denken, Matrizen-Test, Zahlen nachsprechen, allgemeines Wissen, Bilder ordnen, allgemeines Verständnis, Symbolsuche, Buchstaben-Zahlen-Folge und Figuren legen. Aus den Testwerten können folgende Kennwerte gebildet werden: Gesamt-IQ, Verbal- und Handlungs-IQ, sprachliches Verständnis, Wahrnehmungsorganisation, Arbeitsgedächtnis, Arbeitsgeschwindigkeit
Testdauer/Umfang	Ca. 60 – 90 Minuten
Testgüte	Reliabilität: Durchschnittswerte der Spearman-Brown-Korrelationskoeffizienten der Subtests r = .70 – .92, Gesamt-IQ-Werte r = .97, Index-Werte r = .91 – .95 Validität: Insgesamt sehr gut untersuchtes Verfahren, vielfältige Belege zur inhaltlichen, faktoriellen und kriterienbezogenen Validität

Wiener Testsystem – WTS

Das WTS ist eine umfassende computergestützte Testbatterie zur Erfassung von Leistungs- und Persönlichkeitsmerkmalen. Es integriert derzeit 120 zum großen Teil bekannte und bislang als Papier-Bleistift-Versionen verwendete Testverfahren zur Erfassung von Intelligenz, Leistung, Einstellung und Persönlichkeit. Zur Peripherie des Computersystems gehören spezielle Tastaturen und Hardwarekomponenten zur Dateneingabe, durch die insbesondere Leistungen (z.B. Reaktionszeiten, feinmotorische Fähigkeiten) automatisiert und computergestützt erfasst werden können. Durch die automatisierte Dateneingabe mit automatisierter Auswertung der Testergebnisse ist das Verfahren praktikabel und zeitökonomisch. Neben der klassischen Version existieren auch anforderungsspezifische Versionen mit entsprechender Testauswahl zu den Bereichen Arbeitspsychologie, Klinische Neuropsychologie, Verkehrpsychologie und Sportpsychologie. Das WTS liefert – je nach Testauswahl – psychometrisch gesicherte Informationen zu sämtlichen relevanten Aspekten der Begutachtung psychischer Störungen und psychosozialer Krankheitsfolgen.

Autor(en)	Schuhfried
Erscheinungsjahr/ letzte Auflage	2000
Messintention	Komplexe computergestützte Testbatterie zur Beantwortung diverser Fragestellungen aus den Bereichen Arbeitspsychologie (Personalauswahl, Personalentwicklung, Berufsberatung), Klinische Neuropsychologie, Verkehrpsychologie sowie Sportpsychologie; Verwaltung von Testpersonen, Testergebnissen, Testkombinationen etc. in einer Datenbank.
Methodengruppe	Kognitive und sensumotorische Leistungstests, Persönlichkeitstests
Messdimensionen	Enthält 120 psychologische Testverfahren (Intelligenzbatterien, spezielle Leistungstests, spezielle Persönlichkeitsverfahren, Einstellungs- und Interessentests, Persönlichkeitsstrukturinventare, objektive Persönlichkeitstests, klinische Verfahren) – unter anderem: Tower of London (TOL-F), Trail Making Test (TMT-L), Raven Matrizentests (SPM, APM und CPM), Corsi Block Tapping (CORSI) oder Eysenck Personality Profiler (EPP6)

Testdauer / Umfang   –

Testgüte   Die Testbatterie ermöglicht eine hohe Durchführungs-,
                               Auswertungs- und Interpreationsobjektivität.

Wilde Intelligenz Test – WIT 2

Der WIT 2 ist ein kognitiver Leistungstest zur Erfassung allgemeiner und spezifischer Funktionen der Intelligenz und der Informationsverarbeitung. Er wird
häufig zur Intelligenz- und Eignungsdiagnostik eingesetzt. Der Test enthält elf
Subtests, mit denen acht Fähigkeitsdimensionen erfasst werden können. Die
WIT 2 Module können einzeln oder in beliebigen Kombinationen eingesetzt
werden. Schwerpunkte setzt das Verfahren in Bezug auf die wissensbezogene
Intelligenz zu wirschaftlichen und informationstechnologischen Themen. Aus
diesen Kennwerten können Fähigkeitsvoraussetzungen oder Leistungseinschränkungen in Bezug auf berufliche Tätigkeiten in den Bereichen Wirtschaft
und Informationstechnologie abgeleitet werden. Im Begutachtungskontext
eignet sich das Verfahren generell zur differenzierten Beurteilung des kognitiven Funktions- und Leistungsniveaus. Die abgeleiteten Kennwerte können
zur Abschätzung allgemeiner intellektueller Leistungsfähigkeit sowie zur Einschätzung ICF-orientierter Fähigkeiten (Anpassungsfähigkeit, Planungs- und
Strukturierungsfähigkeit, Urteils- und Entscheidungsfähigkeit) genutzt werden.

Autor(en)	Kersting, M., Althoff, K., Jäger, A.O.
Erscheinungsjahr / letzte Auflage	2008
Messintention	Erfassung klar unterscheidbarer und theoretisch fundier-ter kognitiver Fähigkeiten (Fokus: Eignungsdiagnostik)
Methodengruppe	Kognitiver Leistungstest
Messdimensionen	Schlussfolgerndes Denken, sprachliches Denken, rech-nerisches Denken, räumliches Denken, Merkfähigkeit, Arbeitseffizienz, Wissen Wirtschaft und Wissen Infor-mationstechnologie
	Ca. 6 – 143 Minuten (je nachdem, wie viele Untertests eingesetzt werden)
Testgüte	Reliabilität: Interne Konsistenz α = .77 – .98
	Validität: Ausreichende Belege für konvergente Validität mit anderen Intelligenztests (LPS, I-S-T 2000-R)

Wisconsin Card Sorting Test – WCST

Der WCST ist ein neuropsychologischer Leistungstest zur Beurteilung von Störungen der Konzeptbildungs- bzw. Kategorisierungsfähigkeit. Er besteht aus Karten, auf denen Symbole abgebildet sind, die sich nach Form, Anzahl und Farbe unterscheiden. Die Testperson soll in der vorgegebenen Abfolge der Karten bestimmte Regeln erkennen. Aus den Kennwerten kann abgeleitet werden, wie schnell und sicher er die Gesetzmäßigkeiten erkennen und wie flexibel die Person sich auf neue Regeln umstellen kann. In der Begutachtung kann der Test verwendet werden zur Überprüfung spezieller krankheitsspezifischer neuropsychologischer Defizite, zur Bewertung von Störungen exekutiver (an Planungsprozessen beteiligter) Funktionen und zur ergänzenden Diagnostik allgemeiner Leistungsfunktionen wie der Urteils-, Entscheidungs- und Strukturierungsfähigkeit.

Autor(en)	Grant, D.A., Berg, E.A.
Erscheinungsjahr/ letzte Auflage	1993
Messintention	Erfassung exekutiver Funktionen und von Störungen der Konzeptbildungs- bzw. Kategorisierungsfähigkeit; Unterscheidung zwischen frontalen und nichtfrontalen Gehirnläsionen
Methodengruppe	Kognitiver Leistungstest
Messdimensionen	Zahl der richtig sortierten Karten, Zahl der vollendeten Kategorien, Zahl der unvollendeten Kategorien, Zahl der konsekutiv richtigen Antworten u.a.
Testdauer/Umfang	Ca. 20 – 30 Minuten
Testgüte	Reliabilität: In der Forschung finden sich Hinweise auf eine eingeschränkte und für die Einzelfalldiagnostik unzureichende Reliabilität, mittlere Retest-Reliabilität von $r_{tt} = .41$

Word Memory Test – WMT

Der WMT ist ein Test zur Erfassung der Merkfähigkeit und der Testmotivation. Er ermöglicht die Unterscheidung von Personen mit maximaler und schwacher bzw. unzureichender Leistungsmotivation und eignet sich damit zur Überprüfung der motivationalen Voraussetzungen einer Testperson für die Leistungsdiagnostik. Auffällige Werte können darauf hinweisen, dass die Testperson in der Testsituation zu müde oder antriebsgemindert war, um ihre maximale Leistungsfähigkeit abzurufen oder dass sie bemüht war, einen bestimmten Eindruck von ihrer Leistungsfähigkeit zu vermitteln.

Autor(en)	Green, P.
Erscheinungsjahr / letzte Auflage	1996
Messintention	Erfassung der visuell-figuralen Merkfähigkeit und der Testmotivation
Methodengruppe	Validierungstest
Messdimensionen	–
Testdauer / Umfang	Ca. 15 Minuten
Testgüte	Validität: Gute Trenneigenschaften in Bezug auf die Unterscheidung von Gesunden, neurologischen Patienten, Patienten mit psychischen Störungen, Personen mit instruierten Antwortverzerrungen und Personen mit nicht instruierten Antwortverzerrungen; substanzielle Übereinstimmungen mit anderen Beschwerdenvalidierungstests; hohe Sensitivität und Spezifität in Bezug auf die Aufdeckung negativer Antwortverzerrungen

Wortschatztest – WST

Der WST ist als Vorgänger des Mehrfachwahl-Wortschatztests (MWT) ein kognitiver Leistungstest, der die orientierende Einschätzung des sprachlichen bzw. bildungsabhängigen Intelligenzniveaus ermöglicht. Alle Testaufgaben haben das gleiche Format und bestehen aus einem Zielwort und fünf Distraktoren. Der Proband hat die Aufgabe, das Zielwort in jeder Zeile herauszufinden und durchzustreichen. Die Aufgaben sind nach steigender Schwierigkeit geordnet.

Autor(en)	Schmidt, K.-H., Metzler, P.
Erscheinungsjahr / letzte Auflage	1992
Messintention	Einschätzung des verbalen Intelligenzniveaus, Abschätzung des prämorbiden Intelligenzniveaus
Methodengruppe	Kognitiver Leistungstest
Messdimensionen	Kognitives Leistungsniveau, Schätzwert für sprachbezogene Intelligenz
Testdauer / Umfang	Ca. 10 Minuten (Auswertung ca. 5 Minuten), 40 Items
Testgüte	Reliabilität: Interne Konsistenz α = .94 – .95 Validität: Ausreichende konvergente Validität in Bezug zu Kennwerten anderer Leistungstests zur kristallinen und verbalen Intelligenz

Zahlen-Verbindungs-Test – ZVT

Der Zahlen-Verbindungs-Test ist ein kognitiver Leistungstest zur Erfassung der kognitiven Verarbeitungsgeschwindigkeit. Die Testperson soll 90 scheinbar zufällig angeordnete Zahlen in numerisch aufsteigender Reihenfolge auf einem Blatt so schnell wie möglich mit einer Linie miteinander verbinden. Der Durchlauf wird viermal wiederholt, als Leistungswert wird der Durchschnitt der benötigten Zeiten gebildet. Im Begutachtungskontext kann der Testwert zur Beschreibung der visuellen Wahrnehmungs- und Verarbeitungsgeschwindigkeit verwendet werden. Er liefert auch grobe Hinweise zum allgemeinen Intelligenzniveau.

Autor(en)	Oswald, W.D., Roth, E.
Erscheinungsjahr / letzte Auflage	1987 (2. Auflage)
Messintention	Erfassung der basalen kognitiven Verarbeitungsgeschwindigkeit
Methodengruppe	Kognitiver Leistungstest
Messdimensionen	Geschwindigkeit der Verarbeitung, Wahrnehmungsgeschwindigkeit
Testdauer / Umfang	Ca. 5 – 10 Minuten
Testgüte	Reliabilität: Interne Konsistenz α = .84 – .98
	Validität: r = .40 – .83 (Korrelation mit verschiedenen Intelligenzverfahren)

Teil 7:

Anhang

Literaturverzeichnis

American Academy of Clinical Neuropsychology (2007). Practice Guidelines for Neuropsychological Assessment and Consultation. *The Clinical Neuropsychologist, 21,* 209 – 231.

American Educational Research Association, American Psychological Association & National Council on Measurement in Education (1999). *Standards for educational and psychological testing.* Washington, DC: American Educational Research Association.

American Psychiatric Association (2000). *Diagnostic and statistical manual of mental disorders* (4. Aufl.). Arlington, VA: American Psychiatric Publishing.

American Psychiatric Association (2013). *Diagnostic and statistical manual of mental disorders* (5. Aufl.). Arlington, VA: American Psychiatric Publishing.

American Psychological Association (1991). *Guidelines for providers of services to ethnic, linguistic, and culturally diverse populations.* Washington, DC: American Psychological Association.

American Psychological Association (2002). Ethical principles of psychologists and code of conduct. *American Psychologist, 57,* 1060 – 1073.

Arbeitsgemeinschaft der Wissenschaftlichen Medizinischen Fachgesellschaften e.V. (AWMF) (2012). *S2k – Leitlinie zur Begutachtung psychischer und psychosomatischer Erkrankungen.* www.awmf. org.

Aronoff, G.M., Mandel, S., Genovese, E., Maitz, E.A., Dorto, A.J., Klimek, E.H. & Staats, T.E. (2007). Evaluating malingering in contested injury or illness. *Pain Practice, 7,* 178 – 204.

Asher, R. (1951). Munchausen's Syndrome. *The Lancet, 257 (6650),* 339 – 341.

Becker, P. (2008). Das professionelle Gutachten – Anforderungen aus rechtlicher Sicht. *Der Medizinische Sachverständige, 105,* 85 – 92.

Bianchini, K.J., Curtis, K.L. & Greve, K.W. (2006). Compensation and malingering in traumatic brain injury: A dose-response relationship. *The Clinical Neuropsychologist, 20,* 831 – 847.

Bianchini, K.J., Mathias, C.W. & Greve, K.W. (2001). Symptom validity testing: A critical review. *The Clinical Neurologist, 15,* 19 – 45.

Blaskewitz, N. & Merten, T. (2007). Diagnostik der Beschwerdenvalidität – Diagnostik bei Simulationsverdacht: Ein Update 2002 bis 2005. *Fortschritte Neurologie & Psychiatrie, 75,* 140 – 154.

Boone, K.B. (2007). *Assessment of feigned cognitive impairment.* New York: Guilford Press.

Boone, K.B. (2009). Fixed belief in cognitive dysfunction despite normal neuropsychological scores functioning: Neurocognitive hypochondriasis. *The Clinical Neuropsychologist, 23,* 1016-1036.

Boone, K.B. & Lu, P. (1999). Impact of somatoform symptomatology on credibility of cognitive performance. *The Clinical Neuropsychologist, 13,* 414–419.

Boone, K.B., Lu, P. & Herzberg, D.S. (2002). *The dot counting test.* Los Angeles: Western Psychological Services.

Bundesanstalt für Straßenwesen (BASt) (2000). *Begutachtungs-Leitlinien zur Kraftfahrereignung.* Bremerhaven: Wirtschaftsverlag NW.

Bundesanstalt für Straßenwesen (BASt) (2009). Begutachtungsleitlinien zur Kraftfahreignung. *Berichte der Bundesanstalt für Straßenwesen. Mensch und Sicherheit,* Heft M 115.

Bundesarbeitsgemeinschaft für Rehabilitation (BAR) (2004). *Gemeinsame Empfehlung nach § 13 Abs. 1 i.V.m. § 12 Abs. 1 Nr. 4 SGB IX für die Durchführung von Begutachtungen möglichst nach einheitlichen Grundsätzen (Gemeinsame Empfehlung „Begutachtung") vom 22. März 2004.* Frankfurt: Eigendruck. http://www.bar-frankfurt.de.

Bundesgerichtshof (BGH) (1999). Urteil vom 14. April 1999, IV ZR 289/97. http://db1.rehadat.de/rehadat /Reha.KHS?State= 340 &Db=4&AKT=IV%20ZR%20289%2F97&SORT=R09.

Bundesgerichtshof (BGH) (2008). Urteil vom 24. September 2008, IV ZR 250/06. http://juris. bundesgerichtshof.de/cgi-bin/ rechtsprechung/document.py?Gericht=bgh&Art=en&nr=455 34&pos=0&anz=1.

Bundesministerium für Arbeit und Soziales (2008). *Anhaltspunkte für die ärztliche Gutachtertätigkeit im sozialen Entschädigungsrecht und nach dem Schwerbehindertenrecht.* Bonn: Bundesministerium für Arbeit und Soziales.

Bundespsychotherapeutenkammer (BPTK) (2006). *Muster-Weiterbildungsordnung für die Psychologischen Psychotherapeutinnen und Psychotherapeuten und Kinder- und Jugendlichenpsychotherapeutinnen und Kinder- und Jugendlichenpsychotherapeuten.* Frankfurt am Main: Bundespsychotherapeutenkammer.

Bundessozialgericht (BSG) (1964). Urteil vom 7. April 1964, 4 RJ 283/60. https://www.jurion.de/de/document/ show/0:5013467,0/.

Bundessozialgericht (BSG) (2003). Urteil vom 9. April 2003, B 5 RJ 80/02 B. http://www.rechtsportal.de/ Rechtsprechung/Rechtsprechung/2003/BSG/Qualifikation-eines-Gutachters-im-Rahmen-der-Sachaufklaerung.

Bundessozialgericht (BSG) (2006). Urteil vom 9. Mai 2006, B2U 26/04 R. https://sozialgerichtsbarkeit.de /sgb/esgb/export.php?modul=esgb&tid=60507&exportformat=PDF.

Bush, S.S. (2007). Ethische Aspekte der Diagnostik der Beschwerdenvalidität. *Praxis der Rechtspsychologie, 17,* 63 – 82.

Bush, S.S., Ruff, R.M., Tröster, A.I., Barth, J.T., Koffler, S.P., Pliskin, N.H. et al. (2005). Symptom validity assessment: Practice issues and medical necessity. NAN Policy & Planning Committee. *Archives of Clinical Neuropsychology, 20,* 419 – 426.

Bush, S.S., Ruff, R.M., Tröster, A.I., Barth, J.T., Koffler, S.P., Pliskin, N.H. et al. (2006). Diagnostik der Beschwerdenvalidität: Praktische Gesichtspunkte und medizinische Erfordernisse. *Neurologie & Rehabilitation, 12,* 69 – 74.

Carone, D.A., Iverson, G.L. & Bush, S.S. (2010). A model to approaching and providing feedback to patients regarding invalid test performance in clinical neuropsychological evaluations. *The Clinical Neuropsychologist, 24,* 759 – 778.

Chafetz, M.D. (2008). Malingering on the social security disability consultative exam: Predictors and base rates. *The Clinical Neuropsychologist, 22,* 529 – 546.

Chafetz, M.D., Abrahams, J.P. & Kohlmaier, J. (2007). Malingering on the social security disability consultative exam: A new rating scale. *Archives of Clinical Neuropsychology, 22,* 1 – 14.

Cima, M., Hollnack, S., Kremer, K., Knauer, E., Schellbach-Matties, R., Klein, B. & Merckelbach, H. (2003). Strukturierter Fragebogen Simulierter Symptome. Die deutsche Version des „Structured Inventory of Malingered Symptomatology (SIMS)". *Nervenarzt, 74,* 977 – 986.

Cima, M., Merckelbach, H., Hollnack, S., Butt, C., Kremer, K., Schellbach-Matties, R. & Muris, P. (2003). The other side of malingering supernormality. *The Clinical Neuropsychologist, 17,* 235 – 243.

Corsi, P.M. (1972). Human memory and the medial temporal region of the brain. *Dissertation Abstracts International, 34*, 819B.

Cripe, L.I. (2002). Malady versus malingering: A tricky endeavor. In N.D. Zasler & M.F. Martelli (Hrsg.), *Functional medical disorders: State of the art reviews in medicine and rehabilitation* (S. 95–112). New York: Hanley and Belfus.

Dennis, M., Francis, D.J., Cirino, P.T., Schachar, R., Barnes, M.A. & Fletcher, J.M. (2009). Why IQ is not a covariate in cognitive studies of neurodevelopmental disorders. *Journal of the International Neuropsychological Society, 15*, 331–343.

Deutsche Rentenversicherung (DRV) (2012). *Reha-Bericht 2012 – Die medizinische und berufliche Rehabilitation der Rentenversicherung im Licht der Statistik.* Berlin: Deutsche Rentenversicherung Bund.

Dickmann, J.R.M. & Broocks, A. (2007). Das psychiatrische Gutachten im Rentenverfahren – Wie reliabel? *Fortschritte der Neurologie Psychiatrie, 75 (7)*, 397–401.

Dilling, H., Mambour, W. & Schmidt, M. (2004). *Internationale Klassifikation psychischer Störungen. ICD-10 V (F). Klinisch-diagnostische Leitlinien* (5. Aufl.). Bern: Huber.

Dohrenbusch, R. (2007). Die Untersuchung als Arbeitsprobe. Ein psychodiagnostischer Ansatz zur Beurteilung der Einsatzfähigkeit für leichte Erwerbstätigkeiten. In R. Dohrenbusch (Hrsg.), *Begutachtung somatoformer Störungen und chronifizierter Schmerzen* (S. 160–191). Stuttgart: Kohlhammer.

Dohrenbusch, R. (2012). Das Interview aus aussagepsychologischer Perspektive: Validierung explorationsbasierter Informationen. In W. Schneider, P. Henningsen, R. Dohrenbusch, H.J. Freyberger, H. Irle, V. Köllner & B. Widder (Hrsg.), *Begutachtung bei psychischen und psychosomatischen Erkrankungen* (S. 149–165). Bern: Huber.

Dohrenbusch, R., Nilges, P. & Traue, H. (2008). Leitlinie für die Begutachtung von Schmerzen (Kommentar). *Psychotherapeut, 53 (1)*, 63–68.

Dohrenbusch, R. & Schneider, W. (2012). Vom Befund bis zur Stellungnahme – Empfehlungen zur leitfadengestützten gutachterlichen Urteilsbildung. In W. Schneider, P. Henningsen, R. Dohrenbusch, H.J. Freyberger, H. Irle, V. Köllner & B. Widder

(Hrsg.), *Begutachtung bei psychischen und psychosomatischen Erkrankungen* (S. 126 – 141). Bern: Huber.

Eysenck, H.J. (1960). Classification and the problem of diagnosis. In H.J. Eysenck (Hrsg.), *Handbook of abnormal psychology* (S. 1 – 31). London: Pitman Medical Publishing Co., Ltd.

Faust, D. (1995). The detection of deception. *Neurologic Clinics, 13*, 255 – 265.

Fischer, R., Gauggel, S. & Lämmler, G. (1995). Neuropsychologische Aufgaben im Strafprozess: Begutachtung der Verteidigungsfähigkeit. *Zeitschrift für Neuropsychologie, 6*, 137 – 142.

Fisseni, H.J. (2004). *Lehrbuch der psychologischen Diagnostik*. Göttingen: Hogrefe.

Fisseni, H.J. (1997). *Lehrbuch der psychologischen Diagnostik*. Göttingen: Hogrefe.

Flaro, L., Green, P. & Blaskewitz, N. (2007). Die Bedeutung der Beschwerdenvalidierung im Kindesalter. *Praxis der Rechtspsychologie, 17 (1)*, 125 – 139.

Foerster, K. (2004). Begutachtung bei sozial- und versicherungsmedizinischen Fragen. In K. Foerster (Hrsg.), *Psychiatrische Begutachtung* (S. 643 – 669). München: Urban & Fischer.

Franke, G.H. (2002). *SCL-90-R. Die Symptom-Checkliste von L. R. Derogatis*. Göttingen: Hogrefe.

Geissner, E. (1996). *Die Schmerzempfindungs-Skala*. Göttingen: Hogrefe.

Gesellschaft für Neuropsychologie (GNP), Arbeitskreis Aufmerksamkeit und Gedächtnis (2002a). *Aufmerksamkeitstests, funktionelle Bereiche und testbehinderte Faktoren*. Fulda: GNP. Verfügbar unter: http://www.gnp.de/arbeitskreise/akag.

Gesellschaft für Neuropsychologie (GNP), Arbeitskreis Aufmerksamkeit und Gedächtnis (2002b). *Standardisierte und experimentelle Verfahren zur Erfassung von Lern- und Gedächtnisstörungen*. Fulda: GNP. Verfügbar unter: http://www.gnp.de/arbeitskreise/akag.

Gesellschaft für Neuropsychologie (GNP), Arbeitskreis Gutachten (2005). *Neuropsychologische Gutachten. Informationen zur Bedeutung und Relevanz*. Fulda: GNP. Verfügbar unter: http://www.gnp.de/arbeitskreise.

Göbber, J., Petermann, F., Piegza, M. & Kobelt, A. (2012). Beschwerdenvalidierung bei Rehabilitanden mit Migrationshintergrund in der Psychosomatik. *Rehabilitation, 51,* 1 – 9.

Green, P. (2009). Questioning common assumptions about depression. In J.E. Morgan & J.J. Sweet (Hrsg.), *Neuropsychology of malingering casebook* (S.132 – 144). New York: Psychology Press.

Greuel, L., Offe, S. & Fabian, A. (1998). *Glaubwürdigkeit der Zeugenaussage. Theorie und Praxis der forensisch-psychologischen Begutachtung.* Weinheim: Psychologie Verlags Union.

Greve, K.W., Bianchini, K.J. & Brewer, S.T. (2013). The assessment of performance and self-report validity in persons claiming pain-related disability. *The Clinical Neuropsychologist, 27,* 108 – 137.

Guthke, J. & Wiedl, K.H. (1996). *Dynamisches Testen. Zur Psychodiagnostik der intraindividuellen Variabilität.* Göttingen: Hogrefe.

Hartje, W. (1997). Neuropsychologische Begutachtung. In W. Hartje & K. Poeck (Hrsg.), *Klinische Neuropsychologie* (3. Aufl.) (S. 74 – 79). Stuttgart: Thieme.

Hartje, W. (2004). *Neuropsychologische Begutachtung. Fortschritte der Neuropsychologie* (Bd. 3). Göttingen: Hogrefe.

Hausotter, W. (2009). Bewertung körperlicher Beschwerden nichtorganischen Ursprungs. In K.-D. Thomann, F. Schröter & V. Grosser (Hrsg.), *Orthopädisch-unfallchirurgische Begutachtung* (S. 312 – 335). München: Elsevier.

Heckhausen, H. & Gollwitzer P.M. (1987). Thought contents and cognitive functioning in motivational versus volitional states of mind. *Motivation and Emotion, 11 (2),* 101 – 120.

Heiss, R. (1964). Psychologische Diagnostik. Einführung und Überblick. In R. Heiss, K.J. Groffmann, L. Michel (Hrsg.), *Handbuch der Psychologie – Psychologische Diagnostik* (Bd. 6). Göttingen: Hogrefe.

Henry, M., Merten, T. & Wallasch, T. (2008). Semantische Demenz. Ein kasuistischer Beitrag zur Differenzialdiagnostik der degenerativen Demenzen. *Fortschritte der Neurologie – Psychiatrie, 76,* 453 – 464.

Hill, B.D., Smitherman, T.A., Pella, R.D., O'Jile, J.R. & Drew Gouvier, W.M. (2008). The relation of depression and anxiety to measures of attention in young adults seeking psychoeducational evaluation. *Archives of Clinical Neuropsychology, 23,* 823–830.

Hom, J. & Denney, R. (Hrsg.) (2002). *Detection of response bias in forensic neuropsychology.* Binghamton, NY: The Haworth Medical Press.

Hörmann, H. (1964). *Aussagemöglichkeiten psychologischer Diagnostik.* Göttingen: Hogrefe.

Horn, J.L. & Cattell, R.B. (1966). Refinement and test of the theory of fluid and crystallized intelligence. *Journal of Educational Psychology, 57 (5),* 253–270.

Iverson, G.L. (2003). Detecting malingering in civil forensic evaluations. In A.M. Horten & L.C. Hartlage (Hrsg.), *Handbook of forensic neuropsychology* (S. 137–177). New York: Springer.

Jaspers, K. (1913). *Allgemeine Psychopathologie. Ein Leitfaden für Studierende, Ärzte und Psychologen.* Berlin: Springer.

Kammergericht (KG) Berlin (2002). Urteil vom 11. Juni 2002, 6 U 193/01. http://www.rechtsportal.de/ Rechtsprechung/ Rechtsprechung/2002/KG/Begriff-der-Berufsunfaehigkeit-Versetzung-eines-Beamten-der-Deutschen-Telekom-AG-in-den-Ruhestand.

Kubinger, K.D. (2009). *Psychologische Diagnostik. Theorie und Praxis psychologischen Diagnostizierens.* Göttingen: Hogrefe.

Kuhl, J. (1994). Motivation and volition. In G. d'Ydewalle, P. Bertelson & P. Eelen (Hrsg.), *Current advances in psychological science: An International Perspective.* Hillsdale, NJ: Erlbaum.

Landessozialgericht (LSG) Baden-Württemberg (2008). Urteil vom 19. Juni 2008, L 6 R 3419/07. Unveröffentlicht.

Larrabee, G.J. (2003). Detection of malingering using atypical performance patterns on standard neuropsychological tests. *The Clinical Neuropsychologist, 17,* 410–425.

Lezak, M.D., Howieson, D.B. & Loring, D.W. (2004). *Neuropsychological assessment* (4. Aufl.). New York: Oxford University Press.

Linden, M., Baron, S. & Muschalla, B. (2009). *Mini-ICF-Rating für psychische Störungen (Mini-ICF-P). Ein Kurzinstrument zur Beurteilung von Fähigkeits- bzw Kapazitätsstörungen bei psychischen Störungen.* Bern: Huber & Hogrefe Verlag.

Margraf, J. & Müller-Spahn, F. (2009). *Pschyrembel. Psychiatrie, Klinische Psychologie, Psychotherapie.* Berlin: De Gruyter.

Matarazzo, J.D. (1990). Psychological assessment versus psychological testing: Validation from Binet to the school, clinic, and courtroom. *American Psychologist, 45,* 999–1017.

McClintock, S.M., Husain, M.M., Greer, T.L. & Cullum, C.M. (2010). Association between depression severity and neurocognitive function in major depressive disorder: A review and synthesis. *Neuropsychology, 24,* 9–34.

Mehrhoff, F., Meindl, R.C. & Muhr, G. (2005). *Unfallbegutachtung* (11. Aufl.). Berlin: de Gruyter.

Merten, T. (2002). Fragen der neuropsychologischen Diagnostik bei Simulationsverdacht. *Fortschritte Neurologie & Psychiatrie, 70,* 126–138.

Merten, T. (2005). Der Umgang mit dem Nicht-Authentischen. *Forum Medizinische Begutachtung, 2,* 40–52.

Merten, T. & Dettenborn, H. (Hrsg.) (2009). *Diagnostik der Beschwerdenvalidität.* Berlin: Deutscher Psychologen Verlag GmbH.

Merten, T. & Dohrenbusch, R. (2012). Psychologische Methoden der Beschwerdenvalidierung. In W. Schneider, P. Henningsen, R. Dohrenbusch, H.J. Freyberger, H. Irle, V. Köllner & B. Widder (Hrsg.), *Begutachtung bei psychischen und psychosomatischen Erkrankungen* (S. 186–222). Bern: Huber.

Merten, T., Friedel, E. & Stevens, A. (2006). Eingeschränkte Kooperativität in der neurologisch-psychiatrischen Begutachtung: Schätzungen zur Auftretenshäufigkeit an einer Begutachtungspopulation. *Versicherungsmedizin, 58,* 19–21.

Merten, T., Stevens, A. & Blaskewitz, N. (2007). Beschwerdenvalidität und Begutachtung: Eine Einführung. *Praxis der Rechtspsychologie, 17,* 7–28.

Merten, T., Thies, E., Schneider, K. & Stevens, A. (2009). Symptom validity testing in claimants with alleged posttraumatic stress disorder: Comparing the Morel Emotional Numbing Test, the Structured Inventory of Malingered Symptomatology, and the Word Memory Test. *Psychological Injury and Law, 2,* 284–293.

Meyers, J.E. & Volbrecht, M.E. (2003). A validation of multiple malingering detection methods in a large clinical sample. *Archives of Clinical Neuropsychology, 18*, 261–276.

Mitrushina, M.N., Boone, K.B., Razani, J. & D'Elia, L.F. (2005). *Handbook of normative data for neuropsychological assessment* (2. Aufl.). New York: Oxford University Press.

Mittenberg, W., Patton, C., Canyock, E.M. & Condit, D.C. (2002). Base rates of malingering and symptom exaggeration. *Journal of Clinical and Experimental Neuropsychology, 24*, 1094–1102.

Morris, J.C., Heyman, A., Mohs, R.C., Hughes, J.P., van Belle, G., Fillenbaum, G. et al. (1989). The consortium to establish a registry for Alzheimer's disease (CERAD-NP). *Neurology, 39*, 1159–1165.

Nelson, N.W., Boone, K., Dueck, A., Wagener, L., Lu, P. & Grills, C. (2003). Relationships between eight measures of suspect effort. *The Clinical Neuropsychologist, 17*, 263–272.

Neumann-Zielke, L., Riepe, J., Roschmann, R., Schötzau-Fürwent-sches, P. & Wilhelm, H. (2005). Aktueller Stand der Liquidation neuropsychologischer Gutachten. *Zeitschrift für Neuropsychologie, 16 (2)*, 89–104.

Neumann-Zielke, L., Riepe, J., Roschmann, R., Schötzau-Fürwent-sches, P. & Wilhelm, H. (2009). Leitlinie „Neuropsychologische Begutachtung". *Zeitschrift für Neuropsychologie, 20 (1)*, 69–83. Wiederveröffentlichung in *Aktuelle Neurologie, 36*, 180–189.

Neumann-Zielke, L., Roschmann, R. & Wilhelm, H. (2009). Neuropsychologische Begutachtung. In W. Sturm, M. Herrmann & T.F. Münte (Hrsg.), *Lehrbuch der Klinischen Neuropsychologie – Grundlagen, Methoden, Diagnostik, Therapie* (2. Aufl.) (S. 299–309). Heidelberg: Spektrum Akademischer Verlag.

Oberlandesgericht (OLG) Bremen (2010). Urteil vom 25. Juni 2010, 3 U 60/09. http://openjur.de/u/ 51360.html.

Oberlandesgericht (OLG) Frankfurt (2005). Urteil vom 17. Juni 2005, 25 U 87/02. http://www.lareda. hessenrecht.hessen. de/jportal/portal/t/s15/page/bslaredaprod.psml?&doc.id=KO-RE555792006%3Ajuris-r01&showdoccase=1&doc.part=L.

Oberlandesgericht (OLG) Frankfurt (2008). Urteil vom 18.01.2008, 3 U 171/06. Datenbank Juris.

Oberlandesgericht (OLG) Saarbrücken (2003). Urteil vom 8. Januar 2003, 5 U 910/01 – 77. http://www. rechtsprechung.saarland. de/cgi-bin/rechtsprechung/document.py?Gericht=sl&nr=118.

Oberlandesgericht (OLG) Saarbrücken (2006). Urteil vom 8. März 2006, 5 U 269/ 05 – 22. http://www. rechtsprechung.saarland. de/cgi-bin/rechtsprechung/document.py?Gericht=sl&nr=943.

Oberlandesgericht (OLG) Saarbrücken (2006). Urteil vom 2. November 2006, 5 W 220/06 – 64. http:// www.rechtsprechung.saarland.de/cgi-bin/rechtsprechung/document. py?Gericht=sl&nr=1101.

Oberlandesgericht (OLG) Saarbrücken (2010). Urteil vom 19. Mai 2010, 5 U 91/08 – 10. http://www. rechtsprechung.saarland.de/cgi-bin/rechtsprechung/document.py?Gericht=sl&nr=3141.

Osborne, J.W. & Blanchard, M.R. (2011). Random responding from participants is a threat to the validity of social science research results. *Frontiers in Psychology, 1*, 1 – 7.

Rauschelbach, H.H., Jochheim, K.A. & Widder, B. (2000). *Das neurologische Gutachten* (4. Aufl.). Stuttgart: Thieme.

Reynolds, C.R. (Hrsg.) (1998). *Detection of malingering during head injury litigation.* New York: Plenum Press.

Rixecker, R. (2006). Die Schmerzbegutachtung in zivilgerichtlichen Verfahren. *Forum Medizinische Begutachtung, 1*, 42 – 50.

Roberg, B.L., Bruce, J.M., Lovelace, C.T. & Lynch, S. (2012). How patients with multiple sclerosis perceive cognitive slowing. *The Clinical Neuropsychologist, 26*, 1278 – 1295.

Rohling, M.L., Green, P., Allen, L.M. & Iverson, G.L. (2002). Depressive symptoms and neurocognitive test scores in patients passing symptom validity tests. *Archives of Clinical Neuropsychology, 17*, 205 – 222.

Römer, W., Foerster, K. & Stevens, A. (2005). Nochmals: Genügt für den Nachweis einer Erkrankung die Beschwerdenschilderung? *Forum Medizinische Begutachtung, 1*, 29 – 31.

Rosen, G.M. & Philips, W.R. (2004). A cautionary lesson from simulated patients. *Journal of the American Academy of Psychiatry and the Law, 32*, 132 – 133.

Saß, H., Wittchen, H.-U., Zaudig, M. & Houben, I. (2003). *Diagnostisches und Statistisches Manual Psychischer Störungen – Textrevision (DSM-IV-TR).* Göttingen: Hogrefe.

Schellig, D., Drechsler, R., Heinemann, D. & Sturm, W. (2009). *Handbuch neuropsychologischer Testverfahren: Aufmerksamkeit, Gedächtnis, exekutive Funktionen* (Bd. 1). Göttingen: Hogrefe.

Schmidt, R.F. & Unsicker, K. (2003). *Lehrbuch Vorklinik*. Köln: Deutscher Ärzte-Verlag.

Schneider, W. & Becker, D. (2011). *Forschungsabschlussbericht zum Projekt zur Erarbeitung eines Leitfadens zur Begutachtung der beruflichen Leistungsfähigkeit im Rahmen der Privaten Berufsunfähigkeitsrente*. Berlin: Gesamtverband der Deutschen Versicherungswirtschaft.

Schneider, W., Becker, D., Dohrenbusch, R., Freyberger, H.J., Gündel, H. & Henningsen, P. (2010). Berufliche Leistungsfähigkeit. Begutachtung bei psychischen und psychosomatischen Erkrankungen. *Psychotherapeut, 55 (5)*, 373 – 379.

Schneider, W. & Dohrenbusch, R. (2012). Zusammenfassende und integrierende Bewertung bei der Begutachtung. In W. Schneider, P. Henningsen, R. Dohrenbusch, H.J. Freyberger, H. Irle, V. Köllner & B. Widder (Hrsg.), *Begutachtung bei psychischen und psychosomatischen Erkrankungen* (S. 142 – 148). Bern: Huber.

Schneider, W., Dohrenbusch, R., Freyberger, H.J., Gündel, H., Henningsen, P., Köllner, V., Barth, D., Becker, D., Kowalewsky, S. & Schickel, S. (2012). Manual zum Leitfaden „Begutachtung der beruflichen Leistungsfähigkeit bei psychischen und psychosomatischen Erkrankungen". In W. Schneider, P. Henningsen, R. Dohrenbusch, H.J. Freyberger, H. Irle, V. Köllner & B. Widder (Hrsg.), *Begutachtung bei psychischen und psychosomatischen Erkrankungen* (S. 425 – 498). Bern: Huber.

Schneider, W., Henningsen, P., Dohrenbusch, R., Freyberger, H.J., Irle, H., Köllner, V. & Widder, B. (Hrsg.). (2012). *Begutachtung bei psychischen und psychosomatischen Erkrankungen*. Bern: Huber.

Schubert, W., Schneider, W., Eisenmenger, W. & Stephan, E. (2005). *Begutachtungs-Leitlinien zur Kraftfahrereignung, Kommentar* (2. Aufl.). Bonn: Kirschbaum Verlag.

Slick, D.J., Sherman, E.M. & Iverson, G.L. (1999). Diagnostic criteria for malingered neurocognitive dysfunction: Proposed standards for clinical practice and research. *The Clinical Neuropsychologist, 13,* 545 – 561.

Slick, D.J., Tan, J.E., Strauss, E. & Hultsch, D.F. (2004). Detecting malingering: A survey of experts' practices. *Archives of Clinical Neuropsychology, 19,* 465 – 473.

Steller, M.G. & Köhnken, G. (1989). Criteria-based statement analysis. In D.C. Raskin (Hrsg.), *Psychological methods for investigation and evidence* (S. 217 – 245). New York: Springer Verlag.

Stevens, A. (2009). Objektivität in der psychiatrischen und psychosomatischen Begutachtung. *Forum Medizinische Begutachtung, 1,* 16 – 21.

Stevens, A., Fabra, M. & Merten, T. (2009). Anleitung für die Erstellung psychiatrischer Gutachten. *Der Medizinische Sachverständige, 105,* 100 – 106.

Stevens, A., Friedel, E., Mehren, G. & Merten, T. (2008). Malingering and uncooperativeness in psychiatric and psychological assessment: Prevalence and effects in a German sample of claimants. *Psychiatry Research, 157,* 191 – 200.

Strauss, E., Sherman, E.M.S. & Spreen, O. (2006). *A compendium of neuropsychological tests: Administration, norms, and commentary.* (3. Aufl.). New York: Oxford University Press.

Sweet, J.J. (1999). Malingering: Differential diagnosis. In J.J. Sweet (Hrsg.), *Forensic neuropsychology: Fundamentals and practice* (S. 255 – 285). Lisse, NL: Swets & Zeitlinger.

Thomae, H. (1968). *Das Individuum und seine Welt.* Göttingen: Hogrefe.

Tulving, E. (1972). Episodic and semantic memory. In E. Tulving & W. Donaldson (Hrsg.), *Organization of memory* (S. 381 – 402). New York: Academic Press.

Vanderploeg, R.D. (1994). Interview and testing: The data-collecting phase of neuropsychological evaluations. In R.D. Vanderploeg (Hrsg.), *Clinician's Guide to Neuropsychological Assessment* (S. 1 – 41). Hillsdale, NJ: Erlbaum.

Venzlaff, U. & Foerster, K. (2009). *Psychiatrische Begutachtung: Ein praktisches Handbuch für Ärzte und Juristen* (5. Aufl.). München: Elsevier.

Wallesch, C.-W. (2000). Das Erfordernis neuropsychologischer Zusatzgutachten. Vortrag auf der Jahrestagung der Arbeitsgemeinschaft Neurologische Begutachtung (ANB) der Deutschen Gesellschaft für Neurologie. *Stellenwert der Neuropsychologie und Verhaltensneurologie bei gutachterlichen Fragen*. Dresden.

Wallesch, C.-W. & Görtler, M. (2007). Störungen höherer Hirnleistungen: Aphasien und andere Hirnwerkzeugstörungen. In W. Widder & P.W. Gaidzik (Hrsg.), *Begutachtung in der Neurologie* (S. 214–220). Stuttgart: Thieme.

Wallesch, C.-W., Marx, P., Tegenthoff, M., Unterberg, A., Schmidt, R. & Fries, W. (2005). Leitlinie „Begutachtung nach gedecktem Schädel-Hirntrauma". *Zeitschrift für Neuropsychologie*, *16*, 125–135.

Wechsler, D. (1956). *Die Messung der Intelligenz Erwachsener. Textband zum Hamburg-Wechsler-Intelligenztest für Erwachsene (HAWIE)*. Bern: Huber.

Weltgesundheitsorganisation WHO (2005). *Internationale Klassifikation der Funktionsfähigkeit, Behinderung und Gesundheit*. Köln: DIMDI.

Westhoff, K. & Kluck, M.L. (2008). *Psychologische Gutachten* (5. Aufl.). Berlin: Springer.

Widder, B. (2003). Begutachtung von Schmerzen mit Fallbeispielen. *BUZaktuell*, *2*, 16–19.

Widder, B. & Gaidzik, P.W. (2011). *Begutachtung in der Neurologie*. Stuttgart: Thieme.

Wilhelm, H. & Roschmann, R. (2007). *Neuropsychologische Gutachten*. Stuttgart: Kohlhammer.

Wurzer, W. (1992). *Das posttraumatische organische Psychosyndrom. Psychologische Diagnostik, Begutachtung und Behandlung*. Wien: WUV Universitätsverlag.

Weiterführende Literatur

Becker, P. (2008). Das professionelle Gutachten – Anforderungen aus rechtlicher Sicht. *Der Medizinische Sachverständige, 105,* 85 – 92.

Brähler, E., Schumacher, J. & Strauß, B. (2003). *Diagnostische Verfahren in der Psychotherapie: Diagnostik für Klinik und Praxis* (Bd. 1) (2. Aufl.). Göttingen: Hogrefe.

Bush, S.S., Ruff, R.M., Tröster, A.I., Barth, J.T., Koffler, S.P., Pliskin, N.H. et al. (2006). Diagnostik der Beschwerdenvalidität: Praktische Gesichtspunkte und medizinische Erfordernisse. *Neurologie & Rehabilitation, 12,* 69 – 74.

Collegium Internationalae Psychiatriae Scalarum (2005). *Internationale Skalen für Psychiatrie* (5. Aufl.) Göttingen: Beltz-Test.

Dohrenbusch, R. (Hrsg., unter Mitarbeit von T. Tonhauser & M. Meise) (2007). *Begutachtung somatoformer Störungen und chronifizierter Schmerzen. Konzepte, Methoden, Beispiele.* Stuttgart: Kohlhammer.

Fabra, M., Stevens, A. & Merten, T. (2009). Empfehlungen für die Begutachtung von PTBS-Opfern. *Versicherungsmedizin, 61,* 111 – 117.

Fritze, J. & Mehrhoff, F. (2008). *Die ärztliche Begutachtung* (7. Aufl.). Darmstadt: Steinkopff.

Fisseni, H.J. (2004). *Lehrbuch der psychologischen Diagnostik. Mit Hinweisen zur Intervention* (3. Aufl.). Göttingen: Hogrefe.

Goldenberg, G. (1998). *Neuropsychologie. Grundlagen – Klinik – Rehabilitation* (2. Aufl.). Stuttgart: Gustav Fischer.

Hartje, W. & Poeck, K. (2006). *Klinische Neuropsychologie* (6. Aufl.). Stuttgart: Thieme.

Kubinger, K. (2009). *Psychologische Diagnostik. Theorie und Praxis psychologischen Diagnostizierens* (2. Aufl.). Göttingen: Hogrefe.

Merten, T. & Dettenborn, H. (2009). *Diagnostik der Beschwerdenvalidität.* Berlin: Deutscher Psychologen Verlag.

Neumann-Zielke, L., Riepe, J., Roschmann, R., Schötzau-Fürwentsches, P. & Wilhelm, H. (2009). Leitlinie „Neuropsychologische Begutachtung". *Zeitschrift für Neuropsychologie, 20,* 69 – 83. Wiederveröffentlichung in *Aktuelle Neurologie, 36,* 180 – 189.

Röhrle, B., Caspar, F. & Schlottke, P.F. (2007). *Lehrbuch der klinisch-psychologischen Diagnostik.* Stuttgart: Kohlhammer.

Schellig, D., Drechsler, R., Heinemann, D. & Sturm, W. (2009). *Handbuch neuropsychologischer Testverfahren: Aufmerksamkeit, Gedächtnis und exekutive Funktionen* (Bd. 1). Göttingen: Hogrefe.

Schneider, W., Henningsen, P., Dohrenbusch, R., Freyberger, H.J., Irle, H., Köllner, V. & Widder, B. (2012). *Begutachtung bei psychischen und psychosomatischen Erkrankungen*. Bern: Huber.

Schumacher, J., Klaiberg, A. & Brähler, E. (2003). *Diagnostische Verfahren zu Lebensqualität und Wohlbefinden*. Göttingen: Hogrefe.

Sturm, W., Herrmann, M. & Münte, T.F. (2009). *Lehrbuch der Klinischen Neuropsychologie. Grundlagen, Methoden, Diagnostik, Therapie* (2. Aufl.). Heidelberg: Spektrum.

Stevens, A., Fabra, M., & Merten, T. (2009). Anleitung für die Erstellung psychiatrischer Gutachten. *Der Medizinische Sachverständige, 105,* 100–106.

Stichwortverzeichnis

I

J

K

W

Z

Grundlagen der
medizinischen
Begutachtung

Edvard Munch 1863–1944, Der Schrei

Hrsg.:

Holger Freytag · Gordon Krahl · Christina Krahl · Klaus-Dieter Thomann

Psychotraumatologie und psychotraumatologische Begutachtung

Gesellschaftlicher Hintergrund
Klinisches Bild psychischer Störungen
Psychiatrische und psychologische Begutachtung

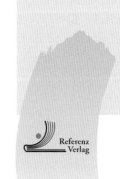

Referenz
Verlag

Reihe: Grundlagen der medizinischen Begutachtung

Herausgeber:
HOLGER FREYTAG
GORDON KRAHL
CHRISTINA KRAHL
KLAUS-DIETER THOMANN

Psychotraumatologische Begutachtung

Gesellschaftlicher Hintergrund
Klinisches Bild psychischer Störungen
Psychiatrische und psychologische Begutachtung

544 Seiten, Fadenheftung mit Lesebändchen

ISBN : 978-3-943441-01-7

Die Begutachtung der posttraumatischen Belastungsstörung und anderer Krankheiten nach Unfällen und Katastrophen stellt hohe Anforderungen an medizinische und psychologische Sachverständige.

Um diejenigen Menschen, die schweren psychischen Traumatisierungen ausgesetzt waren, angemessen zu entschädigen, ist eine objektive, wissenschaftlich begründete und reproduzierbare Begutachtung unverzichtbar.

Dieses Buch gibt einen Überblick über den gesellschaftlichen Hintergrund und das klinische Bild psychischer Störungen. Es vermittelt die Grundlagen der psychiatrischen und neuropsychologischen Begutachtung und Bewertung posttraumatischer Störungen und verwandter Krankheitsbilder.

Der Band wendet sich an Ärzte, Psychologen, Sachverständige, Mitarbeiter in gesetzlichen und privaten Versicherungen, Anwälte und Richter.